Viaggio nella geostoria

Dalla preistoria a Roma repubblicana
La geografia umana, l'Europa, l'Italia

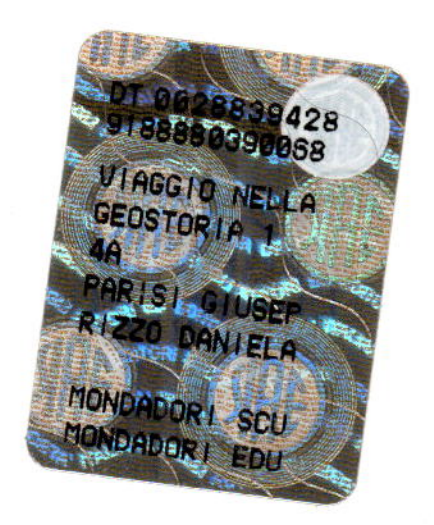

www.mondadorieducation.it

Prima edizione: febbraio 2014

Edizioni
12 11 10 9 8 7 6 5 4
2018 2017 2016 2015

Il Sistema Qualità di Mondadori Education S.p.A. è certificato da Bureau Veritas Italia S.p.A. secondo la Norma UNI EN ISO 9001:2008 per le attività di: progettazione, realizzazione di testi scolastici e universitari, strumenti didattici multimediali e dizionari.

Questo volume è stampato da:
Centro Poligrafico Milano S.p.A. - Casarile (MI)
Stampato in Italia - Printed in Italy

Redazione Andrea Bencini, Pasquale Turrisi
Progetto grafico Cinzia Rosica
Impaginazione Remo Boscarin
Copertina Alfredo La Posta
Cartografia Bernardo Mannucci (Firenze)
Ricerca iconografica Martina Giorgi

Contenuti digitali
Progettazione Fabio Ferri, Lilia Cavaleri, Anna Prejanò
Scrittura testi Anna Angelini, Fabio Cioffi, Barbara Feltrin, Claudio Fiocchi, Caterina Martucci, Anna Panzeri, Andrea Villa
Realizzazione Cineseries S.r.l., duDat S.r.l., Nowhere S.r.l., Valeriano Riva

In copertina Bronzetto di guerriero nuragico
Skyline di Francoforte © Sebastian Duda, Thinkstock, by Getty Images

Per informazioni e segnalazioni:
Servizio Clienti Mondadori Education
e-mail *servizioclienti.edu@mondadorieducation.it*
numero verde **800 123 931**

Daniela Rizzo – Giusi Parisi

Viaggio nella geostoria

1

Dalla preistoria a Roma repubblicana
La geografia umana, l'Europa, l'Italia

A. MONDADORI SCUOLA

ME•book è integrato nella nuvola di Libro+Web

Il **ME•book** è il libro di testo digitale di Mondadori Education ricco di contenuti, video, audio, tanti esercizi e moltissimi strumenti, pensato per andare incontro alle esigenze dell'insegnante e dello studente.

Il ME•book è PERSONALIZZABILE

Puoi evidenziare, sottolineare e apporre segnalibri; inserire note, note evolute e note audio. Ogni insegnante poi, per gestire al meglio l'eterogeneità del gruppo classe, ha la possibilità di realizzare contenuti e percorsi formativi diversificati.

Il ME•book è FLESSIBILE

Lo puoi consultare da qualsiasi dispositivo (computer, tablet e smartphone) scaricando gratuitamente l'apposita App di lettura dal sito mondadorieducation.it e dai principali store di App. Non hai bisogno di essere sempre connesso: infatti funziona anche offline! E se hai problemi di memoria, non ti preoccupare: puoi scaricare anche solo le parti del libro che ti interessano.

Il ME•book è SINCRONIZZABILE

Ritrovi qualsiasi modifica – sottolineature, note, ecc. – nella versione online e su tutti i tuoi dispositivi. L'insegnante può preparare la lezione sul computer di casa e ritrovarla l'indomani sulla LIM, lo studente può svolgere il compito sul tablet e recuperarlo il giorno dopo sul computer della scuola.

Il ME•book è INTEGRATO nella piattaforma di apprendimento Libro+Web

Puoi accedere ai Contenuti Digitali Integrativi direttamente dalla pagina che stai leggendo. Con le Google Apps puoi condividere i tuoi documenti o lavorarci contemporaneamente insieme ad altri. Con la Classe Virtuale, poi, l'insegnante può condividere esercitazioni e approfondimenti con i suoi studenti.

Il ME•book ti inserisce in un sistema di apprendimento efficace e completo

ME•book: libro digitale multidevice
+
Libro+Web: piattaforma di apprendimento e nuvola di servizi digitali
+
LinkYou: formazione e seminari di didattica digitale

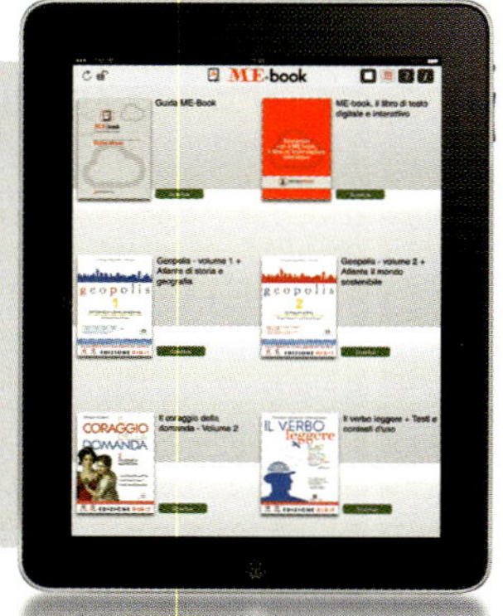

MONDADORI EDUCATION

ME•book: come attivarlo e scaricarlo

COME ATTIVARE il ME•book

- Collegati al sito mondadorieducation.it e, se non lo hai già fatto, registrati: è facile, veloce e gratuito.
- Effettua il login inserendo la tua Username e Password.
- Accedi alla sezione Libro+Web e fai clic su "Attiva ME•book".
- Compila il modulo "Attiva ME•book" inserendo negli appositi campi tutte le cifre tranne l'ultima dell'ISBN del tuo libro, il codice contrassegno e quello seriale: li trovi sul bollino argentato SIAE che sta sulla prima pagina dei nostri libri.
- Fai clic sul pulsante "Attiva ME•book".

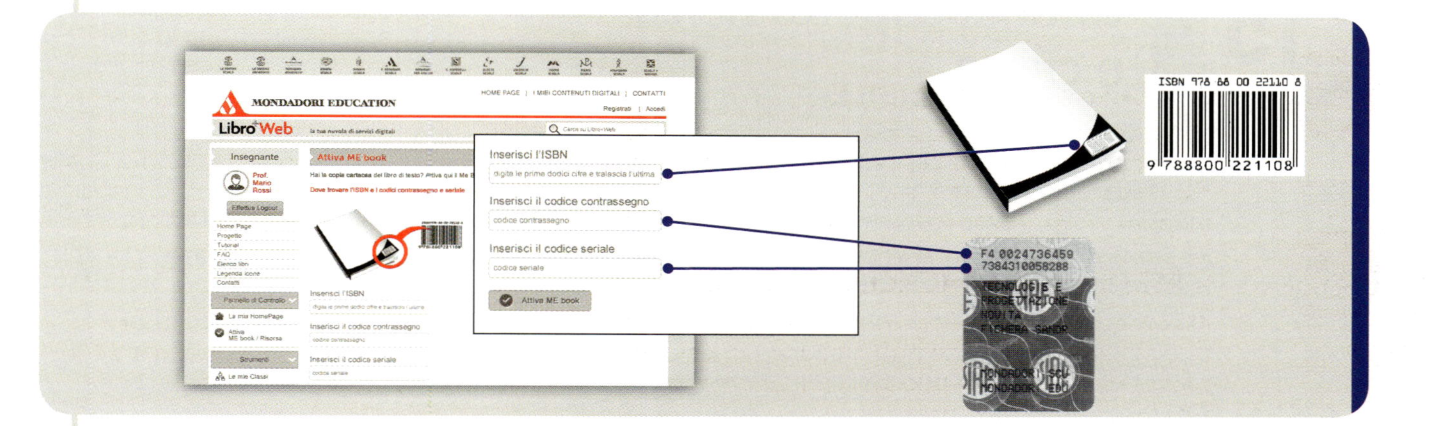

COME SCARICARE il ME•book

È possibile accedere online al ME•book direttamente dal nostro sito mondadorieducation.it oppure scaricarlo per intero o in singoli capitoli, sul tuo dispositivo seguendo questa semplice procedura:

- Scarica la nostra applicazione gratuita che trovi sul sito mondadorieducation.it o sui principali store di App.
- Lancia l'applicazione.
- Effettua il login con Username e Password scelte all'atto della registrazione sul nostro sito.
- Nella libreria è possibile ritrovare i libri attivati: clicca su "Scarica" per renderli disponibili sul tuo dispositivo.
- Per leggere i libri scaricati fai clic su "leggi".

È ora possibile accedere al ME•book anche senza connessione ad Internet.

Vai su **www.mondadorieducation.it**
e scopri come attivare, scaricare e usare SUBITO il tuo ME•book.

Per una didattica digitale integrata

Puoi trovare i Contenuti Digitali Integrativi del corso a partire dall'INDICE: così ti sarà più facile organizzare le tue lezioni e il tuo studio

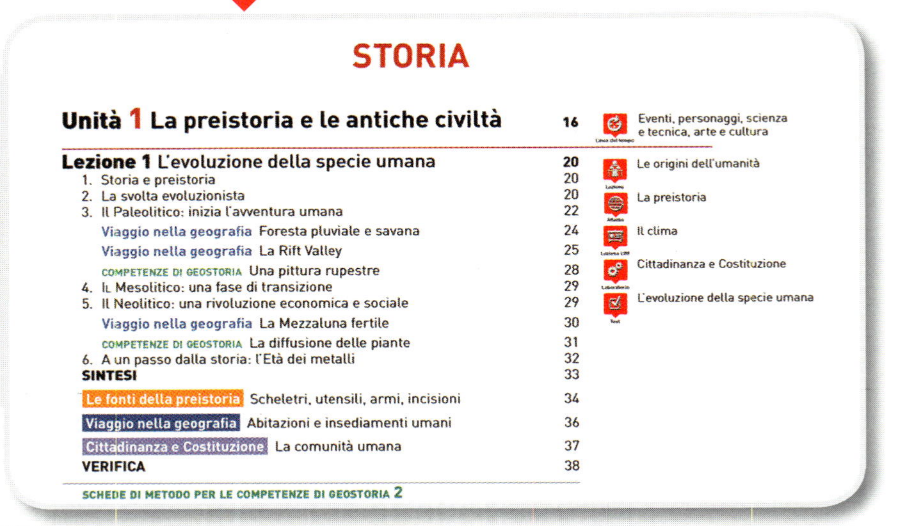

STORIA

Lezione **15** L'Italia: aspetto fisico e clima

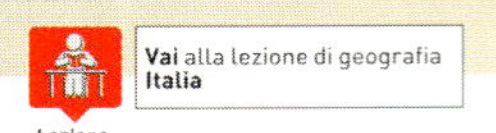

Lezione

Un tratto della costa sarda.

Le caratteristiche fisiche Per la sua conformazione partico[…] simile a uno stivale circondato dall'acqua, la penisola italiana è fac[…] conoscibile da una semplice carta geografica o storica, ma anche da[…] e satellitari. Essa, infatti, è collegata alla terraferma solamente a […] confina con la Francia, la Svizzera, l'Austria e la Slovenia.
La Penisola si protende verso Sud ed è bagnata dai mari del Me[…] Ligure, Tirreno, Ionio e Adriatico. Proprio per la sua estensione in […] l'Italia conta più di **7400 km di coste**, dalle svariate forme e caratteris[…] e lagunari nell'alto Adriatico; basse e sabbiose in corrispondenza de[…] della Toscana, del Lazio e della Campania; prevalentemente alte e ro[…] le rimanenti regioni della Penisola. A differenza delle coste adriati[…] tirreniche e ioniche sono più frastagliate e presentano diversi golfi. […] nazionale, inoltre, include due grandi isole, **Sicilia e Sardegna**, non[…] isole minori e molti arcipelaghi.

LEZIONE

Lezioni di storia e di geografia, ricche di risorse multimediali, per ripassare, leggere i dati e capire il presente alla luce del passato

ATLANTE

Itinerari e lezioni Google Earth™ per visualizzare luoghi ed eventi della storia antica e per collegare lo spazio fisico con le dinamiche storico-sociali del passato e del presente.

MONDADORI EDUCATION

VIAGGIO NELLA GEOGRAFIA
Collega passato e presente e approfondisci temi e problemi della geostoria.
Lezione LIM
87
Lingue e religioni nel mondo
GEOGRAFIA, LEZIONE 8
«Il credere in Dio insomma non nocque a nessun popolo mai; giovò anzi a molti; agli individui di robusto animo non toglie nulla; ai deboli è sollievo ed appoggio»
[Vittorio Alfieri, Del principe e delle lettere]

LEZIONE LIM

Le parole della geostoria: presentazioni in Power Point per collegare storia e geografia

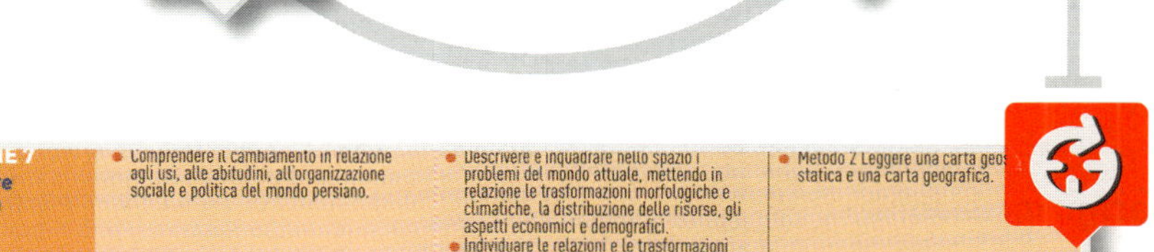

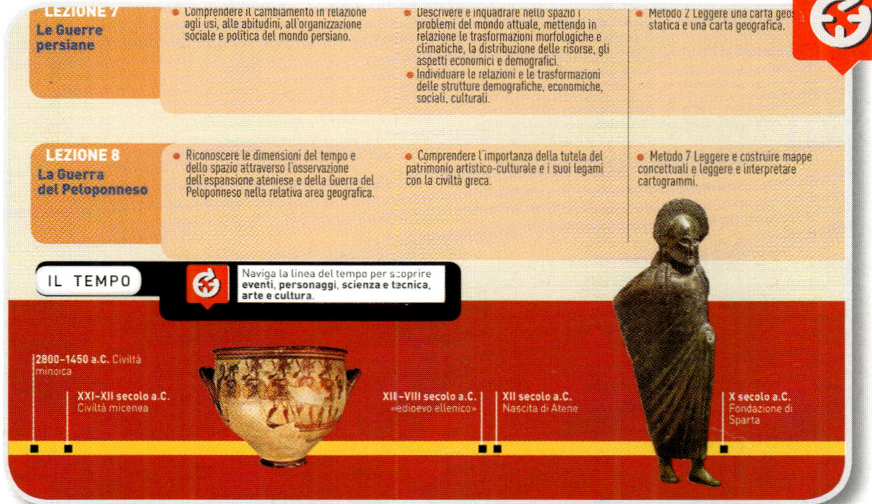

LINEA DEL TEMPO

Linea del tempo interattiva per scoprire i collegamenti tra avvenimenti, arte, cultura, personaggi

E tanti altri Contenuti Digitali Integrativi:

Laboratorio di Cittadinanza e Costituzione

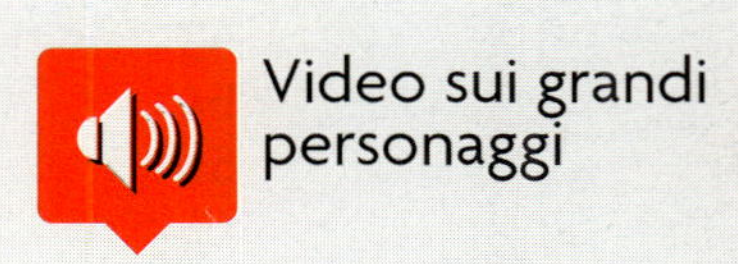

Video sui grandi personaggi

Test autocorrettivi

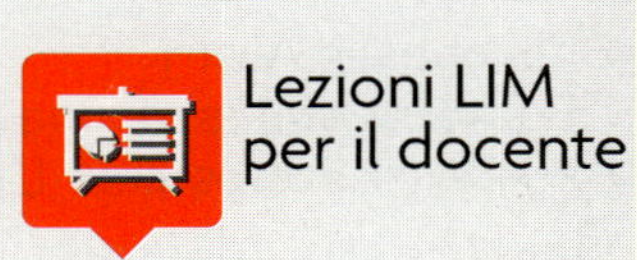

Lezioni LIM per il docente

STORIA

Unità 2 Ascesa e declino della Grecia classica 90

GEOGRAFIA

Viaggio nella geostoria è un testo classico e innovativo insieme

	CLASSICO	INNOVATIVO
APPROCCIO	- Inizia dal racconto storico mantenendo un **impianto tradizionale** che non interrompe l'indispensabile assetto cronologico e diacronico. - **Distingue le due materie** graficamente in due sezioni del libro. La parte in **rosso** è dedicata alla storia, quella in **blu** alla geografia. Il docente, in tal modo, riesce a proporre agevolmente ai discenti due discipline che, seppur sorelle, hanno peculiarità proprie e sviluppano abilità e competenze differenti (che sono poi anche verificate insieme in modo omogeneo).	- Interconnette strettamente ogni lezione di storia a un argomento di geografia (che corrisponde a una lezione o a un paragrafo), in un'ottica attualizzante e problematizzante. L'**unione tra le due discipline** avviene tramite la **rubrica di geografia «Viaggio nella geografia»**. Questa impostazione consente al docente di insegnare contemporaneamente le due materie, scegliendo, quando lo ritenga opportuno, di approfondire alcune questioni attraverso lo studio delle lezioni di geografia.
IMPIANTO DIDATTICO	- Sono presenti nel manuale aperture di unità, sintesi delle lezioni, cartine, linee del tempo, mappe, tabelle, schemi, grafici e altri **strumenti** ormai **consueti** nella **didattica contemporanea**. Lo scopo è offrire elementi facilitatori allo studio della materia e all'acquisizione «di un metodo di studio conforme all'oggetto indagato». - Alla fine di ogni lezione di storia e di ogni unità di geografia propone **verifiche delle abilità e delle competenze distinte in storiche, geografiche, geostoriche e trasversali** (di cittadinanza, italiano ecc.). - Tramite appositi box di lessico, consente l'**apprendimento** e l'esercizio del **lessico geostorico**. - Mette in primo piano il **lavoro sulle fonti**. In ogni lezione di storia e in alcune sezioni di geografia, infatti, si trova una rubrica operativa sulle fonti, in cui le stesse vengono introdotte, esaminate, messe a confronto e nella quale viene suggerita un'analisi guidata anche tramite il web.	- Introduce le lezioni di storia con un **confronto ieri/oggi** tra due territori e due situazioni geopolitiche differenti che intrecciano storia e geografia. - Presenta **17 schede di metodo geostorico che spiegano** al discente **come studiare la geostoria** (→ «*Che cos'è il metodo geostorico*» a p. XX). Il metodo è richiamato continuamente nelle verifiche e in appositi box con attività sulle competenze di geostoria, presenti in ogni lezione di storia e di geografia. Esso, quindi, costituisce il fondamento del libro ed è la «guida di viaggio», senza la quale il percorso sarebbe privo di un'importante fase metacognitiva. - Include in numerose lezioni una **rubrica di Cittadinanza** che, in un'**ottica attualizzante**, affronta argomenti riguardanti leggi, norme, condizioni umane; una sezione a parte della stessa rubrica («**Guida alla cittadinanza**») propone delle **esercitazioni online** o chiarisce alcune problematiche più complesse.

LE AUTRICI

Che cos'è il metodo geostorico

1. Che funzione hanno le Schede di metodo per le competenze di geostoria?

Viaggio nella geostoria è un **itinerario guidato** attraverso la storia e la geografia. Ma qual è l'elemento che **guida** l'intero manuale? Le **Schede di metodo per le competenze di geostoria**. Esse chiariscono l'**approccio alla materia** (Scheda n°1, Prendere appunti ed effettuare una ricerca) e illustrano meticolosamente, passo per passo, tutte le operazioni da compiere per **congiungere** il **tempo** (storia) allo **spazio** (geografia) e per **apprendere gli strumenti e i metodi fondamentali della geostoria**: leggere una carta geostorica statica nella lezione di storia e contemporaneamente analizzare una carta geografica (Scheda n° 2); leggere e costruire una linea del tempo e trasferire questa abilità dal tempo allo spazio, nella lettura e nell'elaborazione di una carta geostorica dinamica (Scheda n° 3); esaminare fonti non scritte e sviluppare l'abilità di analisi delle carte tematiche o delle foto aeree e satellitari in geografia (Schede n° 4 e 5); comprendere fonti scritte tramite tabelle e, quindi, leggere e costruire una tabella e saperne ricavare informazioni anche in ambito geografico (Scheda n° 6); leggere e costruire mappe concettuali in storia e cartogrammi in geografia (scheda n° 7); confrontare due carte e sapere leggere e costruire grafici, strumenti utilissimi alla comprensione delle principali tematiche di geografia umana (Schede n° 7 e 8).
Il metodo geostorico, altresì, **collega la geostoria all'esercizio delle abilità linguistiche**, inserendo le tipologie testuali nello studio della geostoria. E così, nel secondo volume, introduce alla comprensione e alla redazione di testi di vario genere (descrittivi, regolativi, informativo-espositivi, argomentativi) su tematiche di ordine storico o geografico. Le spiegazioni sono tutte corredate da esempi pratici già svolti, che servono da modello su cui misurarsi per produrre i propri testi.
Infine, il metodo è richiamato continuamente nelle verifiche, che esercitano c**ompetenze storiche**, **geografiche**, **geostoriche** e **trasversali**, e in appositi **box di metodo geostorico** presenti in ogni lezione di storia e di geografia.

2. Come sono strutturate?

Ogni scheda di metodo, riguarda o un'**abilità di geostoria** (comune a storia e a geografia) o un'**abilità di storia** e una di **geografia** connesse tra loro. La natura geostorica delle abilità o il legame tra le abilità storiche e quelle geografiche viene brevemente introdotto da una sintetica **spiegazione**.

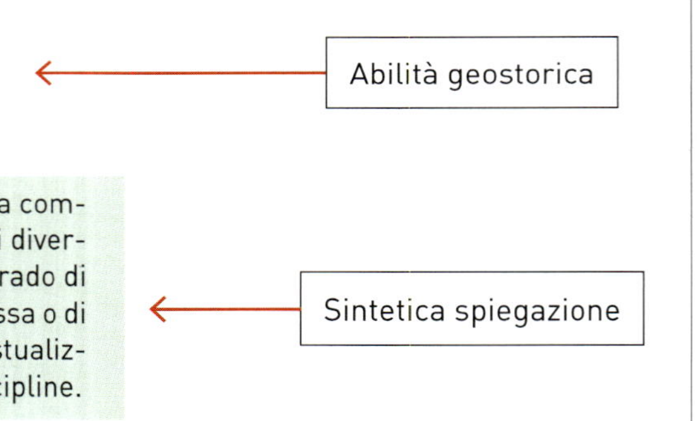

Nello studio della geostoria, come hai già appreso, ci si avvale frequentemente, per la comprensione dei fatti storici e geografici, dell'aiuto di carte geostoriche e geografiche di diversa tipologia: statiche, dinamiche, fisiche, politiche, tematiche ecc. Oltre a essere in grado di leggerle singolarmente, è inoltre fondamentale saper confrontare due carte della stessa o di diversa natura per cogliere e studiare nella sua complessità un fenomeno, per contestualizzarlo nel tempo e nello spazio e per metterlo in relazione ai contenuti delle altre discipline.

5. Leggere e analizzare fonti non scritte e leggere foto aeree e satellitari

Le fonti materiali non si riducono a quelle affrontate nella SCHEDA DI METODO 4 a p. 67. Rovine di un'intera città, monumenti o edifici di vario genere e destinazione (tombe, piramidi, ziqqurat, templi, luoghi di culto, palazzi, case ecc.) rappresentano infatti fonti materiali di grandi dimensioni che consentono allo storico, attraverso la loro analisi e il loro attento studio, di ottenere una ricostruzione efficace delle caratteristiche e delle usanze di popoli e di civiltà. Allo stesso modo, per un geografo come per lo storico, è oggi fondamentale lavorare su fotografie aeree e satellitari, strumenti in grado di fornire informazioni diverse e spesso più dettagliate su un territorio rispetto a una carta geografica.

Ogni scheda, poi, è divisa in sezioni collegate tra loro.
La sezione *Nel tempo* è dedicata all'esercizio delle abilità storiche.

NEL TEMPO

Come PRENDERE appunti (su un testo di storia)

Sviluppare l'abilità di prendere appunti è indispensabile per semplificare lo studio delle discipline scolastiche. Tale abilità diviene «competenza» nel momento in cui è applicata nella vita quotidiana, in ogni tipo di attività che lo richieda.
Sia un testo orale sia un testo scritto possono essere «fissati» meglio nella nostra mente, se ridotti ad **appunti scritti**. Anche se non esistono regole prestabilite, è possibile individuare un **metodo** per prendere appunti, scandito in alcuni passaggi base.

La sezione *Nello spazio* è riservata all'applicazione delle abilità geografiche messe in relazione a quelle storiche.

NELLO SPAZIO

Come LEGGERE una carta geografica

Come vedremo (→ LE FONTI E GLI STRUMENTI DELLA GEOSTORIA, p. 2), la **carta geografica** è una **riproduzione in scala di estesi territori** (continenti, Stati) nel loro stato attuale. Essa può essere fisica o politica.
Le carte geografiche **fisiche** mettono in evidenza gli aspetti e gli elementi naturali di un territorio: montagne, fiumi, laghi ecc.

A volte le due parti sono unite insieme (*Nel tempo e Nello spazio*). Ciò si verifica se l'operazione da compiere interessa abilità comuni alle due discipline.

NEL TEMPO E NELLO SPAZIO

Come LEGGERE una carta geostorica statica

Per comprendere un avvenimento nel tempo è necessario saperlo collocare anche nello spazio attraverso particolari carte tematiche, dette «**geostoriche**». Le **carte geostoriche** possono essere **statiche** (quando «descrivono») e **dinamiche** (quando «narrano», → SCHEDA DI METODO 3, p. 64). In questa sezione ci occuperemo delle prime.

La sezione *Nel web* o *Nel computer* consente di utilizzare le moderne tecnologie per applicare la metodologia acquisita.

NEL COMPUTER

Adesso COSTRUISCI una tabella a doppia entrata

Oggi, per la costruzione di una tabella, possiamo avvalerci dei mezzi informatici e dei loro innumerevoli programmi, utili per la semplificazione del lavoro. Il programma maggiormente utilizzato è Microsoft Excel, presente ormai nella maggior parte dei computer. Apri un foglio vuoto di Excel per realizzare un nuovo documento dal titolo *I principali aeroporti* nel mondo (2009). Crea una tabella a doppia entrata, utilizzando i dati forniti di seguito.

Le fonti e gli strumenti della geostoria

1 Che cos'è la geostoria?

«Quando» e «dove» Fino a qualche anno fa storia e geografia erano insegnate separatamente. Ma, a pensarci bene, qualsiasi argomento storico venga esaminato è impossibile che lo si tratti senza un necessario riferimento allo «**spazio**», ai luoghi in cui si sono verificati gli avvenimenti narrati. Fattori come la morfologia di un territorio e il clima condizionano molto il comportamento umano. È impossibile, per esempio, ricostruire le tappe della diffusione del genere *Homo* sulla Terra senza prendere in considerazione come erano fatti i territori in cui i primi uomini dovettero spostarsi e quali climi dovettero affrontare.

Oltre a quello **temporale**, il riferimento spaziale diventa quindi indispensabile per soddisfare le domande tipiche della storia:

- **qual** è il fatto storico?
- **quando** successe?
- **dove** successe?
- **chi** è/sono il/i protagonista/i?
- **perché** successe?
- **come** si sviluppò?
- **quali** furono le conseguenze?

L'incontro tra storia e geografia Non solo la storia deve tenere conto dello spazio, ma anche la **geografia** deve tenere conto del tempo: lo studio dell'andamento della popolazione in Italia, per esempio, deve essere considerato rispetto alla **successione nel tempo**, in modo da avere gli strumenti per comprendere le cause dell'aumento della popolazione in certi periodi piuttosto che in altri.

Inoltre, la Terra in cui viviamo non è statica, ma dinamica, cioè in continuo mutamento: conoscere il come, il perché e il quando e la durata di questi cambiamenti è fondamentale per capire il nostro mondo.

Tempo e **spazio** rappresentano quindi i caratteri strutturali dello studio della storia e della geografia, discipline che, a questo punto, si intrecciano tanto da permetterci di presentarle sotto forma di un'unica disciplina, basata sulla stretta integrazione tra storia e geografia: la **geostoria**.

Sebbene sia ancora difficilmente definibile come disciplina autonoma, l'esigenza che sta alla base di una lettura geostorica degli eventi è immediatamente comprensibile attraverso un esempio concreto. Nella Grecia antica esistevano decine di piccole città-stato divise le une dalle altre e per molti secoli non è stato possibile raggiungere l'unificazione. Per spiegare questo fenomeno occorre tenere in considerazione, tra i vari fattori, anche la **natura del territorio** della penisola ellenica (partico-

Una strada in mezzo alle montagne, senza tracce di vita umana, tranne qualche casa sulla parte sinistra dell'immagine. Siamo nel Nord della Grecia, in prossimità di Meteora, una località caratterizzata da montagne rocciose sulle quali sorgono alcuni monasteri. La natura montuosa del territorio della penisola ellenica influenzò la storia dell'antica Grecia.

larmente montuosa), che, impedendo facili e veloci comunicazioni al suo interno, non ha facilitato – almeno sino all'Ottocento – la formazione di uno Stato unitario.

Questo è solo un esempio del principio su cui si basa la geostoria: «non si può imparare la storia senza la geografia né la geografia senza la storia».

TRE TERMINI DELLA GEOSTORIA

Quali sono i termini propri della geostoria? Impareremo a conoscerli nel libro, ma fin d'ora è bene familiarizzare con alcuni di loro e capire perché sono termini geostorici (ossia propri sia della geografia sia della storia).

Ambiente È uno spazio determinato, con alcune caratteristiche distintive, come il clima, la temperatura e altre ancora. L'ambiente è un fattore geostorico, perché condiziona la vita della popolazione. Vivere in una pianura fertile che permette un'agricoltura florida è ben diverso dal vivere in un ambiente freddo e boscoso.

Economia Usare le risorse messe a disposizione da un ambiente, importarne altre da Paesi lontani, produrre beni di consumo, commerciare: sono attività presenti in quasi tutte le popolazioni. L'economia assume aspetti diversi nel corso della storia, ma è intrecciata alla geografia, perché riguarda lo sfruttamento delle risorse di un ambiente, il trasporto in Paesi diversi e altri aspetti «spaziali».

Migrazione Le migrazioni, i massicci spostamenti di popoli che abbandonano i Paesi d'origine alla ricerca di migliori condizioni di vita, sono fenomeni ricorrenti nella storia. Sono fenomeni storici perché avvengono in un certo momento storico per determinate cause e danno vita a effetti di lungo periodo. Sono però anche fenomeni geografici, perché comportano effetti sui territori di origine e di destinazione, sulle risorse disponibili, sull'aumento o la diminuzione della popolazione negli Stati.

2 Gli scopi e le fonti della storia

Che cosa fa lo storico Il termine **storia** deriva dal greco *historia*, che letteralmente significa «indagine, ricerca». La storia, quindi, è la conoscenza acquisita attraverso l'**indagine** scrupolosa degli eventi accaduti nel passato e dei suoi protagonisti.

La scienza che ha come obiettivo primario la ricostruzione e la comprensione del passato tramite la ricerca delle cause e delle conseguenze dei fatti storici si chiama **storiografia** (parola che deriva dai termini greci *historia* e *graphè*, «scrittura»).

La ricostruzione del passato può riguardare aspetti molto diversi. Qualche esempio aiuterà a capire i molti tipi di storie che si possono studiare. Uno storico che si occupa, per esempio, della battaglia di Waterloo (1815), nella quale Napoleone fu sconfitto, si dedica alla ricostruzione di un **evento specifico**. Uno storico che analizza le condizioni della popolazione della Francia dell'epoca napoleonica, invece, si concentra sulla **storia sociale**. Se il suo interesse riguarda la politica e le istituzioni create da Napoleone Bonaparte, è uno **storico delle istituzioni**. Lo studio della storia è quindi diviso in molti ambiti, i quali però non sono separati gli uni dagli altri, ma sono intrecciati tra loro.

A *sinistra*, la carica della cavalleria francese contro quella inglese durante la battaglia di Waterloo, in un dipinto di Henri Félix Emmanuel Philippoteaux (1815-84). *Sotto*, una lavandaia di umili condizioni, in un dipinto del 1761 del pittore francese Jean-Baptiste Greuze (1725-1805). In dipinti come questi possono essere rintracciate importanti informazioni di storia militare e di storia sociale.

Una marcia del movimento femminista a Sydney per la Giornata Internazionale della Donna nel 1980.

Una scena di vita quotidiana nella Firenze rinascimentale, in un dipinto di Francesco Ubertini detto il Bacchiacca (1494-1557), pittore al servizio della corte di Cosimo I de' Medici.

In molti casi lo studio di un particolare ambito della storia nasce da un interesse attuale: la **storia della scienza**, per esempio, non aveva senso prima che la scienza fosse ben distinta dalla magia. La **storia delle donne**, per considerare un secondo esempio, è una disciplina recente, che prende avvio dall'emancipazione femminile della seconda metà del Novecento.

Questa connessione tra interesse attuale e sviluppo di un ambito di studio spiega anche come avviene la **selezione** di ciò che viene studiato. Alcuni eventi o fenomeni sono da tempo considerati fondamentali nello sviluppo della storia, come per esempio la caduta dell'Impero romano, la Seconda guerra mondiale e, più recentemente, la fine del comunismo.

Altri, invece, sono selezionati dagli storici o perché corrispondono agli interessi sociali di quel momento, o perché le conoscenze suggeriscono quella direzione: per esempio, una scoperta archeologica può generare interesse per un certo Paese e per un certo periodo.

Che cosa fanno gli storici? Qual è la loro attività? Gli storici indagano le cause di un determinato evento o di un determinato fenomeno e i suoi effetti: perché è scoppiata la Seconda guerra mondiale; quali sono gli effetti della caduta del comunismo; ecc. Stabilire un **legame tra cause ed effetti** non è affatto semplice: occorre distinguere tra cause di lunga durata e cause di breve durata, dare il giusto peso ai fattori economici, politici, sociali, culturali.

Inoltre gli storici ricostruiscono un ambiente, un modo di vivere o di pensare, una situazione economica o qualche altro aspetto del passato. Per sapere come si viveva nella Firenze del Cinquecento, uno storico leggerà documenti dell'epoca, cercherà dei reperti che risalgono a quel periodo, osserverà quadri e affreschi che ritraggono gli uomini dell'epoca. Avrà quindi a che fare con le **fonti**.

IL LESSICO STORICO

Mito Il termine deriva dal greco *mythos* («parola, narrazione, leggenda») e indica le prime forme di racconto comuni a tutte le culture più antiche: si tratta di storie fantastiche che hanno un carattere religioso in quanto riferiscono le vicende degli dèi, dalla formazione dell'universo alla comparsa dei primi uomini.

Fonti primarie e fonti secondarie

Come ogni scienza, il lavoro della storiografia non può basarsi su ipotesi o ricostruzioni fantastiche (come sono per esempio i **miti**, narrazioni molto diffuse nell'antichità), né tantomeno può ridursi alla sola narrazione quasi letteraria di un fatto.

Al contrario, il lavoro dello storico deve avvalersi di metodi specifici, di una ricerca attenta e dell'analisi diretta di **prove**, che devono essere attentamente **studiate**, **interpretate** e **confrontate** tra loro prima di giungere a delle conclusioni.

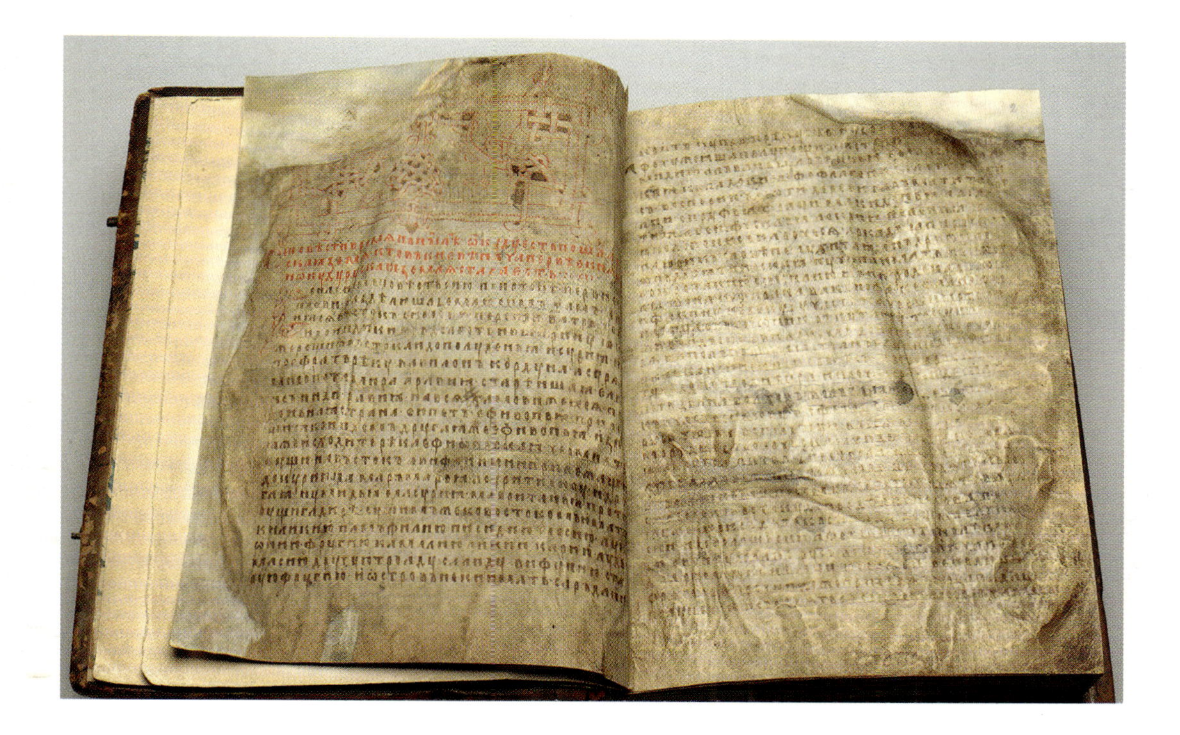

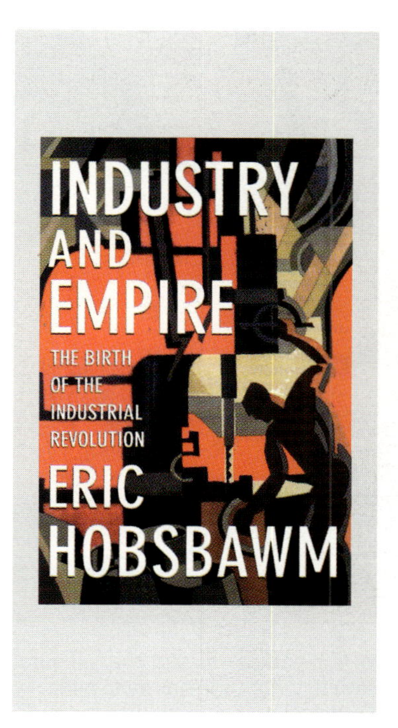

A sinistra, un manoscritto risalente al XIV secolo: si tratta del *Manoscritto nestoriano*, la più antica cronaca russa. A destra, un'opera storiografica del XX secolo: *La rivoluzione industriale e l'Impero*, dello storico britannico Eric Hobsbawm (1968).

Tali prove sono le **fonti**, strumenti fondamentali per lo storico che, una volta reperite, devono essere interrogate per imparare a conoscere, comprendere e ricostruire il passato. La storia, infatti, non è un monologo, ma un dialogo tra le fonti e chi le esamina: il documento storico non parla da sé, ma è in grado di «dire qualcosa» a chi lo interroga solo se viene interpellato con le **domande giuste**, attraverso le quali può fornirci le risposte pertinenti all'investigazione.

Le fonti sono la **testimonianza dell'uomo** e delle sue attività sulla Terra. Esse sono, dunque, innumerevoli e di diverse tipologie.

Anzitutto è bene distinguere le **fonti primarie** (o **dirette**) da quelle **secondarie** (o **indirette**).

Alle prime appartengono le testimonianze dirette e **contemporanee all'epoca studiata**: sono quindi fonti primarie monumenti, atti pubblici, orazioni, lettere, documenti di vario genere.

Delle seconde fanno invece parte testi realizzati in un'**epoca successiva** ai fatti presi in esame, ma che presentano valutazioni e considerazioni dell'autore su un determinato avvenimento storico di quel periodo. Per esempio, sono fonti secondarie le **opere storiche** o le **opere biografiche**.

Le fonti storiche inoltre possiedono un'ulteriore caratteristica, ovvero possono essere **intenzionali** o meno. L'autore, infatti, può aver deciso di «creare» una determinata fonte con il preciso scopo di lasciare una testimonianza ai posteri; ma può anche accadere che questa motivazione manchi, come è il caso, per fare due esempi tra tanti, delle numerose lettere private dei personaggi storici, oppure delle monete antiche.

Le fonti materiali

Le **fonti materiali** (→ SCHEDA DI METODO 4, p. 67) consistono in **immagini** (pitture, disegni, dipinti), in **manufatti** realizzati e adoperati dall'uomo (monete, vasi, corredi funerari, utensili, statue, edifici ecc.), ma anche in **resti umani** o **animali** (fossili, scheletri).

Le fonti materiali sono le prime tracce lasciate dai nostri antenati e sopravvissute all'erosione del tempo, e **precedono l'invenzione della scrittura**.

Esse vengono considerate un'inestimabile «eredità umana», perché risultano fondamentali per comprendere le civiltà che hanno preceduto la «storia» vera e propria, ovvero la ricostruzione del passato attraverso documenti per la maggior parte scritti. L'essere arrivate fino a noi e

Una pittura rupestre che raffigura cavalli, tori e cervi rinvenuta nelle grotte di Lascaux, nella Francia sud-occidentale, risalente al Paleolitico superiore (XIX-XIV millennio a.C.). Dal 1979 il sito archeologico è Patrimonio dell'Umanità Unesco.

Navi romane che trasportano truppe sul Danubio per la seconda campagna contro i Daci, in un bassorilievo della Colonna Traiana risalente al 113 d.C.

l'averle scoperte ci ha permesso di ricostruire in parte la vita, le attività e gli insediamenti dell'uomo preistorico.

Anche nello studio delle epoche storiche nelle quali la scrittura era in uso, però, le fonti materiali sono importanti. Si pensi alle informazioni che si possono trarre dall'analisi di armi, capi di abbigliamento, monili ecc.

Tra le fonti materiali hanno una particolare importanza le **fonti monumentali**: le rovine di una città, i suoi monumenti o gli edifici di vario genere e destinazione (tombe, piramidi, templi, luoghi di culto, palazzi, case ecc.). Queste fonti consentono allo storico, attraverso la loro analisi e il loro attento studio, di ottenere una ricostruzione efficace delle caratteristiche e delle usanze di popoli o di intere civiltà (→ SCHEDA DI METODO 5, p. 78).

Le fonti scritte aumentano considerevolmente con il passare degli anni, via via che la cultura e l'alfabetizzazione si diffondono. Se per lo storico non è difficile interrogare le fonti scritte composte in una lingua ancora viva, ciò non è altrettanto vero quando si tratta di analizzare fonti scritte che risalgono a **civiltà antiche**, la cui lingua non è più usata oppure è addirittura sconosciuta.

A occuparsi della ricostruzione delle fonti in lingua antica e della loro interpretazione e traduzione è la **paleografia** (dal greco *palaiòs*, «antico», e *graphè*, «scrittura»), una disciplina nata proprio con il compito di studiare l'evoluzione delle scritture antiche, di interpretare i segni grafici e di trascriverli per metterli poi a disposizione dello storico, che li analizza per ricostruire gli avvenimenti storici.

Quando il supporto utilizzato per la scrittura è duro (una tavoletta d'argilla, di pietra, di marmo ecc.), allora lo storico si avvale dell'aiuto dell'**epigrafia** (dal greco *epì*, «in, sopra», e *graphè*, «scrittura»).

Un discorso a parte riguarda le **fonti orali**. Esse consistono in conversazioni, dialoghi, canti popolari, proverbi, detti popolari, leggende, rime di vario genere, barzellette e racconti, oltre che in interviste.

Le fonti orali cominciarono a essere utilizzate con una certa regolarità solo nel Novecento, quando l'invenzione di nuove tecnologie permise una migliore conservazione delle testimonianze. Le fonti orali rivestono una notevole importanza poiché spesso riportano la **voce del popolo** e delle classi meno agiate, che sino a non molti decenni fa erano ancora largamente analfabete. Le fonti orali, quindi, rappresentano uno strumento prezioso soprattutto per ricostruire la **mentalità**, gli **usi** e i **costumi** di una determinata epoca storica.

Una delle prime forme di scrittura documentate provenienti dall'antica Mesopotamia: un esempio di scrittura cuneiforme su una tavoletta accadica del III millennio a.C. conservata alla Yale University.

■ La fotografia del primo incontro tra Mussolini e Hitler, avvenuto a Venezia il 14 giugno 1934. La fotografia si è rivelata una fondamentale fonte per studiare la storia del Novecento.

Le nuove fonti L'affermazione di nuove arti come la fotografia e il cinema sullo scenario culturale novecentesco ha contribuito alla creazione di nuovi tipi di fonti: **fotografie**, **film**, **video**, **documentari**, **reportage televisivi** invadono infatti la nostra vita quotidiana e ci consentono sicuramente di acquisire una conoscenza, ma anche una visione, più ricca intorno ai fatti della storia recente. Di grande importanza sono, per esempio, fotografie e video relativi alla Seconda guerra mondiale o allo sterminio degli ebrei da parte dei nazisti e dei fascisti.

In un'era «digitale» come la nostra, poi, diventa sempre più facile e veloce l'attività di ricezione, di progettazione, di organizzazione e di trasmissione delle testimonianze nelle loro diverse forme testuali, iconografiche, sonore, animate, audiovisive: in definitiva, **multimediali**.

Gli scopi e gli strumenti della geografia

La geografia La geografia (dal greco antico *ghè*, «Terra», e *graphìa*, «scrittura») è la disciplina che si propone di **descrivere il nostro pianeta** e gli elementi naturali che gli sono propri e, inoltre, di studiare e comprendere le **relazioni fra gli aspetti naturali e quelli antropici** (cioè relativi all'uomo) di ogni territorio.

Come in storia, anche in geografia esistono molti ambiti diversi di studio. Un geografo può occuparsi della superficie del pianeta (**geografia fisica**) oppure del clima (**climatologia**); un altro, invece, può interessarsi della struttura delle città (**geografia urbana**) o più ampiamente della distribuzione e dell'organizzazione delle popolazioni (**geografia umana**). Ciò che unisce tutti i diversi ambiti della geografia è l'attenzione per lo **spazio**: com'è fatto, com'è occupato, come viene modificato ecc.

Il geografo, come lo storico, per condurre le proprie indagini si serve di **strumenti** ben precisi, realizzati a seguito dell'osservazione attenta (diretta o tramite immagini, fotografie terrestri e aeree, filmati e foto satellitari) del territorio preso in considerazione.

Le carte Per studiare la nostra Terra ricorriamo all'utilizzo di diversi tipi di carte, a seconda dell'obiettivo che ci siamo prefissati. Ogni tipo di carta, infatti, ha uno scopo diverso.

Le **carte geografiche** sono delle riproduzioni in scala di estesi territori (continenti, Stati) nella loro situazione attuale (→ SCHEDA DI METODO 2, p. 40). Esse possono essere **fisiche** o **politiche**. Le prime rappresentano gli elementi naturali di un determinato territorio, come montagne, fiumi, laghi ecc.; le seconde, invece, riproducono le diversità amministrative e

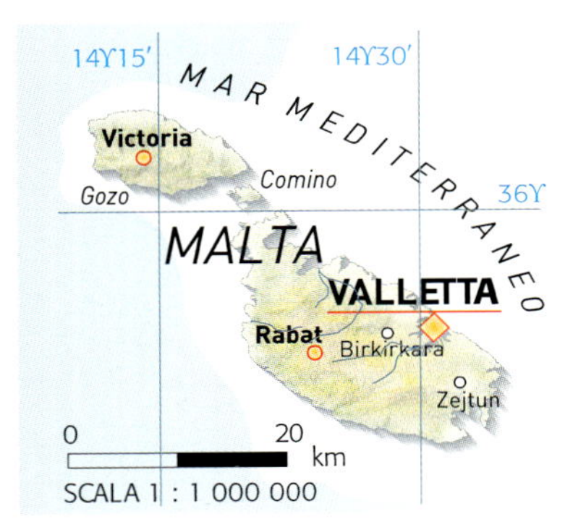

■ La carta corografica dell'isola di Malta.

politiche che lo caratterizzano, fornendo informazioni circa i confini politici (non sempre corrispondenti a quelli fisici), le capitali, i capoluoghi, la presenza di aeroporti e le principali vie di comunicazione.

Le **carte corografiche**, quelle **topografiche** e le **piante** sono riproduzioni in scala più ridotta rispetto alle carte geografiche e vengono utilizzate per studiare un territorio più piccolo: le prime servono a rappresentare la distribuzione dei centri urbani, le strade, le distanze chilometriche; le seconde evidenziano edifici, boschi, strade e corsi d'acqua di un determinato territorio; le terze, infine, servono a riprodurre una città, la forma, i quartieri, i nomi delle strade.

Le **carte tematiche** sono carte specializzate nell'analisi di un solo aspetto del territorio, come per esempio il clima, la densità della popolazione, i flussi migratori (→ SCHEDA DI METODO 4, p. 67).

A queste carte si affiancano quelle **storiche** o **geostoriche**. Con questa denominazione si intendono tutte le carte storiche che in realtà, oltre ad essere sempre geografiche, perché rappresentano un territorio (spazio) anche se in un determinato tempo passato, sono anche tematiche perché pongono in evidenza sempre un argomento. Esse si distinguono in: **statiche** e **dinamiche**. Le prime descrivono un territorio (città, regione, Stato, continente) in cui sono presenti le caratteristiche proprie del periodo storico trattato (morfologia, nome, confini politici e naturali, struttura urbanistica ecc.). Le carte geostoriche statiche, quindi, possono essere sia fisiche che politiche. Le seconde «narrano» fatti storici su una rappresentazione dello spazio così come si presentava nel periodo storico trattato. Esse, quindi, trattano un determinato «tema», ma appartenente al passato (vedi schema sottostante).

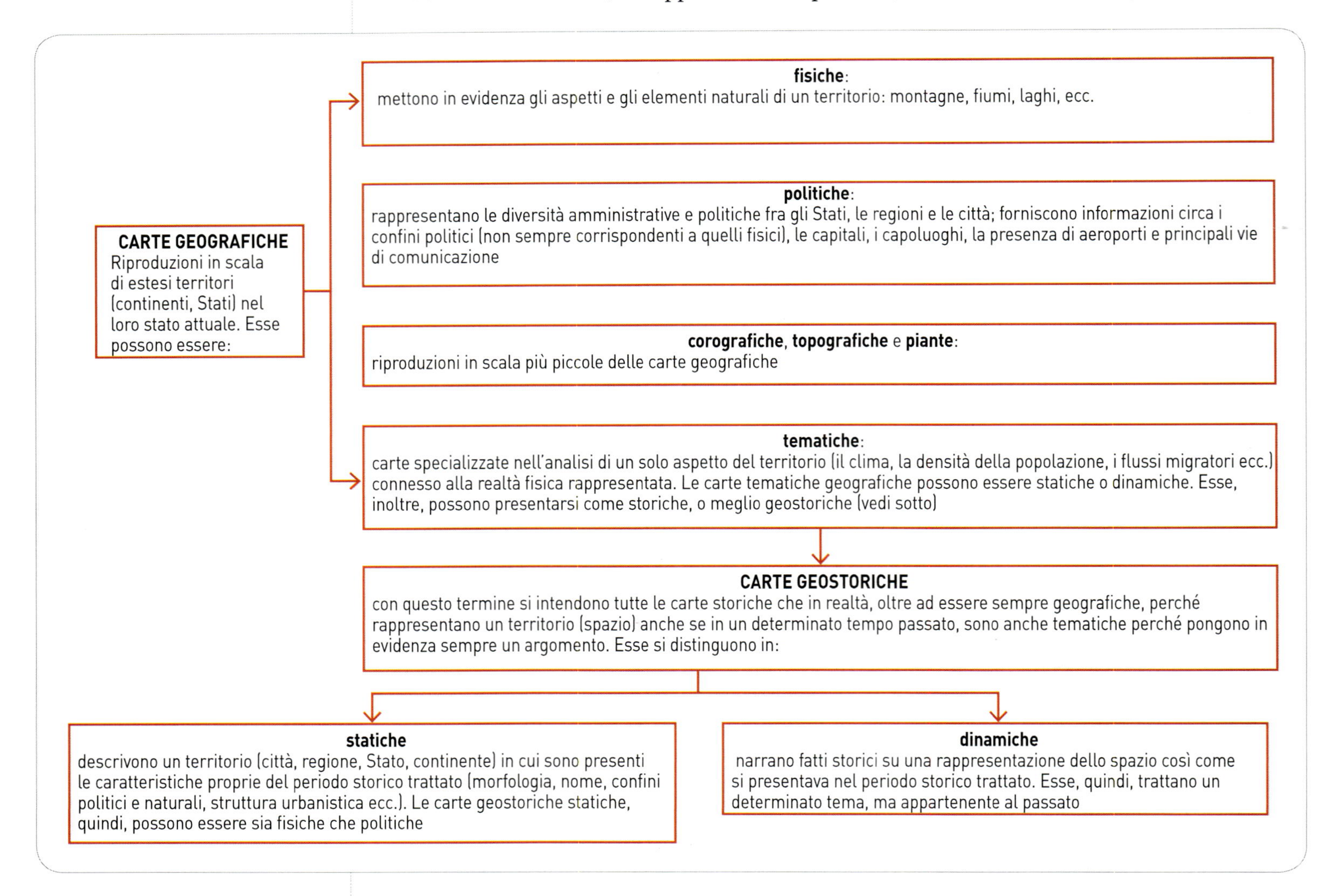

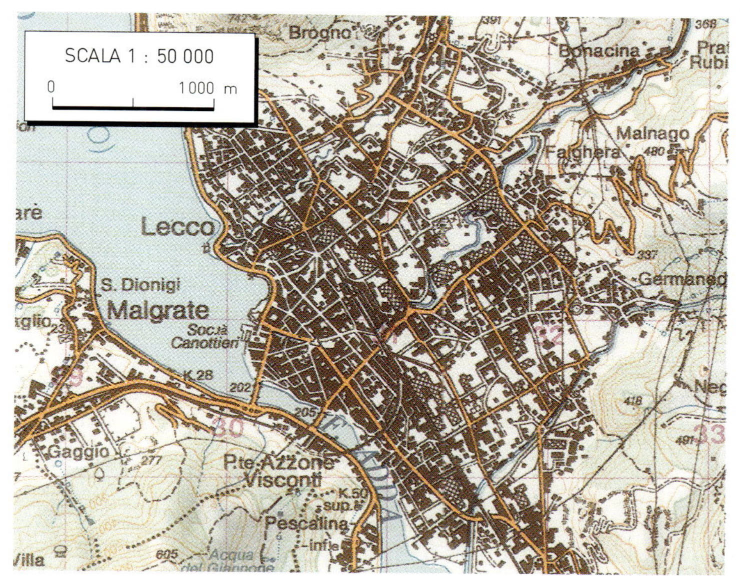

■ La carta topografica del territorio circostante la città di Lecco.

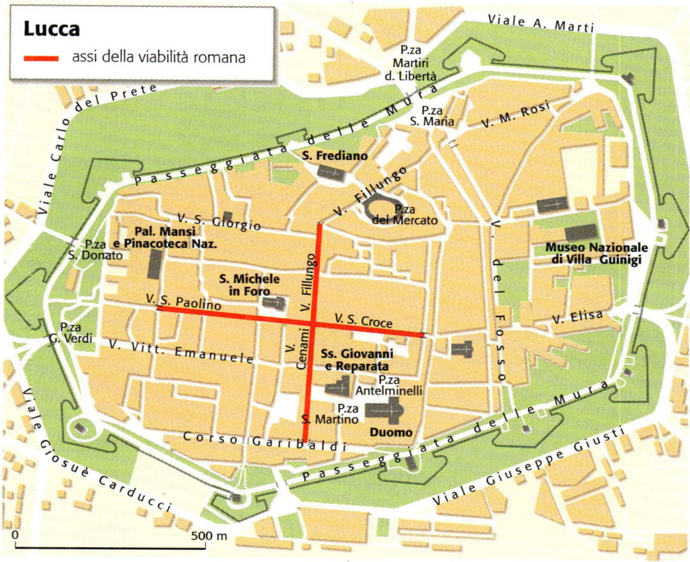

■ La pianta di Lucca.

I dati statistici e i grafici

Il geografo, nelle sue ricerche, fa largo uso di **dati statistici**. Elementi fondamentali del metodo scientifico e della sua obiettività, i dati statistici sono il risultato di attente inchieste e della rielaborazione di fonti ricavate in maniera ordinata e sistematica.

L'analisi dei dati statistici permette al geografo di venire a conoscenza di importanti aspetti della realtà in cui viviamo e di dare risposte concrete alle domande che essa ci pone. Egli può ordinare i dati ricavati in una **tabella** o elaborarli in un **grafico**. Mentre la tabella ha il pregio di essere facilmente consultabile, il grafico offre la possibilità di rappresentare un caso nella sua complessità e, stimolando la percezione visiva, di comprendere nell'immediato il fenomeno trattato.

Esistono diversi tipi di grafici, ognuno dei quali ha una sua specificità e una sua utilità (→ SCHEDA DI METODO 9, p. 228): **aerogramma** o **diagramma a torta**; **istogramma**; **ideogramma**; **diagramma cartesiano** o **grafico lineare**.

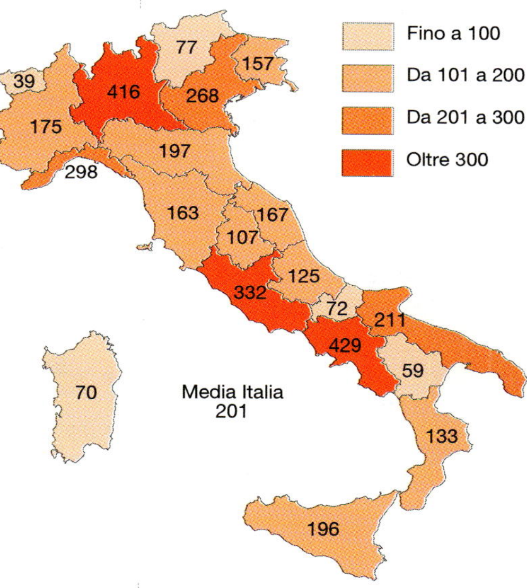

■ Un esempio di cartogramma a mosaico: la densità media della popolazione italiana.

I cartogrammi

Il **cartogramma** è una particolare carta geografica su cui vengono riprodotti graficamente (attraverso colori diversi, simboli o particolari forme) dei dati statistici. Pur favorendo l'immediata lettura di un fenomeno presente su un territorio, esso è meno preciso rispetto ai grafici o alle carte geografiche. Il geografo se ne avvale per raffigurare graficamente nello spazio determinati fenomeni.

Esistono diversi tipi di cartogrammi (→ SCHEDA DI METODO 7, p. 156): il **cartogramma a punti** rappresenta i dati attraverso punti, cerchi, pallini ecc.; il **cartogramma a mosaico** è la raffigurazione di un fenomeno per mezzo di colori o tratteggi; il **cartogramma areale** e **volumetrico** (o **metacarta**) riproduce i dati di un caso attraverso figure geometriche (piane o solide) proporzionate all'entità del fenomeno (gli Stati, per esempio, vengono sostituiti da quadrati, palloncini, rettangoli o strisce).

Le foto aeree e satellitari

Per raggiungere una migliore visione d'insieme, i geografi hanno sempre cercato posizioni d'osservazione più elevate in altezza rispetto al territorio da analizzare. Oggi, grazie ai progressi tecnologici, chiunque può ammirare la Terra attraverso le **foto aeree** e **satellitari** (→ SCHEDA DI METODO 5, p. 78). Sebbene siano molto suggestive, le prime risultano spesso di difficile interpretazione e analisi, soprattutto quando il velivolo si trova ad alta quota. Le seconde, invece, prodotte dal telerilevamento dei satelliti spaziali, una volta trasmesse sulla Terra vengono elaborate e modificate al computer dal cartografo, che le arricchisce di elementi non presenti sui fotogrammi (come le quote o i colori). Più che definirle fotografie, quindi, sarebbe più corretto parlare di immagini satellitari.

1. Prendere appunti ed effettuare una ricerca

Per studiare in modo efficace la storia e la geografia è fondamentale imparare a prendere appunti, sia durante una lezione orale del docente che durante la lettura del manuale. Anche imparare il metodo per effettuare una ricerca è fondamentale nello studio di queste materie.

NEL TEMPO

Come PRENDERE appunti (su un testo di storia)

Sviluppare l'abilità di prendere appunti è indispensabile per semplificare lo studio delle discipline scolastiche. Tale abilità diviene «competenza» nel momento in cui è applicata nella vita quotidiana, in ogni tipo di attività che lo richieda. Sia un testo orale sia un testo scritto possono essere «fissati» meglio nella nostra mente, se ridotti ad **appunti scritti**. Anche se non esistono regole prestabilite, è possibile individuare un **metodo** per prendere appunti, scandito in alcuni passaggi base.
Anzitutto è importante **leggere o ascoltare attentamente il testo**, seguirne il **filo logico** e riuscire a coglierne le parti centrali, sempre inerenti alla tematica principale espressa dal **titolo**. Successivamente, se il testo è orale, bisogna **appuntare** in un taccuino o in un quaderno i concetti fondamentali; se il testo è scritto, invece, si possono **sottolineare** le informazioni principali direttamente sulla pagina.
Nel prendere appunti, infine, è utile seguire la «**tecnica delle 5W e dell'H**», utilizzata in ambito giornalistico: rispondendo alle sei semplici domande enunciate nella tabella qui sotto è possibile, infatti, elaborare e assimilare informazioni essenziali e necessarie per una corretta ricostruzione sintetica del testo.

who («chi»)?	indicare il protagonista o i protagonisti del testo
what («che cosa»)?	specificare l'argomento o il fatto principale
when («quando»)?	individuare il periodo o la data
where («dove»)?	precisare il luogo in cui è ambientato l'argomento o il fatto
how (come)?	identificare il modo in cui si svolge l'argomento o il fatto
why (perché)?	spiegare la causa dell'argomento o del fatto

Erano padani i primi abitanti d'Italia?

Una nuova datazione conferma il sito di Monte Poggiolo come la più antica testimonianza della presenza umana in Italia. I primi ominidi arrivarono in pianura padana, circa 850 mila anni fa, in seguito a un drastico cambiamento climatico

Il sito di Cà Belvedere di Monte Poggiolo (Forlì) 3, indagato da Carlo Peretto, antropologo dell'Università di Ferrara, a partire dal 1984 fino ai primi anni Novanta, rappresenta una delle più antiche testimonianze della presenza umana in Italia e in Europa. Il sito ha infatti restituito un'importante serie di manufatti in pietra fabbricati dai primi abitanti d'Italia. Secondo Peretto, gli abitanti di Monte Poggiolo, appartenenti alla specie *Homo erectus* 1, avevano «un'economia di sussistenza essenziale ma altamente produttiva. L'industria litica ritrovata a Monte Poggiolo è costituita da ciottoli di pietra e schegge dai margini taglienti 2 che venivano ottenute in modo rapido e usate per depezzare le prede animali». Recentemente è stato intrapreso un nuovo studio che ha consentito di datare con estrema precisione il sito 5. I ricercatori hanno applicato una particolare tecnica di datazione, la magnetostratigrafia 5. La tecnica si basa sulla proprietà di alcune rocce e sedimenti di fissare la direzione del campo magnetico terrestre al momento della loro deposizione. I risultati ottenuti dalle analisi hanno rivelato che i sedimenti che contenevano i reperti archeologici si sono depositati circa 850 mila anni fa 4.

1 ***Who? Chi?***:
- i primi abitanti d'Italia appartenenti al genere *Homo erectus*

2 ***What? Che cosa?***:
- ritrovamento di manufatti in pietra e schegge dai margini taglienti;
- raffreddamento globale, aumento delle masse glaciali, abbassamento del livello del mare;
- emersione della terre della pianura padana;
- emigrazione di alcuni animali e dei primi ominidi verso terre dal clima più moderato

3 ***Where? Dove?***:
- a Cà Belvedere di Monte Poggiolo (Forlì);
- nella pianura padana

In quel periodo il sito di Monte Poggiolo sorgeva di fronte al mare che in parte occupava la Pianura padana 1, ma non era il solo a essere frequentato: infatti altri luoghi del margine meridionale, come Covignano (Rimini) o Serra (Castelbolognese) erano abitati da diversi gruppi di ominidi.
I ricercatori hanno anche ricostruito gli ambienti di deposizione dei sedimenti e delle rocce che costituiscono la stratigrafia del sito 5. Circa 900 mila anni fa 4 iniziò una fase di raffreddamento globale che provocò l'aumento delle masse glaciali e di conseguenza l'abbassamento del livello del mare 2.
Le calotte glaciali ricoprirono quasi tutta l'Europa centro-settentrionale, mentre i ghiacciai alpini arrivarono a lambire il margine settentrionale della Pianura padana. L'Europa centro-orientale venne occupata da estese steppe, mentre a Sud, il Nord Africa, si fece sempre più arido. La Pianura padana, che fino a quel momento era stata un grande golfo marino, iniziò a emergere progressivamente 2.
Secondo l'ipotesi proposta dagli autori, la regione mediterranea, caratterizzata da un clima più moderato, diventò il rifugio ideale per animali (come l'elefante africano e il mammuth asiatico), in fuga da ambienti sempre meno ospitali 6, e per i primi ominidi che giunsero in Italia e poi nel resto d'Europa, attraverso le nuove terre emerse della pianura 2.

(Alice Danti, http://www.nationalgeographic.it, 20 gennaio 2012)

4 ***When*? Quando?**:
- 850 mila anni fa
- 900 mila anni fa

5 ***How*? Come?**:
- nuovo studio di datazione del sito;
- tecnica di datazione magnetostratigrafica
- ricostruzione degli ambienti di deposizione dei sedimenti e delle rocce che costituiscono la stratigrafia.

6 ***Why*? Perché?**:
- drastico cambiamento climatico → formazione di ambienti sempre meno ospitali → emigrazione di animali e ominidi verso terre dal clima più moderato

NELLO SPAZIO

Adesso PRENDI appunti (su un testo di geografia)

Leggi con attenzione il brano seguente (comprensivo di titolo), dividilo in sequenze, sottolinea i concetti fondamentali e riscrivili sotto forma di appunti nella colonna a destra (se necessario, utilizza elenchi puntati, abbreviazioni e frecce che indichino consequenzialità). Inserisci nella colonna di destra un titolo diverso da quello proposto.
Il lavoro è già avviato.

Il lungo viaggio della balena dopo quattro secoli dal Polo al Mediterraneo

Sfrutta le rotte aperte dallo scioglimento dei ghiacci. Erano più di 300 anni che non si avvistava un esemplare di questa specie nei nostri mari

È partita dall'Alaska e, quindicimila chilometri dopo, è approdata sulle coste orientali del mare nostrum, dove ha fatto strabuzzare gli occhi a un gruppo di ricercatori israeliani. Che ci fa una balena grigia nel Mediterraneo? Era da più di trecento anni che non si avvistava un esemplare di questa specie dalle nostri parti come nell'Oceano Atlantico: la caccia alle balene, tra il XVII e il XVIII secolo, li aveva fatti sparire tutti. [...]
Il mammifero rintracciato al largo di Herzliya[1] era proprio uno dei diecimila esemplari di *Eschrichtius robustus* – il nome scientifico della balena grigia – che vive solo nell'Oceano Pacifico. Per arrivare fino al Mediterraneo, la balena avrebbe dovuto percorrere 30 mila chilometri, passando a Sud dell'Africa. Impossibile, o altamente improbabile, per una specie abituata a migrazioni lunghe al massimo la metà.
Così, davanti a Aviad Scheinin dell'Immrac (organizzazione *no profit* dedicata allo studio e alla conservazione dei cetacei[2] che abitano il Mediterraneo orientale) s'è profilata un'altra ipotesi, quella ora più accreditata dal centro di ricerca: «La balena è arrivata fino a noi seguendo una rotta nuova, quella del passaggio a Nord-Ovest: la lingua di mare che costeggia l'Alaska e il Canada settentrionale e che sta tornando praticabile per via del progressivo scioglimento dei ghiacci. D'estate, la riduzione imponente dei ghiacci permette il transito di grosse navi. E, quindi, anche delle balene».

Titolo:
....

1 ***What*? Che cosa?**
- avvistamento di una balena grigia

2 ***Where*? Dove?**
- nel Mediterraneo, proveniente dall'Alaska

3 ***When*? Quando?**
....

Quello avvistato nel Mediterraneo era un esemplare di adulto lungo circa dodici metri e pesante intorno alle venti tonnellate. Il mammifero era in buone condizioni di salute, forse solo un po' magro dopo tanto peregrinare[3]. [...]
Mai l'esemplare aveva costeggiato il Nord America per arrivare nell'Atlantico. [...] Il rovescio della medaglia è che a rendere possibile questa migrazione è lo scioglimento dei ghiacci artici in seguito al riscaldamento globale. Una seconda traccia del *global warming*[4] nell'Atlantico del Nord è la presenza di grandi quantità di plancton[5], una situazione che non si verificava da almeno 800 mila anni.

(L. Bignami, «la Repubblica», 29 giugno 2011)

4 *Who?* **Chi?**:

....

5 *How?* **Come?**:

....

6 *Why?* **Perché?**:

....

NOTE
1. Città costiera di Israele.
2. Tipo di mammiferi (dotati di placenta) adattatisi alla vita acquatica. Il nome (dal greco *kētos* = «mostro marino») fu attribuito dal filosofo greco Aristotele agli animali acquatici che respirano attraverso i polmoni.
3. Viaggiare senza meta. Anche vagabondare.
4. Espressione inglese per «riscaldamento globale». Indica l'aumento graduale della temperatura media globale dell'atmosfera e degli oceani.
5. Complesso di microrganismi acquatici, vegetali (fitoplancton) o animali (zooplancton), trasportati passivamente da onde e correnti. Rappresentano una fonte cruciale di cibo per molti animali acquatici di grandi dimensioni, come le balene.

NEL TEMPO E NELLO SPAZIO

Come EFFETTUARE una ricerca

Effettuare una ricerca è un'attività fondamentale per arricchire le conoscenze conseguite tramite le lezioni scolastiche e, in generale, la propria cultura. La ricerca, per essere funzionale, non deve risultare né troppo generica né troppo dettagliata. Ecco perché è importante acquisire un metodo che consenta di reperire le informazioni adeguate. Lo abbiamo articolato in otto punti chiave.

1. **Leggere con attenzione la consegna** e **individuare l'argomento principale** della ricerca e i sotto argomenti a esso correlati.
2. **Reperire gli strumenti e le fonti adeguati**, da cui estrapolare le informazioni richieste (enciclopedie, libri, riviste, lettere, indagini di mercato, statistiche, articoli di giornale, foto, carte geografiche e storiche, siti Internet ecc.).
3. **Selezionare le informazioni e sottolinearne le parti più importanti** da rielaborare poi nella ricerca.
4. **Creare una scaletta** in cui siano presenti i concetti salienti con un ordine logico.
5. **Riscrivere** quanto selezionato, rielaborandolo in un **testo informativo coeso e coerente** che rispetti una lunghezza prefissata (dalla consegna). La redazione di un testo informativo ha l'obiettivo di trasmettere le informazioni acquisite in forma chiara e fruibile.
6. **Rileggere e revisionare** la ricerca per togliere eventuali errori e verificare che le frasi siano ben collegate tra loro.
7. Al termine della ricerca, **stilare un elenco delle fonti** adoperate (l'autore, il titolo e l'editore dei libri, delle enciclopedie e degli articoli; la sitografia; l'autore delle fotografie ecc.; molto importante è anche segnalare l'anno in cui sono comparse le fonti citate).
8. L'**esposizione orale** del testo informativo scritto, infine, è l'ultima abilità che completa un processo di acquisizione di competenze geostoriche.

Adesso svolgi TU una ricerca - Oetzi, la mummia neolitica

Mettiamo adesso in pratica i punti chiave sopra indicati.

1. Ipotizziamo che la **consegna** sia la seguente: *Oetzi, la mummia neolitica: un delitto in Trentino-Alto Adige.* Analizzando ogni singola parola della consegna, si ricavano gli ambiti definiti di ricerca:
   - Oetzi, mummia neolitica → preistoria (Età neolitica), ritrovamento di resti
   - delitto → ipotesi sulla sua morte
   - Trentino-Alto Adige → luogo di rinvenimento del corpo

   Il lavoro si deve ora concentrare sulla **ricerca delle fonti** disponibili (scritte, iconografiche, materiali) per appurare quante più informazioni possibili su questo personaggio, sulle sue abitudini e sulla sua morte.
2. A questo punto, supponiamo di poter usufruire, come fonti, del nostro **libro di testo** e di **Internet**.
3. Delle fonti disponibili, prenderemo alcune parti.
   Dal tuo libro di testo: leggi il paragrafo *L'ultimo mistero dell'uomo venuto dal ghiaccio: Oetzi* della scheda LE FONTI DELLA PREISTORIA, p. 35 della lezione 1 del tuo manuale.
   Da Internet: leggi il seguente articolo pubblicato sull'edizione *on line* di «National Geographic magazine»: si tratta di un'intervista effettuata da Erwin Brunner, il direttore dell'edizione tedesca della rivista, all'archeobotanico Klaus Oeggl sulle abitudini alimentari dell'uomo del Similaun (altro nome con cui è chiamato Oetzi).

«Professore Oeggl, cosa mangiò Oetzi poco prima di essere colpito dalla freccia fatale?
Nel suo stomaco abbiamo trovato carne, grasso e diversi tipi di tessuto vegetale, in particolare scorze di frutta e bucce di semi. C'erano anche vari tipi di polline, dei resti che ci forniranno altre informazioni importanti. Questo per me vuol dire che Oetzi mangiò le stesse cose nel suo ultimo pasto e nei tre precedenti: carne, forse un po' di pane o qualcosa di simile – come sembrano indicare i resti di cereali – e altri vegetali tipo verdure o insalata.
Quindi sapete anche quello che Oetzi mangiò nei pasti precedenti all'ultimo?
Sulla base delle precedenti analisi effettuate dell'intestino abbiamo stimato che il chimo (resti di cibo parzialmente digerito) in esso contenuto derivasse da almeno tre pasti. In generale, Oetzi seguiva una dieta bilanciata, mangiava un po' di tutto. Nel primo pasto consumò stambecco, nel secondo cervo e nell'ultimo di nuovo carne di stambecco. È stato interessante il ritrovamento dei resti di un verme nella carne di cervo. La conclusione più ovvia è che la carne non fosse fresca, visto che aveva i vermi.
Quindi aveva delle provviste con sé?
È presumibile. Ma vorrei ricordarvi che nel 1992 nello stesso sito in cui fu trovato Oetzi venne ritrovato un osso combusto di stambecco.
Possiamo quindi dire che Oetzi ha grigliato la sua ultima bistecca?
Non ci sono resti di un vero e proprio focolare, né tracce evidenti di fuoco. Ma non possiamo escludere la possibilità che si fosse cucinato il suo ultimo pasto nel punto in cui morì. Questa storia è come un puzzle da ricomporre: come poté Oetzi procurarsi lo stambecco? Non aveva con sé un arco funzionante. [...]
Potete determinare attraverso la sua dieta se Oetzi era un semplice pastore di montagna o piuttosto un uomo importante, il capo della sua tribù?
No, perché sappiamo troppo poco delle abitudini alimentari di quel periodo per poter fare questo tipo di affermazione. [...]
I contemporanei di Oetzi è più plausibile che fossero dei cacciatori-raccoglitori, o erano agricoltori?
A quel tempo ovviamente era abbastanza naturale che diverse culture fossero in contatto. Ma di sicuro Oetzi viveva in una società di pastori e agricoltori. Erano agricoltori stanziali che coltivavano la terra e allevano bestiame.
Come siete arrivati a questa conclusione?
Sulla base di quello che abbiamo trovato con Oetzi, in particolare le varietà principali di cereali che facevano parte della prima ondata di specie coltivate: orzo comune e farro piccolo. Poi Oetzi possedeva un vestiario fatto di pelli di pecora, capra e vacca».

(da www.nationalgeographic.it, 20 ottobre 2011)

Adesso tocca a te continuare la ricerca. Per arricchire le tue informazioni consulta il sito www.nationalgeographic.it dove troverai un video e alcune fotogallerie con la ricostruzione del volto dell'uomo di Similaun (cerca nell'apposito spazio della *ricerca* «Oetzi»). Prendi appunti su quanto hai letto e visto.

4. Per facilitarti il lavoro, ti suggeriamo di seguire la **scaletta** sottostante:
- chi era Oetzi (descrizione fisica, dove viveva, come viveva e in quale comunità era inserito);
- informazioni e ipotesi sulla sua morte (dove morì, con quale arma fu colpito e in quale parte del corpo);
- cosa mangiava abitualmente;
- di quali attrezzi si serviva;
- quale fu il suo ultimo pasto;

Applica i restanti punti del metodo su «Come effettuare una ricerca» (**5**, **6**, **7**, **8**) per terminare il tuo lavoro ed esponilo poi alla classe.

NEL WEB

Adesso EFFETTUA la tua ricerca

Oggi, la fonte maggiormente utilizzata per effettuare una ricerca è Internet. Reperire informazioni utili nella «ragnatela virtuale», però, non è affatto semplice. Infatti, basta digitare una sola parola nel *banner* di un qualsiasi motore di ricerca, affinché appaiono centinaia di *link*, spesso non affidabili dal punto di vista scientifico. Quindi, bisogna anzitutto saper individuare i siti accreditati da cui trarre informazioni sicure per la nostra ricerca.
La consegna che qui ti forniamo riguarda una ricerca di geostoria da effettuare su siti *web* attentamente selezionati.
Consegna Effettua una ricerca sul tema della deriva dei continenti, consultando i siti sotto elencati, in cui troverai anche immagini e ricostruzioni video sul fenomeno. Potrai, durante la rielaborazione delle informazioni, aggiungere foto e didascalie al testo. Per produrre una ricerca chiara ed esauriente, segui nel dettaglio i punti del metodo su «Come effettuare una ricerca».
Attenzione Per la cernita delle notizie reperibili su Internet, è consigliabile consultare siti istituzionali o comunque accreditati; per esempio:
- www.nationalgeographic.it
- www.lescienze.it
- www.sapere.it
- www.storica.ng.it

Storia

Dalla preistoria a Roma repubblicana

Unità 1 La preistoria e le antiche civiltà

	COMPETENZE DI STORIA	COMPETENZE DI GEOGRAFIA	COMPETENZE DEL METODO GEOSTORICO
LEZIONE 1 L'evoluzione della specie umana	• Comprendere il cambiamento e la diversità dei tempi storici in una dimensione diacronica, attraverso il confronto fra l'epoca preistorica e quella attuale, e in una dimensione sincronica, attraverso il confronto fra aree geografiche e culturali, relative in particolar modo al continente africano, ma anche al planisfero.	• Analizzare in che modo l'uomo ha interagito con l'ambiente sin dalla preistoria, adattandovisi e modificandolo con il tempo, e riconoscerne purtuttavia la permanenza di elementi presenti già nelle epoche passate. • Analizzare e descrivere un territorio o un fenomeno utilizzando concetti, lessico, strumenti e metodi della geografia.	• Metodo 4 Leggere e analizzare fonti non scritte (manufatti) e leggere una carta tematica.
LEZIONE 2 Le civiltà fluviali	• Comprendere il cambiamento e la diversità dei tempi storici in una dimensione diacronica, attraverso il confronto fra il periodo delle civiltà fluviali e quello attuale, e in una dimensione sincronica, attraverso il confronto fra aree geografiche e culturali, relative in particolar modo alla Mesopotamia, all'Egitto e ai corrispondenti Stati attuali.	• Individuare le relazioni tra le strutture demografiche, economiche, sociali, culturali e le trasformazioni intervenute nel corso del tempo. • Descrivere e inquadrare nello spazio i problemi relativi alla questione demografica e alle sue conseguenze e quelli relativi ai diritti delle minoranze etniche, mettendo in relazione le ragioni storiche.	• Metodo 8 Confrontare due carte e saperne ricavare informazioni.
LEZIONE 3 Le antiche civiltà mediterranee	• Comprendere il cambiamento e la diversità dei tempi storici in una dimensione diacronica, attraverso il confronto fra il periodo delle civiltà ebraica e fenicia e quello attuale, e in una dimensione sincronica, attraverso il confronto tra aree geografiche e culturali, relative in particolar modo alla Fenicia, alla Palestina e ai corrispondenti Stati attuali.	• Riconoscere l'interdipendenza, nelle migrazioni, tra fenomeni economici, sociali, istituzionali, culturali e la loro dimensione locale/globale.	• Metodo 3 Leggere e costruire una linea del tempo e una carta geostorica dinamica.

IL TEMPO

Linea del tempo

Naviga la linea del tempo per scoprire **eventi, personaggi, scienza e tecnica, arte e cultura.**

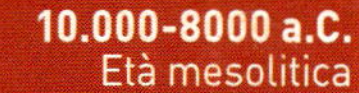

- **60 milioni di anni fa** Comparsa dei primati
- **2.500.000-10.000 ca. a.C.** Età paleolitica
- **2 milioni di anni fa** Comparsa del genere *Homo* in Kenya
- **10.000-8000 a.C.** Età mesolitica
- **8000-2500 a.C.** Età neolitica
- **6000-1200 a.C.** Età dei metalli

LO SPAZIO

IL MONDO AI TEMPI DELLA PREISTORIA E NEI PRIMI SECOLI DELLA STORIA

AMERICA SETTENTRIONALE
oceano Atlantico
EUROPA
ebrei
fenici
civiltà mesopotamiche
ASIA
Fiume Giallo
Tigri
Eufrate
egizi
Indo
civiltà dell'Indo
civiltà cinese
Nilo
AFRICA
civiltà precolombiane
Rio delle Amazzoni
oceano Indiano
aree di ritrovamento di resti fossili di australopiteco
OCEANIA
AMERICA MERIDIONALE
oceano Pacifico

	COMPETENZE DI STORIA	COMPETENZE DI GEOGRAFIA	COMPETENZE DEL METODO GEOSTORICO
LEZIONE 4 **Uno sguardo oltre l'Europa**	Comprendere il cambiamento e la diversità dei tempi storici in una dimensione diacronica, attraverso il confronto tra il periodo delle civiltà cinese, indiana e precolombiane e quello attuale, e in una dimensione sincronica, attraverso il confronto fra aree geografiche e culturali, relative in particolar modo alle Americhe, alla Cina, all'India.	Avere coscienza di come e in che modo i gruppi umani trasmettono attraverso la lingua e la religione le proprie conoscenze, i propri comportamenti e la propria cultura nel tempo e nello spazio.	Metodo 2 Leggere una carta geostorica statica e una carta geografica.

IV millennio a.C. Nascita delle prime città. I Sumeri si stanziano in Mesopotamia

3000 circa a.C. Invenzione della scrittura

2657-2166 a.C. Antico Regno egizio

2120-1976 a.C. Medio Regno egizio

1792-1750 a.C. Impero babilonese di Hammurabi

1540-1292 a.C. Nuovo Regno egizio

XVII secolo a.C. In Cina, civiltà nella valle del Fiume Giallo

732 a.C. Conquista di Babilonia da parte degli Assiri

II secolo a.C. Sviluppo delle civiltà precolombiane

Lezione **1**

L'evoluzione della specie umana

La lezione interattiva ti aiuterà a **ripassare**, **approfondire** e **verificare** le tue conoscenze sulle **origini dell'umanità**.

Scopri e **approfondisci** i luoghi e gli avvenimenti della **preistoria** sulla cartografia 3D Google Earth.™

Per una lettura geostorica

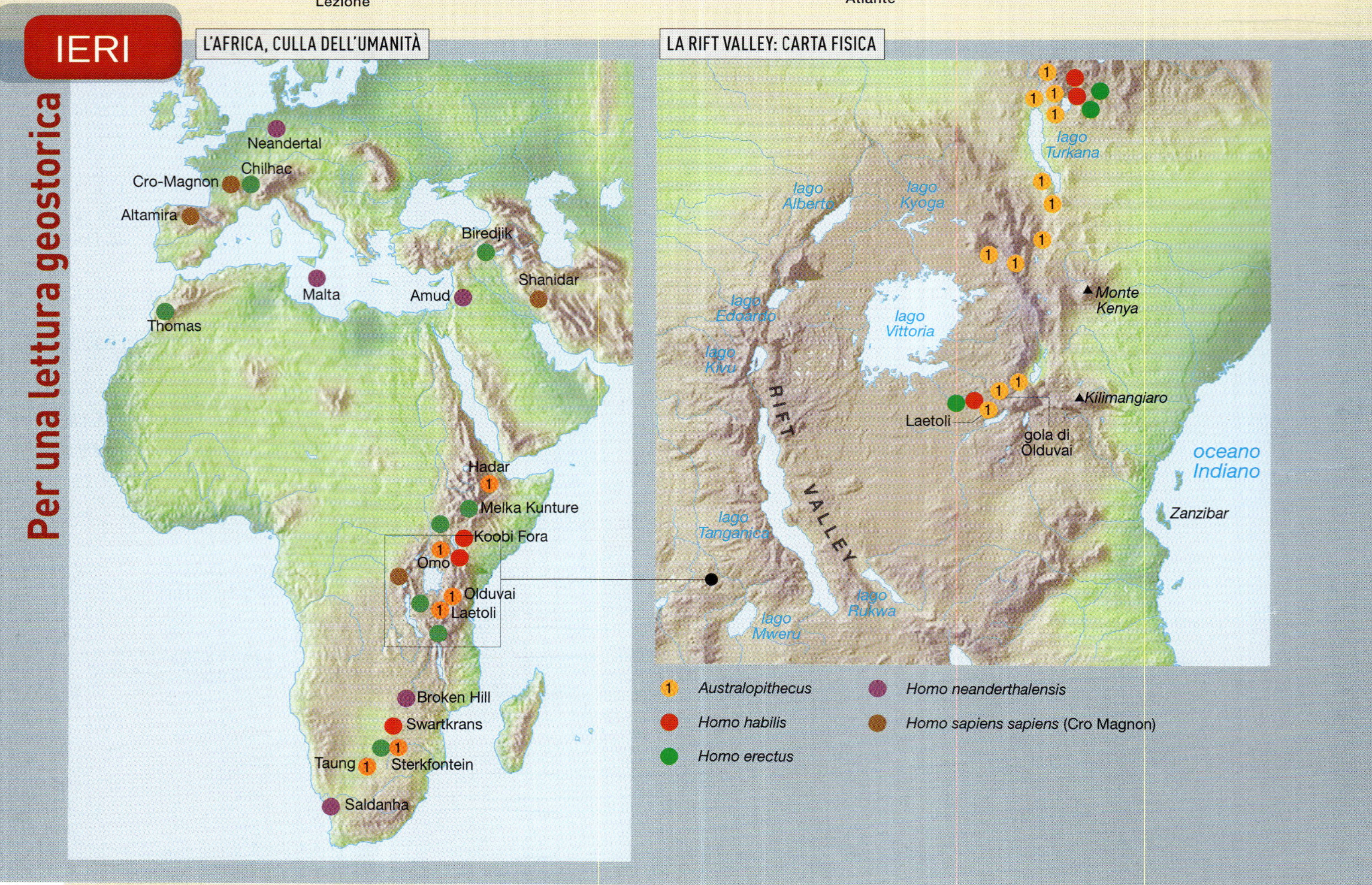

1 Quando e dove furono scoperti i primi resti degli ominidi?

I primi scheletri preistorici furono ritrovati nel 1924 nel deserto del Kalahari, nel territorio dell'odierna Repubblica del Botswana. Gli archeologi li datarono a circa un milione di anni fa. Le scoperte divennero molteplici nel giro di pochi decenni. Negli anni Trenta e Quaranta del Novecento, in diversi Stati dell'**Africa subsahariana** – quella a Sud del deserto del Sahara –, come Tanzania, Etiopia, Kenya, Sudafrica, vennero alla luce antichissimi frammenti di ominidi, grazie ai quali è stato possibile ricostruire la storia dell'evoluzione umana.

2 Quale fu la parte dell'Africa maggiormente interessata dal processo di ominazione?

Il centro del **processo di ominazione** è la Rift Valley (o Albertine Valley), una fossa tettonica che si trova nel territorio dell'odierna Etiopia. Essa si creò a seguito di una spaccatura tettonica provocata da movimenti della crosta terrestre iniziati circa 35 milioni di anni fa. La Rift Valley è oggi riconosciuta come la vera «culla dell'umanità». Questi territori, infatti, oltre a essere molto fertili a causa dell'origine vulcanica del suolo e delle abbondanti piogge che li interessano, sono caratterizzati da una ricca **biodiversità** e da numerose **risorse naturali**.

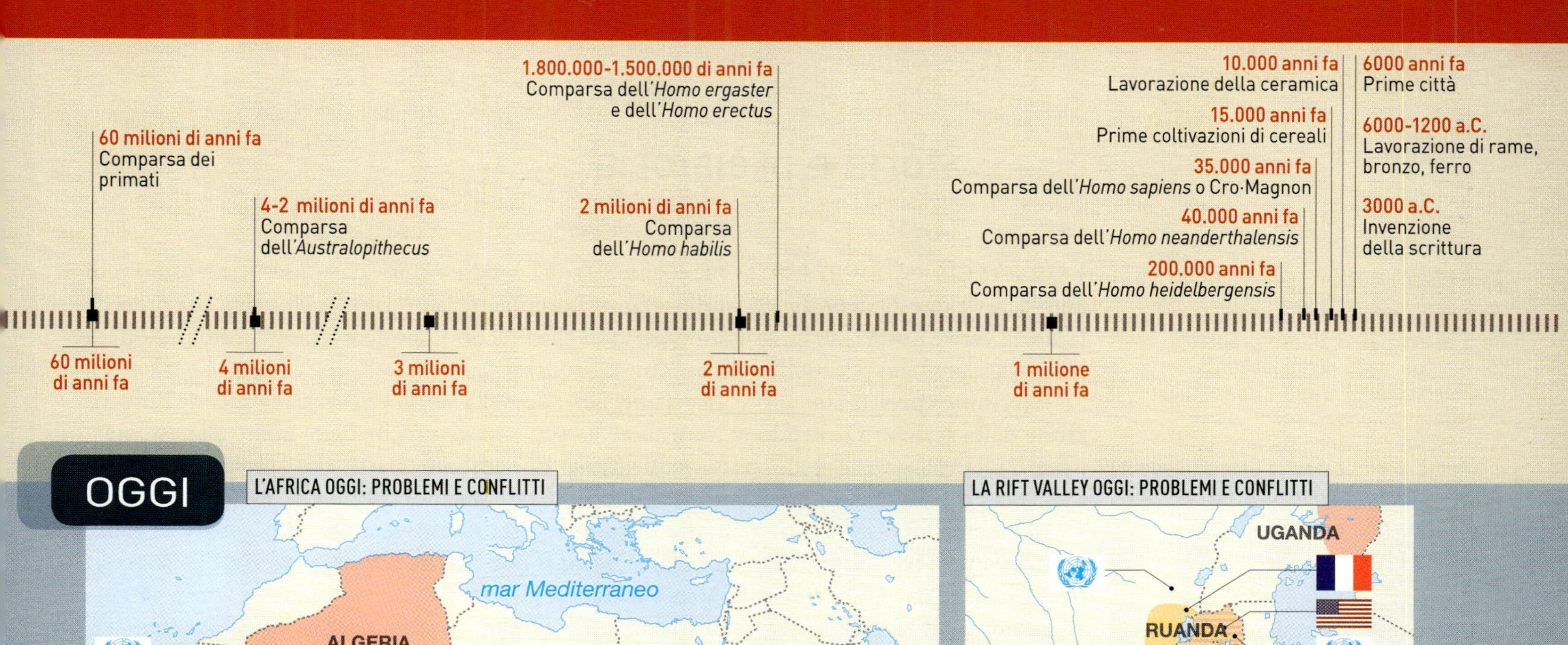

OGGI

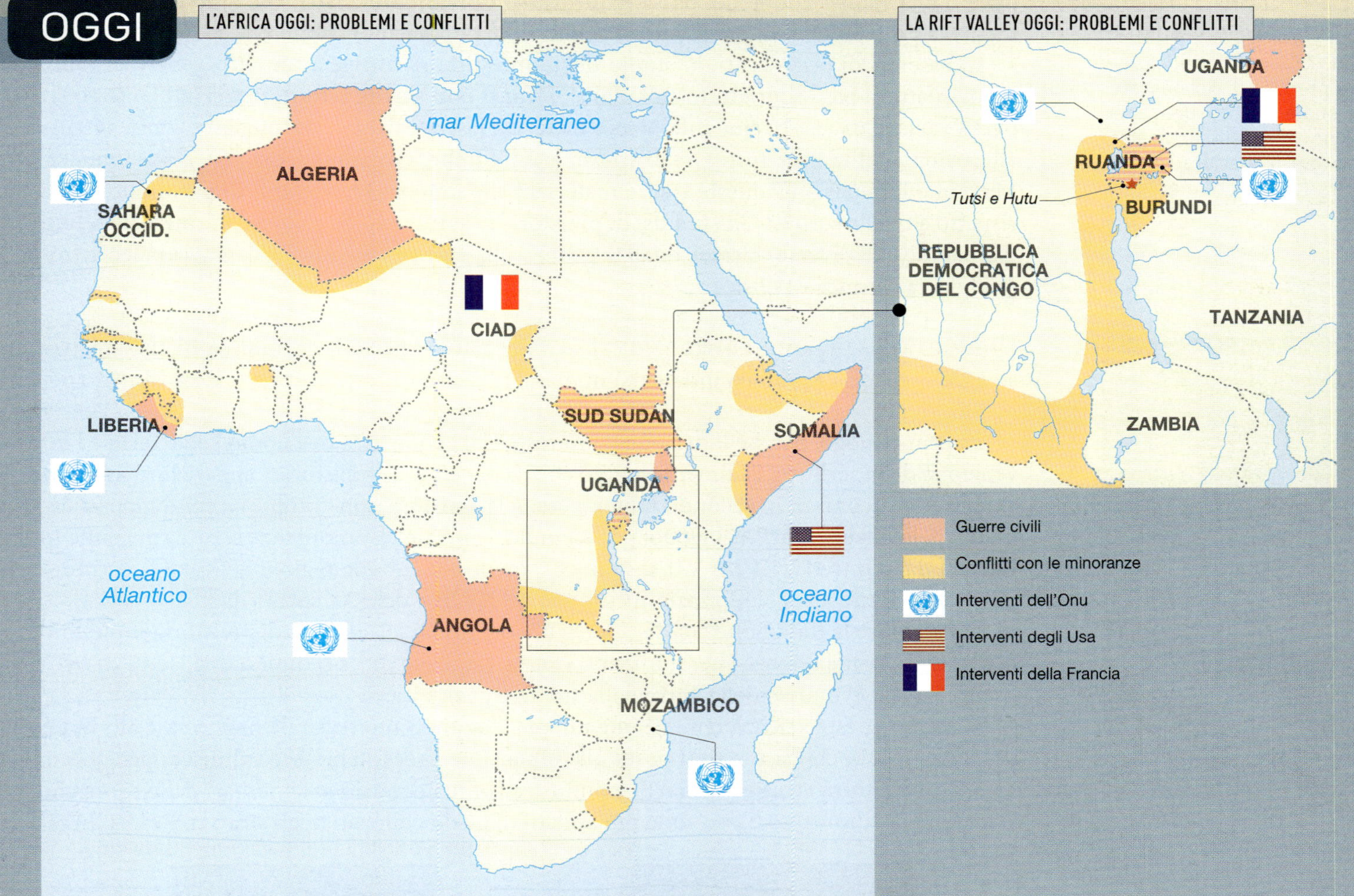

3 Qual è oggi la situazione sociale ed economica del continente africano?

Tra la fine del XIX e gli inizi del XX secolo l'Africa fu sottoposta all'occupazione delle principali potenze europee, che crearono loro colonie in tutto il continente. Dopo la Seconda guerra mondiale iniziò il processo di «**decolonizzazione**», che portò alla creazione di Stati indipendenti. Ma la conquista dell'indipendenza non ha portato né all'instaurazione di regimi democratici né allo sviluppo economico; inoltre, la forte crescita della popolazione ha costituito una delle cause della diffusione di **fame e malattie** tra gli africani.

4 Qual è oggi la situazione sociale ed economica della «culla dell'umanità»?

L'Africa subsahariana è oggi una delle regioni più povere del mondo. Milioni di persone vivono nella più completa indigenza, con meno di due dollari al giorno, senza avere accesso a servizi essenziali come acqua potabile e assistenza medica, né all'istruzione. Questo difficile contesto è reso ancora più drammatico dall'**assenza di democrazia** che accomuna i Paesi della regione, oppressi da sanguinosi conflitti tribali, da guerre internazionali sorte per motivi economici e da guerre civili. In particolare, nella regione della Rift Valley sono stati stimati cinque milioni di morti dal 1945 a oggi a causa di guerre e carestie.

1 Storia e preistoria

IL LESSICO STORICO

Fossile Impronta o resto di piante o di animali o di loro prodotti, conservati negli strati della crosta terrestre; si tratta in genere di organismi appartenenti a specie estinte. Il loro studio è importante per ricostruire la storia biologica e geologica della Terra.

Cronologia relativa Classificazione che si propone di riconoscere se e in quale misura una data formazione o evento geologico è anteriore o posteriore rispetto ad altre formazioni o ad altri eventi.

Fonti scritte e fonti materiali

La comparsa del genere *Homo* avvenne circa 2 milioni di anni fa; è da questa data che gli studiosi fanno cominciare la preistoria, cioè l'età che precede la storia vera e propria. Il lunghissimo periodo che precorse questo evento, durato milioni di anni, è ancora oggi per moltissimi aspetti da scoprire.

Il termine «**preistoria**» si riferisce a quel periodo della storia umana che **precede l'invenzione della scrittura** (introdotta intorno al 3000 a.C.), evento che dette inizio alla «**storia**», ovvero alla ricostruzione del passato attraverso **documenti scritti**, che ampliano notevolmente la possibilità di ottenere informazioni sulle popolazioni studiate.

In assenza di testi scritti, lo studio della preistoria si rivolge a un altro genere di fonti. Esso, infatti, si basa soprattutto sull'analisi di **fonti non scritte** o **fonti materiali** (→ LE FONTI DELLA PREISTORIA, p. 34), cioè sulle tracce materiali lasciate dai nostri antenati e sopravvissute all'erosione del tempo: resti **fossili**, arnesi, armi, tombe, creazioni artistiche, abitazioni ecc. Ma come far «parlare» queste tracce materiali, che rappresentano fonti di pari importanza rispetto a quelle scritte? Gli studiosi di preistoria si avvalgono dell'aiuto di numerosi metodi d'indagine e di diverse scienze, quali la geologia, la paleografia, l'archeologia, la paleoantropologia, la chimica e la fisica.

Il fossile di una felce.

Una periodizzazione convenzionale

Come tutte le periodizzazioni, la distinzione tra storia e preistoria è però da intendersi in maniera del tutto convenzionale. E ciò almeno per due motivi.

In primo luogo, perché il periodo compreso tra la comparsa dell'uomo sulla Terra e l'invenzione della scrittura è talmente ampio che il concetto di «preistoria» appare limitante per descriverne i confini; in secondo luogo, perché la scrittura non comparve contemporaneamente nelle diverse parti del globo: per esempio, le prime testimonianze scritte rinvenute in Italia si datano tra l'VIII e il VII secolo a.C., mentre in alcune regioni africane la scrittura risale addirittura alle colonizzazioni europee del XVIII e del XIX secolo d.C.

Per stabilire la **datazione cronologica relativa** dei fossili gli studiosi di preistoria utilizzano la stratigrafia, una scienza che, studiando i vari strati delle rocce sedimentarie, cerca di ricostruire il ciclo evolutivo della Terra nella sua fase geologica.

Secondo questa scienza ogni azione umana e ogni evento naturale hanno lasciato in un sito una traccia che si è sovrapposta alla situazione preesistente e costituisce, per questa ragione, un'«**unità stratigrafica**». Si è dimostrato che i depositi sedimentari delle rocce che si trovano in uno strato basso sono più antichi di quelli collocati negli strati superiori. In tal

L'ingresso del Tumulo di Newgrange, in Irlanda, che conduce alla camera di sepoltura centrale. Il sito risale al Neolitico (3200 a.C. circa) ed è una fonte materiale importante per la conoscenza delle pratiche funerarie della preistoria.

modo, è facile stabilire quale sia il fossile più antico tra uno intrappolato in uno strato superiore e uno imprigionato in uno strato inferiore.

Per la **datazione cronologica assoluta**, invece, gli studiosi sfruttano il decisivo contributo della datazione radiometrica: in natura ci sono elementi instabili, gli **isotopi radioattivi di carbonio** (^{14}C), che nel tempo – precisamente ogni 5730 anni – si trasformano («decadono») in elementi più stabili. Determinando la percentuale dell'isotopo contenuto in un reperto in rapporto alla quantità del corrispettivo elemento stabile, questo metodo permette di individuare l'età di una roccia o di un fossile.

È dunque un'ampia platea di studiosi di diverse discipline che contribuisce alla ricostruzione della storia dell'uomo, con l'obiettivo di comprendere la sua **evoluzione** e di scoprirne le cause (climatiche ed ecologiche), i tempi e le modalità. Tutto ciò perché l'**evoluzione dell'uomo**, che, come vedremo, da nomade cacciatore e pescatore si trasformò in agricoltore sedentario, costituisce la prima grande rivoluzione della storia.

La divisione della preistoria: Età della pietra ed Età dei metalli La preistoria viene convenzionalmente suddivisa in due fasi, che a loro volta presentano delle ripartizioni interne basate, oltre che sulla successione cronologica, anche su fattori come l'evoluzione dell'uomo e i progressi da lui compiuti.

Gli studiosi di preistoria, dunque, sono soliti distinguere in:

1. **Fase preistorica** o **Età della pietra**, caratterizzata dal dominio delle tecniche litiche (che riguardano, cioè, la pietra lavorata) e che, a sua volta, comprende i seguenti periodi:
   - **Paleolitico** o Età della pietra antica (2.500.000-10.000 a.C.);
   - **Mesolitico** o Età della pietra di mezzo (10.000-8000 a.C.);
   - **Neolitico** o Età della pietra nuova (8000-2500 a.C.).
2. **Fase protostorica** o **Età dei metalli**, caratterizzata dall'uso e dalla manipolazione dei metalli e che comprende:
   - l'**Età del rame** (6000-3000 a.C.);
   - l'**Età del bronzo** (3500-1200 a.C.);
   - l'**Età del ferro** (dal 1200 a.C., ma i suoi margini cronologici variano considerevolmente a seconda del quadro geografico e culturale).

Prima di esaminare nel dettaglio le varie fasi sopra elencate, presentiamo una breve sintesi del pensiero evoluzionista dell'Ottocento, che segnò una svolta decisiva nel modo di affrontare lo studio della storia dell'uomo.

La svolta evoluzionista

Dal «fissismo» all'evoluzionismo di Lamarck Ancora agli inizi dell'Ottocento, basandosi su precisi calcoli effettuati seguendo il racconto biblico della *Genesi*, gran parte degli studiosi attribuiva all'umanità un'età di 4000-6000 anni. I sostenitori di questa tesi, che si avvalsero del decisivo contributo del naturalista svedese **Carlo Linneo** (1707-78), asserivano che le specie animali e vegetali non avevano in alcun modo subito cambiamenti nel corso del tempo. Tale teoria biologica è detta «**fissismo**». I fissisti erano sostenitori dell'**immutabilità delle specie** e dell'idea che sulla Terra ci fossero tante specie quante ne aveva create Dio (**teoria creazionista**).

L'impostazione teorica del fissismo fu per la prima volta messa in discussione dalla **teoria evoluzionista** del francese **Jean-Baptiste Lamarck** (1744-1829), secondo il quale i caratteri acquisiti con il tempo dalle specie, in seguito all'adattamento all'ambiente, si tramandano ai propri discendenti.

Facendo ricorso a un esempio divenuto classico, Lamarck affermava che il collo delle giraffe, originariamente corto, solo in un secondo tempo iniziò ad allungarsi per l'esigenza di

IL LESSICO STORICO

Cronologia assoluta Classificazione degli eventi geologici che utilizza metodi di datazione assoluta, tra quali risultano di massima importanza quelli basati sul decadimento radioattivo di determinati elementi.

Evoluzione Il termine «evoluzione» viene usato a proposito di uno sviluppo graduale e completo. Nel linguaggio scientifico, esso indica un processo basato su fattori diversi (come l'adattamento all'ambiente in continua trasformazione) che consiste nel passaggio lento e graduale, di generazione in generazione e lungo milioni di anni, degli organismi viventi da forme inferiori e rudimentali a forme sempre più complesse.

PER RIPASSARE

1. Qual è la differenza tra fonti scritte e fonti materiali? E quali non sono utilizzate nello studio della preistoria?
2. Con quale evento si fa terminare la preistoria?
3. In quali periodi viene distinta la preistoria?

cibarsi delle foglie più alte. Con il passare degli anni, quindi, esso si trasformò geneticamente e, trasmesso **da generazione a generazione**, assunse i caratteri che tutti conosciamo.

Oggi sappiamo che la teoria di Lamarck era sbagliata e che l'ereditarietà delle caratteristiche specifiche della specie riguarda soltanto quelle determinate dai geni e non quelle acquisite; ma allo studioso francese rimane il merito di avere individuato nell'**influenza dell'ambiente** la causa principale dell'evoluzione della specie.

L'origine delle specie di Charles Darwin Nel 1859 il naturalista inglese **Charles Darwin** (1809-82) diede alle stampe *L'origine delle specie*, un'opera che segnò la storia della scienza e, con l'esposizione della teoria sull'evoluzione per selezione naturale (**evoluzionismo**), gettò le basi della biologia moderna.

Secondo Darwin, in un determinato ***habitat***, dal momento che le risorse sono minori rispetto alla popolazione, gli individui sono in competizione tra loro e con quelli di altre specie. Questa è la situazione descritta come «lotta per l'esistenza». Partendo da questa premessa, Darwin sostiene che la crescita di una specie è determinata dalla migliore **capacità di adattamento all'ambiente**: alla fine prevale chi possiede **casualmente** le caratteristiche necessarie per adattarsi. Questi individui, infine, **trasmettono** i caratteri vantaggiosi ai propri discendenti, permettendo l'evoluzione della specie.

Per semplificare, prendiamo nuovamente in considerazione l'esempio proposto in precedenza. Secondo Darwin, esistevano sia giraffe con il collo lungo sia giraffe con il collo corto; poiché in un determinato momento della storia sugli alberi rimasero solamente le foglie più alte, le giraffe con il collo più corto non poterono più cibarsi e quindi sopravvivere, mentre le giraffe con il collo più alto non ebbero alcuna difficoltà nel continuare a vivere e a evolversi. È questo il **processo di selezione naturale** che sta alla base della teoria evoluzionista darwiniana.

IL LESSICO GEOGRAFICO

Habitat In biologia il termine indica l'insieme delle condizioni ambientali in cui vive una determinata specie di animali e di piante. In ecologia (che è la scienza che si occupa delle relazioni tra l'uomo, gli organismi vegetali e animali e l'ambiente in cui vivono) individua il complesso delle condizioni ambientali e delle strutture artificiali che caratterizzano un territorio.

PER RIPASSARE

1. Quali sono le principali differenze fra teoria creazionista e teoria evoluzionista?
2. Quale fu il contributo di Darwin all'evoluzionismo?

3 Il Paleolitico: inizia l'avventura umana

L'Età della pietra e i suoi cinque periodi glaciali Con il termine «**Paleolitico**» (dal greco *palaiòs*, «antico», e *lithos*, «pietra», ossia «età della pietra antica») ci si riferisce a un lunghissimo periodo della storia dell'uomo che va da circa 2.500.000 a 10.000 anni fa.

Il Paleolitico è lo stadio durante il quale l'uomo visse esclusivamente con i prodotti della **caccia** e della **raccolta**. La sua industria consisteva prettamente nella fabbricazione di armi e utensili, dapprima in pietra e solo in un secondo momento in corno e osso. Secondo i geologi, il Paleolitico coincide con l'**era geologica** quaternaria o neozoica, durante la quale si avvicendarono ben **cinque** **periodi glaciali**, seguiti da altrettante fasi interglaciali contraddistinte da un clima temperato e asciutto che produsse significativi mutamenti nell'ambiente.

I cinque periodi glaciali – denominati rispettivamente Donau, Günz, Mindel, Riss e Würm – furono caratterizzati da una temperatura media annua compresa tra –6 °C e 0 °C. Nell'arco di questi lunghi periodi, le masse glaciali arrivarono a occupare il 30% circa della superficie terrestre.

Un progenitore comune Gli studiosi sono concordi nell'asserire che l'uomo e le grandi **scimmie** «**antropomorfe**» (cioè dalle caratteristiche umane) ebbero i **primati** come antenati comuni. Essi comparvero sulla Terra circa 60 milioni di anni fa (Era terziaria) e i loro progenitori erano mammiferi arboricoli (cioè che vivevano sugli alberi) di piccole dimensioni.

A partire da circa 10 milioni di anni fa, grandi **mutamenti climatici** modificarono profondamente l'ambiente: in particolare in una zona dell'**Africa** situata tra gli odierni Stati di Etiopia, Kenya, Tanzania e Sudafrica (la regione chiamata **Rift Valley**: → VIAGGIO NELLA GEO-

IL LESSICO GEOGRAFICO

Era geologica È una delle suddivisioni utilizzate per scandire il tempo a partire dalla formazione della Terra. Le ere geologiche si distinguono in: archeozoica o precambriana (comparsa di alghe, batteri, invertebrati); paleozoica o primaria (comparsa di piante, molluschi e pesci); mesozoica o secondaria (comparsa di anfibi, rettili, uccelli e mammiferi); cenozoica o terziaria (comparsa dei primati); neozoica o quaternaria (quella in cui viviamo adesso) in cui appare l'uomo.

Periodo glaciale (o glaciazione) Periodo climatico caratterizzato da temperature particolarmente fredde, durante il quale si assiste a un'espansione dei ghiacciai sulla superficie terreste.

LE ERE GEOLOGICHE			
NOME DELL'ERA	**DURATA (APPROSSIMATIVA)**	**ESSERI VIVENTI APPARSI**	**DERIVA (SPOSTAMENTO) DEI CONTINENTI**
ERA ARCHEOZOICA (O PRECAMBRIANA)	Da 4600 a 570 milioni di anni fa	Alghe, batteri e invertebrati	
ERA PALEOZOICA (O PRIMARIA)	Da 570 a 230 milioni di anni fa	Pesci, felci e trilobiti (specie di invertebrati)	Le terre emerse formavano un unico supercontinente chiamato Pangea (dal greco *pan*, «tutto», e *ghea*, «terra»), circondato da un unico superoceano chiamato Panthalassa (dal greco *pan*, «tutto», e *thalassa*, «mare»)
ERA MESOZOICA (O SECONDARIA)	Da 230 a 65 milioni di anni fa	Rettili, anfibi, uccelli, mammiferi e ammoniti (tipi di molluschi)	Circa 200 milioni di anni fa Pangea iniziò a frammentarsi; la prima spaccatura creò due supercontinenti: Laurasia (Europa, Asia e Nordamerica) e Gondwana (Sudamerica, Africa e Oceania)
ERA CENOZOICA (O TERZIARIA)	Da 65 a 2 milioni di anni fa	Vari mammiferi dalle svariate dimensioni (incluso l'*Australopithecus*)	Ulteriori frammentazioni portarono alla suddivisione dei due supercontinenti e a una prima distribuzione delle terre emerse sulla crosta
ERA NEOZOICA (O QUATERNARIA)	Da 2 milioni a 10.000 anni fa	La specie umana	Le diverse placche continentali si diressero progressivamente verso gli emisferi australe e boreale fino a creare l'attuale disposizione dei continenti

GRAFIA p. 25), si verificò un ritiro verso Ovest della **foresta pluviale** a favore della comparsa di immense distese di **savana**, *habitat* molto più aperti e caratterizzati da piante rade e basse, poco adatti ai primati arboricoli (→ VIAGGIO NELLA GEOGRAFIA, p. 24).

Una parte di essi, per questo motivo, seguì lo spostamento della foresta e mantenne le proprie abitudini, dando origine alle scimmie antropomorfe (come gli scimpanzé); un'altra parte, invece, scese dagli alberi alla ricerca di cibo, iniziando un lento percorso di adattamento all'ambiente: nacquero così i primi rappresentanti della famiglia degli **ominidi**, di cui l'uomo è l'unica specie tuttora vivente.

L'Australopiteco e la «culla dell'umanità» Scesi dagli alberi, gli ominidi camminarono prevalentemente su due gambe, lasciando gli arti anteriori liberi di raccogliere il cibo necessario per vivere (foglie e frutti). La conquista della **posizione eretta** si raggiunse solo a seguito di un percorso lento e graduale, da cui scaturì l'inarrestabile evoluzione dell'uomo. Liberati gli arti anteriori, infatti, i primati li poterono usare anche per fabbricare utensili, per costruire rudimentali «case», per tenere i piccoli vicino alle mammelle.

Insieme al perfezionamento di queste abilità progredì anche la capacità del **cervello** di registrare e interpretare le sensazioni e di controllare la motricità fine dei muscoli. Un altro passo in avanti fu poi lo sviluppo di una **capacità comunicativa,** che diede un ulteriore impulso all'evoluzione del cervello. Le larghe narici e le forti mascelle, utili per fiutare il cibo e per masticarlo crudo, divennero meno importanti, mentre la **vista**, necessaria per sopravvivere in un ambiente aperto come quello della savana, andò via via potenziandosi a scapito dell'olfatto.

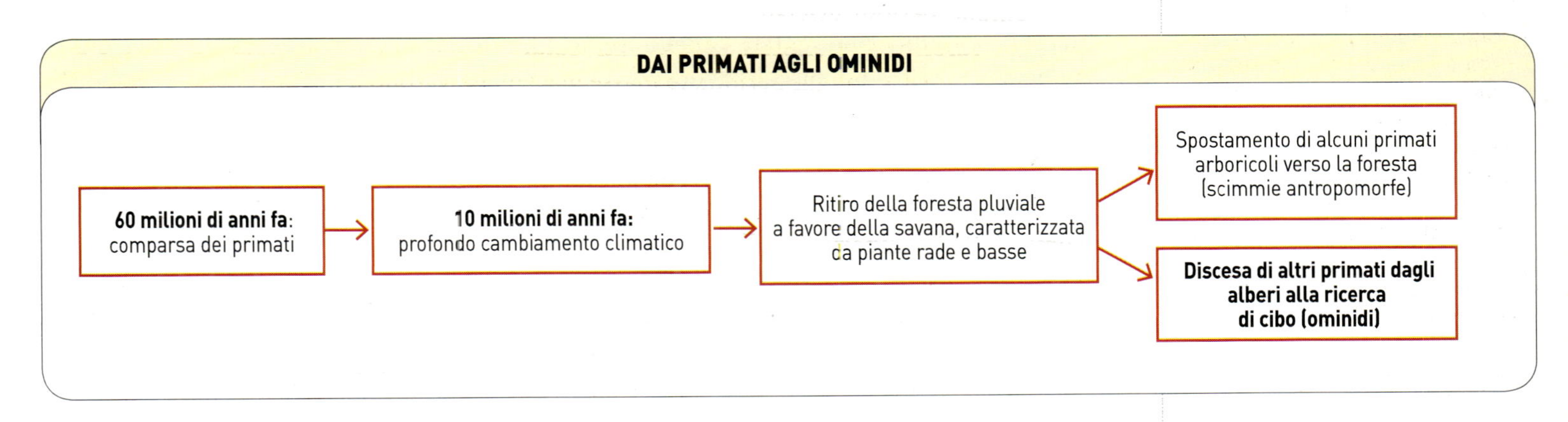

VIAGGIO NELLA GEOGRAFIA

FORESTA PLUVIALE E SAVANA

La **foresta pluviale** africana (*a sinistra*) e la savana africana (*a destra*). La foresta pluviale è caratterizzata da una vegetazione ricca e lussureggiante e da una straordinaria varietà di vita animale; in questo ambiente vivevano i primati, prevalentemente sugli alberi.
La **savana**, invece, è caratterizzata da alberi radi, erbe alte e una fauna ricchissima (leoni, zebre, leopardi, bufali, giraffe e oltre 300 specie di uccelli).
Nel Paleolitico, in seguito alla comparsa della savana al posto della foresta tropicale nella Rift Valley, alcuni primati scesero dagli alberi, il cui numero era considerevolmente diminuito, e iniziarono a modificarsi, adattandosi al nuovo ambiente.

I primi ritrovamenti di un ominide, dai caratteri ancora fortemente scimmieschi, si ebbero in Etiopia, nei pressi della **Rift Valley**. Per questa ragione, l'**Africa** è considerata la «**culla dell'umanità**». A questo primo rappresentante della famiglia degli ominidi gli studiosi diedero il nome di ***Australopithecus*** (dal latino *australis*, «meridionale», e dal greco *pìthekos*, «scimmia», ossia «scimmia del sud»). La prima specie databile risale a circa **4,2 milioni di anni fa**; da quel momento l'*Australopithecus* sopravvisse approssimativamente 2 milioni di anni. Di statura non oltre i 150 cm, aveva una capacità cranica di 450 cm^3 (l'uomo attuale ha una capacità cranica di 1500 cm^3) e viveva in **aperta savana** servendosi di rudimentali utensili costruiti dapprima con pietre e poi con corna, denti e ossa di animali.

Una specie di transizione: l'*Australopithecus sediba* Una recente scoperta sembra aver messo in discussione la convinzione che il genere *Homo* derivi dal genere *Australopithecus*, costringendo gli studiosi a rivalutare le tappe della storia dell'**ominazione** (il complesso dei processi evolutivi che hanno condotto alla specie umana). Essa merita quindi la nostra attenzione. Nel 2008 Matthew, il figlio di nove anni del ricercatore sudafricano Lee Berger, indicò al padre un osso che fuoriusciva dal terreno di un anfratto naturale di Malapa, in Sudafrica: era la clavicola di uno scheletro.

Con i successivi scavi effettuati nella grotta, profonda 40 metri, l'équipe di Berger trovò cinque scheletri ben allineati e databili a circa due milioni di anni fa (probabilmente gli individui erano caduti nella grotta senza poterne più uscire). Da un'attenta analisi si scoprì che questi scheletri avevano caratteristiche più evolute di quelle del genere *Australopithecus*, ma non ancora simili a quelle del genere *Homo*.

L'***Australopithecus sediba*** (dal termine che nella lingua sudafricana vuol dire «sorgente») potrebbe quindi rappresentare l'**anello mancante** tra il genere *Australopithecus* e il genere *Homo*. Il cervello è più piccolo di quello degli individui appartenenti al genere *Homo*, ma la sua forma e la sua struttura sono simili alla nostra (dietro agli occhi si era già formata parte del lobo frontale, che avrebbe dato vita al **linguaggio**); il **pollice** risulta **ben sviluppato**, così come le caviglie e i piedi: elementi che attestano che *Sediba* si arrampicava sugli alberi, ma camminava anche in posizione eretta.

La comparsa del genere *Homo*: l'*Homo habilis* Grazie alla scoperta di numerosi fossili tra le rocce calcaree del Kenya, è stato possibile far risalire a circa **2.000.000 di anni fa** la comparsa del primo rappresentante del genere *Homo*: l'***Homo habilis***, così chiamato per la sua capacità di lavorare la pietra.

VIAGGIO NELLA GEOGRAFIA

LA RIFT VALLEY

La Great Rift Valley (la «valle della grande falla») o Albertine Rift (*nell'immagine a destra*), è una grande fossa tettonica che si estende per ben 6000 km dalla Siria (Sud-Ovest dell'Asia) al Mozambico (Sud-Est dell'Africa). In Africa si sviluppa dal lago Alberto al lago Tanganica dividendosi in due bracci, uno orientale e uno occidentale, e generando i Grandi Laghi africani, lunghi e stretti, alcuni dei quali sono i più profondi del mondo.
Sulla grande fossa, generata dal distacco della placca tettonica africana da quella araba (iniziato circa 35 milioni di anni fa) e della placca tettonica dell'Africa dell'Est dal resto dell'Africa (iniziato circa 15 milioni di anni fa), si è creata una valle caratterizzata da un mosaico di colori e da elementi naturali spettacolari.

Questo ominide viveva in piccoli gruppi nei paesaggi della savana (in **capanne** fatte di foglie e rami), frequentava soprattutto rive di laghi e di fiumi, si cibava di piccoli animali, di vegetali e di carcasse e carogne. Costruiva **utensili** scheggiati su una sola faccia (i *chopper*, dall'inglese *to chop*, «fare a pezzi») e presentava una capacità cranica superiore a quella dell'australopiteco. Viveva **in gruppi** e questo lo portò a sviluppare forme di **comunicazione** con gli altri individui.

Esemplari di *Homo habilis* furono ritrovati in Africa, sia in Tanzania (come gli australopitechi), sia in Kenya, dove gli archeologi scoprirono numerosi fossili tra le rocce calcaree.

L'*Homo ergaster* e l'*Homo erectus* Ancora in Kenya furono ritrovati fossili appartenenti a un'altra specie di *Homo*, denominato ***Homo ergaster*** (da un verbo greco che significa «lavorare») e risalente a **meno di 2 milioni** di anni fa. L'*Homo ergaster*, dopo avere occupato quasi la totalità del continente africano, emigrò verso le zone temperate e calde dell'Europa. Alcuni studiosi affiancano all'*Homo ergaster* l'***Homo erectus***, appartenente a un gruppo comparso circa 1.500.000 anni fa in Tanzania; altri, invece, sostengono che quest'ultimo fosse la forma umana arcaica che occupò l'Estremo Oriente. A ogni modo, sia l'*Homo ergaster* sia l'*Homo erectus* vivevano nelle grotte o in capanne a pianta ellittica, conoscevano il **dominio del fuoco** – fattore determinante, che ne accelerò l'evoluzione –, costruivano utensili dalla lavorazione simmetrica bifacciale (le **amigdale**) e praticavano il cannibalismo in forma rituale.

L'*Homo heidelbergensis* e l'*Homo neanderthalensis* Dopo l'estinzione dell'*Homo erectus*, bisognerà attendere centinaia di migliaia di anni per la comparsa di un'altra specie di ominide. Solo **200.000 anni fa**, infatti, comparve l'***Homo heidelbergensis*** (dal nome della città tedesca dove avvenne il ritrovamento, ovvero Heidelberg), la cui capacità cranica si avvicina di molto a quella dell'uomo attuale.

Diffusosi nell'intera **Europa** e in **Asia occidentale**, l'*Homo heidelbergensis* si evolverà in ***Homo neanderthalensis*** (dal nome della valle tedesca di Neander in cui fu scoperto nel 1856) e avrà una scatola cranica di 1500 cm^3, pari a quella dell'uomo attuale.

Entrambi gli ominidi erano capaci di operazioni sofisticatissime: vivevano in capanne costruite all'interno di grotte, si procacciavano cibo e combustibile, creavano utensili dalla manifattura complessa e indumenti di pelliccia per coprirsi. Inoltre, vivevano **organizzati in tribù** e praticavano la **sepoltura rituale dei morti**.

I *chopper* (*a destra*) erano semplici pietre scheggiate da un solo lato; gli studiosi li distinguono dalle amigdale (*a sinistra*) – dal greco *amygdale* «mandorla», per la loro forma –, che erano scheggiate in modo più accurato e su entrambi i lati, risultando quindi appuntite.

IL LESSICO STORICO

Dna Sigla del nome inglese dell'acido desossiribonucleico, depositario dei caratteri ereditari contenuti nelle cellule.

Genoma In biologia, il complesso dei geni di un individuo.

L'*Homo sapiens* Prima dell'estinzione dei neandertaliani comparve sulla Terra l'***Homo sapiens***, o uomo di Cro-Magnon (dalla località francese in cui furono rinvenuti i primi resti nel 1868), diffusosi poi in tutta l'**Europa**. La specie dell'uomo di Neandertal e quella dell'*Homo sapiens* condivisero a lungo ampie parti del nostro pianeta, in un rapporto di convivenza, forse anche unendosi sessualmente tra di loro. Ad avallare questa tesi sono i dati più recenti forniti dagli studi sul **Dna**, da cui si evince che il **genoma** dell'*Homo sapiens* e quello dell'uomo di Neandertal sono perfettamente uguali al 99,84%. Molti studiosi asseriscono, quindi, che tra le due specie vi siano stati degli incroci fecondi.

L'uomo di Neandertal, per motivi ancora del tutto oscuri (oggi si sta valutando l'ipotesi di catastrofiche eruzioni come motivo della sua estinzione, o comunque di cause ambientali), scomparve intorno a 30.000 anni fa, mentre l'*Homo sapiens*, quello che gli studiosi chiamano «uomo moderno», divenne l'assoluto protagonista della storia del genere *Homo*.

L'*Homo sapiens*, infatti, era ormai del tutto simile a noi, dal momento che era dotato di un cervello molto strutturato e sviluppato, capace di **pensiero astratto**, **linguaggio** e **meditazione**. Lo dimostrano le raffigurazioni di caccia e di animali ritrovate in numerosissime grotte europee, come le pitture rupestri delle caverne di **Lascaux**, in Francia, o quelle di **Altamira**, in Spagna (→ COMPETENZE DI GEOSTORIA, p. 28).

Questa capacità mentale, combinata con la stazione eretta che lasciava liberi gli arti superiori, consentì una manipolazione degli oggetti sempre più sofisticata e permise all'uomo di creare una grande varietà di utensili. L'*Homo sapiens* raggiunse l'**Australia** e, attraverso la Siberia, l'**America**.

La raccolta e la caccia Le cinque glaciazioni, che ebbero luogo nel corso del Paleolitico, diedero origine a un mosaico di ambienti dalle caratteristiche contrastanti. Specialmente durante la glaciazione würmiana, l'uomo paleolitico, in risposta al cambiamento delle condizioni ambientali, trovò rifugio nei fondivalle e negli spazi aperti, dove, **riunitosi in gruppi**, iniziò a **raccogliere** frutti, semi e miele.

Con il tempo, e potenziando la propria capacità di adattamento, iniziò a occupare le aree riparate e a praticare la **pesca** e la **caccia**. Secondo alcuni studiosi, la **donna** era dedita prevalentemente al reperimento dei vegetali e all'allevamento dei figli, anche se recenti studi provano che anche la donna praticava la caccia: si trattò, comunque, della prima **suddivisione dei compiti** avvenuta nella storia.

Le prime «industrie» Il bisogno di realizzare e utilizzare armi e strumenti di vario genere, per far fronte alle incombenze della vita quotidiana, contribuì in maniera decisiva al **perfezionamento** dell'azione e della capacità operativa del cervello e degli arti superiori dell'uomo paleolitico. Mentre, infatti, gli ominidi vissuti prima del Paleolitico utilizzavano come arma qualsiasi oggetto trovato in natura (un ramo spezzato, una scheggia di pietra, un osso), l'*Homo habilis* fabbricò i primi rudimentali **utensili di pietra**. Le rocce utilizzate erano la selce, l'ossidiana, la quarzite e altre sostanze vetrose, che permettevano di avere spigoli affilati.

I primi utensili realizzati erano ciottoli scheggiati su una sola faccia (***chopper***) e servivano per recidere le radici, tagliare la carne, lavorare il legno o scavare. In seguito, l'*Homo ergaster* perfezionò questa tecnica, realizzando ciottoli bifacciali, ossia lavorati su entrambi i lati, dette **amigdale**. Dalle amigdale si passò alla fabbricazione di raschiatoi, punte di frecce, piccoli scalpelli e utensili da intaglio.

L'alba del culto e dell'arte Con l'uomo di Neandertal si ebbero le prime tracce di **forme di culto**, legate per esempio al rito della **sepoltura**. Dai pollini fossilizzati, dal cibo e dagli utensili ritrovati all'interno delle tombe – segni di un corredo funebre che accompagnava il defunto – si è infatti ipotizzato che l'uomo paleolitico a un certo punto iniziasse a credere in una possibile **sopravvivenza dopo la morte**, testimonianza questa del bisogno di un «contatto» con una realtà superiore, ovvero di una nascente sensibilità magico-religiosa.

LA DIFFUSIONE DEL GENERE UMANO NEL MONDO

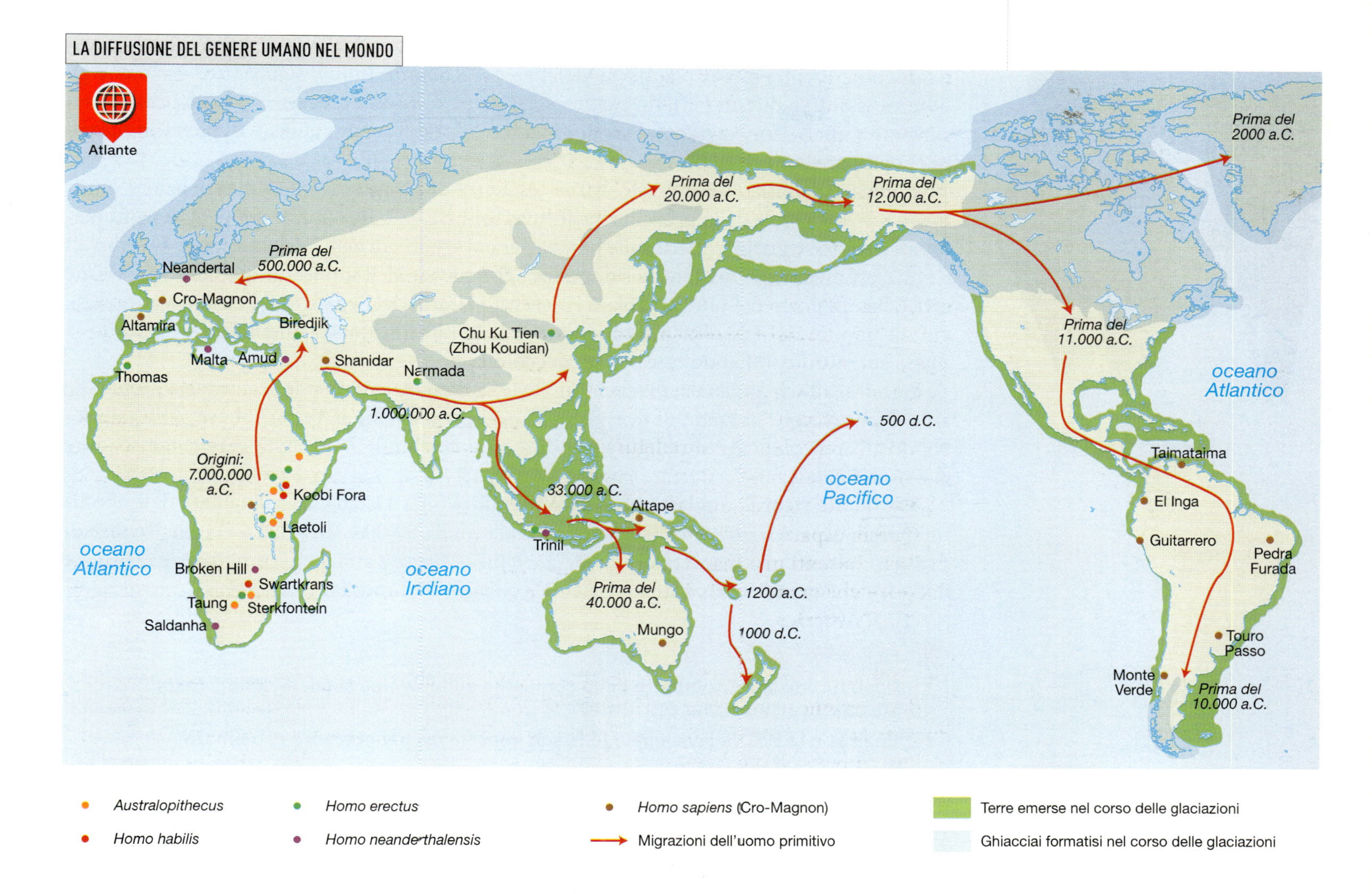

LE FASI DELL'EVOLUZIONE DELL'UOMO

SPECIE	COMPARSA	CAPACITÀ CRANICA	LUOGHI DI RITROVAMENTO E SPOSTAMENTO	TIPOLOGIE DI ABITAZIONE	TIPOLOGIE DI MANIFATTURA
AUSTRALOPITHECUS	4,2 milioni di anni fa	450 cm³	Etiopia e Sud Africa	Spazi aperti della savana	Utensili costruiti con pietre, corna, denti e ossa di animali
HOMO HABILIS	2 milioni di anni fa	500 cm³	Kenya	Paesaggi della savana; in piccoli gruppi e in capanne	*Chopper*, ovvero utensili scheggiati su una sola faccia
HOMO ERGASTER / HOMO ERECTUS	Meno di 2 milioni di anni fa	825 cm³	Kenya (emigra verso le zone calde e temperate d'Europa), Tanzania ed Estremo Oriente	Grotte o capanne a pianta ellittica	Utensili dalla lavorazione simmetrica bifacciale (amigdale); dominio del fuoco
HOMO HEIDELBERGENSIS / HOMO NEANDERTHALENSIS	200.000 anni fa	1200 cm³ / 1500 cm³	Germania (emigra nell'intera Europa e in Asia occidentale)	Capanne costruite all'interno di grotte; sepoltura rituale dei morti	Utensili dalla manifattura complicata (punta, lama, raschiatoio, grattatoio)
HOMO SAPIENS O UOMO DI CRO-MAGNON	200.000 - 150.000 anni fa	1500 cm³	Francia (raggiunge l'Australia e, attraverso la Siberia, l'America)	Capanne di ossa di mammuth	Utensili costruiti con ossa di mammuth; levigazione della pietra; pensiero astratto e linguaggio

■ Le due Veneri di Frasassi (*a sinistra*) e di Willendorf (*a destra*).

Inoltre, vivendo in un periodo di forti oscillazioni climatiche, egli rivolse **offerte sacrificali** come preghiera per placare la violenza della natura. Infine, sembra accertato che gli uomini vissuti in questo periodo praticassero forme di **cannibalismo**: in alcuni resti di ossa rinvenuti, infatti, sono evidenti i segni di tagli e colpi inferti con utensili di pietra impiegati per la preparazione dei cibi.

L'uomo paleolitico sentì presto anche l'esigenza di rappresentare elementi, azioni o immagini di se stesso e della propria vita attraverso l'arte. Si trattò inizialmente di **disegni** realizzati su massi e poi di **graffiti** sulle pareti (per cui si parla di **arte parietale**), che da semplici e stilizzati divennero nel tempo sempre più complessi. Nell'ambito di queste prime forme artistiche un posto del tutto singolare è riservato all'arte del negativo, una tecnica attraverso cui gli uomini del Paleolitico rappresentavano le loro impronte, ottenute appoggiando la mano sul muro e soffiando tutt'attorno del colore.

Accanto all'arte parietale, diverse sono le testimonianze di un'importante arte mobiliare: si tratta di piccole statuette di dee, dette **Veneri paleolitiche o Veneri obese**, collegate secondo gli archeologi al **culto della fecondità** e dotate quindi di un significato religioso, oltre che ornamentale.

Tra queste ricordiamo la **Venere di Willendorf** (alta 11 cm), così chiamata dall'omonimo luogo austriaco dove fu ritrovata, realizzata fra il 23.000 e il 19.000 a.C., e la **Venere di Frasassi** (alta 8 cm), scoperta nel 2007, che è una delle più antiche testimonianze artistiche italiane del Paleolitico superiore (risalente a circa 20.000 anni fa).

PER RIPASSARE

1. Quali furono le conseguenze della comparsa della savana al posto della foresta pluviale in alcune zone dell'Africa?
2. Che cos'è la Rift Valley e quale fu la sua importanza nel processo di ominazione?
3. Quali erano le caratteristiche dell'australopiteco?
4. Quali erano le caratteristiche dell'*Homo sapiens*?

COMPETENZE DI GEOSTORIA — LEGGERE E ANALIZZARE FONTI NON SCRITTE (MANUFATTI)

Una pittura rupestre

L'immagine a lato fu dipinta da uomini preistorici su una parete della grotta di Altamira, in Spagna. Dopo un attento esame, completa il testo che segue e attribuiscigli un titolo.

Titolo: ....

....

La raffigurazione ha per soggetto i seguenti personaggi: .... e animali. I primi imbracciano archi e .... utili per .... I secondi sono di diversa taglia e alcuni di essi vengono .... dalle frecce. La pittura, quindi, rappresenta una scena di ....

Per applicare correttamente il metodo geostorico proposto, consulta la SCHEDA DI METODO 4, p. 67.

4 Il Mesolitico: una fase di transizione

Cambiamenti climatici e nuovi strumenti per cacciare Al termine dell'ultima glaciazione (Würm), avvenuta circa 10.000 anni fa, la flora e la fauna subirono notevoli trasformazioni. Se, da un lato, l'**aumento della temperatura** e il **ritiro dei ghiacciai** favorirono l'**espansione di foreste**, **boschi** e **praterie**, dall'altro, provocarono l'**estinzione di animali** che non seppero adattarsi (come i mammuth) e l'**emigrazione** di quelli che, come le renne, si spostarono verso Nord per trovare *habitat* favorevoli. Anche alcuni gruppi umani si trovarono davanti a un bivio: alcuni di essi emigrarono, seguendo gli spostamenti degli animali; altri, invece, **rimasero adattandosi** alle nuove condizioni climatiche.

Il cambiamento delle condizioni climatiche diede quindi inizio a una nuova età geologica chiamata «**Mesolitico**», cioè «**età della pietra di mezzo**». Durante i duemila anni mesolitici, l'uomo si adattò all'ambiente con difficoltà e molto lentamente. Anche se era organizzato in gruppi, egli non riuscì più a cacciare le grandi prede, concentrando i propri sforzi verso gli animali di piccola taglia. E ciò almeno per due motivi, entrambi legati ai cambiamenti climatici avvenuti: in primo luogo, perché molte specie di grandi mammiferi si erano estinte o erano emigrate; in secondo luogo, perché risultavano complessi i lunghi spostamenti in gruppo per inseguire prede che migravano verso altre zone.

La caccia alle piccole e veloci prede spinse quindi l'uomo a costruire **nuovi strumenti** per procacciarsi il cibo, come gli **utensili immanicati**: armature in legno o in osso (pugnali, asce, seghe) con l'aggiunta di un manico per una migliore presa. L'invenzione più significativa di questo periodo fu quella dell'**arco**, capace di colpire la piccola preda anche a distanze notevoli. Inoltre, nel Mesolitico presero forma insediamenti organizzati, basati anche sulla pesca, come testimoniano i ritrovamenti di ami, arpioni di osso e gusci di molluschi.

Da nomade a sedentario Favorita dal clima mite, la crescita spontanea di **cereali** come l'orzo e il farro, che si diffusero rapidamente in Europa, Medio Oriente, Cina e America centrale, rappresentò un fattore determinante che condusse l'uomo al progressivo **abbandono del nomadismo**. Egli, che sino ad allora era stato costretto ad andare a caccia e a spostarsi continuamente per procacciarsi il cibo, trovò con più facilità – dove già si trovava – cereali per nutrirsi, aspettando spesso il cambio della stagione per poterne usufruire nuovamente.

Abbandonato il nomadismo e diventato **sedentario**, l'uomo sentì la necessità di procurarsi una «scorta» di cibo a lunga scadenza. Per questo il motivo che iniziò ad **addomesticare gli animali**, primo tra tutti il cane, che serviva per la caccia, per la protezione delle scorte e per la difesa della famiglia da animali più violenti. L'uomo addomesticò anche capre e bovini, che costituivano riserve sicure di cibo e permettevano una diminuzione degli spostamenti per la caccia.

IL LESSICO STORICO

Nomadismo L'abitudine, propria di individui o gruppi, a spostarsi, spesso in cerca di cibo, senza stanziarsi in un territorio fisso.

Sedentario Gruppo etnico o popolazione che tende a vivere stabilmente in un determinato territorio.

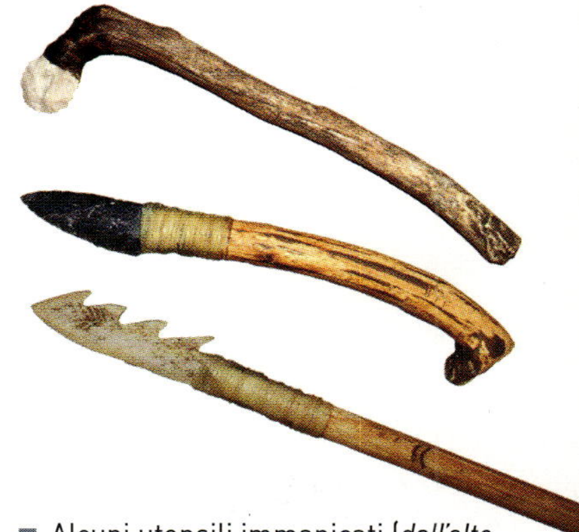

Alcuni utensili immanicati (*dall'alto in basso*): un'ascia in selce su legno, un coltello di ossidiana in osso e un arpione, sempre in osso.

PER RIPASSARE

1. Quali cambiamenti climatici si verificarono durante il Mesolitico?
2. Quali conseguenze ebbero?

5 Il Neolitico: una rivoluzione economica e sociale

La «rivoluzione agricola» Intorno all'**8000 a.C.** (quindi circa 10.000 anni fa) si fa risalire l'ultima fase della preistoria, ovvero quella **neolitica**, così chiamata perché caratterizzata da una nuova lavorazione della **pietra**, non più scheggiata ma ben **levigata**: falci, asce, punte di frecce ben appuntite furono gli strumenti più diffusi di questo periodo.

Le nuove tecniche di lavorazione della pietra non furono però che un aspetto, e di certo non il più decisivo, della svolta epocale verificatasi nell'«Età della pietra nuova». Il Neolitico, infatti, fu soprattutto l'età della cosiddetta «**rivoluzione agricola**»: da un sistema di vita basato essenzialmente sulla caccia e sulla pesca, in cui i gruppi umani utilizzavano beni già presenti in natura (**economia di prelievo**), si passò a un sistema più stanziale, fondato sull'agricoltura e

L'AGRICOLTURA NEL NEOLITICO

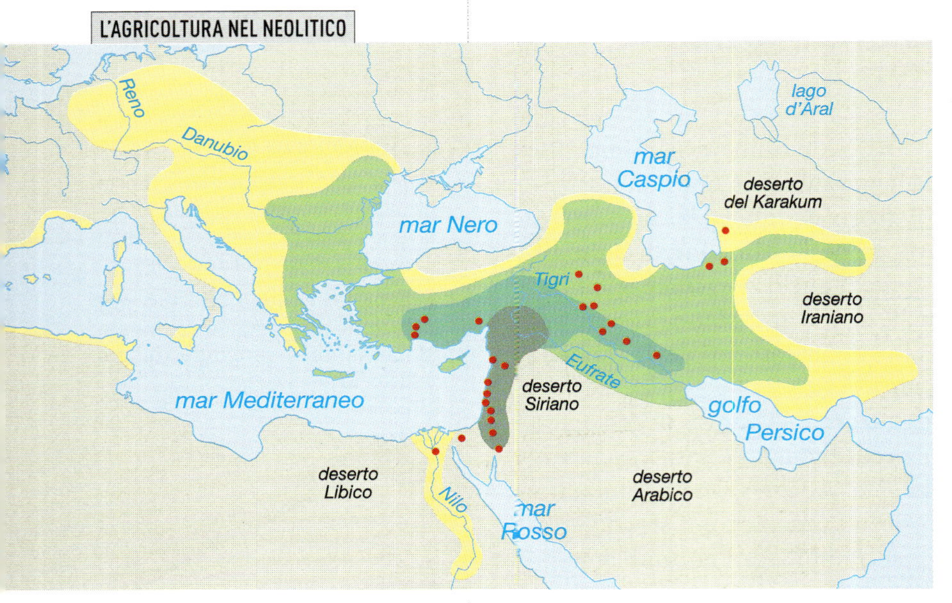

Dall'8000 a.C.
Dal 7000 a.C.
Dal 6000 a.C.
Dal 5000 a.C.
Centri abitati

sull'allevamento, in cui è necessario manipolare la natura per ottenere le risorse di cui si ha bisogno (**economia di produzione**).

I più antichi ritrovamenti che attestano la pratica dell'agricoltura si concentrano in quella vasta zona territoriale denominata «**Mezzaluna fertile**». Gli studiosi sono concordi nell'ipotizzare che i più remoti centri agricoli siano sorti in luoghi e tempi diversi in modo indipendente: in **Medio Oriente** e in **Cina** tra l'8000 e il 7000 a.C., in alcune regioni dell'America centro-meridionale (**Messico** e **Perù**) tra il 7000 e il 6000 a.C., nella **valle dell'Indo** nel 6000 a.C.

L'agricoltura arrivò in **Europa** solo più tardi, attraverso i Balcani (3000 a.C.). Diverse furono anche le tipologie di colture agricole: in Medio Oriente si coltivarono orzo e diverse varietà di frumento; nel continente africano piante autoctone, quali sorgo, miglio e riso africano; in Cina il miglio, che con il riso avrebbe alimentato la popolazione di quell'area fino ai nostri giorni; in America la zucca, il mais e il fagiolo furono i primi ingredienti culinari del sesto millennio, seguiti presto da patate, pomodori e peperoni.

L'allevamento Lo sviluppo dell'agricoltura fu affiancato dall'allevamento di nuovi animali: **pecore, capre, bovini e suini** che, oltre a fornire cibo a lungo termine, procuravano lana, latte e forza-lavoro nella coltivazione dei campi (animali da traino).

Cavalli e asini, in Europa, servivano per il trasporto di some o persone, rendendo più agevoli le comunicazioni e i primi scambi commerciali. Nel Nord Europa la **renna** prese il posto del cavallo, perché ben si adattava alle basse temperature; mentre, per il motivo opposto, si preferì allevare **dromedari e cammelli** nell'Asia centrale e nel Medio Oriente.

Innovazioni tecniche e attività artigianali La diffusione e il progresso dell'agricoltura non sarebbero però stati possibili senza **innovazioni tecniche**. Decisivi, in questo senso, furono il passaggio dalla concimazione del terreno al metodo della **rotazione delle colture**, che alternando regolarmente nello stesso terreno coltivazioni diverse permette di migliorarne la

IL LESSICO STORICO

Rotazione delle colture Tecnica di coltivazione che mira al mantenimento e/o al miglioramento della fertilità dei suoli e dei suoi rendimenti attraverso il succedersi di coltivazioni diverse nello stesso terreno in un ordine regolare e predefinito.

VIAGGIO NELLA GEOGRAFIA

LA MEZZALUNA FERTILE

La Mezzaluna fertile è un'ampia zona che si estende fra il golfo Persico e l'Egitto e comprende la Mesopotamia, la regione siro-palestinese, parte del Sinai e dell'Anatolia. È così chiamata per la sua approssimativa forma ad arco e per il fatto che, grazie ai fiumi Tigri, Eufrate e Nilo, era una regione molto fertile; fu qui che, grazie alla scoperta dell'agricoltura, iniziò il lungo viaggio della civiltà.

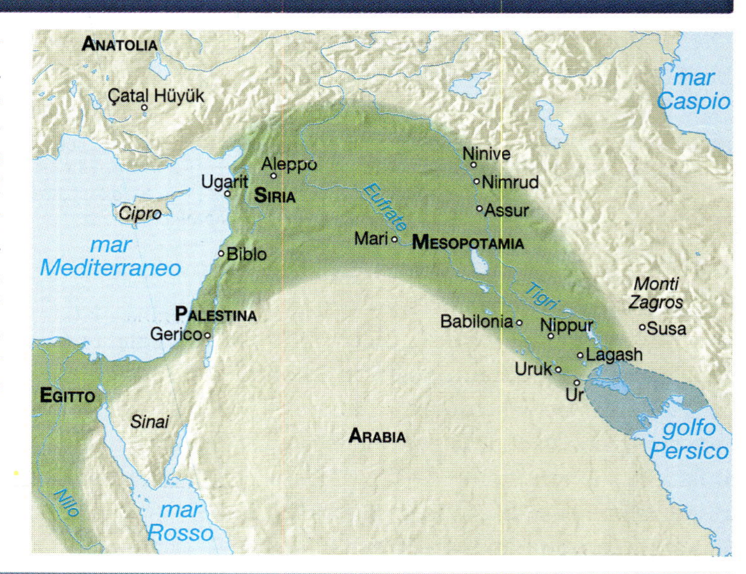

Atlante

COMPETENZE DI GEOSTORIA — LEGGERE UNA CARTA TEMATICA

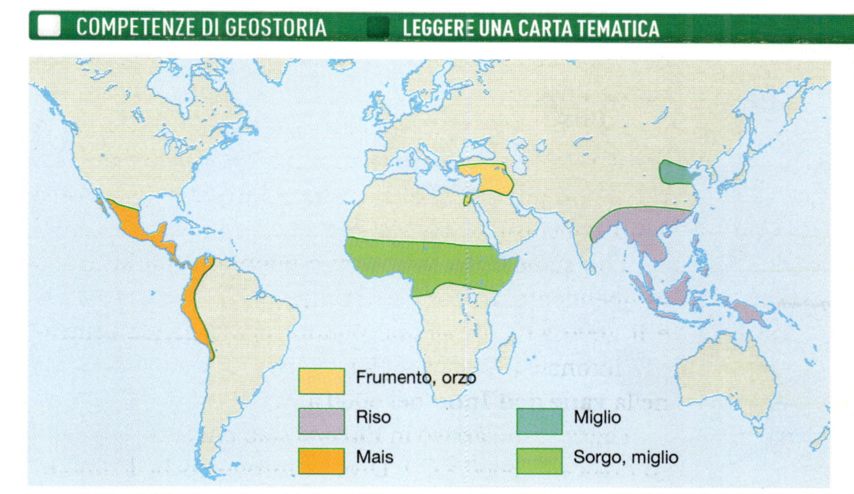

La diffusione delle piante

Osserva attentamente la cartina sulla diffusione delle piante nel Neolitico e rispondi alle seguenti domande:

1. In quale parte dell'Asia venivano coltivati prevalentemente frumento e orzo?
2. Quali colture venivano praticate in Cina?
3. In quale parte delle Americhe si seminava il mais?
4. Che cosa si coltivava nella zona della Rift Valley?

Per applicare correttamente il metodo geostorico proposto, consulta la SCHEDA DI METODO 4, p. 67.

fertilità, e l'introduzione di attrezzi come l'**aratro**, che aumentò rapidamente la produttività agricola. Intorno al 3500 a.C. comparve anche la **ruota**, utilizzata dapprima dai vasai per lavorare l'argilla e successivamente impiegata per mezzi di trasporto quali il carro.

La trasformazione della società da nomade a sedentaria favorì, inoltre, la **divisione dei lavori** e la successiva **specializzazione** in attività diverse. Nacque così la figura dell'**artigiano**: uno dei primi artigiani fu il vasaio che, modellando l'argilla con acqua e indurendola vicino al fuoco, creava contenitori in **ceramica** impermeabile (furono forse la presenza di un surplus di cibo e la necessità della sua conservazione a incentivare l'esigenza di questi contenitori). Alla rudimentale realizzazione di vasellame in ceramica si aggiunse presto la sua decorazione, effettuata a mano libera o attraverso la pressione di cordicelle, conchiglie, chiodi e osso.

Più o meno nello stesso periodo si diffuse la figura del **tessitore** che lavorava le fibre di lino, disponibili in natura, e la lana, ottenuta dagli animali addomesticati.

PER RIPASSARE

1. Perché il Neolitico viene definito «una rivoluzione economica e sociale»?
2. In quali aree del pianeta e quando si verificò la «rivoluzione agricola»?
3. Quali innovazioni tecniche favorirono la diffusione dell'agricoltura?
4. Perché nacquero i primi villaggi?

I primi villaggi e le prime città Appare evidente il motivo per cui l'**evoluzione agricola** sia stata una «rivoluzione»: con essa si verificò una vera e propria rottura con il passato. La nascita dell'agricoltura è, infatti, strettamente associata alla **sedentarizzazione** dell'uomo, che coincise con il manifestarsi di nuove forme di insediamento, di associazione e di culto.

Non tutti gli uomini cessarono di condurre una vita nomade. Ma alcuni gruppi, praticando l'agricoltura, si insidiarono nelle pianure pluviali, dove l'acqua era abbondante e il fango depositato concimava il terreno. Con il passare degli anni, modificarono l'ambiente attraverso nuove tecniche agricole e nuovi strumenti.

Nacquero quindi i **primi villaggi** composti da capanne o da case costruite con mattoni di fango, alla cui base si accumulavano nel tempo detriti, che tendevano a formare un rialzo nel terreno e che quindi davano una maggiore stabilità alla dimora.

Per comprendere la struttura degli insediamenti umani neolitici e le loro opere difensive, significativi appaiono i ritrovamenti delle prime città di cui sono rimaste tracce: **Gerico** (nella valle del Giordano, in Palestina), sorta intorno all'8000 a.C., e **Çatal Hüyük** (nell'Anatolia sudorientale), risalente al 6500 a.C.

LE TRE ETÀ DELLA PIETRA

PALEOLITICO (2.500.000-10.000 a.C.)	MESOLITICO (10.000-8000 a.C.)	NEOLITICO (8000-2500 a.C.)
• Caccia e raccolta, nomadismo • Coordinamento occhio-mano (*Homo habilis*) • Dominio del fuoco (*Homo ergaster*) • Organizzazione in tribù, sepoltura rituale dei morti (*Homo heidelbergensis* e *neanderthalensis*) • Pittura rupestre, arte mobiliare («Veneri» paleolitiche), suddivisione dei compiti (*Homo sapiens*)	• Immanicamento di utensili • Invenzione dell'arco • Pesca e addomesticamento degli animali (cani, capre e bovini) • Abbandono del nomadismo	• Levigazione della pietra (falci, asce, punte di frecce) • **Pratica dell'agricoltura e dell'allevamento** • Concimazione del terreno e rotazione di colture • Invenzione dell'aratro • **Nascita del villaggio** • Diversificazione delle funzioni sociali • Culto della dea madre • Lavorazione dei primi tessuti e della ceramica

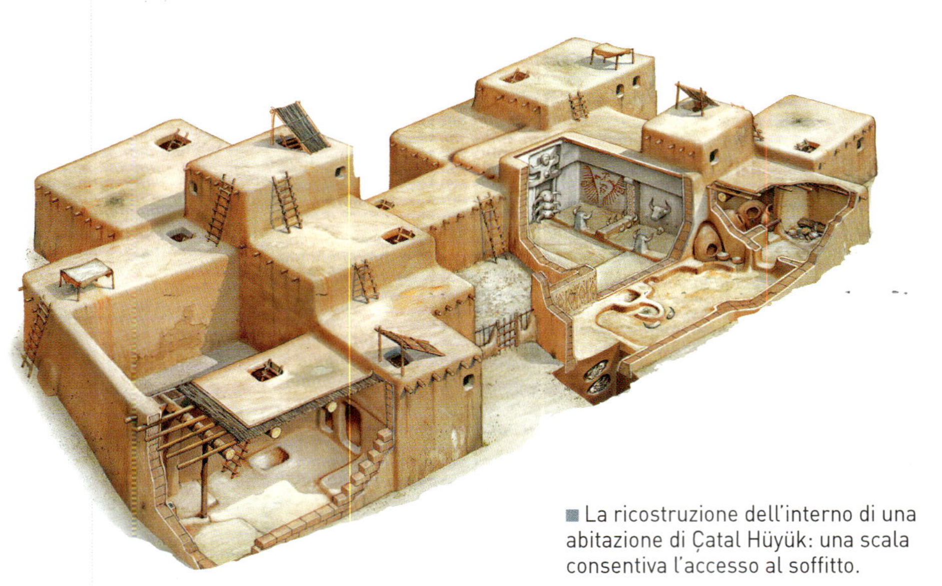

Disegno ricostruttivo di alcune abitazioni della città di Çatal Hüyük. Le case della città, avevano le pareti confinanti tra di loro, ognuna delle quali fungeva da cinta muraria difensiva sia per la casa sia per l'intero villaggio: non c'erano quindi porte e l'entrata avveniva dal tetto tramite una scaletta esterna. Le abitazioni, così addossate le une alle altre, non permettevano la realizzazione di strade interne.

La ricostruzione dell'interno di una abitazione di Çatal Hüyük: una scala consentiva l'accesso al soffitto.

Forme diverse di lance e pugnali in bronzo.

6 A un passo dalla storia: l'Età dei metalli

Una nuova età Ancora nel **Vicino Oriente**, circa 8000 anni fa (6000 a.C.), l'uomo scoprì la possibilità di creare manufatti in metallo. Si aprì allora una nuova fase della preistoria – chiamata appunto «**Età dei metalli**» –, che segnò la fine dell'utilizzo esclusivo della pietra e l'inizio della lavorazione dei metalli: dapprima fu forgiato il **rame** (dal 6000 a.C.), poi il **bronzo** (dal 3000 a.C.) e infine il **ferro** (dal 1200 a.C.).

La scoperta dei metalli: rame, bronzo e ferro Il primo metallo scoperto fu il **rame**, seguito dallo **stagno**, dall'**oro** e dall'**argento**. Il rame veniva lavorato sia a freddo sia fuso, ma non era facilmente reperibile a causa della scarsa presenza di miniere in Asia Minore. Ecco perché la sua lavorazione fu eseguita senza abbandonare del tutto quella della pietra (si parla infatti di **Età calcolitica**, dal greco *chalkó*, «rame», e *lìthos*, «pietra», quella in cui convisse l'uso dei due materiali).

Con il rame gli uomini crearono tutto ciò che era difficile produrre con la pietra: punte affilatissime di frecce, monili e vari tipi di recipienti.
Intorno al **3000 a.C.**, fondendo il rame e lo stagno si ottenne una lega che inaugurò la seconda tappa di questa età: quella del **bronzo**. Con il bronzo gli uomini fabbricarono **armi più resistenti**, più robuste e più taglienti. Ciò avvenne non solo nel Vicino Oriente, ma anche in Cina e in Grecia.

È questo il periodo in cui, in Mesopotamia, fu inventata la scrittura (→ LEZIONE 2, PARAGRAFO 2): siamo quindi alla fine dell'età preistorica e all'inizio della storia.

L'utilizzo della metallurgia del **ferro** (dal **1200 a.C.**), impiegato principalmente per la realizzazione di **armi** e **utensili** più sofisticati, coincise con importanti mutamenti della società, come la nascita di una nuova figura specializzata, quella del **fabbro**, il cui prestigio è documentato nei numerosi testi della cultura antica.

Il commercio e la figura del mercante Risale anche a questo periodo la nascita del **commercio**. Uno dei fattori essenziali che ne stimolarono il sorgere è lo stesso formarsi di **comunità stabili** e sempre meglio organizzate, che ebbe luogo con la rivoluzione neolitica. Spinte dal crescente bisogno di prodotti agricoli, ma anche di manufatti e di bestiame, questi gruppi di persone si accorsero di non riuscire più a essere autosufficienti e furono costretti ad allargare la rete delle loro relazioni per soddisfare le nuove esigenze a cui andavano incontro.

Inoltre, occorreva anche far circolare ciò che rendeva possibili le grandi trasformazioni tecnologiche dell'epoca, ovvero i metalli: i loro giacimenti, infatti, non sempre erano diffusi omogeneamente sul territorio ed erano spesso rari o si trovavano in zone lontanissime.

Tutto ciò segnò l'avvio di **scambi, spostamenti e contatti commerciali** che si estesero dapprima su scala locale e regionale, per poi espandersi su lunghe distanze. Il traffico delle merci, infine, si diffuse tramite il **baratto**, che si effettuava con la permuta di un bene con un altro bene, in prestabilite reti commerciali (tra le più importanti, quelle esistenti tra il Vicino Oriente e il Mediterraneo orientale).

PER RIPASSARE

1. Quali sono i tre periodi dell'«Età dei metalli»?
2. Perché iniziarono gli scambi commerciali?

SINTESI

- **La «preistoria» e la teoria evoluzionistica** Il termine «**preistoria**» si riferisce a quel lunghissimo periodo della storia umana che precede l'invenzione della scrittura in Mesopotamia (intorno al 3000 a.C.), evento che dà invece inizio alla «**storia**» vera e propria, ovvero alla ricostruzione del passato attraverso documenti scritti.
  Lo studio della preistoria si basa soprattutto sull'analisi di **fonti non scritte** o **fonti materiali**, tracce lasciate dai nostri antenati e sopravvissute all'erosione del tempo: resti fossili, resti di arnesi, di armi, di tombe, di creazioni artistiche, di abitazioni ecc. Per far «parlare» queste tracce materiali, gli studiosi di preistoria si avvalgono dell'aiuto di numerosi metodi d'indagine e di diverse scienze quali la geologia, la paleografia, l'archeologia, la paleoantropologia, la chimica e la fisica.
  Una tappa fondamentale nella costruzione di un approccio scientifico allo studio della preistoria è rappresentata dal **pensiero evoluzionista** ottocentesco. In particolare, il naturalista inglese Charles Darwin con la sua opera *L'origine delle specie* (1859), in cui espone la teoria sull'evoluzione per **selezione naturale**, gettò le basi della biologia moderna, fornendo un contributo indispensabile allo studio della storia dell'evoluzione umana.

- **Dai primati al genere *Homo*** L'uomo e le grandi scimmie antropomorfe ebbero i **primati** come antenati comuni. Essi comparvero sulla Terra circa 60 milioni di anni fa, avendo come loro progenitori piccoli mammiferi arboricoli.
  A causa dei grandi **mutamenti climatici** avvenuti durante l'era paleolitica, che modificarono profondamente l'ambiente causando un ritiro della foresta pluviale a favore della **savana**, una parte dei primati seguì lo spostamento della foresta dando origine alle **scimmie antropomorfe**; un'altra parte, invece, scese dagli alberi alla ricerca di cibo: nacquero così i primi rappresentanti della famiglia degli **ominidi**. Tra gli ominidi, il primo a farsi strada fu il genere ***Australopithecus***; successivamente, comparve il genere ***Homo***, che iniziò un lento processo di evoluzione sia delle sue caratteristiche fisiche sia di tutte le sue attività sociali, economiche e culturali.

- **L'inizio della vita sedentaria** I duemila anni in cui si sviluppa il **Mesolitico** furono contraddistinti da un clima mite. Questo favorì la crescita spontanea di **cereali**, che si diffusero rapidamente in Europa, Medioriente, Cina e America centrale. Si tratta di un fattore determinante che condusse l'uomo ad abbandonare il nomadismo e a diventare **sedentario**: da sempre costretto ad andare a caccia e a spostarsi continuamente per procacciarsi il cibo, egli trovò infatti con più facilità cereali per nutrirsi. Inoltre, spinto dalla necessità di procurarsi una «scorta» di cibo a lunga scadenza, l'uomo iniziò ad **addomesticare gli animali**.

- **L'Età neolitica e la «rivoluzione agricola»** Il **Neolitico** fu l'età della cosiddetta «**rivoluzione agricola**». In questo periodo, infatti, si passò da un sistema di vita basato essenzialmente sulla caccia e sulla pesca, in cui i gruppi umani utilizzavano beni già presenti in natura (**economia di prelievo**), a un sistema fondato sull'**agricoltura** e sull'**allevamento**, in cui è necessario manipolare la natura per ottenere le risorse di cui si ha bisogno (**economia di produzione**).
  L'evoluzione dell'agricoltura nel Neolitico produsse una rottura con il passato, che coincise con il manifestarsi di nuove forme di insediamento, di associazione e di culto. Un esempio tipico di questa rottura è la nascita dei **primi villaggi**.

- **L'«Età dei metalli» e la scrittura** Dal 6000 a.C. l'uomo scoprì la possibilità di creare manufatti in metallo. Si apre così una nuova fase della preistoria, chiamata appunto «**Età dei metalli**», che segnò la fine dell'utilizzo esclusivo della pietra, caratteristico della manifattura preistorica sino ad allora: l'uomo, infatti, iniziò a lavorare dapprima il rame, poi il bronzo e infine il ferro. È questo, inoltre, il periodo in cui avvenne l'**invenzione della scrittura** in Mesopotamia e a cui risale la **nascita del commercio**.

Scheletri, utensili, armi, incisioni

Le fonti materiali

La preistoria, lo abbiamo visto, è il periodo che va dalla comparsa dell'uomo alla scoperta della scrittura. Le fonti in possesso dello storico della preistoria sono quindi fonti non scritte o fonti materiali (→ SCHEDA DI METODO 4, p. 67); si tratta essenzialmente di manufatti (dalle pietre lavorate, alle armi, ai vasi), delle prime sepolture, delle incisioni e delle pitture rupestri, delle prime statue.
Informazioni importanti per conoscere la vita dell'uomo preistorico, come vedremo nelle pagine di questa rubrica, sono poi i resti umani, gli scheletri di uomini e donne rinvenuti in determinate zone.
Gli scienziati che si occupano di queste fonti sono gli archeologi, che studiano le civiltà antiche attraverso le tracce del loro passato, specialmente monumenti e prodotti artistici, e i paleontologi, che, ricercando e analizzando fossili e scheletri, studiano le piante e gli animali (compreso l'uomo; in questo caso si parla di paleoantropologi) vissuti sulla Terra in epoche geologiche anteriori alla presente.

La piccola Lucy, «lo scimpanzé dalla stazione eretta»

Nel 1974 il paleoantropologo Donald Johanson scoprì i resti del corpo di un *Australopithecus afarensis* (dalla regione di Afar, in Etiopia), risalenti a circa **3,4 milioni di anni fa**. Da principio pareva che il fossile appartenesse a un individuo giovane, ma in un secondo tempo si scoprì che si trattava di un **adulto femmina**, alta 130 cm e dal peso di 30 kg. Lo scheletro fu chiamato **Lucy**, in onore della canzone *Lucy in the Sky with Diamonds* dei Beatles, che l'équipe di Johanson ascoltò diverse volte la notte successiva al ritrovamento dei resti.
Dall'analisi dello scheletro, si poté dedurre che Lucy, pur avendo il cervello delle stesse dimensioni, a differenza dello scimpanzé era un **bipede** e aveva acquisito la **stazione eretta**: la forma e le dimensioni di un osso metatarsale, una delle cinque ossa che uniscono la punta del piede alle ossa del tallone, hanno infatti permesso agli scienziati di stabilire che il piede era rigido e dall'arcata molto definita. Due caratteristiche che consentono di ammortizzare il trauma della camminata bipede e che si avvicinano alla spinta propulsiva dell'uomo moderno.
La **stazione eretta** delle «Lucy», cioè dei simili al corpo ritrovato in Etiopia, è confermata dalle orme, fossilizzate nella cenere vulcanica, scoperte nel 1974-75 dall'archeologa e paleoantropologa inglese Mary Leakey e da suo marito: esse furono rinvenute più a Sud, a Laetoli, in Tanzania, e sono databili a **3,6 milioni di anni fa** (e quindi precedenti a Lucy). Si tratta di orme di due individui, un maschio e una femmina (sempre della specie *Australopithecus afarensis*), e provano che le «Lucy» erano un po' come degli «scimpanzé bipedi».

Le impronte umane ritrovate a Laetoli, in Tanzania.

L'ultimo mistero dell'uomo venuto dal ghiaccio: Oetzi

Nel 1991, due coniugi alpinisti tedeschi, usciti per un'escursione in Trentino-Alto Adige, notarono in una conca di ghiaccio a quota 3210 metri dei resti umani, che segnalarono immediatamente alle autorità italiane.
Furono, però, la gendarmeria austriaca e l'università di Innsbruck a capire che si trattava di un uomo della preistoria. **Oetzi**, come fu chiamato (dal nome del versante italiano delle Alpi dell'Ötzal), è l'uomo più antico meglio conservato ai giorni nostri. Da vari esami effettuati (tra cui quello del radiocarbonio), si scoprì che si trattava di un individuo con gli occhi azzurri dai 30 ai 40 anni, di circa 1,60 m, appartenente a un ceto sociale medio-alto (forse un pastore), vissuto circa 5300 anni fa (cioè nel 3300 a.C., nel Neolitico).
Gli studiosi austriaci, poi, dedussero che il suo ultimo pasto (carne di stambecco e un certo tipo di grano) doveva essere stato consumato poco prima di un alterco con i suoi avversari, che poi lo avevano inseguito e ucciso.

Non soddisfatti dai risultati ottenuti dagli esami su Oetzi, nel novembre del 2010 altri studiosi scoprirono una serie di errori commessi 20 anni prima dagli austriaci. Anzitutto, da un'analisi del DNA, Oetzi doveva avere gli occhi castani e non azzurri come si pensava. Inoltre, ciò che gli austriaci credevano lo stomaco era invece il colon (vuoto), mentre il suo stomaco (pieno) si era spostato nella gabbia toracica: quest'ultimo era il segno di un lauto pasto, presumibilmente fatto in tutta calma, cosa che mal si collega all'idea di una fuga, come avevano ipotizzato nel 1991.
Oetzi, quindi, probabilmente era stato assassinato di sorpresa, come ulteriormente attesta una punta di freccia di selce nella sua spalla sinistra, talmente incastrata da renderne impossibile l'estrazione.
L'uomo si trova oggi nel Museo archeologico di Bolzano, a una temperatura di – 6 °C, assieme agli arnesi ritrovati: un pugnale di selce, un'ascia con lama di rame (raro metallo usato solo dalle famiglie di estrazione medio-alta), una foglia d'acero (adoperata per avvolgere la brace), calzature in pelle di daino con suola di pelle d'orso (le più antiche mai rinvenute) e un groviglio di corda, di cui non si riesce a dare logica spiegazione.

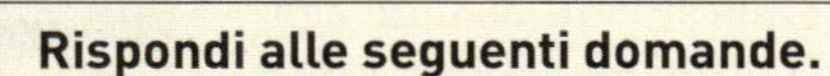

Rispondi alle seguenti domande.

1. Quali sono le «fonti materiali»?
2. Da che cosa si deduce che Lucy conquistò la stazione eretta?
3. Perché gli storici ritengono Oetzi di estrazione sociale medio-alta?
4. Quale prova attesta che Oetzi fu assassinato di sorpresa?

Il manichino che ricostruisce quello che doveva essere l'aspetto originario di Oetzi, conservato al Museo Archeologico di Bolzano assieme ad alcuni oggetti ritrovati accanto ai suoi resti, tra i quali il coltello con il fodero (a *destra*) e il contenitore di semi (*sotto*).

Collega passato e presente e approfondisci temi e problemi della geostoria.

Lezione LIM

Insediamento e abitazioni

(→ GEOGRAFIA, LEZIONE 6)

«Non domo dominus, sed domino domus. (Non il padrone per la casa, ma la casa per il padrone)»

(Iscrizione sulla facciata della casa di Gioachino Rossini a Bologna)

Un villaggio di argilla e fango in Mali.

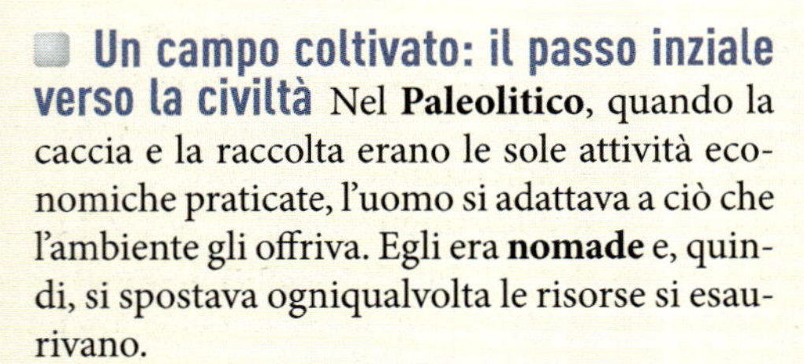

Un campo coltivato: il passo inziale verso la civiltà Nel **Paleolitico**, quando la caccia e la raccolta erano le sole attività economiche praticate, l'uomo si adattava a ciò che l'ambiente gli offriva. Egli era **nomade** e, quindi, si spostava ogniqualvolta le risorse si esaurivano.

Con la «**rivoluzione agricola**» del **Neolitico** l'uomo iniziò a **modificare l'ambiente** per adattarlo alle proprie necessità. Uno degli eventi più significativi fu quando egli tracciò sul terreno i primi segni di un **campo coltivato**, fissando in questo modo stabilmente la sua dimora: fu il passo iniziale verso le grandi civiltà della nostra storia.

La conseguenza più immediata e importante di questa rivoluzione, che non è soltanto socio-economica ma anche culturale, è la nascita dei **villaggi**, ovvero delle prime forme di aggregazione umana.

Da allora le trasformazioni che hanno consentito il passaggio a un **paesaggio organizzato** sono state rapide e hanno portato le tracce umane più o meno sulla superficie dell'**intero globo**.

I motivi che favoriscono l'insediamento umano... Nel corso dei secoli, si è assistito a notevoli cambiamenti nel modo in cui l'uomo si è insediato sul territorio.

Se in un primo tempo, anche per le scarse abilità tecniche che si possedevano, nella costruzione delle abitazioni era fondamentale l'utilizzo e lo sfruttamento di **materiali trovati in natura** (ossa, pelli, fango, ciottoli, legno, argilla), con il progressivo sviluppo di tecniche architettoniche e ingegneristiche sempre più affinate si è giunti all'odierno impiego di materiali come l'**acciaio** e il **cemento armato**, che permettono di realizzare edifici dalle caratteristiche strutturali prima impensabili, come i grattacieli.

A fronte di tali cambiamenti, però, i motivi per cui l'uomo si insedia su un territorio sembrano ricorrenti nella storia. Fattori come la **presenza dell'acqua** – necessaria non solo per l'inizio di ogni attività agricola, ma anche per lo sfruttamento della forza idraulica a scopi industriali – e un **clima favorevole** – che rende l'ambiente accogliente sia per la flora sia per la fauna – sono infatti decisivi per l'uomo quando deve scegliere il luogo dove mettere radici.

Non è un caso, in questo senso, che le prime civiltà nascano nella regione della Mezzaluna fertile, tra i fiumi Tigri ed Eufrate, e che le aree temperate dell'Europa, dell'America settentrionale e della Cina furono le prime a essere popolate.

... e le loro tipologie

Come abbiamo detto, il modo in cui l'uomo si è insediato nel tempo sul territorio ha subito diverse trasformazioni. Queste si sono riflesse e si riflettono ancora oggi sulle varie **tipologie di insediamento** che è possibile rintracciare nel paesaggio urbano.

In questa sede ne ricordiamo essenzialmente tre: i **centri abitati** (con abitazioni, servizi, attività produttive e commerciali), i **nuclei delle aree rurali** (insediamenti in montagna o in campagna di almeno cinque abitazioni vicine, ma separate da distesi terreni coltivati o incolti) e le **case sparse** disseminate per la campagna o lungo una strada (come le masserie).

A questi si aggiungono, infine, gli **insediamenti nomadi** o **temporanei**, che basano la loro economia sul prelievo diretto delle risorse dall'ambiente circostante. Essi sono maggiormente presenti nelle regioni aride o semiaride dell'Africa settentrionale e orientale, dell'Arabia Saudita e dell'Asia centrale.

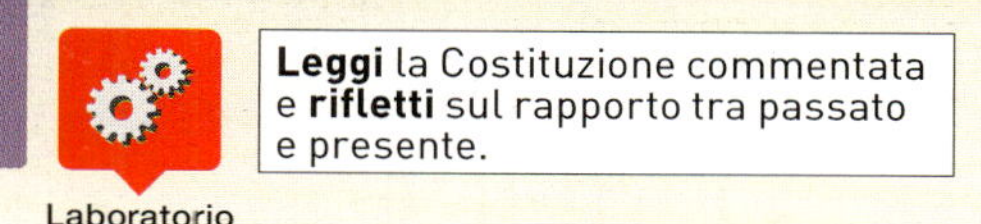

Laboratorio
Leggi la Costituzione commentata e **rifletti** sul rapporto tra passato e presente.

La comunità umana

L'esigenza di vivere in gruppi

Fin dall'età preistorica, gli uomini sentirono l'esigenza di **vivere in gruppi**, perché stando insieme erano maggiori le possibilità di sopravvivere, di difendersi dagli animali più grandi di loro, di cacciare prede più ricche.

In Età paleolitica, all'interno delle comunità appartenenti alla specie *Homo habilis* si stabilì una prima **divisione dei compiti** tra uomo e donna: mentre l'uomo andava a caccia, la donna raccoglieva i frutti della terra e accudiva i figli.

Con l'*Homo neanderthalensis*, poi, questi piccoli raggruppamenti di famiglie si trasformarono in vere e proprie **tribù**, cioè in forme di aggregazione più allargata e organizzata, per quanto possibile, secondo **norme** dettate da un capo e riconosciute da tutti i componenti.

La comparsa dell'*Homo sapiens* segnò invece non solo la sempre più frequente condivisione di forme di culto, già presenti in situazioni occasionali, ma anche la **pianificazione della caccia** per il bene dell'intera tribù: cacciare uniti, infatti, è più facile e meno pericoloso che farlo da soli.

Infine, se in Età mesolitica l'uomo da nomade iniziò a praticare stili di vita sedentari, è nel Neolitico che si assistette alla nascita dei primi veri **villaggi**.

Che cos'è una comunità

Seppur lento e graduale, il passaggio cruciale da un piccolo nucleo familiare a una più complessa organizzazione sociale ci spinge a delineare i contorni del concetto che definisce queste prime forme di aggregazione umana: quello di comunità.

Per comunità s'intende un gruppo di persone che ha interessi e scopi comuni, che si aiuta a vicenda per il bene della collettività, che condivide alcuni aspetti della vita quotidiana e che ha le stesse consuetudini. Si può quindi affermare che le prime comunità nascono già nel Paleolitico, quando l'uomo vive a fianco della propria famiglia per sfamarla e difenderla dai nemici. Come piccolo nucleo i cui elementi agiscono per il bene collettivo, la prima forma di comunità è allora la **famiglia** stessa.

Una comunità può essere piccola, come la famiglia per l'appunto, o grande, come quelle caratterizzate dall'appartenenza a una religione o a un partito politico. Ma da quali caratteristiche è contraddistinta? Anzitutto, come già detto, dagli stessi **interessi**, dalle stesse **idee** e soprattutto dallo stesso **linguaggio**, che appare il principale collante tra i componenti di una comunità. Non bisogna però dimenticare un altro fattore decisivo: il condividere un **sistema di norme** comportamentali, un **sistema di valori** di riferimento, senza il quale non sarebbe possibile la formazione di una **precisa identità** da parte di un gruppo di individui.

La Città dei Ragazzi

Tutte le comunità, anche le più piccole, hanno proprie norme, riconosciute dai componenti che ne fanno parte. Un esempio interessante è quello della **Città dei Ragazzi**, una comunità nata a Roma nel 1953 grazie all'iniziativa del sacerdote inglese Giovanni Patrizio Carroll-Abbing (1912-2001). In un primo tempo destinata ad accogliere i ragazzi affamati e orfani nell'Italia del dopoguerra, oggi la Città dei Ragazzi assiste, fino al compimento dei loro 20 anni, giovani di diversa nazionalità, in buona parte migranti, formandoli e indirizzandoli al lavoro.

Ciò che contraddistingue questa comunità è il sistema scelto da monsignor Carroll-Abbing per permettere ai suoi ragazzi di crescere e di maturare: il sistema dell'**autogoverno**, che prevede che gli ospiti della Città dei Ragazzi imparino ad autogestirsi, rispettando **regole comuni** basate su dei diritti e dei doveri, e ad assumersi le proprie **responsabilità**. Anche la diretta esperienza della vita democratica, praticata in assemblee periodiche, guidate da un «sindaco», dove discutere i problemi della comunità, aiuta i ragazzi a imparare a governarsi da soli.

Guida alla Cittadinanza

Se t'interessa l'argomento, puoi approfondirlo consultando l'indirizzo Internet www.oncr.it, il sito ufficiale dell'Opera Nazionale per le Città dei Ragazzi, oppure leggendo quanto raccontato da Eraldo Affinati nel suo libro intitolato proprio La città dei ragazzi *(Mondadori).*

Uomini primitivi attorno al fuoco, in un disegno ricostruttivo.

Lezione 1
L'evoluzione della specie umana

DALLE ABILITÀ ALLE COMPETENZE

COSTRUIRE UNA LINEA DEL TEMPO COLLOCANDOVI EVENTI STORICI COMPETENZA STORICA

1 **Inserisci correttamente, dalla lista sottostante, gli elementi del *Chi* e del *Quando* nella linea del tempo sull'evoluzione del genere *Homo*.**

(→ SCHEDA DI METODO 3, p. 64)

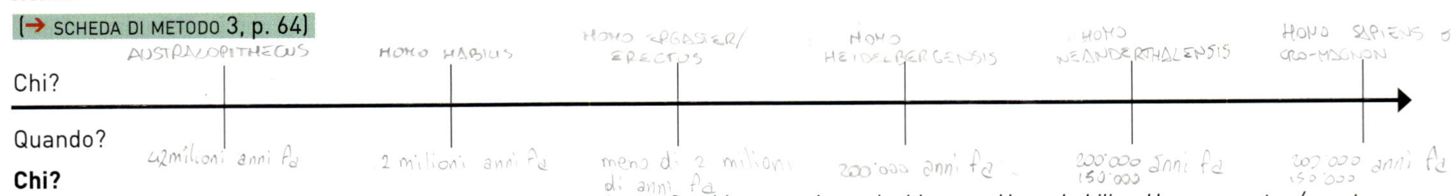

Chi?
Homo heidelbergensis – Homo neanderthalensis – Homo sapiens o Cro-Magnon – Australopithecus – Homo habilis – Homo ergaster / erectus.

Quando?
2 milioni di anni fa – 200.000 anni fa – 200.000-150.000 anni fa – 4,2 milioni di anni fa – meno di 2 milioni di anni fa.

CREARE UNA CARTA GEOSTORICA DINAMICA COMPETENZA GEOSTORICA

2 **Indica in modo corretto, sulla carta muta a lato, gli elementi del *Chi* e del *Dove*. Evidenzia poi, con un colore a tua scelta, i luoghi relativi. Dopo, seguendo la linea del tempo costruita nell'esercizio 1, ricostruisci sulla carta, con una freccia, il percorso cronologico dello spostamento del genere *Homo* nei millenni. Alla fine, attribuisci un titolo alla tua carta geostorica dinamica.**

(→ SCHEDA DI METODO 3, p. 64)

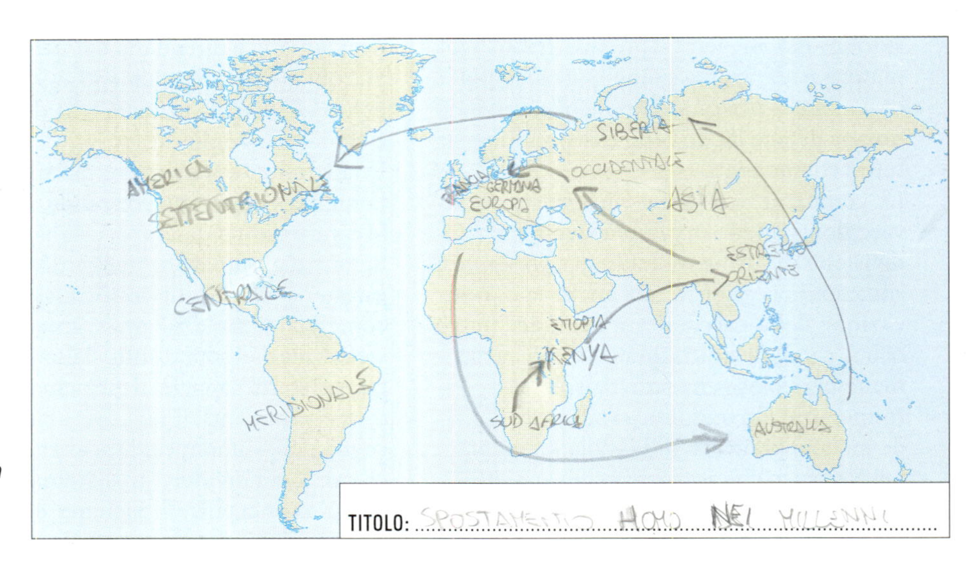

Chi?
Homo heidelbergensis – Homo sapiens o Cro-Magnon – Australopithecus – Homo neanderthalensis – Homo habilis - Homo ergaster / Homo erectus.

Quando?
Etiopia e Sud Africa – Kenya – Tanzania o Estremo Oriente – Germania – Europa e Asia occidentale – Francia, poi Australia e, attraverso la Siberia, America.

COMPLETARE UNA MAPPA CONCETTUALE COMPETENZA GEOSTORICA

3 **Completa la mappa concettuale a fianco, inserendo opportunamente nelle caselle i numeri relativi ai concetti chiave sotto elencati. Stai attento: tra loro c'è un intruso! Individualo, sottolinealo in rosso e spiega perché si tratta di un elemento estraneo.**

(→ SCHEDA DI METODO 7, p. 156)

1. Trasformazione di flora e fauna
2. Adattamento, emigrazione o estinzione di animali
3. Crescita spontanea di cereali
4. Discesa dagli alberi e maggiore uso degli arti anteriori
5. Espansione di foreste, boschi e praterie
6. Ritiro dei ghiacciai
7. Abbandono del nomadismo e addomesticamento degli animali

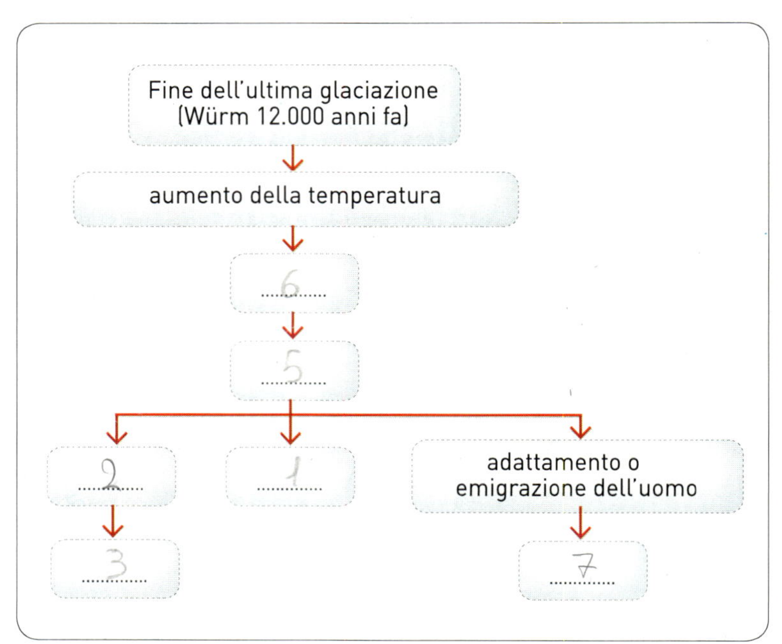

VERIFICA

Lezione 1
L'evoluzione della specie umana

DALLE ABILITÀ ALLE COMPETENZE

COLLEGARE LE CAUSE ALLE CONSEGUENZE COMPETENZA STORICA

4 **Ricostruisci gli eventi, collegando le cause elencate a sinistra con le conseguenze riportate a destra.**

COMPLETARE UNA TABELLA A DUE ENTRATE COMPETENZA STORICA

5 **Completa la tabella sotto riportata, inserendo correttamente le tecniche adoperate dal genere *Homo* nella lavorazione di utensili.**

(→ SCHEDA DI METODO 6, p. 112)

HOMO	TECNICA ADOPERATA
habilis	SCHEGGIA PIETRA SU 1 LATO
ERECTUS	SCHEGGIA PIETRA SU 2 LATI
NEANDERTHALENSIS	CREANO UTENSILI DA MANIFATTURA COMPLESSA
sapiens o *Cro Magnon*	CREA MOLTI UTENSILI

ANALIZZARE UN SITO ARCHEOLOGICO PER RICAVARNE INFORMAZIONI
COMPETENZA STORICA

6 **Confronta l'immagine qui sotto – che rappresenta una parte del sito archeologico della città neolitica di Çatal Hüyük – con il disegno ricostruttivo a p. 32. Dopo averle osservate attentamente, rispondi alle seguenti domande.**

(→ SCHEDA DI METODO 5, p. 78)

1. Dove si trova Çatal Hüyük?
2. Che forma hanno le case?
3. A cosa serviva la scala?
4. Da dove gli abitanti entravano nelle proprie case? Da quale elemento lo capisci?
5. Vi sono torri nella città?
6. C'è una cinta muraria?
7. Perché, secondo te, le case sono così attaccate tra loro?
8. Perché la città è costruita su un'altura?

UTILIZZARE LE COMPETENZE STORICHE E GEOGRAFICHE GIÀ ACQUISITE CORRELANDOLE ALLE COMPETENZE DI CITTADINANZA E ALLE ALTRE DISCIPLINE
COMPETENZA TRASVERSALE

7 **La Rift Valley è una valle molto suggestiva e ricca di storia, eppure oggi è teatro di scontri fra Stati e tribù dello stesso popolo: ostilità etniche (per esempio in Ruanda e Burundi), guerre internazionali per il petrolio (come in Angola e Congo) e guerre civili (come nella Repubblica Democratica del Congo).**
Alla luce dell'importanza che il concetto di comunità riveste sin dalla preistoria (→ CITTADINANZA E COSTITUZIONE, p. 37), approfondisci, attraverso una piccola ricerca sul web, le cause e le conseguenze di uno dei tanti conflitti in atto nella Rift Valley. Immaginando di dover parlare in una conferenza indetta nella tua scuola, produci un testo di massimo 30 righe in cui, attraverso opportuni esempi ricavati dalla tua ricerca, cercherai di convincere chi ti ascolta della necessità di vivere pacificamente in comunità per il bene dell'intero gruppo.

2. Leggere una carta geografica e una carta geostorica statica

Nello studio della geostoria è di particolare importanza l'analisi delle carte storiche, geografiche e geostoriche (→ LE FONTI E GLI STRUMENTI DELLA GEOSTORIA, p. 2). Imparare a leggerle e a interrogarle significa essere in grado di utilizzare strumenti per la comprensione dei fatti accaduti nel tempo e nello spazio. Con l'uso delle carte, infatti, si possono ridurre i tempi della lettura testuale e, nel contempo, approfondire la ricerca storica e geografica.

NELLO SPAZIO

Come LEGGERE una carta geografica

Come sappiamo (→ LE FONTI E GLI STRUMENTI DELLA GEOSTORIA, p. 2), la **carta geografica** è una **riproduzione in scala di estesi territori** (continenti, Stati) nel loro stato attuale. Essa può essere fisica o politica.
Le carte geografiche **fisiche** mettono in evidenza gli aspetti e gli elementi naturali di un territorio: montagne, fiumi, laghi ecc. Le carte geografiche **politiche**, invece, rappresentano le diversità amministrative e politiche fra gli Stati, le regioni e le città; forniscono informazioni circa i confini politici (non sempre corrispondenti a quelli fisici), le capitali, i capoluoghi, la presenza di aeroporti e le principali vie di comunicazione.
Per leggere e capire una carta geografica è necessario non solo decodificare la legenda (la tavola di decodificazione composta da diversi segni, ognuno dei quali ha un significato particolare), ma sapere anche attribuire a ogni colore e a ogni simbolo usato l'elemento rappresentato nella carta.

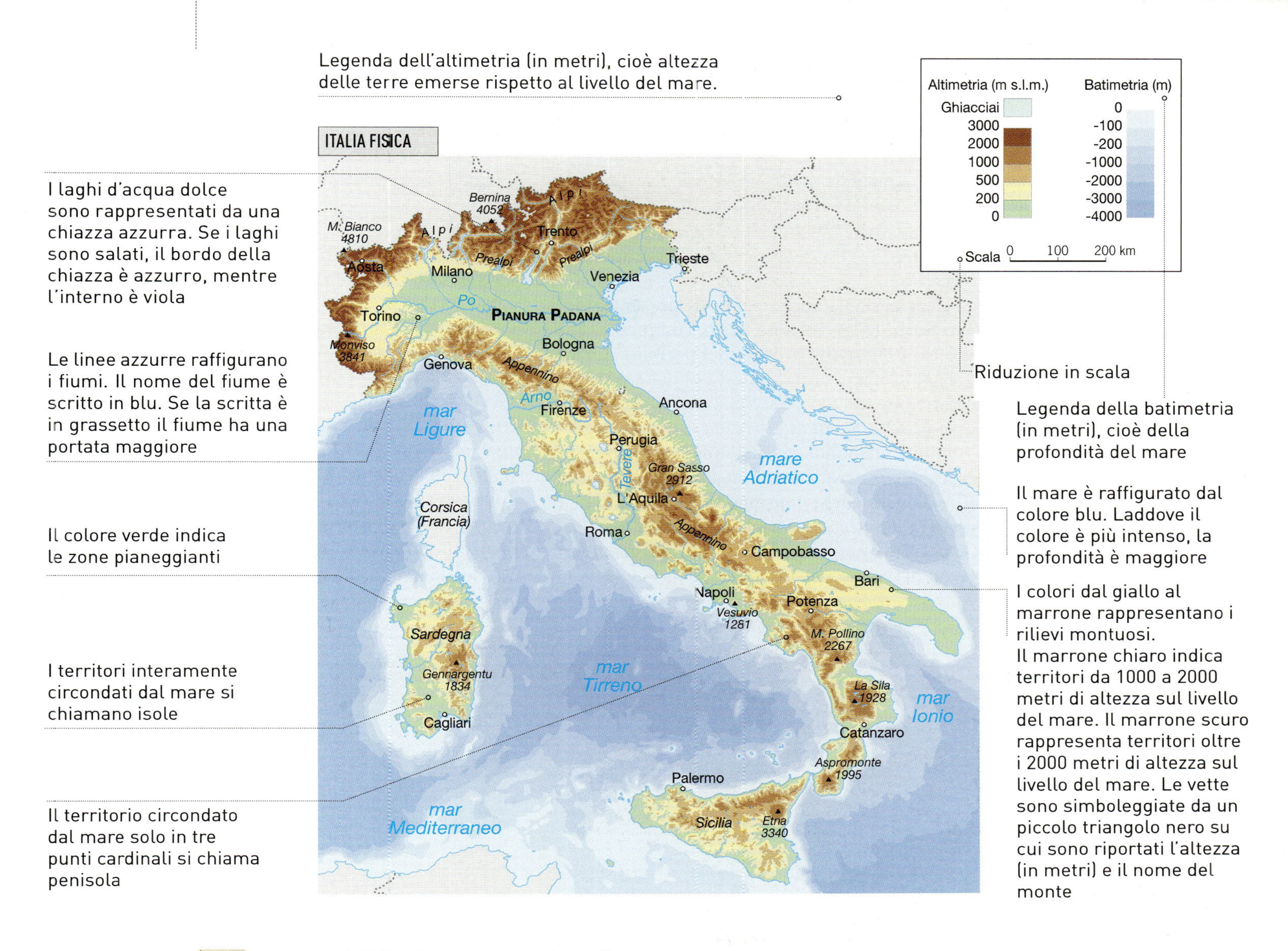

Adesso LEGGI la carta geografica

Cerca in Internet una carta geografica fisico-politica dell'Europa, dove siano riportate non solo le caratteristiche fisiche del territorio, ma anche i confini politici. Leggila e analizzala attentamente, quindi elabora due tabelle di questo tipo con le principali caratteristiche fisiche e politico-amministrative del continente.

Europa fisica	
Confini naturali	
Mari e oceani	
Catene montuose più estese	
Monti più alti	
Maggiori fiumi	
Maggiori laghi	
Maggiori pianure	
Penisole più grandi	
Isole più grandi	

Europa politica	
Confini politici	
Numero e nomi degli Stati interessati	
Capitali degli Stati	
Maggiori rotte marittime	
Isole appartenenti politicamente ad alcuni Stati	
Confini politici corrispondenti a quelli naturali	

NEL TEMPO E NELLO SPAZIO

Come LEGGERE una carta geostorica statica

Per comprendere un avvenimento nel tempo è necessario saperlo collocare anche nello spazio attraverso particolari carte tematiche, dette «**geostoriche**». Le **carte geostoriche** possono essere **statiche** (quando «descrivono») e **dinamiche** (quando «narrano», → SCHEDA DI METODO 3, p. 64). In questa sezione ci occuperemo delle prime.
Le carte geostoriche statiche sono **rappresentazioni di un territorio** (città, regione, Stato, continente) che riportano **caratteristiche proprie del periodo storico** trattato (morfologia, nome, confini politici e naturali, struttura urbanistica ecc.). Esse possono essere sia **fisiche** sia **politiche**. Sebbene interpretare una carta geostorica significhi rispondere generalmente alla domanda **«dove?»**, è pur vero che a un'analisi più dettagliata possono emergere anche informazioni sul **«come?»** e sul **«perché?»**. Per leggere correttamente una carta geostorica, occorre quindi eseguire alcune operazioni essenziali, qui di seguito elencate:

1. **osservare** la carta e i simboli che essa riporta;
2. **riconoscere** i simboli contenuti nella **legenda**;
3. **leggere** la carta, decifrando la legenda per ricavarne informazioni;
4. **tradurre** la carta e la relativa legenda in un testo verbale (orale o scritto);
5. **rielaborare** le notizie estrapolate, confrontandole con quanto si è studiato, per arricchire la ricostruzione del fatto storico, per interrogarsi su alcuni aspetti e per elaborare delle ipotesi.

Proviamo a lavorare insieme sulla carta geostorica qui riportata, che rappresenta il territorio della Mezzaluna fertile tra il IV e il I millennio a.C. Quali informazioni possiamo ricavarne? Produciamo un testo scritto (4), applicando le operazioni sopra indicate.

Osserviamo la carta attentamente (1). Dal momento che si tratta di una carta geostorica fisica, possiamo innanzitutto ricavare, grazie all'aiuto della legenda (2), alcuni dati relativi alla morfologia del territorio.

CARTA GEOSTORICA STATICA FISICA DELLA MEZZALUNA FERTILE

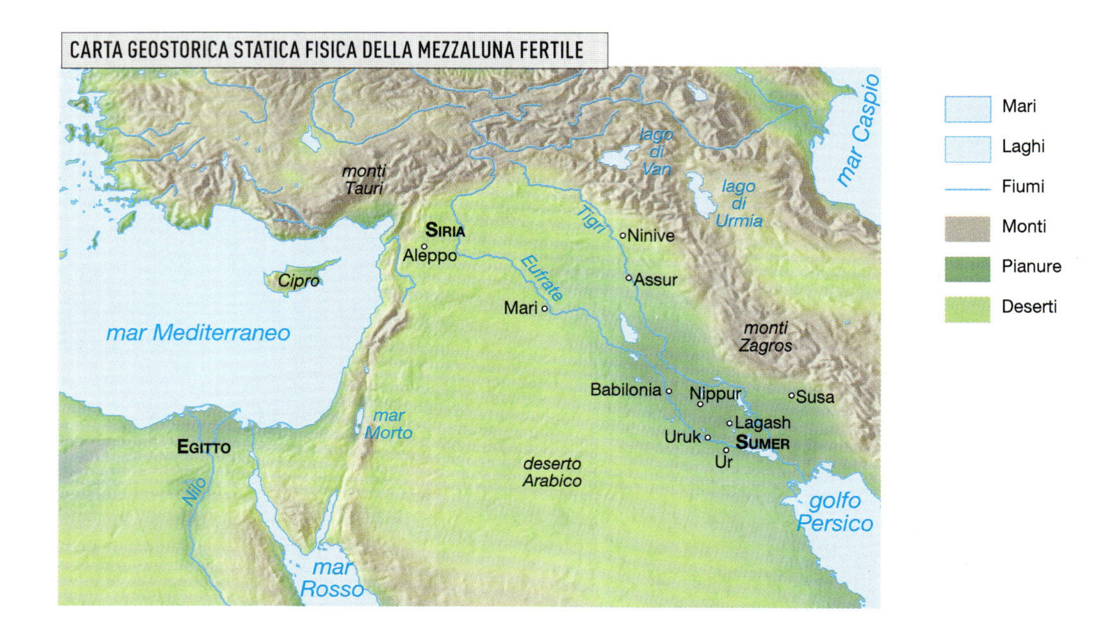

Dopo aver letto la legenda e riconosciuto i simboli nella carta (3), possiamo tracciare la seguente descrizione: prevalentemente montuoso a Nord e a Ovest, il territorio della Mezzaluna fertile risulta pianeggiante nelle aree costiere mediterranee e nell'area solcata dai fiumi Tigri ed Eufrate, e dai loro affluenti; a Sud, invece, si ha una grande distesa desertica.
Possiamo notare poi che la parte del territorio popolata è quella a ridosso dei fiumi, dove sono state fondate le città di Alepp, Mari, Babilonia, Ur, Uruk. Perché? La causa è riconducibile alla presenza delle acque del Tigri e dell'Eufrate che, favorendo la fertilità del suolo, rendono possibile la vita umana. In quale lezione potrebbe trovarsi inserita questa carta? Indubbiamente in quella relativa alle civiltà mesopotamiche e ciò è deducibile dal nome, che trovi sulla carta, della regione di Sumer, la terra dei Sumeri.
La carta geostorica, quindi, non solo descrive l'area della Mezzaluna fertile nei suoi aspetti fisici, ma contiene altre informazioni che, una volta messe in relazione tra loro e con le nostre conoscenze pregresse, ci permettono di ricostruire in maniera più approfondita il contesto storico proposto: è il caso del ragionamento che ci ha condotto, dalla presenza di alcune grandi città del tempo, alle cause che ne comportarono la fondazione in vicinanza di corsi d'acqua (5).

Adesso LEGGI la seguente carta geostorica statica

Nella carta geostorica sottostante, troverai la descrizione della situazione politica dei territori a ridosso del Mediterraneo orientale tra il III e il II sec. a.C. Assieme alla rappresentazione cartografica, è riportata una legenda che dovrai correttamente decifrare per rispondere alle domande riportate.

Dopo aver osservato la carta, rielabora le risposte date alle domande riportate qui sotto in un breve testo descrittivo (max 10 righe) a cui attribuirai un titolo. Per svolgere correttamente le operazioni proposte, serviti dell'ausilio di un atlante geografico.

1. Quali sono le civiltà rappresentate nella carta?
2. Quali sono i territori attuali occupati dalle popolazioni elleniche e dalle colonie greche?
3. In quale territorio si trova oggi la città di Gerusalemme?
4. Attraverso quale via (marittima, terrestre, fluviale) e con quali mezzi di trasporto le popolazioni greche colonizzarono i territori a Est della penisola ellenica?
5. Secondo te, quale poteva essere l'attività economica più praticata dai Fenici? Osserva bene la loro collocazione nel contesto geografico.

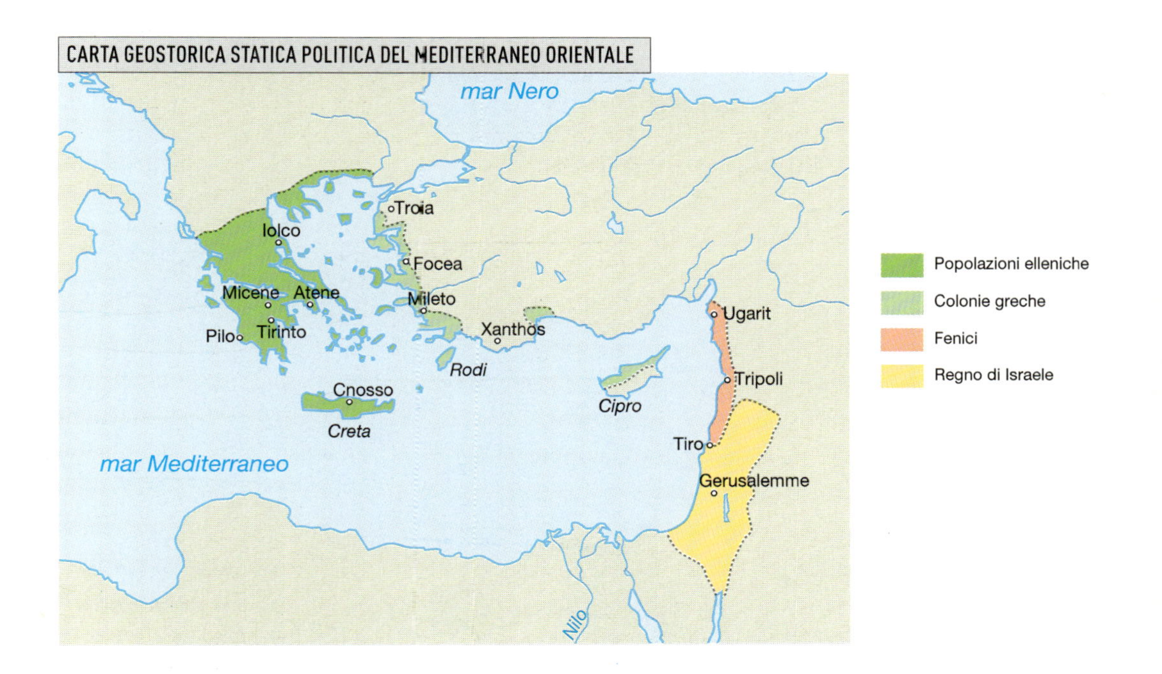

NEL WEB

Adesso CERCA la carta geostorica statica e la carta geografica nel web

Ora che hai appreso il metodo per leggere una carta geografica e una carta geostorica, sei in grado di effettuare una ricerca su Internet e di eseguire un lavoro più complesso.

Cerca sul web la carta geostorica statica e la carta geografica fisico-politica della terra di Canaan. Quella geostorica, in particolare, dovrà riguardare il periodo delle dodici tribù (XIII sec. a.C., secondo il racconto biblico). Scaricale, stampale e incollale sul quaderno una a fianco all'altra. Quindi, leggile, analizzale attentamente e mettile a confronto.

1. Quali Stati e quali città sorgono oggi sull'antica terra di Canaan?
2. Quali sono le caratteristiche fisiche del territorio oggi?
3. A quale Stato appartiene la città di Gerusalemme?
4. Descrivi la situazione politico-amministrativa del territorio nel passato e nel presente (divisione territoriale, capitali, città importanti, confini politici).

Lezione

2 Le civiltà fluviali

Lezione

La lezione interattiva ti aiuterà a **ripassare**, **approfondire** e **verificare** le tue conoscenze su **Mesopotamia e antico Egitto**.

Atlante

Scopri e **approfondisci** i luoghi e gli avvenimenti della **storia antica** sulla cartografia 3D Google Earth.™

Per una lettura geostorica

IERI

LE CIVILTÀ DELLA MEZZALUNA FERTILE

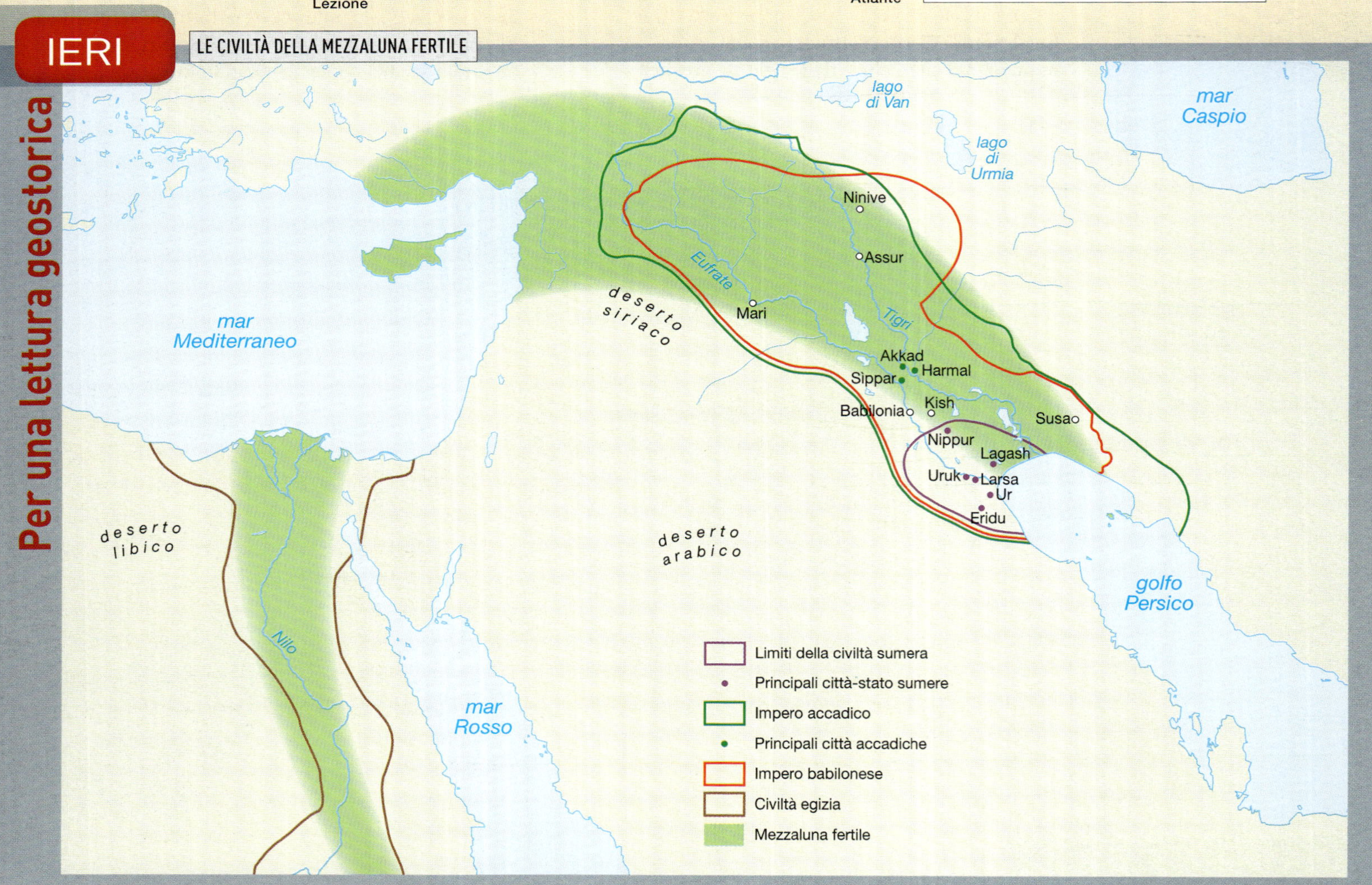

1 Quale importanza ebbero il Tigri, l'Eufrate e il Nilo per le prime civiltà fluviali?

La nascita delle **prime civiltà** nel Vicino Oriente avvenne nel territorio della «Mezzaluna Fertile», che si estende dalla **Mesopotamia**, la regione compresa tra il Tigri e l'Eufrate, sino alla **valle del Nilo**. Tra il IV e il I millennio a.C., con il progressivo miglioramento delle tecniche idrauliche che consentirono di utilizzare le acque fluviali per fini agricoli, **Sumeri, Babilonesi ed Egizi** sfruttarono al meglio le risorse naturali che questi territori offrivano, dando vita a vasti e ricchi imperi, a grandi civiltà e a culture affascinanti.

2 A quali confini politici odierni corrisponde la Mesopotamia?

Oggi, la Mesopotamia corrisponde all'incirca alla **Siria nord-orientale**, alla **Turchia asiatica** e all'**Iraq**, lo Stato odierno che occupa quasi interamente la regione. Il suo territorio è attraversato dai fiumi **Tigri** ed **Eufrate**, che confluiscono a Sud (150 km prima di sfociare nel golfo Persico) nell'odierno **Shatt al-'Arab**. Nel IV millennio a.C., la linea costiera del golfo Persico si trovava più a Nord, per cui il Tigri e l'Eufrate sfociavano separatamente e lo Shatt al-'Arab non esisteva.

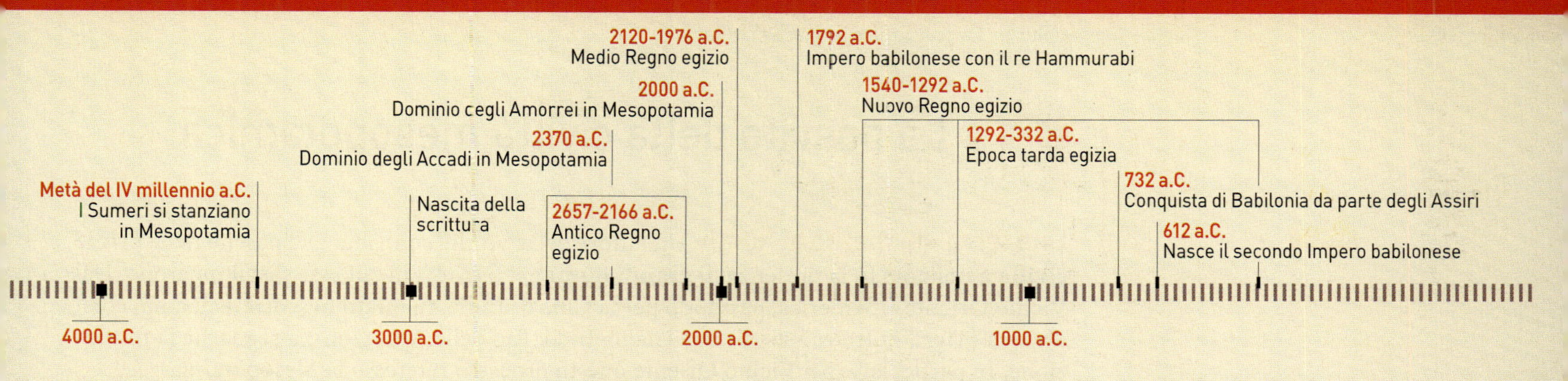

OGGI

L'AREA DELLA MEZZALUNA FERTILE OGGI

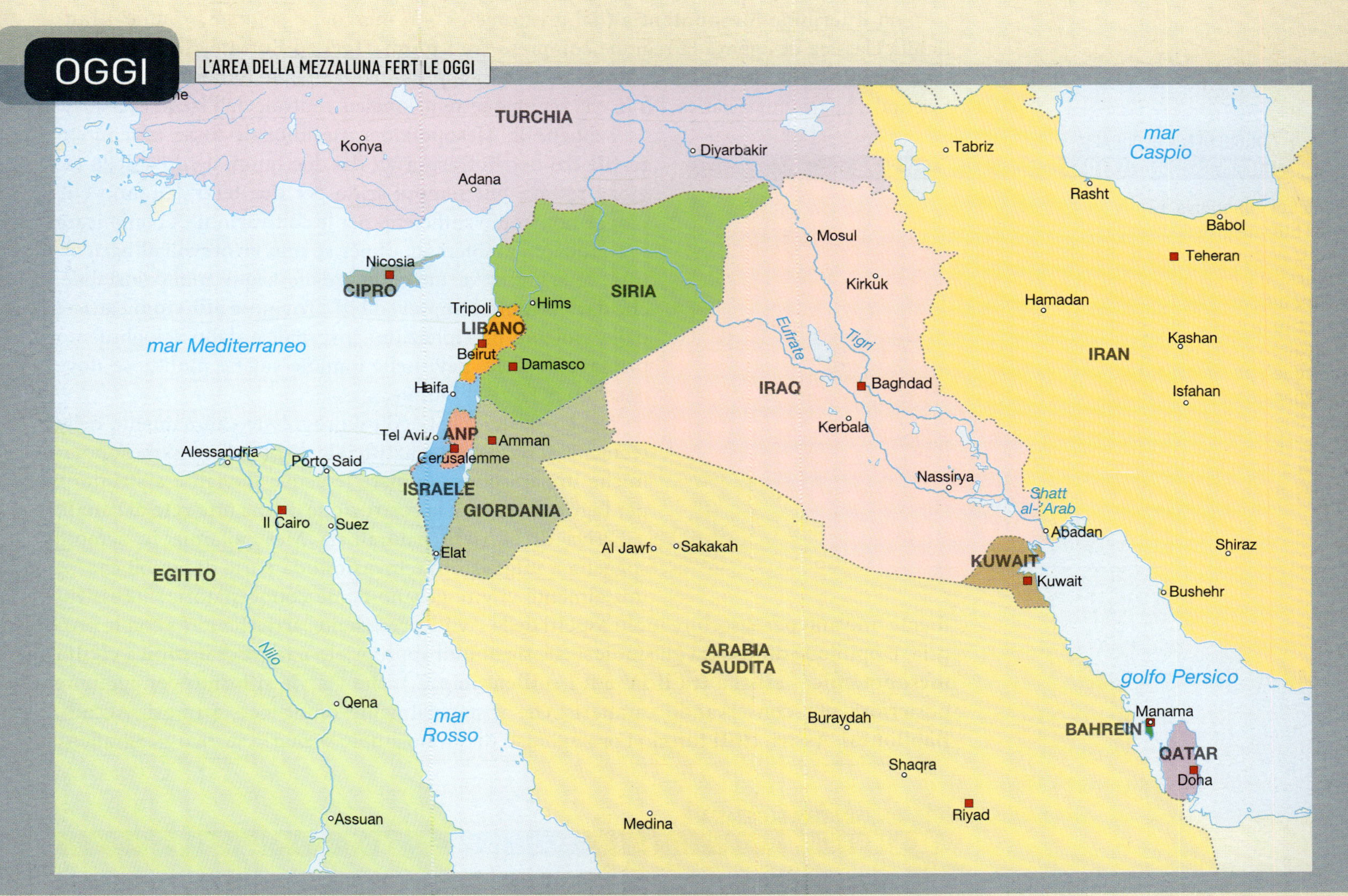

3 L'Iraq è ancora un'area strategica?

La maggior parte dell'**Iraq** vive ancora di agricoltura, ma la scoperta del **petrolio** nel 1927 ha segnato il destino economico-politico del Paese e dell'intera regione. L'Iraq, infatti, è oggi uno dei più grandi produttori di petrolio del mondo e lo **Shatt al-'Arab**, per un vasto tratto navigabile, è divenuto un percorso indispensabile per il traffico di petroliere nella regione. Il controllo di questa via fluviale è stato negli ultimi trent'anni all'origine di sanguinosi conflitti sia di natura regionale, come la **guerra tra Iraq** e **Iran** (1980-88), sia di natura internazionale, come le **due guerre del Golfo** (1990-91 e 2003).

4 Qual è l'economia dell'Egitto oggi?

Ancora oggi, l'**Egitto**, l'altra regione che faceva parte della Mezzaluna fertile, è un **Paese prevalentemente agricolo** e un terzo della popolazione è impiegato nel settore primario. I terreni coltivati sono limitati all'area del delta e della valle del Nilo. Gli egiziani, tuttavia, hanno provveduto all'**estensione delle aree coltivabili** grazie alla costruzione di **dighe**. Nonostante lo sviluppo della rete stradale e ferroviaria, continua ad avere grande rilevanza la navigazione lungo il Nilo e sui canali a esso collegati (il più importante è il **canale di Suez**).

1 La nascita della civiltà mesopotamica

Una terra «in mezzo ai fiumi» Un fattore decisivo che contribuì alla nascita delle **prime civiltà** a noi note fu la presenza di **grandi fiumi** nei territori in cui esse si svilupparono. Dal Vicino Oriente all'America, passando per la Cina e l'India, fu infatti lo scorrere di ampi corsi d'acqua (Tigri, Eufrate, Nilo, Fiume Giallo, Indo, Rio delle Amazzoni) a segnarne la formazione. In particolare, nel Vicino Oriente questo processo interessò la Mesopotamia.

Con il termine **Mesopotamia** (dal greco *mèsos*, «in mezzo», e *potamòs*, «fiume») l'antichità classica designava la regione compresa **tra i fiumi Tigri ed Eufrate**. Testa di ponte tra l'Oriente e l'Occidente, il territorio includeva approssimativamente l'odierna Siria nord-orientale, la Turchia asiatica, l'Iran e la regione settentrionale e centrale dell'Iraq.

Sebbene la Mesopotamia meridionale fosse resa molto **fertile** dai detriti trasportati dai due fiumi, il clima della regione restava pur sempre arido per due terzi dell'anno e le piogge non erano sufficienti per le coltivazioni. A complicare le condizioni ambientali, di per sé non favorevoli all'agricoltura, si aggiungeva un regime delle acque molto instabile, che dava origine a imprevedibili e rovinose **alluvioni** causate dalle violente precipitazioni invernali e dallo scioglimento primaverile delle nevi nelle lontane catene montuose dove nascono il Tigri e l'Eufrate.

Nel corso dei secoli, con il progressivo affinamento delle tecniche di **irrigazione artificiale**, le popolazioni mesopotamiche impararono a domare le acque fluviali e a sfruttarle per l'agricoltura, con la costruzione di una fitta **rete di canali**.

Priva di barriere naturali, la Mesopotamia fu sempre soggetta a **migrazioni** e **invasioni** da parte di popoli che, se inizialmente vi giungevano come conquistatori, successivamente finivano per assorbire molti aspetti della civiltà precedente, arricchendola con la propria. È opinione diffusa tra gli studiosi che sia quindi appropriato parlare di un'**unica civiltà mesopotamica** (esistita **tra il IV e il I millennio a.C.**), che via via si formò per aggiunte posteriori, pur conservando caratteristiche sostanzialmente omogenee. **Sumeri**, **Accadi**, **Babilonesi**, **Assiri**, **Ittiti** furono i protagonisti di questo ampio scenario storico-geografico.

VIAGGIO NELLA GEOGRAFIA
LE MODIFICAZIONI DELLA LINEA DI COSTA SUL GOLFO PERSICO

Alcuni millenni fa il Tigri e l'Eufrate proseguivano attraverso percorsi diversi da quelli attuali (modificati nel tempo a causa delle piene e degli straripamenti delle acque), per poi sfociare separatamente, poiché la linea costiera del golfo Persico si trovava un po' più a Nord rispetto alla posizione attuale.

VIAGGIO NELLA GEOGRAFIA
IL TIGRI E L'EUFRATE

Sia il Tigri (*nella foto, un tratto del corso del fiume, nell'odierna Turchia*) sia l'Eufrate hanno origine nella parte orientale dell'odierna Turchia. L'Eufrate, che con i suoi 2760 km di percorso è il fiume più lungo dell'Asia occidentale, ha la propria sorgente nella catena del Tauro; scorre poi attraverso l'altopiano siriaco e sviluppa il suo ultimo tratto ai margini del deserto arabico.
Il Tigri, invece, nasce nei monti dell'Armenia e scende quasi interamente fra le colline dell'altopiano iranico. Scorrendo da Nord-Ovest a Sud-Est, i due fiumi si avvicinano attraversando interamente l'attuale Iraq, per poi confluire in un unico corso d'acqua, lo Shatt-el-'Arab, e sfociare nel golfo Persico.

Dai villaggi alle città: la «rivoluzione urbana» I villaggi, sorti in Mesopotamia durante l'Età neolitica (→ LEZIONE 1, PARAGRAFO 5), vivevano di un'agricoltura di sussistenza basata su una semplice divisione dei lavori: uomini e donne, infatti, avevano un solo preciso compito, quello di sfamare le proprie famiglie. Con l'invenzione delle **nuove tecniche agricole e idrauliche**, nel IV millennio a.C., territori sino ad allora inaccessibili poterono essere occupati e sfruttati al meglio. Il consistente **aumento della produzione agricola** determinò, di conseguenza, l'incremento delle risorse di cibo disponibili, cosa che favorì una **crescita della popolazione** (→ VIAGGIO NELLA GEOGRAFIA, p. 60).

Inoltre, anche se la maggior parte della popolazione continuò a dedicarsi all'agricoltura, si crearono le condizioni affinché una parte di essa potesse cominciare a diversificare la propria attività. Nacque così la **specializzazione del lavoro**: alcuni membri delle comunità iniziarono a perfezionarsi in una sola attività, come l'allevamento, l'artigianato, il commercio, la lavorazione dei metalli e della ceramica, la scrittura, l'arte militare.

Questo processo ebbe notevoli ripercussioni sull'organizzazione della società. In seguito alla specializzazione, si verificò una divisione del lavoro più complessa, che determinò decisivi risvolti socio-economici all'interno della comunità: chi sapeva svolgere mansioni qualificate rappresentava la manodopera più richiesta e, quindi, quella maggiormente pagata.

Si andò così delineando una prima **differenziazione sociale**, rimarcata dalla costruzione di **edifici** che per posizione e materiali utilizzati evidenziavano il diverso livello occupato nella scala sociale. Case di mattoni crudi o cotti, templi e palazzi reali costruiti su colline o in posti privilegiati andarono quindi sempre più a definire il profilo delle nuove città.

Alcuni villaggi si trasformarono in veri e propri centri urbani, grazie alla realizzazione di edifici adibiti allo svolgimento delle nuove attività cittadine (forni, botteghe, magazzini, laboratori artigianali, realizzati all'interno di templi e palazzi). Altri villaggi agricoli continuarono invece ad avere un ruolo marginale rispetto alla città, alla quale fornivano risorse alimentari e aiuti militari.

Le città divennero così il fulcro delle attività economiche, artigianali e burocratiche. A questa progressiva evoluzione – avvenuta nel corso del **IV millennio a.C.** presso il popolo dei Sumeri – gli storici hanno dato il nome di «**rivoluzione urbana**».

2 I Sumeri

Una fiorente civiltà urbana Verso la **metà del IV millennio a.C.**, un popolo, non si sa bene se autoctono o proveniente dall'Oriente attraverso la Persia, si insediò nella **Mesopotamia meridionale**, in una vasta regione che fu chiamata Shumer, cioè «Paese coltivato» (approssimativamente nell'attuale Iraq meridionale).

I **Sumeri**, delle cui origini sappiamo soltanto che non si trattò di una stirpe **semita**, furono i primi a creare una fiorente civiltà urbana sulle sponde dei fiumi Tigri ed Eufrate: **Uruk**, **Ur**, **Nippur**, **Umma**, **Lagash**, **Kish** furono solo alcune tra le più le note città sumere (→ CARTA p. 49). Attraverso faticose e ingegnose opere idriche e agricole, essi riuscirono a collegare i due fiumi con numerosi **canali**, rendendo fertile quella valle allora ancora paludosa.

I Sumeri furono uno dei popoli più civili del mondo antico. Oltre a costruire imponenti monumenti, templi e palazzi, essi furono abili commercianti e raffinati artigiani: a loro, infatti, si deve la progettazione dei primi **carri muniti di ruote** e la creazione della prima lega metallica del **bronzo**, attraverso la fusione del rame e dello stagno.

Inoltre, i Sumeri indagarono l'**astronomia** e la **meteorologia**, allargando le loro conoscenze alle prime semplici operazioni di **aritmetica** (le quattro operazioni, la radice quadrata e cubica), all'**algebra** (equazioni di secondo grado con una o due incognite) e alla **geometria** (nozioni equivalenti al *pi greco* e ai teoremi di Pitagora e di Archimede).

L'EVOLUZIONE ECONOMICA

Aumento della produzione agricola
↓
Eccedenze di risorse disponibili
↓
Specializzazione nel lavoro
↓
Differenziazione sociale
↓
«Rivoluzione urbana»

PER RIPASSARE

1. Dove si svilupparono le prime civiltà? Perché?
2. Quali sono le caratteristiche geografiche della regione mesopotamica?
3. Quando, perché e in che modo si passò dall'agricoltura di sussistenza alla specializzazione del lavoro?
4. In che cosa consiste la «rivoluzione urbana»?

IL LESSICO STORICO

Semita Secondo la Bibbia, nei territori della «Mezzaluna fertile» ebbero origine tre popoli, discendenti dei tre figli di Noè, da cui si formarono tre ceppi linguistici diversi: Semiti (da Sem), Camiti (da Cam) e Iapeti o Indoeuropei (da Iafet). I Semiti provenivano dal deserto dell'Arabia, erano nomadi o seminomadi e a poco a poco dall'arida steppa si spinsero verso i territori fertili dei grandi fiumi mesopotamici. Semiti sono Assiri, Babilonesi, Fenici, Ebrei e Arabi; Camiti sono Libici ed Egizi; Indoeuropei sono Medi-Persiani, Ittiti, Slavi, Celti, Greci, Italici.

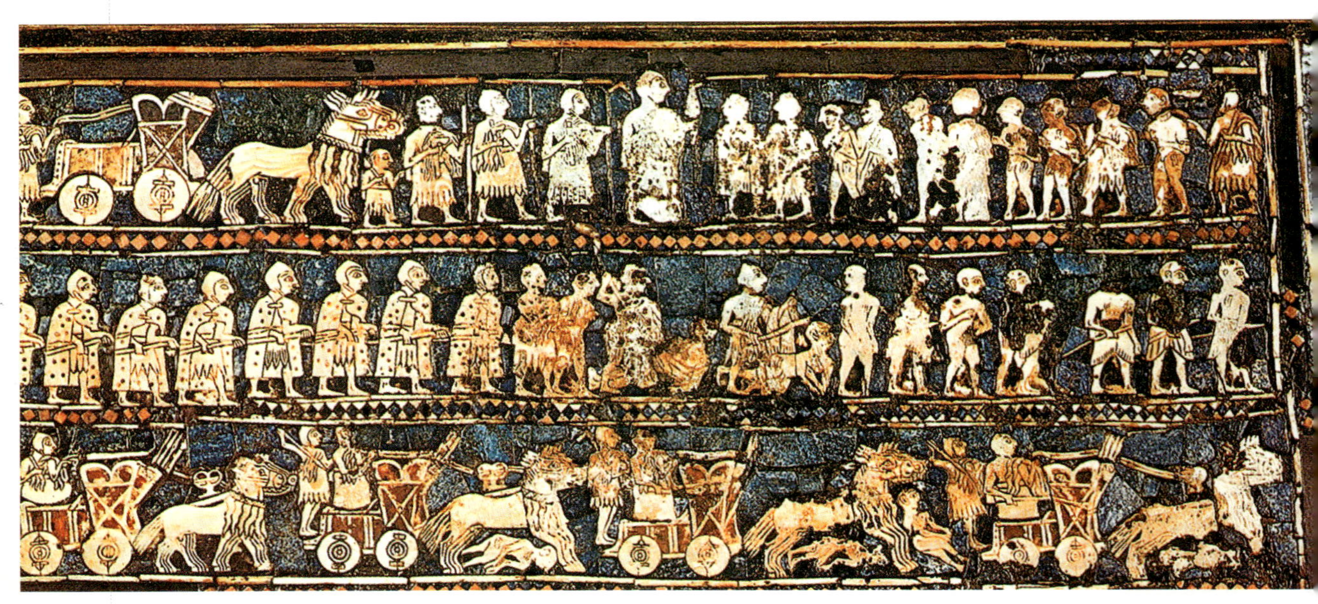

Lo stendardo di Ur è una cassetta, databile intorno alla metà del II millennio a.C., costituita da quattro pannelli decorativi. Ritrovata nel cimitero regale della città, è oggi conservata al British Museum di Londra. Il tema del lato qui riprodotto è la «guerra»: si possono notare il sovrano (al centro del registro in alto: la sua statura è maggiore di quella degli altri personaggi), circondato dalla corte; i prigionieri di guerra, che sfilano di fronte al re (registro centrale); i carri da guerra, che sconfiggono il nemico (in basso).

Le città-stato e la funzione del tempio-palazzo

L'organizzazione che i Sumeri diedero ai loro territori non fu quella di uno Stato unitario, ma di un insieme di **città-stato**. Le città erano indipendenti l'una dall'altra: ognuna aveva un proprio re, uno o più templi e una propria organizzazione sociale ed economica.

Ogni sovrano, che inizialmente aveva anche poteri religiosi, era un **re-sacerdote** e viveva in un **tempio-palazzo**, sede delle maggiori attività politiche, religiose ed economiche. Questi edifici erano veri e propri luoghi di culto, in cui si adoravano divinità riconosciute dall'intera comunità.

Con il passare degli anni, però, il potere sacerdotale e quello monarchico si separarono, producendo una distinzione delle funzioni esercitate nel tempio e nel palazzo: **il culto degli dei** fu affidato al **sacerdote** (*en*, «gran sacerdote» o «signore»), che imponeva doveri sociali e un comportamento regolato da una rigida disciplina; al **sovrano** (*lugal*, «uomo grande»), invece, spettava l'esercizio del **potere politico e militare**.

Spesso le città-stato erano in lotta tra di loro per il controllo delle terre più fertili. In una simile occasione si affermò il re della città di Umma, Lugalzaggesi, che, intorno al 2400 a.C., stabilì la sua residenza a Uruk e si proclamò «re del Paese». Fu un primo tentativo di unificazione territoriale e politica dell'intera Shumer.

L'invenzione della scrittura e della «scuola»

Fu nei templi sumeri che nacque la **scrittura**. A differenza di quanto accadde quasi contemporaneamente in Egitto, dove il motivo predominante fu l'espressione della sacralità, ciò che spinse i Sumeri a compiere un passo fondamentale per la storia dell'umanità fu un'**esigenza pratica**.

Nel tempo, infatti, le ricchezze accumulate nei templi, frutto delle attività commerciali e dei doni offerti dai fedeli alle divinità, diventarono tanto grandi da richiedere ai sacerdoti un compito di gestione particolarmente impegnativo: nacque così l'esigenza di predisporre degli inventari dove poter **catalogare** i beni disponibili, in modo da poterli meglio amministrare. Nata per assolvere questo ruolo, la scrittura divenne comunque da subito non solo lo strumento fondamentale per l'elaborazione di una produzione poetico-letteraria (di cui il *Poema di Gilgamesh* è un esempio emblematico) e di cronache storiche (che vanno dalle liste di re e dinastie ai resoconti di guerre), ma anche delle attività commerciali e semplicemente dello svago (i ricettari di cucina).

In un primo tempo, la scrittura sumera si basò su una serie di **pittogrammi**, ovvero di disegni che rappresentavano un'intera parola. Il pittogramma divenne poi sempre più stiliz-

MITI E LEGGENDE

Il Poema di Gilgamesh

Si tratta del più antico poema epico conosciuto. Gli studiosi hanno ricostruito la sua origine, datandola al II millennio a.C. In esso confluiscono i miti dell'antica tradizione sumerica, sebbene la versione a noi giunta sia una rielaborazione dapprima babilonese e poi assira.

I protagonisti del poema sono Gilgamesh, il quinto re di Uruk, sovrano tirannico, per due terzi dio e per un terzo uomo, ed Enkidu, dapprima nemico di Gilgamesh e in seguito divenutone amico.

Dopo aver compiuto insieme imprese straordinarie, alla morte di Enkidu Gilgamesh cerca di capire come riportare in vita l'amico, iniziando un percorso che lo porta a confrontarsi con il senso dell'esistenza e con la ricerca dell'immortalità.

zato, assumendo la forma «a cuneo» o «a chiodo», data dall'incisione della canna a sezione triangolare usata per imprimere il segno nella **tavoletta d'argilla**. Siamo intorno al 3000 a.C. e ogni segno a cuneo rappresentava già una **sillaba**: nacque così la **scrittura cuneiforme**.

La scrittura era di competenza dello **scriba**, una figura importante nelle società sumera ed egizia dell'epoca. Era praticata prevalentemente da uomini, anche se si ha notizia di scribi donna che lavoravano nei palazzi o nei templi.

Le persone che conoscevano la scrittura appartenevano a diverse classi sociali: mercanti, medici, giuristi, commercianti. Tutti erano accomunati dalla necessità di leggere e scrivere per portare avanti la propria attività. E fu proprio per questo motivo che nacquero le **scuole**, che sembra avessero già a quei tempi un impianto molto «moderno» (→ CITTADINANZA E COSTITUZIONE, p. 61). In esse, infatti, si tenevano incontri tra il maestro e l'alunno, che si svolgevano in spazi a essi appositamente dedicati e con un sistema di rigide regole da rispettare: per esempio l'obbligo di partecipare alle lezioni e di fare i compiti a casa e quello di imparare una scrittura corretta.

■ Tavoletta con scrittura pittografica, proveniente dalla città mesopotamica di Uruk; fine IV millennio a.C.

■ Tavoletta con scrittura cuneiforme del 2360 a.C. Il primo sistema di contabilità sumero, usato per registrare il bestiame e i prodotti agricoli, avvenne su una sorta di «gettoni», che venivano poi inseriti nel contenitore delle merci. In seguito i simboli vennero incisi direttamente sui contenitori e, più tardi, su tavolette d'argilla.

LE CIVILTÀ MESOPOTAMICHE

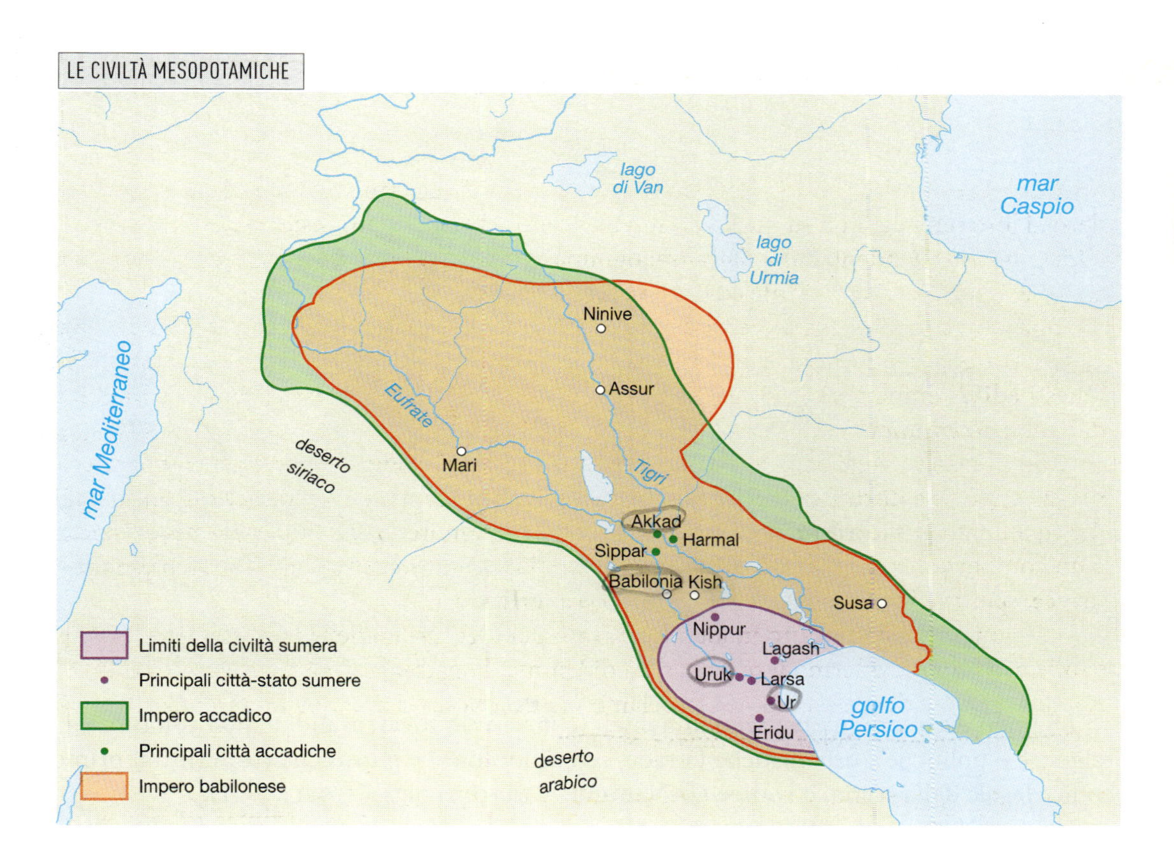

Il crollo, la rinascita e la fine della civiltà sumera

Intorno al 2370 a.C., l'impero dei Sumeri cadde a seguito dell'invasione di un popolo semitico proveniente dal deserto arabico, gli **Accadi**. Guidati dal re **Sargon I il Grande**, essi si stabilirono in una regione a Nord di Shumer.

Ben presto, gli Accadi assoggettarono l'intera Mesopotamia fino al golfo Persico: nacque così il **primo impero mesopotamico** della storia, durato per circa un secolo e mezzo (dal 2370 a.C. circa al 2250/2200 a.C.), fino a quando i conflitti interni e le lotte dinastiche lo indebolirono al punto da non resistere agli attacchi dapprima degli **Amorrei**, una popolazione nomade semitica, e poi dei **Gutei**, anch'essa una popolazione nomade proveniente dal Nord.

In seguito, le città-stato sumere si ribellarono ai Gutei e riconquistarono l'antico prestigio. In questa seconda fase, la civiltà sumera raggiunse il suo massimo splendore con la **III dinastia di Ur** e con il suo fondatore **Ur-Nammu** (che regnò intorno al 2100 a.C.).

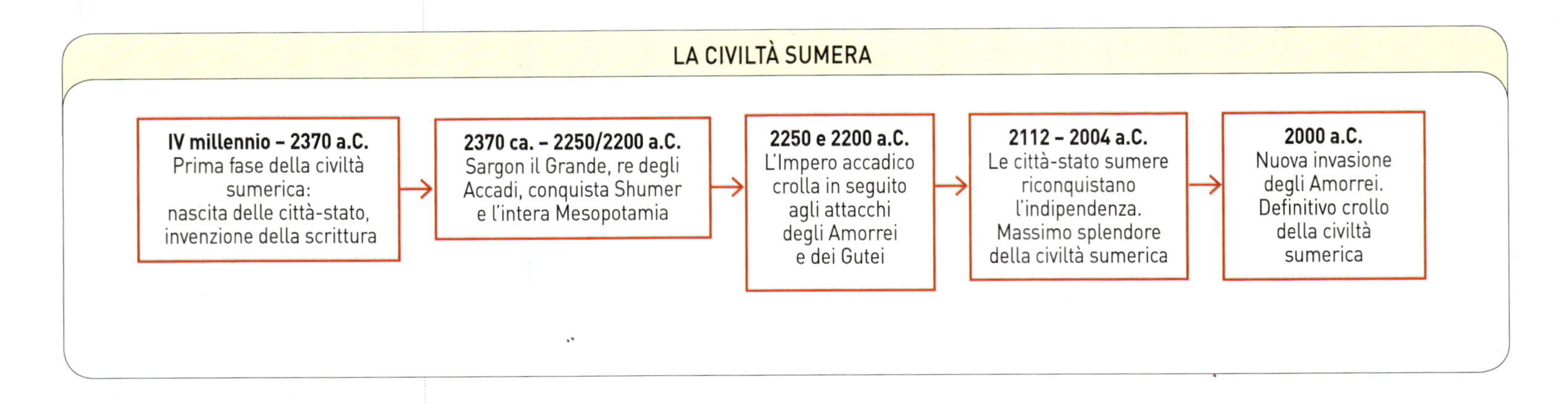

LA CIVILTÀ SUMERA
IV millennio – 2370 a.C.
Prima fase della civiltà sumerica: nascita delle città-stato, invenzione della scrittura
2370 ca. – 2250/2200 a.C.
Sargon il Grande, re degli Accadi, conquista Shumer e l'intera Mesopotamia
2250 e 2200 a.C.
L'Impero accadico crolla in seguito agli attacchi degli Amorrei e dei Gutei
2112 – 2004 a.C.
Le città-stato sumere riconquistano l'indipendenza. Massimo splendore della civiltà sumerica
2000 a.C.
Nuova invasione degli Amorrei. Definitivo crollo della civiltà sumerica

■ La ziqqurat di Ur, nell'odierno Iraq. Il sovrano sumero Ur-Nammu introdusse il modello della ziqqurat (quella di Ur risale al 2550 a.C.), il caratteristico palazzo templare mesopotamico. Il termine «ziqqurat» deriva dal verbo accadico *zaqaru*, cioè «costruire in altezza». Lo scopo di queste costruzioni, infatti, era avvicinarsi quanto più possibile alle divinità. La ziqqurat ha la forma di una torre composta da tronchi di piramide impilati a più piani (piramide a gradoni). Le sette scalinate (ognuna rappresenta una costellazione) consentivano l'accesso a una terrazza sulla quale i sacerdoti celebravano le cerimonie rituali e dalla quale potevano scrutare i corpi celesti per trarne auspici e profezie.

I Sumeri eccelsero in opere monumentali (come le **ziqqurat**, grandi templi con funzioni religiose e politiche), urbanistiche (strade, reti di locande) e giuridiche (fu scritto il primo codice legale della storia, il **codice Ur-Nammu**: → LE FONTI DELLA STORIA, p. 51).

Verso il 2000 a.C. le città-stato sumere – indebolite dalle lotte per il controllo delle terre fertili – furono nuovamente invase dagli Amorrei. Fu la **fine della civiltà sumera**, alla quale subentrarono due grandi civiltà: quella assira (nell'Alta Mesopotamia) e quella babilonese (nella Bassa Mesopotamia).

PER RIPASSARE

1. **Quali caratteristiche resero i Sumeri uno dei popoli più civili del mondo antico?**
2. **Quali furono le due figure politico-sociali sumeriche più importanti? Quali funzioni erano loro attribuite?**
3. **Come nacque la scrittura cuneiforme? Perché gli storici la definiscono con questo termine?**
4. **Quando e da chi furono sconfitti i Sumeri?**

Alcune **leggi** del Codice di Ur-Nammu e del **Codice** di Hammurabi

LEGGI LA FONTE

1. Il Codice di Ur-Nammu, re sumero della III dinastia di Ur

Ur-Nammu (2112-2095 a.C.) fu il fondatore della III dinastia di Ur (2112-2004 a.C.). Sovrano dotato di grandi capacità militari, fece della civiltà sumera la più splendida e meglio organizzata tra quelle mesopotamiche, portando l'impero al suo apogeo. L'eredità maggiore lasciata da Ur-Nammu consiste nel più antico codice giuridico della storia umana, che è anche la prima testimonianza di una raccolta scritta di leggi. A differenza del successivo Codice di Hammurabi, il Codice di Ur-Nammu si basa sulla compensazione economica, più che sulla «legge del taglione». Ne riportiamo il prologo e alcune parti.

Prologo

Ur-Nammu il potente guerriero, re di Ur, re di Sumer e di Akkad, per il potere di Nanna[1], signore della città, e secondo la vera parola di Utu, stabilì equità nel Paese; bandì la maledizione, la violenza e le contese [...]; l'orfano non fu più consegnato al ricco; la vedova non fu più consegnata al potente [...].

Alcune leggi

- Se un uomo commette un omicidio, quell'uomo deve essere ucciso.
- Se un uomo commette un furto, egli sarà ucciso.
- Se un uomo rapisce qualcuno, egli deve essere imprigionato e pagare 15 sicli di argento.
- Se un uomo divorzia dalla sua prima moglie, egli dovrà pagarle una mina d'argento.
- Se egli divorzia da una donna che era vedova, egli pagherà mezza mina d'argento.
- Se l'uomo ha dormito con la vedova senza che vi sia stato un contratto di matrimonio, egli non dovrà pagare alcun argento.
- Se un uomo violenta la promessa sposa di un altro, viene punito con la morte.
- Se un uomo violenta la schiava vergine di un altro, deve pagare 15 sicli d'argento.
- Se un uomo viene accolto come genero nella casa della promessa sposa, ma successivamente il suocero concede sua figlia in moglie a un altro uomo, il suocero restituirà al genero rifiutato il doppio dell'ammontare dei regali di fidanzamento che egli aveva portato.
- Se qualcuno muore senza eredi maschi, allora l'eredità passa a una figlia celibe.
- Se qualcuno insulta una schiava di un uomo che abbia raggiunto il rango di sua moglie, a colui che ha oltraggiato va strofinata la bocca con una sila (= 0,8 litri) di sale.
- Se un cane morde e uccide un uomo il risarcimento è di 40 sicli. Se la vittima è uno schiavo la pena è ridotta a 15 sicli.

1. Il dio della luna nella religione sumera.

ANALIZZA LA FONTE

Rispondi alle comande

1. Quali sono le parole con cui Ur-Nammu si definisce nel prologo?
2. Perché ha voluto sottolineare che egli è re di Sumer e anche di Akkad? (*Fai riferimento agli eventi che precedettero la III dinastia di Ur*).
3. In quali casi viene usata la «legge del taglione» («occhio per occhio, dente per dente»)?
4. In quali casi la pena da pagare è sotto forma di compensazione economica?
5. Vi è equità nelle pene di schiavi, liberi e nobili? Motiva la tua risposta prendendo come esempio qualche legge.
6. Secondo te, il sovrano nel suo codice ha l'intenzione di proteggere il matrimonio? Motiva la tua risposta.

Un re sumero rende omaggio al dio della luna, Nanna; particolare della stele del re Ur-Nammu.

LEGGI LA FONTE

2. Il Codice di Hammurabi, re di Babilonia

Hammurabi fu il re di Babilonia dal 1792 al 1750 a.C. Abile condottiero, estese l'impero dal golfo Persico, attraverso la valle del Tigri e dell'Eufrate, sino alle coste del mar Mediterraneo. Si preoccupò di difendere le frontiere e di garantire la prosperità all'interno dell'impero. Viene ricordato principalmente per il suo codice, rinvenuto a Susa (in Iraq) nel 1901-02, grazie a una spedizione archeologica francese: 282 paragrafi riguardanti il diritto civile, penale e amministrativo, incisi su pietra di basalto nero ed esposti in luogo pubblico. La pietra, che si presentava rotta in tre parti, in seguito è stata restaurata ed è oggi conservata nel Museo del Louvre a Parigi. Anche di questo documento riportiamo il prologo e alcune parti.

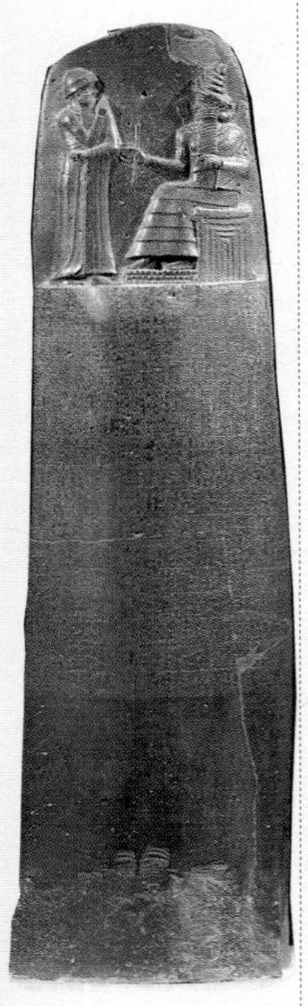

■ La parte superiore della stele su cui è inciso il codice di Hammurabi.

Prologo

An e Enlil[1] mi chiamarono per promuovere il benessere del popolo, me, Hammurabi, il devoto, il principe timoroso di Dio, per far sì che la giustizia prevalesse nel Paese, per distruggere i perversi e i malvagi, che il forte non possa opprimere il debole, per sorgere come il Sole sopra le teste nere e per illuminare il Paese. Hammurabi, il pastore, chiamato da Enlil, io sono colui che fa trionfare la ricchezza e l'abbondanza.

Alcune leggi

- Qualora qualcuno derubi la proprietà di un tempio o della corte, sia messo a morte, e così chi riceve la refurtiva da lui sia messo a morte.
- Qualora qualcuno rubi bestiame o pecore, o un asino, o un maiale o una capra, il ladro paghi 30 volte tanto; qualora la refurtiva appartenga a un uomo liberato dal re paghi egli 10 volte tanto; qualora il ladro non abbia nulla con cui pagare, sia messo a morte.
- Qualora un figlio colpisca suo padre, gli siano troncate le mani.
- Qualora un uomo cavi un occhio a un altro, gli sia cavato un occhio.
- Qualora un uomo rompa un osso a un altro uomo, gli sia rotto un osso.
- Qualora un uomo cavi l'occhio di un uomo liberato, o rompa l'osso di un uomo liberato, pagherà una mina d'oro.
- Qualora un uomo cavi l'occhio dello schiavo di un uomo, o rompa l'osso dello schiavo di un uomo, pagherà metà del valore di esso.
- Qualora un uomo litighi con la moglie, e dica: «Tu non sei adatta a me», vanno presentate le ragioni della sua manchevolezza. Se ella è incolpevole, non c'è alcun torto da parte sua, ma egli la lascia e la trascura, allora nessuna colpa si lega a questa donna, ella prenderà la sua dote e tornerà alla casa di suo padre.
- Qualora un uomo prenda una moglie, ed ella sia colta da malattia, se allora egli desideri di prendere una seconda moglie, non ripudierà sua moglie che è stata attaccata dalla malattia, ma egli la terrà nella casa che ha costruito e la sosterrà finché vive.

1. Nella religione sumera, An è il dio celeste, mentre Enlil è il dio dell'atmosfera.

ANALIZZA LA FONTE

Rispondi alle domande

1. In che modo Hammurabi indica nel prologo il suo rapporto con la divinità?
2. In quali casi viene usata la «legge del taglione» («occhio per occhio, dente per dente»)?
3. Quali tra le norme sopra riportate si occupano del rapporto tra uomini e donne e che cosa dicono?
4. Vi è equità nelle pene di schiavi, liberi e nobili? Motiva la tua risposta prendendo come esempio qualche legge.

ADESSO LAVORA TU

Dopo averli confrontati, segna le caratteristiche che appartengono al codice di Ur-Nammu (con una U nel quadratino) e a quello di Hammurabi (con una H nel quadratino).

1. Riceve l'investitura direttamente dalle divinità. ☐
2. Mira all'equità tra le classi sociali. ☐
3. Tutela la donna dagli abusi sessuali. ☐
4. Tutela l'istituzione del matrimonio. ☐
5. Considera il matrimonio come un vero e proprio contratto. ☐
6. È prevalente la «legge del taglione». ☐
7. È prevalente la compensazione economica. ☐
8. Se si oltraggia lo schiavo, automaticamente si oltraggia il suo padrone. ☐
9. Se si oltraggia un nobile, automaticamente si oltraggia il suo schiavo. ☐

PER CONCLUDERE

Alla luce dell'analisi e del confronto tra le due fonti, quale ritieni essere il codice più «evoluto» e perché?

Babilonesi e Assiri

Il primo Impero babilonese Dopo un periodo di lunghi conflitti e di divisioni, un sovrano amorreo riuscì nuovamente a unificare la Mesopotamia meridionale: si tratta di **Hammurabi** (1792-1750 a.C.), re di **Babilonia**, la Babele della Bibbia (il nome deriva dal sumero e la traduzione in accadico è *Bab-Ilani*, «la Porta degli dei»).

Hammurabi si distinse per capacità diplomatiche e militari, creando un **vasto impero** che univa i piccoli regni della Bassa Mesopotamia, le città-stato sumere e tutti i territori accadici. Egli creò uno Stato forte e ben amministrato, avviò grandi opere pubbliche, affermò il culto del dio di Babilonia, Marduk, e fece costruire un'immensa **ziqqurat**, che divenne il principale centro religioso.

Il nome di questo imperatore è legato soprattutto alla raccolta di leggi scritte, il **Codice di Hammurabi** (→ LE FONTI DELLA STORIA, p. 52), che regolava la vita quotidiana del suo impero. Le leggi erano piuttosto rigide ed era frequente il ricorso alla morte e alla **legge del taglione** («occhio per occhio, dente per dente»). Tuttavia, attraverso il suo Codice, il sovrano garantiva alla propria gente una vita più ordinata e più equa.

Dopo la morte di Hammurabi, l'Impero babilonese subì un declino di cui approfittarono due popoli nomadi di origine **indoeuropea**, gli Ittiti e i **Cassiti**, che contribuirono alla sua totale distruzione (1595 a.C. ca.).

Il dominio dell'Impero assiro e la nascita del secondo Impero babilonese Gli **Ittiti**, un popolo che si era stanziato nella regione dell'**Anatolia** (nell'attuale Turchia), raggiunsero la loro massima espansione intorno al 1350 a.C. La capitale di questo vasto regno fu **Hattusha**.

Agli Ittiti si deve l'uso del **ferro**, con il quale perfezionarono la metallurgia e costruirono armi superiori a quelle di bronzo, e del **cavallo** (sconosciuto ai popoli mesopotamici) per il traino di piccoli carri da guerra a due ruote vuote (più agili e veloci di quelle piene sumere).

Intorno al 1284 a.C., la potenza ittita dovette fare i conti con l'Egitto di Ramses II nella **battaglia di Qadesh** (→ PARAGRAFO 4), nell'odierna Siria. Non ci furono né vinti né vincitori, ma lo scontro decretò il declino degli Ittiti, poi definitivamente annientati intorno al 1200 a.C. dai «**popoli del mare**» (una sorta di confederazione di briganti marittimi che navigavano e compivano incursioni nel Mediterraneo orientale).

Approfittando della debolezza degli Ittiti, un popolo che proveniva da una piccola regione dell'Alta Mesopotamia, Assir, conquistò Babilonia nel 732 a.C. Gli **Assiri**, conquistatori spietati e crudeli, si espansero creando un **immenso impero** (VII sec. a.C.) dal golfo Persico al mar Mediterraneo, che includeva l'intera **Mesopotamia**, la **Siria**, **Israele**, l'**Egitto** e la **Fenicia**.

Essi controllarono il commercio per terra e per mare, assoggettarono tutte le popolazioni delle terre conquistate, alle quali imposero i loro costumi, e assorbirono le civiltà sottomesse. Le continue vessazioni subite spinsero i popoli sottomessi a ribellarsi e a sconfiggere nel 612 a.C. gli Assiri, grazie anche all'alleanza con il popolo dei Medi. Rinacque così un **secondo Impero babilonese**, che tornò all'antico splendore; esso ebbe però vita breve e crollò, nel 539 a.C., per mano dei Persiani di Ciro (→ LEZIONE 7, PARAGRAFO 1).

PER RIPASSARE

1. Quali territori comprendeva il vasto impero di Hammurabi?
2. Quando e da chi fu distrutta Babilonia?
3. Quali territori occuparono gli Ittiti? Contro quale potenza arrivarono a scontrarsi e dove?
4. Da quale popolo fu soppiantata la potenza ittita?
5. Perché e in che modo si costituì il secondo Impero babilonese?

IL LESSICO STORICO

Indoeuropei Insieme di popolazioni che provenivano dalle steppe della Russia meridionale ed erano dedite alla caccia e alla pastorizia. Giunte nel Vicino Oriente, queste popolazioni furono chiamate «popoli dei monti» perché si stanziarono sugli altopiani. Arrivati in Occidente, occuparono gradualmente tutta l'Europa. A Oriente, invece, invasero le valli dell'Indo e del Gange. Gli indoeuropei sono noti anche come Iapeti. Nel racconto biblico, infatti, si narra che l'umanità discendesse dai tre figli di Noè: Sem, Cam e Iafet, che diedero origine alle stirpi semita, camita e iapetica.

Cassiti Antica popolazione dell'Asia Minore, testimoniata soprattutto in Babilonia nel II e I millennio a.C., dedita principalmente all'agricoltura e alla vendita del bitume.

L'IMPERO ASSIRO

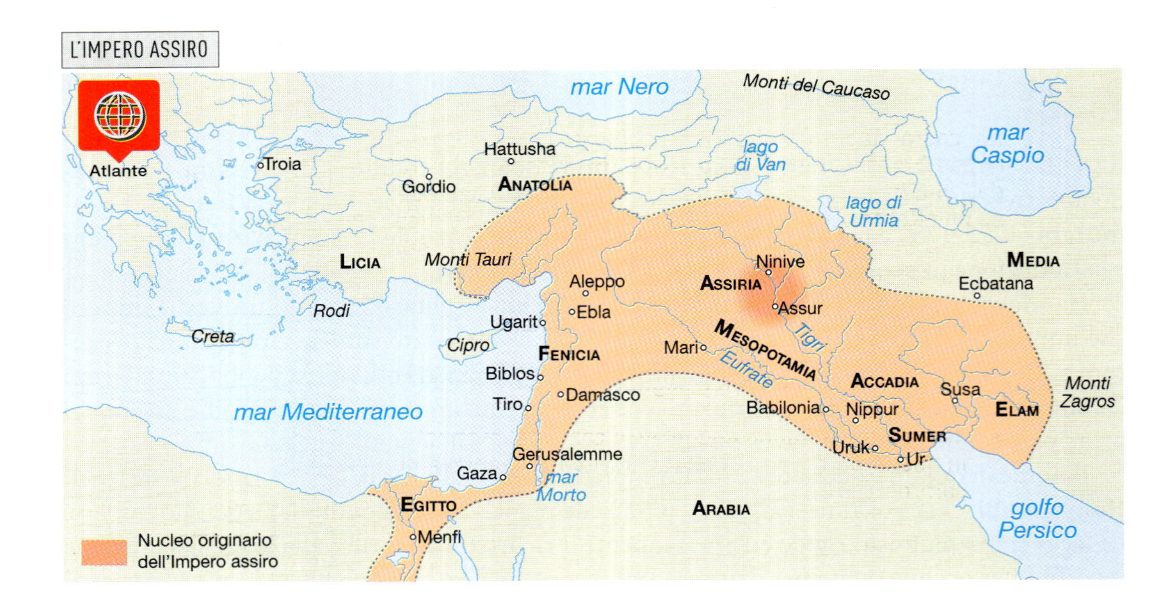

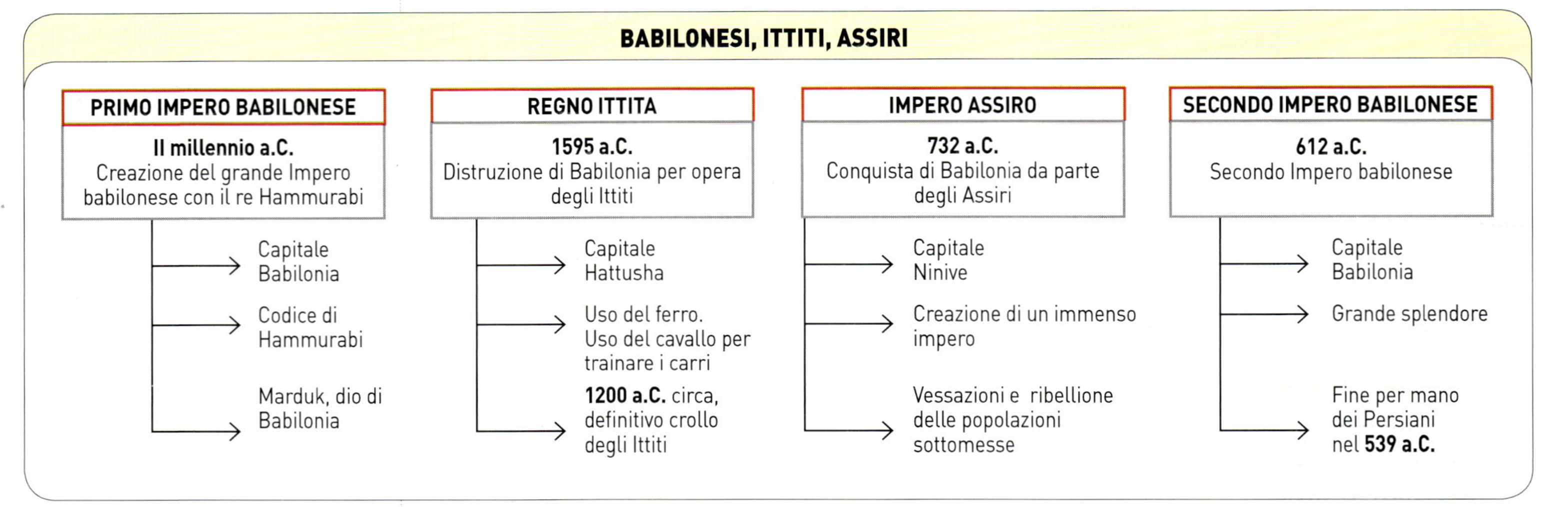

L'Egitto: la sintesi di una storia millenaria

Un lungo fiume in mezzo al deserto Al pari delle prime civiltà mesopotamiche, anche la **civiltà egizia** deve la sua nascita e il suo sviluppo alla presenza di un grande fiume nel suo territorio: il **Nilo**. Era infatti dalla «volontà» del Nilo che, secondo gli Egizi, dipendevano l'esistenza e la prosperità della loro civiltà.

Come recita un inno molto popolare durante il Nuovo Regno, «è lui che irriga i campi, che è creato da Ra [*una divinità solare*] per far vivere tutto il bestiame; che disseta il deserto, lontano dall'acqua»; a volte, però, «se è crudele, tutta la terra inorridisce». Dai versi di questo inno è possibile intuire quanto la popolazione egiziana dipendesse dalle caratteristiche di questo immenso fiume.

Le continue precipitazioni **monsoniche** delle regioni tropicali e dell'altopiano etiopico causavano ogni anno una forte crescita della **portata** del Nilo Azzurro (uno dei due affluenti principali). Il Nilo iniziava a crescere a rilento e da giugno a settembre inondava l'Egitto, ricoprendo le rive con il **fertile limo**. Durante l'inondazione venivano distrutte parecchie case e allagati interi villaggi; da settembre, però, il limo che si era depositato sui campi, una volta ritiratesi le acque, rendeva possibile una **ricca produzione agricola**.

IL LESSICO GEOGRAFICO

Monsone Vento periodico che interessa le regioni subtropicali e tropicali, e in particolare l'oceano Indiano. Nella stagione fredda spira dalla terra verso il mare; nella stagione calda, invece, spira dal mare verso la terra, portando con sé grandi masse d'aria umida, che alimentano notevoli piogge.

Portata (di un fiume) Volume d'acqua che, in un'unità di tempo, attraversa l'alveo di un fiume.

Limo Terriccio presente in sospensione nelle acque e depositato sotto forma di fanghiglia.

COMPETENZE DI GEOSTORIA — CONFRONTARE DUE CARTE

L'Impero ittita

La carta geostorica statica a fianco «descrive» i possedimenti dell'Impero ittita (in rosso) e quelli dell'Impero egiziano (in verde) nel XIII sec. a.C. Consulta su un atlante o su Internet una carta geografica politica attuale e mettila a confronto con questa, lavorando sul tuo quaderno:

- indica quali Stati attuali erano inclusi nei possedimenti dei due imperi;
- specifica su quali Stati è segnato il confine storico dei due imperi;
- deduci, consultando anche altre carte del manuale, in quale mare e con quali territori gli Ittiti potevano commerciare.

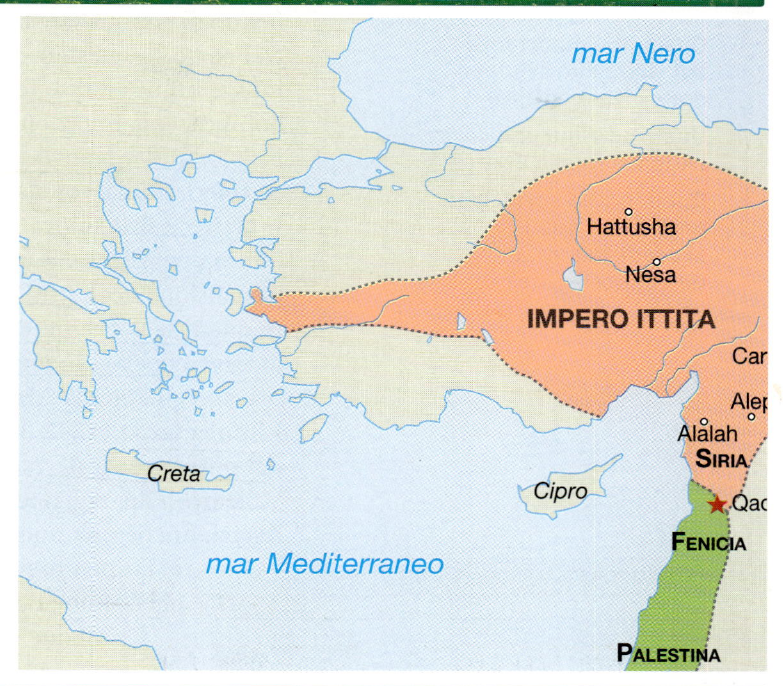

Per applicare correttamente il metodo geostorico proposto, consulta la SCHEDA DI METODO 8, p. 214.

Le periodiche piene del Nilo erano un avvenimento che, come è facile immaginare, coinvolgeva l'intera popolazione, che si adoperava compatta per costruire **dighe** (per contenere l'acqua della piena), **canali** (per distribuirla) e **grandi bacini** (per raccoglierla). La pianificazione e l'organizzazione dei lavori idraulici favorì la nascita sia di una cultura unitaria sia di organismi politici sempre più ampi e coesi.

I tre regni della civiltà egizia Con la definizione di «**periodo protodinastico**» ci si riferisce al periodo in cui, nella seconda metà del IV millennio, nacque la civiltà egizia. In questi anni, nel Paese, diviso in **due regni** (**Alto**, le regioni più a Sud, e **Basso**, le regioni vicino al delta del Nilo), si susseguirono dieci re, la cosiddetta «dinastia zero». Di loro non si sa molto. L'unico che si distinse fu l'ultimo, il re **Narmer**, che, dopo una lenta opera di conquista territoriale, intorno al 3100 a.C. realizzò l'unificazione dell'Alto e del Basso Egitto e fondò la I dinastia.

In questi secoli furono conquistati la Siria, la Nubia, il Sinai e la Palestina. Le popolazioni locali furono costrette a pagare pesanti **tributi** in oro, legno e uomini. A volte lo stesso re, o «**faraone**» come venne in seguito nominato, si spostava per la loro riscossione. In questo periodo, inoltre, si verificarono un incremento e un miglioramento delle attività manifatturiere e dell'arte statuaria pubblica e privata.

Dalla III dinastia in poi, la storiografia moderna suddivide la storia egiziana in quattro periodi: Antico Regno (III-VI dinastia); Medio Regno (IX-XII dinastia); Nuovo Regno (XVIII dinastia); Epoca tarda o della decadenza.

Tra l'Antico e il Medio Regno e tra quest'ultimo e il Nuovo Regno vi furono secoli di **disordini e decadenza** sociale, denominati «**periodi intermedi**».

Analizziamo adesso, in maniera sintetica, le caratteristiche principali di ogni regno.

- L'**Antico Regno (2657-2166 a.C.)** fu un periodo glorioso, caratterizzato da un'intensa attività culturale e architettonica. È proprio in questo periodo, infatti, che si assiste all'innalzamento delle splendide tombe monumentali, fatte edificare dai faraoni come simbolo della loro potenza e della loro natura divina: le piramidi. In particolare, risalgono all'Antico Regno le **piramidi di Giza**, costruite sotto i faraoni **Cheope**, **Chefren** e **Micerino**.
- Durante il **Medio Regno (2120-1976 a.C.)**, l'Egitto conobbe uno sviluppo senza eguali.

IL LESSICO STORICO

Faraone Il termine (dal greco *pharaò*, che a sua volta discende dall'egizio) originariamente significava «grande casa» e si riferiva al palazzo reale, centro del potere. In seguito, designò per antonomasia «colui che vi risiedeva» e, solo verso la XXII dinastia (1000 ca. a.C.), il vocabolo assunse definitivamente il significato di «sovrano d'Egitto», usato nella Bibbia.

PER RIPASSARE

1. Quale fu l'importanza del Nilo nello sviluppo della civiltà egizia?
2. Quale sovrano unificò l'Alto e il Basso Egitto?
3. Quali furono i principali periodi nei quali si divide la storia dell'antico Egitto?

Dopo un periodo caotico i faraoni ripresero il controllo della Siria e della Palestina, finendo di conquistare la Nubia (ricca di miniere d'oro) e spingendosi ancora più a Sud. Nel corso di questi secoli furono inoltre promosse l'architettura, la letteratura e la narrativa. Infine, si rese fertile il terreno dell'**oasi del Fayyum** tramite complicate opere di bonifica, canalizzazione e irrigazione.

- Nel corso del **Nuovo Regno (1540-1292 a.C.)**, cacciati gli Hyksos («signori dei Paesi stranieri»), una popolazione probabilmente di origine semitica proveniente da Oriente, si arrivò a una nuova **riunificazione statale**, a un rafforzamento del potere in politica interna ed estera e a una florida **rinascita culturale**. Sotto il regno di Ramses II anche l'espansione degli Ittiti venne arrestata, con la **battaglia di Qadesh** (1284 a.C.).
In questi secoli venne abbandonato l'uso di costruire le piramidi: i faraoni, infatti, scelsero di farsi seppellire in una remota valle in mezzo al deserto, la **Valle dei Re** (o, come la chiamavano gli Egizi, la Grande Prateria), lontana dai saccheggiatori di tesori e di tombe.
- L'**Epoca tarda (1292-332 a.C.)**, infine, è contraddistinta da un graduale **indebolimento del potere centrale**. Nel 900 a.C. una dinastia straniera di principi libici si insediò nella Valle del Nilo, regnando su tutta la regione. Nel 671 a.C. l'Egitto cadde nelle mani degli **Assiri**, finché una nuova dinastia egizia li cacciò, restituendo al regno l'antico splendore. Fu una breve rinascita, alla quale seguì, nel 525 a.C., il declino definitivo: in quell'anno l'Egitto cadde sotto l'egemonia dei **Persiani**.

Quasi due secoli più tardi, nel 332 a.C., durante l'egemonia della XXXI dinastia egizia, **Alessandro di Macedonia**, chiamato «Magno» (→ LEZIONE 9), oltrepassò senza alcuna resistenza il confine egiziano e fu incoronato faraone d'Egitto a Menfi. Da allora la regione fu sempre dominata da potenze straniere, fino a quando, nel 30 a.C., divenne un **territorio romano**.

L'AMBIENTE NATURALE DELL'ANTICO EGITTO

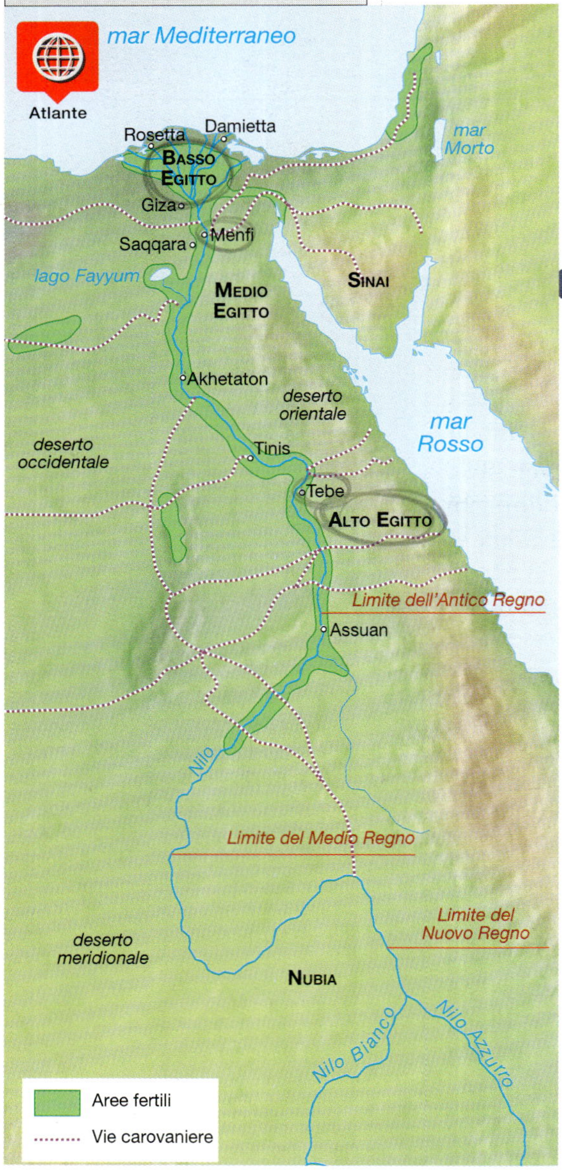

Atlante

Aree fertili
Vie carovaniere

VIAGGIO NELLA GEOGRAFIA

LA VALLE DEL NILO IERI E OGGI

La Valle del Nilo in passato divideva il suolo che attraversava in tre ampie regioni (nella carta): l'**Alto Egitto** (la parte meridionale) da Assuan fino a circa 900 km a Nord; il **Medio Egitto**, dove è presente l'**oasi del Fayyum**; il **Basso Egitto** pressappoco a ridosso del delta.
Il **Nilo** scorre per 6695 km e ha due affluenti: il **Nilo Bianco**, che nasce dai Grandi Laghi dell'Africa equatoriale (odierne Repubblica Democratica del Congo, Uganda e Tanzania); il **Nilo Azzurro**, le cui sorgenti si trovano sull'altopiano dell'Etiopia e che attraversa tutto il Sudan sud-orientale. Le due sorgenti convergono presso la capitale sudanese di Khartoum, laddove iniziano le **cateratte** (in tutto sono sei). Le acque del fiume scorrono spesso violentemente, quasi come a volersi aprire un varco fra i tre **deserti**: quello orientale, quello occidentale e quello meridionale.
Infine il Nilo, nei pressi della moderna città del Cairo, sfocia nel mar Mediterraneo, dopo essersi diviso in due bracci (anticamente erano sette), uno a Ovest, presso la città di Rosetta, l'altro a Est, presso la località di Damietta. La terra, costituita da un **suolo alluvionale**, ha la forma di un triangolo e per questo viene definita foce a delta.
La più meridionale delle cateratte (considerata come la prima, dal momento che si contano da Nord verso Sud) si trova presso **Assuan**, che, fin dai tempi antichi, era considerata il confine naturale tra l'Egitto meridionale e la Nubia (oggi comprendente il territorio del Sud dell'Egitto e la parte settentrionale del Sudan).

IL LESSICO GEOGRAFICO

Oasi Area, situata in una zona desertica, che grazie alla presenza di acqua è in grado di sviluppare vegetazione e di offrire insediamento per l'uomo.
Cateratte Serie di gradini, presenti nel letto di un fiume, che provocano salti d'acqua nella stessa direzione della corrente, che spesso per questo motivo scorre violenta.
Suolo alluvionale Suolo generato dai sedimenti depositati dalle correnti fluviali.

I tratti culturali di un'affascinante civiltà

La società egizia La società egizia era fortemente gerarchizzata. Al vertice si trovava il sovrano, ovvero il **faraone**. Egli era considerato l'immagine del dio creatore sulla Terra, ma non era equiparato a un dio e restava sempre un uomo. Divini erano solamente la carica di faraone, le corone, gli oggetti del potere e le armi reali. L'obiettivo principale del faraone era la realizzazione della *Maat*, cioè dell'ordine cosmico, della verità e della giustizia. Per realizzare questo compito il faraone si serviva di un'**amministrazione** di funzionari e sacerdoti.

I **funzionari** venivano scelti tra le persone più vicine al sovrano. La carica più alta era quella del **visir**, secondo unicamente al faraone. Egli aveva il controllo delle casse statali, era il giudice del regno, decideva in merito a questioni economiche e militari. Tra i funzionari che costituivano la **burocrazia** imperiale era importante il ruolo degli **scribi**, i professionisti della scrittura, che avevano grande potere in quanto detenevano il monopolio della conoscenza e della cultura.

I **sacerdoti**, invece, custodivano le dottrine e i culti, osservavano gli astri e gestivano i patrimoni fondiari conservati nei templi egizi. Oltre a svolgere funzioni religiose, potevano anche ricoprire importanti incarichi civili o comandare l'esercito. Più tardi, per l'esercito si reclutarono persone specializzate nelle armi, addestrate esclusivamente per la guerra.

Nella scala gerarchica seguivano gli **artigiani** (falegnami, muratori, vasai, ma anche gli architetti che progettavano e curavano l'esecuzione delle piramidi e degli altri edifici pubblici) e i **contadini**, che fornivano i beni alimentari per la popolazione dell'intero regno.

Gli **schiavi** non erano numerosi: si trattava di stranieri reclutati in Nubia, di nomadi provenienti dal Vicino Oriente, che accettavano la schiavitù in cambio del necessario per sfamarsi, di prigionieri di guerra o di egiziani che non erano in grado di pagare i propri debiti.

La religione e le divinità La cultura egizia fu profondamente influenzata dalla religione. Studiare la religione, quindi, ci offre la possibilità di rinvenire elementi utili per capire meglio nel suo complesso la civiltà nata sulle sponde del Nilo.

Gli Egizi erano **politeisti** e credevano che dalla terra al cielo si manifestasse la volontà di infinite divinità. Gli dei, così come gli esseri umani, potevano sposarsi (spesso tra membri della stessa famiglia), potevano soffrire o gioire. Essi invecchiavano e morivano e, tramite un processo di rigenerazione, rinascevano. Inoltre, poteva accadere che diverse divinità fossero assimilate tra loro, unendosi in un'unica natura: è il caso del dio **Amon** (dio dei faraoni di **Tebe**) che con **Ra**, **dio del Sole**, si rivelava come il dio **Amon-Ra**.

I **templi** erano costruiti affinché gli dei avessero un luogo in cui risiedere e manifestarsi. L'accesso al tempio, però, era permesso soltanto al faraone e ai ceti più alti; i semplici fedeli pregavano davanti alla porta.

Un elemento interessante e peculiare della religione egizia è poi la vasta presenza di **divinità zoomorfe**, ovvero di dei dalle sembianze animali, molto probabilmente retaggio dello strato più antico della concezione religiosa della valle del Nilo. Così, per esempio, il dio delle necropoli e dell'imbalsamazione, Anubi, era collegato allo sciacallo.

La vita ultraterrena e il culto dei morti Un aspetto fondamentale della religiosità egizia è, infine, la profonda credenza in una vita ultraterrena. Da essa deriva l'importanza rivestita dal **culto dei morti** e dai riti della sepoltura.

L'**immortalità** poteva essere raggiunta solo a condizione che si conservassero elementi di natura spirituale, come il principio e la forza vitale (il *ba* e il *ka*), che erano però strettamente legati al corpo. Questo rendeva necessario che il corpo restasse integro anche dopo la morte: nacque così la tecnica dell'**imbalsamazione**, o **mummificazione**. Essa consisteva

IL LESSICO STORICO

Burocrazia Il termine è un composto del francese *bureau*, «ufficio pubblico», e del greco *krátos*, «potere»; indica sia la gestione degli affari pubblici sia l'insieme dei funzionari che prestano la loro opera nell'amministrazione dello Stato.

LE DIVINITÀ EGIZIE PIÙ IMPORTANTI

1. Il dio Anubi, particolare del papiro di Hunefer, 1285 a.C. circa. Londra, British Museum. Era la divinità protettrice delle necropoli: a lui spettava di giudicare i morti.
2. Il dio Horus, 1250 a.C. Monaco, Staatliches Museum. Rappresentato come un falco, o come un uomo con la testa di falco, era il figlio e il successore di Osiride.
3. Ptah, divinità del sapere e della conoscenza; dalla tomba di Tutankhamon a Tebe ovest, 1325 a.C. circa. Il Cairo, Museo Egizio.
4. La dea Iside, con in grembo Horus bambino, 600 ca. a.C. Vienna,Ägyptisch-Orientalische Sammlung. Iside era la sposa di Osiride, divinità dei defunti e della maternità.
5. Il dio Osiride, re dell'oltretomba; dal papiro di Hunefer, 1285 a.C. circa. Londra, British Museum.

Il giudizio del defunto in un *Libro dei morti*, papiro dipinto del 1285 a.C. circa. Londra, British Museum. A sinistra, il defunto accompagnato dal dio Anubi. A destra, Osiride in atto di giudicare. In alto, la disposizione delle anime. Al centro, la pesatura del cuore e della piuma di Maat eseguita da Anubi e da Thot, dio della sapienza.

nell'estrarre le viscere e tutti gli organi interni dal corpo del defunto, a eccezione del cuore che era considerato il centro vitale dell'uomo, e nel riempire le sue cavità con resine e sostanze aromatiche. Le mummie venivano poi tumulate nelle tombe, adornate di oggetti, cibo, abiti, ornamenti che sarebbero serviti nella vita ultraterrena del defunto.

All'inizio della storia egizia era diffusa la convinzione che solo i faraoni e i più importanti funzionari e sacerdoti potessero aspirare all'immortalità. Col tempo si diffuse l'idea che questa aspirazione dovesse essere comune a tutti i ceti sociali. Nella realtà, però, la vita ultraterrena restò affare per pochi: l'alto costo economico dei processi di inumazione rendeva di fatto inaccessibile l'aldilà a larga parte della società egizia.

Gli Egizi credevano che l'**aldilà** fosse abitato da infinite divinità. Il defunto, una volta giunto nel mondo ultraterreno, accompagnato da Anubi, veniva **giudicato dal dio Osiride**, al quale doveva confessare le sue azioni, mentre il suo cuore veniva pesato su una bilancia a due piatti assieme alla piuma di Maat. Se la bilancia pendeva a sfavore del defunto, allora questo veniva consegnato alla «divoratrice», cioè alle fauci dell'inferno; se invece la bilancia pendeva a suo favore, egli veniva salvato e poteva iniziare la sua vita ultraterrena. Per prepararsi a questa pratica, il defunto era accompagnato da un amuleto, uno «scarabeo del cuore», su cui erano incise parole di preghiera e protezione.

La scrittura egizia: tra arte figurativa e tecnica Intorno al **3000 a.C.**, gli Egizi inventarono la **scrittura geroglifica**. A differenza di quella mesopotamica, essa nacque in ambito religioso e non per esigenze pratiche, poiché la parola, secondo il popolo del Nilo, era il mezzo di cui la divinità si serviva per creare.

Il geroglifico fu soggetto, nel tempo, a modifiche. In una prima fase, esso era costituito da **ideogrammi**, disegni che rappresentavano oggetti reali. In seguito, alcuni ideogrammi acquisirono anche un valore fonetico, cioè furono scorporati del loro simbolo per utilizzarne solamente il suono della pronuncia: nacque il **fonogramma**.

Si può notare che un tale sistema di scrittura, basato sull'alternanza di ideogrammi e fonogrammi, era abbastanza complicato e, per questo motivo, **praticabile solo da pochi**. Inizialmente, accedevano alla comprensione della parola scritta solo i **sacerdoti**, «guardiani» della scrittura sacra.

Quando, però, con il passare dei secoli, la scrittura iniziò a essere usata per altri scopi (nella burocrazia statale, in letteratura, nel corso di attività quotidiane), nacque la figura dello **scriba**. Gli scribi erano funzionari che lavoravano negli uffici governativi e nei templi, effettuando censimenti e tenendo i registri delle imposte. Essi scrivevano con uno stilo di giunco appuntito su fogli di **papiro**.

IL LESSICO STORICO

Papiro Pianta che attecchisce rigogliosa sulle sponde dei fiumi o sui terreni palustri. Molto diffuso lungo il Nilo, per sua natura resistente, veniva usato per la scrittura, ma anche per fabbricare barche, sandali, ceste.

PER RIPASSARE

1. Qual era il ruolo del faraone?
2. Quali erano i compiti dei funzionari e dei sacerdoti?
3. Quali erano le caratteristiche principali delle divinità egizie?
4. Che cos'è la scrittura geroglifica?
5. Quali erano gli strumenti dello scriba?

SINTESI

- **La Mesopotamia** Un fattore decisivo per la nascita delle **prime civiltà** fu la presenza di grandi fiumi nei territori in cui esse si svilupparono. Nel Vicino Oriente, le popolazioni stanziate tra il **Tigri** e l'**Eufrate** dettero vita alle **civiltà mesopotamiche**, dal nome della vasta regione che occuparono: la Mesopotamia.
Nel corso dei secoli, con il progressivo affinamento delle tecniche di **irrigazione artificiale**, i popoli che vi si insediarono resero **fertile** il territorio, di per sé arido e non favorevole all'agricoltura, attraverso la costruzione di dighe, argini e canali. Nel IV millennio a.C., la produzione agricola aumentò tanto da ottenere **eccedenze alimentari**, evento che permise ad alcuni uomini di dedicarsi ad attività diverse rispetto all'agricoltura. Nacque così la **specializzazione del lavoro** e con essa una maggiore differenziazione sociale. I villaggi crebbero e sorsero le prime città: iniziò la «**rivoluzione urbana**».

- **La civiltà sumera** Nel **IV millennio a.C.**, in una vasta regione della Mesopotamia meridionale chiamata Shumer (corrispondente approssimativamente all'attuale Iraq meridionale) si stabilirono i **Sumeri**. Essi fondarono una delle più fiorenti civiltà dell'antichità. I Sumeri non organizzarono il proprio territorio in uno Stato unitario, ma in un insieme di **città-stato** indipendenti tra di loro, con un proprio re, un proprio sacerdote e un tempio-palazzo.
Nel 2400 a.C., si affermò il re della città di Umma, Lugalzaggesi, stabilendosi a Uruk. Prima sconfitti dagli **Accadi**, poi assoggettati dai **Gutei**, intorno al 2100 a.C. i Sumeri ripresero il controllo del territorio, riportando al massimo splendore la loro civiltà.

- **L'Impero babilonese e quello assiro** Gli Amorrei si erano insediati in Mesopotamia nel **III millennio a.C.**, fondandovi la città di **Babilonia**. Tra gli imperatori babilonesi, **Hammurabi** (1792-1750 a.C.) si distinse per capacità diplomatiche e militari. Egli creò un **vasto impero** unificando i piccoli regni della Bassa Mesopotamia, le città-stato sumere e tutti i territori accadici. Di lui si ricorda uno dei primi **codici di leggi scritto**, il Codice di Hammurabi.
Distrutta per mano degli Ittiti, Babilonia fu poi conquistata dagli **Assiri** nel 732 a.C. Conquistatori spietati e crudeli, gli Assiri si espansero creando un **immenso impero** (VII sec. a.C.) dal golfo Persico al mar Mediterraneo, includendo l'intera Mesopotamia, la Siria, Israele, l'Egitto e la Fenicia. Nel 612 a.C., i popoli sottomessi si ribellarono agli Assiri e Babilonia risorse nella fase del suo **secondo Impero babilonese**.

- **La Valle del Nilo e la civiltà egizia** Anche gli Egizi fondarono una fiorente civiltà nella **valle del Nilo**. Dal IV al I millennio a.C., in **Egitto** regnarono trentuno dinastie. Gli storici suddividono questa lunga epoca di splendore in diversi periodi: un «**periodo protodinastico**», che precedette l'unificazione del territorio sotto il re Narmer, nel 3100 a.C., l'**Antico Regno**, il **Medio Regno** e il **Nuovo Regno**, fasi tra le quali si inseriscono due «**periodi intermedi**», caratterizzati dal disordine e dalla decadenza. Il potere centrale si indebolì nell'**Epoca tarda**, fino a che l'Egitto cadde sotto i Persiani, sotto i Macedoni e poi sotto i Romani.

- **Società, cultura e religione dell'antico Egitto** La società egizia era fortemente gerarchizzata. Al vertice c'era il **faraone**, considerato l'immagine del dio creatore sulla Terra. Nel governare un vasto regno come quello egizio, egli si avvaleva dell'aiuto di **funzionari** (tra cui avevano grande importanza gli **scribi**, che detenevano il monopolio della scrittura), **sacerdoti** e **militari**. Nella scala gerarchica della società egizia seguivano coloro che partecipavano al conseguimento del bene comune: **artigiani, contadini e schiavi**.
La cultura egizia fu profondamente influenzata dalla **religione**. Essa era caratterizzata, oltre che dal **politeismo**, dalla vasta presenza di **divinità zoomorfe**, ovvero di dei dalle sembianze animali. Un aspetto fondamentale della religiosità egizia è, infine, la profonda credenza in una **vita ultraterrena**: da essa deriva l'importanza rivestita dal culto dei morti e dai riti della sepoltura, in particolare dell'**imbalsamazione** (o mummificazione).

Collega passato e presente e **approfondisci** temi e problemi della geostoria.

Lezione LIM

Popolazione e questione demografica

(→ GEOGRAFIA, LEZIONE 5)

«Un popolo cresce, l'altro declina, in breve volger di tempo si succedono le stirpi mortali e quasi staffette si passano le fiaccole della vita»

(Lucrezio, *De rerum natura*, II, 77-79)

Fattori naturali e fattori antropici L'insediamento e la diffusione della popolazione in un preciso territorio sono determinati da **elementi naturali e antropici** (relativi, cioè, all'attività dell'uomo).
Tra gli elementi naturali, **latitudine** (che caratterizza le condizioni climatiche), **altitudine** e **posizione rispetto alle acque esterne** (mari) o **interne** (laghi e fiumi) costituiscono i principali fattori di popolamento.
Andando a ritroso nel tempo, infatti, non è un caso che i primi insediamenti umani si siano sviluppati intorno ai **grandi fiumi**: il Nilo (in Egitto), il Tigri e l'Eufrate (in Mesopotamia), l'Indo e il Gange (in India), il Fiume Azzurro e il Fiume Giallo (in Cina). E non è ancora un caso, poi, che le grandi civiltà antiche (greca e romana) siano sorte sulle sponde del *mare nostrum*, come era chiamato dai Romani il **Mediterraneo**.
Ai fattori naturali si affiancano i fattori antropici, ovvero quelli di **natura politica**, **economica** e **religiosa**: guerre, invasioni, violenze, per esempio, causano nel tempo innumerevoli **migrazioni**, che possono assumere anche dimensioni enormi.

La crescita della popolazione mondiale Può essere significativo, in un contesto così delineato, indagare l'incidenza di questi fattori nel processo che attraverso i secoli ha portato al **popolamento del nostro pianeta**.
Nei millenni prima di Cristo, la popolazione mondiale crebbe con un ritmo piuttosto lento a causa delle frequenti guerre, della difficoltà a trovare risorse alimentari, delle malattie e delle scarse conoscenze mediche.
Il XVIII secolo rappresentò, invece, un punto di svolta per la crescita della popolazione mondiale: dalla nascita di Cristo al **1750** si passò, infatti, da 250 milioni a **795 milioni** di abitanti. La situazione cambiò ancora nel corso dell'**Ottocento**, il secolo dell'**industrializzazione** di parte del continente europeo e del progresso medico e scientifico. L'agricoltura divenne più produttiva e le condizioni di vita migliorarono. Con il passare del tempo, i ritmi annui di crescita della popolazione mondiale aumentarono: nel **1900** si raggiunse quota **1 miliardo e 656 milioni**. Da questa data il numero degli abitanti sul pianeta crebbe senza arrestarsi: 3 miliardi nel 1960, 4 miliardi nel 1974 e, infine, 6 miliardi nel 1999. Tentando un calcolo riassuntivo, seppur con le necessarie approssimazioni, in diecimila anni, dall'8000 a.C. al **2011**, l'uomo è riuscito a moltiplicarsi di oltre mille volte, da 5 milioni a **7 miliardi**.

La sostenibilità del boom demografico La nascita del settemiliardesimo abitante nel mondo pone però seri interrogativi sulla «**sostenibilità**» di un tale impatto demografico, cioè sulla capacità dell'umanità di «sostenere» la popolazione del pianeta, considerando le risorse e le fonti energetiche disponibili.
L'**Onu** (l'Organizzazione delle Nazioni Unite) stima che per il **2050** si giungerà a **9,2 miliardi di abitanti**. Si riapre quindi la questione sulle possibili conseguenze del boom demografico: deforestazioni, diminuzione della biodiversità, desertificazione e inquinamento (→ GEOGRAFIA, UNITÀ 1).

COMPETENZE DI GEOSTORIA — LEGGERE E COSTRUIRE GRAFICI

La crescita demografica nella storia

Il diagramma cartesiano rappresenta con una linea la crescita della popolazione mondiale nel corso di un lungo periodo storico. Gli elementi considerati sono gli anni (linea orizzontale in basso) e la popolazione in milioni (linea verticale a sinistra). Analizza il grafico con attenzione, quindi rispondi alle domande.

1. Quanti anni sono considerati nel diagramma?
2. Il 2100 a.C. è ancora in età preistorica o possiamo già parlare di epoca storica?
3. Dal 2100 a.C. al 1200 d.C., orientativamente, quante persone vivevano sulla Terra?
4. Orientativamente, in quale anno si inizia a registrare una lieve crescita?
5. In quale lasso temporale si evidenzia una notevole crescita?
6. Quanti anni include il rettangolino rosso al centro del diagramma?

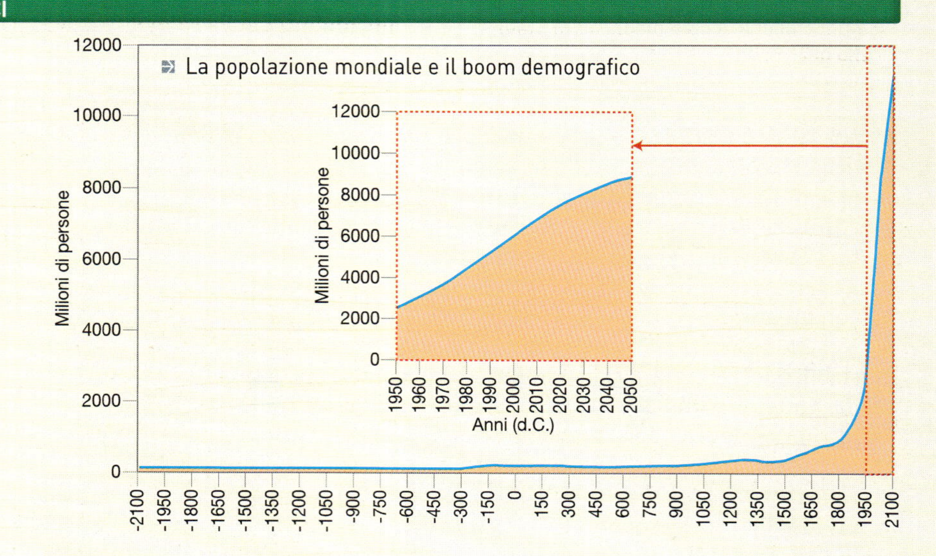

Per applicare correttamente il metodo geostorico proposto, consulta la SCHEDA DI METODO 9, p. 228.

Laboratorio

Leggi la Costituzione commentata e **rifletti** sul rapporto tra passato e presente.

Istruzione, un diritto oggi negato ancora a molti

Un bambino sumero a scuola

«Ho ripetuto a voce alta il testo sulla tavoletta, ho mangiato, ho preso una nuova tavoletta, l'ho scritta tutta, ho terminato il compito; poi mi hanno assegnato un nuovo testo da declamare e, nel pomeriggio, un esercizio di scrittura. Alla fine della lezione, sono tornato a casa. Ho raccontato a mio padre i compiti svolti, gli ho ripetuto il testo sulla tavoletta, ed egli è rimasto molto soddisfatto... Il giorno dopo, svegliatomi la mattina molto presto, rivolto a mia madre ho detto: preparami la colazione, perché devo andare a scuola».

Chiunque legga queste frasi non può non ricordare momenti della propria vita scolastica. Eppure, queste parole sono state scritte, in caratteri cuneiformi, da un bambino sumero di quattromila anni fa. Le scuole, infatti, nacquero e si diffusero contemporaneamente alla scrittura sumera.

Gli incontri si tenevano in spazi adibiti appositamente all'istruzione, che si basava su esercizi di scrittura, di lettura e di matematica: il corredo necessario di conoscenze per svolgere le attività della vita pratica quotidiana.

L'educazione era molto severa e sia il docente sia la famiglia consideravano l'istruzione dello scolaro un mezzo fondamentale per il benessere della società.

Le alunne di una scuola media nello Stato africano del Benin.

L'istruzione come diritto fondamentale

Il percorso che ha portato a riconoscere l'istruzione come un bene inalienabile e un **diritto fondamentale di ogni individuo** è stato lungo e travagliato. Soltanto nel Novecento, infatti, l'**istruzione** è stata riconosciuta come un diritto universale, in virtù del quale tutti devono godere delle stesse possibilità di crescita, sviluppo e arricchimento, tanto materiale quanto spirituale.

Tale diritto è espresso esplicitamente dall'**articolo 26 della Dichiarazione Universale dei Diritti Umani delle Nazioni Unite**, adottata nel **1948**: *«Ognuno ha diritto a un'istruzione. L'istruzione dovrebbe essere gratuita, almeno a livelli elementari e fondamentali. L'istruzione elementare dovrebbe essere obbligatoria. L'istruzione tecnica e professionale dovrebbero essere generalmente fruibili, così come pure un'istruzione superiore dovrebbe essere accessibile sulle basi del merito».*

Un obiettivo ancora lontano

Tuttavia, l'**istruzione obbligatoria e gratuita**, che rappresenta una conquista del mondo industrializzato ed è sancita dalla nostra Costituzione negli **articoli 33 e 34**, è ancora un obiettivo molto lontano per tanti popoli del nostro pianeta, specialmente per gli abitanti dei Paesi in via di sviluppo.

Secondo le recenti rilevazioni dell'Istituto Statistico dell'Unesco (l'Organizzazione delle Nazioni Unite per l'educazione, la scienza e la cultura), **862 milioni** di cittadini nel mondo sono **analfabeti**. Ciò significa che un bambino su cinque di età tra i 6 e gli 11 anni – quindi circa **115 milioni di bambini** – non ha mai messo piede in una scuola, e di questi il 56% sono femmine.

I motivi sono diversi: le guerre che sconvolgono questi Paesi, l'insufficiente numero di scuole, l'impossibilità delle famiglie di sostenere i costi per l'istruzione, la necessità di lavorare per guadagnarsi da vivere. Per molti Paesi, inoltre, l'istruzione non è considerata ancora un diritto umano fondamentale, ma un costo aggiuntivo che può essere concesso solo quando le finanze dello Stato lo permettono.

La mancanza d'istruzione colpisce maggiormente i Paesi dell'Africa (perlopiù subsahariana) e dell'Asia centro-meridionale: dati di analfabetismo impressionanti si registrano in Yemen, Niger, Nigeria, Ciad, Mali, Guinea, Pakistan, Bangladesh, Brasile, Cina, Egitto, India, Indonesia e Messico.

Sembra insomma ancora molto lontano l'obiettivo fissato dall'Onu per il 2015 in materia d'istruzione, indicato tra gli otto **Obiettivi di Sviluppo del Millennio**, che tutti i 191 Stati membri hanno promesso di conseguire: *«raggiungere l'istruzione elementare universale. Garantire che, entro il 2015, tutti i bambini e le bambine, ovunque vivano, completino il ciclo degli studi elementari».*

Guida alla Cittadinanza

L'istruzione, oltre che diritto a sé stante, rappresenta anche un'importante porta d'accesso agli altri diritti. Infatti, nessuno dei diritti civili, politici, economici o sociali può essere esercitato pienamente in mancanza di un livello minimo di educazione scolastica. Ogni anno, l'8 settembre, l'Unesco festeggia la Giornata Internazionale dell'Alfabetizzazione per ricordare a tutto il mondo la condizione di istruzione, il livello di apprendimento, la situazione di parità e di pari opportunità sia tra le diverse classi sociali sia tra uomini e donne.

Per approfondire, visita il sito www.unesco.org *oppure* www.onuitalia.it *e cerca informazioni utilizzando la parola-chiave «istruzione».*

DALLE ABILITÀ ALLE COMPETENZE

CONOSCERE, COMPRENDERE E ADOPERARE IL LESSICO STORICO E GEOGRAFICO **COMPETENZA GEOSTORICA**

1 **Spiega le seguenti parole trovate all'interno della lezione.**

- Civiltà fluviali ....
- Città-stato ....
- Scriba ....
- Popolazione nomade ....
- Indoeuropei ....

COMPLETARE UNA MAPPA CONCETTUALE **COMPETENZA STORICA**

2 **Completa la mappa qui a fianco inserendo opportunamente nelle caselle i numeri relativi ai seguenti concetti chiave.**
(→ Scheda di metodo 7, p. 156)

1. Assoggettamento dell'intera Mesopotamia fino al golfo Persico
2. Babilonese
3. Crollo dell'impero sumero
4. Indebolimento per lotte interne
5. Nuova invasione degli Amorrei e nascita di due nuove civiltà
6. Rinascita dell'impero sumero a opera di Ur-Nammu
7. Successivo attacco
8. Dei Gutei

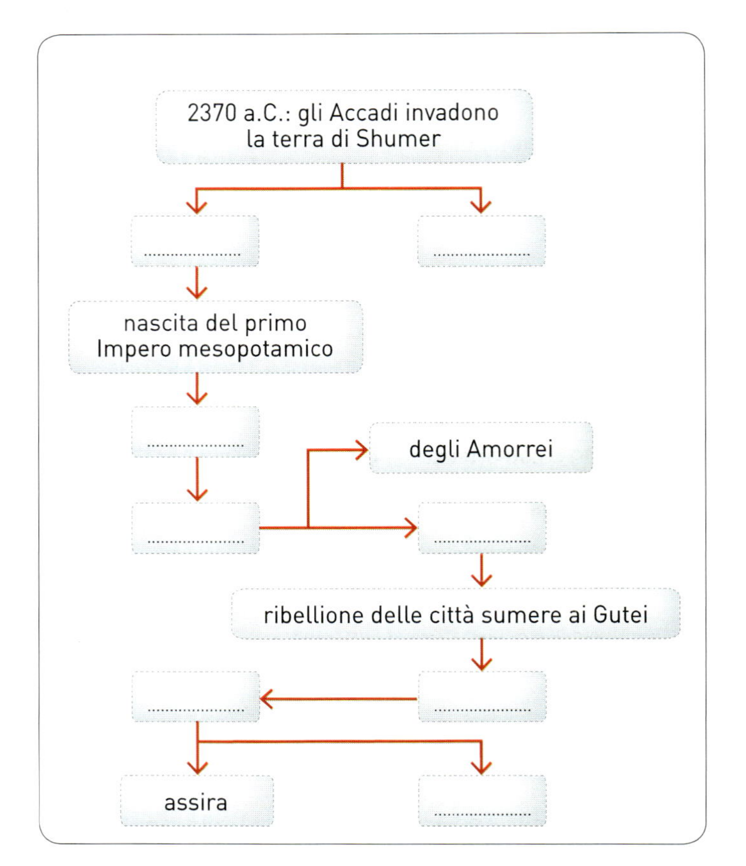

COMPLETARE UNA TABELLA **COMPETENZA STORICA**

3 **Completa la tabella, riportando le caratteristiche che contraddistinsero la civiltà sumerica.**
(→ Scheda di metodo 6, p. 112)

Stirpe	....
Territorio di provenienza	....
Territorio di stanziamento	....
Invenzione più importante	....
Città più importanti	....
Organizzazione sociale ed economica	....

DALLE ABILITÀ ALLE COMPETENZE

CREARE E LEGGERE UNA CARTA GEOSTORICA STATICA **COMPETENZA GEOSTORICA**

4 **Individua, sulla cartina muta sottostante, gli elementi che ti vengono richiesti. Colora di verde la Mezzaluna Fertile. Traccia in blu i percorsi dei fiumi Tigri ed Eufrate.**

(→ Scheda di metodo 2, p. 40)

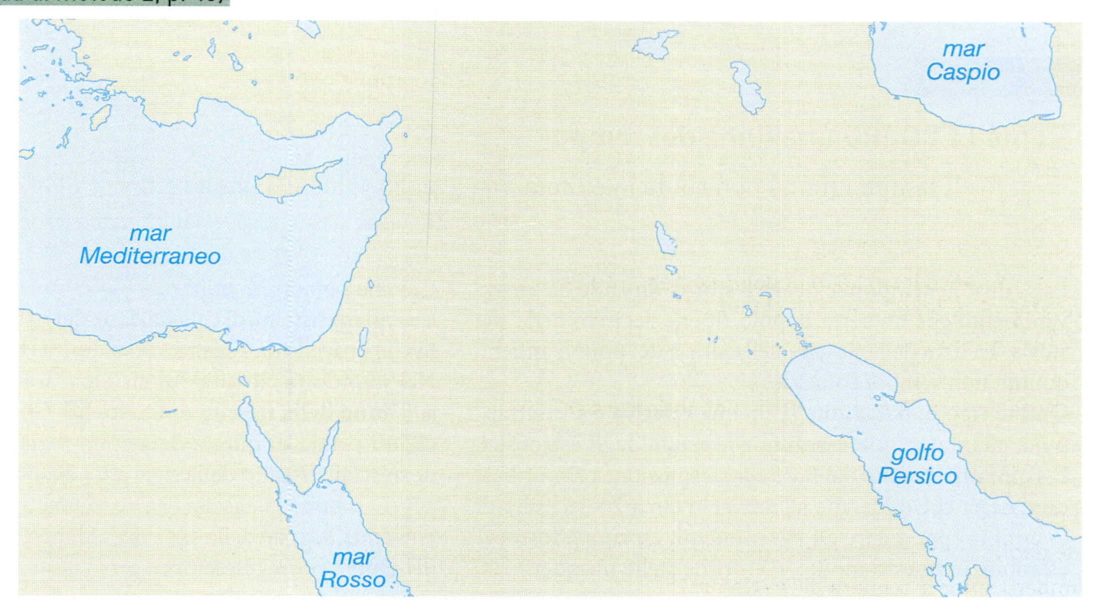

CONFRONTARE DUE CARTE GEOGRAFICHE **COMPETENZA GEOSTORICA**

5 **Osserva con attenzione la carta geostorica statica sull'estensione dell'Impero assiro a p. 54. Con l'ausilio dell'atlante, confrontala con la carta geografica politica attuale corrispondente, quindi elenca gli Stati odierni che si trovavano sotto il dominio assiro.**

(→ Scheda di metodo 8, p. 214)

INDIVIDUARE E CORREGGERE GLI ERRORI **COMPETENZA STORICA**

6 **Le affermazioni sottostanti contengono informazioni false. Individua gli errori e riscrivi le frasi in modo corretto. Controlla poi sul tuo libro se hai svolto correttamente l'esercizio.**

AFFERMAZIONE FALSA	CORREZIONE
Durante l'Antico Regno, gli Egizi credevano che l'aldilà si trovasse negli inferi e, per questo motivo, seppellivano i morti nella Valle dei Re; successivamente, durante il Nuovo Regno, essi collocarono l'aldilà nei cieli, motivo per cui costruirono le piramidi.	
L'Impero egizio cadde definitivamente prima per mano dei Romani e poi dei Persiani.	
Il termine «faraone» venne usato durante tutti e tre i Regni egizi assieme a quello di re.	
Gli unici schiavi utilizzati dagli Egizi erano stranieri provenienti dalla Nubia.	

SCRIVERE UN TESTO ESPOSITIVO E PARTECIPARE ATTIVAMENTE A UN DIBATTITO – UTILIZZARE LE COMPETENZE STORICHE E GEOGRAFICHE GIÀ ACQUISITE, CORRELANDOLE ALLE COMPETENZE DI CITTADINANZA E ALLE ALTRE DISCIPLINE **COMPETENZA TRASVERSALE**

7 **Dopo aver riletto la scheda di Cittadinanza e Costituzione a p. 61, spiega in un breve testo espositivo di massimo 20 righe:**

- i motivi per cui l'istruzione è fondamentale per la crescita di un individuo, di una società, di uno Stato;
- i motivi per i quali l'accesso all'educazione primaria è ancora un obiettivo molto distante dalla realtà;
- le conseguenze della situazione descritta.

3. Leggere e costruire una linea del tempo e una carta geostorica dinamica

Prima di studiare la geostoria, è necessario, come fase preliminare, apprendere un sistema che consenta di decodificare e di utilizzare i principali metodi di rappresentazione e collocazione dei fatti geostorici nel tempo e nello spazio.

NEL TEMPO

Come LEGGERE una linea del tempo

«Il tempo umano non ruota in circolo, ma avanza veloce in linea retta»
(Milan Kundera, scrittore ceco naturalizzato francese).

La scansione temporale dei fatti storici dipende da un avvenimento che un certo popolo ritiene decisivo nella sua storia. La data della nascita della storia dei popoli antichi, quindi, non sempre coincide.
Questo tipo di **datazione** si chiama **relativa** e si contrappone alla **datazione assoluta** adoperata dagli astrofisici. Essi, infatti, partono dal *Big bang* (l'esplosione primordiale di materia che dette vita all'universo circa 20-16 miliardi di anni fa) per datare gli avvenimenti, esprimendosi, per esempio, in questo modo: «Le prime stelle nacquero 200 milioni di anni dopo il *Big bang*».

Ciò che può essere utilizzato per la storia di tutti i popoli antichi è il sistema di collocazione dei fatti su una linea retta che procede da sinistra verso destra (**linea del tempo**). Nel mondo occidentale il sistema di datazione si basa sull'**anno della nascita di Cristo** 1. Gli eventi storici accaduti prima di questa data sono registrati con numeri decrescenti, seguiti dalla sigla **a.C.**, avanti Cristo 2; quelli avvenuti dopo la nascita di Cristo sono registrati con date crescenti, seguite dalla sigla **d.C.**, dopo Cristo 3. La linea del tempo prosegue sempre verso destra (freccia), secondo un ordine cronologico partendo dai fatti più antichi.

400 a.C. · 300 a.C. · 200 a.C. · 100 a.C. · nascita di Cristo · 100 d.C. · 200 d.C. · 300 d.C. · 400 d.C.

V sec. a.C.	IV sec. a.C.	III sec. a.C.	II sec. a.C.	I sec. a.C.	I sec. d.C.	II sec. d.C.	III sec. d.C.	IV sec. d.C.
dall'anno 500 a.C. al 401 a.C.	dall'anno 400 a.C. al 301 a.C.	dall'anno 300 a.C. al 201 a.C.	dall'anno 200 a.C. al 101 a.C.	dall'anno 100 a.C. all'1 a.C.	dall'anno 1 d.C. al 100 d.C.	dall'anno 101 d.C. al 200 d.C.	dall'anno 201 d.C. al 300 d.C.	dall'anno 301 d.C. al 400 d.C.

Fatti avvenuti prima della nascita di Cristo (avanti Cristo = a.C.) 2

Fatti avvenuti dopo la nascita di Cristo (dopo Cristo = d.C.) 3

Presso altre civiltà, nei secoli, si diffusero altri sistemi di datazione. Per esempio gli **antichi Greci** facevano partire il conto degli anni dalla prima Olimpiade (776 a.C.) e gli **antichi Romani** dalla data della fondazione di Roma, secondo la tradizione (753 a.C.).

Gli **ebrei** si rifanno al racconto della Bibbia e fanno cominciare la storia con la creazione del mondo da parte di Dio; gli **arabi**, invece, fanno partire il loro calendario dall'anno della fuga di Maometto da La Mecca, la città santa della religione islamica, nel 622 d.C.

Come COMPLETARE una linea del tempo

Nella linea del tempo sottostante tra una sezione e l'altra intercorrono 100 anni. Tenendo in considerazione questa informazione, colloca correttamente le seguenti date e i relativi secoli come nella precedente linea del tempo.

1200 a.C. • 1850 d.C. • 250 a.C. • 450 d.C. • 900 a.C. • 750 d.C. • 1900 a.C. • 1900 d.C. • 600 d.C. • 150 a.C.

nascita di Cristo

Adesso COSTRUISCI la tua linea del tempo

Ti forniamo adesso un elenco di eventi storici. Dopo avere trovato le date corrispondenti a ognuno di essi (consulta il manuale delle scuole medie o serviti del web), costruisci la tua linea del tempo su un foglio di carta millimetrata, considerando che 1 mm corrisponde a 1 anno.

Crollo delle torri gemelle • Scoppio della Prima guerra mondiale • Caduta del muro di Berlino • Fine della Seconda guerra mondiale • Suffragio universale maschile in italia • Nascita della Repubblica italiana

NEL TEMPO E NELLO SPAZIO

Come LEGGERE una carta geostorica dinamica

In determinate situazioni, è possibile visualizzare una linea del tempo nello spazio attraverso una **carta geostorica dinamica**.
A differenza della carta geografica, che è una rappresentazione in scala ridotta di un aspetto (tema) riferito al presente (→ Scheda di metodo 2, p. 40), la carta geostorica «narra» fatti storici su una rappresentazione dello spazio così come si presentava nel periodo storico trattato. Essa, quindi, tratta un determinato tema **avvenuto nel passato**. Se, per esempio, si vuole «narrare» il viaggio di Marco Polo nel Catai (Cina), avvenuto negli anni 1271-95, è necessario costruire una carta geostorica dinamica in cui venga rappresentata la situazione dell'Asia nel XIII secolo. La carta qui sotto, per esempio, è una carta geostorica dinamica in quanto fornisce informazioni di un fatto storico **nel tempo** e nello spazio, ovvero:

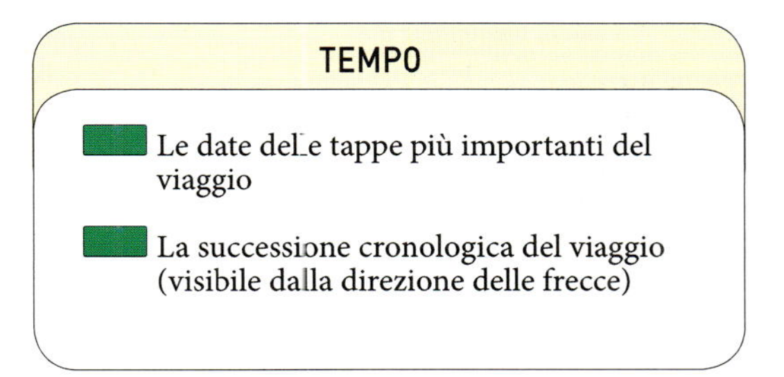

IL VIAGGIO DI MARCO POLO IN CINA

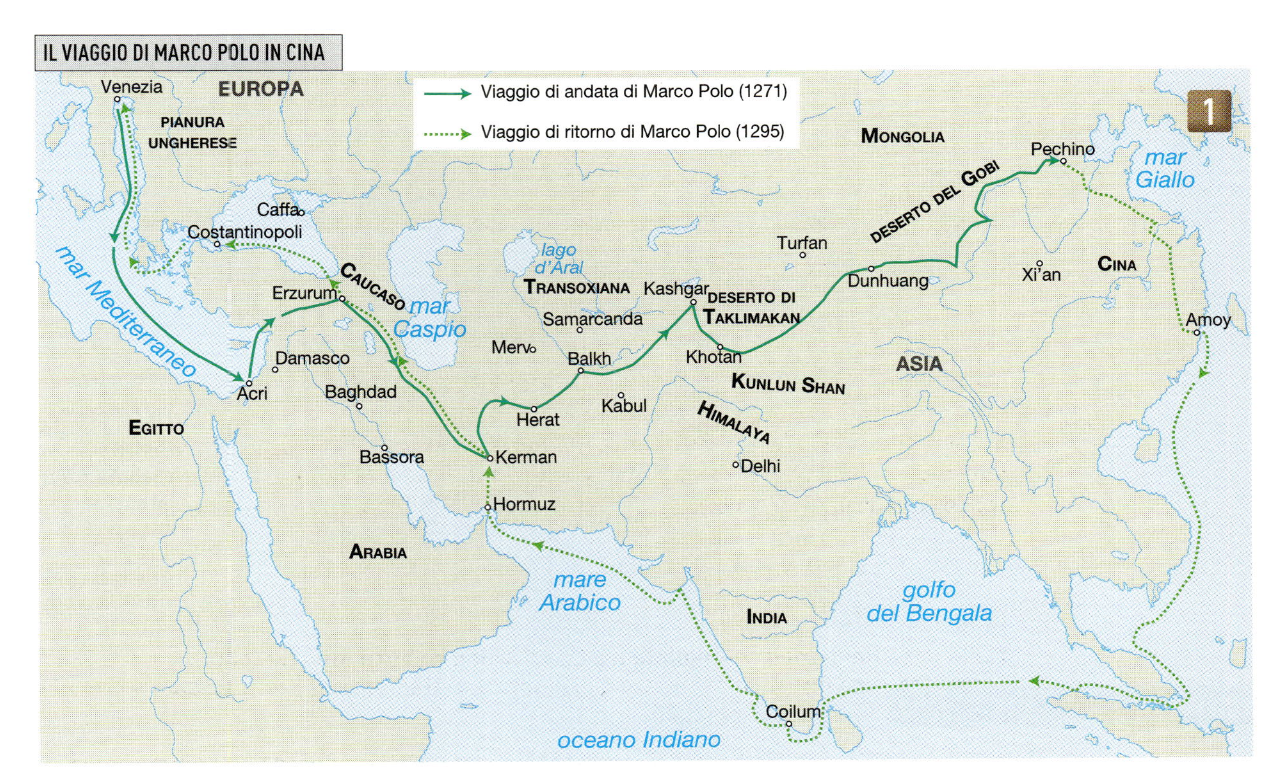

Anche la carta geostorica dinamica, per una maggiore comprensione e facilità di lettura, utilizza una legenda. Per leggere correttamente una carta geostorica, bisogna prima di tutto contestualizzarla, cioè conoscere il periodo storico e i luoghi trattati. Per questo motivo sarà utile partire dal titolo della carta e poi confrontarla con una carta geografica e con una politica attuali. Quindi, basterà analizzare con attenzione la legenda per passare alla lettura.

Prova a LEGGERE la carta geostorica

Analizza la carta n.1 e rispondi alle seguenti domande.

- Qual è la freccia che indica il viaggio di andata? ....
- Da quale città e in quale anno partì Marco Polo? ....
- Quali furono le città in cui sostò durante il viaggio di andata? ....
- Quale continente raggiunse? ....
- Qual è la freccia che indica il viaggio di ritorno? ....
- Metti in ordine cronologico le città visitate da Marco Polo nel viaggio di ritorno. ....

Adesso COSTRUISCI la tua carta geostorica dinamica

Ti forniamo adesso un planisfero muto, che dovrai trasformare in carta geostorica dinamica, «narrando» la diffusione del genere umano sulla Terra (→ LEZIONE 1). Per aiutarti, inseriamo una tabella che contiene informazioni sul «quando» e sul «dove» delle migrazioni dell'uomo preistorico. Traccia una freccia che inizi dal luogo di partenza, attraversi ogni tappa e termini nel luogo d'arrivo. Concludi creando una legenda, alla quale attribuirai un titolo, per spiegare il significato dei colori e dei simboli che hai usato.

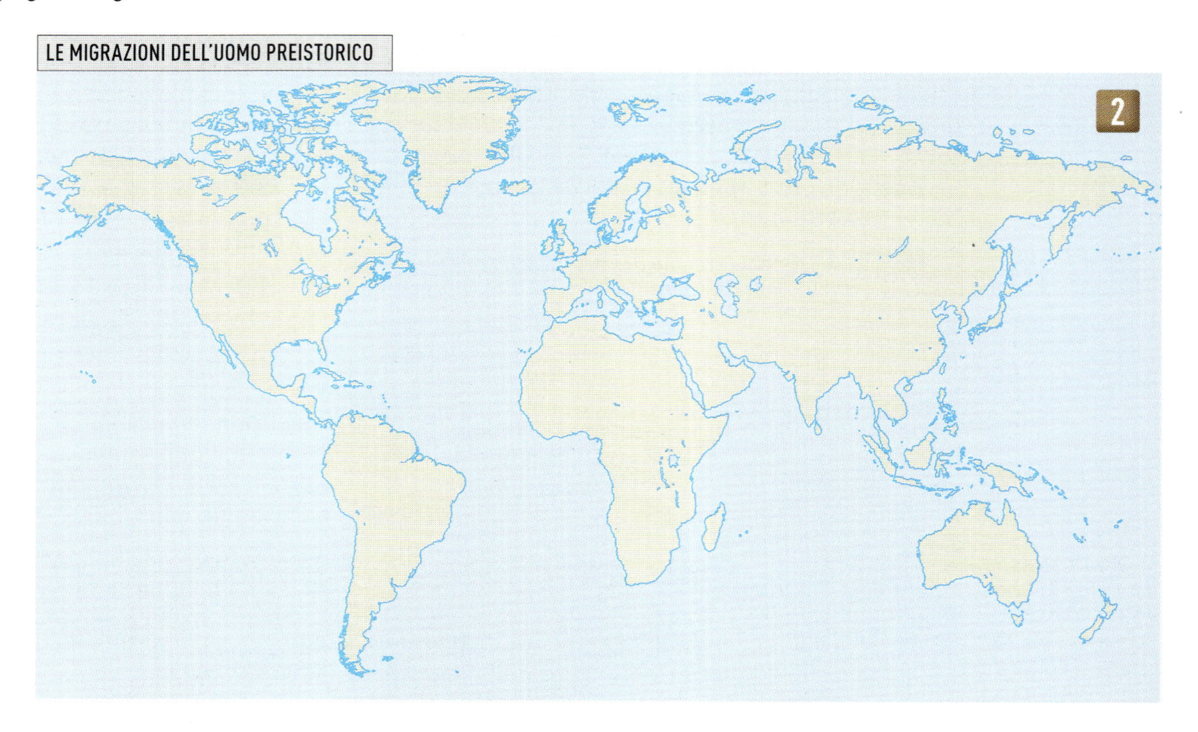

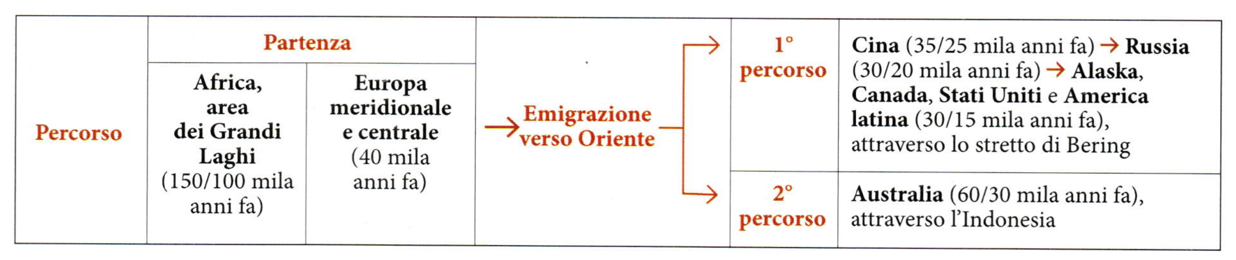

Percorso	Partenza				
	Africa, area dei Grandi Laghi (150/100 mila anni fa)	**Europa meridionale e centrale** (40 mila anni fa)	→ Emigrazione verso Oriente	1° percorso	**Cina** (35/25 mila anni fa) → **Russia** (30/20 mila anni fa) → **Alaska, Canada, Stati Uniti** e **America latina** (30/15 mila anni fa), attraverso lo stretto di Bering
				2° percorso	**Australia** (60/30 mila anni fa), attraverso l'Indonesia

NEL WEB

Oggi è possibile realizzare una linea del tempo interattiva collocata su una carta geostorica grazie all'uso del computer e di Internet. Esiste infatti un programma, scaricabile gratuitamente, chiamato «Timemaps», che consente di visualizzare su un determinato spazio gli avvenimenti storici di un dato periodo, cliccando sia sui luoghi sia sulle date interessate.

Per una maggiore comprensione, visita i seguenti siti web:

- http://www.timemaps.com/history
- http://www.educational.rai.it/timemap/

4. Leggere e analizzare fonti non scritte (manufatti) e leggere una carta tematica

Le fonti (materiali e scritte) e le carte tematiche rappresentano due degli strumenti maggiormente impiegati nell'ambito della ricerca storica e dello studio geografico. Le prime, «eredità umana» per eccellenza, aiutano lo studioso a ricostruire fatti preistorici e storici; le seconde, invece, vengono utilizzate per spiegare in maniera più dettagliata un elemento o un fenomeno in un preciso territorio.

NEL TEMPO

Come LEGGERE E ANALIZZARE fonti materiali (manufatti)

Le **fonti materiali**, ovvero quelle **non scritte**, comprendono: **immagini** (pitture, disegni, dipinti), **manufatti** realizzati e impiegati dall'uomo (utensili, vasi, corredi funerari, statue, monete ecc.), **edifici e monumenti** (abitazioni, palazzi, templi, piramidi), ma anche **resti umani o animali** (fossili, scheletri). Una sapiente analisi di queste antiche testimonianze ci consente di ricostruire la preistoria e di comprendere più a fondo la storia.

Proviamo a esaminare con attenzione la tavoletta votiva di Ur-Nanshe, re sumero della città di Lagash. Il reperto, che risale al 2500 ca. a.C., è esposto al Museo del Louvre di Parigi e «racconta» la cerimonia di fondazione del tempio religioso della città di Ningirsu. Questa lettura è resa possibile dalla traduzione della scrittura sumerica presente sulla tavoletta. Ma quali informazioni possiamo ricavare soltanto dall'osservazione della fonte materiale, senza quindi attingere alla scrittura?

4. Personaggio femminile Dalla lunga chioma e dalla maggiore grandezza rispetto alle altre sulla destra si può ipotizzare che questa figura rappresenti la moglie o la figlia maggiore del re.

5. Altri figli del re I quattro personaggi, che sembrano completare il ritratto della famiglia reale, sono rappresentati in un atteggiamento di preghiera.

2. Re Ur-Nashe Il sovrano è riconoscibile dalla dimensione maggiore della figura rispetto a quella degli altri personaggi; egli porta sul capo un cesto votivo di vimini (dalla scrittura sappiamo che contiene mattoni per la costruzione dell'edificio).

6. Re Ur-Nashe Il sovrano compare nuovamente, questa volta con una coppa in mano, con la quale celebra l'edificazione del monumento.

3. Uomo di fiducia del re L'importante funzione svolta dall'uomo raffigurato si desume dalla sua posizione vicino al re, al quale tra l'altro porge una coppa.

7/8. Figli e coppiere In un giorno di festa, infine, non può mancare, oltre ai figli, nuovamente rappresentati in atteggiamento votivo, il coppiere, il più fidato funzionario del re.

1. Foro centrale Il foro era utilizzato per appendere la tavoletta votiva al muro tramite un chiodo di pietra, argilla, metallo.

RISPOSTE
1) SUONA UN FLAUTO
2) SCRIVE
3) CI SONO DUE ALLIEVI UGUALI ED IL MAESTRO
4) IL BASTONE E LA BARBA
5) UNA SCUOLA PRATICA
6) CONTROLLA E DIRIGE LA LEZIONE

Adesso LEGGI E ANALIZZA una fonte materiale

La figura sottostante è una ceramica attica datata al VI-V secolo a.C., proveniente da Cerveteri (nel Lazio) e oggi esposta ai Musei Statali di Berlino. Osserva con attenzione la scena riprodotta e, rispondendo alle domande sottostanti, individua i suoi protagonisti e le attività che essi svolgono.

1. Quale azione compie il primo personaggio a sinistra?
2. Che cosa è intento a fare il terzo personaggio da sinistra?
3. Chi assiste alle azioni dei precedenti personaggi?
4. Quali sono gli elementi atti a indicare che il primo personaggio a destra ha un'età e un'autorevolezza maggiore rispetto agli altri?
5. Dalle risposte precedenti e dagli strumenti raffigurati nella parte superiore della ceramica, sapresti dedurre in quale luogo riservato alla cultura si svolge la scena?
6. In conclusione, quale ruolo ha l'anziano e quale i fanciulli?

NELLO SPAZIO

LEGGERE una carta tematica geografica

Per conoscere i luoghi di ritrovamento delle fonti materiali è possibile servirsi di **carte tematiche** come quella qui a fianco, che rappresenta la **disposizione dei principali siti archeologici** dell'Egitto antico (rovine e reperti). Dopo averla osservata attentamente, completa la tabella sottostante.

I SITI ARCHEOLOGICI DELL'ANTICO EGITTO

mar Mediterraneo
ISRAELE
Rosetta
Alessandria
Buto
Delta del Nilo
Sais
Mendes
Avari
Busiride
Bubastis (Zagazig)
laghi Amari
Giza
IL CAIRO
Menfi
l. Fayyum
Licht
Meidum
EL FAYYUM
Illahoum
penisola del Sinai
Medinet Madi
deserto occidentale
MEDIO EGITTO
deserto orientale
Beni-Hasan
Hermopolis
Tell el-Amarna
Meir
mar Rosso
EGITTO
Asyut
Nilo
Abido
Dendera
Medamud
necropoli tebana
Karnak
Tod
Luxor
Esneh
Hierakonpolis
Edfu
ALTO EGITTO
Siti archeologici
Piramidi
Città attuali
Kom-Ombo
1ª cateratta
Assuan (Siene)
diga antica
File
diga attuale
Kalabshah (spostato a monte di Assuan)
Tomas
Amada
lago Nasser
Abu Simbel
Ballana
Gebel Adda
Faras
Qustul
Buhen
Mirgissa
UADI HALFA
2ª cateratta
SUDAN
Semna
Semna Est (spostato a Khartoum)
NUBIA

SITI ARCHEOLOGICI

ALESSANDRIA, ABIDO, KARNAK,
ROSETTA, LUXOR,
GIZA, ABU SIMBEL,
MENFI,
TELL EL-AMARNA

ROVINE O REPERTI SCOPERTI

LICHT
MEIDUM
ILLAHOUM

L'esempio di p. 68 descrive una situazione storica su un territorio geografico. Le **carte tematiche** vengono utilizzate per **«descrivere» un fenomeno** (storico o attuale) **in un determinato spazio** per esempio i movimenti demografici, i climi, i traffici commerciali, la produzione agricola e industriale, la distribuzione della popolazione, le lingue e le religioni ecc. Anche queste carte possono essere statiche o dinamiche

Per leggere le informazioni proposte, si deve essere in grado di riconoscere il territorio rappresentato e bisogna saper interpretare la legenda allegata. È fondamentale, inoltre, fare sempre attenzione al titolo della carta, poiché esso ci fornisce il «tema», cioè l'argomento, che si sta trattando.

Diamo qui un esempio di carta tematica geografica (dinamica).

LA PROVENIENZA DEI MIGRANTI IN ITALIA

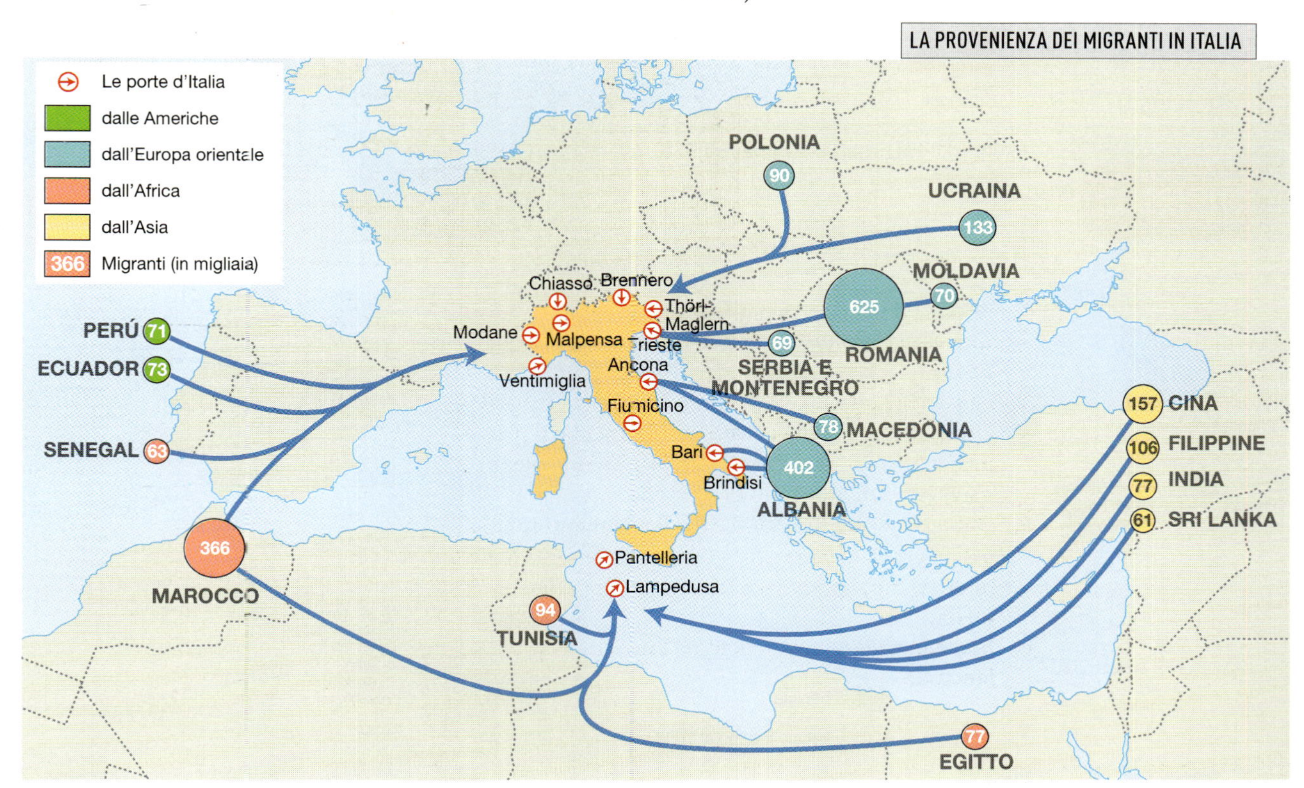

Il tema della carta sono i luoghi di provenienza degli immigrati in Italia. In primo piano c'è la penisola italiana, ma la carta estende la propria rappresentazione anche agli altri Stati europei, al Medio Oriente e al Nord Africa, dal momento che proprio da quei Paesi proviene la gran parte degli immigrati presenti nel nostro Paese.

Come si può notare dalla legenda, però, la carta include al proprio interno anche Stati asiatici e americani, raffigurati solamente da cerchi colorati, per motivi di spazio: allargarla per comprendere anche quegli Stati, infatti, avrebbe significato far perdere all'Italia il ruolo di punto focale della carta stessa.

La legenda, inoltre, ci fornisce altre preziose informazioni: le frecce blu identificano gli spostamenti verso le porte attraverso cui entrano gli immigrati; i cerchi colorati segnalano gli Stati di provenienza dei migranti (la legenda precisa anche che le cifre all'interno dei cerchi si riferiscono al numero di migranti espresso in migliaia).

Adesso LEGGI la carta tematica

Dopo aver analizzato la carta tematica precedente, esegui le seguenti operazioni.

- Basandoti sul numero di migranti, metti in ordine decrescente i loro Paesi di provenienza.
- Indica qual è il continente dal quale parte il maggior numero di migranti verso l'Italia.
- Elenca le «porte d'ingresso» attraverso le quali i migranti entrano in Italia.
- Precisa quali «porte d'ingresso» all'Italia sono utilizzate dai migranti provenienti rispettivamente dai Paesi europei, sudamericani, asiatici e africani.
- Individua in quale parte d'Italia si verificano i maggiori ingressi.

NEL WEB

Adesso cerca i siti archeologici italiani sul web

Sul sito dell'Unesco http://www.unesco.it/cni/index.php/siti-italiani troverai una carta tematica dell'Italia in cui sono segnalati i luoghi dichiarati patrimonio dell'umanità. Cliccando su ogni icona potrai avere informazioni su ognuno di essi. Individua i siti risalenti all'età preistorica.

Lezione 3

Le antiche civiltà mediterranee

Per una lettura geostorica

Lezione

La lezione interattiva ti aiuterà a **ripassare**, **approfondire** e **verificare** le tue conoscenze sulla **Palestina antica**.

Googlearth™

Scopri e **approfondisci** i luoghi e gli avvenimenti della **storia antica** sulla cartografia 3D Google Earth.™

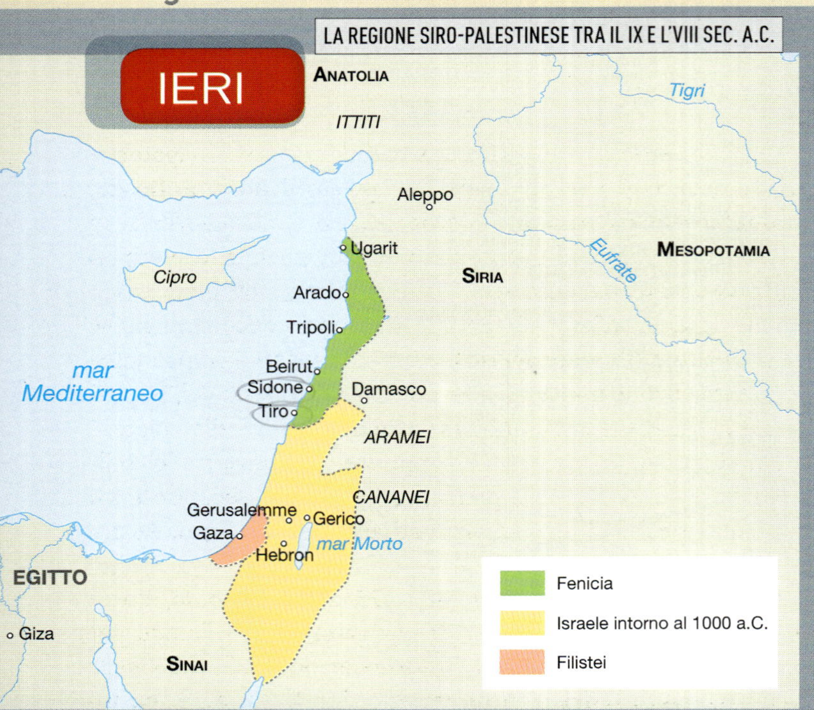

La regione siro-palestinese ieri e oggi

Nella regione siro-palestinese, che fa parte della zona geografica denominata «Mezzaluna fertile», tra il II e il I millennio a.C. nacquero alcune civiltà mediterranee (**ebrea**, **fenicia** e **filistea**). Oggi la regione è una delle «zone calde» del mondo. Sui suoi territori sono sorti il Libano, la Siria, la Giordania, Israele e l'Autorità Nazionale Palestinese (l'Anp, comprendente la Cisgiordania e la Striscia di Gaza). Lo Stato d'Israele fu proclamato il 14 maggio 1948 e da quel giorno palestinesi e israeliani sono in guerra, mentre stenta ad affermarsi l'idea di una convivenza tra i due popoli.

1 La Terra di Canaan

Una terra sottomessa La regione costiera **siro-palestinese**, bagnata dal Mediterraneo orientale e compresa tra la penisola del Sinai, la Mesopotamia e l'odierna Turchia, era anticamente chiamata **Terra di Canaan** e i popoli di origine semitica che vi abitavano erano per questo motivo detti **Cananei**.

Circondata dalle grandi civiltà fluviali (egizia e mesopotamica), la regione siro-palestinese rimase per molti secoli un **territorio periferico** nel contesto geopolitico del tempo a causa delle sfavorevoli condizioni naturali, soprattutto nell'interno, caratterizzate dal **clima arido** e dal **suolo** roccioso e **desertico**, che ne limitarono la prosperità agricola.

La **mancanza di una solida economia** abbinata all'**instabilità politica**, conseguenza dell'assenza di un governo forte e unitario, comportò quindi che la Terra di Canaan fu presto **sottomessa** da quelle stesse civiltà fluviali che la circondavano. Egizi e Mesopotamici imposero agli abitanti della regione siro-palestinesi di pagare **pesanti tributi** e di fornire l'unica ricchezza di cui la Terra di Canaan godeva: il **legno di cedro** dei boschi del Libano, risorsa fondamentale e preziosa per la costruzione di navi da commercio e da guerra.

In seguito gli abitanti della Terra di Canaan si sottrassero al controllo di Egiziani e Ittiti. Tra il **II e il I millennio a.C.**, altri popoli si stanziarono nella regione, dedicandosi all'agricoltura e alla pastorizia, alla pesca e al commercio: i **Fenici**, nella parte settentrionale, e i **Filistei** e gli **Ebrei**, in quella meridionale.

IL LESSICO STORICO

Filistei Gruppo appartenente ai «popoli del mare», che si insediò sulla costa a Nord della penisola del Sinai. La Bibbia li chiama Peletei, termine da cui derivò quello di Palestina per indicare la terra in cui si stabilirono.

PER RIPASSARE

1. Per quali cause la Terra di Canaan fu sottomessa facilmente dalle civiltà fluviali limitrofe?
2. Qual era l'unica ricchezza su cui poteva contare l'economia cananea?

2 I Fenici: un popolo di navigatori e mercanti

I Fenici: il territorio e l'organizzazione politica Già intorno al 3000 a.C., la regione settentrionale della Terra di Canaan, che corrisponde alla piana costiera del **Libano** sotto la penisola anatolica, presentava una **striscia piana fertile** adatta alla coltivazione e, alle sue spalle, montagne ricoperte di boschi di cedri.

Essa era abitata da un popolo che seppe sin da subito sfruttarne le risorse: i *Phoinikes* di cui parla Omero, i **Fenici**. Il termine (dal greco *phoinix* = «**porpora**») alludeva all'abilità da parte di questa gente di tingere tessuti di colore porpora, grazie alla cosiddetta «seta di mare». Questa era ricavata dal bisso, il filamento con cui un grande mollusco, la *Pinna nobilis*, si attacca agli scogli o alla sabbia. Furono proprio i Fenici a scoprirne l'esistenza, a lavorarlo e a diffondere la porpora in tutto il Mediterraneo.

I Fenici non fondarono mai uno Stato unitario. Le loro **città** (tra le più importanti **Biblo**, **Sidone** e **Tiro**), sorte l'una a fianco dell'altra sulla costa libanese, erano **indipendenti** e avevano al loro vertice un **re**, che governava affiancato da un'**assemblea** costituita da membri appartenenti alle famiglie più importanti.

Circondati dalle grandi civiltà che ne impedivano conquiste territoriali, i Fenici sfruttarono la loro collocazione geografica e si rivolsero verso il mare, divenendo esperti navigatori e mercanti. Fu così che ottennero ben presto il **monopolio del commercio marittimo nel Mediterraneo** (→ COMPETENZE DI GEOSTORIA, p. 72), dando un contributo essenziale allo sviluppo delle **tecniche di navigazione**. I Fenici, infatti, non praticarono soltanto la navigazione di cabotaggio (sotto costa), ma anche quella di altura (in mare aperto), e furono i primi a confrontarsi con la navigazione notturna: a essi si deve la scoperta dell'importanza, per l'orientamento, dell'Orsa Minore e della Stella Polare.

L'abilità dei marinai fenici ebbe presto risonanza tra le civiltà limitrofe e molti di loro prestarono più volte, secondo fonti ebraiche e greche, il loro servizio ad altri popoli: Egizi, Assiri, Ebrei e Ittiti.

Lo storico greco Erodoto (484-425 a.C.) racconta, come testimonianza della loro fama di navigatori, che i Fenici, per conto del faraone Nechao II, intorno al 600 a.C. avrebbero **circumnavigato l'Africa** in un viaggio durato tre anni: partiti dalla penisola arabica, proseguirono verso Sud seguendo le rive dell'Africa, per poi risalire lungo la costa atlantica e rientrare nel Mediterraneo attraverso lo stretto di Gibilterra.

IL LESSICO STORICO

Porpora Preziosa sostanza colorante ricavata dalla rottura delle conchiglie di molluschi, che erano pescati in mare con grandi reti. La polpa estratta era miscelata con l'acqua di mare, schiacciata e bollita per alcuni giorni fino a ottenere la tintura.

VIAGGIO NELLA GEOGRAFIA

LA TERRA DI CANAAN: GEOGRAFIA E CLIMA

Geograficamente, la Terra di Canaan non presenta caratteristiche omogenee: la **zona costiera** è **pianeggiante**, **fertile** (anche fino a 40 km nell'interno) e **ricca di porti**, che si alternano a ripidi promontori di difficile approdo; la **parte interna**, invece, è contraddistinta da **aree desertiche** che confinano con gli **altipiani coltivabili** a ridosso del fiume **Giordano**; la **parte settentrionale**, infine, vede la presenza di **catene montuose** che, pur rendendo impraticabile l'agricoltura, forniscono pregiato **legname** da costruzione (un tempo soprattutto cedri del Libano, oggi quasi scomparsi). Ancora oggi la bandiera del Libano (*nell'immagine a lato*) ha al centro il cedro verde.
Anche dal punto di vista climatico la regione ha al suo interno molte differenze: nelle **aree litoranee** il **clima è favorevole**, frutto di estati calde e asciutte e di inverni piovosi e miti; all'**interno**, invece, è **molto arido** soprattutto per la scarsità di risorse idriche.

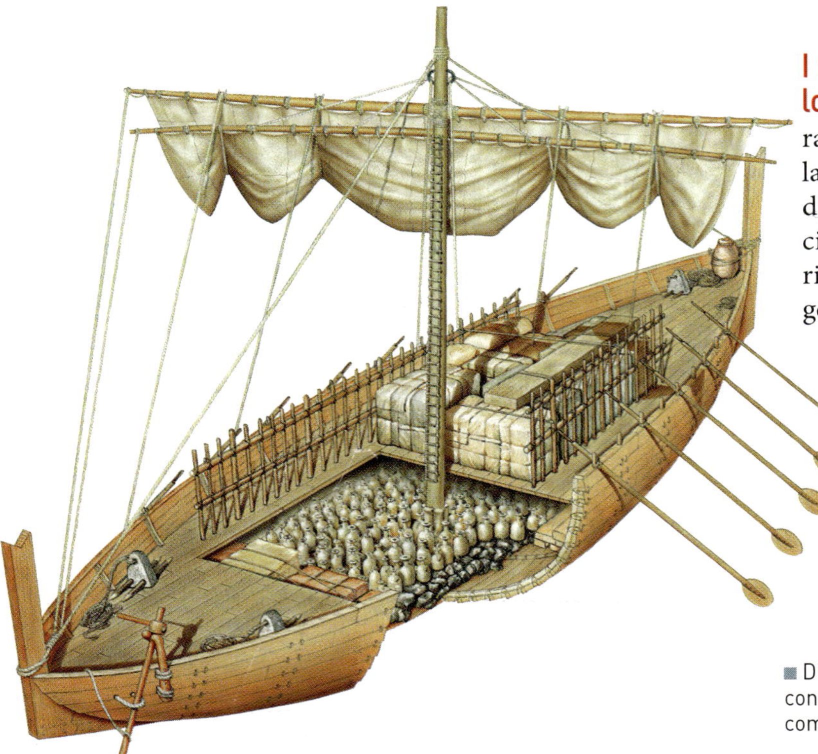

I traffici commerciali dei Fenici e la fondazione di colonie I Fenici ebbero contatti con diversi popoli del Mediterraneo, con cui intrapresero intensi scambi commerciali: da un lato, essi **esportavano** soprattutto tessuti color porpora e legno di cedro in tutto il Mediterraneo, specialmente nei territori delle civiltà fluviali; dall'altro, **importavano** manufatti di lusso, avorio e oro, prodotti agricoli, spezie, profumi, materie prime (argento, piombo, stagno, rame), bestiame e schiavi. Tutta questa merce veniva poi rivenduta a un costo superiore nei mercati esteri o in patria. Viaggiando per i porti del Mediterraneo, i commercianti fenici, oltre alla mercanzia, diffondevano anche il loro **patrimonio tecnico e culturale**, come l'alfabeto (→ p. 73) e le tecniche di costruzioni navali.

Con il tempo, i Fenici si trasformarono da fornitori di materie prime in creatori di prodotti finiti pregiati. Gli **artigiani** lavoravano la ceramica, l'oro e l'argento (creando

■ Disegno ricostruttivo di una nave fenicia. L'ampia stiva era destinata a contenere le merci trasportate dagli abili marinai fenici nei loro traffici commerciali.

COMPETENZE DI GEOSTORIA — LEGGERE UNA CARTA GEOSTORICA DINAMICA

Le rotte commerciali, gli scali e le colonie dei Fenici

Questa carta geostorica dinamica rappresenta le rotte commerciali fenicie, i principali scali che essi effettuavano nel corso dei loro scambi e le colonie da loro fondate. Dopo un'accurata osservazione e lettura, esegui le attività richieste.

1. Traccia i confini politici della Fenicia.
2. Indica a quali Stati odierni corrispondono gli antichi territori colonizzati dai Fenici (per rispondere a questa domanda puoi consultare la carta a p. 70).
3. Elenca sul quaderno (oppure oralmente se l'esercizio viene svolto in classe) gli scali commerciali, seguendo la direzione Est → Ovest.
4. Rispondi: in quali mari si svolgevano le principali rotte commerciali?

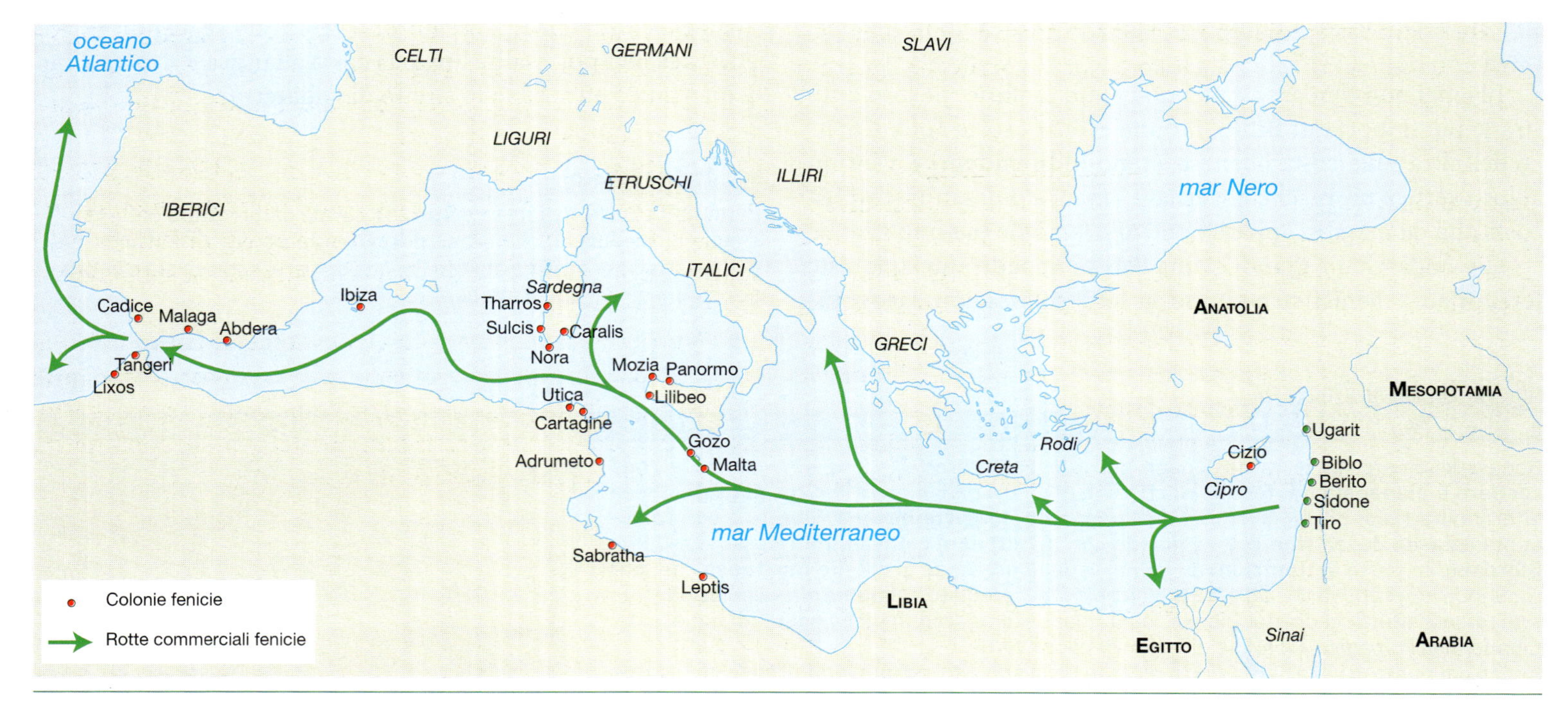

Per applicare correttamente il metodo geostorico proposto, consulta la SCHEDA DI METODO 3, p. 64.

IL LESSICO STORICO

Colonia Città fondata da una comunità di persone che lasciano la patria d'origine (madrepatria) per occupare e sfruttare un territorio oltremare, creandovi un insediamento stabile.

Alfabeto fonetico L'insieme dei segni, rappresentanti ognuno un suono diverso, di cui si serve una lingua per la scrittura.

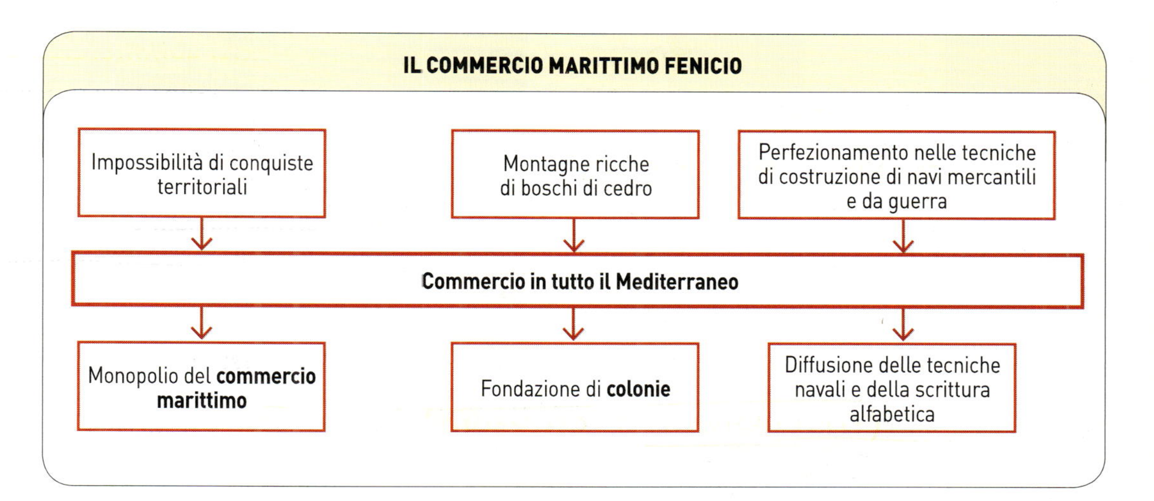

raffinati gioielli), il lino, l'avorio e l'alabastro. Un caso a parte è invece rappresentato dalla lavorazione del vetro: sebbene fosse già praticata in Egitto, è ai Fenici che si deve l'invenzione del vetro soffiato.

Dopo aver stabilito diversi empori commerciali, forniti di magazzini per le merci, come punti d'appoggio lungo le loro rotte commerciali, i Fenici fondarono delle vere e proprie **colonie** in diverse zone del Mediterraneo. Ogni colonia era munita di un **porto** di facile approdo, di un **tempio**, che fungeva anche da luogo d'incontro per gli scambi commerciali, e di un **magazzino**.

Alcune di queste colonie, in seguito, divennero del tutto **indipendenti**: il caso più emblematico è sicuramente quello di **Cartagine**, nell'odierna Tunisia, che, fondata nell'814 a.C., diventerà il centro di un impero coloniale in grado di scontrarsi con Roma tra il II e il I secolo a.C. (→ LEZIONE 13).

Tra i tanti scali fenici, si ricordano: Cadice e Malaga in Spagna; Marsiglia in Francia; Cagliari e Nora in Sardegna; Palermo e Mozia in Sicilia.

L'invenzione della scrittura alfabetica

L'esigenza di registrare le merci, di inventariarle, di comunicare con diversi popoli e con le colonie durante gli scambi commerciali rese indispensabile un **sistema di scrittura** semplice e veloce. Per rispondere a queste necessità, alla **fine del II millennio a.C.**, i Fenici elaborarono un alfabeto composto da 22 segni consonantici. Non vi erano vocali fisse, che venivano inserite durante la lettura a seconda del contenuto del messaggio.

L'**alfabeto fonetico** fu un'invenzione rivoluzionaria, poiché rese la scrittura **facile** e **aperta a tutti**, a differenza di quanto avveniva con la geroglifica e la cuneiforme, che erano invece più complesse e riservate alla sola classe sociale degli scribi. L'alfabeto fenicio fu poi ripreso dai **Greci**, che vi inserirono stabilmente le **vocali** e altre lettere che riproducevano suoni mancanti.

Grazie all'attività mercantile dei Fenici, l'alfabeto **si diffuse in tutto il Mediterraneo**, venne assimilato da altre civiltà e diede vita, tra gli altri, agli alfabeti ebraico e arabo.

La fine delle città fenicie

Le città fenicie conobbero il proprio **declino** già a partire dall'VIII secolo a.C. Nel **731 a.C.**, infatti, subirono la conquista da parte degli **Assiri** del sovrano Assurbanipal. Tiro dovette versare esosi tributi e fornire le proprie navi alla potenza nemica in caso di bisogno. L'Assiria pretese anche metalli preziosi, ferro, avorio, tessuti e qualsiasi prodotto di lusso proveniente dalle città fenicie.

Un secolo dopo, nel **605 a.C.**, un esercito babilonese capeggiato da Nabucodonosor II (605-562 a.C.) sottomise l'intera regione siro-palestinese. Tiro fu espugnata dopo ben tredici anni d'assedio e i Fenici, così come molti Ebrei, furono **deportati in Babilonia** e schiavizzati.

Nel **539 a.C.**, i **Persiani** guidati da Ciro II il Grande (559-530 a.C.), dopo aver conquistato quasi tutto il Vicino Oriente, marciarono su Babilonia e la assediarono. I Fenici divennero fedeli alleati dei liberatori e le loro navi costituirono la spina dorsale della flotta persiana.

Dopo poco più di due secoli, **Alessandro Magno** (356-323 a.C.), sovrano macedone, annientò la forza persiana e conquistò il dominio sulla regione siro-palestinese. Dalle città assoggettate, Alessandro non pretese tributi, ma fece di loro poli d'attrazione di coloni greci e macedoni.

PER RIPASSARE

1. Quali furono le abilità dei Fenici nella navigazione?
2. Le colonie fenicie ebbero un'importante funzione: quale?
3. Quale fu la grande novità della scrittura fenicia rispetto a quella sumerica o egizia?
4. Quando, come e per mano di chi le città fenicie furono definitivamente assoggettate?

3 Gli Ebrei: la storia «unica» di un popolo

Territorio e fonti storiche Intorno alla fine del II millennio a.C., alcune tribù di Ebrei provenienti da Est si stanziarono intorno alla **valle del Giordano**, nella parte meridionale della Terra di Canaan. Questa regione era già abitata da gruppi di nomadi e seminomadi, che si spostavano continuamente seguendo i cicli stagionali.

Le pagine che raccontano in maniera dettagliata la storia degli Ebrei sono quelle della **Bibbia ebraica**, scritta nel lungo arco di tempo che va dal IX al II secolo a.C., ovvero molto tempo dopo i fatti raccontati (che partono dal XIX secolo a.C.).

Nei primi cinque libri (*Pentateuco*) si trovano il racconto della **storia del popolo ebraico** e i **precetti della sua religione**, cioè le norme che regolano il comportamento individuale e collettivo. La Bibbia ebraica (la parola Bibbia deriva dal greco *biblía*, «i libri») contiene racconti, proverbi, norme religiose, testi poetici e profezie: essa **non è una fonte storica**, ma un testo sacro; tuttavia, ci fornisce utili indizi per ricostruire, assieme alle fonti greche, egizie, ittite, assire, babilonesi e ai ritrovamenti archeologici, la storia degli Ebrei.

Le origini del popolo ebraico Secondo il I libro della Bibbia, il *Genesi*, nel II millennio a.C. il popolo ebraico partì dalla città sumerica di Ur, nella Mesopotamia meridionale. Giunto nella Terra di Canaan, accadde un evento fondamentale: **Dio si rivelò** ad Abramo e strinse un «**patto di alleanza**» con il suo popolo, indicando la Terra di Canaan (l'attuale **Palestina**) come la «**Terra promessa**» agli Ebrei.

Questo racconto è interpretato come l'inizio della storia degli Ebrei, **popolo eletto da Dio** tra tutti gli altri. Ad Abramo seguirono il figlio Isacco e poi il figlio di lui, Giacobbe, al quale Dio rinnovò la «promessa» fatta ad Abramo. Giacobbe, chiamato anche Israele (cioè «colui che lottò con il Signore e vinse»), ebbe dodici figli, considerati dalla Bibbia i **patriarchi**, ovvero i fondatori delle tribù di Israele.

La fuga dall'Egitto Il II libro della Bibbia, l'*Esodo*, racconta la migrazione delle tribù ebraiche in Egitto a causa di una mortale carestia. I fatti storici confermano l'esodo, ma lo attribuiscono piuttosto all'invasione degli Hyksos (→ LEZIONE 2, PARAGRAFO 4). In territorio egizio, gli Ebrei rimasero per un tempo difficilmente determinabile e comunque fino a quando la benevolenza dei faraoni non si trasformò in un atteggiamento ostile nei loro confronti, tanto da ridurli, secondo il racconto biblico, in uno **stato di schiavitù**. Questa circostanza indusse gli Ebrei ad abbandonare il Paese, probabilmente intorno al XIII secolo a.C.

La liberazione del «popolo eletto» venne quindi affidata da Dio a **Mosè**. Il faraone decise di lasciare partire gli Ebrei soltanto a seguito delle disgrazie inviategli da Dio (le **dieci piaghe d'Egitto**). Tuttavia, pentitosi quasi subito, li inseguì per riportarli indietro, ma il Mar Rosso aprì le sue acque per far passare i fuggitivi e le richiuse sbarrando il transito agli Egizi. È possibile che il racconto faccia riferimento alla bassa marea, frequente nel II secolo a.C., che permetteva il passaggio del golfo di Suez attraverso una striscia di terra.

Alla **Pasqua** (festeggiata in primavera per ricordare la liberazione dalla schiavitù egizia) e all'esodo è collegata la **rivelazione** a Mosè del nome del Signore: **Jhwh**, che si pronuncia Jahvè. In quell'occasione Mosè ricevette da Dio anche i **Dieci comanda-**

IL LESSICO STORICO

Bibbia ebraica La Bibbia è composta da 36 libri suddivisi in: *Pentateuco* (*Torà*), costituito da *Genesi*, *Esodo*, *Levitico*, *Numeri*, *Deuteronomio*; Profeti (*Neviim*); Scritti (*Ketwim*). I rotoli manoscritti della Bibbia ebraica furono tradotti nel III-II secolo a.C. dai Greci; la versione greca venne poi riconosciuta dai cristiani, che la chiamarono Antico Testamento, per distinguerla dal Nuovo Testamento, costituito dai Vangeli e da altri scritti risalenti al primo cristianesimo. Antico e Nuovo Testamento compongono la Bibbia cristiana.

Video

Arte, letteratura, cinema: guarda il video per scoprire il personaggio di **Mosè**.

LA MIGRAZIONE DEL POPOLO EBRAICO

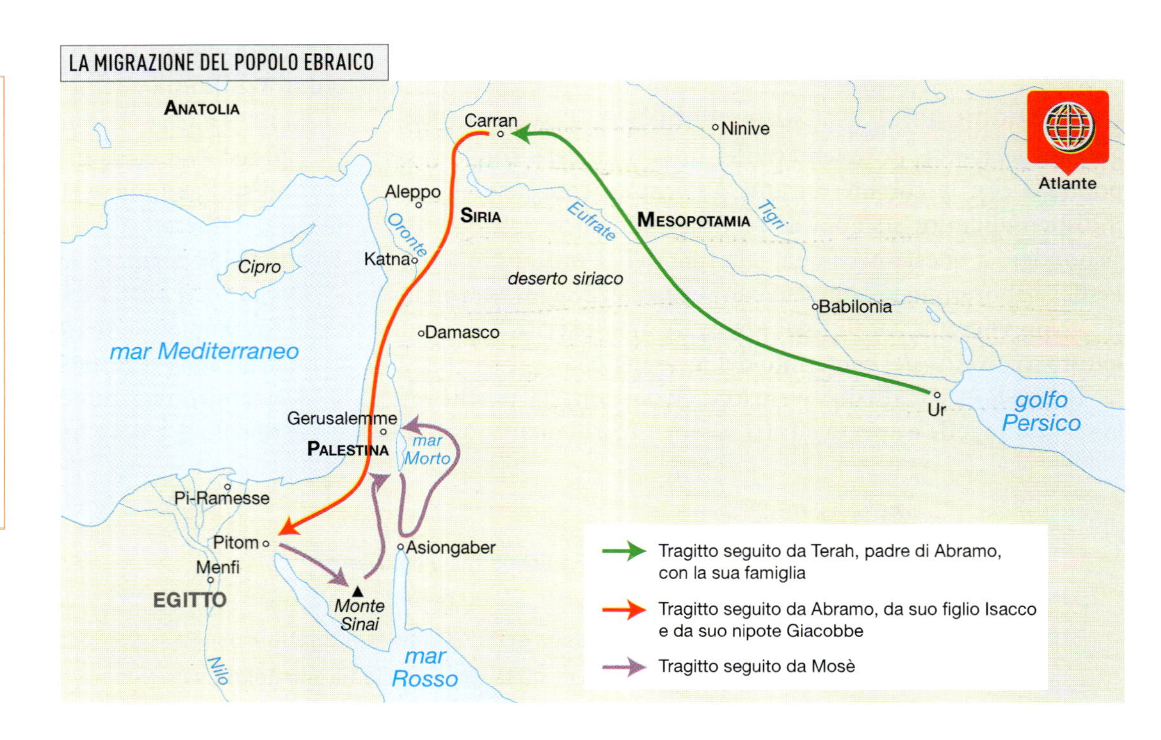

menti, un nuovo codice di leggi inciso su tavole di pietra (le «Tavole della Legge»). Prima di morire, egli dettò un calendario di festività, ordinò di costruire un unico tempio per Jahvè e designò come suo successore **Giosuè**.

Dopo aver vagato per ben quarant'anni, gli Ebrei raggiunsero finalmente la Terra di Canaan, che Giosuè divise tra le **dodici tribù di Israele**.

La prima religione monoteista della storia Sebbene non si sia reso protagonista dell'edificazione di un grande impero, il popolo ebraico si distingue nella storia come un *unicum*, poiché è a lui che si deve la fondazione della **prima religione monoteista**. Mentre gli altri popoli del tempo oscillavano tra il politeismo e l'**enoteismo**, gli Ebrei credevano in Jahvè e lo pregavano come l'**unico Dio** esistente.

Il fatto di credere in un unico Dio diede un'**identità «nazionale»** agli Ebrei, che continuarono a esistere come appartenenti a un'**unica comunità** anche nei periodi di difficoltà della loro storia, quando furono sconfitti, divisi o assoggettati da altri popoli, o quando dovettero abbandonare temporaneamente la «Terra promessa».

Il racconto biblico non è quindi la vicenda di una nazione, di un impero, di un regno, ma la storia di un popolo, che inizia proprio dal «**patto**» tra Dio e Mosè.

L'età dei re Dopo essersi insediati nella Terra di Canaan, gli Ebrei si dedicarono alla **pastorizia** e all'**agricoltura** e conquistarono alcune città limitrofe della regione. Inizialmente le loro tribù erano guidate da giudici, capi scelti per amministrare la giustizia e condurre l'esercito.

Quando le tribù del Sud furono attaccate dai Filistei, divenne necessario unirle ed eleggere un unico re. La scelta cadde su Saul, che però si suicidò a seguito di una nuova sconfitta subita da parte dei Filistei.

Il suo successore, **David** (ca. 1004-961 a.C.), abile guerriero, **sconfisse i Filistei**, conquistò Gerusalemme e fece di quest'ultima la capitale del Regno. Il suo erede, **Salomone** (ca. 961-922 a.C.), secondo la Bibbia si distinse per la costruzione del **Tempio di Gerusalemme**, il primo vero monumento in onore di Jahvè.

Quando Salomone morì, si scatenarono **lotte dinastiche** che portarono alla formazione di due regni: il **Regno di Israele** a **Nord** (comprendente dieci tribù) e il **Regno di Giuda** a **Sud** (costituito da due tribù), con capitale **Gerusalemme**.

IL LESSICO STORICO

Enoteismo Atteggiamento religioso di chi venera e prega una sola divinità tra tante, senza per questo giungere a credere nell'esistenza di un solo dio.

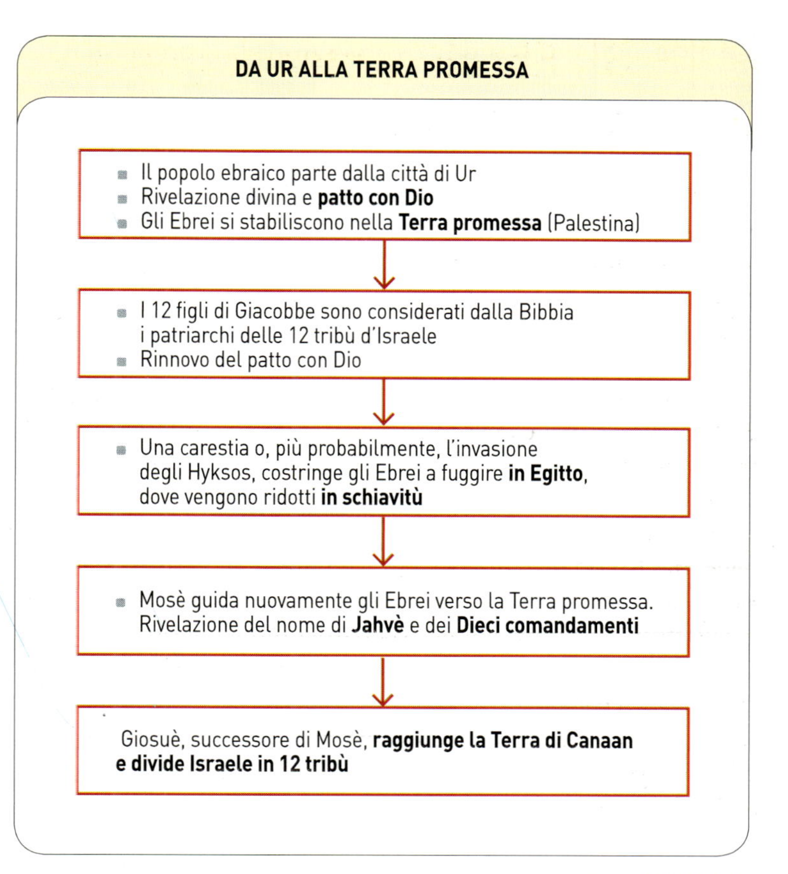
DA UR ALLA TERRA PROMESSA
Il popolo ebraico parte dalla città di Ur
Rivelazione divina e patto con Dio
Gli Ebrei si stabiliscono nella Terra promessa (Palestina)
I 12 figli di Giacobbe sono considerati dalla Bibbia i patriarchi delle 12 tribù d'Israele
Rinnovo del patto con Dio
Una carestia o, più probabilmente, l'invasione degli Hyksos, costringe gli Ebrei a fuggire in Egitto, dove vengono ridotti in schiavitù
Mosè guida nuovamente gli Ebrei verso la Terra promessa. Rivelazione del nome di Jahvè e dei Dieci comandamenti
Giosuè, successore di Mosè, raggiunge la Terra di Canaan e divide Israele in 12 tribù

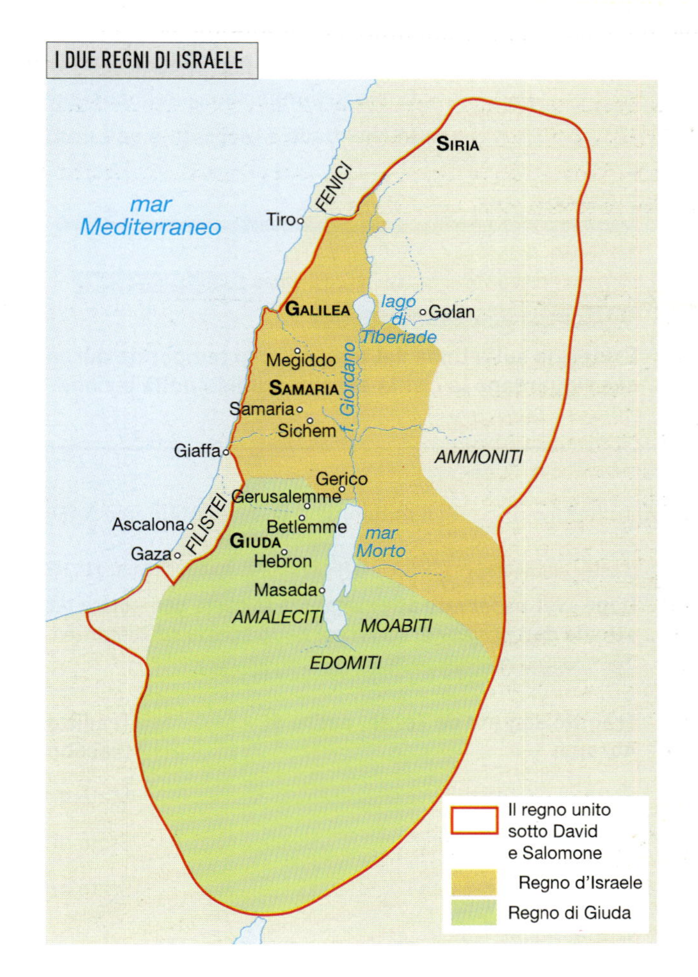
I DUE REGNI DI ISRAELE
Siria
mar Mediterraneo
Tiro
Fenici
Galilea
lago di Tiberiade
Golan
Megiddo
Samaria
Samaria
f. Giordano
Sichem
Giaffa
Ammoniti
Gerico
Gerusalemme
Ascalona
Filistei
Betlemme
Gaza
Giuda
Hebron
mar Morto
Masada
Amaleciti
Moabiti
Edomiti
Il regno unito sotto David e Salomone
Regno d'Israele
Regno di Giuda

La fine dell'indipendenza Pressati dall'espansionismo dei grandi imperi mesopotamici, i due regni ebraici non ebbero le forze per resisterne all'urto. Il **Regno d'Israele** fu conquistato dagli **Assiri** (722 a.C.), che deportarono in Mesopotamia le classi più elevate. Meno di due secoli dopo, toccò al **Regno di Giuda**: intorno al 587-586 a.C., infatti, le truppe **babilonesi** conquistarono Gerusalemme e incendiarono il Tempio.

Gli Ebrei furono deportati in Babilonia (la cosiddetta «**cattività babilonese**»). In terra straniera, senza patria né Tempio, la loro fede crebbe ancora di più.

Nel 539 a.C., il re persiano Ciro II il Grande (→ LEZIONE 7, PARAGRAFO 1) conquistò Babilonia e con un editto permise ai deportati di **rientrare in patria** e di edificare nuovamente il Tempio a Gerusalemme.

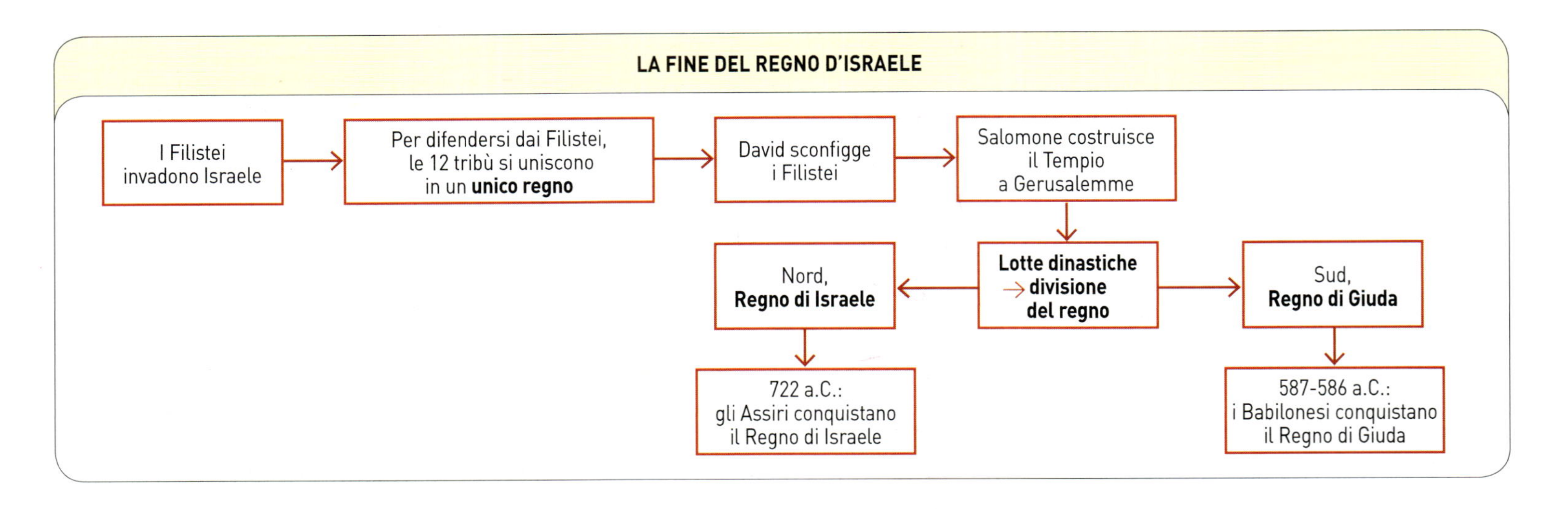

PER RIPASSARE

1. Perché la Bibbia non può essere considerata una fonte storica?
2. Quale fu l'importanza del popolo degli Ebrei nella storia?
3. In che modo è raccontata nell'*Esodo* la fuga degli Ebrei dall'Egitto?

VERIFICA

Test

1 COLLOCARE EVENTI STORICI NELLA LINEA DEL TEMPO **COMPETENZA STORICA**

(→ Scheda di metodo 3, p. 64)

Evidenzia sulla linea del tempo l'arco temporale durante il quale hanno luogo i fatti storici che riguardano la civiltà ebraica studiati nella lezione.

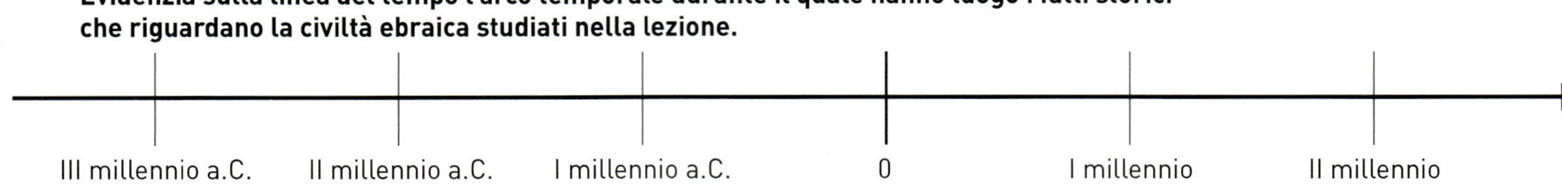

2 LEGGERE UNA CARTA GEOSTORICA DINAMICA E CONFRONTARE DUE CARTE PER RICAVARNE INFORMAZIONI **COMPETENZA GEOSTORICA**

Dopo aver osservato attentamente la carta geostorica dinamica *La migrazione del popolo ebraico* a p. 74, cerca in Internet una carta politica attuale della regione; scrivi poi nello spazio sottostante i nomi degli Stati attuali attraversati dagli Ebrei, iniziando dal luogo di partenza.

(→ Schede di metodo 3, p. 64, e 8, p. 214)

Tragitto seguito da Terah, padre di Abramo

Stato di partenza ....
2° Stato attraversato ....
3° Stato attraversato ....
4° Stato di arrivo ....

Tragitto seguito da Abramo, Isacco e Giacobbe

Stato di partenza ....
Stato di arrivo ....
Stato di arrivo ....

Tragitto seguito da Mosè

Stato di partenza ....
Stato di arrivo ....

Lezione LIM

Collega passato e presente
e **approfondisci** temi
e problemi della geostoria

I flussi migratori

(→ GEOGRAFIA, LEZIONE 5)

«A chi mi domanda ragione dei miei viaggi, solitamente rispondo che so bene quel che fuggo, ma non quello che cerco»

(Michel Eyquem de Montaigne, *Saggi*)

Una barca di migranti somali viene recuperata in mare da una nave della marina statunitense (2009).

Perché l'uomo si sposta? Da sempre la storia umana è stata caratterizzata dagli **spostamenti antropici**. Fin dalla preistoria, infatti, l'uomo ha viaggiato alla ricerca di territori in grado di soddisfare le esigenze che di volta in volta emergevano nel processo della sua evoluzione.
I motivi scatenanti dei «**flussi migratori**», ovvero della **mobilità geografica** di un gruppo di uomini o di un intero popolo, sono molteplici e cambiano nel tempo. Se i primi spostamenti umani hanno avuto come causa principale la **ricerca di cibo**, con il passare dei secoli si sono aggiunte altre necessità: spesso, infatti, si è trattato, e si tratta ancora oggi, di sfuggire a condizioni di vita e di lavoro difficili, guerre, disastri ambientali, carestie (**migrazioni volontarie**) oppure a persecuzioni etniche, politiche e religiose (**migrazioni forzate**).

Gli effetti delle migrazioni sulla popolazione A prescindere dalla diversità dei fattori che ne possono determinare la nascita, un elemento accomuna i flussi migratori: essi **modificano la struttura della popolazione** sia del Paese di entrata sia di quello di uscita. E tale modifica avviene sempre in una determinata direzione. Infatti, dal momento che i protagonisti dell'emigrazione sono giovani e spesso maschi, la conseguenza che ne deriva è che la popolazione del Paese d'arrivo tende a «ringiovanire», mentre quella del Paese di partenza, di converso, tende a «invecchiare».
Gli attuali flussi migratori si muovono verso quattro grandi aree della Terra: Europa occidentale, America del Nord, Paesi produttori di petrolio dell'Asia occidentale e Australia.
L'**Italia**, posta al centro del Mediterraneo, è oggi una **meta** per molti migranti provenienti dal Nord Africa, dal Sud-Est asiatico e dall'Europa centro-orientale. Secondo un rapporto dell'Istat (Istituto nazionale di statistica) del 1° gennaio 2011, in quella data risiedevano in Italia 4.570.317 stranieri, 335.000 in più rispetto al 2010 (+7,9%).

I grafici sono stati pubblicati dall'Istat il 1° gennaio 2011.
Il primo fornisce la crescita numerica (in migliaia) della presenza di immigrati stranieri in Italia dal 2002 al 2010.
Il secondo registra la provenienza degli immigrati stranieri residenti in Italia.

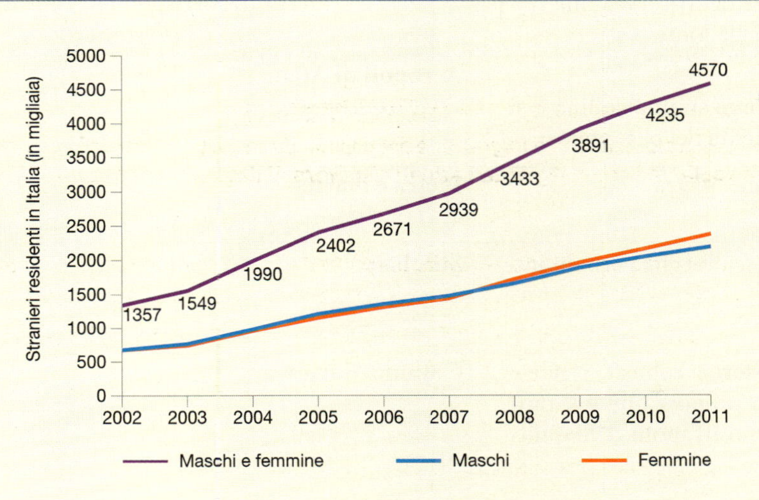

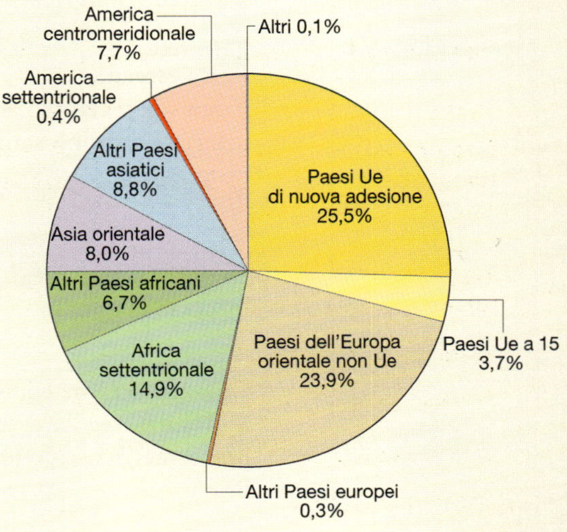

5. Leggere e analizzare fonti non scritte e leggere foto aeree e satellitari

Le fonti materiali non si riducono a quelle affrontate nella SCHEDA DI METODO 4 a p. 67. Rovine di un'intera città, monumenti o edifici di vario genere e destinazione (tombe, piramidi, ziqqurat, templi, luoghi di culto, palazzi, case ecc.) rappresentano infatti fonti materiali di grandi dimensioni che consentono allo storico, attraverso la loro analisi e il loro attento studio, di ottenere una ricostruzione efficace delle caratteristiche e delle usanze di popoli e di civiltà. Allo stesso modo, per un geografo come per lo storico, è oggi fondamentale lavorare su fotografie aeree e satellitari, strumenti in grado di fornire informazioni diverse e spesso più dettagliate su un territorio rispetto a una carta geografica.

NEL TEMPO

Come LEGGERE e ANALIZZARE fonti non scritte (monumenti)

Per imparare a leggere e analizzare una **fonte materiale di grandi dimensioni**, ovvero per estrapolarne quante più informazioni possibili, è consigliabile partire da un **monumento**. L'esame dei monumenti procede solitamente dalla loro parte esterna a quella interna.
Iniziamo adesso l'analisi di un tempio greco. Nella colonna 1 troverai le deduzioni ricavate dall'osservazione diretta della fonte. Nella colonna 2 i termini corrispondenti a ogni singola deduzione.

Completa la tabella ricercando nel web la spiegazione dei termini della colonna.

Colonna 1 Deduzioni ricavate dall'osservazione diretta della fonte	Colonna 2 Termini corrispondenti alle deduzioni e loro spiegazione
Parte esterna Contesto: il tempio sorge su una collina e si inserisce armoniosamente nel paesaggio	**Acropoli di Atene** ....
Materiale di costruzione: pietra	**Pietra e marmo** ....
Gradinata: insieme di scalini che permettono l'accesso al tempio	**Stilobate** ....
Colonne interne ed esterne: robuste, rigate e a distanza regolare; la proporzione e il rapporto metrico riflettono i canoni dell'equilibrio greco	**Colonna dorica** ....

Parti sopra la colonna: utili a sorreggere la copertura e a mediare tra la superficie circolare del fusto della colonna e quella rettilinea del tetto; hanno anche funzione decorativa, attestata dai rilievi presenti	**Capitello in stile dorico** .... **Architrave** .... **Fregio** ....
Copertura: a due spioventi e di forma triangolare	**Frontone** ....
Parte interna Area che delimita uno spazio vasto all'interno, inframmezzato da colonne interne	**Cella o *naos*** ....

NEL TEMPO E NEL WEB

Adesso LEGGI e ANALIZZA una fonte non scritta (monumento)

Ora esamina il seguente monumento. Si tratta del teatro greco di Siracusa, costruito intorno al V secolo a.C. e ristrutturato nel III secolo a.C. Ti suggeriamo di condurre la tua analisi basandoti sull'osservazione e sulla deduzione. Per far questo, ti forniamo delle domande, una per ogni parte del teatro, indicata con un numero nell'immagine 1 (le domande infatti sono 6).

Ti consigliamo poi di cercare le informazioni più dettagliate sul web e di completare quindi, con i termini specifici, la legenda inserita nell'immagine 2; completa poi la tabella di pagina seguente.

IMMAGINE 1

1. Lo spazio circolare centrale era molto visibile dalle scalinate. Che cosa pensi vi avvenisse?
2. Il punto centrale, un posto di riguardo e di estrema visibilità, a quale oggetto di culto era riservato?
3. Quale funzione avevano le gradinate?
4. Come mai le gradinate erano intervallate da corridoi?
5. Quale funzione pensi potessero avere gli scalini?
6. Che cosa si collocava, secondo te, dietro lo spazio circolare? La posizione di fronte alle gradinate può darti un indizio.

SITI SUGGERITI:

it.wikipedia.org/wiki/Teatro_(architettura)
www.parodos.it/news/struttura_del_teatro_antico.htm

IMMAGINE 2

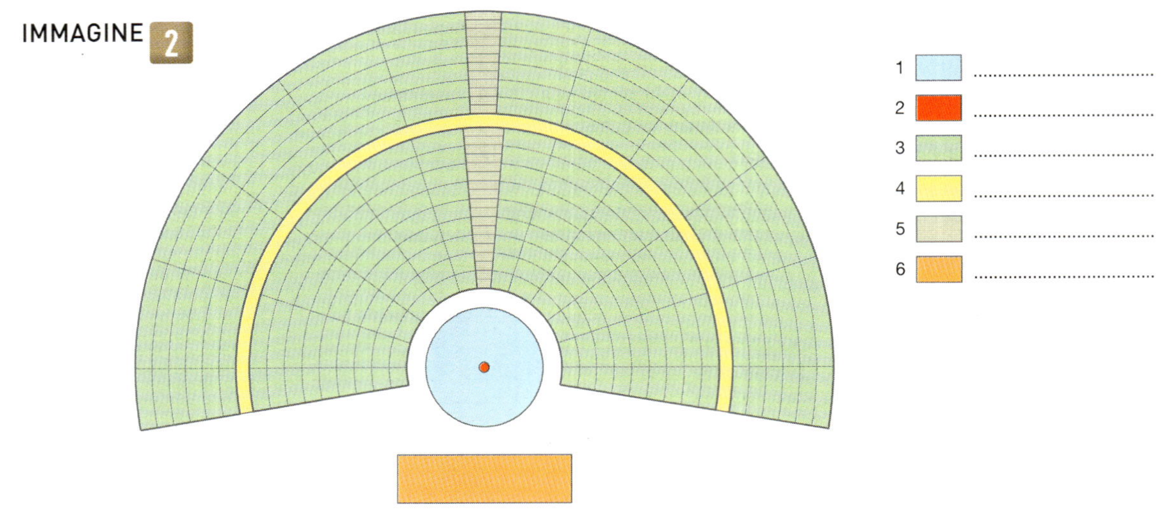

Nomi delle parti del teatro	Funzione	Descrizione
1.	....	....
2.	....	....
3.	....	....
4.	....	....
5.	....	....
6.	....	....

NELLO SPAZIO

Come LEGGERE una foto aerea e una foto satellitare

Le fotografie aeree, sebbene offrano un'immagine molto suggestiva del territorio, sono a volte di difficile interpretazione. Tuttavia, esse ci consentono di osservare uno spazio molto ampio e rendono visibili importanti caratteristiche del territorio, altrimenti non apprezzabili, come la distribuzione delle case, la vastità dei campi coltivati, la presenza di fiumi, di zone montuose ecc.

Ancora più ampio è il territorio osservato grazie a un satellite artificiale inviato nello spazio dall'uomo. Le fotografie scattate dai satelliti sono di carattere binoculare, cioè ogni punto è visto da due angolazioni diverse. Esse, una volta trasmesse sulla Terra, vengono elaborate al computer dal cartografo, che vi aggiunge elementi non presenti sui fotogrammi (come le quote o i colori), desunti da una ricognizione del territorio o da altre fonti cartografiche. Ecco perché, più che definirle fotografie, sarebbe corretto parlare di immagini satellitari. Proviamo insieme a estrapolare informazioni da una foto aerea e da una satellitare.

Le immagini 3 e 4 sono fotografie aeree rispettivamente di un particolare della laguna di Venezia e della pianura padana. Come puoi notare, da un'attenta analisi è facile ricavare informazioni geografiche di diverso genere.

Venezia, per esempio, è famosa per i suoi canali, ben visibili nell'immagine qui riportata. La fotografia della città, però, è particolarmente suggestiva perché la sua forma assomiglia a quella di un pesce. Inoltre, dal momento che l'acqua per Venezia è un elemento fondamentale (data la sua posizione geografica), si può dedurre che la sua principale attività economica è quella del commercio. Questa informazione viene avallata dal grande porto proprio sul «muso» del pesce.

La fotografia della pianura padana, invece, ci fornisce informazioni circa l'utilizzo del suolo, destinato principalmente al settore primario, grazie alla presenza delle acque del Po e dei suoi affluenti. Le abitazioni sono poche e accorpate in radi agglomerati. Si può dedurre che i distesi campi dell'immagine siano principalmente destinati alla lavorazione di prodotti agricoli.

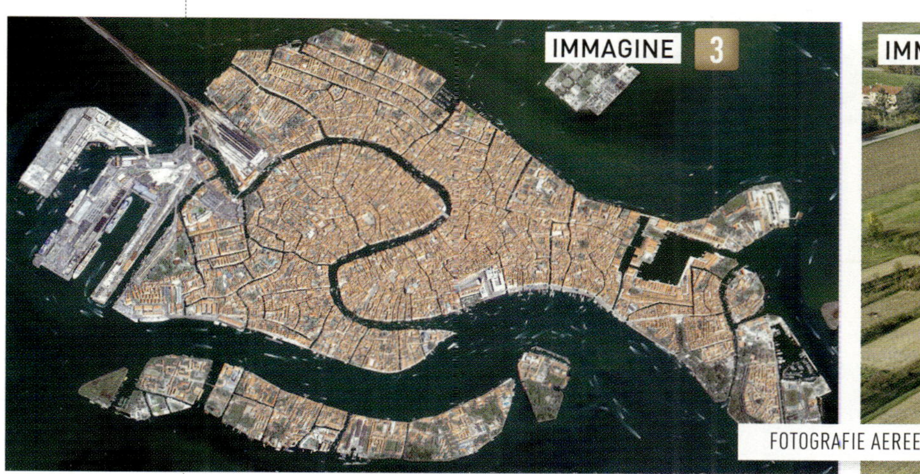

FOTOGRAFIE AEREE

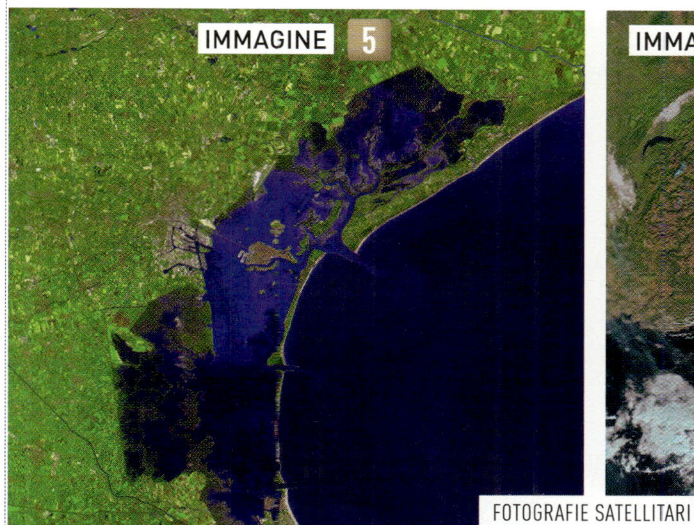

FOTOGRAFIE SATELLITARI

Osserva adesso attentamente le immagini 5 e 6 e riconosci le aree geografiche fotografate; quindi completa il testo riportato sotto.

L'immagine 5 è la fotografia satellitare della ...., lo si deduce da ....
.... La fotografia, rispetto a quella aerea, è certamente più ....
Essa fornisce informazioni su ...., ma non di carattere ....
L'immagine 6 è la fotografia satellitare della .... Lo si deduce da ....
La fotografia fornisce informazioni su ...., ma non di carattere
....

NEL WEB

Adesso CERCA una foto satellitare nel web

Esiste un programma web chiamato Google Earth che consente di «visitare» virtualmente qualsiasi località dell'intero globo.

Vai sul sito www.google.it/earth/index.html, scarica gratuitamente il programma e, quindi, «esplora» il mondo e viaggia nelle mete da te sempre sognate. Questo programma non solo ti permetterà di «viaggiare», ma ti insegnerà anche ad avere orientamento geografico. Ti basterà, infatti, utilizzare le quattro frecce della tua tastiera, oppure il tuo mouse per orientarti con i punti cardinali. Attento a non sbagliare, perché potresti ritrovarti a Oslo anziché a Santiago de Cuba!

Lezione 4

Uno sguardo oltre l'Europa

Per una lettura geostorica

L'India, la Cina e l'America centro-meridionale

Durante il Paleolitico, gli uomini preistorici raggiunsero anche l'Asia centro-orientale e l'America. In Età neolitica si stabilirono prevalentemente lungo alcuni fiumi (Indo e Fiume Giallo) imparando, con il tempo, a domarne le acque e a sfruttarle nell'agricoltura.
Oggi India e Cina, gli Stati sorti nei luoghi di alcune di queste civiltà fluviali, assieme al Brasile (Stato dell'America meridionale), alla Russia e al Sudafrica, fanno parte del cosiddetto gruppo BRICS (Brasile, Russia, India, Cina e Sudafrica). Questi Paesi sono tutti accomunati dall'elevata demografia e dalla forte crescita del Pil (Prodotto Interno Lordo), registrata negli ultimi anni grazie a una politica economica che mira all'acquisizione di una leadership economica internazionale attraverso la modernizzazione dell'industria (soprattutto dei settori elettronico, biotecnologico, aerospaziale) e gli investimenti nella ricerca.

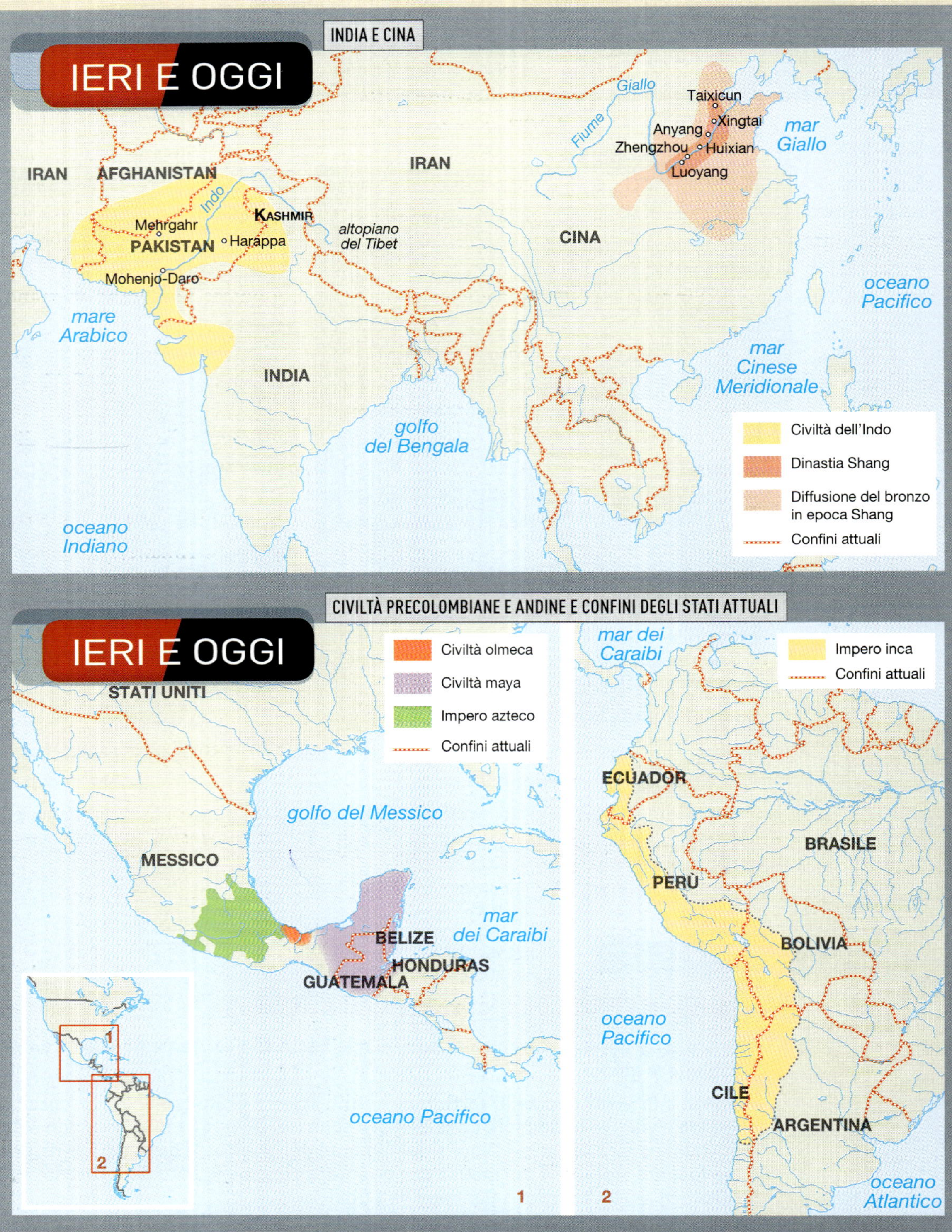

India: dalle origini al primo grande Impero

La valle dell'Indo Le prime tracce di **insediamenti umani** in India, testimoniate dalle numerose pitture rupestri rinvenute nelle aree nord-occidentali, risalgono all'Età paleolitica (400.000 a.C.). Già nel Neolitico, però, la presenza dell'uomo si estendeva su tutto il **subcontinente**: dalla fine del IV millennio a.C., infatti, diversi gruppi etnici si stabilirono nella valle dell'Indo, sviluppando forme di vita urbana.

Come nel caso della Mesopotamia e dell'Egitto, a rendere possibile il formarsi di un'economia organizzata e lo sviluppo della civiltà furono le acque di un grande fiume: l'**Indo**. Partendo dalla sua sorgente nell'altopiano del Tibet, in Cina, l'Indo alimenta nel suo corso **diversi ecosistemi**, passando dalle foreste temperate alle pianure aride, per giungere infine alle campagne coltivate. Esso, inoltre, con la sua portata annua di circa 207 km³, oltre a fornire acqua potabile, rappresenta una **vitale risorsa idrica**, impiegata nel settore primario e in quello secondario, per l'economia dell'India e soprattutto del Pakistan.

La prima civiltà dell'Indo La massima espressione della **civiltà urbana**, sviluppatasi nella valle dell'Indo alla fine del **IV millennio a.C.**, parallelamente a quanto accadeva in Mesopotamia e in Egitto, è rappresentata dai suoi due centri più importanti, **Mohenjo-Daro** e **Harappa**, scoperti da un gruppo di archeologi solo nel XX secolo. Dalle caratteristiche dei siti archeologici è stato possibile ricavare importanti informazioni sulla società sorta attorno a queste due città, il cui massimo splendore si ebbe tra il 2550 e il 1550 a.C.

La popolazione dell'Indo viveva di **agricoltura** (grano, orzo, cotone, palma da dattero e piselli) e di **allevamento** (ovini, bovini, gallinacei). Inoltre, intensi **scambi commerciali** con l'Egitto e la Mesopotamia (in particolare con i Sumeri) sono testimoniati da alcuni sigilli risalenti al 2300 a.C., utilizzati per marchiare la merce e ritrovati nella regione mesopotamica.

IL LESSICO STORICO

Egualitarismo Concezione etico-politica che, oltre a ribadire l'eguaglianza di diritti garantita dal sistema legislativo o costituzionale, sostiene la realizzazione di un'eguaglianza materiale e di fatto, basata su un'equa distribuzione dei beni, tra tutti i membri di una società.

Una società egualitaria Dall'assetto urbanistico dei resti archeologici, si è potuto ipotizzare quale **struttura sociale** fosse propria di queste popolazioni. La presenza di edifici pubblici (granaio, sala per assemblee, una grande piscina per bagni rituali) collocati in zone sopraelevate della città testimonia un'organizzazione amministrativa centrale.

Tuttavia, la disposizione lineare delle abitazioni su strade ad angolo retto, costruite con mattoni cotti essiccati al sole, e l'**assenza di un palazzo reale** hanno spinto gli studiosi a sostenere che ci si trovi di fronte a una società di mercanti, agricoltori e sacerdoti, in cui non vi è traccia di un potere verticistico di natura regale. Si tratterebbe, insomma, di una forma di **egualitarismo sociale**, in cui la distribuzione dei beni e la gestione del potere non erano in mano a una ristretta minoranza della popolazione.

Inoltre, è importante ricordare un notevole aspetto culturale legato a questa civiltà. Sebbene non sia stato ancora decifrato, è stato rinvenuto, in migliaia di sigilli che portano l'incisione di figure animali, un **sistema di scrittura** costituito da **270 segni pittografici** differenti.

Una scomparsa enigmatica Un aspetto della storia di questa civiltà rimane, però, del tutto oscuro: la sua **improvvisa scomparsa**. Durante gli scavi archeologici, il ritrovamento di numerosi scheletri, privi di ferite prodotte da armi da taglio o da guerra, ha indotto a ipotizzare che ci si possa trovare davanti a resti di persone la cui morte sia stata istantanea.

La comunità scientifica non è ancora riuscita a giungere a un accordo sulle cause di questa misteriosa scomparsa. Alcuni studiosi imputano la scomparsa di questa civiltà al verificarsi

IL LESSICO GEOGRAFICO

Subcontinente Parte di un continente, vasta e delimitata, che presenta caratteristiche geografiche peculiari. L'India non è soltanto uno Stato, ma anche una regione geografica che, per vastità, omogeneità fisica ed elevato dato demografico, è stata definita «subcontinente». La regione comprende oggi l'Unione Indiana, il Pakistan, il Bangladesh, lo Sri Lanka (Ceylon), il Nepal, il Bhutan e le isole Maldive. La popolazione complessiva ammonta a circa un miliardo e 400 milioni di abitanti (il 22% della popolazione mondiale).

Ecosistema L'insieme degli organismi viventi (microrganismi, piante e animali) e della materia non vivente (l'ambiente fisico circostante: acque, terreni, minerali, situazione climatica ecc.) che vivono insieme su un territorio o in un'area marina o acquatica, legati da una rete di scambi e interazioni di vario tipo. Ogni ecosistema è come un organismo vivente, in continua trasformazione.

VIAGGIO NELLA GEOGRAFIA

L'INDO

L'Indo (*nella foto, un tratto del fiume in territorio pakistano*) è uno dei più grandi fiumi del subcontinente indiano. Esso scorre lungo un percorso di circa 3180 km e nasce nell'altopiano del Tibet (in Cina) a oltre 4000 m di altezza. Scorrendo verso Nord-Ovest, l'Indo attraversa in India la regione del Kashmir, per poi entrare da Nord in Pakistan. In territorio pakistano, l'Indo piega verso Sud per sfociare nel mare Arabico, con una foce a delta che si estende per quasi 8000 km².

di **cambiamenti ambientali** dagli effetti catastrofici, come frequenti alluvioni, sollevamenti del terreno e inaridimento del suolo; altri, invece, sostengono la tesi che essa sia dovuta all'**invasione violenta** di popoli di lingua indoeuropea, gli Arya.

L'invasione degli Arya Provenienti dalle steppe dell'Asia centrale, gli Arya penetrarono nella valle dell'Indo **intorno al 1700 a.C.**, sottomettendone quasi tutti gli abitanti. Essi si stabilirono nell'**India del Nord**, mentre a Sud si stanziarono le diverse etnie che riuscirono a sfuggire alla loro avanzata.

Gli Arya erano **abili guerrieri**, combattevano a cavallo, conoscevano il carro a ruote e utilizzavano frecce dalle punte di metallo. A partire all'incirca dal 1500 a.C., dopo aver sfruttato i territori dell'Iran e dell'India nord-occidentale al punto da ridurli in deserto, essi cominciarono a colonizzare la foresta vergine del Gange, che divenne una via commerciale. Successivamente si spostarono verso Sud, conquistando l'isola dello Sri Lanka (Ceylon) e l'altopiano del Deccan.

Società e religione Con gli Arya, l'antico egualitarismo sociale venne sostituito da una **divisione in caste** assolutamente chiuse, senza alcuna possibilità di contatto reciproco. **Sacerdoti** (*brahmani*), **guerrieri**, **produttori di beni** (agricoltori, artigiani e mercanti) e **schiavi** formavano i componenti di tale organizzazione sociale, il cui vertice e autorità suprema erano rappresentati dal **re**, che trasmetteva il proprio potere per eredità familiare.

Inizialmente, la civiltà ariana non conosceva la scrittura, e le forme di culto venivano trasmesse oralmente. In seguito, con lo sviluppo della scrittura, venne redatto in **sanscrito** (oggi una delle lingue ufficiali dell'India) il *Libro dei Veda* (*veda* = «saggezza»), che contiene la descrizione del culto delle immagini, delle divinità e dei riti religiosi dell'**induismo** (attuale religione ufficiale indiana). L'induismo è un insieme di credenze e di modi di vita che si è evoluto nel corso dei secoli. Esso è basato sulla **divisione in caste** della società, giustificata dalla **dottrina del Karma** secondo la quale le anime, dopo la morte, si reincarnano in un altro corpo, cioè assumono un'altra vita corporea, superiore o inferiore a seconda del comportamento di ogni individuo in vita.

Intorno al 500 a.C., però, due nuove forme religiose, che prescrivevano la non violenza e il distacco dai beni terreni, si affiancarono all'induismo, organizzandosi in comunità monastiche: il **giainismo** e il **buddismo**.

Il primo grande Impero indiano Nel IV secolo a.C., approfittando del vuoto di potere venutosi a creare nel Nord-Ovest, un giovane avventuriero di nome Chandragupta conquistò quel territorio e una vasta zona dell'India centrale. Egli diede inizio al primo grande Impero indiano, sotto la **dinastia Maurya**. Il più prestigioso degli imperatori fu **Ashoka** che regnò dal 268 al 232 a.C. e, **convertitosi al buddismo**, abbandonò la politica di conquista dei suoi predecessori. Egli fece scolpire sulle rocce editti basati sui principi del **pacifismo** e della **tolleranza religiosa**.

Alla sua morte (232 a.C.), i territori del Nord e del Nord-Ovest furono invasi da gruppi di nomadi provenienti dall'Asia centrale. Nel I sec. d.C., la regione fu sottoposta alla potenza di Roma: in questo periodo gli Indiani furono più che mai attivi nel commercio di spezie e seta.

IL LESSICO STORICO

Casta Voce di origine portoghese che significa «(razza) pura» e indica ognuno dei gruppi sociali chiusi e organizzati, cui si appartiene per nascita, tipici della società indiana. L'appartenenza a una casta determina il prestigio di cui un individuo gode e, spesso, la sua attività e le sue condizioni economiche.

Giainismo Antica religione, fondata dall'asceta Vardhamāna detto Mahāvīra (il «grande eroe»), caratterizzata da un rigoroso ascetismo il cui principio basilare è il contrasto tra la materia, considerata imperfetta e negativa, e le anime, considerate invece perfette e numericamente infinite.

Buddismo Filosofia religiosa, nata dagli insegnamenti del monaco Siddhārtha Gautama (Buddha, «l'illuminato»), che propone una dottrina della salvezza fondata sul presupposto che il dolore sia insito nella vita stessa. A esso si può sfuggire soltanto tramite un'assoluta purificazione interiore, capace di condurre al nirvana, ovvero a uno stato di totale indifferenza e insensibilità.

LA CIVILTÀ DELLA VALLE DELL'INDO

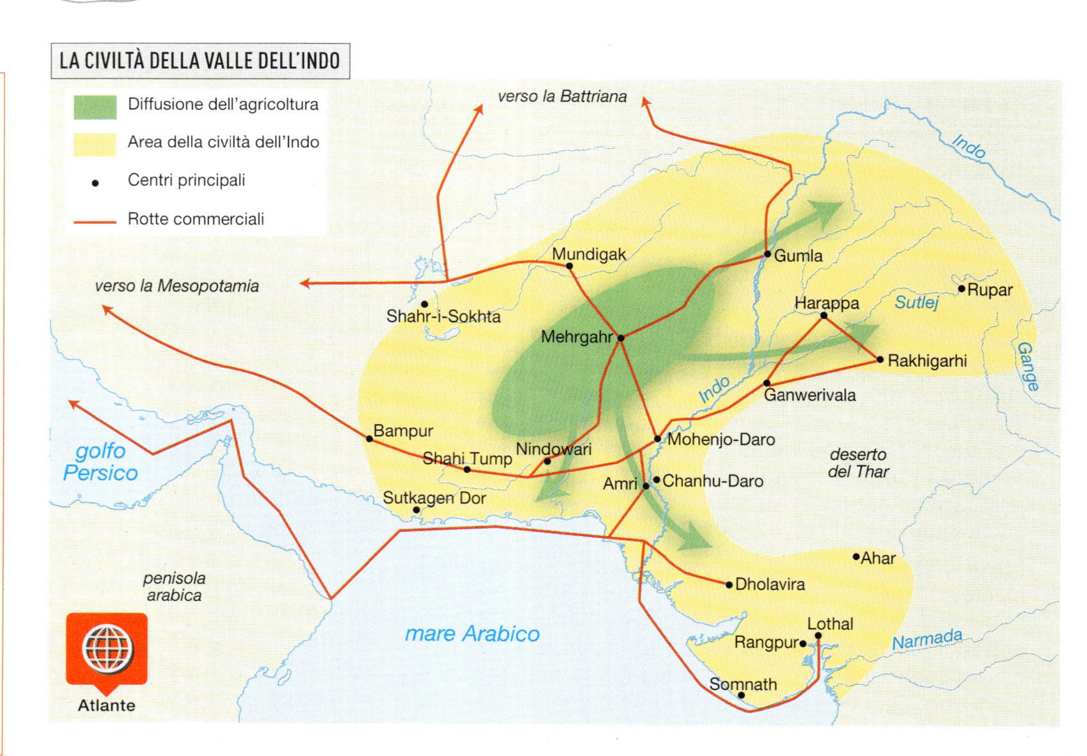

POPOLAZIONE DELLA VALLE DELL'INDO (2550-1550 CA. A.C.)		
ECONOMIA	**agricoltura**	grano, orzo, cotone, palma da dattero e piselli
	allevamento	ovini, bovini, gallinacei
CITTÀ E ABITAZIONI	- città senza palazzi reali e con edifici pubblici (granaio, sala per assemblee, grande piscina per bagni rituali); strade lineari - case costruite con mattoni cotti essiccati al sole	
SOCIETÀ	dapprima, **egualitarismo sociale**; successivamente, con gli Arya, organizzazione frammentata in caste chiuse di sacerdoti, guerrieri, produttori di ricchezze (agricoltori, artigiani e mercanti) e schiavi	
RELIGIONE	induismo; poi (intorno al 500 a.C.) giainismo e buddismo	

PER RIPASSARE

1. **Su che cosa si basava l'economia della popolazione dell'Indo tra il 2550 ca. e il 1550 a.C.?**
2. **Secondo gli storici, quali furono le cause che determinarono l'improvvisa scomparsa della civiltà dell'Indo?**
3. **Chi fu Ashoka e in che cosa consistette la sua conversione?**

2 Dalle origini alla nascita dell'Impero cinese

Le origini della civiltà cinese Anche in Cina la prima civiltà si sviluppò attorno a un fiume, nella valle del **Fiume Giallo**, sin dal Paleolitico e dal Neolitico, periodo in cui è attestato che si costituirono società e culture solide e complesse.

Le prime notizie documentate di una civiltà cinese organizzata si ebbero con **la dinastia Shang**, nel **XVII secolo a.C.** Secondo la tradizione orale cinese, essa venne fondata da un guerriero che si era ribellato a una precedente dinastia, di cui però non si hanno testimonianze storiche.

La dinastia Shang si stabilì nel bacino centrale del Fiume Giallo. Essa non solo si adoperò con successo per domare il fiume, imprevedibile a causa del suo impervio corso, attraverso complicati sistemi di **canalizzazione e arginatura**, ma migliorò e innovò l'agricoltura, promuovendo una **specializzazione nelle colture**, coltivando a Nord quelle resistenti ai mesi aridi, come il **miglio**, e più a Sud quelle resistenti ai mesi piovosi, come il **riso**.

Sotto questa dinastia, inoltre, il popolo cinese imparò a utilizzare il carro trainato da cavalli e si distinse per le eccellenti capacità nella lavorazione dei metalli (in particolare del bronzo).

Alla dinastia Shang si deve anche l'introduzione di un sistema di **scrittura ideografica**, testimoniata dalla scoperta di ideogrammi su gusci di tartarughe e ossa di animali, che, esposti al fuoco, servivano per predire il futuro. I responsi costituiscono la prima collezione di caratteri cinesi scritti e oggi rappresentano una ricca fonte storica sulla vita degli Shang.

Dal periodo feudale... Durante il periodo della dinastia Shang, la società cinese era rigidamente suddivisa in classi, guidate dall'aristocrazia. L'organizzazione politica era fondata su stretti legami di parentela e al suo vertice si trovava un **re**.

Questa forma di **monarchia arcaica**, e a volte spietata (si praticava il sacrificio dei prigionieri per nutrire le anime protettrici degli antenati), fu ripresa dalla **dinastia Zhou**, che sostituì la dinastia Shang nell'**XI secolo a.C.**

Spostato il centro del proprio potere più a Ovest, gli Zhou concessero **feudi ai signori locali** (per questo si parla di **periodo feudale**), che accrebbero lentamente la loro influenza sino a far perdere al sovrano l'autorità politica, ma non quella religiosa. Questa organizzazione portò a un periodo di tensioni e di scontri (VI-V secolo a.C.), che favorì la fioritura del **confucianesimo**, del **taoismo** e di altre scuole minori di pensiero, accomunate dal desiderio di una **convivenza pacifica sociale e politica**.

IL LESSICO STORICO

Feudo Nel Medioevo europeo il termine «feudo» indica un appezzamento di terra concesso dal sovrano a un signore locale. In determinati periodi i sovrani non furono in grado di controllare i signori locali, che accrebbero il loro potere; per questo quando, a proposito della Cina, si parla di «periodo feudale», ci si riferisce a un'epoca in cui il potere del re era limitato da quello dei signori locali.

Confucianesimo Insieme di dottrine filosofiche, religiose, politiche e sociali, formulate dal pensatore cinese Confucio (ca. 551-479 a.C.). Il messaggio etico prospettato dal confucianesimo esorta all'esercizio delle virtù (umanità, gentilezza, giustizia, cultura, fedeltà) e dei doveri (tra cui il principale è quello della pietà filiale) dell'individuo verso se stesso, lo Stato e la famiglia.

Taoismo Filosofia religiosa secondo la quale l'uomo deve astenersi dalla vita sociale e praticare il «non agire». Egli deve separarsi dal mondo contingente per meglio dubitare scetticamente della realtà circostante. Il taoista, attraverso singolari pratiche respiratorie, dietetiche, estatiche e sessuali, deve liberarsi del proprio corpo per raggiungere una sorta di immortalità fisica.

... alla nascita dell'Impero Le guerre tra i signori feudali cessarono nel III secolo a.C., quando la **dinastia Qin** (o **Chin**, da cui deriva il nome Cina) prese il potere. Si deve a questa dinastia, nel 221 a.C., l'**unificazione di tutta la Cina** per opera del primo imperatore, Ying Zheng, che assunse il nome di Qin Shi Huangdi, cioè «Primo Augusto Imperatore dei Qin». Egli sostituì l'antico ordinamento feudale con un sistema di **burocrazia centralizzata** affidata a esperti amministratori, piuttosto che a rampolli dell'antica nobiltà.

Durante il periodo della dinastia Qin si verificarono importanti cambiamenti economici, come l'introduzione degli utensili di ferro, l'uso degli animali da tiro nell'agricoltura, l'esecuzione di lavori di irrigazione e di bonifica dei terreni aridi e paludosi. Nel giro di pochi anni, si svilupparono l'agricoltura e il commercio e la popolazione si moltiplicò.

Inoltre, al primo imperatore si deve l'inizio della costruzione della **Grande Muraglia** (lunga 8851,8 km e larga quasi 10 m), che aveva lo scopo di proteggere la Cina dalle incursioni delle popolazioni nomadi del Nord.

Alla morte di Ying Zheng (210 a.C.), una dura **guerra civile** portò al potere la **dinastia Han**, sotto cui la Cina ebbe un nuovo periodo di prosperità. Essa rafforzò le conquiste dei Qin, allargandole al **Vietnam settentrionale** e a buona parte della **Corea**; intraprese **scambi commerciali con l'Impero romano**, che acquistava da loro la seta; respinse diverse ondate di immigrati nomadi stranieri.

La popolazione cinese raggiunse quasi 57 milioni di persone e sorsero numerose città. Tuttavia, nella seconda metà del I secolo a.C., il potere imperiale si indebolì a causa delle rivalità tra le nobili e potenti famiglie di corte.

LE PIÙ IMPORTANTI DINASTIE CINESI

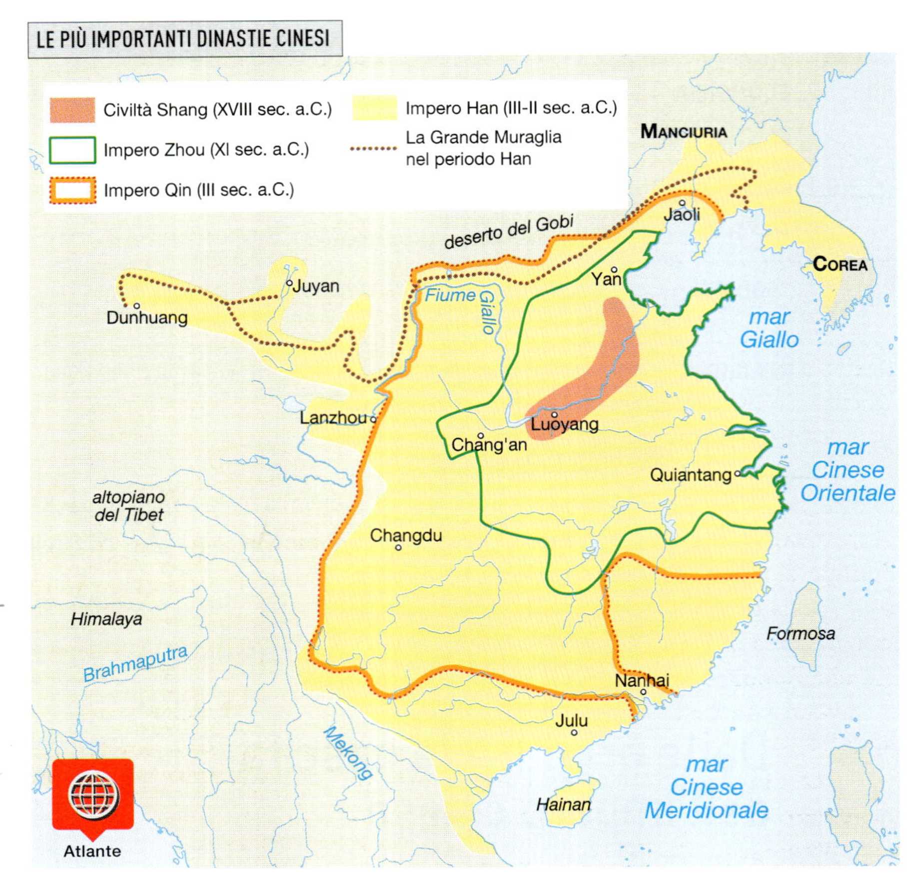

PER RIPASSARE

1. Quale tipo di scrittura utilizzavano gli antichi Cinesi?
2. Gli Zhou concessero feudi ai signori locali: quale ripercussione ebbe questa pratica politica?
3. I Qin sostituirono il potere feudale dei grandi signori locali con ...., perché ....

POPOLAZIONE DELLA VALLE DEL FIUME GIALLO (DAL XVII SECOLO CA. A.C.)			
	DINASTIA	**CARATTERISTICHE E OPERE PRINCIPALI**	**TIPO DI GOVERNO E ORGANIZZAZIONE SOCIALE**
LE ORIGINI	XVII secolo a.C.: dinastia Shang	canalizzazione e arginatura del fiume; colture del miglio e del riso; scrittura ideografica	monarchia; suddivisione sociale in rigide classi e **supremazia aristocratica**
IL PERIODO FEUDALE	XI secolo a.C.: dinastia Zhou	nascita del confucianesimo, del taoismo e di altre scuole di pensiero	**monarchia**; società di tipo **feudale**
L'IMPERO	III sec. a.C.: dinastia Qin	unificazione della Cina; lavori di irrigazione e di bonifica; costruzione della Grande Muraglia; conquiste territoriali scambi commerciali con l'Impero romano; crescita demografica	**impero**; burocrazia centralizzata
	III-II sec. a.C.: dinastia Han	scambi commerciali con l'Impero romano; crescita demografica	

3 Il popolamento e le culture americane

L'ultimo continente a essere popolato Le prime testimonianze di una **presenza umana** in territorio americano risalgono a un periodo posteriore rispetto agli altri continenti, probabilmente **tra il 40.000 e il 20.000 a.C.**

Provenienti **dall'Asia nord-orientale**, i primi uomini che si stabilirono in America approfittarono dell'abbassamento del livello del mare per attraversare lo **stretto di Bering**, che si presentava sotto forma di **istmo** prima di essere sommerso dalle acque.

Lentamente e seguendo le zone più calde, queste popolazioni si insediarono prima nel Nord America e poi nell'intero continente, l'ultimo al mondo a essere popolato. Nell'arco di migliaia di anni essi si spostarono di continuo in cerca di cibo, cacciando e raccogliendo ciò che l'ambiente offriva loro, e si adattarono ai diversi climi ed ecosistemi del continente americano.

Le **civiltà** maggiormente sviluppate sorsero nelle **valli andine settentrionali** e nella maggior parte della **Mesoamerica**. Oggi, queste zone corrispondono ai territori della Colombia, dell'Ecuador e del Perù e a quelli dell'America centrale. In particolare, la Colombia e il Perù godono della presenza del **Rio delle Amazzoni**, un immenso fiume lungo 6937 km, che, dopo avere attraversato il Brasile da Ovest a Est, sfocia nell'oceano Atlantico.

I resti delle culture mesoamericane si possono tutt'oggi ammirare nei territori del Messico, del Guatemala, dell'El Salvador, del Belize, dell'Honduras, del Nicaragua e del Costa Rica. Qui, le zone pianeggianti favoriscono le colture di caffè, cotone, zucchero e patate e l'allevamento di manzo, che rappresentano i cinque prodotti maggiormente esportati da questi Paesi nel resto del mondo.

Le civiltà precolombiane Sviluppatesi tra il II e il I secolo a.C., le civiltà mesoamericane e andine vennero definite dagli storici «**civiltà precolombiane**» (cioè che precedettero l'arrivo di Cristoforo Colombo nel continente americano e la colonizzazione europea). L'area mesoamericana fu dominata dalle civiltà **olmeca**, **maya** e **atzeca**; quella andina dalle civiltà **chavìn** e **inca**.

La loro economia era sostanzialmente basata sull'**agricoltura** (mais, fagiolo, patata e zucca) e sul **commercio**, prevalentemente di manufatti artistici (in ceramica, pietra, giada e ossidiana).

I **Maya** adottarono un sistema di **scrittura geroglifica** e lasciarono estese iscrizioni su lastre di pietra con riferimenti storici o calendariali. Gli astronomi maya, inoltre, calcolarono la durata esatta dell'anno solare, il mese lunare, il periodo di rivoluzione del pianeta Venere e predissero numerose eclissi. Le realizzazioni artistiche (statue, maschere, pali totemici ecc.), i monumentali edifici che ci sono pervenuti e l'approfondita conoscenza astronomica testimoniano di una **cultura progredita**.

Un vaso azteco raffigurante Tlaloc, il dio della pioggia, rinvenuto nel tempio maggiore di Tenochtitlan, XV secolo. Città del Messico, Museo Nacional de Antropologia.

IL LESSICO GEOGRAFICO

Istmo Sottile striscia di terra, bagnata su ambo i lati da oceani, mari o laghi, che congiunge due territori di notevole estensione.

Mesoamerica Regione del continente americano che comprende il Sud del Messico, il Guatemala, l'El Salvador, il Belize, l'Honduras, il Nicaragua e il Costa Rica.

VIAGGIO NELLA GEOGRAFIA

LO STRETTO DI BERING

Lo stretto di Bering (*nell'immagine, una foto satellitare presa ai nostri giorni*), largo circa 85 chilometri e con una profondità compresa tra 30 e 50 metri, è uno stretto marino che divide la punta nord-orientale del continente asiatico, capo Deznev in Russia, dal lembo estremo a Ovest del continente americano, capo Principe di Galles in Alaska. Durante le ere glaciali, le acque non sommergevano del tutto lo stretto, lasciando spazio a un ponte di terra attraversabile a piedi.

COMPETENZE DI GEOSTORIA — LEGGERE UNA CARTA GEOSTORICA STATICA E LEGGERE UNA CARTA GEOGRAFICA

Le più grandi civiltà precolombiane

Le due carte geostoriche statiche rappresentano i siti di insediamento delle più grandi civiltà precolombiane. Con l'ausilio di una carta geografica politica, indica a quale o a quali Stati attuali corrisponde il territorio di stanziamento di ogni antica civiltà.

Antica civiltà	Stato attuale
Civiltà olmeca	....
Maya	....
Aztechi	....
Inca	....

LE CIVILTÀ DEL MESOAMERICA

L'IMPERO INCA

Per applicare correttamente il metodo geostorico proposto, consulta la SCHEDA DI METODO 2, p. 40.

PER RIPASSARE

1. Come arrivarono gli uomini in territorio americano? Da dove provenivano?
2. Quali territori include la regione mesoamericana?
3. Quali furono gli aspetti principali della cultura maya?

VERIFICA

COMPLETARE UNA TABELLA — COMPETENZA GEOSTORICA

Test

1 **Completa la tabella sottostante, riportando le caratteristiche proprie di ogni civiltà.**
(→ Scheda di metodo 6, p. 112)

	Civiltà indiana	Civiltà cinese
ORGANIZZAZIONE SOCIALE	....	....
ECONOMIA	....	....
TIPO DI GOVERNO	....	....

Lezione LIM

Collega passato e presente e **approfondisci** temi e problemi della geostoria.

Lingue e religioni nel mondo

(→ GEOGRAFIA, LEZIONE 8)

«Il credere in Dio insomma non nocque a nessun popolo mai; giovò anzi a molti; agli individui di robusto animo non toglie nulla; ai deboli è sollievo ed appoggio»

(Vittorio Alfieri, *Del principe e delle lettere*)

Le celebrazioni del festival indu Chhath, in onore del dio Sole, sul fiume Yamuna, in India.

Un gruppo di studenti esegue un rito confuciano in Cina.

La proliferazione linguistica in India

La popolazione indiana è il risultato di una **commistione millenaria** di varie genti che, nel corso dei secoli, sono emigrate nel subcontinente, penetrandovi via terra o via mare.

Ciò ha comportato una notevole diffusione di lingue diverse, al punto che il censimento del 1991 ha enumerato addirittura **centinaia di lingue madri** e circa 2000 dialetti. In realtà, le lingue riconosciute dalla Costituzione indiana sono solamente 17. Alcune di queste derivano dal **sanscrito**, l'idioma colto degli Arya, limitato ormai alla sola pratica religiosa.

Lingua madre e lingua veicolare

Oggi, nel **mondo**, si adoperano tra le **6000** e le **7000** lingue, parlate da 7 miliardi di persone. La maggior parte degli abitanti della Terra, inoltre, ne parla almeno due: una **lingua madre** (quella che si apprende in famiglia) e una **seconda lingua**, detta **veicolare**, che serve come mezzo di comunicazione tra persone con lingue madri diverse.

Per esempio in **India** (a lungo sottoposta alla dominazione della Gran Bretagna) la lingua ufficiale è l'**hindi**, mentre quella veicolare è l'**inglese**. Anche la **Cina** non possiede un gruppo linguistico omogeneo, ma otto distinti gruppi suddivisi tra la Cina settentrionale, dominata in prevalenza dalla **lingua mandarina**, e quella meridionale, caratterizzata da una grande **varietà di dialetti**.

Dato il numero elevato di abitanti cinesi nel mondo, il **cinese** è la lingua **più parlata** sulla Terra (più di un miliardo di persone); tuttavia, la **più diffusa** è l'**inglese**, perché adoperata da centinaia di milioni di persone come seconda lingua e perché utilizzata in diversi settori: tecnico e tecnologico, pubblicitario, alimentare, tessile ecc.

Il ruolo della religione

Oltre a contribuire alla circolazione di idee e progetti e a permettere la diffusione delle culture e la loro interazione, la lingua rappresenta un elemento imprescindibile per **appartenere a un gruppo etnico**.

Un altro fattore determinante nell'individuare l'appartenenza o meno a un gruppo etnico è sicuramente la **religione**. In alcuni casi, il suo ruolo può diventare ancora più fondamentale rispetto alla lingua, se si considerano quelle società in cui è la religione stessa a dettare i precetti di vita che i fedeli devono seguire (cibi da mangiare e da evitare, abiti da indossare, giorni di preghiera ecc.).

Religioni monoteiste e politeiste

Nel mondo distinguiamo religioni monoteiste e politeiste.

Tra le religioni **monoteiste** più diffuse e più antiche vi sono l'ebraismo, il cristianesimo (che include le professioni cattolica, ortodossa e protestante) e l'islamismo (diviso nei rami degli sciiti e dei sunniti).

Tra le religioni **politeiste**, o tra quelle che si delineano piuttosto come filosofie religiose, ricordiamo l'induismo (India), il buddismo (Cina e Asia orientale), lo scintoismo (Giappone), il lamaismo (Tibet), il confucianesimo (Cina), il taoismo (Cina) e le culture animiste.

Spesso, in uno stesso Stato possono essere professate **diverse religioni**. In Cina, per esempio, buddismo, confucianesimo, taoismo, islamismo e lamaismo convivono e a volte interagiscono tra di loro, così come accadde secoli addietro quando il buddismo arrivò dall'India e fece propri elementi del confucianesimo.

Unità 2 Ascesa e declino della Grecia classica

	COMPETENZE DI STORIA	COMPETENZE DI GEOGRAFIA	COMPETENZE DEL METODO GEOSTORICO
LEZIONE 5 Creta, Micene e la Grecia arcaica	• Comprendere il cambiamento e la diversità dei tempi storici in una dimensione diacronica e sincronica attraverso il confronto fra aree geografiche e culturali relative alla penisola greca. • Confrontare l'organizzazione sociale e politica delle *poleis* con i modelli istituzionali attuali.	• Avere coscienza delle conseguenze (positive e negative) dell'azione degli esseri umani sul territorio, con particolare riferimento alle aree portuali. • Analizzare e descrivere un territorio o un fenomeno utilizzando concetti, lessico, strumenti e metodi della geografia.	• Metodo 2 Leggere una carta geostorica statica e una carta geografica.
LEZIONE 6 Due *poleis* a confronto: Sparta e Atene	• Collocare l'esperienza personale in un sistema di regole fondato sul reciproco riconoscimento dei diritti garantiti dalla Costituzione soffermandosi in particolar modo sul concetto di legge, democrazia e società. Confrontare tale sistema con i diversi modelli istituzionali e di organizzazione sociale.	• Individuare le relazioni con le strutture demografiche, economiche, sociali, culturali e le trasformazioni intervenute nel corso del tempo. • Riconoscere l'interdipendenza tra fenomeni economici, sociali, istituzionali, culturali e la loro dimensione locale/globale.	• Metodo 6 Analizzare fonti scritte e ricavare informazioni da una tabella.
LEZIONE 7 Le Guerre persiane	• Comprendere il cambiamento in relazione agli usi, alle abitudini, all'organizzazione sociale e politica del mondo persiano.	• Descrivere e inquadrare nello spazio i problemi del mondo attuale, mettendo in relazione le trasformazioni morfologiche e climatiche, la distribuzione delle risorse, gli aspetti economici e demografici. • Individuare le relazioni e le trasformazioni delle strutture demografiche, economiche, sociali, culturali.	• Metodo 2 Leggere una carta geostorica statica e una carta geografica.
LEZIONE 8 La Guerra del Peloponneso	• Riconoscere le dimensioni del tempo e dello spazio attraverso l'osservazione dell'espansione ateniese e della Guerra del Peloponneso nella relativa area geografica.	• Comprendere l'importanza della tutela del patrimonio artistico-culturale e i suoi legami con la civiltà greca.	• Metodo 7 Leggere e costruire mappe concettuali e leggere e interpretare cartogrammi.

IL TEMPO

Linea del tempo

Naviga la linea del tempo per scoprire **eventi, personaggi, scienza e tecnica, arte e cultura**.

2800-1450 a.C. Civiltà minoica

XXI-XII secolo a.C. Civiltà micenea

XII -VIII secolo a.C. «Medioevo ellenico»

XII secolo a.C. Nascita di Atene

X secolo a.C. Fondazione di Sparta

LO SPAZIO

L'EUROPA E L'ASIA AL TEMPO DELLA CIVILTÀ GRECA

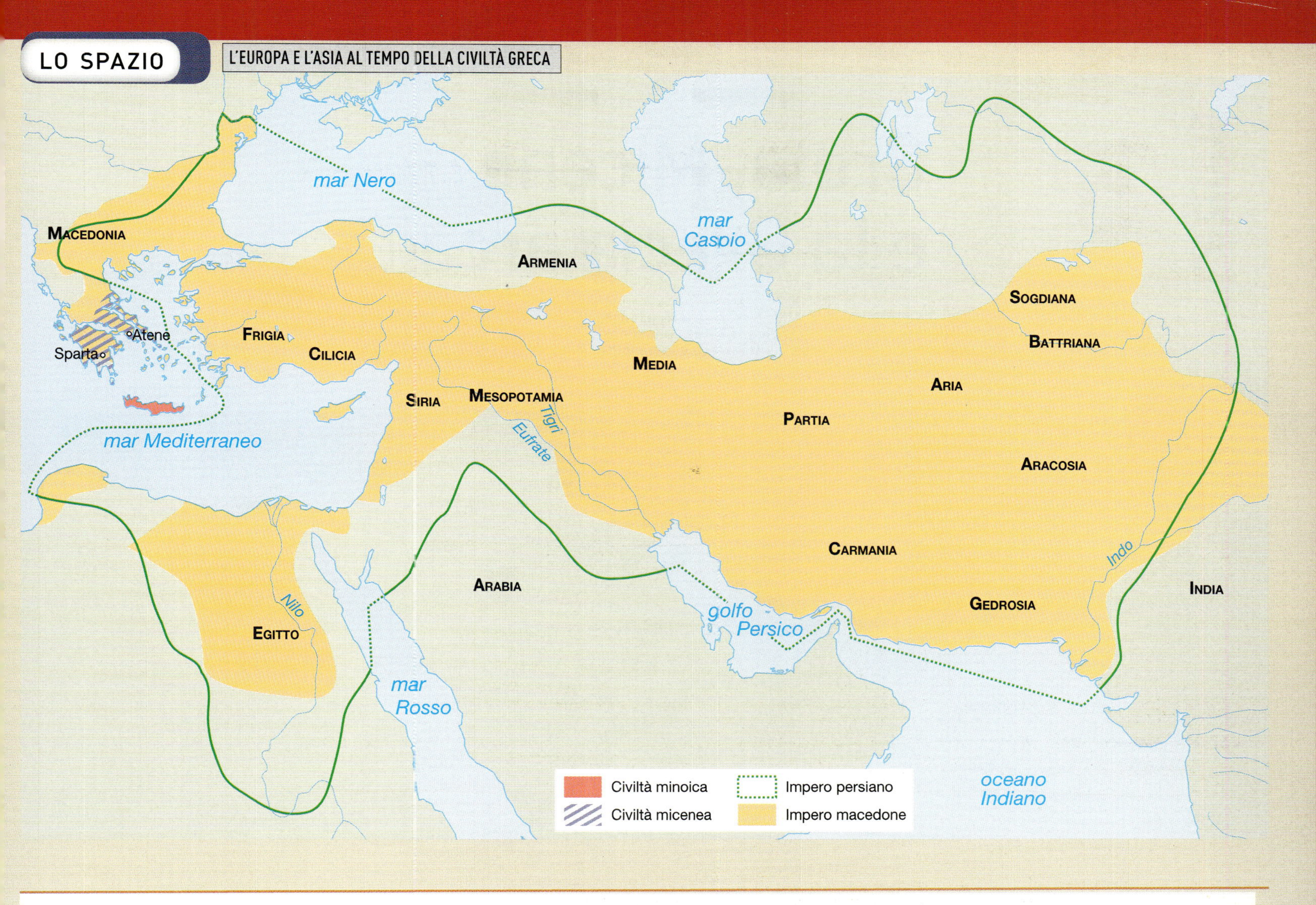

	COMPETENZE DI STORIA	COMPETENZE DI GEOGRAFIA	COMPETENZE DEL METODO GEOSTORICO
LEZIONE 9 **L'Impero di Alessandro Magno**	• Comprendere l'interazione tra diverse culture e il loro cambiamento in relazione agli usi, alle abitudini, al vivere quotidiano nei confronti della propria esperienza personale.	• Riconoscere il valore delle diversità culturali e dell'integrazione tra le civiltà per una loro corretta protezione e valorizzazione.	• Metodo 3 Leggere e costruire una linea del tempo e una carta geostorica dinamica.

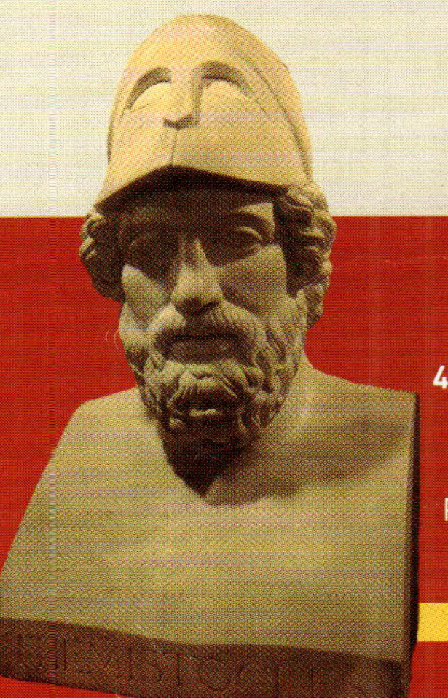

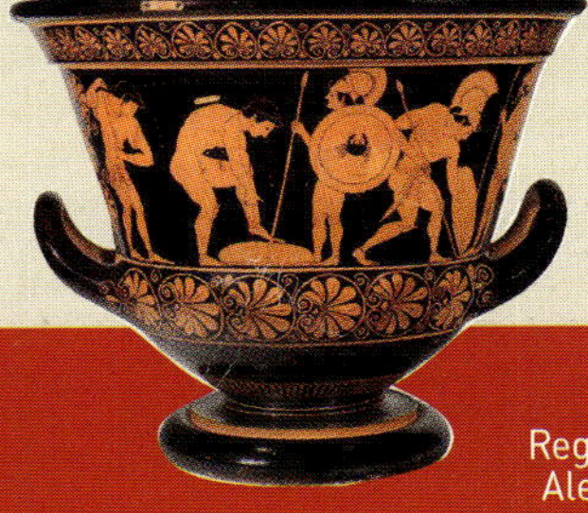

IX secolo a.C. Nascita delle civiltà dei Medi e dei Persiani

VIII-VI secolo a.C. Età arcaica e formazione delle città-Stato

492-490 a.C. Prima guerra persiana

480-479 a.C. Seconda guerra persiana

462-429 a.C. Età di Pericle ad Atene

431-404 a.C. Guerra del Peloponneso

359-337 a.C. Regno macedone di Filippo II

337-323 a.C. Regno macedone di Alessandro Magno

Lezione

5 Creta, Micene e la Grecia arcaica

Lezione

La lezione interattiva ti aiuterà a **ripassare**, **approfondire** e **verificare** le tue conoscenze sulle **origini della civiltà greca** e la **nascita della *polis***.

Atlante

Scopri e **approfondisci** i luoghi e gli avvenimenti della **storia antica** sulla cartografia 3D Google Earth.™

Per una lettura geostorica

IERI

LA GRECIA ANTICA: PRINCIPALI CITTÀ E CONFORMAZIONE FISICA

1 Quali furono le due civiltà precorritrici della civiltà ellenica?

A **Creta**, la più grande isola del mar Egeo, nacque e si sviluppò la **civiltà minoica**. Fu la prima manifestazione della cultura ellenica. Creta raggiunse il dominio sui traffici commerciali in tutto il mar Egeo. La caduta della civiltà minoica segnò l'avvento della potenza micenea. Sorta attorno alla città di **Micene** nella penisola del **Peloponneso**, essa fiorì sfruttando una posizione geografica strategica che le permise di affermarsi come padrona delle rotte commerciali sul **Mediterraneo** e di battere nuove strade soprattutto verso il **Vicino Oriente**.

2 Quanto hanno inciso le caratteristiche fisiche e geografiche della Grecia nella sua storia?

Le caratteristiche fisiche e geografiche della Grecia hanno condizionato la storia della sua civiltà. La natura montuosa del suolo ha contribuito al suo **frazionamento politico**. Inoltre, l'assenza di fertili ed estese pianure ha incoraggiato le **migrazioni**, che diedero vita alla prima e alla seconda **colonizzazione**, rispettivamente verso le coste dell'Asia Minore e verso il Mediterraneo occidentale. Infine, la presenza del mare e di coste frastagliate, adatte all'approdo, ha favorito lo sviluppo dei commerci marittimi.

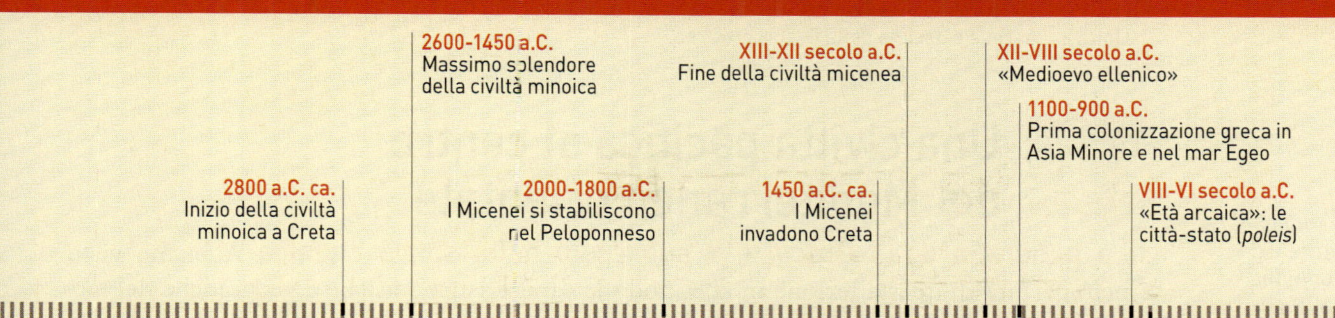

OGGI

3 Da dove ha origine la marginalità della Grecia in Europa?

La civiltà greca è considerata all'origine dell'Europa, della sua cultura e dei suoi valori. Nel II secolo a.C. la Grecia cadde sotto la dominazione di **Roma**. Poi, nei secoli successivi, fu incorporata nell'**Impero bizantino** e in quello ottomano. Anche dopo la riconquista dell'indipendenza, nel 1829, la storia della Grecia rimase periferica rispetto ai grandi cambiamenti politici ed economici del continente europeo. La «dittatura dei colonnelli» (1967-74) la relegò infine ai **margini del processo di integrazione europea**.

4 Una nuova Grecia all'indomani dell'entrata nell'Unione Europea?

Il 1° gennaio del 1981 la Grecia entrò a far parte dell'**Unione Europea**. L'adesione all'Europa unita, anche grazie agli ingenti finanziamenti destinati alle zone meno sviluppate dell'Ue, comportò un notevole sviluppo economico del Paese. La Grecia vide quindi aumentare nell'arco di due decenni il livello del proprio benessere: nel 2001 adottò con gli altri Paesi europei la **moneta unica** (euro) e nel 2004 organizzò con successo i Giochi olimpici. A partire dal 2009, però, la penisola ellenica risentì in maniera drammatica della **crisi economica mondiale**.

IL LESSICO STORICO

Talassocrazia Dal greco *thàlassa*, «mare», e *kràtos*, «potere». Il termine (letteralmente, «dominio marittimo») si riferisce alla supremazia di un'isola o di una città basata sulla potenza della flotta. Più tardi, nell'antica Grecia, il termine venne usato a proposito di Atene.

MITI E LEGGENDE

Minosse e il Minotauro

Il re Minosse, figlio di Zeus e della principessa fenicia Europa, dopo aver fatto costruire un altare in suo onore, pregò il dio del mare Poseidone di inviargli un possente toro da sacrificare. Minosse, però, tenne per sé l'animale e Poseidone si vendicò, facendo innamorare del toro la regina cretese Pasifae. Dalla loro unione nacque il Minotauro, essere mostruoso metà toro e metà uomo, che venne rinchiuso da Minosse in un labirinto e nutrito con sette fanciulle e sette fanciulli ateniesi, inviati dalla città come tributo per una sconfitta subita da Atene.
Allora Tèseo, figlio del re ateniese Egeo, si offrì di partire per sconfiggere il Minotauro. Egli, grazie all'aiuto di Arianna, figlia di Minosse, che innamoratasi dell'eroe lo aiutò con un filo a uscire dal labirinto, riuscì a uccidere il Minotauro.

1 Una civiltà pacifica al centro del Mediterraneo orientale

La geografia della Grecia e il suo ruolo nella storia ellenica Abbiamo visto nell'apertura di questa lezione in che modo le caratteristiche fisiche e geografiche del territorio greco (la natura montuosa, la scarsità di terre fertili, la ricchezza di isole, la centralità nel Mediterraneo) abbiano influenzato la storia della civiltà ellenica, ostacolando la nascita di uno Stato unitario e favorendo la **vocazione marittima e commerciale** del suo popolo.

«C'è una terra nel mezzo del mare scuro come il vino» Tra il III e il II millennio a.C., l'isola di **Creta** fu la culla della **prima civiltà mediterranea**, una civiltà pacifica che impose il proprio controllo sui traffici commerciali in tutto il mar Egeo.

Favoriti dalla **posizione geografica**, «nel mezzo del mare scuro come il vino» (come si legge nell'*Odissea*) e al crocevia delle rotte commerciali del Mediterraneo orientale, i Cretesi furono abili navigatori ed estesero i loro commerci sino alle coste dell'Egitto e di alcune regioni dell'Asia Minore. Sulla terraferma si dimostrarono raffinati artisti, abili artigiani e infaticabili pescatori e agricoltori.

L'origine della civiltà cretese, chiamata anche «**minoica**» dal nome del mitico re **Minosse**, che, secondo la tradizione greca, ne garantì la supremazia sui mari, è ancora oggi incerta. Si ritiene che essa abbia avuto origine intorno al 2800 a.C. dalla cosiddetta «**civiltà cicladica**», nata grazie a una popolazione proveniente dall'**Anatolia** e stanziata in quel periodo nei territori del bacino del mar Egeo.

Entrati in contatto con essa, i Cretesi ne assimilarono la vocazione all'attività commerciale via mare, che misero in pratica soprattutto grazie alla posizione geografica favorevole dell'isola, quasi equidistante da Asia Minore, Africa ed Europa.

Una civiltà marittima Sebbene non fosse dotata di particolari risorse minerarie, l'isola di Creta, che non presentava allora l'aspetto brullo e arido odierno, poteva disporre di **legname pregiato**, fornito dai ricchi boschi di cui era ricoperta, di **ampi pascoli** e di terre fertili in cui venivano coltivati **grano**, **vite** e **ulivo**.

La società minoica deve però il suo sviluppo principalmente al **commercio marittimo**. Tra il 2000 e il 1550 a.C., infatti, Creta impose la sua **talassocrazia**, ovvero il suo «dominio sui mari», attraverso **rapporti pacifici** con gli altri popoli, senza ricorrere alla guerra. Grazie alle isole limitrofe, essa poté usufruire di diversi approdi portuali, che utilizzava come punto di appoggio per lo scambio delle merci.

VIAGGIO NELLA GEOGRAFIA

LA CONFORMAZIONE FISICA DELLA PENISOLA ELLENICA

La Grecia è lo **Stato più montuoso dell'Europa**. A Nord si trova la maggiore catena della nazione, il Pindo; al centro quella del Parnaso, spesso tagliata da valli di notevole profondità. Ai loro lati si trovano altre catene montuose e con cime di rilevante altitudine, come l'Olimpo nella Tessaglia (*nella foto qui a fianco*), la più elevata della Grecia (2919 m). Una tale conformazione del territorio rende quindi difficili le comunicazioni e amplifica le distanze tra le varie regioni della penisola. I fiumi non sono perenni, ma a regime torrentizio e poco governabile. Le **poche pianure** sono collocate soprattutto nel Nord-Est del Paese.
La Grecia è poi circondata dal mare: a Est dal mar Egeo, a Sud dal mar Mediterraneo e a Ovest dal mar Ionio. Il Paese presenta un profilo costiero molto articolato (15.021 km di coste), segnato da ampi golfi (quelli di Salonicco e Corinto) e penisole (del Peloponneso e Calcidica). Le numerose isole (oltre 2000, 154 delle quali abitate), in parte raggruppate in arcipelaghi, vedono primeggiare per estensione Creta ed Eubea.

LE ROTTE COMMERCIALI CRETESI

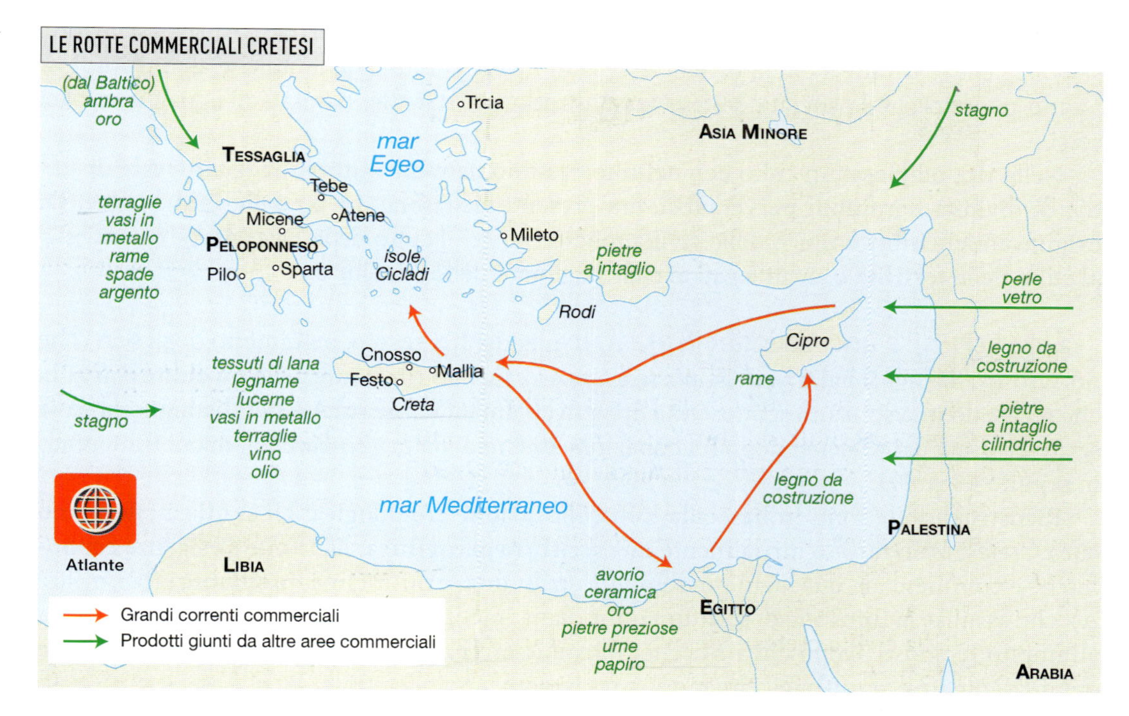

I Cretesi viaggiavano per tutto il Mediterraneo aprendo rotte commerciali successivamente battute dai Fenici. Essi esportavano vino, cereali, olio, legno e stoffe, mentre importavano rame, marmo, oro e argento. Questi contatti con popolazioni diverse permisero la diffusione della cultura minoica in tutto l'Egeo e, allo stesso tempo, l'assimilazione degli elementi di culture straniere.

Le fasi della storia cretese Fu così che a partire all'incirca dal 2600 a.C., con lo sviluppo dell'agricoltura e del commercio, ma anche della pesca e dell'artigianato, Creta vide nascere una **cultura raffinata**, la cui notorietà continuò ad avere risonanza nei secoli a seguire tanto da essere considerata dai Greci il seme della loro stessa civiltà.

La storia della civiltà minoica è nota soprattutto tramite i resti archeologici dei **grandi palazzi** delle sue maggiori città come Cnosso, Festo, Mallia e Zakros. Essi furono costruiti intorno al 2000 a.C. e subirono due distruzioni: la prima intorno al 1700 a.C.; l'altra, definitiva, intorno al 1400 a.C.

Il palazzo come centro della società cretese L'isola di Creta ospitò una civiltà urbana molto organizzata. Nucleo del suo sviluppo fu il **palazzo** che, oltre a essere il luogo dove si svolgeva l'attività amministrativa e di **governo**, rivestiva un'importante **funzione religiosa ed economica.**

Nelle sue mansioni politiche, amministrative e religiose, il re era affiancato da **funzionari di estrazione aristocratica**, che godevano di una qualità della vita elevata, come attesta lo splendore delle loro residenze.

Un elemento molto particolare delle città cretesi, che denota la loro natura pacifica o perlomeno il fatto che i suoi abitanti non temessero l'assalto di nemici dall'esterno, è l'**assenza di fortificazioni e cinte murarie**.

I grandi palazzi cretesi, costruiti secondo principi architettonici ariosi e raffinati, erano dotati di ampie sale affrescate, i cui colori vivaci raffiguravano scene di danza, di giochi sportivi e di vita marina. E proprio dalle pitture parietali,

■ L'ingresso nord del palazzo di Cnosso, sull'isola di Creta. 1500 a.C. circa. Il toro, raffigurato sulla parete, era uno dei simboli della religione cretese e compare anche nel mito del Minotauro. A Creta era diffusa anche una forma di combattimento, la taurocatapsia, basata sul salto acrobatico in groppa al toro. Poiché il toro aveva una valenza simbolica, riferita alla fertilità e alla forza, l'azione di domarlo dava un valore eroico a chi la eseguiva.

MITI E LEGGENDE

La leggenda di Ègeo

Poseidone, adirato con Teseo per la morte del Minotauro, inviò una tempesta che squarciò le vele bianche dell'imbarcazione con cui il giovane ateniese stava ritornando in patria. Egli, per portare a termine il suo viaggio, sostituì le vele bianche con quelle nere ancora integre. Il padre Egeo, sapendo che le vele bianche avrebbero simboleggiato la vittoria del figlio, mentre quelle nere la sua morte, non appena scorse la nave non attese il suo approdo e, disperato, si annegò in mare, che da allora prese il suo nome: «mar Egeo».

Statuetta raffigurante la Dea dei Serpenti, rinvenuta nel santuario del palazzo di Cnosso, XVIII-XVI secolo a.C. Creta, Museo di Heraklion.

dove sono raffigurate mentre danzano, giocano o eseguono gare sportive di qualsiasi genere, si evince che le **donne** a Creta beneficiassero di una **certa libertà**, tanto che alcuni studiosi hanno pensato che la società cretese fosse di tipo matriarcale, basata sull'uguaglianza dei sessi.

Nella vita religiosa, un culto ben definito, testimoniato dal numero ragguardevole di statue di divinità femminili pervenuteci, era presente nell'isola: quello della **Dea Madre**. Di origine antichissima e tipico delle civiltà mediterranee, il culto della Dea Madre è connesso al culto della **fertilità** e ai riti legati ai cicli stagionali dell'agricoltura.

Una scrittura ancora indecifrata Agli inizi del XX secolo, nell'ambito degli scavi che portarono alla luce il palazzo di Minosse a Cnosso, furono rinvenute delle **tavolette d'argilla** che recavano una scrittura sconosciuta. Essa fu chiamata «**Lineare A**», per distinguerla dalla scrittura usata dai Micenei dopo l'occupazione di Creta, detta «Lineare B», di cui tratteremo in seguito (→ p. 99).

Ricostruendo le fonti in base alla loro collocazione cronologica, gli studiosi affermano che i Cretesi utilizzarono inizialmente una **scrittura geroglifica**. Di fronte a esigenze economiche e commerciali, questa fu poi semplificata in una scrittura lineare **sillabica** (la Lineare A), che assunse la funzione di scrittura quotidiana, mentre quella geroglifica rimase relegata all'ambito religioso. Dopo che i Micenei introdussero la Lineare B, la Lineare A scomparve definitivamente e, a tutt'oggi, rimane ancora largamente indecifrata.

Il crollo della civiltà cretese Intorno al 1400 a.C., i palazzi di Creta andarono distrutti per la seconda volta. Rispetto alla prima distruzione del 1700 a.C., però, essi non solo non furono ricostruiti, ma vennero progressivamente abbandonati.

Sulle cause che provocarono la **scomparsa della civiltà minoica** vi è ancora molta incertezza tra gli studiosi: alcuni sostengono che essa cadde per **cause naturali**, come eruzioni vulcaniche e terremoti; altri, invece, ipotizzano che a segnarne la fine siano stati **eventi militari**, come guerre e invasioni. È verosimile, in ogni caso, che furono diversi e concatenati i motivi che portarono alla decadenza dell'isola.

Un dato è comunque certo. Intorno al 1500 a.C., una terribile **eruzione** coinvolse l'**isola di Thera** (l'odierna Santorini). L'isola fu in parte ricoperta di lava e in parte si inabissò. È probabile che forti terremoti abbiano accompagnato l'eruzione, generando devastanti maremoti che potrebbero avere colpito, con effetti catastrofici, le coste settentrionali cretesi.

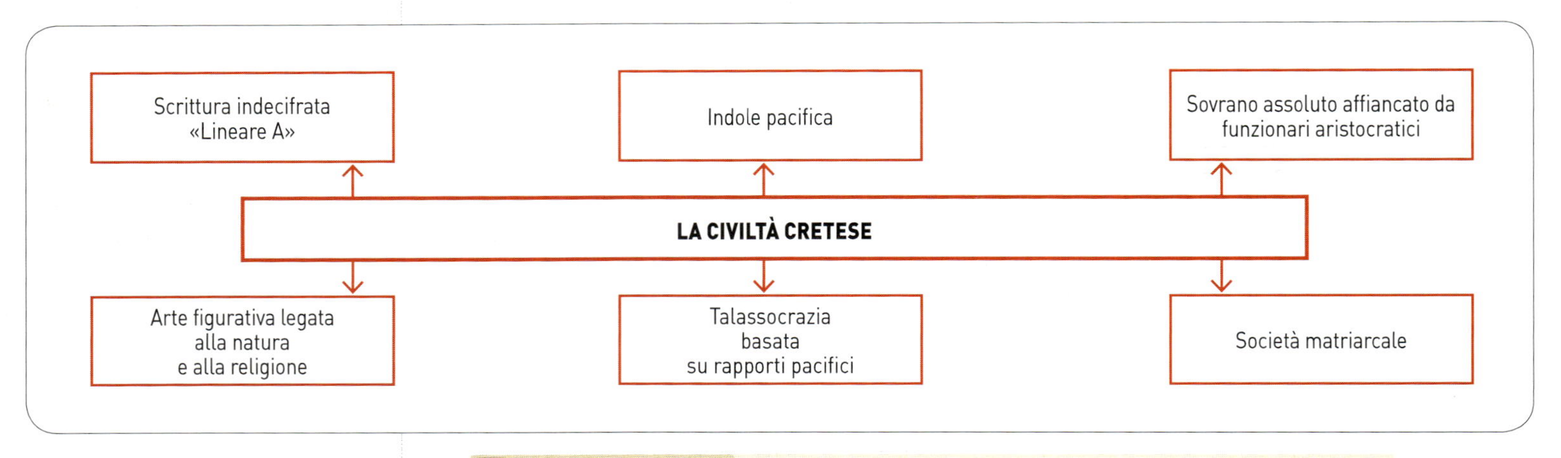

PER RIPASSARE

1. Come si ritiene sia nata la civiltà cretese?
2. I Cretesi furono un popolo pacifico o bellicoso? Motiva la tua risposta.
3. Perché alcuni studiosi definiscono la società cretese «matriarcale»?
4. Quali notizie storiche si possono desumere dalla leggenda del Minotauro?

La società **minoica** raccontata attraverso le **fonti iconografiche**

LEGGI LA FONTE

1. La donna cretese

I raffinati affreschi del palazzo di Cnosso sono un'importante testimonianza degli usi e dei costumi minoici. Questa raffigurazione di soggetti femminili, per esempio, oltre a evidenziare l'arte policroma utilizzata dai Cretesi, ci consente di comprendere la considerazione in cui la donna era tenuta nella loro società.
Nell'affresco le donne sono elegantemente pettinate e i capelli sono arricchiti da preziosi gioielli. A completare il quadro, il trucco e gli abiti abbelliti da collane e bracciali realizzati con pietre colorate.
L'espressione sicura di sé, abbinata all'aspetto, è indice della libertà di cui la donna godeva nella società cretese. Solamente con la conquista micenea e poi con quella dorica, infatti, la donna perderà la libertà e verrà relegata all'interno delle mura domestiche.

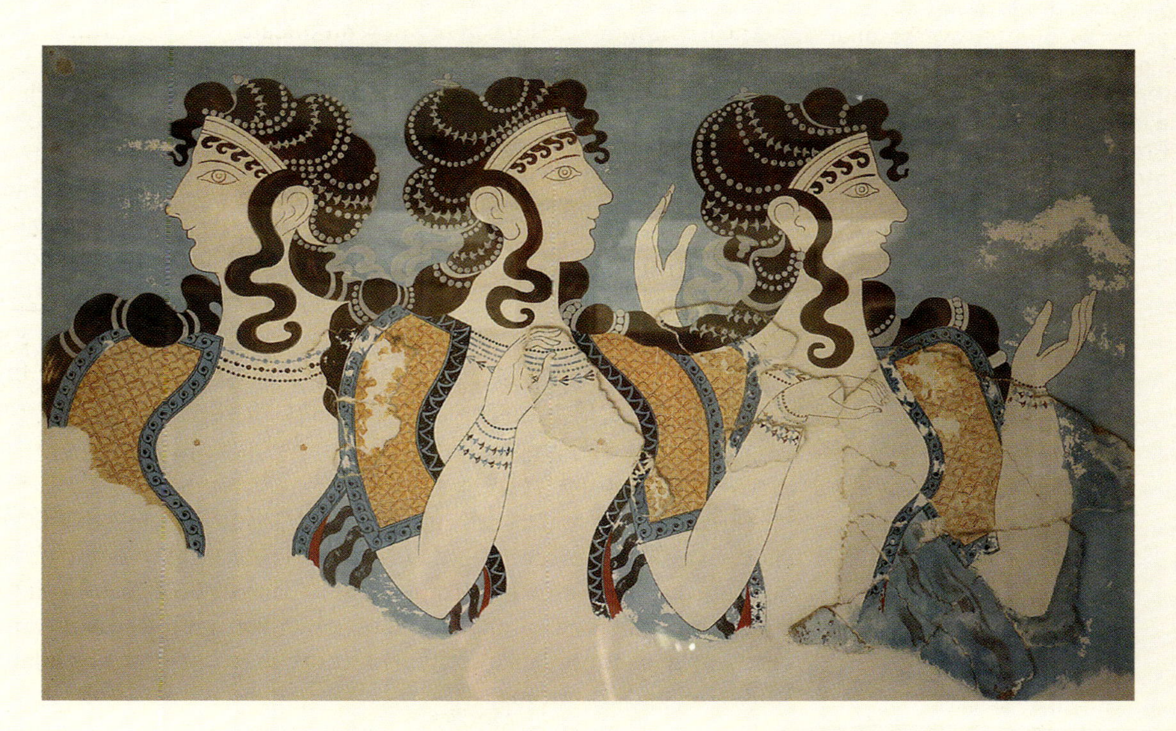

■ Affresco raffigurante alcune figure femminili, proveniente dal palazzo di Cnosso; XVI secolo a.C.

2. Alberi sacri

I Cretesi svolgevano i riti religiosi in spazi aperti immersi nella natura. Sebbene cime di colline e zone pianeggianti fossero i siti più frequentati, il luogo ritenuto più adatto per la celebrazione dei riti era la porzione di terra al di sotto degli alberi, considerati sacri. L'albero era considerato dimora di entità spirituali, che sarebbero sopravvissute al materiale caduco e avrebbero trasferito il loro soffio vitale in altri esseri viventi.

ANALIZZA LA FONTE

Attraverso l'analisi della fonte qui proposta, e dopo un'attenta lettura del paragrafo, traccia le caratteristiche principali della società minoica in un breve testo informativo di massimo 20 righe.

WEB TEST

Se vorrai arricchire il testo, potrai eseguire una ricerca su Internet e trovare altre immagini relative all'arte minoica (in particolare di oggetti sacri) per poi commentarle. Tieni conto, per esempio, che nella regione cretese il toro aveva una valenza simbolica riferita alla fertilità e alla forza. Ti consigliamo il sito ufficiale del Museo Archeologico Nazionale di Atene: http://www.namuseum.gr (versione in greco o inglese).

2 La civiltà micenea

Un nuovo popolo nella penisola del Peloponneso: i Micenei Tra il 2000 e il 1800 a.C., una popolazione di origine indoeuropea, forse proveniente dai Balcani, penetrò nei territori dell'Egeo stabilendosi definitivamente nella regione dell'Argolide, nel Nord-Est del **Peloponneso**, dove fondò un insieme di piccoli regni, ognuno dipendente da una **cittadella fortificata da mura**.

I **Micenei**, così chiamati dal nome di **Micene**, la città dell'Argolide che fu il centro principale dei loro regni, furono inizialmente seminomadi dediti alla **pastorizia** e all'**agricoltura**, divenendo in seguito anche **artigiani** esperti nella lavorazione del metallo e della ceramica.

Popolo guerriero, intorno al 1600 a.C. essi imposero la propria autorità in buona parte della Grecia continentale, a scapito delle popolazioni originarie, grazie soprattutto a fattori quali l'incremento demografico, lo sviluppo dell'economia e l'espansione del commercio.

La posizione geografica, a Nord dell'isola di Creta, offrì ai Micenei – o **Achei**, come vengono chiamati nei poemi omerici – la possibilità di avere diversi contatti con la civiltà minoica (ormai indebolita), dalla quale essi appresero l'**arte della navigazione** e l'abilità nei **traffici commerciali**, finché, sfruttando la loro potenza militare, intorno al 1450 a.C. le subentrarono definitivamente.

VIAGGIO NELLA GEOGRAFIA
IL PELOPONNESO

Il Peloponneso è una **grande penisola** della Grecia, alla quale è legata dall'istmo di Corinto e separata dai tre ampi golfi di Egina, di Corinto e di Patrasso. Si protende verso Sud attraverso quattro piccole penisole, che sono a loro volta divise da altri quattro golfi, quelli di Nauplia, di Laconia, di Messenia e di Arcadia. Prevalentemente montuosa nella parte interna, la regione presenta delle **piane costiere fertili** in cui si producono oggi cereali, vino, olio, ortaggi, cotone e tabacco.

Una società guerriera Riguardo alla società micenea, si rendono utili le informazioni fornite da Omero nell'*Iliade*, sebbene il poema sia stato composto quattro-cinque secoli dopo le vicende narrate. Dal *Catalogo delle navi* (II, 494-759) ricaviamo infatti l'elenco dei contingenti achei, i nomi dei comandanti e il numero delle navi che partirono per la guerra di Troia intorno al XIII sec. a.C.

Ciò che appare più significativo è che la Grecia della fine dell'Età del bronzo si presentava suddivisa in **tanti piccoli regni autonomi**, i cui maggiori erano quelli del **Peloponneso** (che facevano capo alle città di Micene, Argo, Tirinto, Pilo, Sparta) e di **Creta**. Questa organizzazione politica basata su una costellazione di Stati politicamente autonomi trova corrispondenza nelle testimonianze scritte rinvenute sulle tavolette d'argilla, conservate negli archivi storici dei palazzi micenei.

A capo di ogni regno vi era un **sovrano** (*wanax*), che deteneva il potere politico e religioso; egli era affiancato dal *basileus*, il **funzionario di palazzo**, e da un **capo militare** (*lawaghetas*) che, scelto tra gli aristocratici (*telestai*), offriva il suo servizio militare al re in cambio di terre. Gli **uomini liberi** stavano nelle campagne organizzati in piccole comunità (*damoi*), mentre il **sacerdote**, che faceva capo al tempio, amministrava una sua terra privata. Artigiani e fabbri godevano di un certo prestigio.

Oltre che dall'organizzazione della società, la **cultura guerriera** dei micenei è ampiamente documentata dalle scene militari affrescate nei palazzi, dalle armi rinvenute nelle tombe e dalla posizione dell'acropoli di Micene, arroccata in una zona sopraelevata più facilmente difendibile e circondata da inespugnabili mura.

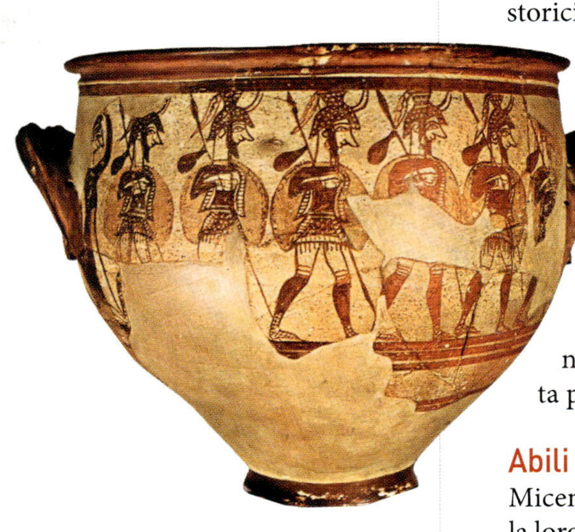

■ Il cratere dei guerrieri, proveniente da Micene, XIII secolo a.C. ca.

Abili navigatori, mercanti e pirati Appresa l'arte della navigazione dalla civiltà cretese, i Micenei non limitarono il loro raggio d'azione al solo Mediterraneo orientale, ma diressero la loro **espansione commerciale** sia verso Ovest, raggiungendo la Sicilia, il Tirreno e l'Adriatico, sia verso Est, toccando le isole Cicladi, Rodi, l'Asia Minore e l'Anatolia.

Lungo le rotte dei loro traffici marittimi, i commercianti micenei esportavano prodotti agricoli (vino e olio) e raffinati manufatti del loro artigianato (tessuti, ceramiche e armi); in cambio acquistavano materie prime, come ambra, avorio e metalli per le loro produzioni. Tutto ciò fece di quella micenea una civiltà dall'ineguagliabile **solidità economica e politica**.

Nell'ambito di questa espansione commerciale, che includeva probabilmente anche **atti di pirateria**, va inserito il conflitto che intorno al XIII secolo a.C. contrappose una coalizione di re micenei alla città-stato di **Troia** (1230 a.C. circa). Quest'ultima godeva infatti di una **posizione strategica**, essendo costruita sullo stretto dei Dardanelli a presidio dei traffici commerciali tra il Mediterraneo e il mar Nero. La conquista della città, narrata nei poemi epici, era quindi di fondamentale importanza nell'ottica micenea per l'apertura di nuove rotte verso il mar Nero.

LA GRECIA AL TEMPO DEGLI ACHEI

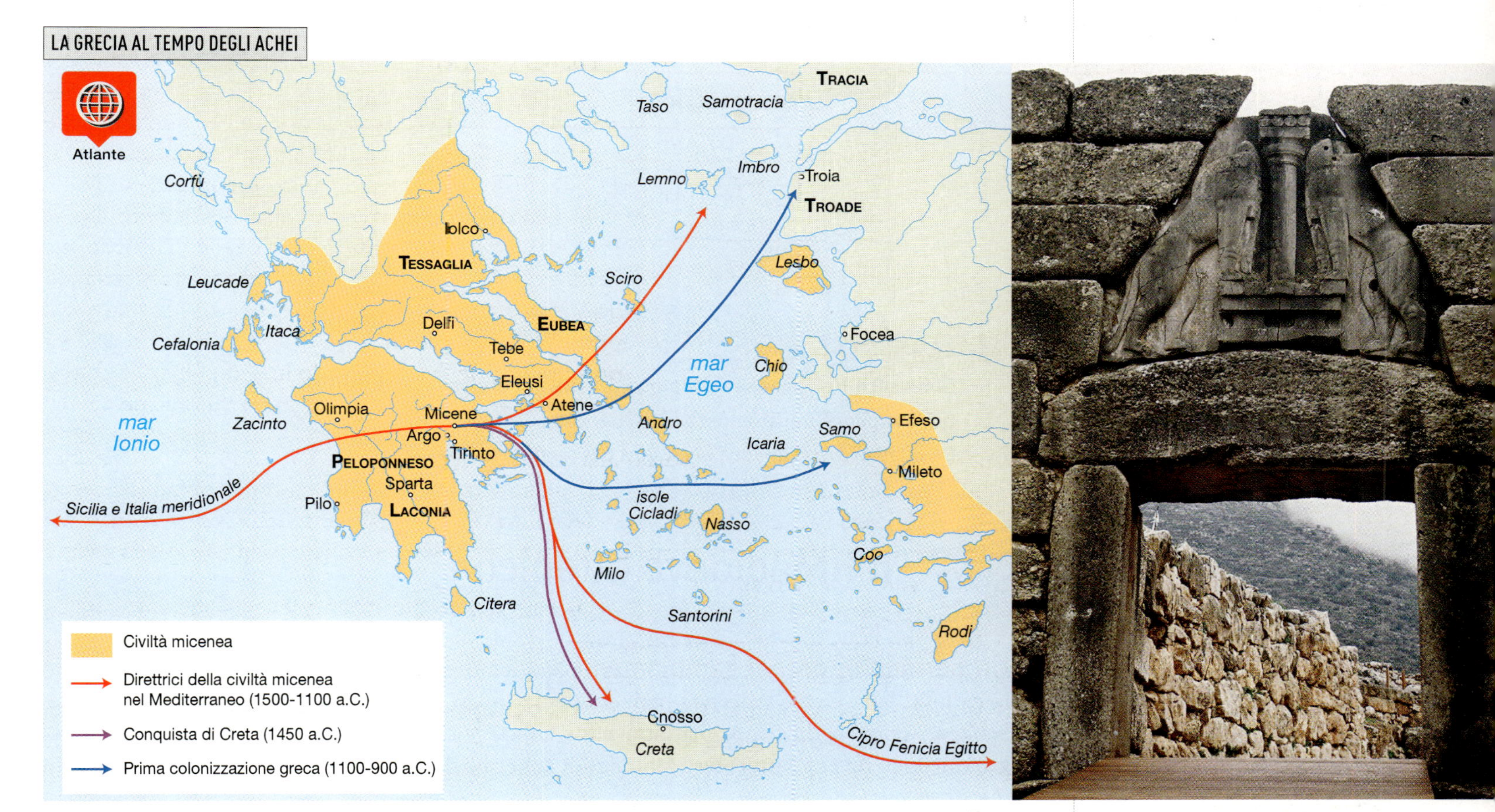

■ La Porta dei Leoni, entrata monumentale della rocca di Micene, 1250 ca. a.C. Il robusto architrave sopra la porta, sormontato da una grande pietra triangolare, raffigura due leoni, quasi arrampicati simmetricamente ai lati di una colonna, un motivo ricorrente, questo, nei sigilli micenei.

La «Lineare B» I Micenei elaborarono un sistema di scrittura che ha un diretto precursore nella «Lineare A» cretese. A differenza di quella minoica, però, la «**Lineare B**» (così venne chiamata questa **scrittura sillabica** basata su segni sia ideografici sia fonetici) fu decifrata dall'architetto inglese Michael Ventris.

Ventris capì che ogni segno non corrispondeva a una parola o a una lettera, ma a una sillaba e che molte di esse coincidevano con le sillabe della lingua greca. Si trattava quindi di un **dialetto greco arcaico** e di ostica interpretazione, perché in forma abbreviata.

Una fine enigmatica Tra il XIII e il XII secolo a.C., la società micenea subì un crollo definitivo, le cui cause sono ancora ignote. In proposito, gli studiosi tendono a dividersi intorno a due linee interpretative, l'una centrata su cause belliche, l'altra su cause naturali.

Alcuni storici, infatti, sostengono che a provocare la fine della civiltà micenea fu **l'invasione dei Dori**, un popolo indoeuropeo proveniente dal Nord della Grecia. Questa ipotesi sarebbe però smentita da quanto si legge nelle tavolette d'argilla pervenuteci, dove si afferma che i Micenei in quegli anni erano intenti a fortificare le zone costiere in vista di futuri eventi bellici, perché probabilmente aspettavano l'attacco del nemico dal mare. Non sarebbe azzardato allora, in questo senso, avallare l'ipotesi dell'**invasione dei Popoli del mare**, che in quegli anni attaccavano gli Ittiti.

Altri storici, invece, hanno sostenuto che Micene, così come Creta, fosse stata distrutta da una **catastrofe naturale**, che causò siccità e una grave carestia, alle quali forse seguirono scontri tra centri di potere rivali, o ribellioni nei confronti del potere centrale da parte delle classi sociali subalterne.

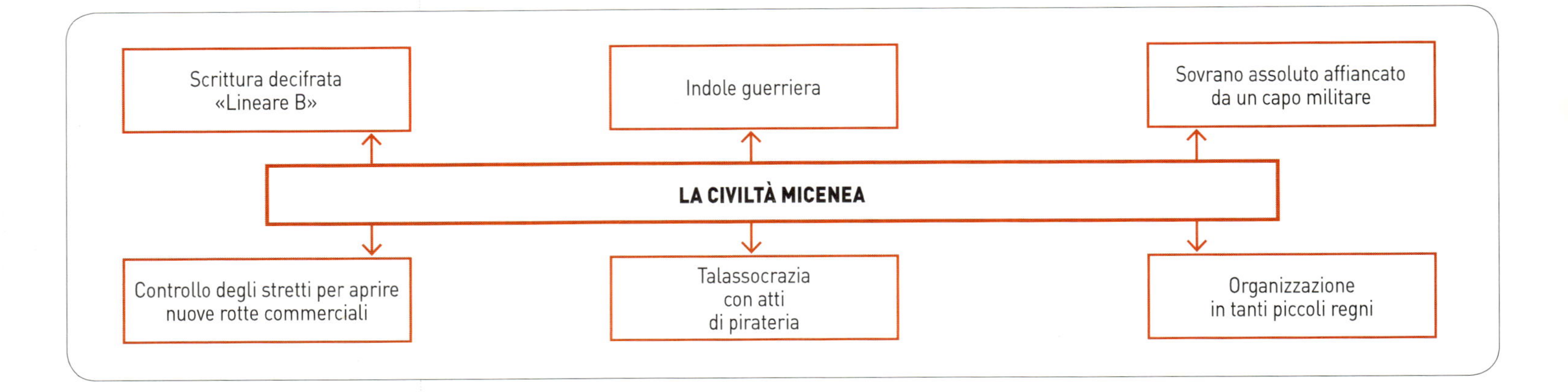

PER RIPASSARE

1 Definisci il Peloponneso dal punto di vista geografico.
2 Quali rapporti intrattennero i Micenei con i Cretesi?
3 Da quali prove si deduce la cultura guerriera dei Micenei?

3 Il «Medioevo ellenico»

Un periodo di grandi cambiamenti Nei quattro secoli (XII-VIII a.C.) che seguirono la caduta della civiltà micenea, per la Grecia iniziò un **periodo di povertà e decadenza**. Sebbene, come si diceva prima, non siano chiare le cause che portarono alla caduta dei regni micenei, diversi fattori testimoniano il generale declino che colpì la penisola ellenica in questi secoli.

In primo luogo, colpisce la **scomparsa della scrittura**, che denota come la vita urbana, con i suoi aspetti amministrativi, artistico-culturali e commerciali, sia in qualche modo venuta **meno**.

A questo si deve aggiungere l'**abbandono delle città fortificate** e dei palazzi micenei, con la conseguente dispersione della popolazione in **piccoli villaggi**, che vivevano di una modesta agricoltura e di pastorizia. Anche gli scambi commerciali subirono una decadenza, coinvolgendo in questo processo involutivo anche il ricco artigianato attivo nelle epoche precedenti.

Questo insieme di elementi spinse gli storici a coniare per questo periodo la definizione di «**età oscura**» o «**Medioevo ellenico**». Oggi, tuttavia, si tende a guardare a questi secoli della storia greca con occhi diversi, individuando in essi una **fase di transizione** piuttosto che di declino, in cui apparvero nuove culture e nuove forme sociali.

La prima colonizzazione greca Tra il 1100 e il 900 a.C. si verificarono spostamenti e **migrazioni** di popoli che parlavano dialetti diversi, ma appartenevano alla stessa etnia greca.

Dori, Ioni ed **Eoli** si insediarono infatti nella Grecia continentale, peninsulare e insulare, organizzandosi in piccoli villaggi sparsi. In particolare: i Dori si stanziarono a Sud-Est del Peloponneso, occupando anche Creta, Rodi e Cipro; gli Ioni nell'Attica e nell'Eubea; mentre gli Eoli in Beozia e in Tessaglia.

Data la spinta demografica, in pochi anni questi popoli iniziarono a occupare le coste dell'Asia Minore e le isole egee, espandendo così l'area di diffusione della loro civiltà.

Questa **prima colonizzazione greca** fu un momento fondamentale nella formazione della civiltà greca. Nello scambio con culture diverse e nella coscienza di condividere un'unica **religione**, un'unica **cultura** e un'unica **lingua**, i Greci consolidarono il senso della loro identità: ciò li spinse a definirsi **Elleni**.

IL LESSICO STORICO

Elleni Nome con cui, ancora oggi, i Greci indicano se stessi e che esprime la loro identità. Nell'età classica, il nome derivava da Elleno, unico capostipite greco, da cui nacquero Eolo, Doro e Xuto. Quest'ultimo generò Ione e Acheo. Così i Greci spiegarono l'origine delle quattro stirpi originarie.

COMPETENZE DI GEOSTORIA — LEGGERE UNA CARTA GEOSTORICA DINAMICA

La prima colonizzazione greca

La carta geostorica statica mostra chiaramente lo stanziamento nella penisola greca dei Dori, degli Ioni e degli Eoli e le aree interessate dalla loro colonizzazione. Dopo un'accurata osservazione e lettura, esegui l'operazione richiesta:

- inserisci nella legenda, accanto ai colori corrispondenti, i nomi dei popoli colonizzatori.

Per applicare correttamente il metodo geostorico proposto, consulta la SCHEDA DI METODO 3, p. 64.

Atlante

Società, organizzazione politica ed economica La società di questi secoli presentava notevoli differenze rispetto a quella micenea. Il potere del re, chiamato adesso *basileus* come i funzionari di palazzo dell'epoca micenea, iniziò a diminuire per lasciare il posto al **dominio dei *ghene***, ossia delle grandi **famiglie nobiliari**.

Video

Arte, letteratura, cinema: guarda il video per scoprire il personaggio di **Ulisse**

Il popolo, anche se si riuniva in un'assemblea pubblica, era subordinato all'influenza della nobiltà che, essendo l'unica classe ad avere **possedimenti terrieri**, la base del prestigio e del potere all'interno della comunità, indirizzava sia l'approvazione delle leggi sia l'elezione dei magistrati. La parte restante degli uomini liberi, ovvero quelli che non avevano accesso alla proprietà delle terre, lavoravano duramente in cambio di un compenso giornaliero.

Dal punto di vista politico, come d'altronde in epoca minoica e in epoca micenea, **mancava un'organizzazione statuale unitaria** in Grecia. La penisola ellenica restava quindi divisa in **differenti realtà locali**, ognuna indipendente e autonoma dalle altre.

I poemi omerici come fonte storica I poemi omerici trattano di **vicende anteriori alla loro composizione**, dal momento che la guerra di Troia avvenne all'incirca nel XIII sec. a.C., mentre **Omero** compose l'*Iliade* intorno all'VIII sec. a.C. L'*Iliade* narra cinquantun giorni della decennale guerra di Troia; l'*Odissea* è invece incentrata sul ritorno a casa dopo il conflitto di uno dei guerrieri greci, Odisseo re di Itaca.

Entrambi i poemi rappresentano un'utile **testimonianza**, anche se di natura **non propriamente storica** e da utilizzarsi quindi con estrema cautela, del periodo in cui sono composti e non di quello antecedente e coevo alla civiltà micenea. Essi descrivono infatti la società, le istituzioni e la mentalità greche durante il periodo che gli storici definiscono «**Medioevo ellenico**»: a confermarlo sono diversi «anacronismi» riconducibili all'inconsapevole commistione delle due epoche.

Le armi in ferro, citate spesso nei versi omerici, non possono essere state prodotte prima del XII secolo a.C., cioè in piena Età del bronzo, quando ancora la lavorazione del ferro era pressoché sconosciuta. Inoltre, le residenze reali descritte sono ben lontane dai palazzi micenei e sembrano più che altro avvicinarsi alle ricche residenze aristocratiche del periodo omerico.

■ La maschera funebre in oro, detta di Agamennone, proveniente da una tomba di Micene, XVI secolo a.C. circa. Atene, Museo Archeologico Nazionale.

Dai versi dei due poemi eroici, inoltre, è possibile anche ricavare un quadro del sistema di valori proprio della **società arcaica** (VIII-VI secolo a.C.). Ne elenchiamo alcuni:

- il **valore guerriero** (*aretè*), che permetteva di ottenere una buona reputazione presso gli dèi, rendendo gli eroi immortali;
- la **gloria** e l'**onore** (*kleos* e *timè*), che costituivano il riconoscimento sociale per avere bene agito in guerra;
- il sacro valore dell'**ospitalità** (*xenìa*), caro agli dèi che punivano chi lo infrangeva.

Anche molte informazioni della civiltà di Micene derivano, anche se indirettamente, dai poemi omerici. Infatti, l'imprenditore e archeologo tedesco **Heinrich Schliemann** (1822-90), convinto che dietro i versi omerici si nascondesse la realtà storica, condusse una serie di **scavi archeologici**, scoprendo nel 1871 il «tesoro di Priamo», nel probabile sito dell'antica Troia, e tra il 1874 e il 1876 due circoli di tombe nella città di Micene.

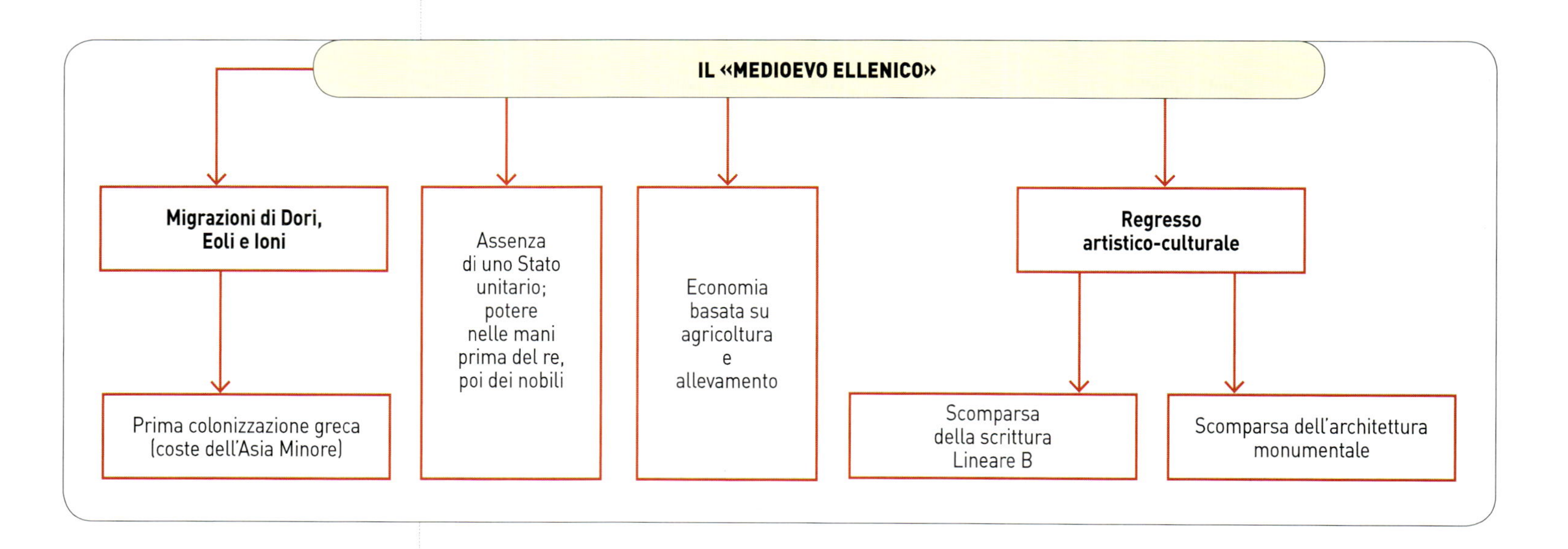

PER RIPASSARE

1. Quali cambiamenti si verificarono in Grecia dal XII secolo a.C.?
2. Che cosa si intende per «prima colonizzazione greca»?
3. Quali anacronismi sono presenti nell'*Iliade*?

L'età arcaica (VIII-VI secolo a.C.) e la formazione delle *poleis*

Un'età di «rivoluzioni»: agricola, alfabetica e demografica La **fine del Medioevo ellenico** fu determinata da profonde **trasformazioni culturali e sociali**, che, a loro volta, provocarono un decisivo mutamento politico: la nascita delle *poleis* (plurale greco di *polis*, «città-stato indipendente»). Ma procediamo con ordine.

Un brano dell'*Iliade* (libro XVIII, vv. 474-607), in cui Omero descrive lo scudo di Achille, ci offre un'interessante testimonianza dell'evoluzione delle **tecniche agronomiche** nei secoli arcaici. Le scene agricole rappresentate testimoniano infatti l'utilizzo della **rotazione** come pratica per accrescere la produttività del suolo e l'introduzione della coltura specializzata della vite, con una ripartizione precisa delle piante. Si trattò di una vera e propria **«rivoluzione» agricola**, favorita anche dall'uso di attrezzi in ferro introdotti dai Dori, che mise fine all'economia prevalentemente pastorale del periodo precedente.

Lo sviluppo dell'agricoltura determinò una forte **crescita economica**, grazie anche alla ripresa degli scambi commerciali, in particolare con i **Fenici**. Da questi ultimi, i Greci ereditarono l'**alfabeto**, arricchendolo con le **vocali**. Questa operazione culturale fu una vera e propria rivoluzione, poiché permise la nascita di una tradizione letteraria capace di consegnare alle future generazioni il ricordo dei fatti storici dell'epoca.

Il progresso economico, a sua volta, produsse un considerevole aumento della popolazione, che favorì sia la **nascita delle *poleis*** sia la ricerca di nuove terre, non solo da poter abitare, ma anche dove poter espandere i commerci. Un tale processo portò al fenomeno della seconda colonizzazione (→ p. 105).

La nascita della *polis* Con il termine ***polis*** ci si riferisce a un'esperienza tipica della civiltà greca, iniziata intorno all'VIII secolo a.C.: quella delle **città-stato**, centri urbani politicamente **indipendenti** l'uno dall'altro, dove si sperimentarono nuove forme di vita associata e di elaborazione politica, destinate a realizzarsi compiutamente nel corso di secoli.

Alla fine di questo percorso, nel momento più alto dell'esperienza delle città-stato greche, quello di Atene (→ lezione 6), si determinarono un **allargamento della base politica** della vita cittadina e il passaggio da forme di governo aristocratiche a forme di governo **democratiche**.

La prima testimonianza archeologica delle città-stato risale al VII secolo a.C.: si tratta di un'iscrizione minoica in cui ci si riferisce a provvedimenti stabiliti dalla *polis*, intesa nel senso di **comunità di cittadini**. Infatti le *poleis* greche, rispetto a esperienze precedenti come quelle delle città-stato sumere, furono caratterizzate da una forte dimensione sociale e istituzionale e da una **appassionata partecipazione** della popolazione.

Gli abitanti della *polis*, contraddistinti da un forte senso della collettività, partecipavano infatti sia ad aspetti comuni della **vita civile**, quali celebrazioni, cerimonie, sacrifici, sia a tutte le forme della **vita politica**. Lo stesso termine «politica», che noi oggi usiamo, deriva dal greco *polis*, in quanto è considerato un'eredità di quella esperienza.

La riforma oplitica come appartenenza a una comunità Un'altra conseguenza dell'incremento demografico delle città-stato greche fu l'**emergere del *demos*** («popolo»), cioè di quella costellazione sociale di persone che non facevano parte della nobiltà e che, inizialmente, erano escluse dall'esercizio del potere.

Il *demos* era costituito prevalentemente, oltre che dai contadini, dagli **artigiani** e dai **mercanti**, i ceti sociali che, in seguito allo sviluppo economico, erano cresciuti di numero e, soprattutto i secondi, si erano notevolmente arricchiti. Continuavano però a essere esclusi dalla vita politica e quindi presto iniziarono a contrapporsi al potere dei nobili.

Il maggior peso assunto dal *demos* si manifestò, all'inizio del VII secolo a.C., anche in campo militare. Sino ad allora gli eserciti delle città-stato greche si erano basati sulla **cavalleria**

IL LESSICO STORICO

Rotazione La suddivisione delle terre arabili di un'azienda agricola in sezioni, ognuna delle quali è riservata a una determinata coltura, con l'obiettivo di ottenere maggiori produzioni e mantenere inalterata la fertilità del suolo.

Democrazia La parola (da *dèmos*, «popolo», e *kràtos*, «potere») indica etimologicamente il «governo del popolo». Si tratta di una forma di governo nella quale il potere è esercitato dal popolo in forma diretta, come avveniva nell'antica Grecia (democrazia diretta), o attraverso l'elezione di rappresentanti, come avviene nelle moderne democrazie (democrazia rappresentativa).

Un particolare della Brocca Chigi, ceramica, raffigurante un combattimento tra opliti; 640 a.C. circa. La brocca, di maestranza corinzia, fu rinvenuta nel 1882 a Veio ed è oggi custodita al Museo nazionale etrusco di Villa Giulia a Roma.

che, per l'alto costo dell'equipaggiamento necessario, era una prerogativa dei **nobili**.

Quando anche altri ceti sociali delle *poleis* si arricchirono, si andò affermando la **fanteria**, in quanto diverse persone del «popolo» furono in grado di procurarsi le **armi** (*hopla*, letteralmente *hoplon* = «scudo») necessarie per combattere a piedi: lo scudo, l'elmo, la lancia, la corazza e la gambiera.

Essi crearono così un esercito, la **falange oplitica**, che divenne presto più importante di quello dei nobili. La tattica di scontro degli opliti prevedeva che ogni soldato combattesse a ranghi stretti, proteggendo se stesso e il proprio vicino tramite aste puntate verso l'esterno.

In questo modo, l'**oplitismo** favorì una profonda trasformazione nel modo stesso di intendere il concetto di **cittadinanza** (→ CITTADINANZA E COSTITUZIONE, p. 109). Si assistette, infatti, al **superamento dell'individualismo** e a una piena **integrazione del singolo nella comunità**: non più soltanto dei nobili, ma di tutti i cittadini, che in questo modo si sentivano ancora più partecipi della vita della *polis*.

Un momento importante, segno del nuovo ruolo del *demos*, fu poi la stesura di **leggi scritte** al posto di quelle tramandate oralmente all'interno della cerchia di coloro che esercitavano il potere. Le leggi scritte assicurarono **maggiori garanzie** nell'amministrazione della giustizia e il «popolo» non si trovò più a subire l'arbitrio dei nobili.

Il governo della *polis* Il problema della **forma di governo** delle *poleis* fu risolto nelle varie città in modo differente. In genere, in un primo tempo prevalsero i discendenti delle grandi **famiglie nobiliari**, che definivano se stessi *àristoi*, ovvero i «migliori». Essi si sostituirono al re, dando origine a ***poleis* aristocratiche**.

Il potere degli *àristoi* era legittimato non soltanto dalle **ricchezze** possedute (cioè dalle loro proprietà terriere), ma anche dalle **qualità morali** (virtù, onore e valore in guerra), che essi si attribuivano in ragione della loro **stirpe**, al cui interno si annoveravano antenati eroici.

La *polis* aristocratica era un **regime oligarchico**, cioè una forma di governo in cui l'esercizio del potere era consentito soltanto a pochi. Oligarchia significa infatti «governo di pochi (*olìgoi*)».

Tra il VII e il VI secolo a.C., invece, molte città greche furono governate da **regimi autocratici**, dove il potere era nelle mani di un solo uomo: il tiranno. All'origine delle **tirannidi** ci furono le tensioni e le lotte tra i vari gruppi sociali che impedivano il pacifico svolgimento della vita associata. Un uomo – appartenente generalmente all'aristocrazia – riuscì allora a prendere il potere grazie al suo **esercito personale**.

La tirannide rappresentò però una fase importante verso la democrazia. Il tiranno, infatti, per l'esigenza di contrastare nobili e ricchi si appoggiò spesso al *demos*, che cercò di difendere dallo strapotere dei nobili anche attraverso forme di sussidi e programmi di lavori pubblici.

In questo modo rese protagonista il popolo, che assunse sempre più il ruolo di ago della bilancia nella gestione dell'organizzazione politica. Così, in molte città, dopo la tirannide si sviluppò la democrazia (→ LEZIONE 6, PAR. 6).

Alcune donne intente a piegare dei tessuti; pittura vascolare del V secolo a.C. In Grecia le donne erano in genere relegate all'interno delle case. Le uniche a svolgere una funzione pubblica erano le sacerdotesse, che rivestivano ruoli anche importanti nelle cerimonie religiose, e le etere, prostitute che intrattenevano gli uomini nei banchetti.

Il diritto alla cittadinanza Nelle città-stato greche il potere veniva esercitato per periodi limitati e a turno da tutti i cittadini (*polìtai*), attraverso la carica di magistrato. Oltre alla partecipazione alla vita politica, i cittadini avevano il diritto di possedere proprietà terriere e di far parte dell'esercito.

I cittadini con **pieni diritti politici** rappresentavano, però, la netta minoranza della popolazione. In Grecia, infatti, erano cittadini solo i **maschi adulti nati liberi**. Erano quindi **esclusi** dal diritto di cittadinanza le **donne**, gli **stranieri** che lavoravano e abitavano nella città (nella *polis* diritto di cittadinanza e residenza, infatti, non corrispondevano) e gli **schiavi**.

Tutte le *poleis* presentavano infine istituti politici simili: un **consiglio**, un'**assemblea** (dove i cittadini esercitavano la libertà di parola) e dei **tribunali**.

DALLA «RIVOLUZIONE AGRICOLA» ALLE *POLEIS*

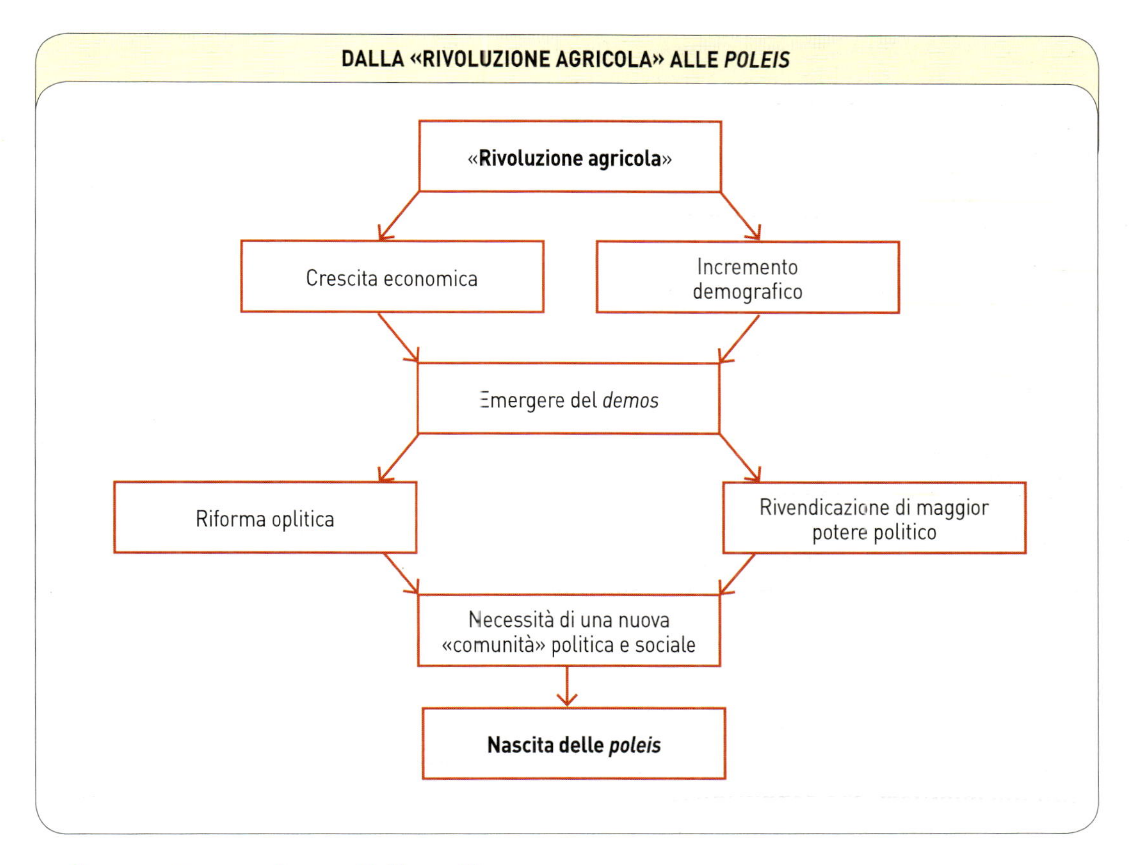

La struttura urbana della *polis* Il termine *polis* in origine indicava l'acropoli, ovvero la parte alta e fortificata della città dove si trovava il palazzo del re, ovvero il centro del potere. In effetti, la dimensione urbanistica ricoprì un ruolo di primo piano nella creazione dell'integrazione sociale comunitaria: la concezione della *polis* richiese infatti che **spazio e popolo** fossero un **corpo comune**. Con un moto centripeto, chiamato **sinecismo**, la *polis* si organizzò topograficamente attorno a un centro urbano.

La città greca divenne una forma di insediamento spaziale di una società che si radunava intorno a un fulcro religioso e politico. Nell'**acropoli**, quindi, si collocò il **centro religioso**, il tempio della **divinità poliade** (che sostituì il palazzo del *wanax* miceneo).

Nella **parte bassa** del territorio cittadino, invece, comparvero edifici e luoghi dediti alle **funzioni civile e amministrativa**: il pritaneo, sede delle magistrature; l'agorà, punto di incontro e di mercato a cielo aperto; il *bouleuterion*, sede del consiglio; l'*ekklesiasterion*, luogo dell'assemblea.

Attorno alla città bassa si estese la *chora*, la campagna coltivata, circondata dall'*eschatia*, la superficie periferica riservata al pascolo.

La circolarità della formazione cittadina, mondo delimitato, autonomo e conchiuso, rispecchiava il senso positivo dell'ordine e del limite, raffigurato metaforicamente nello scudo d'Achille.

5 La seconda colonizzazione

I motivi e i luoghi d'espansione Come già si è accennato, lo squilibrio tra le poche terre adatte all'agricoltura, l'incremento della popolazione e l'impossibilità di un'espansione nelle regioni montuose della Grecia determinarono il fenomeno della seconda colonizzazione. Infatti, molti contadini greci, non riuscendo a sopravvivere con il lavoro dei campi, per evitare di indebitarsi preferirono **emigrare** alla ricerca di terre libere e prospere.

IL LESSICO STORICO

Sinecismo Il termine, che deriva dal greco *synoikeo* (composto di *syn*, «con, insieme», e *oikeo*, «abitare»), indica il processo che portò nell'antica Grecia al concentramento in un'unica città della popolazione prima disseminata in piccoli villaggi.

Divinità poliade Divinità che detiene un vincolo religioso particolare con una città e che, perciò, è da essa adorata con cerimonie imponenti. Così Atena ad Atene, Era ad Argo e a Samo, Apollo a Delfi e a Delo, Afrodite a Cipro ecc.

PER RIPASSARE

1. In che modo le caratteristiche geografiche della Grecia hanno influito sulla sua storia?
2. Sai spiegare quale fu l'importanza della riforma oplitica?
3. In Grecia chi era considerato «cittadino»? E di quali diritti godeva in quanto tale?

A partire **dal 750 a.C.** circa si assistette quindi a un movimento migratorio alimentato dalla cosiddetta «**fame di terre**» e dalla speranza di innescare un proficuo circuito di traffici mercantili. Mentre la prima colonizzazione si era orientata verso le coste dell'Egeo e dell'Asia Minore [→ p. 100], la seconda si diresse sia verso Oriente sia verso Occidente.

Nel primo caso i luoghi di massima espansione furono le coste del **mar Nero** e della **Tracia**, regioni più accessibili rispetto a quelle interne (per esempio la Mesopotamia). Nel secondo caso le località maggiormente interessate dalla colonizzazione furono l'**Africa**, la **Spagna**, la **Francia meridionale**, l'**Italia meridionale** e la **Sicilia**. L'area italiana assunse il nome di Magna Grecia («Grande Grecia»), poiché caratterizzata da prosperità economica e culturale.

LA SECONDA COLONIZZAZIONE GRECA

LA MAGNA GRECIA

Uno «spostamento di dimora»

Il termine **colonia** proviene dal latino *colere*, «coltivare la terra». Ma qual era il nome corrispondente utilizzato dai Greci? Essi parlavano di ***apoikìa*** (letteralmente «lontano da casa»), da cui il verbo *apoikizo*, «separo», «trasporto in un'altra dimora», «emigro».

La fondazione di una colonia era quindi una sorta di «spostamento di dimora». Un gruppo di cittadini si distaccava dal paese originario (la **metropoli**), compiendo una spedizione capeggiata da un personaggio chiamato **ecista** (*oikistès*, cioè «fondatore»), che costruiva una nuova *polis* in un territorio lontano.

La madrepatria, per ridurre la popolazione e le tensioni sociali al suo interno, favoriva queste migrazioni di popolazione, fornendo ai cittadini che partivano **navi ed equipaggi**. Prima della partenza, veniva consultato l'**oracolo di Delfi** per cogliere gli auspici favorevoli all'iniziativa.

La città d'origine, inoltre, accordava alle colonie **libertà e indipendenza politica**: il legame che si conservava con la madrepatria era un profondo e reciproco legame «affettivo», oltre che commerciale. Nelle nuove *poleis* fiorì quindi una **società più libera** e meno conflittuale, poiché svincolata dai privilegi di nascita e di censo. In esse, la cultura ebbe un fervido sviluppo, grazie anche al contributo di eminenti filosofi.

Non bisogna dimenticare, però, che le colonie conservarono comunque le **stesse caratteristiche urbanistiche e religiose** della tradizione greca ormai esportata oltremare.

IL LESSICO STORICO

Ecista Il termine, che deriva dal greco *òikos* («casa»), indicava colui che portava il fuoco sacro dalla madrepatria alla colonia d'insediamento, sceglieva il sito, distribuiva la terra in parti uguali e faceva erigere anche i santuari. Solitamente era un aristocratico e alla sua morte gli veniva tributato il culto dovuto agli eroi.

Le conseguenze della seconda colonizzazione La seconda colonizzazione ebbe effetti di varia natura.

- **Economici**: permise lo **sviluppo degli scambi commerciali**. Dalla madrepatria giungevano vino, olio, ceramiche e oggetti in metallo, che i coloni scambiavano a loro volta con rame, pelli e schiavi offerti dalle popolazioni indigene. I Greci, inoltre, fecero affluire in patria quei prodotti di cui scarseggiavano, come il grano.
- **Sociali**: l'attività commerciale contribuì all'**affermazione delle classi medie**, formate da artigiani e commercianti.
- **Culturali**: le esplorazioni diffusero oltremare le **conoscenze geografiche**, la **lingua** e la **cultura greca**.
- **Finanziari**: l'incremento commerciale favorì la sostituzione del baratto con il sistema monetario. Nelle colonie greche, infatti, fu introdotta la **moneta** su cui la *polis* imprimeva il proprio contrassegno identificativo, e da lì il suo uso si estese alla madrepatria.
- **Tecnologici**: gli scambi a distanza richiesero l'utilizzo di imbarcazioni più agili e veloci. Nel VII secolo a.C., le obsolete **pentecontere** a cinquanta remi furono sostituite dalle snelle **navi a vela**.
- **Politici**: la colonizzazione, infine, propagandò e affermò il **sistema politico della *polis***, basato sull'autogoverno di una comunità integrata e libera. Esso continuò a evolversi in senso democratico, tanto che le prime leggi scritte furono ratificate nelle colonie.

IL LESSICO STORICO

Pentecontera Tipo di imbarcazione sospinta sia dalla vela sia da cinquanta rematori (da cui deriva il nome). Fu utilizzata per le guerre e per i commerci. Cominciò a cadere in disuso nel VI secolo a.C., per essere sostituita dalla trireme a vele.

PER RIPASSARE

1. Per quali motivi si verificò la seconda colonizzazione?
2. Verso quali luoghi si orientò?
3. Quali rapporti intercorrevano tra le colonie e le città d'origine?

SINTESI

- **La civiltà minoica** L'isola di **Creta**, tra il III e il II millennio a.C., fu la **culla della prima civiltà mediterranea**. I Cretesi, dopo essere entrati in contatto con la «civiltà cicladica», diedero vita a una società e a una cultura raffinate. Essi si distinsero principalmente per il **commercio via mare**, ma furono anche abili artisti, artigiani e agricoltori. L'isola di Creta ospitò una civiltà urbana molto organizzata, che ebbe come nucleo del suo sviluppo il **palazzo**, dove si svolgeva l'attività amministrativa e di **governo** e che rivestiva un'importante **funzione religiosa ed economica**. Intorno al 1450 a.C., l'isola perse il predominio sui mari e si avviò a un progressivo **declino**.
- **La civiltà micenea** Tra il 2000 e il 1800 a.C., una popolazione di origine indoeuropea e di lingua greca penetrò nei territori dell'Egeo, stabilendosi definitivamente nella regione dell'Argolide, nel Nord-Est del **Peloponneso**. Qui, i **Micenei**, o **Achei** come li chiamava Omero, fondarono un insieme di **piccoli regni autonomi**, retti da un sovrano (*wanax*), che deteneva il potere politico e religioso, affiancato da un capo militare (*lawaghetas*) e da un funzionario di palazzo (*basileus*). Inizialmente, essi intrattennero rapporti pacifici con la civiltà cretese, dalla quale impararono l'**arte della navigazione** e dei **traffici commerciali**, finché, sfruttando la loro potenza militare, intorno al 1450 a.C. subentrarono definitivamente a essa. Di natura bellicosa e guerriera, i Micenei intrapresero **conflitti per l'apertura di nuove rotte** verso il mar Nero, come la guerra contro Troia descritta nei poemi omerici. La civiltà micenea si spense improvvisamente nel XII secolo a.C., forse a causa di un'invasione oppure di una catastrofe naturale.
- **Il «Medioevo ellenico»** Dal XII all'VIII secolo a.C., nella storia greca si verificò una **fase di transizione**, detta «**Medioevo ellenico**». Durante questo periodo, infatti, in Grecia si assiste alla **scomparsa della scrittura**, al venir meno della vita urbana e al declino degli scambi commerciali e delle attività artigianali. Tra il 1100 e il 900 a.C., **Dori**, **Ioni** ed **Eoli** si stabilirono in varie zone della Grecia e dell'Asia Minore, creando i presupposti per un'unica civiltà ellenica caratterizzata da valori comuni. Questo fenomeno è noto come **prima colonizzazione**.
- **La nascita della *polis*** In età arcaica (VIII-VI secolo a.C.), significativi mutamenti culturali, economici e sociali favorirono la **nascita delle città-stato** greche (***poleis***). L'adozione dell'alfabeto, la rivoluzione delle tecniche agricole, lo sviluppo dell'economia e l'incremento demografico fecero sorgere l'esigenza di una nuova pianificazione politica e sociale, che trovò la sua concretizzazione nella *polis*, intesa sia come **struttura urbana** sia come **aggregazione comunitaria**. La mancanza di terre per l'espansione interna provocò poi una **seconda colonizzazione** (dal 750 a.C.), questa volta indirizzata sia verso Oriente sia verso Occidente: nacquero così le **colonie**, simbolicamente legate alla madrepatria, ma **politicamente libere e indipendenti**. Questi movimenti migratori diedero nuovo **impulso ai commerci** e favorirono l'**ascesa delle classi medie** (***demos***).

Collega passato e presente e approfondisci temi e problemi della geostoria.

Lezione LIM

I porti e la politica marittima europea

(→ GEOGRAFIA, LEZIONE 9)

«Il mare unisce i paesi che separa»

(Alexander Pope, *La foresta di Windsor*, 1713)

I porti come crocevia di scambi commerciali e culturali

Nella storia dell'uomo, le **strutture portuali** hanno da sempre rivestito un ruolo fondamentale non solo nel rendere possibile lo sviluppo dei **traffici commerciali**, ma anche come crocevia di **scambi culturali** tra i vari popoli.
Già negli insediamenti costieri preistorici di alcune isole del Mediterraneo (come Pantelleria e le isole Eolie) si riscontrano rilevanti tracce di trattative commerciali marittime. Con Creta e Micene, con i Fenici, ma anche con l'Antico Egitto e poi con i Greci e i Romani, l'uomo iniziò a costruire sistemi portuali sempre più complessi che, insieme ai magazzini, ai mercati e ai santuari, rappresentarono un **punto d'incontro e di comunicazione tra i popoli**, contribuendo allo sviluppo delle varie civiltà.
Dopo la ricerca di insenature protette naturalmente, con il tempo le grandi civiltà cominciarono a progettare una migliore organizzazione delle **protezioni artificiali** in cui far sorgere gli attracchi portuali.

Le condizioni indispensabili per la creazione di un porto

Ma quali sono le condizioni indispensabili e favorevoli alla creazione di un porto? Anzitutto, la presenza di un **corso d'acqua** (mare, fiume o lago) e di un'**insenatura** (naturale o artificiale) idonea all'approdo e all'ormeggio di imbarcazioni e mezzi marittimi.
Inoltre, poiché il porto svolge anche la funzione di consentire il carico e lo scarico di merci e l'imbarco e lo sbarco di passeggeri, è essenziale che abbia una **diga esterna di delimitazione** dell'area, un **molo** e delle **banchine**. Le operazioni di carico e scarico nel tempo sono state rese più semplici dall'uso dei **container**, recipienti metallici di grande portata e a chiusura ermetica, movibili con le gru.

Traffico commerciale e passeggeri

Tra i diversi tipi esistenti (turistici, militari, fluviali), i **porti marittimi commerciali** rappresentano per l'economia europea quelli di **maggior rilievo**, essenzialmente per la possibilità di caricare più merce a un costo inferiore rispetto ad altri mezzi di trasporto (come il treno o l'aereo).
L'**80% degli scambi** commerciali mondiali avviene per mare; mentre, in territorio europeo, il trasporto marittimo a corto raggio rappresenta il 40% del trasporto merci. Ogni anno, oltre 400 milioni di passeggeri viaggiano attraverso i porti europei.
Tuttavia, la **crisi internazionale** degli ultimi anni ha colpito severamente i **traffici marittimi** da e verso i porti dell'**Europa**, tanto da far registrare nel 2009 una diminuzione dei trasporti di oltre l'8%. Inoltre, le navi europee continuano a subire una forte **competizione** da parte di quelle **estere**, favorite da leggi più flessibili, da una manodopera meno costosa e dall'appoggio governativo.
Esiste quindi il pericolo di una deviazione delle attività di trasporto marittimo dall'Europa verso altri Paesi. Ecco perché l'**Unione Europea** ha varato, nel 2009, un insieme di misure di **sostegno al comparto** che dovrebbero portare a una notevole ripresa entro il 2018.

I principali porti europei

Tra i principali porti europei c'è quello di **Rotterdam**, nei Paesi Bassi, **primo in Europa** come **traffico totale** (nel 2004 i porti orientali, come Singapore e Hong Kong, lo hanno rimpiazzato come primo porto del mondo).
Nel 2005, Rotterdam è annoverato come il 7° porto al mondo in termini di container gestiti.
Anche il porto greco del **Pireo** (a Sud-Est di Atene) merita attenzione poiché è il maggiore d'Europa per numero di **passeggeri trasportati**, ma anche il terzo al mondo, con un traffico di oltre 20 milioni di passeggeri l'anno.

I MAGGIORI PORTI EUROPEI

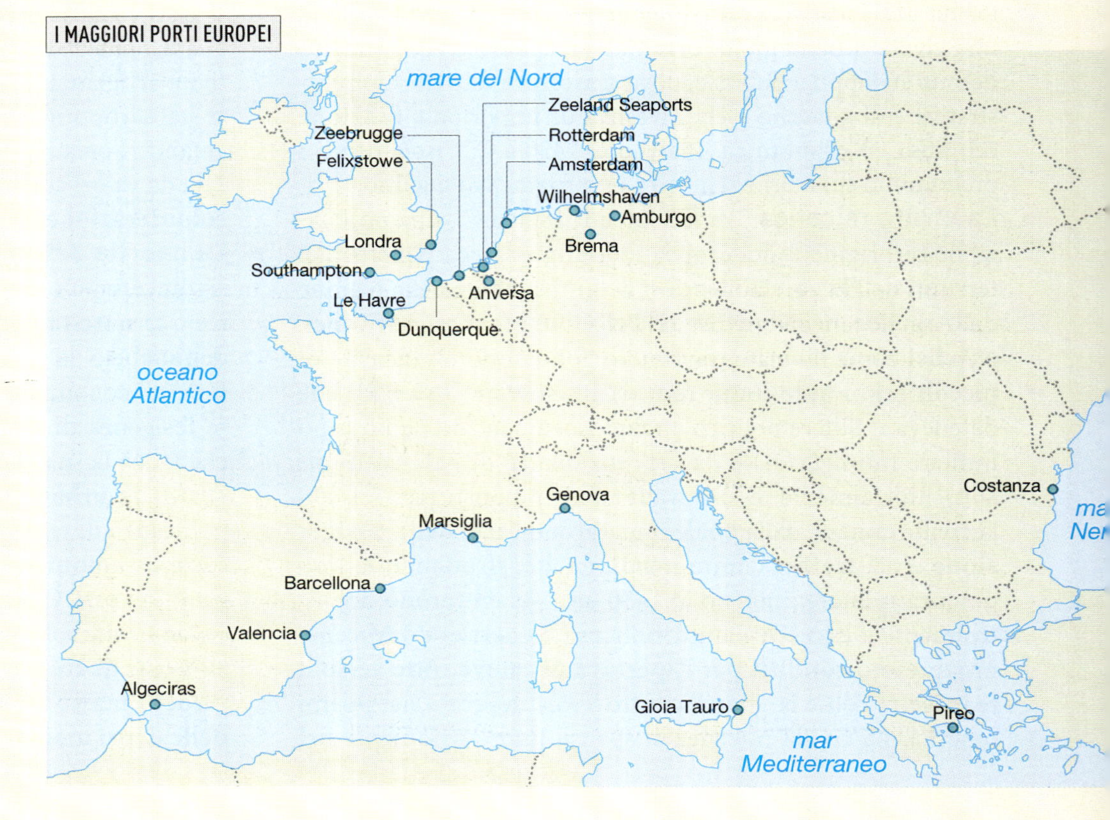

Laboratorio

Leggi la Costituzione commentata e **rifletti** sul rapporto tra passato e presente.

Nascita e sviluppo del concetto di cittadinanza

Manifesto del documentario *Ius soli*, che affronta il tema della concessione della cittadinanza ai figli di immigrati nati in Italia, secondo il principio dello *ius soli*, che privilegia la nascita (il luogo dove si nasce) al sangue (la cittadinanza posseduta dai genitori).

Nascita della *polis* e cittadinanza

L'origine del termine e del concetto di «**cittadinanza**» è legata alla **nascita delle *poleis*** greche nell'VIII secolo a.C.: esse, infatti, furono le prime comunità in cui gli abitanti ebbero il diritto di partecipare sia alla vita civile sia a quella politica.
Nelle città-stato greche il **potere** era **nelle mani dei cittadini**, che a turno lo esercitavano sulla base di una **Costituzione** (*politeia*), cioè di un insieme di norme scritte atte a regolare la vita sociale, politica e civile delle città. Il concetto di cittadinanza è quindi introdotto dai Greci nel contesto delle *poleis*.

L'evoluzione della «cittadinanza»

Il termine *politeia* (che deriva da *polis*) significa, oltre che Costituzione, anche «**diritto alla cittadinanza**». Abbiamo visto che non tutti nella Grecia antica godevano di tale diritto, ma solo i **maschi adulti di condizione libera**. Come si è evoluto il concetto di cittadinanza e come è cambiato quello di cittadino nel tempo?
Il **diritto romano** fu il primo a introdurre il concetto di **cittadinanza come appartenenza a uno Stato e non a una città**: i cittadini, però, continuarono a usufruire di privilegi e diritti ai quali lo straniero (*hostis*, poi *peregrinus*) non poteva permettersi di aspirare. Soltanto con l'Editto di Caracalla (212 d.C.), tutti gli abitanti dell'Impero romano diventarono cittadini.
Nel **Medioevo**, questo modo di intendere la cittadinanza scomparve, dal momento che non si parlava più di cittadini, ma di **sudditi** sprovvisti di diritti attivi.
A partire dal **XVIII secolo**, infine, con le rivoluzioni americana e francese, si delineò il concetto moderno di cittadinanza e di **cittadino come portatore della libertà e dei diritti inviolabili**, che può unirsi con altri cittadini per formare una volontà generale.
Oggi la nozione di cittadinanza rappresenta il **fondamento della democrazia moderna**, intesa come società di cittadini detentori dei **diritti umani**, **civili**, **politici** e **sociali** che si sono via via estesi gradualmente dal XX secolo in poi. L'art. 15 della *Dichiarazione universale dei diritti umani* afferma che «ogni individuo ha diritto a una cittadinanza».

Ius sanguinis e *ius soli*

In generale, si può acquisire la cittadinanza attraverso **due fondamentali diritti**: quello di **sangue** (*ius sanguinis*) e quello del **suolo** (*ius soli*).
Secondo lo *ius sanguinis* la cittadinanza si ottiene per eredità da un genitore che possieda già questo diritto. Secondo lo *ius soli*, invece, si è cittadini di uno Stato quando si è nati sul suo territorio; esso non tiene quindi conto della cittadinanza dei genitori. La sovrapposizione dei due sistemi può portare a una **doppia cittadinanza**: in questo caso, i due Stati si accordano su determinate questioni per evitare conflitti (per esempio, in materia di divorzio o di servizio militare).
Un caso a parte è generato dal **trattato di Maastricht** che nel 1992 istituì l'Unione Europea, il cui art. 8 afferma: «È cittadino dell'Unione Europea chiunque abbia la cittadinanza di uno Stato membro». Anche in questo caso, quindi, si parla di doppia cittadinanza: quella **europea** e quella dello **Stato membro** dell'UE.

Immigrati e cittadinanza in Italia

Riguardo agli **immigrati** e ai loro figli le regole per diventare cittadini italiani sono inserite nella **legge 91/1992**. In base a questa legge, uno straniero può diventare cittadino italiano attraverso due sistemi: quello del **matrimonio** con un cittadino/a italiano/a, in caso sia in possesso di un regolare permesso di soggiorno; e quello della **residenza** con determinate condizioni a seconda dei singoli casi.
I figli degli immigrati nati in Italia, che vi abbiano risieduto legalmente senza interruzioni fino al raggiungimento della maggiore età, divengono cittadini se dichiarano di voler acquisire la cittadinanza italiana entro un anno dalla suddetta data.

Guida alla Cittadinanza

A differenza degli altri Stati, dove il diritto alla cittadinanza per immigrati stranieri è regolato dalle rigide norme della Costituzione, in Italia esso è inserito in una legge, che in quanto tale è più flessibile davanti a possibili cambiamenti o adattamenti sociali.
Per approfondire, ti rimandiamo alla lettura del testo intero della legge 5 febbraio 1992, n. 91, che troverai nel sito www.interno.it.
Per comprendere la realtà degli immigrati che vivono oggi in Italia ti consigliamo di consultare il sito www.initalia.rai.it, *cliccando sulla sezione* La famiglia Ba.

VERIFICA

DALLE ABILITÀ ALLE COMPETENZE

CREARE UNA CARTA GEOSTORICA DINAMICA

COMPETENZA GEOSTORICA

1 **Completa la legenda inserendo i Paesi con cui i Cretesi commerciavano. Individua e scrivi nel riquadro accanto alla carta muta sottostante i nomi dei Paesi. Poi, in rosso, traccia le rotte commerciali cretesi. Alla fine, attribuisci un titolo alla tua carta geostorica dinamica.**

(→ SCHEDA DI METODO 3, p. 64)

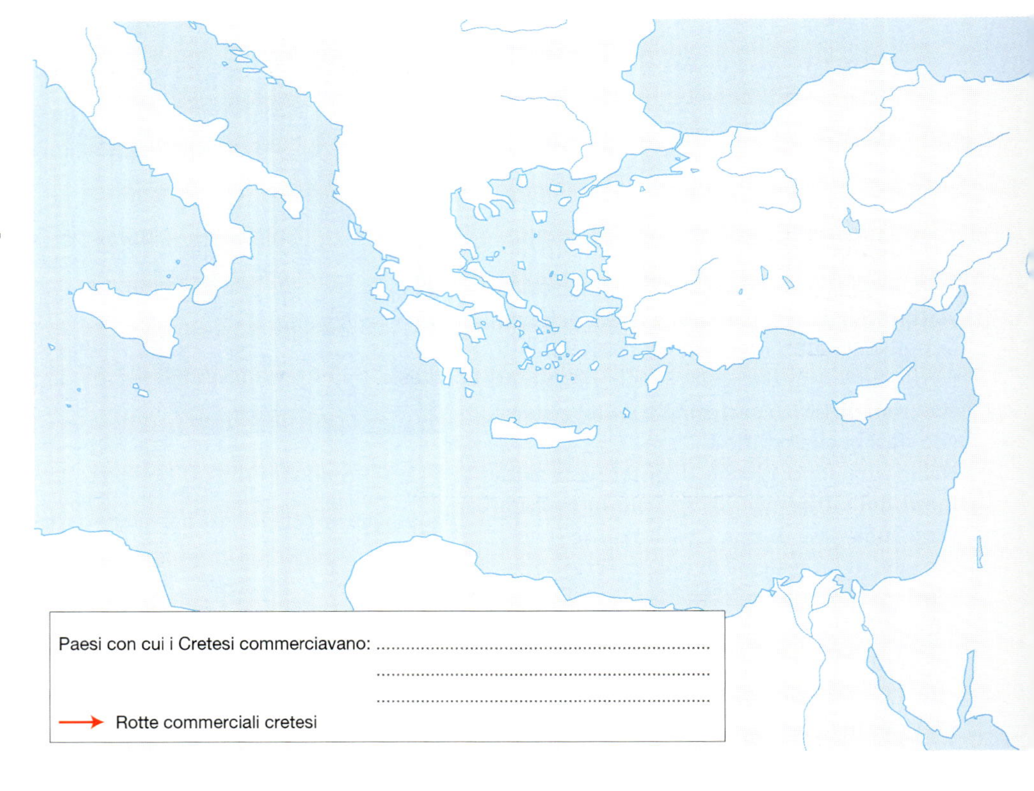

CONOSCERE, COMPRENDERE E ADOPERARE IL LESSICO STORICO E GEOGRAFICO COMPETENZA STORICA

2 **Definisci i seguenti termini trovati all'interno della lezione 5. Mettili poi in correlazione con il contesto studiato, elaborando un testo di massimo tre righe.**

(→ SCHEDA DI METODO 6, p. 112)

TERMINI	DEFINIZIONE	CORRELAZIONE CON IL CONTESTO STORICO
Talassocrazia		
Società matriarcale		
Scrittura sillabica		

RICONOSCERE LE CARATTERISTICHE PRINCIPALI DELLE VICENDE STORICHE COMPETENZA STORICA

3 **Indica se le seguenti affermazioni sono vere o false. Scrivi poi nello spazio in basso l'argomento che accomuna le frasi elencate.**

Nei secoli che seguirono la caduta della civiltà micenea

- per la Grecia iniziò un periodo di povertà e decadenza V F
- scomparve la scrittura V F
- si intensificò la vita urbana V F
- la popolazione abbandonò città e palazzi e si raggruppò in piccoli villaggi V F
- gli scambi commerciali si moltiplicarono V F
- Questo periodo venne considerato una fase di transizione piuttosto che di declino V F

....

....

DALLE ABILITÀ ALLE COMPETENZE

COMPLETARE UNA MAPPA CONCETTUALE **COMPETENZA STORICA**

4 **Completa la seguente mappa concettuale, inserendo opportunamente i numeri riferiti ai concetti-chiave sotto elencati. L'esercizio è avviato.**

(→ SCHEDA DI METODO 7, p. 156)

Concetti-chiave

1. Catastrofe naturale
2. I Micenei si stabiliscono nel Peloponneso
3. Compiono una spedizione contro Troia in Asia Minore
4. Subentrano alla civiltà cretese
5. Intrattengono rapporti pacifici con i Cretesi e apprendono l'arte della navigazione
6. Fine della civiltà micenea
7. Probabile invasione dei Dori
8. Vogliono acquisire il controllo sugli stretti
9. Probabile invasione dei Popoli del mare
10. Siccità e carestia

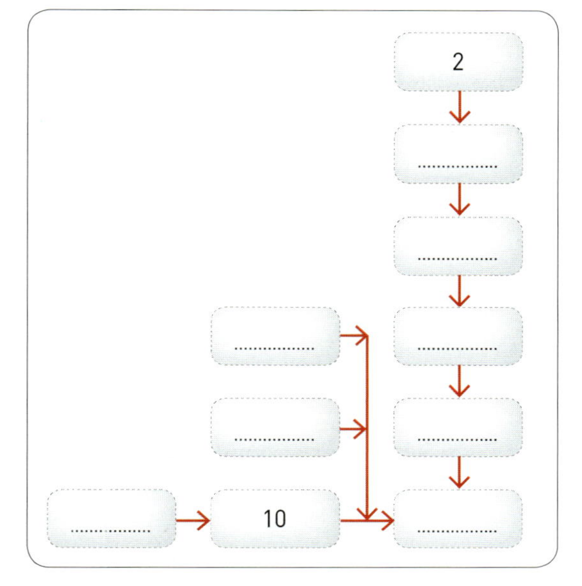

COMPLETARE UNA TABELLA **COMPETENZA STORICA**

5 **Completa la tabella sotto riportata relativa alla seconda colonizzazione.**

(→ SCHEDA DI METODO 6, p. 112)

PERIODO	
Cause	....
Direzione	....
Conseguenze politiche	....
Conseguenze sociali	....

UTILIZZARE LE COMPETENZE STORICHE E GEOGRAFICHE GIÀ ACQUISITE CORRELANDOLE ALLE COMPETENZE DI CITTADINANZA E ALLE ALTRE DISCIPLINE **COMPETENZA TRASVERSALE**

6 **Oggi l'Italia è una democrazia rappresentativa. Per approfondire questo concetto, effettua una ricerca nel sito www.initalia.rai.it (clicca in alto su «Seconda serie» e poi su «3. Il mondo alla rovescia-Il voto»). Troverai un interessante commento sul diritto di voto e sull'articolo 48 della Costituzione italiana. Leggi e ascolta la spiegazione e rielabora i concetti principali in un testo espositivo di massimo 20 righe, che segua la scaletta sottostante:**

- concetto di democrazia diretta spiegato con esempi tratti dalla lezione studiata;
- concetto di democrazia rappresentativa ricavato dalla ricerca effettuata;
- confronto tra i due sistemi con rilevazione di pregi e difetti.

6. Analizzare fonti scritte e ricavare informazioni da una tabella

Dal IV millennio a.C., cioè dalla nascita della scrittura, gli uomini iniziano a lasciare tracce scritte della loro cultura. Esse diventano fonti, nel momento in cui lo storico, dopo averle individuate, le esamina dal punto di vista critico per produrre le informazioni di cui ha bisogno. Come sappiamo dalla lezione sulle fonti e gli strumenti della geostoria (→ p. 2) le fonti scritte si possono dividere in primarie e secondarie, intenzionali e non intenzionali. Saper leggere e analizzare una fonte è un'operazione indispensabile per ricostruire e spiegare i diversi aspetti del passato (politica, diritto, economia, società). Anche le opere letterarie sono fonti storiche (primarie o secondarie), dal momento che sono ricche di riferimenti utili a ridisegnare la mentalità e la società del periodo a cui si riferiscono. La tecnica di rielaborazione in tabelle delle informazioni ricavate è utile sia per la storia che per la geografia.

NEL TEMPO

Come LEGGERE e ANALIZZARE fonti scritte

Per ricavare informazioni da una **fonte scritta**, bisogna essere in grado di dialogare con essa; come un bravo giornalista che si appresta a fare un'**intervista**, è opportuno stilare una **lista di domande**. Queste ultime saranno divise in una tabella a seconda del loro contenuto. Facciamo un esempio.

Comprensione e analisi critica della fonte			
Informazioni riguardanti la produzione della fonte		**Informazioni riguardanti l'argomento trattato**	
La fonte è primaria o secondaria?	Che cosa	Qual è l'argomento principale?	Che cosa
Chi è l'autore della fonte?	Chi	In quale tempo e in quale spazio è ambientata la vicenda?	Quando e dove
Quando è stata scritta?	Quando		
A chi è indirizzata?	A chi		
A quale scopo è scritta?	Perché		
Approfondimenti sulla fonte			
La fonte è attendibile?	Attendibilità	Si può collegare il contenuto con il periodo in cui visse l'autore?	Rapporto contenuto/periodo autore
Ci sono valutazioni o congetture dell'autore?	Valutazioni autore	Esistono altre fonti sull'argomento trattato?	Comparazione con altre fonti

Analizziamo adesso un brano tratto da un'opera dello storico greco Tucidide.

Tucidide, *La guerra del Peloponneso*, libro I, 1-22

[1] Tucidide d'Atene (1) descrisse la guerra tra Peloponnesi e Ateniesi (A) (B), come combatterono fra loro. Mise subito mano alla stesura dell'opera, dallo scoppio della guerra (2), che prevedeva sarebbe stata grave, anzi la più degna di memoria tra le precedenti (4).
Lo deduceva dal fatto che i due popoli vi si apprestavano all'epoca della loro massima potenza e con una preparazione completa osservava inoltre il resto delle genti greche schierarsi con gli uni o con gli altri, chi immediatamente, chi invece meditando di farlo.
Fu senza dubbio questo l'evento che sconvolse più a fondo la Grecia e alcuni paesi barbari (4) (B): si potrebbe dire addirittura che i suoi effetti si estesero alla maggior parte degli uomini. Infatti, sugli avvenimenti che precedettero il conflitto e su quelli ancor più remoti era impossibile raccogliere notizie sicure e chiare, per il troppo distacco di tempo; ma sulla base dei documenti,

[...] ritengo che non se ne siano verificati di considerevoli, né sotto il profilo militare, né per altri rispetti. [...] [22] I fatti concreti degli avvenimenti di guerra non ho considerato opportuno raccontarli informandomi dal primo che capitava, né come pareva a me, ma ho raccontato quelli a cui io stesso fui presente e su ciascuno dei quali mi informai dagli altri con la maggior esattezza possibile (3) (C).

Comprensione e analisi critica della fonte			
Informazioni riguardanti la produzione della fonte		**Informazioni riguardanti l'argomento trattato**	
La fonte è primaria o secondaria?	Primaria.	Qual è l'argomento principale?	La guerra tra Peloponnesi e Ateniesi (A).
Chi è l'autore della fonte?	Tucidide, storico e generale ateniese (460 ca.-395 a.C.) (1).	In quale tempo e in quale spazio è ambientata la vicenda?	Durante la guerra del Peloponneso (431-404 a.C.) nella Grecia antica (B).
Quando è stata scritta?	Contemporaneamente agli eventi narrati (2).		
A chi è indirizzata?	Agli uomini politici a lui contemporanei, che hanno la responsabilità del governo di uno Stato, e anche ai posteri.		
A quale scopo è scritta?	Non per custodire il ricordo di gesta illustri, con intento celebrativo, ma per essere politicamente utile, senza per forza dover essere piacevole all'ascolto.		
Approfondimenti sulla fonte			
La fonte è attendibile?	L'autore stesso dichiara che la sua opera è accurata, attendibile e basata sull'osservazione diretta dei fatti, perché gli eventi descritti o sono stati vissuti da lui stesso oppure sono stati tratti da fonti accuratamente selezionate (3).	Si può collegare il contenuto con il periodo in cui visse l'autore?	Sì, perché l'argomento narrato è contemporaneo al periodo in cui vive Tucidide (C).
Ci sono valutazioni o congetture dell'autore?	Tucidide considera la guerra del Peloponneso «la più degna di memoria tra le precedenti» e un conflitto che «sconvolse più a fondo la Grecia e alcuni paesi barbari». È questo il motivo per cui scrive le sue *Storie* (4).	Esistono altre fonti sull'argomento trattato?	Sì, scrivono sulla guerra del Peloponneso anche: Aristofane (450 ca.-385 a.C.), nella *Lisistrata*; Senofonte (430/425-355 ca. a.C.), nelle *Elleniche*; Diodoro Siculo (90 ca.-27 a.C.), nella *Bibliotheca historica*; e Plutarco (50-dopo il 120 d.C.), nelle *Vite parallele*.

Adesso LEGGI e ANALIZZA una fonte scritta

Ti forniamo ora una fonte da analizzare applicando il metodo sopra spiegato. Ti consigliamo di riprodurre sul tuo quaderno la tabella già esaminata per analizzarla sistematicamente. Per completare la tabella, devi cercare in rete informazioni sull'autore, lo storico Polibio, e documentarti su un periodo importante della storia romana, quello delle guerre puniche: a questo scopo, puoi consultare la LEZIONE 13, p. 252.

Polibio, Scipione piange su Cartagine (*Storie* 38, 22)
È proprio di un uomo grande e maturo, in occasione dei più grandi successi e delle sventure dei nemici, prendere consapevolezza della propria condizione e della situazione contraria e avere presente nelle circostanze favorevoli la precarietà della sorte.

Si dice che Scipione, osservando la città [*Cartagine*] allora completamente abbattuta in un'estrema rovina, versò lacrime e si lasciò vedere piangere per i nemici, avendo a lungo riflettuto tra sé e avendo compreso che è inevitabile che città, popoli e governi, tutti quanti cambino, come gli uomini, la loro sorte, e ciò accadde a Ilio, città un tempo prospera, accadde all'impero degli Assiri, dei Medi e dei Persiani, che era stato in quei tempi il più grande, e a quello dei Macedoni, che così di recente aveva brillato, e sia di proposito, sia come sfuggendogli la frase di bocca, disse: «Verrà un giorno in cui perirà Ilio sacra e Priamo e il popolo di Priamo dalla bella lancia». Dicono che quando Polibio gli chiese con libertà – infatti era anche il suo maestro – che cosa intendesse dire con quelle parole, senza esitazione menzionò la patria, per la quale era in timore, considerando le sorti umane.

NELLO SPAZIO

Come LEGGERE una tabella a doppia entrata

Per conoscere un territorio e le sue caratteristiche non è sufficiente osservare e leggere gli elementi tangibili (antropici o naturali), ma è necessario esaminare anche quelli invisibili all'occhio umano, cioè quelli reperibili grazie agli studi di organismi che si occupano di **statistica**, come l'**Istat** (Istituto Centrale di Statistica) per l'Italia o l'**Eurostat** per l'Europa. Il geografo, selezionate le informazioni necessarie, le inserisce ordinatamente nelle celle di un'apposita tabella per meglio analizzarle e confrontarle tra di loro. La **tabella**, perlopiù **a doppia entrata**, diventa così uno strumento **in grado di mettere in relazione due o più elementi per ricavarne analogie e/o differenze**, per riassumerne i dati raccolti.
Le tabelle a doppia entrata mettono in rapporto su due assi gli elementi i cui dati si incrociano. Proviamo a leggere insieme una tabella a doppia entrata.

entrata 1

entrata 2

SPESA MEDIA EFFETTIVA PER ACQUISTO DI BENI DUREVOLI PER AREA GEOGRAFICA
ANNO 2010, EURO

	NORD	CENTRO	MEZZOGIORNO	ITALIA
Lavastoviglie	527	500	561	523
Condizionatori d'aria	1549	1301	775	1293
Televisore	370	497	434	388
Personal computer	502	239	619	505
Telefono cellulare	130	140	120	130
Macchina fotografica	549	707	602	595
Automobile nuova	16.498	14.891	11.899	15.927

La tabella, ricavata da una pubblicazione dell'Istat a seguito del 15° censimento del 2011, riporta i dati della spesa media effettiva per acquisto di beni durevoli: nella prima colonna a sinistra (entrata 1) sono inseriti i tipi di beni acquistati; il primo rigo in alto (entrata 2), invece, distribuisce la spesa media di ogni bene tra il Nord, il Centro e il Mezzogiorno e in tutta Italia. Quali informazioni possiamo ricavare da un'attenta lettura dei dati?

- Nell'anno 2010 gli italiani hanno effettuato maggiori spese per comprare auto nuove rispetto ad altri beni.
- Il Nord ha effettuato maggiori spese per comprare più automobili rispetto al Centro e al Mezzogiorno.
- In rapporto al Nord o al Centro, il Mezzogiorno ha effettuato spese più consistenti per comprare pc e lavastoviglie; il Centro, invece, per acquistare macchine fotografiche e televisori.
- Un dato che fa riflettere è che, pur essendo nota l'elevata temperatura media estiva nel Mezzogiorno, in quest'area la spesa media per i condizionatori d'aria è stata inferiore rispetto al Nord.

Adesso LEGGI una tabella a doppia entrata

Una **tabella a doppia entrata** può riportare **dati di diversa entità**, che è specificata in una delle due entrate o con una nota ai piedi delle celle. In tal caso, è sempre opportuno leggere attentamente il contenuto delle entrate e, se ve ne sono, le note, il più delle volte richiamate da asterischi. La tabella qui fornita riporta i dati delle scuole statali, delle classi e degli alunni per ogni grado scolastico relativamente al 2010-2011. Leggi con cura il contenuto delle celle, quindi ricava le informazioni richieste.

SCUOLE, CLASSI E ALUNNI PER TIPO DI SCUOLA
ANNO SCOLASTICO 2010-2011

	DELL'INFANZIA	PRIMARIE	SECONDARIE DI PRIMO GRADO	SECONDARIE DI SECONDO GRADO
Scuola	24.260	17.724	7937	6909
Classi*	73.315	59.208	82.654	127.096
Alunni	1.687.840	2.827.564	1.787.467	2.669.189
% femmine sul totale	48,1	48,3	47,9	48,9
% iscritti a scuole pubbliche	69,9	92,9	95,9	94,7
Stranieri per 100 iscritti	8,6	9,0	8,8	5,8
Ripetenti per 100 iscritti	-	0,3	4,3	7,0
Insegnanti**	81.216	209.710	140.098	211.834
Alunni per insegnante**	12,3	12,3	12,0	11,7

*per le scuole dell'infanzia si fa riferimento alle sezioni ** i dati si riferiscono alle sole scuole statali

- In quale grado scolastico si riscontra il maggiore e il minore numero di scuole? ....
- Il numero maggiore di classi si riscontra nella scuola ....
- Sono iscritti più alunni nella scuola ....
- La percentuale minore sul totale di alunne femmine è iscritta nella scuola ....
- Quanti stranieri si contano ogni 100 iscritti nelle scuole primarie? ....
- Ci sono ripetenti nella scuola d'infanzia? ....
- Gli insegnanti qui considerati riguardano sia le scuole statali sia le paritarie e private V F
- Il numero dei docenti è maggiore nelle scuole secondarie di primo grado V F
- Nella scuola secondaria di secondo grado un insegnante ha più alunni rispetto alla scuola d'infanzia V F

NEL COMPUTER

Adesso COSTRUISCI una tabella a doppia entrata con il tuo computer

Oggi, per la costruzione di una tabella, possiamo avvalerci dei mezzi informatici e dei loro innumerevoli programmi, utili per la semplificazione del lavoro. Il programma maggiormente utilizzato è Microsoft Excel, presente ormai nella maggior parte dei computer.
Apri un foglio vuoto di Excel per realizzare un nuovo documento dal titolo *I principali aeroporti nel mondo* (2009). Crea una tabella a doppia entrata, utilizzando i dati forniti di seguito.
Nell'**entrata 1** inserisci le città degli aeroporti interessati con i relativi Stati tra parentesi (per questo utilizza i numeri nella colonna a sinistra del foglio di Excel); nell'**entrata 2**, invece, introduci il numero di passeggeri e le merci espresse in tonnellate (ti servirai delle lettere nel primo rigo superiore della pagina di Excel), come nell'esempio che ti proponiamo.

Pechino (Cina), passeggeri (N°) 73.891.801, merci (t) 1.549.126
Tokio-Haneda (Giappone), passeggeri (N°) 64.069.098, merci (t) 804.995
Hong Kong (Cina), passeggeri (N°) 50.410.819, merci (t) 4.168.394
Dubai (Emirati Arabi Uniti), passeggeri (N°) 47.180.628, merci (t) 2.270.498
Bangkok (Thailandia), passeggeri (N°) 42.784.967, merci (t) 1.310.146
Singapore (Singapore), passeggeri (N°) 42.038.777, merci (t) 1.841.004

entrata 1
entrata 2

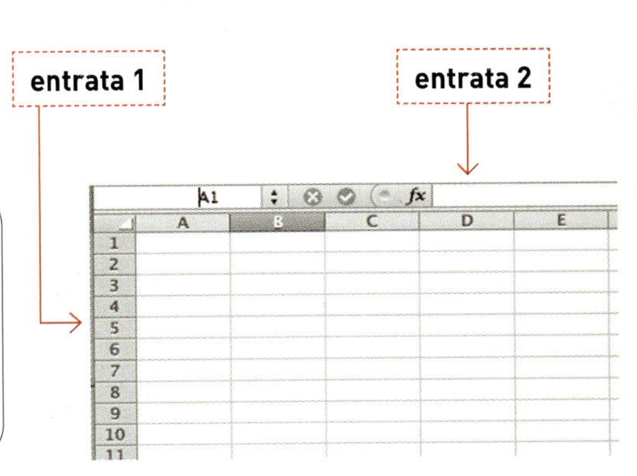

Lezione 6 Due *poleis* a confronto: Sparta e Atene

Lezione

La lezione interattiva ti aiuterà a **ripassare**, **approfondire** e **verificare** le tue conoscenze su **Sparta** e **Atene**.

Atlante

Scopri e **approfondisci** i luoghi e gli avvenimenti della **storia antica** sulla cartografia 3D Google Earth.™

Per una lettura geostorica

IERI

LA GRECIA DELLE CITTÀ-STATO

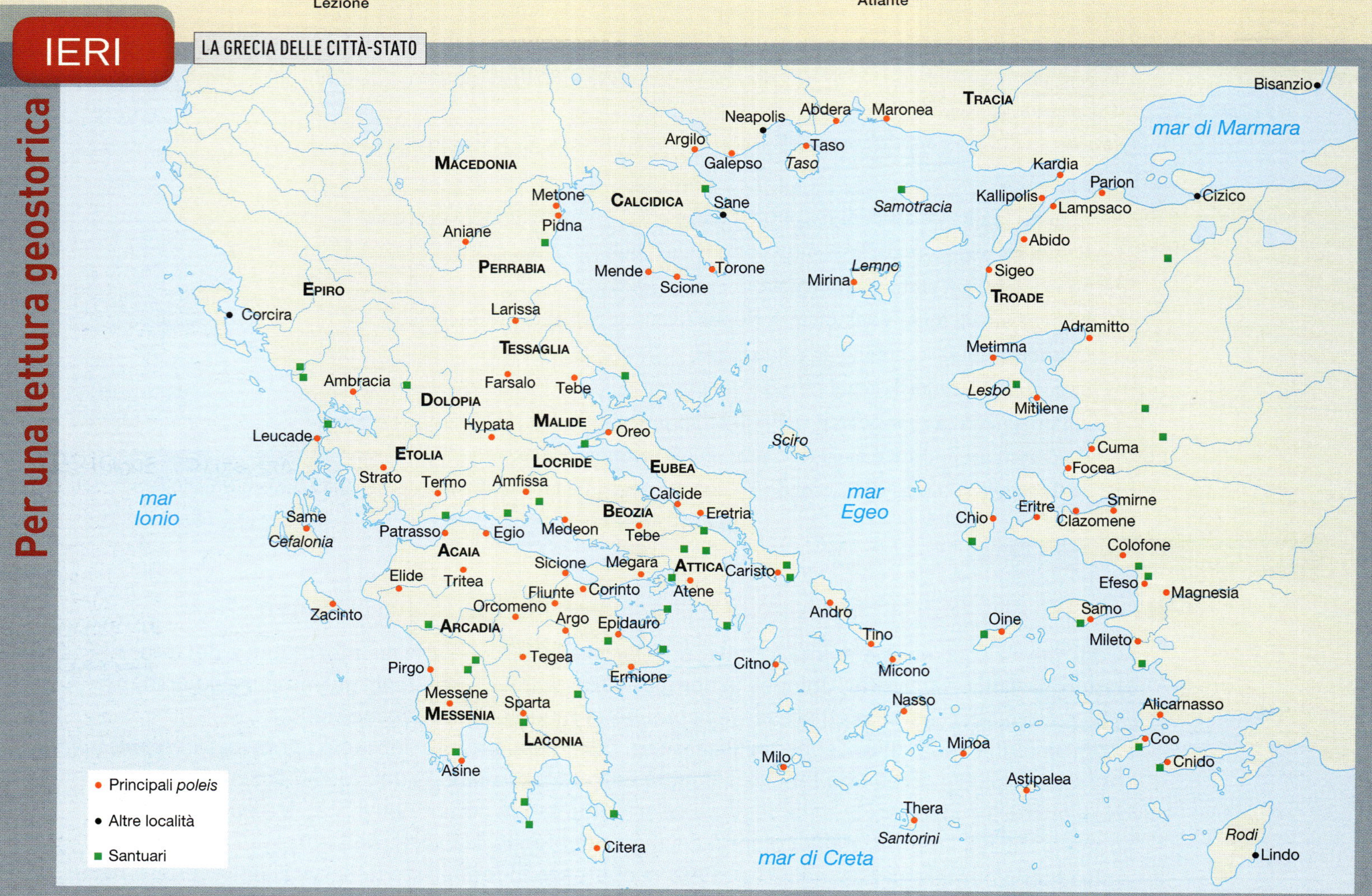

1 La Grecia fu un punto di riferimento culturale nell'Occidente?

Nonostante la sua **frammentazione** geografica e politica, che rendeva difficili i collegamenti tra le numerose *poleis* e impedì la fondazione sul suo territorio di uno Stato unitario, la **Grecia antica** fu in grado di partorire un **sistema culturale e di valori comuni**, che già nell'antichità si diffuse rapidamente in tutto l'Occidente. Anche la successiva civiltà latina, infatti, si ispirò largamente, nella sua formazione, alle fondamenta della cultura greca. La Grecia rappresentò quindi un punto di riferimento per il progressivo strutturarsi della **cultura occidentale**.

2 Di quali valori politici si fece promotrice la città di Atene?

Nel campo politico in Grecia si svilupparono due esperienze importanti: il regime oligarchico di Sparta e la **democrazia** di Atene. In particolare, l'esperienza ateniese segnò una svolta nel modo stesso di intendere il concetto della **rappresentanza politica**. Ad Atene, infatti, presero corpo e fiorirono le radici della democrazia, che permise a **tutti i cittadini** (anche se dalla cittadinanza erano esclusi donne, stranieri e schiavi) di partecipare alle scelte sul governo della città, indipendentemente dalla famiglia in cui erano nati o dalle ricchezze che possedevano.

OGGI

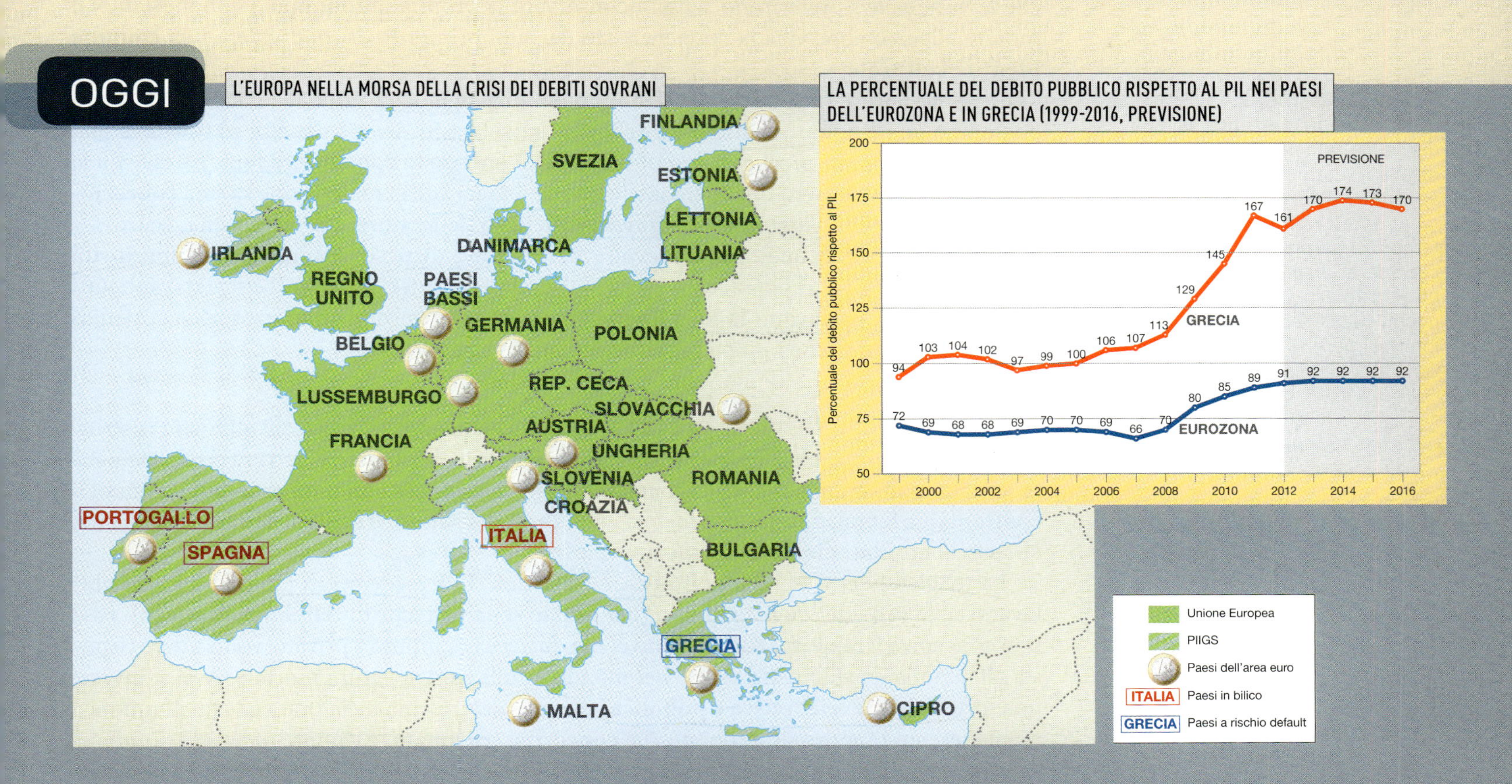

3 Oggi, com'è vista la Grecia in Occidente?

Oggi la Grecia vive un periodo di **disastrosa crisi economica**. All'origine di questa situazione c'è l'aumento incontrollato del **debito pubblico**. La crisi ha portato a una recessione economica e a un forte **aumento della disoccupazione**, passata dal 12,6% del 2010 al 17,7% del 2011 (mentre in Europa era del 9,7%). Per uscire dalla crisi l'Unione Europea ha concesso un prestito di 110 miliardi di euro alla Grecia, che però ha dovuto agire in modo radicale, con forti tagli alla spesa pubblica e l'aumento della tassazione.

4 In Europa, lo spettro del fallimento è solo un problema greco?

Oltre alla Grecia, lo spettro del fallimento e la precarietà finanziaria riguardano anche **altri Stati dell'Unione Europea**, in particolare quelli definiti spregiativamente dai giornalisti economici «**PIIGS**» (Portogallo, Irlanda, Italia, Grecia e Spagna, acronimo che in inglese richiama la parola *pigs*, «maiali»). Incapaci di reagire alla grave crisi economica mondiale iniziata nel 2009, questi Paesi hanno varato pesanti misure di politica economica. Il rischio è che la recessione e le misure di riduzione del debito portino all'**impoverimento** di larghe fasce della **popolazione**.

1 L'identità comune del mondo ellenico

Una comune identità culturale La Grecia (lo abbiamo visto nella lezione precedente) era caratterizzata da un'estrema **frammentazione politica**: le diverse città-stato non si aggregarono mai in uno Stato unitario. Ciò fu dovuto sia alla conformazione geografica del suo territorio, che impediva agevoli collegamenti al suo interno (→ CARTA, p. 92), sia al fatto che le varie *poleis* preferirono sempre conservare la propria **autonomia**. Ciononostante, il mondo ellenico ebbe viva la coscienza, sin dai suoi primordi, di condividere una **comune identità culturale**.

Il primo fattore identitario era costituito dal linguaggio, ovvero dalla consapevolezza di possedere una **lingua comune** che, sebbene articolata in diversi dialetti, permetteva agli abitanti delle regioni greche di comprendersi e di entrare in contatto tra loro. Attraverso la lingua i Greci espressero una mentalità comune, basata sulla condivisione di una **concezione religiosa** e su un **patrimonio culturale collettivo** (letteratura, storia, filosofia, teatro).

Proprio in virtù di questa consapevolezza, che celava dietro di sé un senso di **superiorità** nei confronti degli altri popoli considerati culturalmente inferiori, i Greci etichettavano tutti **coloro che non parlavano la loro lingua** come «**barbari**», termine onomatopeico costruito sul suono «bar bar» che imita il balbettio indistinto e confuso.

> **IL LESSICO STORICO**
>
> **Barbaro** Il termine greco, che deriva dal suono «bar bar», indicava il «balbettio» di chi, non sapendo parlare la lingua ellenica, emetteva suoni rozzi. Col tempo, la parola assunse un'accezione di disprezzo verso tutti gli «stranieri», cioè verso quei popoli che i Greci consideravano inferiori perché non appartenevano alla loro civiltà.

La concezione religiosa greca Un secondo elemento attorno a cui gli Elleni costruirono la loro identità era la religione. L'orizzonte religioso del mondo greco era profondamente lontano dalla tradizione delle grandi religioni monoteiste con cui siamo oggi abituati a confrontarci: l'ebraismo, già affermatosi nella Terra di Canaan, il cristianesimo e l'islamismo, che sarebbero stati predicati nei secoli successivi.

La religione dei Greci era **politeista**, basata cioè sulla credenza in più divinità, che abitavano sulla vetta del monte Olimpo (per questo si parla anche di **religione olimpica**). Essa non concepiva il rapporto con il divino come qualcosa di intimo e privato, volto a dare risposta alle domande sul nostro essere nel mondo e sulla nostra natura mortale. Aveva, invece, una forte **valenza celebrativa e pubblica**, che prendeva forma nelle pratiche rituali mirate a mantenere un rapporto improntato alla **concordia tra umano e divino**.

I Greci, in questo senso, accompagnavano gli atti significativi della loro vita sociale e civile con azioni sacre, come i **sacrifici**, che avevano come scopo di ottenere il favore divino, e la consultazione degli **oracoli**, responsi forniti dalla divinità su questioni ignote o sulla giusta maniera di agire in determinate circostanze.

Nella religione olimpica non vi erano inoltre testi sacri, frutto di una rivelazione diretta da parte del divino (come era avvenuto con la Bibbia nella religione ebraica), né una prospettiva di salvezza dopo la morte, poiché gli Elleni prefiguravano per i mortali un indistinto vagare nel regno delle ombre, l'**Ade**.

I Greci, però, elaborarono un articolato sistema di **narrazioni mitiche**, che raccontavano vicende a carattere immaginativo sulla nascita del mondo (miti cosmogonici), le origini dell'uomo (miti antropogonici), degli dèi (miti teogonici) e degli eroi (miti eroici), la genesi delle norme e dei criteri economici alla base delle comunità (miti eziologici).

A differenza di quelle orientali, la civiltà greca non era condizionata dal potere di una casta sacerdotale. Sebbene vi fossero alcuni sacerdoti – d'indubbio prestigio – preposti all'amministrazione dei riti dei santuari, le **pratiche di culto** non erano di loro esclusiva competenza, ma venivano officiate generalmente da **funzionari pubblici**.

Il **pantheon** della religione greca era originariamente composto da un gruppo di **dodici divinità principali**, che svolgevano un'importante funzione sia nella vita pubblica, nel proteggere e nel fare prosperare la *polis* e i suoi cittadini, sia nella dimensione privata, come custodi dei principali momenti e luoghi della vita domestica.

> **IL LESSICO STORICO**
>
> **Pantheon** Il termine, che deriva dal greco *pan* («tutto»), e *theós* («dio»), era utilizzato nell'antichità per indicare un tempio dedicato a tutti gli dei. Per estensione, è passato poi a designare l'insieme delle divinità oggetto di culto in una religione politeista.

A ciò deve aggiungersi la **natura antropomorfa** delle divinità greche. Sebbene immortali, beati e protettori dell'equilibrio del cosmo, gli dèi avevano infatti aspetto e carattere umano. Essi, come gli uomini, erano soggetti alle **passioni**, provavano **sentimenti** e tra scherni, odi, amori e ripicche intervenivano nella vita dei mortali.

Pur essendo anche nei loro **vizi** molto simili agli uomini, grazie alla beatitudine della loro vita sull'Olimpo, alla bellezza delle loro forme e al coraggio con cui compivano le loro imprese, gli dèi olimpici rappresentavano comunque un'**umanità ideale**, a cui i Greci guardavano come a un modello di ordine e virtù da praticare nella *polis* terrena.

Le divinità greche Poseidone, Apollo e Artemide rappresentate dall'architetto greco Fidia sul fregio del lato nord del Partenone; V secolo a.C. Le divinità furono raggruppate lungo il fregio in riferimento alla disposizione topografica dei loro luoghi di culto sopra e vicino all'Acropoli di Atene. Atene, Museo dell'Acropoli.

I culti misterici

Accanto alla religione ufficiale, che per la sua natura pubblica non rispondeva all'esigenza di una **dimensione spirituale interiore** e intima, i Greci elaborarono una serie di **culti**, detti **misterici** perché destinati solo a pochi eletti, i quali, per potervi partecipare, dovevano sottoporsi a una **cerimonia d'iniziazione**. Erano aperti a tutti, senza distinzione sociale, e, quindi, vi prendevano parte anche gli esclusi dalla vita cittadina (donne, schiavi e stranieri). I più antichi misteri testimoniati (i **misteri eleusini**) avevano luogo nel santuario della dea Demetra presso Eleusi, una località vicino ad Atene, ed erano connessi al culto della **fertilità** e ai riti legati ai **cicli stagionali dell'agricoltura**.

I **misteri dionisiaci**, a differenza di quelli eleusini, erano invece culti clandestini, non autorizzati dalle istituzioni cittadine. Legati al culto di Dioniso, dio della vite e del vino, prevedevano che i partecipanti, tramite **danze e cerimonie orgiastiche**, raggiungessero l'estasi per entrare in comunione con il dio. La perdita del controllo e dell'equilibrio di coloro che partecipavano a questi riti portò le autorità cittadine a proibirli in quanto ritenuti pericolosi per la stabilità politica della *polis*.

I culti misterici si diffusero soprattutto in età ellenistica (→ LEZIONE 9), quando le *poleis* greche persero la propria indipendenza e i legami comunitari che le avevano contraddistinte si allentarono.

Riti e santuari

I Greci praticavano la religione olimpica anche in **luoghi di culto comuni** a più *poleis*, ovvero nei **santuari**. I santuari erano situati in territori lontani dalle *poleis* e ospitavano al loro interno un **clero ufficiale** a cui era riservato il compito di officiare il culto e di amministrare il tesoro in essi custodito. Il dio a cui era dedicato il santuario comunicava agli uomini i suoi messaggi, gli oracoli, con l'aiuto di un sacerdote o di una sacerdotessa che faceva da tramite. I santuari erano luoghi di culto di estrema **importanza sociale**, dove si richiedeva il **responso** divino sia su **questioni private** sia su questioni **pubbliche**.

La **fede negli oracoli** costituiva così un terzo fattore di **unione identitaria** per il mondo ellenico. Intorno a particolari santuari, infatti, si costituirono alcune **leghe sacre**, le **anfizionìe**, che riunivano più *poleis* con lo scopo di gestire questi luoghi e di organizzare periodicamente **spettacoli**, **cerimonie** e **giochi** in onore della divinità. Queste leghe, nate con **funzio-**

MITI E LEGGENDE
L'Aldilà per i Greci

L'Ade – il mondo ultraterreno dei Greci e anche il nome del dio dei morti – era innanzitutto un luogo effettivo, tangibile, in cui talvolta erano riusciti a entrare anche alcuni mortali (per esempio Ulisse, Orfeo, Teseo), attraverso spaccature della terra, boschi e vulcani. L'Ade accoglieva tutti i defunti, eccetto coloro che non erano stati sepolti, destinati a peregrinare incessantemente al di fuori del regno. Le anime dei morti, in genere, non ricevevano premi particolari se meritevoli né punizioni se colpevoli.

Infine, gli spiriti potevano comunicare con i vivi. Se questi ultimi infatti compivano sacrifici, i morti apparivano fisicamente e, dopo avere sorseggiato sangue di animale, riacquistavano memoria e consapevolezza e dialogavano con loro.

Danza di baccanti intorno all'idolo di Dioniso, dipinto a figure rosse della fine del V secolo a.C. Le baccanti erano le seguaci di Dioniso.

■ Veduta della valle e del tempio di Apollo, a Delfi. Il santuario di Delfi, il più importante centro oracolare greco, era situato alle pendici del monte Parnaso, nella Focide, un luogo che, secondo il mito, costituiva il centro della Terra. A Delfi giungevano persone da tutta la Grecia per interrogare la Pizia, la sacerdotessa del santuario, su varie questioni, dall'esito di una guerra al luogo adatto alla fondazione di una colonia. All'enunciazione della domanda, la Pizia, dopo essere caduta in uno stato di estasi durante il quale si riteneva che fosse Apollo stesso a parlare, dava una risposta misteriosa e criptica. Toccava poi ai sacerdoti interpretare il responso.

ne religiosa, col tempo divennero **alleanze commerciali e politiche**. Un santuario di vitale importanza per i Greci fu quello di Apollo a Delfi.

Le Olimpiadi e gli altri giochi panellenici Un quarto elemento identitario per i Greci era costituito dai **giochi sacri**, che venivano organizzati con cadenza periodica presso **i santuari più importanti**, in occasione di **feste religiose**. I giochi più importanti erano quelli che, a partire **dal 776 a.C.**, si tenevano ogni quattro anni, per cinque giorni, a **Olimpia**, città dell'Elide, in onore di Zeus. Per capire l'importanza delle Olimpiadi, basti pensare che l'**inizio del calendario greco** veniva fatto coincidere con l'anno della loro prima edizione.

Gli **atleti** che partecipavano alle gare, provenienti da tutta la penisola, dovevano essere liberi, di genitori greci e di rango elevato, dal momento che erano a loro carico l'addestramento, il viaggio e la permanenza a Olimpia. Le competizioni avevano una **forte valenza aggregante e simbolica** e ai vincitori erano tributati grandi **onori** nelle loro città di origine.

In realtà, le Olimpiadi non erano soltanto un evento sportivo, ma anche sociale. Si riunivano infatti per l'occasione poeti e scrittori famosi, per declamare i loro versi, e commercianti, per vendere al pubblico prodotti di ogni genere. Grazie all'importanza e al prestigio che rivestivano e all'indubbia funzione sociale che svolgevano, durante il periodo dei giochi olimpici veniva indetta una «**tregua sacra**», in cui era severamente vietato impugnare le armi.

Oltre a quelli olimpici, in Grecia si celebravano anche altri **giochi panellenici** (da *pan*, «tutto», ed *Elleni*, «Greci»): i **Pitici** o **Delfici** si tenevano ogni quattro anni nella Focide in onore di Apollo; gli **Istmici** si svolgevano con cadenza biennale nel Peloponneso per il dio Poseidone; i **Nemei** ogni due anni nell'Argolide in onore di Zeus; i **Panatenaici** ogni quattro anni ad Atene, nell'Attica, nell'ambito delle celebrazioni della dea Atena, protettrice della città.

Il patrimonio culturale Il quinto e ultimo fattore attraverso il quale l'identità degli Elleni si consolidò fu la nascita di un patrimonio e una **tradizione culturale comune**. Accanto alle composizioni epiche dei periodi precedenti si diffuse la **poesia lirica**, un genere poetico in cui iniziarono a trovare espressione i **sentimenti personali** e le **passioni più intime**. Conosciuto già in età omerica, consisteva nella declamazione di alcuni versi, con l'accompagnamento di uno strumento musicale (solitamente la lira). Il contenuto delle poesie verteva su argomenti personali e reali, distinguendosi in tal modo dalle favolose narrazioni epiche, caratterizzate da tematiche collettive ed eroiche.

Infine, dall'incontro tra la sapienza millenaria di origine orientale e lo spirito razionale frutto della libertà e dell'autonomia proprie della *polis* sorse un nuovo modo di affrontare il problema della conoscenza: la **filosofia**. Intorno al VI secolo a.C., infatti, prese avvio l'indagine di alcuni pensatori, attivi nella città di Mileto nella Ionia, che andavano alla ricerca di un **principio materiale unitario** da cui si sarebbe originato il mondo.

Non bisogna dimenticare, per ultimo, il **teatro**, che ebbe il massimo sviluppo nell'Atene del V secolo a.C. (→ LEZIONE 8, PARAGRAFO 2).

IL LESSICO STORICO

Filosofia Il termine deriva dal greco *philein*, «amare», e *sophia*, «sapienza». Indica un sapere che, distaccatosi con il tempo dalla mitologia e dalle tradizioni poetiche, ricerca soluzioni razionali alle questioni che riguardano l'origine del mondo, dell'uomo e della conoscenza.

PER RIPASSARE

1. Quali erano gli elementi unificanti dei Greci?
2. Come mai i Greci celebravano culti pubblici in onore degli dèi?
3. Che cosa erano le anfizionìe?
4. Come nacquero le Olimpiadi e quale valore assunsero presso i Greci?

Due **opinioni** diverse sui giochi **olimpici**

LEGGI LE FONTI

Coppa a figure rosse del pittore Cleomelos, particolare con un lanciatore del disco; V secolo a.C. Parigi, Museo del Louvre.

1. Pindaro celebra la città di Olimpia

Il poeta greco Pindaro (518 ca. a.C.-438 ca. a.C.), uno tra i più grandi rappresentanti della lirica corale, esprime in questo epinicio, un canto in onore dei vincitori nelle gare atletiche, tutta la sua ammirazione per l'istituzione dei giochi a Olimpia. La città dell'Elide, considerata gloriosa sede di culti e celebrazioni per il padre degli dei, primeggia sulle altre, poiché è sede delle gare agonistiche più importanti della Grecia.

Olimpia, madre dei giochi dall'adorata corona, sovrana di verità: dove i profeti interpretando vittime in fiamme chiedono a Zeus dalla folgore splendente se ha un disegno propizio per gli uomini desiderosi nel cuore di cogliere il grande successo, balsamo contro gli affanni.

Come l'acqua è il più prezioso di tutti gli elementi, come l'oro ha più valore di ogni altro bene, come il sole splende più brillante di ogni altra stella, così splende Olimpia mettendo in ombra tutti gli altri giochi.

Combattimento tra due pugili, con il giudice alle loro spalle, in una coppa a figure rosse; VI-V secolo a.C.

2. Euripide critica il culto greco per gli atleti

Dal VI secolo a.C., le poleis *greche iniziano a tributare fastosi onori ai vincitori delle gare. Il drammaturgo greco Euripide (485 a.C.-407/406 a.C.) scaglia, in questo testo (tratto da un frammento di una sua opera teatrale, l'*Autolico*), un'invettiva contro l'esaltazione esagerata della figura dell'atleta. Egli non deve essere celebrato eccessivamente, poiché non compie gesta eccezionali, come per esempio difendere la propria nazione. Queste azioni coraggiose sono invece appannaggio dei semplici cittadini, che si battono valorosamente per l'onore della patria, o degli amministratori che, con la loro saggezza nel governare, evitano le ribellioni e mantengono la pace.*

Ma loro non sono capaci nemmeno di reggere la miseria e affrontare il destino, perché non sono abituati a costumi di virtù ed è duro per loro finire in povertà. Certo da giovani se ne vanno orgogliosi, come idoli della loro città, ma quando arriva l'amara vecchiaia finiscono male come cenci logori. Sono contrario anche all'uso dei Greci di organizzare per loro delle riunioni e di onorare piaceri inutili per la gioia di un banchetto. Dunque quale bravo lottatore, quale veloce corridore, o lanciatore di disco, o pugilatore vittorioso con le corone che ha conquistato si è reso benemerito della propria città? Combattono forse il nemico con il loro disco? Scacciano l'invasore della patria prendendo a pugni gli scudi nemici? Nessuno si dà a queste follie quando il ferro avversario incombe.
Sono allora i saggi e valorosi cittadini che bisogna incoronare, e chi governa la città nel modo migliore, da uomo saggio e giusto, e chi con le sue parole allontana il male, eliminando guerra e sedizione. Queste sono per ogni città e per tutti i Greci le belle azioni!

ANALIZZA LE FONTI

Dopo aver letto attentamente i due testi proposti, metti una croce nel riquadro che ritieni opportuno.

CARATTERISTICHE CHE SI EVINCONO DALLE FONTI	PINDARO	EURIPIDE
Il premio delle gare ginniche, una corona di foglie, è molto ambìto e ha un gran valore.		
I giochi olimpici hanno anche una valenza sacra.		
Un cittadino è più valoroso di un atleta.		
Un ginnasta perde la fama con il sopraggiungere della vecchiaia.		
I giochi olimpici superano per importanza quelli di altre *poleis*.		
Le attività sportive non hanno utilità civica.		
Le attività sportive leniscono le sofferenze.		
Le parole assennate sono più importanti dell'abilità fisica nelle gare.		

2 Sparta dalla fondazione all'espansione

■ Rovine di Sparta; sullo sfondo si può vedere la città moderna, rifondata nel 1834, più a Sud rispetto all'antica *polis*.

Le caratteristiche del territorio ieri e oggi Durante la prima colonizzazione, i Dori si stanziarono a Sud-Est del Peloponneso (→ LEZIONE 5, PARAGRAFO 3) e, intorno al X secolo a.C., fondarono **Sparta**, destinata a divenire «una delle più potenti e celebri città della Grecia», come scrisse lo storico greco Senofonte (430/425 a.C.-355 ca. a.C.).

Il territorio della nuova *polis* era la regione della **Laconia**, una fertile pianura a circa 200 metri sul livello del mare, solcata dal **fiume Eurota** e circondata da due catene montuose, il **Taigeto** (2407 m) a Occidente e il **Parnone** (1937 m) a Oriente, e dall'altopiano arcade della Sciritide. Gli Spartani si servivano dell'Eurota come **via di trasporto** delle merci fino al porto di Gytheio, il lontano sbocco sul mare (a circa 40 km) della città lacedemone.

Sparta sorgeva in una sorta di **roccaforte naturale**, che salvaguardava la città da attacchi militari anche in mancanza di una cerchia di mura. Non aveva molti abitanti, ma dal 550 circa al 371 a.C. riuscì a estendere il suo dominio su larga parte del **Peloponneso**.

La fondazione di Sparta e la conquista della Messenia Sparta, a differenza di Atene, non si sviluppò attorno a un nucleo abitato centrale, ma sorse dall'unione di ben cinque villaggi (Limne, Cinosura, Mesoa, Pitane e Amicle) sulle ceneri dell'**antica Lacedemone**, città del leggendario re acheo Menelao, distrutta nel 1200 a.C., in seguito al crollo della civiltà micenea.

Due diversi **racconti mitici** illustrano le vicende della fondazione di Sparta (→ MITI E LEGGENDE, p. 123): uno fa risalire la nascita della città all'eroe mitologico **Eracle**, l'altra a un legislatore chiamato **Licurgo**, autore della **Costituzione** che stabiliva in che modo la città dovesse essere governata.

SPARTA E I SUOI DOMINI

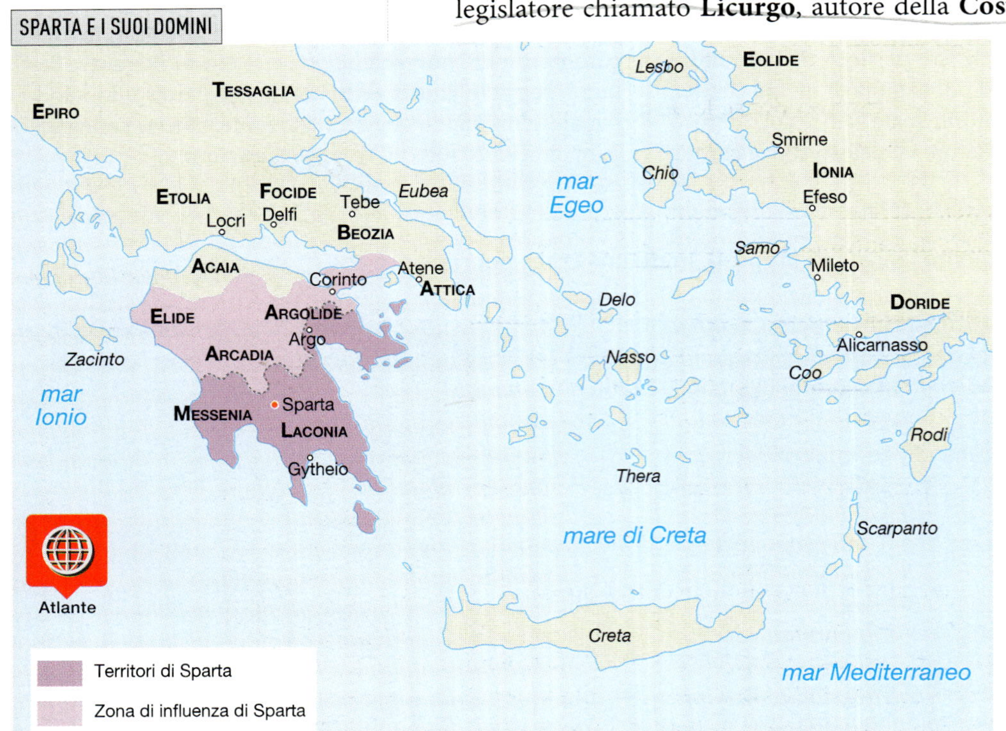

Gli Spartani, dopo avere consolidato il loro predominio sulla Laconia, affermarono la propria supremazia sulla regione confinante della **Messenia**. La sua abbondanza di campi fertili spinse gli Spartani ad affrontare **due** interminabili guerre (la prima tra il 735 e il 715 a.C., la seconda probabilmente dal 685 a.C. al 669 a.C.) al cui termine la regione fu divisa in lotti di terra assegnati ai cittadini spartani. Queste terre furono coltivate dagli **abitanti della Messenia** ridotti in **condizione servile** e costretti a versare metà del raccolto a Sparta.

Tuttavia, il successo di questa conquista ebbe due aspetti divergenti. Se da un lato Sparta acquisì potere, prestigio e terre, dall'altro essa dovette far fronte al violento risentimento dei Messeni sottomessi, che non rinunciarono mai al sogno di riconquistare la libertà perduta. La **tattica oplitica** in battaglia (→ LEZIONE 5, PARAGRAFO 4), la **creazione della Lega peloponnesiaca** e la realizzazione di **solide istituzioni politiche** consentirono però a Sparta di arginare a lungo le impetuose ribellioni dei Messeni.

Lo strumento dell'egemonia: la Lega peloponnesiaca Nel VI secolo a.C., Sparta rivolse le sue energie militari contro gli **Arcadi** e gli **Argivi** (gli abitanti della città di Argo). I successi, conseguiti grazie alla forza e all'organizzazione dell'esercito, gettarono le basi per la formazione della **Lega peloponnesiaca**, un sistema di **alleanza militare a guida spartana** che, in poco tempo, fece confluire quasi tutto il Peloponneso, eccetto l'Acaia, sotto l'orbita d'influenza spartana.

In realtà, Sparta strinse **trattati militari separati** con le diverse *poleis*, la cui condizione principale stabiliva che ogni città «avrebbe avuto gli stessi amici e nemici dei Lacedemoni». Gli alleati dovevano quindi aiutare la città egemone, sia nel caso di una rivolta interna a Sparta sia nell'eventualità di un attacco esterno, ma non erano tenuti a erogarle tributi. In tal modo, Sparta dava vita a un formidabile **strumento giuridico** per la sua difesa militare.

PER RIPASSARE

1. In che modo il mito unisce le sorti della Lacedemone micenea e della Sparta dorica?
2. Come si comportarono gli Spartani nei confronti dei Messeni?
3. Quali vantaggi ottenne Sparta dalla costituzione della Lega peloponnesiaca?

3 La Costituzione spartana

Gli spartiati La **società spartana** era suddivisa in **tre gruppi** rigorosamente distinti: spartiati, perieci e iloti.

Gli **spartiati** rappresentavano il gruppo meno numeroso, circa 10.000 uomini, ma l'unico a detenere i **diritti politici e civili**. Si trattava di una cerchia ristretta di **guerrieri**, che erano considerati tradizionalmente gli eredi degli antichi Dori e che costituivano il **nerbo dell'esercito.**

Gli spartiati erano proprietari terrieri e tra di loro venivano divise le terre conquistate in guerra. I loro appezzamenti non potevano essere venduti e venivano lavorati esclusivamente dai servitori dello Stato, gli iloti. In tal modo, gli spartiati potevano interamente dedicarsi all'**addestramento militare** e alla **vita politica**, nell'interesse esclusivo dello Stato; inoltre, con i proventi ricavati dalle loro terre, avevano l'obbligo di contribuire alle **spese pubbliche**.

I perieci I numerosi abitanti (circa 50.000) delle città intorno a Sparta erano chiamati **perieci**, dal greco *perioikoi*, ovvero «quelli che abitano intorno». Essi, che per la maggior parte **lavoravano la terra** o si dedicavano alle **attività artigianali** e **commerciali**, vietate invece agli spartiati, erano **liberi**, godevano dei diritti civili e di una certa **autonomia amministrativa** nelle proprie città.

Tuttavia, i perieci **non possedevano i diritti politici** ed erano obbligati a fornire milizie all'esercito e a corrispondere i tributi.

Gli iloti Al gradino più basso della scala sociale si trovavano gli **iloti**, la maggior parte della popolazione della **Laconia** e della **Messenia** (tra i 140.000 e i 200.000) che era stata assoggettata in seguito alle guerre di espansione spartane. Gli iloti coltivavano i poderi degli spartiati, non come schiavi privati, ma come **servi pubblici**, dal momento che erano legati alla terra e non potevano essere messi in vendita fuori dalla Laconia o dalla Messenia.

MITI E LEGGENDE

I due miti fondativi di Sparta

Un **primo mito** fondativo unisce le sorti della città micenea (Lacedemone) e di quella dorica (Sparta). Il poeta Tirteo (VII secolo a.C.) e lo storico Tucidide (460 ca a.C.-dopo il 395 a.C.) sostengono infatti che i Dori siano i discendenti di Eracle, eroe ricordato anche nell'*Iliade* omerica, e interpretano l'invasione dorica come l'acquisizione legittima di un'eredità assegnata da Zeus, padre di Eracle. In tal modo, essi giustificano le pretese spartane sul Peloponneso.

Un **secondo mito**, invece, fa risalire l'ordinamento politico di Sparta a un legislatore chiamato Licurgo. Egli, secondo lo storico Plutarco (46/48 d.C-125/127 d.C.), apprese le riforme legislative dall'oracolo di Delfi. La Costituzione spartana acquisisce, in tal modo, una genesi sacra e diviene inviolabile.

I due miti offrono un resoconto dell'origine di Sparta e del suo ordinamento, che è capace di dare fondamento alle due caratteristiche peculiari del popolo spartano, la religiosità e il conservatorismo, che renderanno la *polis* della Laconia stabile nelle sue istituzioni e a lungo immune da crisi politiche.

Statua in bronzo di un soldato spartano; VI secolo a.C.

IL LESSICO STORICO

Krypteia Sorta di rito d'iniziazione, incoraggiato dalle autorità spartane, per accedere alla società dei guerrieri adulti: un gruppo di giovani spartiati, con pochi viveri e armati solamente di un pugnale, di giorno si nascondeva nei boschi e di notte dava la caccia agli iloti, uccidendoli. Il nome deriva da *kryptós*, «nascosto».

Colonne doriche a Taranto; la città fu fondata da alcuni coloni spartani, probabilmente intorno alla metà dell'VIII secolo a.C. Sparta preferì espandersi nei territori della Laconia e della Messenia e la sua attività colonizzatrice fuori dalla Grecia fu limitata a questa città della Magna Grecia.

Gli iloti **non godevano di diritti civili e politici**, dovevano versare una **quota fissa ai signori**, pari a metà o ai due terzi del raccolto, e partecipavano alle **attività militari**, ma solo come truppe con armamento leggero in ausilio alla falange: trasportavano quindi le vettovaglie, le armi e assistevano i feriti.

La considerazione sociale di cui godevano gli iloti era molto bassa. A Plutarco dobbiamo, per esempio, la descrizione della pratica della ***krypteia***: una **caccia armata agli iloti**, proclamata ogni anno come addestramento militare per i giovani spartiati, che in questo modo facevano il loro ingresso nell'età adulta.

Questa condizione di asservimento e continua ostilità genererà un sentimento di rabbiosa rivalsa negli iloti che, con le loro continue **rivolte**, rappresenteranno una «spina nel fianco» per gli spartiati.

L'ordinamento politico spartano A Sparta la gestione della cosa pubblica spettava esclusivamente agli spartiati, gli unici a possedere i diritti politici e a cui era concesso l'accesso alle istituzioni.

L'ordinamento politico spartano prevedeva al suo vertice una doppia carica monarchica ereditaria (**diarchia**): i due re avevano il compito di **guidare l'esercito** e di rappresentare la comunità di fronte agli dei.

Il loro potere non era però assoluto ed era limitato dalla **Gherusìa**, il **consiglio degli anziani**. Di essa facevano parte ventotto membri (tra cui i due re) di età superiore ai sessant'anni, **eletti a vita** dall'assemblea popolare degli spartiati (l'Apella). Le funzioni principali dei membri della Gherusia (i **geronti**), di natura legislativa e giudiziaria, erano quelle di stabilire le **proposte di legge** da sottoporre all'assemblea e di giudicare i reati più gravi.

Una magistratura di fondamentale importanza, introdotta all'incirca dal 754 a.C., fu quella dei cinque «sovrintendenti», gli **èfori**. Gli efori esercitarono una **magistratura di controllo** su tutti gli aspetti della vita pubblica: politici, militari, giuridici. L'eforato rappresentò quindi un ordinamento di **sorveglianza istituzionale** e divenne l'incarnazione dello Stato stesso e dell'ordinamento costituzionale.

Infine, tutti i cittadini di Sparta (cioè gli spartiati) che avevano compiuto trent'anni facevano parte dell'**Apella, l'assemblea popolare**. Essa si riuniva una volta al mese per **eleggere i magistrati** (i geronti e gli efori) e per **accettare o respingere le proposte di legge** proposte dalla Gherusia, senza però poterle discutere o modificare.

LE ISTITUZIONI POLITICHE DI SPARTA		
ORDINAMENTO	**MODALITÀ DI ELEZIONE**	**POTERI**
Due re (**diarchia**)	Discendenti di antiche famiglie spartiate; carica ereditaria.	• Guidavano l'esercito; • Rappresentavano la comunità di fronte agli dei.
Gherusia	28 geronti, compresi i due re (sopra i sessant'anni). Eletti dall'Apella; carica a vita.	• Esercitavano il potere legislativo e giudiziario: – decidevano le proposte di legge da presentare all'assemblea; – giudicavano i reati più gravi.
Apella, assemblea popolare	Ne facevano parte tutti i cittadini sopra i trent'anni.	• Eleggeva i magistrati (i geronti e gli efori); • Valutava le proposte di legge.
5 **efori**	Eletti dall'Apella; carica annuale.	• Rivestivano il ruolo di sorveglianti istituzionali.

Monarchia, democrazia o oligarchia? Molti studiosi, riferendosi a Sparta, parlano di oligarchia, spiegandola con il fatto che i diritti politici erano attribuiti ai soli spartiati, e contrappongono il regime oligarchico spartano alla democrazia ateniese.

Tuttavia, nella Costituzione spartana si mescolavano le tre principali forme di ordinamento: la **monarchia**, rappresentata dai due re, la «**democrazia**», per la presenza dell'Apella, e l'**oligarchia**, ravvisabile nel potere dei geronti e degli efori. Il **rapporto tra le istituzioni**, inoltre, fu **equilibrato**: l'autorità di ogni carica, nel tempo, fu infatti limitata per evitare che prendesse il sopravvento.

Si può, quindi, parlare di oligarchia a Sparta nel senso di **gestione del potere** nelle mani di **un'unica classe sociale** (gli spartiati), ma non di governo oligarchico nel senso di preponderanza di una istituzione retta da pochi sulle altre.

Due guerrieri giocano a dama durante una pausa dell'addestramento militare; piatto del VI secolo a.C.

PER RIPASSARE

1. In che modo era divisa la società spartana?
2. Qual era il ruolo degli iloti?
3. In che senso si può parlare di oligarchia a Sparta?

4 Il sistema educativo a Sparta

Gli spartani proprietà dello Stato Il sistema educativo spartano aveva come fine il bene dello Stato: il suo scopo era infatti di far crescere uomini fisicamente e moralmente forti, in modo che potessero diventare **temibili guerrieri e onesti e capaci cittadini**.

Gli spartani dovevano quindi sottostare a un rigido sistema di norme regolato dalle istituzioni. I primi controlli iniziavano dalla nascita, quando la Gherusia esaminava l'**idoneità fisica** dei neonati, accogliendo nella comunità quelli ritenuti sani ed eliminando i piccoli considerati malati o troppo gracili. Secondo gli storici del passato, questi venivano abbandonati sul monte Taigeto, ma oggi le ultime ricerche smentiscono questa notizia (→ MITI E LEGGENDE qui a lato).

Dopo sette anni trascorsi con i genitori, i fanciulli iniziavano un percorso educativo in una comunità, sotto la guida di un *paidonomos* (letteralmente «colui che detta legge ai fanciulli»): qui imparavano a leggere e scrivere e a temprare il corpo con continui addestramenti fisici e con una rigida disciplina.

A diciotto anni, i giovani erano poi ammessi nell'esercito. A venti potevano partecipare ai **sissizi** (*syssitia*), i banchetti comuni (composti da circa 15 membri) tra giovani e anziani, che rappresentavano uno dei presupposti basilari per godere dei diritti di cittadinanza a Sparta: chi, infatti, non riusciva a versare la quota di partecipazione, in natura o in denaro, era escluso dai diritti politici.

All'età di **trent'anni** si diventava **spartiati** e si veniva **ammessi nell'assemblea**. Da questo momento in poi e sino all'età di sessant'anni, gli spartiati prestavano servizio nell'**esercito**, mantenendo in seguito il ruolo di consiglieri o di guida per i giovani.

Questo modello pedagogico conservava saldo il legame tra la *polis* e gli spartiati che, come afferma Plutarco, «vivevano considerandosi al servizio non di loro stessi, ma della patria».

Le donne a Sparta A Sparta, come nelle altre *poleis* greche, le **donne** non godevano dei diritti politici, ma il rapporto tra i due sessi era abbastanza egualitario e complementare. Le femmine venivano **educate al pari dei maschi**: si allenavano nella lotta, nelle gare di corsa e del lancio del giavellotto, tanto che la loro **preparazione fisica** era nota in tutta la Grecia.

A differenza degli uomini, però, le donne non lasciavano la casa (*oikos*), ma diventavano brave ad amministrarla, gestendo con abilità la servitù e il patrimonio.

MITI E LEGGENDE

La leggenda infondata del monte Taigeto

Secondo lo storico greco Plutarco (46/48 d.C-125/127 d.C.), il monte Taigeto a Sparta era un luogo tremendo: da lì, infatti, venivano gettati i neonati affetti da malformazioni. Di recente però un'équipe di antropologi greci ha confutato questo racconto, dopo il ritrovamento di resti appartenenti a individui maschi di un'età compresa tra i 18 e i 35 anni. Le pratiche inumane degli Spartani sarebbero pertanto probabilmente il frutto dell'enfatizzazione dei cronisti antichi.

Una ragazza spartana intenta a correre, statuetta in bronzo del VI secolo a.C., Londra, British Museum.

Le spartane, inoltre, godevano di **alcune libertà**:
- la donna non aveva diritti politici, ma possedeva libertà di parola e aveva una certa influenza sulle decisioni politiche;
- il padre non influiva sulla scelta del matrimonio;
- la famiglia della sposa non era obbligata a fornire la dote;
- la moglie non era sottoposta al potere del marito, spesso impegnato in politica e nella preparazione della guerra;
- l'adulterio non era considerato un crimine, anzi le spartane, con il consenso dei mariti, potevano generare figli con altri uomini (quest'usanza si spiega con il forte calo demografico degli spartiati e con la concezione che i figli erano un «bene pubblico»).

PER RIPASSARE

1 Qual era lo scopo dell'educazione pubblica spartana?

2 Quali diritti aveva la donna a Sparta?

5 Atene: la fondazione e il periodo monarchico

L'Attica e la fondazione di Atene A differenza della Laconia, l'**Attica**, popolata fin dal 3500 a.C. da **popolazioni autoctone** non subì le invasioni doriche. **Atene** sorse nella sua **piana** centrale, difesa da rilievi di ragguardevole altezza e vicina a tre **porti strategici** (il **Pireo** sul golfo Saronico, il Falero, scalo principale a 8 km da Atene prima che Temistocle rafforzasse il Pireo, e il Munìchio, situato tra il Pireo e capo Sunio), che le consentirono di avviare un'intensa **attività marittima e commerciale**.

Tramite le **importazioni** Atene sopperì alla mancanza di **cereali**, che, per la natura montuosa del terreno, scarseggiavano; con le **esportazioni**, invece, diffuse nel Mediterraneo gli eccellenti prodotti dell'Attica: il **vino**, l'**olio**, il **miele** e il **legname**. Atene, inoltre, produsse **ceramiche** e **manufatti**, utilizzando l'argilla e l'argento presenti in notevole quantità nel suo territorio.

Il nucleo della città di Atene era già presente in epoca micenea nella zona dell'acropoli. Nel Medioevo ellenico, la *polis* si sviluppò ulteriormente **aggregando diversi villaggi**, secondo un processo di **sinecismo** (→ LEZIONE 5, PARAGRAFO 4) che la tradizione ateniese attribuiva al leggendario re **Teseo**, figlio di Egeo. Dall'VIII al VI secolo a.C., infine, Atene si espanse riuscendo a ottenere l'**egemonia sull'intera Attica**.

IL LESSICO STORICO

Tribù In antropologia, associazione di famiglie i cui membri parlano lo stesso linguaggio, hanno la stessa cultura e occupano permanentemente (tribù sedentarie) o periodicamente (tribù nomadi) un territorio. Anche nel mondo greco e romano la popolazione era suddivisa in tribù e coloro che vi appartenevano credevano di avere un antenato comune.

Le prime organizzazioni sociali e politiche In origine la società ateniese si basava su una **organizzazione tribale**. Gli abitanti erano ripartiti in quattro **tribù**, che a loro volta si suddividevano in associazioni di famiglie, dette **fratrìe**. Solo chi vi era iscritto dalla nascita poteva acquisire i diritti politici e civili.

I discendenti delle antiche famiglie aristocratiche ateniesi venivano chiamati *eupatrìdes*, cioè «quelli di nobili padri». Il resto della popolazione faceva parte del ***demos***. Si trattava di contadini, artigiani e mercanti, arricchitisi con i commerci, che formavano l'esercito oplitico (→ LEZIONE 5, PARAGRAFO 4).

VIAGGIO NELLA GEOGRAFIA

L'ATTICA

Oggi, la regione dell'Attica è una delle tredici regioni amministrative della Grecia. Essa comprende un'area più estesa del suo territorio storico. È situata nella parte Sud della penisola balcanica e si sviluppa per circa 3800 km², comprendendo Atene e le città del Pireo, di Eleusi, Megara e Maratona, nonché una porzione della penisola del Peloponneso e diverse isole tra cui Salamina, Spetses, Idra e Citera. Atene, con i suoi 655.780 abitanti, è la capitale della Grecia. La sua area urbana supera i 4.000.000 di abitanti.

Atene vista dalla collina di Ares, sede dell'Areopago, dove si riunivano i consiglieri anziani per giudicare i delitti più gravi.

- **In epoca molto antica**, l'ordinamento politico ateniese era basato sulla **monarchia**. Con il tempo, però, gli aristocratici acquisirono sempre più prestigio e, dal IX secolo a.C., si affermò un **regime oligarchico**, fondato sul potere degli *eupatrìdes*, alcuni dei quali furono nominati **arconti**, ovvero «coloro che presiedono». Inizialmente, ne fu eletto uno solo a vita; poi, dal 683 a.C., gli arconti divennero tre e con carica annuale:
- l'**arconte *basileus*** (in greco «re»), che conservava le mansioni **religiose e giudiziarie** dell'antico sovrano;
- l'**arconte polemarco** (da *polemos*, «guerra» e *archòs*, «capo»), che aveva il **comando delle truppe**;
- l'**arconte eponimo** (da *epì*, «sopra» e *onoma*, «nome»), che dava il nome all'anno, dirimeva le controversie familiari e risolveva le faccende di successione.

Dall'VIII secolo a.C., gli arconti furono affiancati da **sei tesmotèti**, «legislatori» responsabili di custodire e tramandare **le leggi della tradizione**. Pare che essi dovessero anche condurre annualmente un attento esame dell'insieme dei *nomoi* (**leggi non scritte**) della città.

Gli arconti erano eletti dall'**Ecclesìa**, un'**assemblea** di cittadini maschi sopra i vent'anni, che si riuniva raramente e aveva poteri limitati. Essi, terminato il loro incarico, entra-

MITI E LEGGENDE

Atena e Atene

Secondo il mito, Atene fu governata da diversi re, ma solo il leggendario Teseo, figlio di Egeo, riuscì a darle unità e stabilità. Gli abitanti della città derivarono il nome dalla **dea Atena**, che ne divenne la patrona.
Si racconta, infatti, che Atena e Poseidone, in disputa per aggiudicarsi la protezione della città, offrirono dei doni: la prima diede una pianta d'ulivo, simbolo di saggezza e pace, il secondo portò un cavallo, emblema di coraggio e forza nei combattimenti. Gli abitanti scelsero l'offerta di Atena, poiché preferirono la pace alla guerra.

Stemma della bandiera odierna della città di Atene, con al centro la dea protettrice della città.

COMPETENZE DI GEOSTORIA — LEGGERE UNA TABELLA A DOPPIA ENTRATA E SAPERNE RICAVARE INFORMAZIONI

Il regime oligarchico ad Atene

La tabella mostra come era articolato il regime oligarchico ateniese. Dopo un'accurata osservazione, ricostruisci la tabella con il computer.

L'ORGANIZZAZIONE POLITICA NELL'ATENE OLIGARCHICA (IX-VII SECOLO A.C.)		
ISTITUZIONI	**MODALITÀ DI ELEZIONE**	**POTERI**
• **Arconte *basileus*** • **Arconte polemarco** • **Arconte eponimo**	Eletti dall'Ecclesia; carica annuale.	• Conservava le mansioni religiose e giudiziarie dell'antico re • Guidava le truppe • Dava il nome all'anno; dirimeva le controversie familiari; risolveva le faccende di successione.
Ecclesia (assemblea popolare)	Ne facevano parte i cittadini maschi sopra i vent'anni.	Eleggeva gli arconti e i tesmoteti Si riuniva raramente e aveva poteri limitati.
Tesmoteti	Erano sei e venivano eletti dall'Ecclesia; carica annuale.	«Legislatori» responsabili di custodire e tramandare le leggi (non scritte) della tradizione.
Areopago	Ne facevano parte gli arconti al termine del loro incarico; carica a vita.	Tribunale preposto a monitorare l'operato dei magistrati e a valutare i reati più efferati.

Per applicare correttamente il metodo geostorico proposto, consulta la SCHEDA DI METODO 6, p. 112, seguendo le istruzioni della rubrica «Adesso costruisci una tabella a doppia entrata con il tuo computer».

IL LESSICO STORICO

Areòpago Il nome del più antico tribunale ateniese deriva da quello di una collina nell'Acropoli di Atene, dove secondo il mito fu giudicato Ares, dio della guerra, accusato da Poseidone dell'uccisione del figlio.

vano a far parte dell'**Areòpago**, un **tribunale** preposto a monitorare l'operato dei magistrati e a **valutare i reati più efferati**. I membri dell'Areopago rimanevano in carica a vita e costituivano una ristretta *élite* aristocratica che accentrava su di sé le più alte prerogative del potere politico.

In questa fase storica ad Atene, come possiamo notare, le **cariche pubbliche** erano esclusivo appannaggio del **ceto nobiliare**, mentre il *demos*, che costituiva la maggior parte della popolazione, ne era estromesso.

I conflitti tra aristocrazia e *demos* L'**esclusione del *demos*** dalle cariche politiche determinò aspri **contrasti sociali**, che furono aggravati dalla mancanza di leggi scritte e dalla distribuzione dei grandi latifondi nelle mani di pochi proprietari terrieri.
In seguito al dominio che Atene stabilì sull'Attica, infatti, furono solo pochi nobili ad acquisire la maggior parte delle terre conquistate, mentre i **contadini** ottennero in genere **piccoli appezzamenti di terra**, che erano insufficienti a garantire loro perfino la sussistenza. Molti di loro furono quindi costretti a contrarre **debiti** con gli aristocratici, spesso estinguibili o con la perdita del terreno o con la privazione della libertà e la **riduzione in schiavitù**.

Un rapido confronto tra Sparta e Atene Sia l'ordinamento di Sparta sia le prime istituzioni politiche di Atene si basavano sul **predominio** di una limitata cerchia di **aristocratici**: gli spartiati e gli *eupatrides*. In realtà, esistevano notevoli differenze:

- a Sparta si assiste a una **contrapposizione etnica** tra trionfatori dominanti con le armi (gli spartiati) e vinti assoggettati (gli iloti); ad Atene si rileva una **differenziazione sociale**, e non etnica, tra aristocrazia (*eupatrides*) e *demos*, che genera aspri contrasti;
- a Sparta lo Stato prevale sulle famiglie; ad Atene i nobili primeggiano sullo Stato.

Un cavaliere ritratto all'interno di una coppa del VI secolo a.C. Solo le persone più ricche di Atene – i grandi proprietari terrieri – potevano permettersi di mantenere i cavalli con cui combattere.

PER RIPASSARE

1. Secondo la tradizione, a chi viene attribuita la fondazione di Atene?
2. Chi erano gli *eupatrìdes* e qual era il loro potere nell'Atene oligarchica?
3. Quali erano, in questo periodo, le principali differenze tra i regimi di Sparta e Atene?

6 La democrazia ateniese

La riduzione dell'arbitrio aristocratico e le prime leggi scritte I **privilegi** crescenti del **ceto nobiliare** aggravarono gli scontri sociali e provocarono un periodo di **instabilità politica**. Per limitare l'arbitrio degli aristocratici e porre fine ai contrasti tra i vari ceti fu deciso di stabilire delle leggi scritte, che rafforzassero il potere delle magistrature vigenti e tutelassero i cittadini dagli sconvolgimenti dell'ordinamento politico.

A questo periodo della storia ateniese risale l'intervento del legislatore **Dracone** che, nel 624 a.C., elaborò il **primo codice di leggi scritte**. Il sistema legislativo attribuito a Dracone, sebbene venga ricordato per la sua **rigorosità** e **severità** (tanto che l'aggettivo «draconiano» è utilizzato ancora oggi per definire pene di estrema durezza), ebbe al suo interno motivi di importante innovazione. Esso, infatti, stabilì la differenza tra omicidio volontario e omicidio involontario ed eliminò la pratica del ricorso alla vendetta privata, consegnando **allo Stato il compito di giudicare** sui delitti di sangue.

In definitiva, per quanto è possibile ricostruire, la legislazione di Dracone mirava essenzialmente a **limitare gli abusi dell'aristocrazia** e ad ampliare le prerogative dello Stato nell'amministrazione della giustizia.

Solone e il regime timocratico Alla fine del VI secolo a.C., i cittadini ateniesi nominarono come arconte **Solone**, un aristocratico che da subito si distinse per la sua attività politica, volta alla **limitazione delle prerogative nobiliari**. In particolare, egli introdusse la *seisàchtheia* (letteralmente, «alleviamento dei pesi»), una legge che **aboliva la riduzione in schiavitù** dei piccoli agricoltori insolventi, quelli cioè che non riuscivano a onorare i propri debiti.

Solone varò poi un'importante **riforma costituzionale**, basata sulla partecipazione di una più ampia fascia di cittadini alla gestione del potere. Egli ripartì infatti la cittadinanza in base al reddito, misurato in **medimni** di grano e in **metreti** di olio o vino. Si strutturarono, così, **quattro classi di censo**, che soppiantarono la vecchia divisione basata sui diritti di nascita:

- i **pentacosiomedimni** (da *pentakòsioi*, «cinquecento», e *medimnos*, «medimno»): coloro che ricavavano dai loro possedimenti un profitto di 500 medimni o 500 metreti;
- i **cavalieri**: coloro che ottenevano dai loro terreni un profitto di 300 medimni o 300 metreti, o che erano in grado di mantenere un cavallo da usare in battaglia;
- gli **zeugiti**: coloro che avevano una rendita di 200 medimni o 200 metreti, o che potevano permettersi una coppia di buoi (da *zeugnymi*, «aggiogare animali»);
- i **teti**: coloro la cui rendita era inferiore a 200 medimni o 200 metreti o che non avevano appezzamenti agricoli.

Tutte le classi potevano partecipare all'Ecclesia, l'assemblea popolare che eleggeva gli arconti, e all'**Elièa**. Quest'ultimo organismo, istituito da Solone, era un **tribunale popolare**, com-

IL LESSICO STORICO

Medimno Antica unità di misura che, nell'antica Grecia, era utilizzata per calcolare il volume delle sostanze secche, corrispondente a circa 52 litri.

Metreta Unità di misura, usata anticamente in Grecia e in Egitto, per calcolare la capacità dei liquidi, corrispondente a circa 26 litri.

Censo Il termine (dal latino *censere*, «dichiarare solennemente; censire») indica genericamente il complesso dei beni o delle ricchezze posseduti e, anche, il patrimonio o il reddito ai fini di un censimento fiscale. Il *censo elettorale* è quello che attribuisce il diritto di essere elettori e di votare soltanto a quei cittadini che abbiano beni o godano redditi al di sopra di un certo livello; se il censo richiesto è alto, la partecipazione della popolazione alla vita politica è limitata.

posto da giudici sopra i trent'anni sorteggiati fra tutti i cittadini maschi, a cui ogni ateniese poteva rivolgersi per rivendicare torti subiti, tranne nei casi di delitti di sangue. Si trattava, quindi, di uno strumento atto ad arginare i soprusi degli aristocratici. Rimanevano invariate le mansioni dell'Areopago.

Solo i membri delle prime tre classi potevano partecipare alle cariche pubbliche. In particolare, i pentacosiomedimni e i cavalieri erano eleggibili come arconti, mentre gli zeugiti potevano ambire all'elezione nella **Magistratura degli Undici**, che svolgeva la funzione di polizia giudiziaria (udienze per crimini minori e attuazione di pene capitali). Ai teti era permesso di votare (esercitando il diritto di voto attivo nell'Ecclesia e nell'Eliea), ma non di essere eletti (diritto di voto passivo).

Anche l'esercito era formato dalle prime tre categorie. Gli **aristocratici** e i **cavalieri** costituivano la **cavalleria**, gli **zeugiti** componevano la **fanteria oplitica**.

I limiti della riforma di Solone

Le novità introdotte da Solone non dettero vita a un regime democratico, ma instaurarono ad Atene un **sistema timocratico** (da *timè*, «prestigio, ricchezza», e *kratos*, «potere»), cioè un regime politico basato sulla gestione del potere da parte dei **cittadini più ricchi**. La riforma, infatti, sebbene non si basasse sul diritto di nascita ma sul censo, non sradicò le prerogative dei nobili, che continuarono a esercitare il **potere**

Una votazione ad Atene, coppa del V secolo a.C.

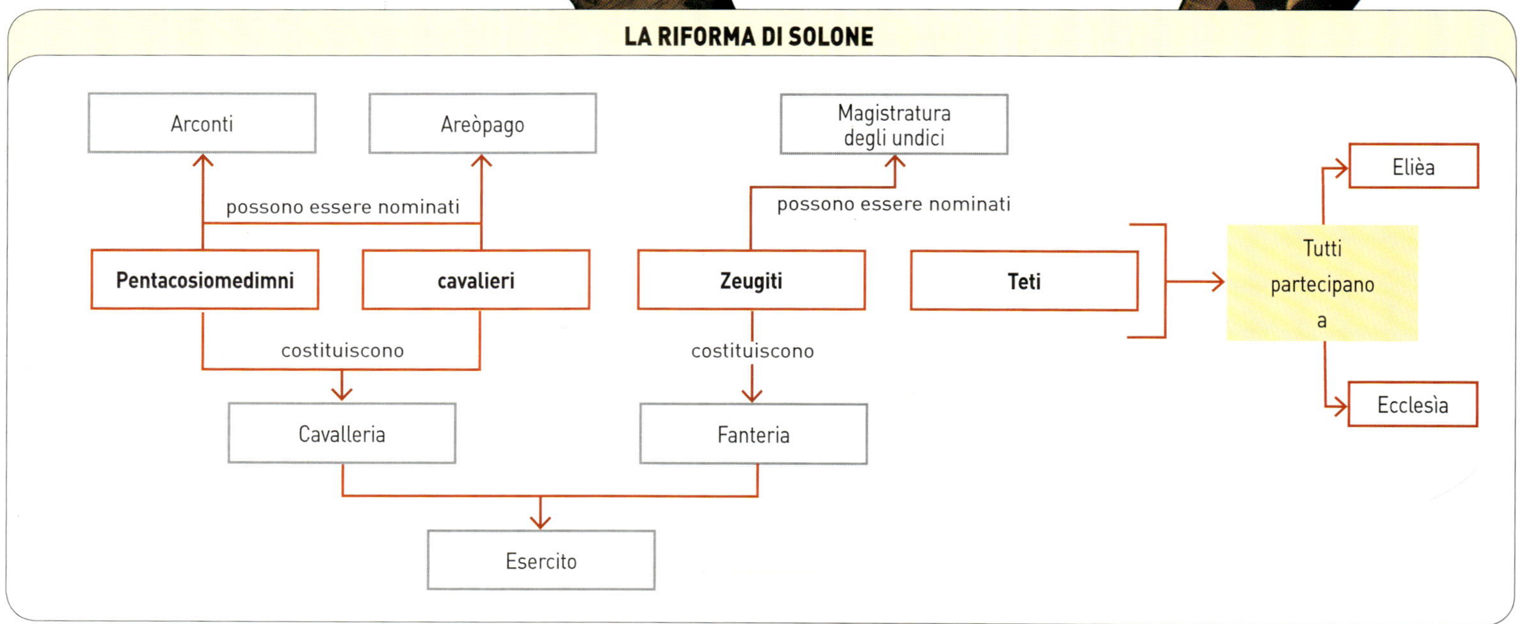

politico dal momento che erano loro gli abitanti di Atene che disponevano di maggiori ricchezze.

La divisione in classi di rendita, poi, non creò pari opportunità, perché **trascurò** tutti coloro il cui profitto non era misurabile in metreti o medimni. Gli **artigiani** e i **commercianti**, per esempio, furono esclusi dal calcolo di Solone e manifestarono il proprio dissenso. A essi si unì tutto il ***demos***, rimasto deluso per la mancata redistribuzione delle proprietà.

Una moneta d'argento con la raffigurazione della dea Atena da un lato e la civetta, simbolo della città, dall'altro. La civetta appare anche su un lato dell'euro greco odierno (sotto).

La tirannide e i suoi aspetti positivi

L'**appoggio del *demos*** fu fondamentale per l'avvento della **tirannide di Pisistrato**. Egli, nobile dell'Attica orientale, tentò di prendere il potere nel 561-560 a.C., ma fu cacciato e rimase in esilio per dieci anni. Nel 546 a.C., però, dopo essersi impadronito di miniere d'oro e d'argento in Tracia, ritornò ad Atene e ottenne il **governo ininterrotto** della città fino al 528 a.C., anno della sua morte.

Pisistrato ottenne il sostegno del popolo, perché si presentò **rispettoso delle leggi di Solone e delle forme costituzionali**. Egli avvantaggiò la piccola proprietà, assegnando le eccedenze dei latifondi ai coltivatori più indigenti. Sempre per favorire i meno abbienti, mise in atto un vasto piano di **opere pubbliche** (fece costruire, per esempio, il tempio di Atena sull'Acropoli), chiamando scultori e architetti dalle varie parti della Grecia.

In campo culturale, istituì gli agoni drammatici (gare di teatro tragico) durante le feste Dionisie. In politica estera, garantì un periodo di **pace e prosperità**, grazie ai buoni rapporti con Corinto e i Tessali.

Nel settore economico, poi, rafforzò la **flotta mercantile** e incrementò i **commerci**, allargando il predominio ateniese nell'Egeo e nel mar Nero. Fece, inoltre, coniare una moneta d'argento identificativa della città di Atene: la **dracma**. Essa presentava da un lato la dea Atena, dall'altro la civetta, il rapace a lei sacro.

In definitiva, Pisistrato non modificò la riforma di Solone né l'assetto politico ateniese, ma governò influenzando le elezioni alle magistrature. Egli, inoltre, secondo il filosofo Aristotele, promosse pace e progresso civile e, in effetti, il giudizio degli storici a riguardo è unanime.

La fine della tirannide

Alla morte di Pisistrato gli successe il figlio **Ippia** che, inizialmente, seguì le orme illuminate del padre. Dopo l'uccisione, nel corso di una processione pubblica, del fratello Ipparco a opera di Armodio e Aristogitone (i «tirannicidi»), però, la tirannide si inasprì.

Nel 510 a.C., il re di Sparta Cleomene, chiamato in aiuto dalla nobile e potente famiglia degli Alcmeonidi, pose termine alla tirannide di Ippia, che fuggì dalla *polis* e si rifugiò in Persia. Gli Spartani erano intervenuti perché ritenevano la tirannide troppo vicina alle classi popolari e caldeggiarono, quindi, l'instaurazione ad Atene di un regime aristocratico di tipo oligarchico. Per questo motivo, fecero eleggere come arconte il nobile **Isagora**.

Clistene: la riforma territoriale e l'ampliamento della partecipazione politica

Il progetto di Isagora ebbe vita breve. Nel 508 a.C., infatti, divenne legislatore **Clistene**, della famiglia degli Alcmeonidi, che fece allontanare Isagora e spezzò il predominio delle consorterie gentilizie.

Clistene si pose come il continuatore di Solone e riuscì ad **aumentare la rappresentanza politica del *demos***. Egli, infatti, propose una **riforma** strutturale basata non più sul censo, ma sul territorio. L'Attica venne ripartita in tre zone corrispondenti a pianura e città, interno e costa.

La tribuna (o loggia) delle Cariatidi del tempio di Atena, costruito sull'Acropoli di Atene.

LE TRITTIE ATTICHE

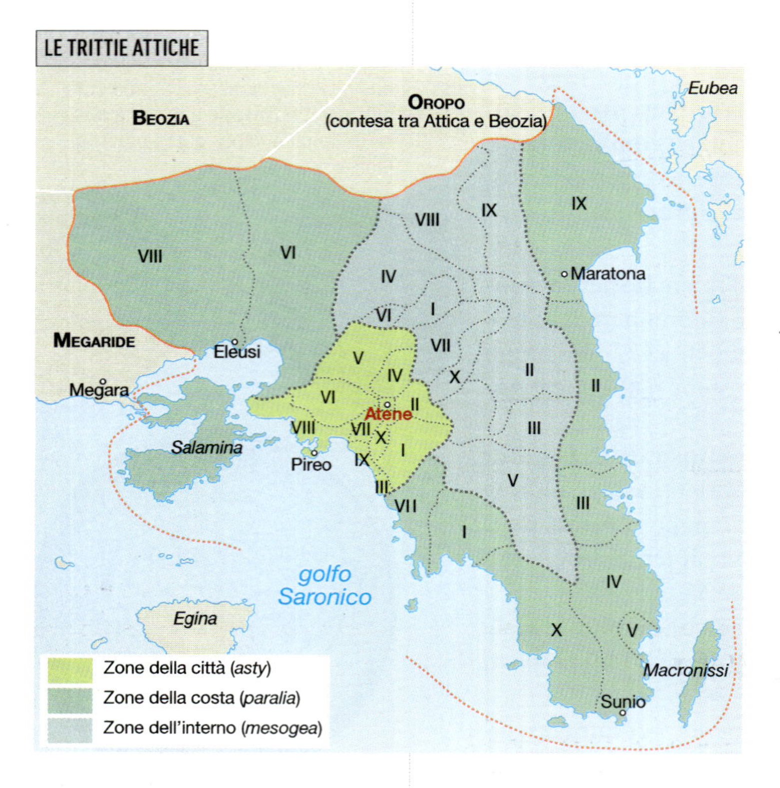

Ogni zona fu divisa a sua volta in dieci raggruppamenti amministrativi, chiamati **trittìe**, ciascuno dei quali a sua volta venne ripartito in unità più piccole, i demi, paragonabili a borghi o circoscrizioni cittadine. Si crearono quindi trenta trittie, che, raggruppate a tre a tre, formarono **10 tribù**.

La costituzione di ciascuna tribù, che includeva al suo interno cittadini appartenenti alle diverse aree del Paese, favoriva lo **scambio tra membri di ceti differenti**, in quanto nella pianura si trovavano prevalentemente i nobili, nella costa i pescatori, i mercanti e gli artigiani, e nelle colline e nelle montagne dell'interno i contadini che possedevano piccoli appezzamenti in altura.

Tutti, senza più distinzione di nascita o di censo, partecipavano quindi alla formazione di un **unico organismo** che aveva **finalità elettorali**. Inoltre, con questo sistema i ceti popolari avevano maggiori possibilità di raggiungere la maggioranza nell'Ecclesia.

La partecipazione alla vita politica ad Atene era adesso garantita a tutti gli abitanti, indipendentemente dalla famiglia o dalle rendite possedute, e questa prerogativa diveniva basilare per la **parità di tutti i cittadini** di fronte alla *polis*. Occorre sempre ricordare, però, che, come in ogni *polis*, anche ad Atene erano esclusi dalla politica le donne, gli schiavi e gli stranieri (detti **meteci**).

IL LESSICO STORICO

Ostracismo Il termine deriva dal greco *òstrakon*, che indicava il coccio su cui i partecipanti all'assemblea (almeno 6000) scrivevano il nome dell'uomo il cui comportamento era ritenuto pericoloso per la stabilità della vita politica ateniese, condannandolo così, in caso di maggioranza, all'esilio. Questa procedura fu un'arma a doppio taglio, poiché venne sfruttata anche per allontanare scomodi avversari politici.

La riforma istituzionale di Clistene e la democrazia partecipativa Si deve a Clistene l'introduzione di un organismo politico, forse già presente nel periodo di Solone, ma con poteri ridotti: il Consiglio dei Quattrocento. Con Clistene esso si trasformò in Boulè o Consiglio dei Cinquecento.

La **Boulè** era composta, per ciascuna tribù, da **cinquanta membri**, che erano **estratti a sorte** (offrendo in questo modo la possibilità a più cittadini di partecipare all'assemblea) e che non potevano essere sorteggiati per più di due volte (in modo da impedire il formarsi di un eccessivo potere personale). Era diretta da un presidente, scelto giorno per giorno, e aveva la funzione di trasformare le proposte fatte dai cittadini in progetti di legge da far votare all'Ecclesia, che manteneva invariate le sue facoltà. Come sappiamo, essa era dotata di **potere legislativo**, cioè ratificava o respingeva le norme, ma poteva anche nominare gli arconti e gli altri magistrati e decidere in materia di **guerra e pace**. Dapprima si riuniva dieci volte all'anno, poi iniziò a essere convocata più spesso, anche fino a quaranta volte.

Rimanevano in vita anche la carica di **arconte**, l'**Areopago** e l'**Eliea**, anche se l'assemblea popolare aveva acquisito sicuramente una posizione di rilievo.

La riforma di Clistene, con l'allargamento del numero dei cittadini che potevano partecipare attivamente alla vita politica, rappresentò un importante passo in avanti verso un **governo democratico** della città.

Per allontanare il pericolo di una nuova tirannide, inoltre, Clistene escogitò il sistema dell'**ostracismo**, una procedura che permetteva di **esiliare** i nemici della *polis*. L'Ecclesia poteva infatti decidere, una volta all'anno, se allontanare, per circa dieci anni, quei cittadini che si ritenavano pericolosi per la stabilità degli ordinamenti.

Clistene riformò anche la **direzione dell'esercito**, che venne affidata a **dieci strateghi**, eletti uno per tribù.

In definitiva, la riforma di Clistene, rispetto a quella di Solone:

- si basò sul territorio e non sul censo e, quindi, consentì un accesso allargato alla politica, garantendo a tutti i cittadini il diritto di voto attivo e passivo, e creando così una **democrazia partecipativa**;

IL LESSICO STORICO

Democrazia partecipativa Sistema di governo in cui i cittadini partecipano direttamente alla gestione della cosa pubblica, attraverso la convocazione di assemblee e incontri in cui essi stessi contribuiscono con proposte alle decisioni portate avanti dall'amministrazione pubblica.

- introdusse alcuni organismi di rappresentanza che **ampliarono la partecipazione** alla discussione pubblica (Boulè);
- istituì una carica preposta alla gestione di ambiti specifici (stratego) che, rimanendo elettiva, assunse sempre più prestigio a discapito del ruolo di arconte. I personaggi di spicco si trovarono ormai tra gli **strateghi**, che assunsero un ruolo fondamentale nel periodo dello scontro tra Greci e Persiani [→ LEZIONE 7];
- creò un sistema di difesa dai colpi di Stato (**ostracismo**), che tutelò Atene dall'avvento di altre tirannidi.

PER RIPASSARE

1. Come mai ad Atene si sentì l'esigenza di redigere leggi scritte e quali conseguenze derivarono dalla loro introduzione?
2. Quale differenza intercorre tra il regime aristocratico e quello timocratico?
3. In che modo Pisistrato riuscì a instaurare la tirannide?
4. Che cosa significa l'espressione «democrazia partecipativa»?

SINTESI

- **La Grecia: frammentazione politica e identità culturale comune** Nonostante la **frammentazione** che caratterizzava sia il suo territorio sia il suo scenario politico, dove realtà cittadine autonome (*poleis*) non si erano mai unite in uno Stato unitario, la Grecia ebbe sempre viva la coscienza di appartenere a una cultura comune. I Greci, infatti, costruirono e consolidarono la loro identità principalmente intorno a cinque elementi: una **lingua comune**, un patrimonio di **credenze religiose** condivise, la **venerazione di alcuni santuari**, la celebrazione di **giochi sacri** e, infine, una **tradizione culturale** condivisa (poesia lirica, filosofia, teatro).

- **La società a Sparta** Sparta, tra l'VIII e il VII secolo a.C., impose il proprio **dominio sull'intero Peloponneso**, grazie all'egemonia stabilita nella Laconia, regione dove la città fu fondata, e a due lunghe guerre che le fruttarono la conquista della Messenia. Nel VI secolo a.C. fu poi fondata la **Lega peloponnesiaca**, con la quale le altre *poleis* della penisola accettavano il predominio spartano.
La società spartana era suddivisa in **tre gruppi** rigorosamente distinti: spartiati, perieci e iloti. Gli **spartiati** erano gli unici a detenere i **diritti politici** e a possedere le **terre**, strappate in guerra ai Messeni. I **perieci**, gli abitanti delle città intorno a Sparta, pur essendo **liberi** e godendo dei **diritti civili**, non avevano **diritti politici** ed erano obbligati a **fornire milizie** all'esercito. Gli **iloti**, la maggior parte della popolazione della Messenia assoggettata dagli Spartani, non godevano di alcun diritto ed erano ridotti in **condizione servile**.

- **L'oligarchia spartana** L'ordinamento politico spartano prevedeva al vertice della città una doppia carica monarchica ereditaria (**diarchia**). Il potere dei due re era limitato dalla **Gherusìa** (il **Consiglio degli anziani**) e dagli **efori**, una magistratura di controllo su tutti gli aspetti della vita pubblica. Infine, tutti i cittadini di Sparta che avevano compiuto trenta anni facevano parte dell'**Apella**, un'**assemblea popolare**. Il governo della città era in mano all'aristocrazia degli spartiati, per cui, a proposito di Sparta, si parla di regime oligarchico.

- **Atene: dal periodo aristocratico a Solone** Atene, il cui nucleo era già presente in epoca micenea, si sviluppò ulteriormente nel Medioevo ellenico **aggregando diversi villaggi**. A differenza di Sparta, la città vide susseguirsi nel corso della sua storia diverse forme di governo.
A un **iniziale regime aristocratico**, nel VI secolo a.C., seguì, con la Costituzione di **Solone**, un **regime timocratico**, dove l'accesso alla gestione del potere non avveniva più in base alla nascita, ma al reddito, alla ricchezza posseduta. Solone ripartì la cittadinanza in **quattro classi**, il cui censo era calcolato in base alla **rendita fondiaria**. I membri di tutte le classi avevano diritto di voto, ma solo quelli delle due classi più abbienti potevano accedere alle cariche pubbliche.

- **La democrazia di Clistene** Dopo un periodo di tirannide, **Clistene** attuò la prima **riforma democratica** della Costituzione ateniese. Egli ripartì il territorio dell'Attica in **dieci tribù**, nelle quali la popolazione era distribuita in modo tale che tutte le classi vi fossero rappresentate. L'organismo più importante era la **Boulè**, un consiglio composto da cinquanta membri per ciascuna tribù, che aveva la funzione di trasformare le proposte fatte dai cittadini in progetti di legge da far votare all'Ecclesia, l'assemblea popolare che ratificava o respingeva le norme, nominava gli arconti e gli strateghi e decideva in materia di guerra e pace.

La città e le sue funzioni

(→ GEOGRAFIA, LEZIONE 6)

«La città è la maestra dell'uomo»

(Simonide, frammento)

La *polis* come prima comunità cittadina

Le *poleis*, le **prime comunità cittadine**, erano suddivise in più parti a seconda delle specifiche funzioni a esse spettanti. C'era l'**acropoli**, la parte più alta, che ruotava attorno al centro religioso; l'***asty***, la sezione bassa, fulcro delle funzioni civili e amministrative; infine la ***chora***, la **campagna coltivata**, circondata dall'***eschatia***, riservata al pascolo.
La *polis*, così come la città moderna, è uno spazio costruito per rispondere all'esigenza dell'uomo di **vivere in comunità** numerose. Questa esigenza, come sappiamo, è molto antica e risale al periodo della sua sedentarizzazione in Età mesolitica (10.000 anni fa). La struttura urbanistica della città greca era circolare e rispecchiava il senso dell'ordine e dell'autonomia tipico di quella cultura.

I cambiamenti nella struttura urbanistica delle città

Nel corso dei secoli, la struttura della città ha subito innumerevoli cambiamenti, determinati dalla tipologia del suolo su cui è stata creata, dalla crescita della sua popolazione e, soprattutto, dai centri di potere, sempre in primo piano nell'indirizzare le scelte urbanistiche.
Durante l'**epoca romana**, per esempio, la circolarità tipica delle *poleis* greche lasciò spazio alla **pianta urbana quadrata** (o **a scacchiera**), attraversata da due strade principali (il cardo, in senso Nord-Sud, e il decumano, in senso Est-Ovest) che portano alla piazza principale (il **foro**); le altre strade erano parallele o perpendicolari alle prime due e la città era fortificata da una cinta muraria difensiva, con quattro porte.
Durante il **Medioevo**, il cuore propulsore della vita quotidiana della popolazione urbana era il centro religioso, con la **cattedrale** che, assieme al **palazzo comunale** (simbolo del potere politico), fu costruita al centro della città, la quale ritornò ad avere una **pianta circolare**.
A partire dalla **seconda metà del Settecento**, in epoca industriale, la pianta della città medievale si adattò alla crescita demografica e alle migrazioni interne (dalla campagna verso la città), allargandosi e creando una considerevole **periferia**, nucleo abitativo delle famiglie operaie e sede di attività industriali. Alla parte storica urbana restò comunque la funzione politica, amministrativa e religiosa.
Infine, soprattutto in seguito al **boom industriale** della **seconda metà del Novecento**, la città si espanse ancora di più nel territorio circostante fino a inglobarlo del tutto. Oggi la sua pianta non ha più dimensioni definite e la periferia tende ad assorbire la campagna con case, agglomerati industriali e nuove vie di comunicazione.

Dall'*Homo sapiens* all'*Homo urbanus*

Ai nostri giorni, le città sono in **continua crescita per numero di abitanti e dimensioni**, specialmente quelle dei Paesi in via di sviluppo, dove l'incremento demografico è difficilmente controllabile e i governi non affrontano con la dovuta attenzione il problema.
Questa espansione urbana modifica l'ambiente e peggiora certamente la qualità della vita dei cittadini. Le Nazioni Unite mettono in guardia contro le implicazioni negative di questo fenomeno, parlando della trasformazione dell'*Homo sapiens* in *Homo urbanus*.
L'espansione urbana ha interessato anche i Paesi sviluppati, ma negli ultimi decenni si sono registrati sempre più casi di **deurbanizzazione**, ovvero di «**fuga dalla città**» da parte di persone che, per migliorare la propria qualità di vita, preferiscono spostarsi in centri più piccoli, ma sempre collegati alla «città-madre».
Il collegamento con quest'ultima è un elemento necessario, poiché essa ricopre **tre importanti funzioni**: di **arricchimento**, attraverso le industrie, il commercio, il turismo e i servizi finanziari; di **responsabilità**, tramite l'amministrazione del territorio e l'offerta dei servizi necessari al cittadino per il benessere, la tutela dei diritti e dell'ambiente (sanità, istruzione, amministrazione della giustizia); di **trasmissione**, con la rete delle vie di comunicazione e la propagazione di mode, idee, cultura e ricerca.

COMPETENZE DI GEOSTORIA — LEGGERE UNA TABELLA A DOPPIA ENTRATA E SAPERNE RICAVARE INFORMAZIONI

Le metropoli del terzo millennio

La tabella qui sotto presenta le dieci aree metropolitane più popolose del mondo, basata su stime del 2010. La popolazione si riferisce agli abitanti presenti non solo nell'area urbana della città, ma anche nelle città circostanti che gravitano intorno a essa.
Utilizza i dati della tabella per elaborare un istogramma dal titolo *Le dieci aree metropolitane più popolose del mondo*.

CITTÀ	PAESE	ABITANTI
Tokyo	Giappone	37.730.064
San Paolo	Brasile	26.831.058
Città del Messico	Messico	23.610.441
Shanghai	Cina	23.313.148
New York	Stati Uniti d'America	23.019.036
Seoul	Corea del Sud	22.692.652
Mumbai	India	21.900.967
Manila	Filippine	20.654.307
Pechino	Cina	19.612.368
Giacarta	Indonesia	19.231.919

Per applicare correttamente il metodo geostorico proposto, consulta la SCHEDA DI METODO 6, p. 112.

La democrazia ieri e oggi

L'origine della «democrazia»

«Il nostro sistema politico [...] si chiama democrazia, poiché nell'amministrare si qualifica non rispetto ai pochi, ma alla maggioranza. Le leggi regolano le controversie private in modo tale che tutti abbiano un trattamento uguale, ma quanto alla reputazione di ognuno, il prestigio di cui possa godere chi si sia affermato in qualche campo non lo si raggiunge in base allo stato sociale di origine, ma in virtù del merito [...].
La nostra è una vita libera non soltanto per quanto attiene i rapporti con lo Stato, ma anche relativamente ai rapporti quotidiani, di solito improntati a reciproco sospetto: nessuno si scandalizza se un altro si comporta come meglio gli aggrada, e non per questo lo guarda storto, cosa innocua di per sé, ma che pure non manca di causare pena.
Ma, se le nostre relazioni private sono caratterizzate dalla tolleranza, nella vita pubblica il timore ci impone di evitare col massimo rigore di agire illegalmente, piuttosto che in ubbidienza ai magistrati in carica e alle leggi; soprattutto alle leggi disposte in favore delle vittime di un'ingiustizia e a quelle che, anche se non sono scritte, per comune consenso minacciano l'infamia».

Leggendo queste parole, è facile incorrere nell'errore di attribuirle a un contemporaneo, proprio per la loro attualità. Eppure, a scriverle fu **Tucidide**, storico e generale ateniese (460 ca. a.C.-dopo il 395 a.C.), nel suo libro *La guerra del Peloponneso*.

Il termine «**democrazia**», che compare nel testo, è quindi molto antico e deriva dal greco *demos*, «popolo», e *kratos*, «governo». L'ordinamento politico ateniese, in effetti, era basato sul «**governo del popolo**», in cui tutti i cittadini – salvo l'esclusione, come in tutte le *poleis* greche, di donne, schiavi e stranieri – partecipavano direttamente alla gestione del potere nella *polis*.

L'orizzonte ristretto della *polis*

La **comunità della *polis*** era però sensibilmente più piccola rispetto alle società dei nostri giorni. Questo comportava che l'**adesione alle assemblee** cittadine e la decisione in campo legislativo erano molto più semplici e veloci rispetto a quanto potrebbe esserlo oggi, anche perché i cittadini che partecipavano alle riunioni pubbliche si conoscevano più o meno tutti.
Inoltre, non esistevano partiti politici – si formavano semmai, di volta in volta, fazioni contrapposte – e ogni cittadino ateniese poteva battersi senza intermediari per la propria idea politica.

Tra democrazia diretta e democrazia rappresentativa

La democrazia moderna si fonda sulla **Costituzione**, la legge fondamentale di uno Stato che regola la vita collettiva e individuale dei cittadini. L'articolo 1 della Costituzione italiana afferma che «la **sovranità appartiene al popolo** che la esercita nelle forme e nei limiti della Costituzione».
Nelle antiche ***poleis* greche**, l'applicazione di questo principio poteva davvero significare la **partecipazione diretta** di ogni singolo cittadino all'amministrazione della cosa pubblica. In uno Stato moderno come l'Italia, considerati l'estensione del territorio e il numero degli abitanti, è invece inverosimile pensare che questo possa realizzarsi. Ecco perché a un sistema di **democrazia diretta**, come quello dell'antica Atene, si sostituisce un sistema di **democrazia rappresentativa**, in cui si prevede che il popolo nomini, attraverso le elezioni, i propri rappresentanti che si occuperanno nelle sedi istituzionali delle scelte politiche e degli affari dello Stato.
Tuttavia, in Italia e in moltissimi altri Stati sono comunque previste forme di democrazia diretta, come nel caso del **referendum**, in cui il popolo è chiamato a decidere con un voto (attraverso una crocetta sul «sì» o sul «no») su questioni di pubblico interesse.

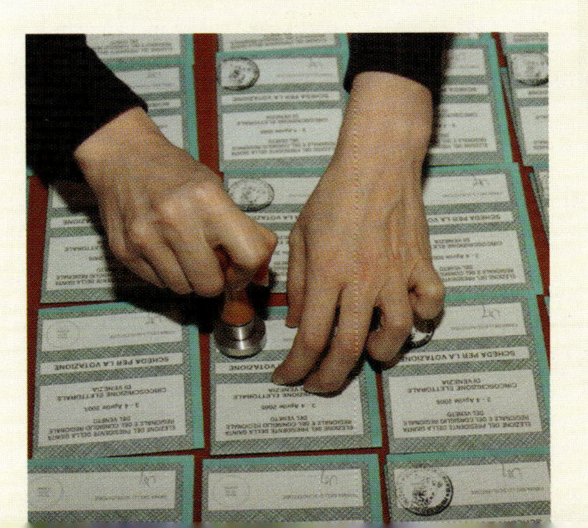

Timbratura delle schede elettorali che i cittadini ricevono nei seggi elettorali per le votazioni.

La Costituzione italiana

Art. 1

L'Italia è una Repubblica democratica, fondata sul lavoro.
La sovranità appartiene al popolo, che la esercita nelle forme e nei limiti della Costituzione.

Guida alla Cittadinanza

Il referendum

La Costituzione italiana, in base alla funzione, prevede tre tipi di referendum:

- **abrogativo**: i cittadini devono decidere se cancellare o meno una legge già esistente (articolo 75);
- **confermativo**: i cittadini devono decidere se cancellare o meno una legge di riforma costituzionale, non approvata dai due rami del Parlamento con una maggioranza di due terzi (articolo 138);
- **consultivo**: istituito a livello locale, serve a conoscere il parere dei cittadini riguardo a questioni che lo interessano direttamente (come il passaggio di un Comune o una Provincia da una Regione all'altra: articolo 132).

La Costituzione italiana

Art. 75

È indetto referendum *popolare per deliberare l'abrogazione, totale o parziale, di una legge o di un atto avente valore di legge, quando lo richiedono cinquecentomila elettori o cinque Consigli regionali.*
Non è ammesso il referendum *per le leggi tributarie e di bilancio, di amnistia e di indulto, di autorizzazione a ratificare trattati internazionali.*
Hanno diritto di partecipare al referendum *tutti i cittadini chiamati ad eleggere la Camera dei deputati.*
La proposta soggetta a referendum *è approvata se ha partecipato alla votazione la maggioranza degli aventi diritto, e se è raggiunta la maggioranza dei voti validamente espressi.*
La legge determina le modalità di attuazione del referendum.

VERIFICA

Lezione 6
Due *poleis* a confronto: Sparta e Atene

DALLE ABILITÀ ALLE COMPETENZE

RICONOSCERE I PERCHÉ DELLE VICENDE STORICHE **COMPETENZA STORICA**

1 **Colloca correttamente nella prima colonna della tabella i seguenti fattori identitari della cultura greca, collegandoli al motivo per cui sono considerati tali. Attenzione, nella seconda colonna ci sono alcuni intrusi.**

(→ SCHEDA DI METODO 6, p. 112)

anfizionìe – giochi sacri – poesia lirica, filosofia – lingua comune – religione olimpica

FATTORI IDENTITARI	PERCHÉ SONO MOTIVO D'IDENTITÀ E DI AGGREGAZIONE
	comunicazione tra gli abitanti della Grecia
	valenza celebrativa e pubblica
	valenza privata
	fonte di grandi ricchezze
	composta da dialetti diversi
	alleanze religiose, commerciali e politiche
	patrimonio culturale comune
	patrimonio comune solo ai Dori
	pratiche oracolari individuali
	valenza aggregante e simbolica

CREARE UNA CARTA GEOSTORICA STATICA **COMPETENZA GEOSTORICA**

2 **Dopo aver osservato attentamente la carta a fianco, esegui le operazioni richieste.**

(→ SCHEDA DI METODO 2, p. 40)

- Colora di verde la Messenia.
- Colora di rosso la Laconia.
- Indica il sito di Sparta antica.
- Indica il fiume Eurota.

golfo di Corinto
mar Ionio
mar di Creta

COSTRUIRE UNA LINEA DEL TEMPO COLLOCANDOVI EVENTI STORICI **COMPETENZA STORICA**

3 **Inserisci correttamente, dalla lista sottostante, gli elementi del *Cosa* e del *Quando* nella linea del tempo. Attenzione, alcuni elementi sono distrattori, non riguardano cioè l'argomento trattato. Successivamente, individua il titolo dell'argomento trattato.**

(→ SCHEDA DI METODO 3, p. 64)

Cosa
fondazione di Sparta – Seconda guerra messenica – successi contro Argivi e Arcadi – Prima guerra messenica – legislazione di Dracone

Quando
VI secolo a.C. – 685-669 a.C. – 735-715 a.C. – X secolo a.C.

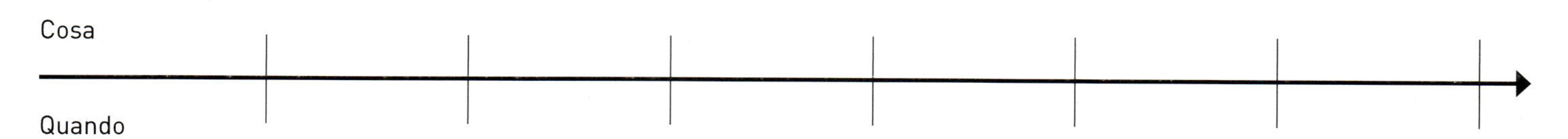

CONOSCERE, COMPRENDERE E ADOPERARE IL LESSICO STORICO E GEOGRAFICO **COMPETENZA STORICA**

VERIFICA

Lezione 6
Due *poleis* a confronto: Sparta e Atene

DALLE ABILITÀ ALLE COMPETENZE

4 **Definisci i seguenti termini trovati all'interno della lezione 6. Effettua poi una correlazione con il contesto studiato, scrivendo un piccolo testo di massimo tre righe.**

(→ SCHEDA DI METODO 6, p. 112)

TERMINI	DEFINIZIONE	CORRELAZIONE CON IL CONTESTO STORICO
Diarchia		
Gherusia		
Ecclesia		
Geronti		

COMPLETARE UNA TABELLA COMPETENZA STORICA

5 **Completa la tabella sottostante, scrivendo le analogie e le differenze tra gli ordinamenti politici ateniesi.**

(→ SCHEDA DI METODO 6, p. 112)

	REGIME OLIGARCHICO	RIFORMA DI SOLONE	RIFORMA DI CLISTENE
Analogie			
Differenze			

LEGGERE E COMPRENDERE UN TESTO PER RICAVARNE INFORMAZIONI E CORRELARLE CON QUANTO STUDIATO COMPETENZA TRASVERSALE

6 **Il seguente brano è tratto dalle *Vite* di Plutarco e descrive l'educazione a Sparta. Leggi con attenzione il testo e individua le informazioni principali.**

I genitori non avevano diritto di allevare i figli, ma dovevano portarli in un luogo chiamato *tesche*, dove gli anziani esaminavano il bambino: se lo vedevano sano e robusto ne disponevano l'allevamento e gli assegnavano in anticipo una porzione di terreno demaniale; se invece lo trovavano gracile e malfatto, ordinavano che fosse gettato in una voragine del monte Taigeto.
Non conveniva infatti né alla *polis* né al bambino stesso che fosse lasciato crescere per restare sempre debole e dal fisico infelice. [...]
Licurgo non volle che i figli fossero educati in famiglia né da pedagoghi stranieri salariati: appena i ragazzi raggiungevano i sette anni venivano assegnati in «compagnie», comunità educative istituzionalizzate. Di queste compagnie diventava capo il più forte e il più saggio, cui tutti gli altri dovevano obbedienza completa. Così, quell'educazione era più che altro un esercizio continuato di disciplina. Gli adulti assistevano ai loro esercizi e tornei, a volte provocando di proposito zuffe e ostilità fra i giovani per saggiarne il coraggio e l'aggressività negli scontri. Di istruzione avevano solo quel minimo che era necessario per la vita; il resto era disciplina, sopportazione dei disagi e attitudine al combattimento.

(Plutarco, *Vita di Licurgo*, XIV, da *Le vite*, Utet, Torino 1992)

Cerca, per cominciare, nel tuo dizionario il significato delle seguenti parole:
demaniale, pedagoghi, attitudine.

Rispondi adesso alle seguenti domande.

1. Per quale motivo i bambini gracili venivano «eliminati»?
2. Quali erano i compiti degli adulti?
3. Quali valori venivano comunicati ai fanciulli?
4. La versione di Plutarco sull'eliminazione dei bambini più gracili è confermata dagli studi storici più recenti? Ricerca nel testo della lezione le informazioni relative a questo argomento.

Correla le nozioni acquisite con le conoscenze tratte dalla lezione, elaborando sul tuo quaderno una sintesi sull'educazione spartana di massimo otto righe.

Lezione **7**

Le Guerre persiane

Lezione

La lezione interattiva ti aiuterà a **ripassare**, **approfondire** e **verificare** le tue conoscenze sulle **Guerre persiane**.

Atlante

Scopri e **approfondisci** i luoghi e gli avvenimenti della **storia antica** sulla cartografia 3D Google Earth.™

IERI

Per una lettura geostorica

L'IMPERO PERSIANO

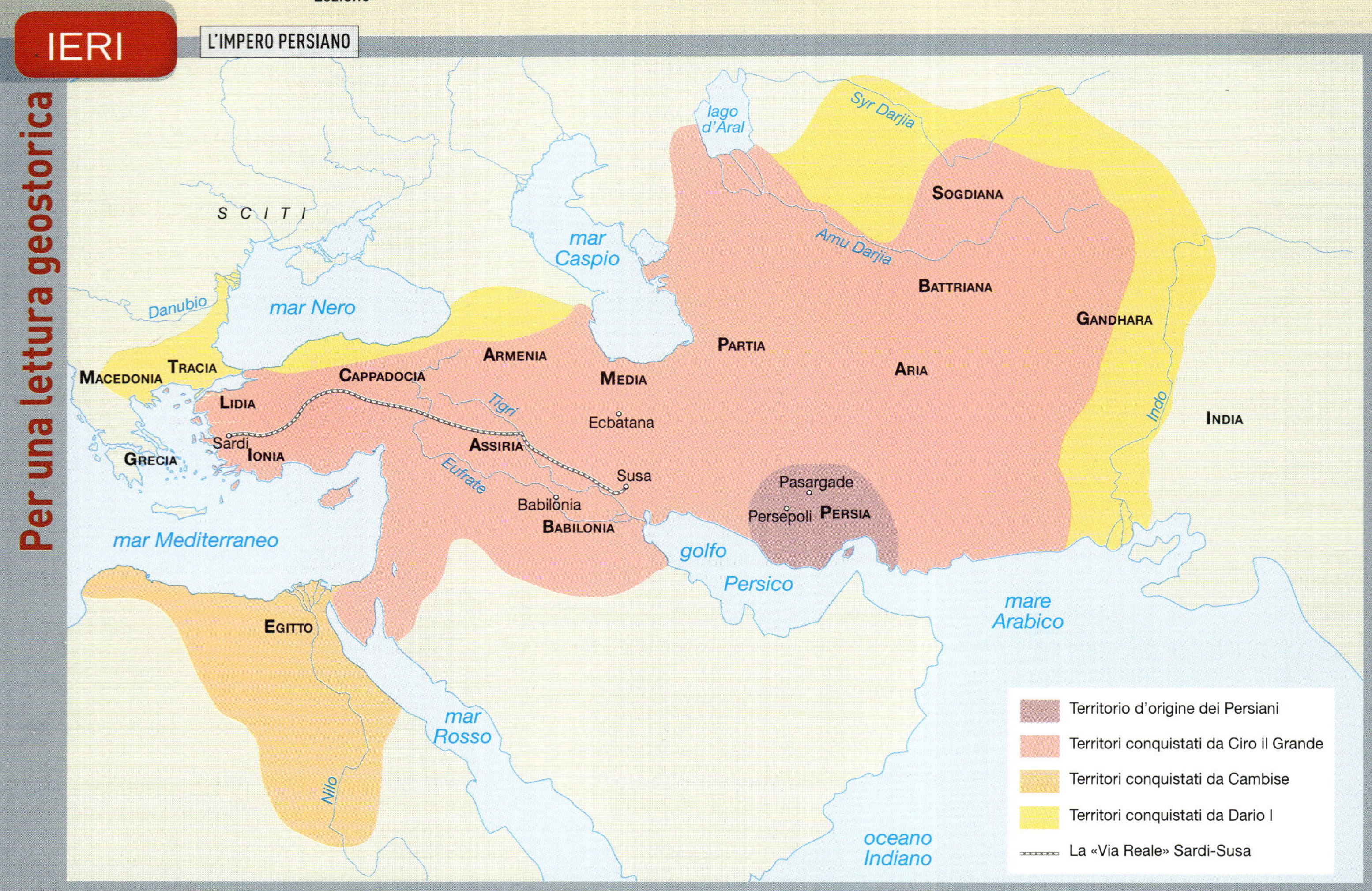

1 L'Impero persiano fu il primo impero universale della storia?

Ben prima di Alessandro Magno e di Roma, i Persiani, che a partire dal IX secolo a.C. si erano stanziati nella regione dell'altopiano iranico, crearono un immenso **impero** esteso **dal mar Egeo all'Indo**. I sovrani persiani riuscirono ad amministrare un territorio così vasto, e abitato da popolazioni di culture diverse, da una parte attraverso un forte **controllo** politico e militare, e, dall'altra, mantenendo un atteggiamento di **tolleranza** nei confronti dei popoli sottomessi, rispettandone le tradizioni religiose e concedendo margini di autonomia locale.

2 Perché si arrivò allo scontro tra Greci e Persiani?

L'**espansionismo persiano** verso il Mediterraneo si scontrò con le **colonie greche** dell'Asia Minore. Ne nacque una violenta rivolta, dalla quale si originarono due guerre combattute tra l'Impero persiano e le *poleis* greche, con a capo Atene e Sparta. Il conflitto, nato per motivi di natura economica – i Persiani rappresentavano una minaccia per chi avesse interessi commerciali nel mar Egeo e nel Mediterraneo –, divenne nell'immaginario greco un vero e proprio «**scontro di civiltà**», che opponeva la libertà e la democrazia delle *poleis* al dispotismo dell'Impero persiano.

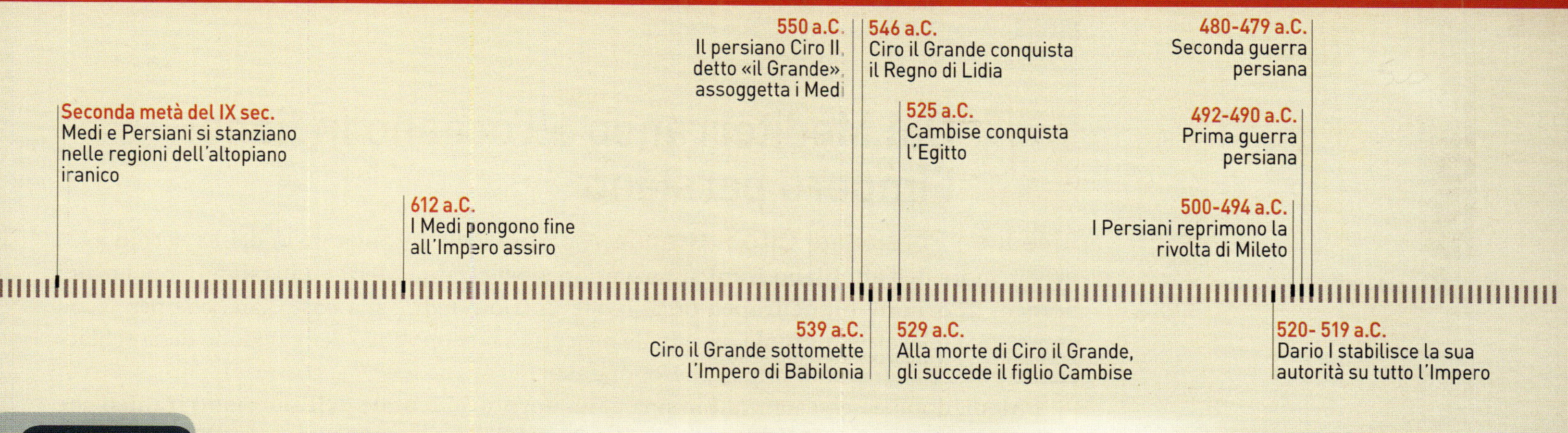

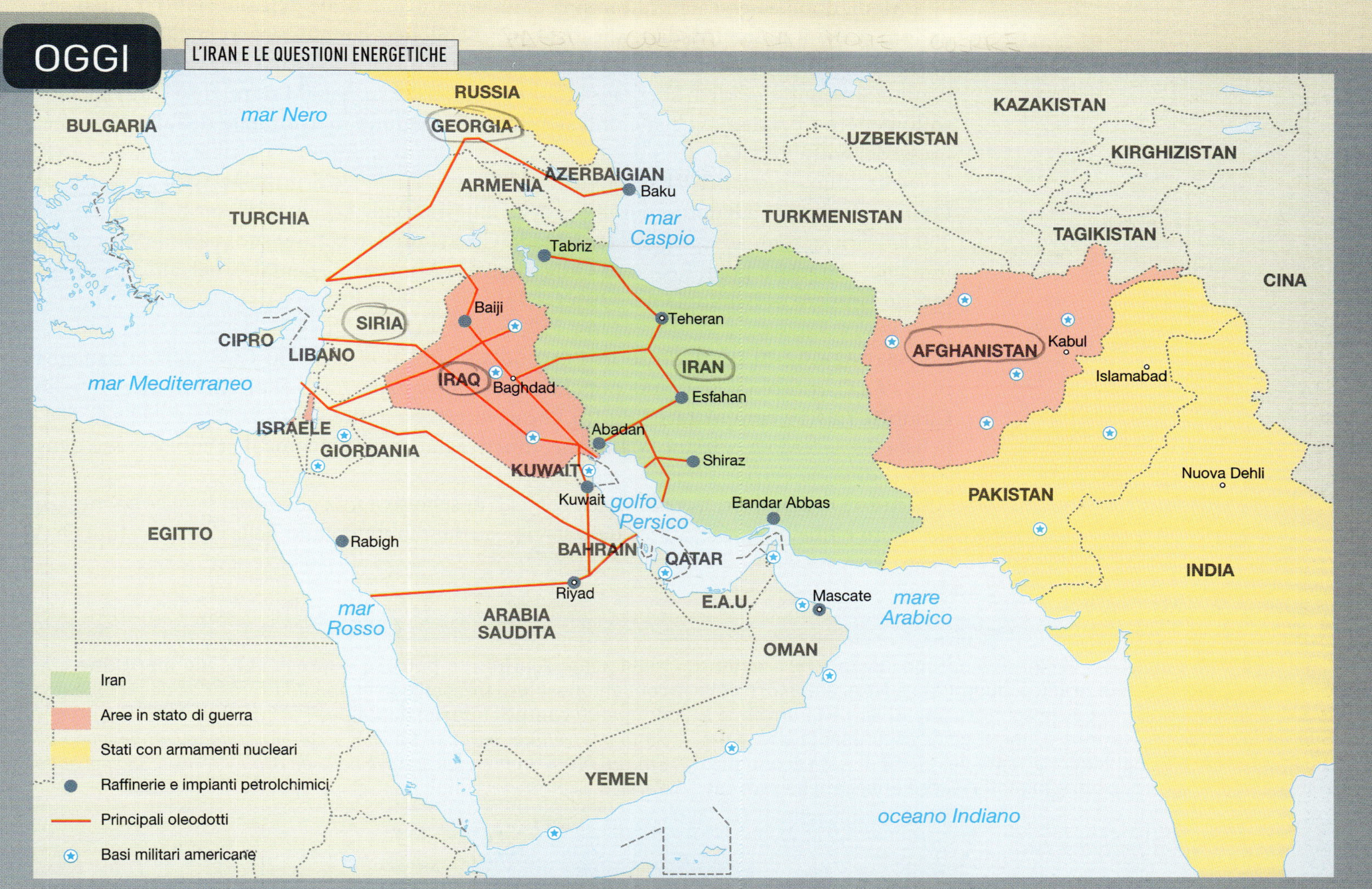

3 Quale Stato si estende oggi sui territori dell'antico Impero persiano?

Oggi, lo Stato che occupa gran parte dei territori che costituirono l'Impero persiano è l'**Iran**, nome ufficiale dell'antica Persia introdotto a partire dal 22 marzo 1935. Dopo la Cina, è il più esteso fra gli Stati dell'**Asia**. Dal 1979, in seguito alla rivoluzione guidata dall'ayatollah **Khomeini**, che ha portato alla caduta dello scià (l'«imperatore») di Persia Reza Pahlavi, artefice a suo tempo di una notevole modernizzazione della società e dell'industrializzazione del Paese, l'Iran divenne una **repubblica islamica**.

4 Quale ruolo geopolitico gioca l'Iran nel panorama internazionale?

L'Iran, come d'altronde l'intera area del golfo Persico, è oggi considerato tra le zone più strategiche e «calde» del **Medio Oriente** dal punto di vista geopolitico. Il Paese è infatti uno dei maggiori forzieri energetici del pianeta: è il **quarto produttore di petrolio** e la **seconda riserva di gas naturale** al mondo. Nello stesso tempo, ormai da decenni, l'area del golfo Persico è anche teatro di **conflitti internazionali**, in cui ai motivi di natura economica si intrecciano le tensioni nate dall'*escalation*, nella zona e nell'intero territorio mondiale, del **fondamentalismo islamico**.

Dal Mediterraneo all'oceano Indiano: l'Impero persiano

I Medi e i Persiani di Ciro il Grande A partire dalla seconda metà del IX secolo a.C., nelle regioni dell'**altopiano iranico** iniziarono a penetrare i **Medi** e i **Persiani**, popolazioni nomadi di **origine indoeuropea** organizzate in tribù dedite alla pastorizia, che per secoli erano state relegate a un ruolo marginale nel contesto geopolitico della regione dalla schiacciante potenza dei grandi imperi mesopotamici.

I **Medi**, dopo essersi stanziati in una **zona nord-occidentale dell'altopiano iranico** che da loro prese il nome (Media), alleatisi con i Babilonesi conquistarono la città di Ninive, decretando così la **fine dell'Impero assiro**, nel 612 a.C. (→ LEZIONE 2, PARAGRAFO 3). In seguito, il Regno dei Medi si espanse fino in Armenia e in Asia Minore, riuscendo anche a sottomettere i **Persiani**, che si erano stabiliti nella **regione meridionale** dell'altopiano, nei pressi del **golfo Persico**.

Nella prima metà del VI secolo a.C., i Persiani, guidati dal principe **Ciro II**, detto **«il Grande»**, valoroso condottiero militare della dinastia degli Achemenidi, si ribellarono e, nel 550 a.C., riuscirono ad **assoggettare i Medi.** Ciro II unificò sotto il suo regno le varie tribù iraniche, conquistò poi il Regno di Lidia (nell'Asia Minore occidentale), nel 546 a.C., e sottomise l'Impero di Babilonia nel 539 a.C.

La formazione di un grande impero sotto Cambise e Dario Ciro morì in battaglia nel 529 a.C. contro gli Sciti, una popolazione seminomade, forse di origine iranica. Il figlio **Cambise** riuscì a **conquistare l'Egitto**, che governò con il titolo di re dal 525 al 522 a.C. Nella lista del sacerdote egiziano Manetone, infatti, egli è indicato come il primo sovrano della XXVII dinastia egizia.

Alla morte di Cambise, avvenuta nel 522 a.C. in seguito a una congiura, seguirono mesi di disordini e ribellioni, causate sia dall'esercito sia dai rappresentanti della casta sacerdotale (i magi).

VIAGGIO NELLA GEOGRAFIA
IL GOLFO PERSICO

Il golfo Persico è un ampio bacino dell'oceano Indiano che si estende tra l'Iran e la penisola Arabica, delimitato a Nord dalla foce dello Shatt-el-'Arab, il fiume dove confluiscono il Tigri e l'Eufrate, e a Sud dallo stretto di Hormuz. Oggi, il golfo rappresenta una delle più importanti aree del Medio Oriente dal punto di vista economico e strategico. Il controllo delle ingenti **risorse energetiche** presenti nella zona, soprattutto **petrolio e gas**, e delle **vie marittime** che consentono il loro trasporto lo hanno infatti reso da decenni teatro di ripetuti **conflitti internazionali**.

Sotto una veduta di Dubai, uno dei sette emirati che compongono gli Emirati Arabi Uniti. Dubai si trova nella penisola Araba, a Sud del golfo Persico.

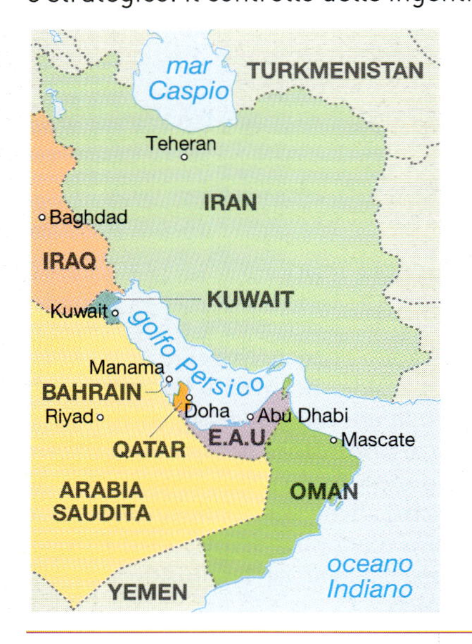

Questo periodo turbolento si concluse con l'affermazione di **Dario I**, detto **il Grande**, cadetto della dinastia achemenide. Nonostante disponesse solo di un piccolo esercito, tra il 520 e il 519 a.C. Dario riuscì a sedare le ribellioni e a stabilire la sua **autorità su tutto l'Impero**, che da allora crebbe inarrestabilmente in estensione territoriale, ricchezza e prestigio.

L'organizzazione politica Ciro II e i suoi successori dovettero affrontare il problema di come organizzare un vasto Impero, abitato da popolazioni di **culture diverse** e costituito da regioni dalle caratteristiche geografiche eterogenee.

Per assicurarsi il consenso e la fedeltà dei popoli assoggettati i sovrani persiani da una parte adottarono un atteggiamento di **tolleranza** nei loro confronti, rispettando gli dei e i culti locali e concedendo controllati **margini di autonomia**.

Dall'altra, però, sottoposero i loro sudditi a un forte controllo politico e militare suddividendo il territorio del loro impero in **venti province**, dette **satrapie**. A capo di ogni satrapia vi era un governatore, chiamato **satrapo**, un funzionario scelto dal re che aveva l'obbligo di inviare al centro dell'impero un **tributo annuo** in relazione alla ricchezza e alla grandezza della regione amministrata.

Il satrapo veniva controllato periodicamente, e senza alcun preavviso, da ispettori scelti tra gli uomini più fedeli al sovrano e definiti, per questo motivo, «gli occhi e le orecchie del re».

Il re, inoltre, si avvaleva di un **esercito di 10.000 uomini**, che, come riferisce lo storico greco Erodoto, erano chiamati gli «Immortali»; il loro numero non variava mai, perché ogni soldato che cadeva in battaglia veniva immediatamente sostituito da un altro. L'addestramento militare era duro e continuo.

L'Impero persiano, infine, non aveva una capitale fissa, ma contava **cinque capitali** (**Ecbatana, Susa, Babilonia, Pasargade** e **Persepoli**), in cui il re (detto «**Gran re**» o «**Re dei Re**») si stabiliva a seconda delle stagioni. Il sovrano, che aveva **poteri assoluti**, viveva in una corte sontuosa ed era circondato da sacerdoti, ufficiali e alti funzionari.

L'economia Governare un impero come quello persiano, esteso dalle rive orientali del Mediterraneo a quelle dell'oceano Indiano, non era un'impresa semplice. Eppure, esso visse decenni di **splendore economico**, soprattutto sotto Dario I.

Per rafforzare l'unità politica, territoriale e commerciale dell'Impero, Dario fece costruire una funzionalissima **rete stradale**, dotata di stazioni di posta per il ristoro e il cambio dei cavalli. La principale di queste strade, lunga 2400 km, era la «**Via Reale**», che collegava una delle capitali del regno, Susa, con Sardi, ex capitale del Regno di Lidia in Asia Minore. Lungo queste vie aveva luogo il **servizio postale**, svolto da corrieri dei quali si servivano i segretari dei satrapi per comunicare con il Gran Re.

Inoltre, il sistema stradale favorì il **commercio via terra**, soprattutto con l'Oriente, dal quale provenivano prodotti come il pistacchio, il pesco, il riso e il nocciolo.

Dario I viene anche ricordato per avere introdotto il **sistema monetario bimetallico**, basato su una moneta d'oro, il darico, di circa 8 grammi, e su una d'argento, il siclo, di circa 14 grammi.

La diffusione delle due monete nei territori dell'Impero, assieme a quella della **lingua persiana**, rappresentò un **elemento di unità** e agevolò gli scambi con l'Occidente greco, la Siria e la Palestina, dove la moneta era d'argento.

IL LESSICO STORICO

Satrapo Il termine, che deriva dal persiano *khshathrapavan* («protettore del regno»), indica ciascuno dei governatori che, dopo aver giurato obbedienza al re di Persia, amministravano le province in cui era suddiviso l'Impero. Pur non avendo il comando di un esercito, essi godevano di ampia autonomia e con il tempo acquistarono un notevole potere, che a volte si contrapponeva anche a quello del sovrano.

I resti della scalinata che conduceva all'Apadana del palazzo reale di Persepoli, la grande sala rettangolare dove si tenevano le udienze. Il bassorilievo che decora il parapetto, risalente al VI secolo a.C., raffigura una processione di guardie persiane. Il palazzo di Persepoli è il più sfarzoso tra quelli ritrovati in territorio persiano. L'enorme complesso venne costruito da Dario I, probabilmente tra il 519 e il 515 a.C.

VIAGGIO NELLA GEOGRAFIA

I TERRITORI DELLL'IMPERO PERSIANO IERI E OGGI

Dalla loro zona d'origine, l'altopiano iranico, situato tra i monti Zagros a Ovest e la cordigliera degli Elburz a Nord, i Persiani edificarono un impero che negli anni ampliò il suo territorio sino a comprendere una regione estesa dal mar Caspio al golfo Persico e dai deserti dell'Iran fino ai regni di Lidia e Babilonia.
Se proviamo a considerare l'odierno assetto politico dell'Eurasia, l'Impero persiano avrebbe come attuali confini: a Est, l'India e la Cina; a Nord, la Russia, il mar Caspio e il mar Nero; a Sud, il mare Arabico, il golfo Persico e l'Arabia Saudita; a Sud-Ovest, la Libia, l'Egitto e il Sudan; a Ovest, la Bulgaria, la Romania e l'Ucraina.

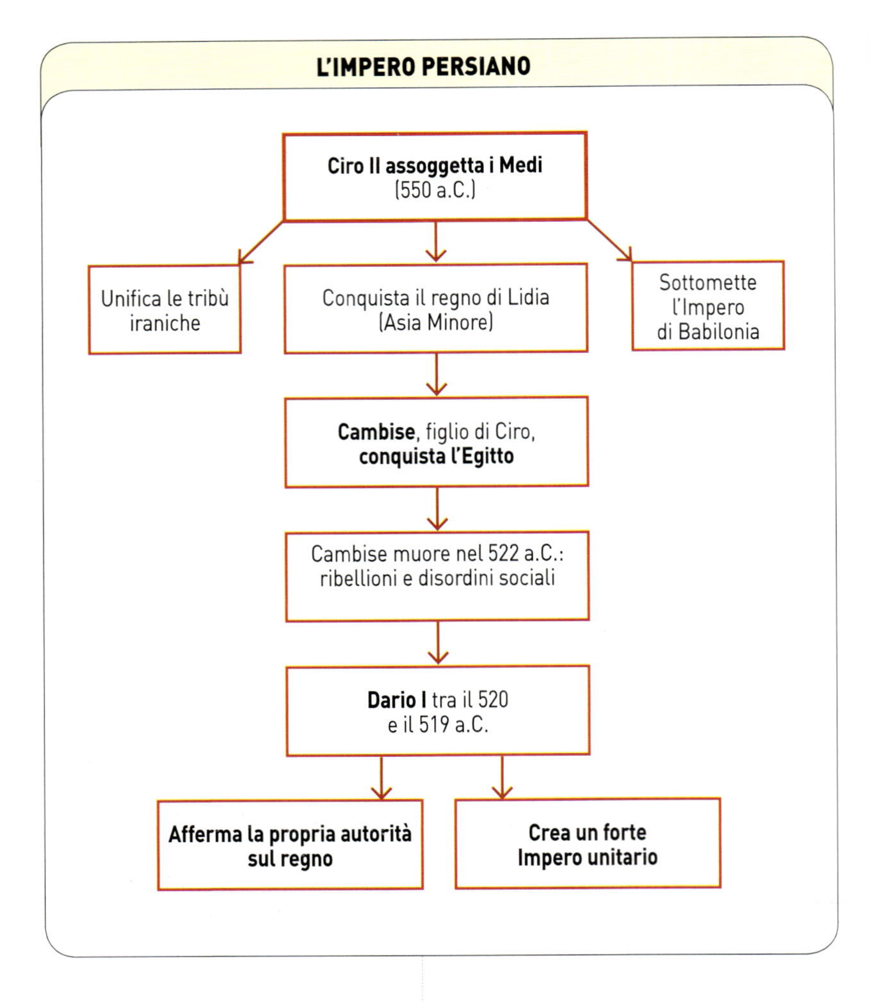

La religione I Persiani, come i Medi, inizialmente erano **politeisti** e credevano nella natura divina delle **forze naturali**, quali il cielo e il Sole. In seguito, intorno al 600 a.C., si diffuse una **nuova religione**, poi divenuta ufficiale, che si rifaceva alla predicazione del **profeta iranico Zarathustra** o **Zoroastro**, di cui non abbiamo precise notizie biografiche, e che venne poi fissata nei **libri sacri dell'*Avesta***.

La sua dottrina si basava sulla contrapposizione di due principi primi: da una parte, *Ahura Mazda* (da qui il nome di **mazdeismo** dato alla religione), signore della vita, dio di luce, giustizia e bontà, che rappresenta il principio del Bene; dall'altra, *Angra Mainyu*, lo «spirito del Male».

Di fronte a questa contrapposizione, l'uomo deve prendere posizione per il Bene a discapito del Male, pur avendo la possibilità di seguire sia l'uno sia l'altro. Sulla Terra la lotta tra il Bene e il Male sarebbe stata lunga e difficile, ma alla fine il Bene avrebbe trionfato. Alla fine dei tempi, ai seguaci del Male toccherà in sorte la Non-Vita e la Peggiore Esistenza; mentre ai seguaci del Bene, la Vita e la Migliore Esistenza.

PER RIPASSARE

1. Da quali territori provenivano i Medi e i Persiani?
2. Quale sovrano unificò sotto un unico regno i Medi, i Persiani e le varie tribù iraniche? In che anno?
3. Qual era l'organizzazione politica dell'Impero persiano?

2 Il difficile rapporto tra i Persiani e le *poleis* greche

Le colonie greche sotto il dominio persiano I Persiani in pochi decenni costituirono un impero che si sviluppava dall'Egeo all'India. La loro spinta espansionistica si interruppe solo dinanzi all'**opposizione dei Greci** nel corso di quelle che sono state chiamate «**guerre persiane**», al tempo di Dario I e del figlio Serse I.

Quando Ciro il Grande sottomise la Lidia e l'**Asia Minore**, le **colonie greche** presenti sulla costa passarono dalla sovranità lidia a quella persiana. L'atteggiamento tollerante dei Persiani dal punto di vista politico, culturale e religioso permise alle *poleis* greche di mantenere i propri sistemi legislativi e i funzionari locali. Tuttavia, anche se **formalmente libere**, esse furono obbligate a **versare tributi** e a **fornire soldati** all'esercito persiano.

Inizialmente, le città greche dell'Asia Minore trassero giovamento dal fatto di far parte di un fiorente regno, che favoriva i commerci; verso la fine del VI secolo, però, i traffici mercantili dell'Impero persiano privilegiarono i porti fenici della Siria e quelli egiziani, cosicché le città della Ionia videro minacciati i loro interessi commerciali nel mar Nero e nel mar Egeo. I satrapi persiani, inoltre, per meglio controllare l'amministrazione delle colonie greche, sostennero l'**ascesa di tiranni** locali facilmente corruttibili.

Per tutte queste ragioni, le colonie greche finite sotto il dominio dell'Impero persiano decisero di rivendicare la propria **indipendenza**. In realtà, vigeva una diversità di fondo tra le *poleis* greche e l'Impero persiano, che li rendeva due universi difficilmente conciliabili: le prime erano piccole **entità politiche autonome**, nelle quali prevaleva una concezione **politica democratica** basata sullo spirito di partecipazione e libertà della cittadinanza; il secondo, invece, era un vasto impero strutturato secondo un'organizzazione gerarchica, in cui dominava un sovrano assoluto che mirava a realizzare una politica estera di ampliamento territoriale.

LE COLONIE GRECHE IN ASIA MINORE

La rivolta di Mileto Nel 500 a.C., il tiranno di Mileto, **Aristagora**, chiese aiuto al governatore persiano della città lidia di Sardi, il satrapo Artaferne, per tentare di portare a termine l'occupazione dell'isola di **Nasso**, nelle Cicladi. Quest'ultimo accettò di buon grado l'alleanza, perché con la sottomissione di Nasso avrebbe potuto controllare le isole Cicladi.

Ma il piano fallì; Aristagora allora, temendo una ritorsione del sovrano persiano Dario, a causa del patto segreto che aveva stipulato con il satrapo, decise di anticiparlo, fomentando la **ribellione di Mileto e delle colonie ioniche**, che espulsero i tiranni e allontanarono i reggimenti persiani.

Le città insorte chiesero allora aiuto contro i Persiani alle *poleis* greche. Sparta si rifiutò di intervenire, perché impegnata a contrastare Arcadi e Argivi e ad arginare una delle ricorrenti ribellioni dei Messeni (→ LEZIONE 6, PARAGRAFO 2). Delle altre *poleis*, risposero positivamente soltanto Atene ed Eretria (città dell'Eubea). Nel 497 a.C., la sollevazione coinvolse le popolazioni del Bosforo, della Caria e di Cipro, ma i **Persiani** riguadagnarono gradualmente i territori in rivolta e nel 494 a.C. **sbaragliarono gli Ioni** nelle acque dell'isola di Lade.

Dopo aver domato la rivolta, i Persiani assediarono e saccheggiarono la città che ne era stata l'artefice: **Mileto**. In molte **città ioniche** furono quindi restaurati il sistema amministrativo dei **satrapi** e la corresponsione dei **tributi**. Atene ed Eretria dovettero ritirare le loro navi.

PER RIPASSARE

1. Per quali motivi le colonie greche assoggettate ai Persiani rivendicarono l'indipendenza?
2. Quale punizione subì Mileto per essere stata l'artefice della rivolta?

3 La Prima guerra persiana (492-490 a.C.)

La vendetta di Dario Dario, dopo aver sedato le rivolte nella Ionia, coltivava il proposito di estendere il proprio **dominio sulla Grecia**. Infatti, mentre venivano inviati ambasciatori in territorio ellenico per chiedere la sottomissione delle *poleis* all'Impero, il sovrano organizzò un **piano d'attacco militare** per consolidare l'egemonia sulla Tracia e sulla Macedonia, precedentemente conquistate, e per punire le città greche che avevano fornito contingenti militari alle colonie ioniche.

Nel 492 a.C., **Mardonio**, il genero del re, a capo di una cospicua flotta si avviò verso la Grecia settentrionale, ma, sorpreso da una tempesta, **perse l'armata navale** presso il promontorio del monte Athos nella Calcidica.

La spedizione persiana riprese nel **490 a.C.**, quando il generale medo Dati e il satrapo Artaferne partirono dalla Cilicia, occuparono le **Cicladi** e l'**Eubea** e depredarono **Eretria**, che subì lo stesso trattamento di Mileto.

Adesso mancava soltanto la rivalsa su Atene. Il progetto dei Persiani era di restaurare la tirannide con il vecchio tiranno Ippia (→ LEZIONE 6, PARAGRAFO 6) che, rifugiatosi in Persia dopo l'espulsione da Atene, si era ora imbarcato con la flotta persiana.

La superiorità tattica ateniese a Maratona Gli invasori orientali approdarono nell'Attica con un possente esercito – più numeroso di quello greco e provvisto di una vigorosa cavalleria – e si appostarono nella **piana di Maratona**, a circa 40 km da Atene. Sul fronte opposto, 10.000 opliti ateniesi e 1000 uomini provenienti da Platea, al comando di **Milziade**, si asserragliarono sulle colline circostanti.

Dopo alcuni giorni di attesa e di incertezza sulla strategia da seguire, la **falange oplitica** ateniese si avventò sul nemico, anticipandone l'attacco. Presi di sorpresa, i Persiani subirono molte perdite (6000 caduti) e furono costretti a retrocedere.

Il generale persiano **Dati** decise allora di far ripiegare la cavalleria in direzione del porto del Falero, con l'obiettivo di imbarcarsi e di **assediare Atene via mare**.

Milziade fu però più celere del suo nemico. Dopo aver lasciato un piccolo contingente a Maratona, con tappe forzate lo stratega spostò l'esercito verso Atene, dove arrivò prima che apparissero all'orizzonte le navi persiane.

La **vittoria greca** fu schiacciante ed ebbe per i Greci un forte **significato morale e politico**. Essa, infatti, amplificò nella coscienza ellenica la distanza che separava il mondo della *polis*, culla della libertà e della democrazia, dal dispotismo dell'Impero persiano.

L'eco dell'impresa di Maratona fu così grande da far nascere nella tradizione letteraria greca la leggendaria figura di **Fidippide**, il soldato che a costo della propria vita riuscì a portare ai suoi concittadini la notizia della vittoria sui Persiani. Questo mito rappresenterà, alla fine dell'Ottocento, la fonte d'ispirazione che portò all'istituzione della gara olimpica di corsa, che prende il nome dalla città di Maratona.

LA BATTAGLIA DI MARATONA

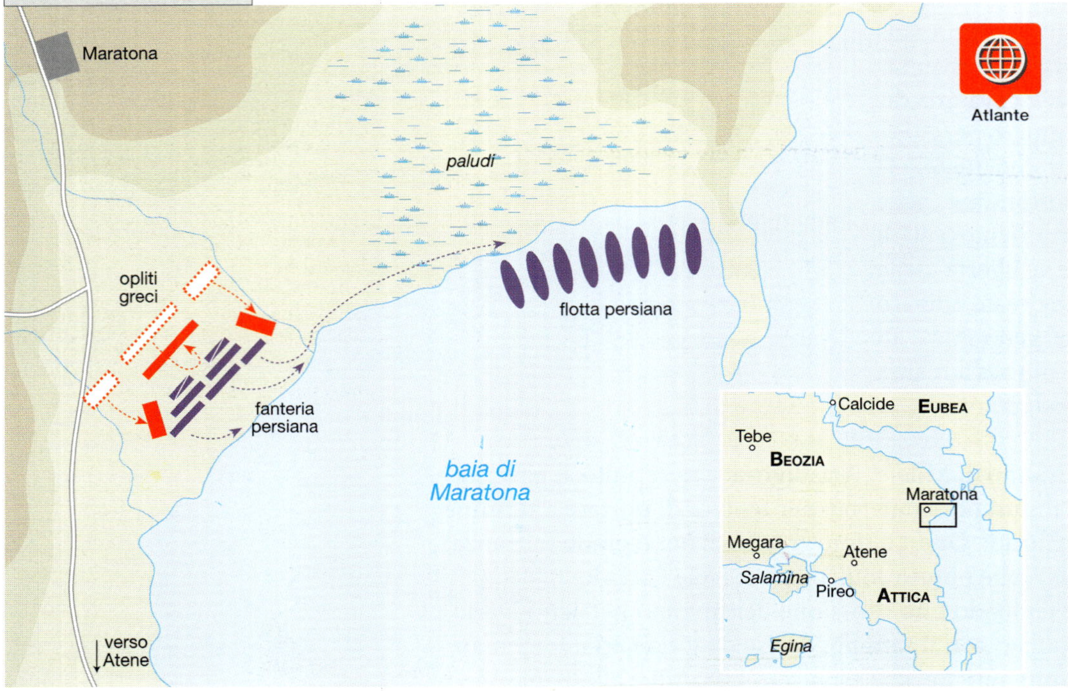

L'esercito guidato da Milziade non era provvisto di cavalleria; così il generale ateniese rafforzò le ali delle sue truppe e, mentre il centro arretrava senza sbandare, le ali attaccarono i Persiani, chiudendoli a tenaglia. I soldati di Dario, abituati a una tattica di lanci da lontano piuttosto che al corpo a corpo, si dettero alla fuga.

La situazione ad Atene dopo Maratona Atene accolse **Milziade** come **trionfatore**. Egli cercò allora di conquistare l'isola di Paros nelle Cicladi, sia perché aveva sostenuto l'attacco persiano sia perché era ricca d'oro. L'insuccesso del suo progetto determinò l'accusa di avere raggirato i cittadini ateniesi e una **condanna pecuniaria**.

Dopo la morte di Milziade (avvenuta nel 489 a.C. in seguito a una ferita ricevuta a Paros), il panorama politico ateniese vide lo scontro di due grandi personalità, che appartenevano a **opposti orientamenti** politici e che avevano differenti vedute sulle future strategie militari della città.

Da un lato, il **riformista Temistocle** sosteneva il progetto di realizzare un'**imponente flotta navale** di circa 200 triremi (le navi da guerra della flotta ateniese, a tre ordini sovrapposti di remi), che doveva dare impulso all'**espansione marittima e commerciale** di Atene nell'Egeo e contrastare l'eventuale **pericolo persiano**.

Egli proponeva anche di **sfruttare l'argento** proveniente dalle miniere del Laurio – scoperte di recente – per la costruzione della flotta e di consolidare, in funzione antipersiana, l'**alleanza con Sparta**. Temistocle propose, inoltre, l'arruolamento dei **teti**, gli appartenenti all'ultima classe sociale, secondo la riforma di Solone (→ LEZIONE 6, PARAGRAFO 6), come rematori nelle navi; un evento, questo, di vitale importanza, che portò all'**allargamento della base democratica** della città.

Dall'altro lato, il **conservatore Aristide** non solo era contrario a sperperare il denaro delle miniere nella costruzione dell'armata navale, prospettando invece di dividerlo tra i cittadini, ma soprattutto **osteggiava l'ascesa sociale dei teti**, che nella sua visione avrebbe minacciato le prerogative aristocratiche.

Alla fine, passò la linea di Temistocle e, nel 482 a.C., Aristide venne sottoposto all'**ostracismo**.

PER RIPASSARE

1 **Sottolinea, nel testo del paragrafo 3, in rosso i generali persiani e in blu quelli greci; inserisci, poi, sinteticamente le loro azioni principali:**

Mardonio PERSIANO

Dati PERSIANO

Artaferne PERSIANO

Milziade GRECO

Temistocle GRECO

Aristide GRECO

MITI E LEGGENDE
Fidippide

Secondo la leggenda, Fidippide era il nome del messaggero che coprì di corsa senza mai fermarsi la distanza da Maratona ad Atene (circa 40 km), per portare ai suoi concittadini la notizia della vittoria sui Persiani. Dopo avere pronunciato la frase «abbiamo vinto», si accasciò morto sul terreno, stremato dalla fatica.

La gara olimpica di corsa, che consiste nel percorrere 40 km (portati a 42,195 nel 1921), prende il nome di «maratona» da questo racconto. Forse la figura del messaggero esistette realmente; tuttavia, gli storici che descrivono la battaglia, come Erodoto, non ne fanno alcuna menzione.

La stele detta «del corridore di Maratona», V secolo a.C.

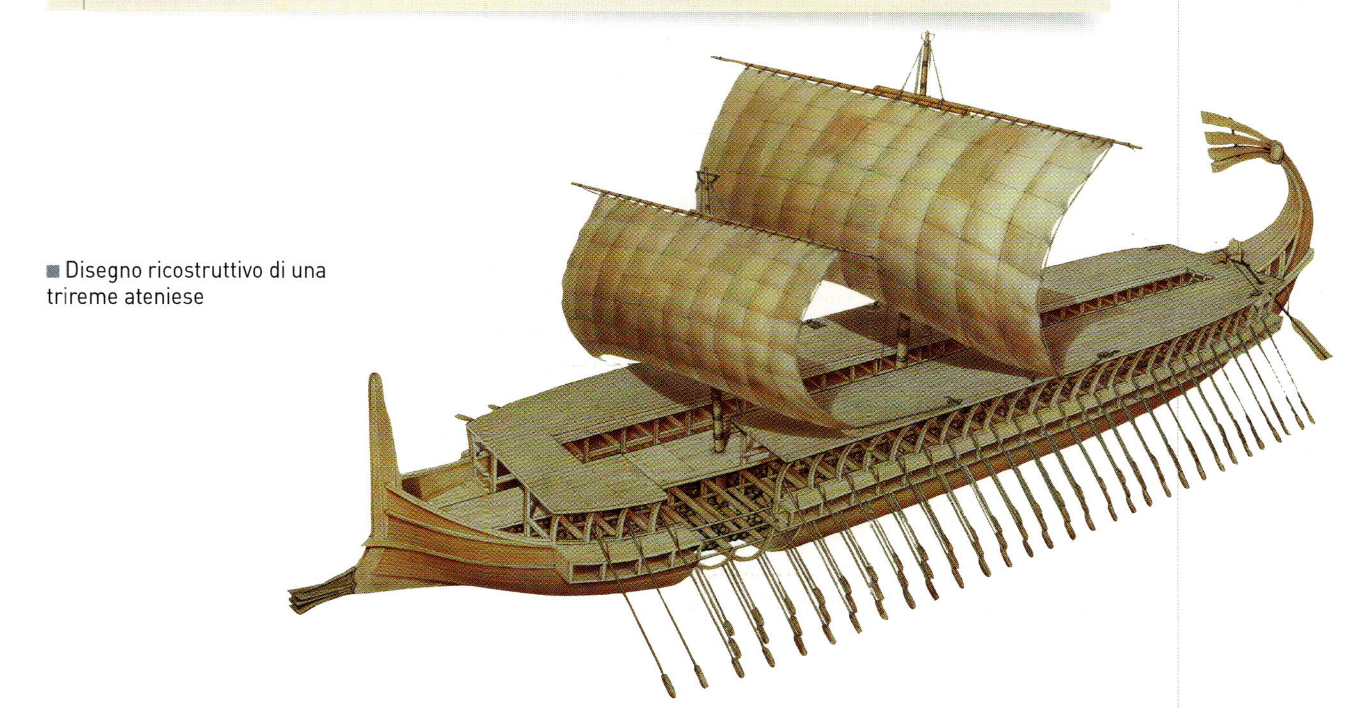

Disegno ricostruttivo di una trireme ateniese

La Seconda guerra persiana (480-479 a.C.)

Il piano di Serse e la *symmachia* greca Nel 486 a.C., alla morte di Dario, l'Impero persiano passò nelle mani del figlio **Serse**. Dopo aver sedato numerose sollevazioni in Egitto e a Babilonia, il sovrano organizzò un **nuovo attacco alla Grecia**, questa volta da portare **sia via mare sia via terra**, per non commettere nuovamente l'errore di assediare i nemici soltanto dal mare, rinunciando alla cavalleria.

La strategia di Serse prevedeva che un immenso **esercito di 300.000 uomini** passasse il Bosforo e puntasse verso l'Attica e Atene, dopo aver attraversato la Tracia, la Macedonia, la Tessaglia e la Beozia. Nel frattempo, le navi persiane avrebbero costeggiato la Grecia per garantire gli approvvigionamenti e per sferrare un eventuale assalto dal mare.

Il piano persiano includeva, inoltre, l'invio di emissari per richiedere un'**alleanza con le *poleis* greche**, che in effetti fu garantita da Tebe e da Macedoni, Tessali, Locresi e Beoti.

Sul fronte opposto, convinte dell'imminente minaccia rappresentata dai Persiani, **Atene, Sparta e le altre città greche** si riunirono, nel 481 a.C., a Corinto in un Congresso panellenico e stipularono una **coalizione militare** (*symmachia*), il cui comando fu affidato agli Spartani. Argo e Siracusa, però, si rifiutarono di aderire.

Il sacrificio delle Termopili Sebbene fossero uniti in un'alleanza, i Greci erano **divisi sulla strategia militare** da adottare di fronte al comune nemico persiano. Se, da un lato, Sparta premeva affinché si proteggesse il Peloponneso, affrontando i Persiani sull'istmo di Corinto; dall'altro, Atene non intendeva lasciare campo aperto in Attica all'esercito di Serse e pretendeva che il fronte di difesa si spostasse più a Nord, in Beozia.

Alla fine, nel **480 a.C.**, si arrivò a un'intesa: il re spartano **Leonida** avrebbe aspettato i Persiani al **passo delle Termopili**, una gola tra Tessaglia e Grecia centrale, lunga 1,3 km e larga appena 15-30 metri, che sarebbe stata un notevole ostacolo al passaggio del grande contingente persiano; **Temistocle**, invece, li avrebbe fermati con la flotta a **capo Artemisio**, sulla costa settentrionale dell'Eubea.

L'esercito di Leonida partì con soli 300 spartiati, 1000 perieci e 1000 iloti, perché a Sparta si tenevano le feste in onore di Apollo Carneo. Tuttavia, il contingente si arricchì di soldati durante il cammino: vi affluirono soldati tebani, focesi e locresi, per un totale di 7000 uomini.

COMPETENZE DI GEOSTORIA — LEGGERE E CREARE UNA CARTA GEOSTORICA STATICA

Le alleanze della Seconda guerra persiana

Sulla base degli elementi che hai a disposizione, costruisci la carta geostorica statica, eseguendo le operazioni richieste:

- completa la carta, scrivendo negli appositi spazi, nei colori corrispondenti a quelli usati nella legenda, i nomi mancanti;
- alla fine, attribuisci un titolo e una datazione alla tua carta geostorica statica.

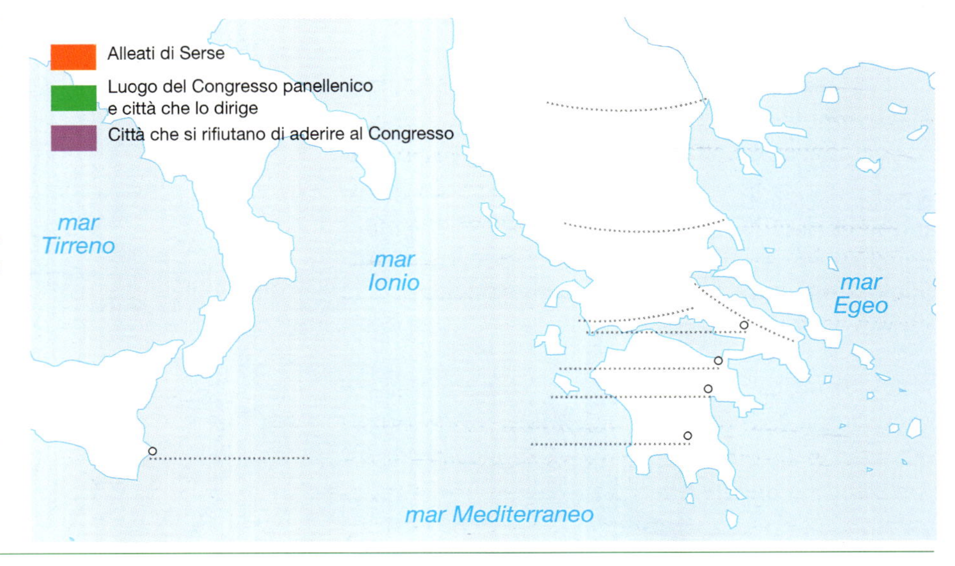

Per applicare correttamente il metodo geostorico proposto, consulta la SCHEDA DI METODO 2, p. 40.

I Persiani rimasero per due giorni bloccati al passo delle Termopili. Poi, in seguito al tradimento di un pastore greco, aggirarono le gole da una scorciatoia e **sorpresero gli Spartani alle spalle**.

Il coraggioso Leonida dispensò gli alleati dal combattimento e preferì che tornassero alle loro case per difenderle dall'incontenibile avanzata persiana. Contro Serse e il suo immenso esercito combatterono quindi solo gli Spartani, che vennero **massacrati**. La testa di Leonida fu portata al re persiano come macabro trofeo.

Il sacrificio dei 300 spartiati, però, non fu inutile, perché incoraggiò l'animo degli alleati, facendo leva sull'epica audacia dimostrata e sulla stoica capacità di **resistenza in nome dell'indipendenza**.

Una scena del film *300*, di Zack Snyder, che racconta la resistenza degli Spartani di Leonida, al passo delle Termopili, contro l'esercito persiano. Il film del 2007 è ispirato all'omonimo romanzo a fumetti di Frank Miller (1998).

L'assedio persiano in Grecia e la battaglia di Salamina Temistocle, intanto, non era riuscito a fermare gli avversari a capo Artemisio e i Persiani avevano invaso la Grecia centrale arrivando fino in Attica, di fronte ad **Atene**.

Prima che la città fosse **assalita e devastata**, Temistocle fece evacuare tutta la popolazione di Atene e dell'Attica, spostandola sulle isole di Trezene e Salamina e imbarcando tutti gli uomini che erano in condizioni di combattere su 200 navi. Tale decisione derivò, secondo la tradizione, da un'interpretazione «personale» data da Temistocle a un responso dell'oracolo di Delfi, che aveva sentenziato «di rifugiarsi dietro un muro di legno», ovvero le navi.

Intanto, i Persiani, dopo aver invaso l'Attica e devastato e incendiato Atene, puntarono dritti verso il Peloponneso, dal quale li separava soltanto la linea difensiva organizzata dagli Spartani sull'istmo di Corinto. La **flotta ateniese**, a questo punto, avrebbe dovuto appoggiare le truppe spartane assediate sull'istmo, nello scontro decisivo con i Persiani.

Non fu però così. A prevalere fu infatti la **linea strategica di Temistocle**, che preferiva affrontare il **combattimento nelle acque di Salamina**: l'abile stratega sapeva bene che l'angusto braccio di mare avrebbe potuto essere un ostacolo fatale per le voluminose navi persiane dai lunghi remi.

Con un espediente Temistocle inviò a Serse una **finta spia** facendogli credere che i Greci erano in fuga e conveniva attaccarli a Salamina per sbaragliarli in un unico scontro. La flotta persiana decise allora di attaccare, andando incontro a quanto previsto dal comandante ateniese: **duecento imbarcazioni persiane si inabissarono** nello spazio ridotto dello stretto.

LA BATTAGLIA DI SALAMINA

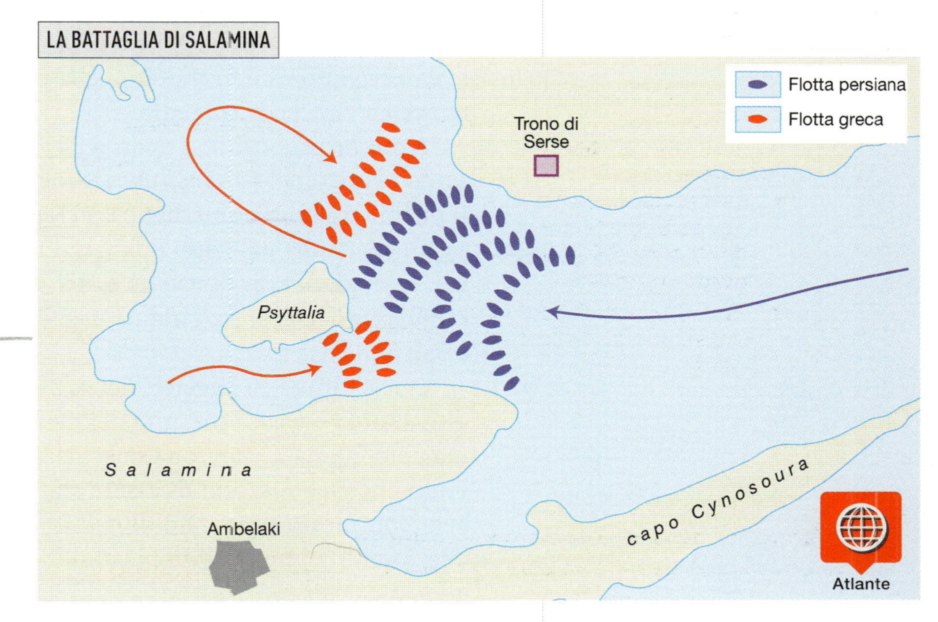

A Salamina la flotta greca sfruttò i vantaggi derivati dagli stretti spazi in cui si svolse la battaglia: moltissime navi persiane vennero speronate e i loro equipaggi furono abbordati dagli opliti greci e sbaragliati.

Il trionfo dei Greci a Platea e Micale Nel 479 a.C., il generale persiano **Mardonio**, dopo essere rimasto in Tessaglia con parte dell'esercito – il resto del contingente era infatti tornato in patria al comando del suo re – invase nuovamente l'Attica.

Questa volta, però, furono gli **Spartani** a contrattaccare e ad avanzare oltre l'istmo di Corinto: in Beozia, vicino a Platea, comandati da Aristide e Pausania, nipote di Leonida, sconfissero i Persiani. Mardonio morì in battaglia. Negli stessi giorni, la **flotta ateniese** distrusse quella persiana nei pressi di **capo Micale**, tra Efeso e Mileto, vicino all'isola di Samo.

Il **trionfo** nelle guerre persiane rafforzò nell'**immaginario dei Greci** la convinzione che ciò che era avvenuto fosse uno «**scontro di civiltà**»: da una parte, l'universo delle *poleis*, custode della libertà e della democrazia; dall'altra, il dispotismo «barbaro» dell'Impero persiano.

LE GUERRE TRA GRECI E PERSIANI

Dal teatro alla storiografia: la visione greca delle guerre persiane Le guerre persiane rappresentarono anche il primo e l'unico **argomento storico**, almeno secondo quanto ci è pervenuto, che fu trattato nella nuova forma letteraria che si stava diffondendo in quel tempo in Grecia: la **tragedia**.

A questo proposito, si ricorda *La presa di Mileto*, una tragedia storica, scritta dal drammaturgo **Frinico** nel 492 a.C., che rievocava la dolorosa sconfitta dopo soli due anni dall'evento. Il pubblico ateniese si indignò con l'autore per aver rammentato una circostanza così luttuosa: gli spettatori uscirono infatti dal teatro e fu sancita per Frinico una multa di mille dracme. Egli, però, non desistette e, nel 476 a.C., ebbe un grande successo di pubblico quando rappresentò le *Fenicie*, un'altra tragedia storica, questa volta però dedicata alla vittoria greca a Salamina.

Quest'ultima fu oggetto, nel 472 a.C., di un'altra opera di maggiore successo, *I Persiani* di **Eschilo** (→ PAG. 150), uno dei massimi tragediografi greci, che aveva combattuto in prima persona sia a Maratona sia a Salamina. Ne *I Persiani*, Eschilo adotta il punto di vista dei vinti, che riconoscono di essere stati puniti per la loro eccessiva brama di conquista, per aver commesso il peccato di *hybris*, cioè il superamento dei limiti imposti all'uomo dagli dèi. Eschilo oppone all'empia ambizione di Serse la composta **saggezza della democrazia ateniese**.

A far propria questa lettura del conflitto greco-persiano fu lo storico greco **Erodoto**, che individuava **le ragioni del conflitto** greco-persiano nell'**espansionismo persiano**. Secondo Erodoto, i Persiani ritenevano il loro un mondo a sé stante, profondamente distante dalle altre culture; si consideravano superiori e questo giustificava la loro politica espansionista. In realtà, egli attribuisce ai Persiani quella che era una forte visione delle propria identità da parte dei Greci, che, come diremmo oggi, peccavano di **etnocentrismo**: si consideravano, cioè, **superiori** rispetto agli altri popoli per **lingua, cultura** e **istituzioni politiche**.

Di lì a poco, lo scontro tra le *poleis* greche nella Guerra del Peloponneso (→ LEZIONE 8) avrebbe dimostrato la «superbia» degli Ateniesi, che si sarebbero macchiati proprio di quell'avidità fino a pochi anni prima condannata aspramente nei Persiani.

IL LESSICO STORICO

Etnocentrismo Tendenza, basata sul pregiudizio di una presunta superiorità culturale, a giudicare la storia, le tradizioni culturali e i comportamenti di coloro che appartengono ad altri gruppi etnici secondo un sistema di valori e norme che si riferisce a quello adottato dal gruppo a cui si appartiene.

PER RIPASSARE

1. Quale strategia adottò Serse nella Seconda guerra persiana?
2. Spiega la parola *symmachia* riferendola al contesto studiato.
3. Completa la frase seguente. Poi spiega quale dei piani elaborati dai due uomini politici greci ebbe esito positivo e perché.
   Leonida avrebbe aspettato i Persiani a ...., *Temistocle li avrebbe fermati a* .... *perché* ....
   ....
   ....
   ....
4. Credi che la brama di espansionismo che i Greci imputano ai Persiani sia solo un difetto di questi ultimi? Motiva la tua risposta.

SINTESI

- **La formazione dell'Impero persiano** Nel IX secolo a.C. si stanziarono nella zona dell'altopiano iranico due popoli nomadi di origine indoeuropea: i **Medi** e i **Persiani**. Dopo un primo periodo in cui furono assoggettati dai Medi, nel 550 a.C. i Persiani riuscirono a liberarsi dalla loro dominazione grazie al re **Ciro il Grande** e al figlio Cambise, e crearono un vasto **impero esteso dall'Egeo all'India**.
  Alla morte di Cambise, seguirono disordini sociali e ribellioni, che, tra il 520 a.C. e il 519 a.C., vennero sedate da un cadetto della dinastia achemenide, **Dario I**, il quale stabilì la sua autorità su tutto l'impero. I Persiani riuscirono a tenere unita un'entità territoriale così vasta ed eterogenea in virtù della capillare **organizzazione amministrativa**, della concessione di controllati margini di **autonomia locale**, dell'incentivazione del **commercio** e delle **infrastrutture**, di un atteggiamento di **tolleranza**, soprattutto religiosa, e della diffusione del persiano come **lingua comune**.
- **La rivolta delle colonie dell'Asia Minore** Durante il processo espansivo dei Persiani, anche le **colonie greche dell'Asia Minore** passarono sotto il loro dominio. Le *poleis* nel 500 a.C. **si ribellarono** e chiesero l'aiuto delle città greche. Risposero soltanto Atene ed Eretria, ma i loro contingenti non furono sufficienti per allontanare i Persiani, che **riconquistarono i territori persi** e punirono severamente le colonie ribelli (prima fra tutte **Mileto**).
- **La Prima guerra persiana** Il desiderio di vendetta e di conquista spinse il re **Dario I** a iniziare la **Prima guerra persiana**, che durò dal 492 al 490 a.C. Egli mandò i suoi generali a punire Eretria e Atene e a invadere l'Attica, nell'intento di restaurare la tirannide di Ippia. Atene, però, mostrò una notevole superiorità tattica, grazie alla maestria bellica del generale **Milziade**, che inferse una schiacciante sconfitta ai Persiani a **Maratona**. Ad Atene, poi, prevalse il partito riformista guidato da **Temistocle**, favorevole alla costruzione di un'**imponente flotta** per contrastare le future avanzate persiane.
- **La Seconda guerra persiana** Il figlio di Dario, **Serse**, nutrì subito la prospettiva di una rivalsa sulle città greche, progettando un'**invasione sia terrestre sia marina**. I Greci, intanto, si riunirono in una **coalizione militare**. Il re spartano **Leonida** cercò di difendere strenuamente il passo delle **Termopili**, ma fu sconfitto. L'ateniese Temistocle, anche se non riuscì a frenare l'avanzata persiana nell'Attica, ebbe la geniale idea di fare evacuare Atene e deviò con uno stratagemma lo scontro frontale a **Salamina**, sul mare, dove i Persiani subirono nuovamente la supremazia ateniese. Nelle battaglie di **Platea e Micale**, i Persiani furono definitivamente sconfitti. Le democratiche città-stato greche erano riuscite nell'impresa di impedire l'espansione dell'Impero persiano.

I Persiani di Eschilo tra *hybris* e libertà democratiche

LEGGI LA FONTE

La disfatta di Salamina come punizione divina della *hybris* persiana

Eschilo (Eleusi 525 ca. - Gela 456 a.C.), che insieme a Sofocle ed Euripide fu il massimo tragediografo greco, partecipò alle guerre persiane e combatté in prima persona nelle battaglie principali: Maratona, Salamina e probabilmente Platea.

I Persiani, *rappresentata nel 472, è l'unica tragedia di argomento storico a noi pervenuta. Eschilo, scegliendo di affrontare nel suo dramma la battaglia di Salamina, era conscio della possibile reazione negativa del pubblico, come quella riservata anni prima a* La presa di Mileto *di Frinico. Egli, però, scelse di trasformare il singolo evento in un simbolo universale della condizione umana: la disfatta di Salamina altro non è che la punizione inflitta ai Persiani, perché colpevoli del superamento dei limiti imposti dagli dèi e dall'ordine cosmico. Si tratta del castigo (*tisis*) causato dalla loro eccessiva brama di espansione, considerata come un delitto di* hybris, *ovvero di tracotanza, ambizione sfrenata che supera ogni limite. Alla fine del dramma, il fantasma di Dario, il padre di Serse, invocato dal coro, spiega con parole tragiche e severe le ragioni della sconfitta del figlio.*

Maschera tragica di Dioniso rinvenuta a Myrina (in Turchia), risalente al II-I secolo a.C. Parigi, Museo del Louvre.

Su mio figlio Zeus ha scagliato il termine dei vaticini: e io che, non so come, mi illudevo che di qui a lungo tempo gli dèi li avrebbero adempiuti! Ma quando uno si affretta egli stesso, anche il dio coopera.

(*I Persiani*, vv. 739-742)

Secondo Eschilo, il destino di morte è dovuto sia all'azione dell'uomo sia al repentino rancore degli dèi, che «collaborano» rendendo l'errore immutabile. L'uomo può decidere liberamente se superare i limiti e se sconvolgere l'ordine prestabilito del cosmo, ma deve fare i conti con gli effetti delle sue azioni che subito generano la conseguente punizione divina.

Essi [*i Persiani dell'esercito di Serse*] resistono là dove l'Asopo irriga la pianura con le sue onde, nutrimento prezioso per la terra di Beozia; là le più gravi sofferenze li attendono, come espiazione della loro superbia (*hybris*) e degli empi progetti. Essi, infatti, giunti in terra greca, non provarono vergogna a depredare i simulacri degli dei e incendiare i templi: altari resi irriconoscibili e basamenti divelti di statue di divinità furono rovesciati alla rinfusa. Pertanto coloro che hanno compiuto del male ora soffrono in misura proporzionata; anzi, altre sciagure stanno per accadere: non è ancora stato toccato il fondo, la sventura deve ancora crescere. Questa sarà la sanguinosa libagione offerta alla terra di Platea dalla lancia dei Dori: cumuli di cadaveri, muti davanti agli occhi di tutti, testimonieranno fino alla terza generazione che chi è mortale non deve inorgoglirsi troppo, perché la superbia (*hybris*) è un fiore che dà come frutto una cieca follia, dalla quale si raccoglie una messe colma di pianto.
Guardate la punizione toccata a costoro e ricordatevi di Atene e della Grecia affinché nessuno, per disprezzo del proprio stato attuale e per desiderio di altro, sperperi una grande prosperità, poiché Zeus è giudice severo e castigatore delle imprese troppo azzardate.

(*I Persiani*, vv. 805-828)

ANALIZZA LA FONTE

Le frasi sottolineate in arancione indicano le colpe dei Persiani. Le parole di Dario sono di misurata saggezza e si oppongono all'arroganza di Serse, colpevole di avere offeso gli dei incendiando templi e distruggendo altari nel saccheggio di Atene del 480 a.C. A causa della sua superbia, Serse è destinato all'accecamento, cioè alla disfatta e alla rovina. Dario, inoltre, preconizza la disfatta di Platea del 479 a.C.

Nel testo sono sottolineate in celeste le parole relative alle profezie di Dario, che nei versi precedenti aveva parlato di grandi sofferenze, sciagure e sventure future per i Persiani.

Infine, nei versi finali sottolineate in verde, il sovrano persiano si fa portavoce di un significativo insegnamento: la vittoria sui Persiani non deve rappresentare per i Greci motivo di vanto, ma piuttosto di meditazione. Essi devono infatti trarre insegnamento dai terribili eventi in cui, seppur da vincitori, sono stati coinvolti: se supereranno i limiti, se minacceranno la libertà di altri popoli per incontenibile desiderio di espansione, allora anche loro saranno travolti dal castigo implacabile di Zeus.

■ Rilievo raffigurante Thalia, musa della commedia, che tiene in mano una maschera comica. Dettaglio del «Sarcofago delle Muse», arte romana, marmo, 150 a.C. Parigi, Museo del Louvre.

■ Rappresentazione della tragedia di Euripide *Andromaca*, diretta da Luca De Fusco, al teatro greco di Siracusa.

In realtà, Eschilo trasforma in insegnamento un suo personale timore che diverrà fondato quando, nella Guerra del Peloponneso (→ LEZIONE 8), gli Ateniesi saranno accecati dalla *hybris* «imperialistica» che suggellerà il loro declino.

ADESSO LAVORA TU

Troverai adesso un altro brano tratto da *I Persiani* di Eschilo, preceduto da un breve commento. Dopo averlo letto con attenzione, svolgi le attività che seguono.

La tragedia di Eschilo racchiude anche un ulteriore elemento di riflessione: alla smodata cupidigia di Serse è contrapposta la serena assennatezza della democrazia ateniese, che è pronta a resistere pur di mantenere intatta la propria libertà. Accanto alla pars destruens, *alla fatalistica concezione dell'esistenza umana governata dal destino, Eschilo affianca una* pars construens, *che svolge una funzione politico-educativa per il pubblico, nella forma di un esempio positivo e concreto: la libertà democratica. Tale esempio si riscontra nel dialogo tra la regina Atossa (moglie di Cambise) e il coro dei Persiani.*

Regina: Miei cari, desidero ancora sapere questo: in quale terra si dice si trovi Atene?
Coro: Lontano, verso Occidente, dove tramonta il potente Sole.
Regina: Ma perché mio figlio desidera dare la caccia a questa città?
Coro: Perché tutta la Grecia diventerebbe suddita del Gran Re.
Regina: Dunque essi possiedono un esercito così numeroso?
Coro: Un esercito così potente che ha inflitto molte sconfitte ai Medi.
Regina: Forse perché nelle loro mani spicca la punta della freccia?
Coro: No, anzi: usano lance per combattere a piè fermo e scudi.
Regina: E che cos'altro posseggono? Le loro case sono ricche?
Coro: Possiedono una vena d'argento, un tesoro, dono della terra.
Regina: E chi è il condottiero che comanda l'esercito?
Coro: Non vogliono essere chiamati schiavi né sudditi di nessun uomo.
Regina: Allora come potrebbero resistere contro nemici stranieri?
Coro: Resistono, al punto che hanno distrutto il numeroso e valoroso esercito di Dario.

(*I Persiani*, vv. 230-244)

Rispondi alle seguenti domande:

1. Chi è il Gran Re?
2. A chi si riferisce la regina con il termine Medi? Perché lo usa?
3. Quale significato ha la frase «No, anzi: usano lance per combattere a piè fermo e scudi»?
4. A cosa si riferisce il coro quando parla di una «vena d'argento»?
5. Da quale verso si evince il sentimento di profonda libertà che caratterizza gli Ateniesi? Motiva la tua risposta.

WEB TEST

Effettua una ricerca della parola «Persia» nel sito dell'Enciclopedia Treccani. Puoi visitare l'indirizzo www.treccani.it/enciclopedia_%28Enciclopedia_Italiana%29/. Leggi nel paragrafo «Letteratura» la parte dedicata a «L'età antica» e trova le principali iscrizioni persiane (ti consigliamo di riferirti a quella di Bisutun su Dario I) e, dopo averle analizzate, confronta la mentalità di cui sono portatrici con le fonti greche già esaminate. Scrivi quindi un breve testo di commento di massimo venti righe.

Collega passato e presente e **approfondisci** temi e problemi della geostoria.

Lezione LIM

I climi e gli ambienti della Terra

(→ GEOGRAFIA, LEZIONE 1)

«Non bisogna far violenza alla natura, ma persuaderla»

(Epicuro, *Gnomologio Vaticano*)

Le differenze climatiche e l'amministrazione di un territorio

Alla vigilia delle Guerre persiane, l'Impero di Dario il Grande si espandeva da Ovest verso Est, dal mar Egeo all'Indo, inglobando regioni molto diverse tra loro. È facile immaginare, vista la loro estensione, a quali **difficoltà** andassero incontro i Persiani nell'**amministrazione** di tutti questi territori, a causa non solo dell'eterogeneità culturale delle popolazioni che li abitavano, ma anche delle rilevanti **differenze climatiche e ambientali**.

La Terra, infatti, ha caratteristiche fisiche, climatiche, ambientali e paesaggistiche estremamente varie. Il clima, in particolare, ha sempre subito notevoli cambiamenti, a cui hanno fatto seguito **mutamenti ambientali** determinati da diversi fattori, come latitudine, altitudine, distanza dal mare, presenza di catene montuose, presenza di un'abbondante vegetazione, azioni antropiche (→ GEOGRAFIA, LEZIONE 1).

Dal bioma all'ecosistema

La parte della Terra dove vive l'uomo è chiamata **biosfera**. Essa permette la nascita e lo sviluppo di diverse specie di **esseri animali e vegetali** che, presenti in una determinata area geografica, costituiscono il **bioma** di questa area.

Questa comunità di animali e vegetali raggiunge un certo equilibrio nell'*habitat* con il quale interagisce, definito **ecosistema**. Un ecosistema è un **sistema aperto** in cui animali e vegetali si influenzano tra di loro, condizionando anche lo stesso ambiente ecologico.

Le caratteristiche dell'ecosistema sono determinate dal clima, dal bioma e dalla vegetazione. Sulla base della **tipologia della vegetazione** e della **quantità** presente in un ecosistema si possono classificare **diversi ambienti naturali**, quali: le foreste pluviali, la steppa, la prateria, la savana, il deserto, la tundra, la taiga, la macchia mediterranea.

Le aree climatiche di Köppen

Ogni regione naturale ha il proprio **clima** e la propria **diversità biologica**. A queste si aggiungono gli ambienti artificiali creati dall'uomo (città, metropoli ecc.), che, a partire dalla preistoria, ha modificato l'ambiente in relazione alle proprie necessità.

Sulla base della classificazione climatica del tedesco **Wladimir Köppen**, che risale al 1901 (→ GEOGRAFIA, LEZIONE 1) e si fonda sui dati medi della temperatura e delle precipitazioni, rilevati mensilmente e annualmente, e sulla distribuzione della vegetazione naturale, è possibile sintetizzare in una tabella le **cinque macroaree climatiche** ipotizzate.

IL LESSICO GEOGRAFICO

Bioma Il complesso delle comunità animali e vegetali che, in una data area geografica, interagendo tra loro, hanno raggiunto un equilibrio, mantenuto dalle condizioni ambientali. Il termine bioma indica anche l'ambiente dove si registrano queste condizioni.

AREE CLIMATICHE	CLIMI	CARATTERISTICHE
Clima tropicale	Clima della foresta pluviale Clima monsonico Clima della savana	Temperatura media superiore a 18 °C; assenza di stagioni invernali; precipitazioni annue abbondanti e forte umidità. La lunghezza delle giornate è quasi identica da una stagione all'altra.
Clima arido	Clima steppico Clima desertico freddo Clima desertico caldo	L'evaporazione supera in media le precipitazioni nel corso di tutto l'anno: ciò determina una forte mancanza idrica e corsi d'acqua dal carattere non permanente.
Clima temperato	Clima caldo con inverno secco Clima caldo con estate secca Clima temperato umido	Il mese più freddo ha una temperatura media inferiore a 18 °C, ma superiore a –3 °C. In queste aree le quattro stagioni si alternano regolarmente.
Clima boreale	Clima freddo con inverno secco Clima freddo con inverno umido	È presente solo nell'emisfero settentrionale (o boreale). La temperatura più bassa è –3 °C. La temperatura media del mese più caldo è superiore a 10 °C. Le precipitazioni non sono abbondanti.
Clima nivale o polare	Clima della tundra Clima del gelo perenne	Temperature rigidissime durante tutto l'anno, con precipitazioni (generalmente scarse) in maggior parte nevose.

Il concetto di «barbaro»: ieri e oggi

I Greci e la superiorità sul «barbaro»

Durante l'Età antica, le occasioni di **incontro tra la cultura asiatica e quella europea** furono numerose. In particolar modo, i territori bagnati dalle acque del **Mediterraneo** rappresentarono un punto di congiunzione, e spesso di fusione, tra economie, religioni, lingue e assetti politici diversissimi.
Il contatto tra popolazioni lontane portò anche, però, alla scoperta dell'«altro da sé», di qualcuno, cioè, radicalmente differente da quanti gravitano nel nostro universo quotidiano.
Le guerre persiane rappresentarono un momento importante di confronto tra due realtà estremamente diverse, come le città-stato greche e l'Impero di Dario e di Serse.
I **Greci**, come del resto i Persiani, erano convinti della loro **superiorità culturale** ed esaltavano la loro cultura come la più ricca, completa e giusta tra quelle esistenti. In quegli anni, l'«**essere greco**» fu un elemento importante di unione delle tante *poleis* e si affermò la certezza che chi non apparteneva al mondo greco fosse inferiore.
Risale infatti proprio a quegli anni la nascita del concetto di «**barbaro**». Il termine onomatopeico *bàrbaros* (letteralmente «balbuziente») deriva dal suono «*bar bar*», che indicava il «balbettio» di **chi, non sapendo parlare la lingua ellenica, emetteva suoni rozzi**. Ben presto, i Greci considerarono «barbare» tutte le popolazioni che non parlavano la loro lingua, con l'accezione che questo rappresentasse un **indice della loro inferiorità culturale**.

Tra stereotipi e razzismo

Anche oggi, il termine «**barbaro**» continua a essere utilizzato come sinonimo di «**incivile**», «**inferiore**», alimentando una visione stereotipata (e negativa) di **tutto ciò che è lontano e differente** dall'orizzonte a noi familiare.
«Barbare» diventano quindi le civiltà che ancora hanno un legame molto forte con la natura (come alcune tribù africane) o che non fanno uso di tecnologie moderne; «barbare» sono le persone che non vivono come ci si aspetterebbe; a volte, «barbaro» è addirittura chi non condivide il nostro pensiero; e «barbare» sono considerate, spesso, le persone che vengono da un altro Paese e che hanno una cultura differente dalla nostra.
Questo **atteggiamento di chiusura** verso chi non appartiene al nostro piccolo mondo quotidiano può portare a un pensiero e a un comportamento razzisti: infatti, se si pensa che **«essere diversi»** significhi **«essere inferiori»**, il passo verso la **discriminazione razziale** può essere breve; nella storia dell'umanità, ne esistono numerosi esempi.

Il razzismo

Il **razzismo** è una **teoria pseudoscientifica** basata sull'idea dell'esistenza di razze biologicamente e storicamente diverse, alcune delle quali vengono considerate superiori alle altre per natura. Queste premesse hanno portato, soprattutto tra la fine del XIX e la prima metà del XX secolo, alla convinzione che a **tratti somatici diversi** da quelli propri corrispondessero **scarsa intelligenza** o **cultura inferiore**.
È quanto è successo in Europa, un continente che in quel periodo stava affermando la propria potenza a livello mondiale e stava colonizzando popolazioni che riteneva «inferiori», come quelle delle regioni asiatiche e africane.
Grazie agli studi di genetica più recenti, è stata definitivamente dimostrata la **falsità del concetto di razza**, sprovvisto di ogni base scientifica; esso è stato sostituito da quello di «**etnia**» ognuna portatrice di differenti culture, frutto del processo di evoluzione e di **adattamento ambientale** di un unico ceppo di ominidi che dall'Africa si è diffuso nei vari continenti (→ LEZIONE 1).

La condanna dell'Onu

Nel 1950, l'**Onu condannò il razzismo** con la *Dichiarazione sulla razza* elaborata dall'Unesco (l'Organizzazione delle Nazioni Unite per l'Educazione, la Scienza e la Cultura). Con la Convenzione internazionale del 21 dicembre 1965, inoltre, l'ONU precisò che:
«[...] l'espressione "discriminazione razziale" sta a indicare ogni distinzione, restrizione o preferenza basata sulla razza, il colore, l'ascendenza o l'origine nazionale o etnica, che abbia lo scopo o l'effetto di distruggere o di compromettere il riconoscimento, il godimento o l'esercizio, in condizioni di parità, dei diritti dell'uomo e delle libertà fondamentali in campo politico, economico, sociale e culturale o in ogni altro settore della vita pubblica» (*Articolo 1*).
La Convenzione del 21 dicembre 1965 sottolineò inoltre che «gli Stati contraenti condannano la discriminazione razziale e si impegnano a continuare, con tutti i mezzi adeguati e senza indugio, una politica tendente a eliminare ogni forma di discriminazione razziale e a favorire l'intesa tra tutte le razze» (*Articolo 2*).
Da anni l'**Unione Europea** richiama con direttive gli Stati membri a dotarsi di **leggi antidiscriminatorie** per sconfiggere il razzismo, mentre in **Italia** la negazione di ogni forma di razzismo è contenuta nell'**articolo 3 della Costituzione**.

Guida alla Cittadinanza

Le leggi e i provvedimenti antirazziali sono oggi numerosissimi, sia a livello internazionale, sia europeo, sia italiano. Se vuoi approfondire l'argomento, ricerca su Internet gli articoli 2 e 7 della Dichiarazione Universale dei Diritti dell'Uomo (Dudu) e la legge italiana n. 654 del 13 ottobre 1975 e discutine in classe con i tuoi compagni, dopo avere sottolineato le parole più significative dei testi.

VERIFICA

Lezione 7
Le Guerre persiane

DALLE ABILITÀ ALLE COMPETENZE

COMPLETARE UNA TABELLA E STABILIRE I NESSI CRONOLOGICI **COMPETENZA STORICA**

1 **Inserisci correttamente nella tabella sottostante le vicende relative ai due sovrani persiani Ciro II e Cambise.**
Ordinale poi cronologicamente con dei numeri.

conquista il Regno di Lidia – conquista l'Egitto – muore a causa di una congiura – muore in battaglia contro gli Sciiti – succede al padre – sottomette l'Impero di Babilonia – unifica sotto il suo regno i territori dell'altopiano iranico

ORDINE	CIRO II	ORDINE	CAMBISE

COMPLETARE UNA TABELLA **COMPETENZA STORICA**

2 **Completa la tabella sotto riportata.**
(→ SCHEDA DI METODO 6, p. 112)

	L'Impero persiano
Capitali	
Politica religiosa	
Ordinamento amministrativo	
Sistema economico	

COMPLETARE UNA MAPPA CONCETTUALE **COMPETENZA STORICA**

3 **Completa la seguente mappa concettuale, servendoti opportunamente dei numeri riferiti ai concetti-chiave sotto elencati.**
Stai attento: tra loro c'è un intruso! Individualo, sottolinealo in rosso e spiega perché si tratta di un elemento estraneo.
(→ SCHEDA DI METODO 7, p. 156)

1. Le città greche sono costrette a versare tributi e a entrare nell'esercito persiano
2. Le colonie greche assoggettate dai Persiani decidono di ribellarsi
3. Le città greche della costa passano sotto la sovranità persiana
4. Mardonio perde l'armata navale presso il promontorio del monte Athos nella Calcidica
5. I satrapi persiani sostengono l'ascesa di tiranni locali
6. Ciro il Grande assoggetta la Lidia e l'Asia Minore
7. Le *poleis* greche vedono minacciati i loro interessi commerciali nel mar Nero e nel mar Egeo

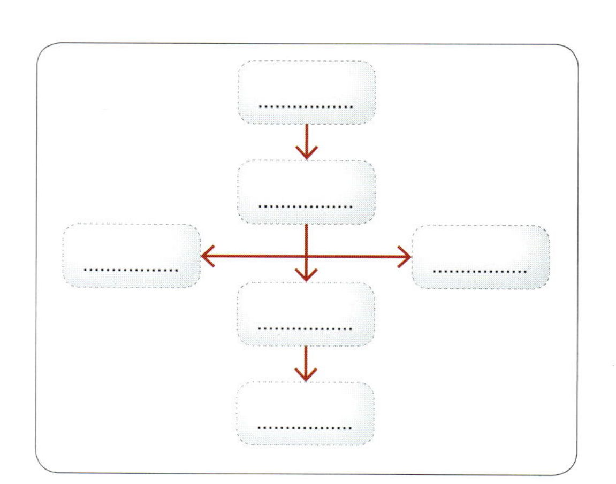

DALLE ABILITÀ ALLE COMPETENZE

CREARE UNA CARTA GEOSTORICA DINAMICA
COMPETENZA GEOSTORICA

4 **Individua e scrivi sulla carta muta a fianco i nomi dei luoghi elencati. Traccia, poi, con i rispettivi colori della legenda, i percorsi intrapresi dai generali persiani e da quelli greci. Alla fine, attribuisci un titolo e una datazione alla tua carta geostorica dinamica.**

(→ SCHEDA DI METODO 3, p. 64)

Persia – Monte Athos – Cilicia – Cicladi – Eubea – Eretria – piana di Maratona – Atene

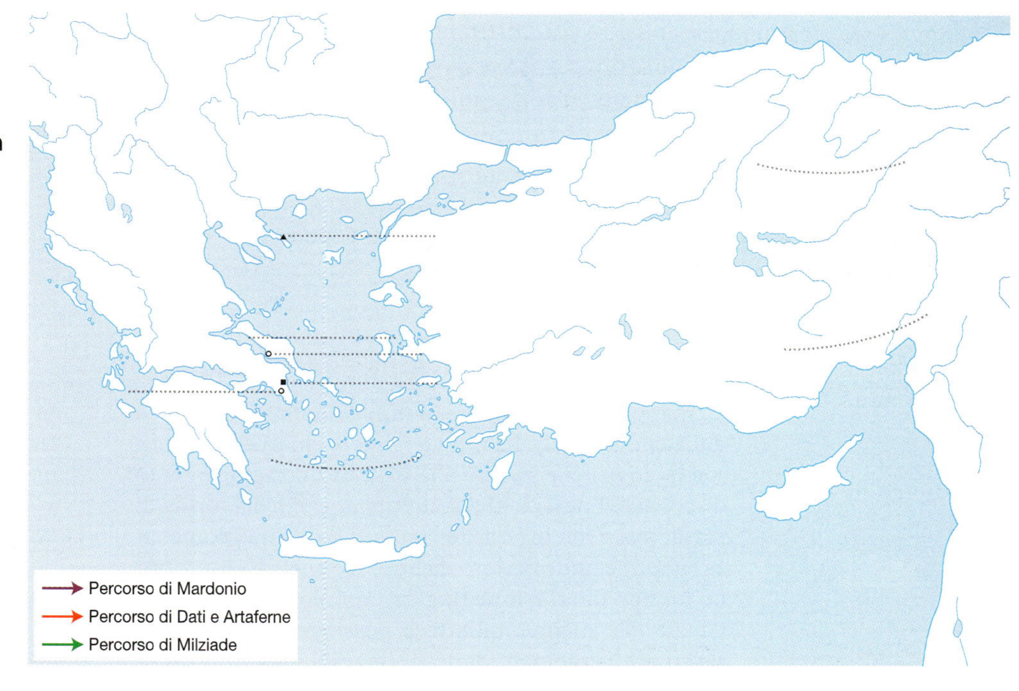

CONOSCERE, COMPRENDERE E ADOPERARE IL LESSICO STORICO E GEOGRAFICO COMPETENZA STORICA

5 **Definisci i seguenti termini trovati all'interno della lezione 7. Effettua poi una correlazione con il contesto studiato, scrivendo un piccolo testo di massimo tre righe.**

- Condanna pecuniaria
- Riformista
- Conservatore
- *Symmachia*

RICONOSCERE I PERCHÉ DELLE VICENDE STORICHE COMPETENZA STORICA

6 **Scrivi sul tuo quaderno le cause (i *Perché*) delle seguenti vicende storiche.**

1. Perché Serse cambiò strategia rispetto a Dario?
2. Perché l'esercito spartano partì inizialmente per le Termopili in numero esiguo?
3. Perché i Persiani aggirarono il passo delle Termopili?
4. Perché Temistocle fece evacuare Atene?
5. Perché i Persiani furono sconfitti a Salamina?

COSTRUIRE UNA LINEA DEL TEMPO COLLOCANDOVI EVENTI STORICI COMPETENZA STORICA

7 **Inserisci correttamente, dalla lista sottostante, gli elementi del *Cosa* e del *Quando* nella linea del tempo sulla Seconda guerra persiana. Attenzione, alcuni eventi hanno la stessa datazione.**

(→ SCHEDA DI METODO 3, p. 64)

Cosa?
Battaglia di Salamina – battaglia di Platea – scontro alle Termopili – scontro di Capo Micale – sollevazioni in Egitto e a Babilonia – Congresso panellenico

Quando?
480 a.C. – 486 a.C. – 481 a.C. – 479 a.C.

7. Leggere e costruire mappe concettuali e leggere e interpretare cartogrammi

Le mappe concettuali e i cartogrammi rappresentano due preziosi strumenti per migliorare l'apprendimento. Le mappe concettuali sono maggiormente utilizzate nello studio della storia, permettendo agli studenti di ordinare con maggiore efficacia il materiale di studio e di consolidare la comprensione delle conoscenze acquisite; invece i cartogrammi servono, in particolare nello studio della geografia, a dare la possibilità di cogliere a «colpo d'occhio» la distribuzione dei dati su un territorio preso in esame.

NEL TEMPO E NELLO SPAZIO

Come LEGGERE le mappe concettuali

La **mappa concettuale** è una **rappresentazione grafica delle conoscenze** che mira a rendere chiari ed evidenti i nessi logici che stanno alla base di un ragionamento discorsivo. I **nessi logici** sono riepilogati nella forma di parole-concetto inserite dentro una struttura geometrica (nodo) e unite fra loro da linee (frecce) che esprimono un tipo di **relazione** (logica, cronologica, causale).
Grazie alle mappe, quindi, è possibile individuare il senso degli argomenti trattati e le principali connessioni che esistono fra di loro.
Proviamo adesso a leggere la mappa concettuale *Dalla «rivoluzione agricola» alle* poleis, presente nel manuale all'interno della lezione 5 (→ p. 105).
La mappa è formata da parole-concetto (inserite nei riquadri) e da frecce (→). I concetti fondamentali sono qui legati da **nessi causali**. Trasformiamo adesso la mappa in testo.

In Grecia, l'affermarsi della rivoluzione agricola determina (→) una crescita economica e (→) un incremento demografico. La popolazione ha più risorse a disposizione grazie all'aumento delle merci e ciò causa (→) l'arricchimento del *demos*, quella parte del popolo più avvezza ai commerci. Il *demos* struttura (→) un nuovo tipo di organizzazione sociale-militare (riforma oplitica), fondata sull'unità del gruppo, che (→) diviene la base concettuale della nuova comunità politica: la *polis*. La costituzione della *polis* è determinata (→), quindi, dal bisogno di regolare territorialmente, amministrativamente e politicamente la vita della nuova comunità nata dall'ingresso del *demos* nella vita politica.

Adesso COMPLETA una mappa concettuale

Appreso il metodo per leggere una mappa concettuale, proviamo adesso a costruirla insieme. Leggi con attenzione il paragrafo sulla Prima guerra persiana della lezione 7 (*Dal Mediterraneo all'oceano Indiano: l'Impero persiano*) e completa la mappa sottostante inserendo nel «nodo» giusto i numeri relativi ai concetti-chiave elencati sotto.

1. Dati e Artaferne occupano le Cicladi e l'Eubea e depredano Eretria
2. Milziade sconfigge i Persiani
3. I Persiani vengono sconfitti a Maratona
4. I Persiani approdano nell'Attica
5. Milziade giunge ad Atene prima dell'arrivo dei Persiani

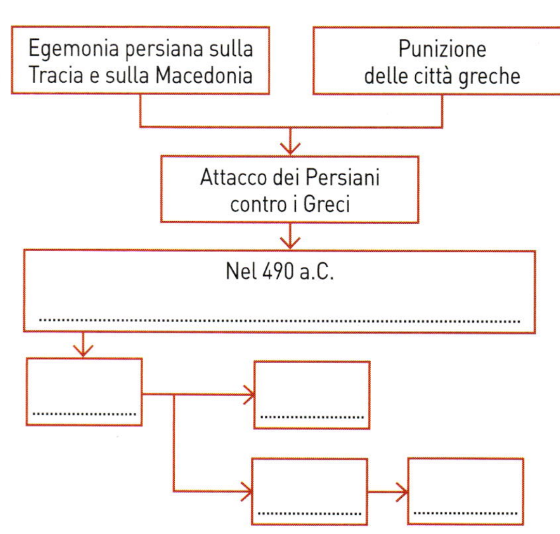

NELLO SPAZIO

Come LEGGERE un cartogramma

Il geografo si avvale dell'aiuto dei cartogrammi per **rappresentare graficamente nello spazio determinati fenomeni**. I cartogrammi, infatti, sono particolari carte tematiche che, talvolta con l'accostamento di un grafico, mostrano l'**entità di alcuni dati su un determinato territorio** in maniera immediatamente percepibile. Esistono diversi tipi di cartogrammi. Ne indichiamo alcuni nella tabella qui sotto.

Cartogramma a punti

Raffigura dei **dati attraverso simboli** (punti, cerchi, pallini ecc.), posizionati sulla carta e **proporzionati all'entità del fenomeno**: più è rilevante la manifestazione del fenomeno in considerazione, più è grande il simbolo. Qui sotto, a sinistra, riportiamo l'esempio di un cartogramma a punti che raffigura, attraverso dei pallini colorati di diversa grandezza, la distribuzione della popolazione nelle maggiori città d'Europa.

Cartogramma a mosaico

Rappresenta un **fenomeno per mezzo di colori** o **tratteggi**. La carta appare come un mosaico di uno stesso colore presentato nelle sue diverse gradazioni (dalla tinta più chiara a quella più scura), così da rendere palese la **differenza dei dati** tra i vari Stati. Sotto, a destra riportiamo un cartogramma a mosaico che raffigura la densità media della popolazione italiana per ogni singola regione e per l'intera nazione. La legenda attribuisce a ogni tonalità del colore rosso un dato in ordine crescente. Dal cartogramma si notano subito le regioni con maggiore densità (Lombardia, Lazio, Campania) e quelle con minore densità (Basilicata e Molise, ma anche Trentino-Alto Adige e Valle d'Aosta).

Cartogramma areale e volumetrico (o metacarta)

Tra tutti i cartogrammi, le metacarte sono (assieme alle *World mapper*) quelle più immediate, sin da una prima e veloce lettura. Tuttavia, per saperle leggere senza incorrere in significativi errori, è necessario avere ben chiara in mente la rappresentazione cartografica del mondo o del territorio preso in considerazione. Le **metacarte**, infatti, rappresentano **i dati di un fenomeno attraverso figure geometriche** (piane o solide) **proporzionate all'entità del fenomeno**. Ecco, così, che gli Stati vengono sostituiti da quadrati, palloncini, rettangoli o strisce.

La metacarta proposta a pagina seguente riproduce attraverso dei palloncini i dati relativi alla distribuzione della ricchezza mondiale al 2007, nonché, grazie all'uso di colori, l'Indice di Sviluppo Umano (sempre su scala mondiale). Se ne ricava che la ricchezza mondiale è sostanzialmente distribuita in tre macroaree geografiche: Europa, America del Nord e Asia orientale (tra Stati Uniti, Cina, Giappone, India e alcuni Stati europei). Di contro, l'Africa e gli Stati della rimanente Asia sono schiacciati dal peso della povertà e da un Isu molto debole.

LA DISTRIBUZIONE DELLA POPOLAZIONE IN EUROPA

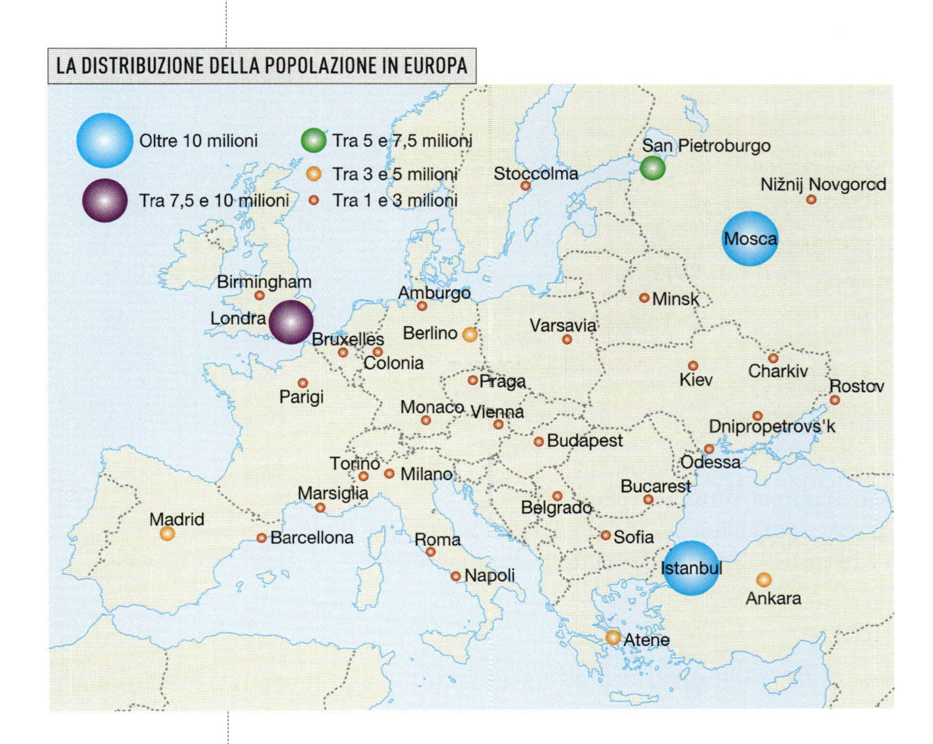

LA DENSITÀ MEDIA DELLA POPOLAZIONE ITALIANA

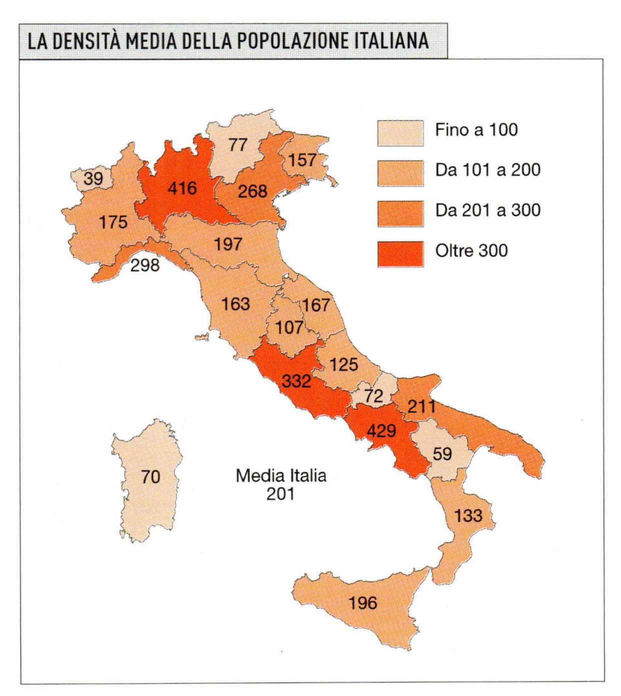

DISTRIBUZIONE DELLA RICCHEZZA E INDICE DI SVILUPPO UMANO NEL 2007

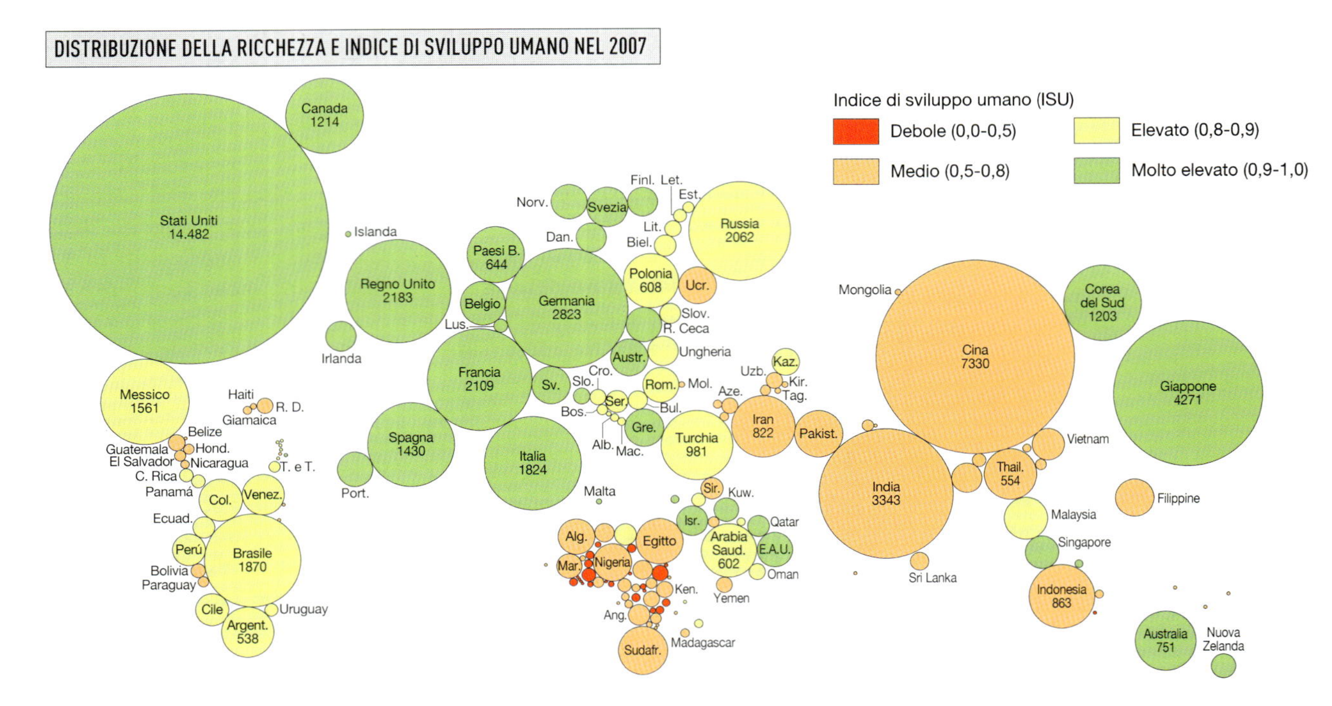

World mapper (Wm)

Una variante delle metacarte, ultimamente molto adoperata in geografia, è la ***World mapper*** (da adesso Wm). Si tratta di una particolare **metacarta** che, al posto di figure geometriche, **deforma gli Stati proporzionandoli alla natura del fenomeno descritto**. La Wm, di effetto immediato, così come le metacarte, esige una buona memoria e un'eccellente carta mentale del mondo, non riportando sulla rappresentazione cartografica i nomi degli Stati che, alterati nella forma, potrebbero risultare irriconoscibili. La Wm qui presentata evidenzia la povertà umana su scala mondiale al 2002.

LA POVERTÀ NEL MONDO AL 2002

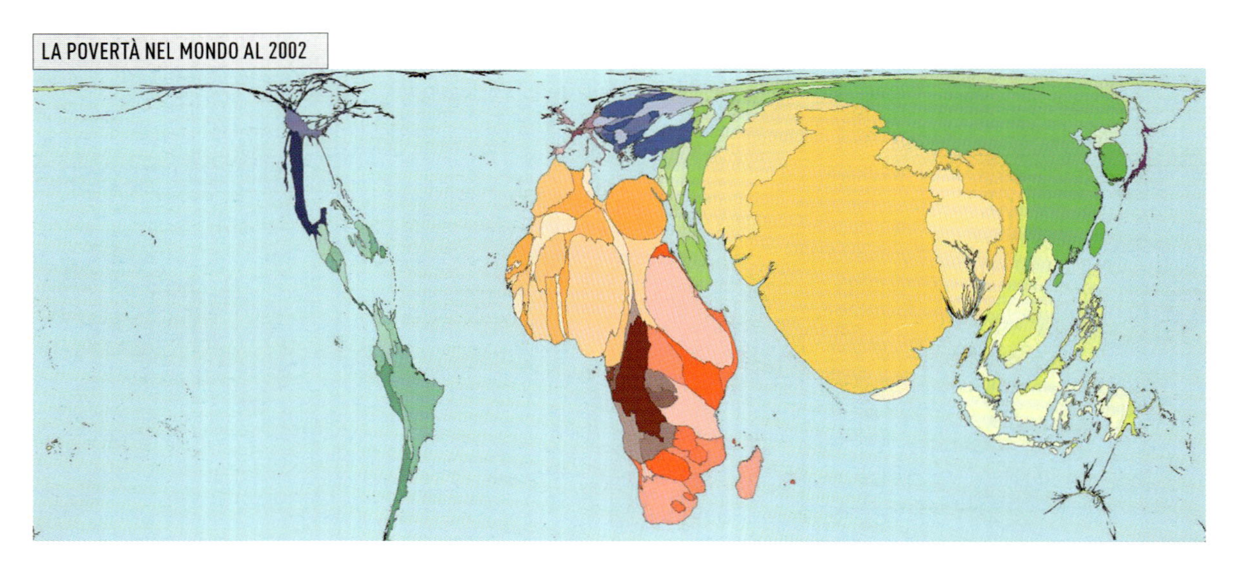

Rispondi adesso alle seguenti domande su questa *World mapper*:

1. Sapresti indicare prima i continenti e poi alcuni Stati in cui il dato è molto alto?
2. La povertà in Europa rispetto all'Africa o all'Asia appare inferiore o superiore?

Adesso LEGGI un cartogramma

Ti proponiamo la lettura analitica di un cartogramma allo stesso tempo areale (metacarta) e a mosaico. Esso riproduce su carta i dati relativi al mancato accesso all'acqua corrente nel 2008 su scala globale. Osservalo attentamente, leggine il grafico e i dati a esso relativi, quindi rispondi alle domande.

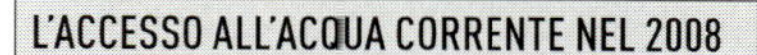

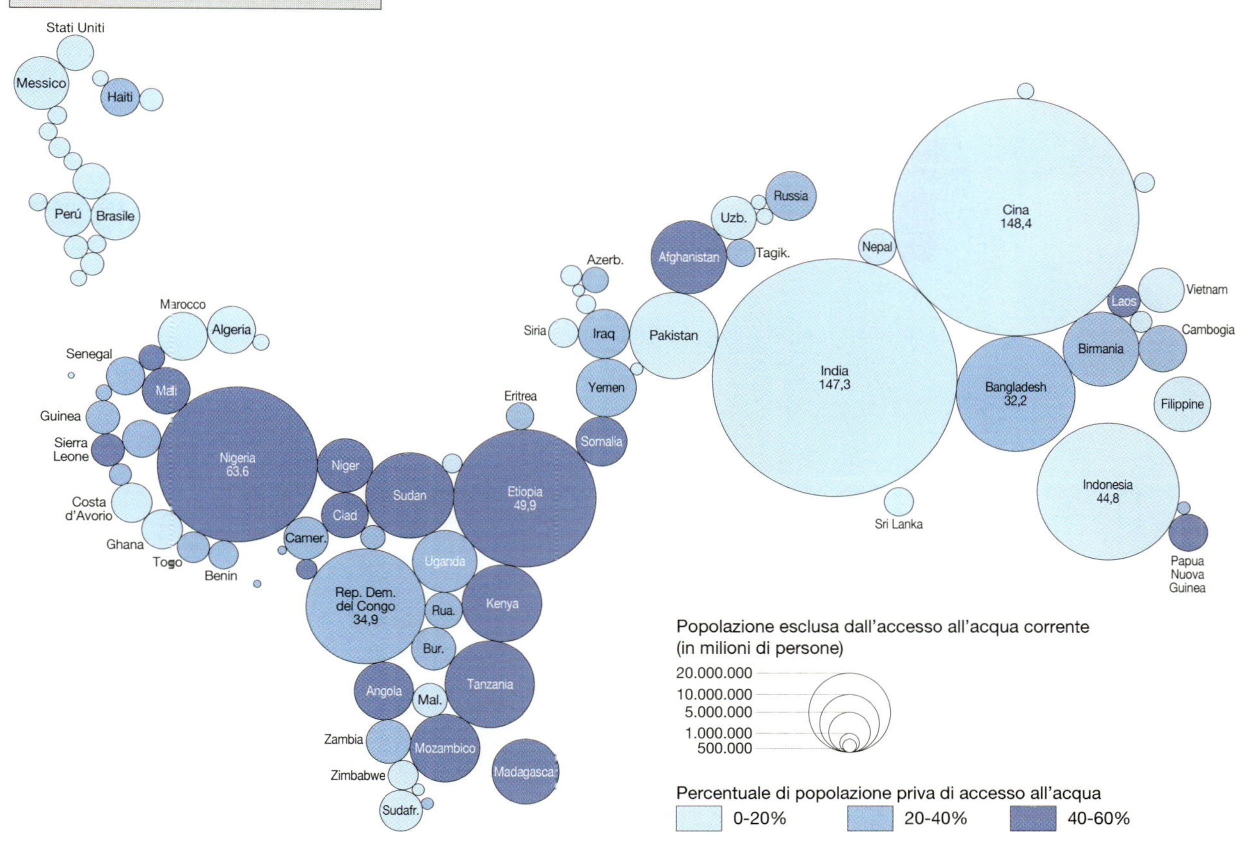

1. Spiega che cosa rappresentano i cerchi e le diverse tonalità di blu.
2. Che cosa indicano i dati all'interno dei cerchi? Sono espressi sotto forma di percentuale oppure in dati assoluti?
3. Qual è il continente con il maggior numero di popolazione esclusa dall'accesso all'acqua corrente?
4. Quale Stato asiatico ha la maggiore percentuale di persone escluse dall'acqua corrente?
5. Quale Stato africano ha la maggiore percentuale di persone escluse dall'accesso all'acqua corrente?
6. Gli Stati europei compaiono nel cartogramma? Perché?
7. Quale Paese sviluppato figura nel cartogramma, sebbene con una piccola percentuale di persone escluse dall'utilizzo di acqua corrente?
8. Qual è il continente che presenta più Stati con un'elevata percentuale di persone prive di acqua corrente? Come te lo spieghi?
9. Adesso osserva il cartogramma. I continenti con più problemi di accesso all'acqua corrente sono (in ordine decrescente):

   a) .... ;

   b) .... ;

   c) ....

NEL WEB

Come COSTRUIRE una mappa concettuale servendosi del web

Su Internet è possibile scaricare applicazioni che consentono di creare mappe concettuali con il computer. Esse permettono inoltre di condividere e collegare le proprie mappe *online*. Ti elenchiamo di seguito i siti da cui scaricare gratuitamente i programmi:

www.cmaptools.it
www.xmind.net

Cmap è un programma per sistemi Windows, Mac OSX, Linux e Solaris, Xmind può andare bene per Windows* XP, Mac OSX 10.4, e Linux. Inoltre esiste anche Freemind, scaricabile da http://freemind.sourceforge.net/wiki/index.php/Main_Page, che è adatto anche per Mac.

La Guerra del Peloponneso

La lezione interattiva ti aiuterà a **ripassare**, **approfondire** e **verificare** le tue conoscenze sull'**Atene di Pericle**.

Scopri e **approfondisci** i luoghi e gli avvenimenti della **storia antica** sulla cartografia 3D Google Earth.™

IERI

Per una lettura geostorica

LA GRECIA DALL'EGEMONIA DI ATENE A QUELLA DI TEBE

1 All'indomani delle guerre persiane, quale *polis* affermò la propria egemonia sul mondo greco?

L'epilogo delle guerre persiane sancì una svolta negli equilibri politico-militari del mondo greco del V secolo a.C. Atene, infatti, seppe imporre la propria supremazia sulle altre *poleis* della penisola ellenica. Avviata a diventare una grande potenza marittima già con Temistocle, durante l'«**Età di Pericle**» **Atene** fu artefice di un'abile **politica espansionistica** che, da un lato, vanificò ogni tentativo di riscossa persiana e, dall'altro, consolidò il proprio **dominio sul mar Egeo**.

2 Quale incidenza ebbe la guerra del Peloponneso sui rapporti di forza tra le *poleis* greche?

Nel 431 a.C. ebbe inizio la **Guerra del Peloponneso**, un conflitto che vide contrapporsi Atene e Sparta per circa trent'anni. A prevalere fu la **città lacedemone**, che si sostituì all'antica rivale nel ruolo di città egemone della penisola ellenica. La sua supremazia fu poi bruscamente interrotta dall'**ascesa di Tebe**, che si scontrò vittoriosamente con Sparta. L'egemonia di Tebe, tuttavia, ebbe vita breve e nessuna delle *poleis* greche riuscì in seguito a garantire un equilibrio politico stabile e unitario al mondo greco.

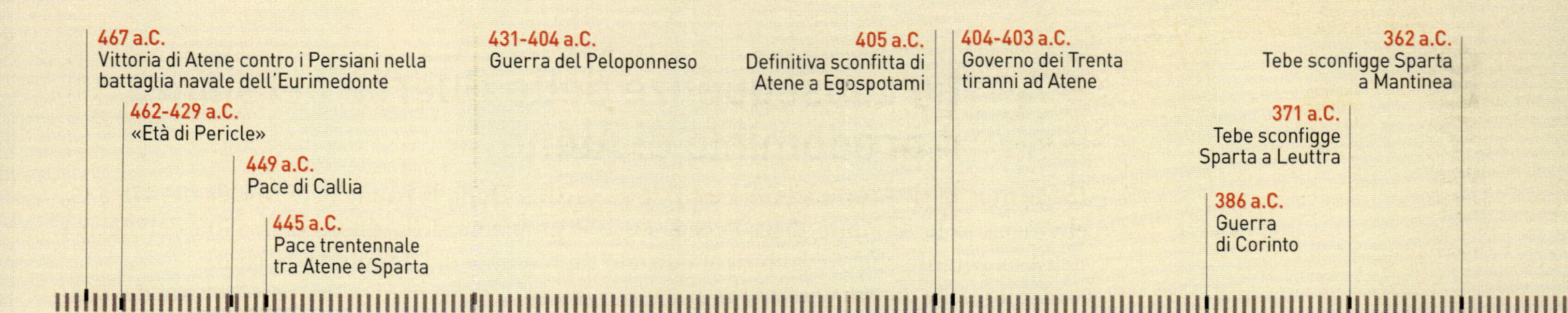

OGGI

LA GRECIA E LA TUTELA DEL SUO PATRIMONIO ARTISTICO-CULTURALE: I SITI UNESCO

3 Quale eredità culturale ci consegna la Grecia del V secolo a.C.?

Durante l'«Età di Pericle» **Atene** visse un periodo di grande splendore culturale e ospitò i **più grandi intellettuali e artisti del tempo**: filosofi come i sofisti e storici come Tucidide sino ai grandi autori di tragedie e di commedie (Eschilo, Sofocle, Euripide e Aristofane). Il laboratorio culturale ateniese lasciò una traccia indelebile nella cultura dell'Occidente e ancora oggi l'intera Grecia vanta un **patrimonio artistico-monumentale** di assoluto splendore.

4 Come è promosso e tutelato oggi il patrimonio artistico e culturale della Grecia?

Il patrimonio artistico-monumentale e la bellezza delle coste frastagliate e delle innumerevoli isole che costellano il mar Egeo rappresentano importanti fonti di ricchezza per la Grecia, che proprio grazie al **comparto turistico** realizza ingenti entrate. Per il loro valore universale, **diciassette siti artistico-monumentali greci** sono stati inseriti nella lista dell'**Unesco** (Organizzazione delle Nazioni Unite per l'Educazione, la Scienza e la Cultura), che li ha dichiarati **patrimonio dell'umanità** e ne promuove la tutela.

1 Le conseguenze delle Guerre persiane: il predominio di Atene

L'egemonia di Atene nella Lega delio-attica Dopo la battaglia di Micale del 479 a.C., che decretò la sconfitta della Persia, sorse il problema della difesa delle città dell'Egeo e dell'Asia Minore che avevano riconquistato l'autonomia dal dominio persiano.

L'esito delle guerre persiane aveva aperto nuovi scenari per le città protagoniste del conflitto: se, da un lato, il prestigio di **Atene** e la potenza della sua flotta sembravano costituire un sicuro argine da opporre a una possibile nuova minaccia persiana, dall'altro, pur avendo offerto prova del suo valore militare – soprattutto nelle battaglie di terra –, **Sparta** si mostrava poco incline a impegnare risorse ed eventualmente truppe fuori dal Peloponneso.

Fu così che Atene assunse con decisione il ruolo di guida nella lotta delle città greche contro i Persiani: nel 477 a.C., si mise a capo di una nuova alleanza militare, la **Lega delio-attica**, così chiamata perché era capeggiata da Atene e aveva la sua sede nel tempio di Apollo, nell'isola di Delo.

Alla Lega, che aveva **scopo difensivo** e si proponeva di respingere eventuali ostilità dei Persiani, aderirono le **città della Ionia,** dell'**Ellesponto** e buona parte delle **isole dell'Egeo**, mentre Sparta ne rimase fuori. Tutti gli alleati avevano l'obbligo di contribuire all'alleanza fornendo **imbarcazioni e truppe** o pagando un **tributo** annuo.

Apparentemente, tra Atene e gli alleati vigeva un rapporto di parità: il Consiglio della Lega, costituito dai rappresentanti delle varie *poleis*, si radunava una volta all'anno presso il santuario di Delo e a ogni città spettava un voto. In realtà, era la sola Atene a esigere i tributi tramite dieci **ellenotami**, a gestire il **tesoro**, a presiedere i consigli, a mettere in atto le risoluzioni e a dirigere le manovre militari.

Era quindi chiaro fin dall'inizio che la Lega delio-attica si sarebbe trasformata in uno **strumento egemonico nelle mani di Atene**, volto sia a controbilanciare il potere della Lega peloponnesiaca, sia ad affermare la propria supremazia, non solo marittima, su gran parte del mondo greco.

IL LESSICO STORICO

Ellenotami Il termine, che deriva dal greco *ellenotamìai* (composto da *Ellenes*, «Elleni», e *tamìas*, «tesoriere»), indica i dieci tesorieri della Lega delio-attica, uno per ciascuna tribù attica, che avevano il compito di prelevare e amministrare i tributi delle città federate.

VIAGGIO NELLA GEOGRAFIA

L'ELLESPONTO

L'Ellesponto, oggi chiamato **stretto dei Dardanelli** e situato in Turchia, è un braccio di mare che unisce il mar di Marmara all'Egeo e che, assieme allo stretto del Bosforo, fa da **limite tra Europa e Asia**. L'ampiezza minima dello stretto è di 1250 metri, quella massima è di 8 km; in tutto è lungo circa 62 km. Il nome dello stretto, che letteralmente significa «mare di Elle», deriva da un mito: Elle, sorella di Frisso e figlia di Atamante e Nefele, salvata dall'ariete dal vello d'oro, mentre si dirigeva in Colchide cadde in questo mare che, da allora, prese nome di Ellesponto. *Nelle immagini: a sinistra, veduta panoramica dello stretto del Bosforo. A destra, foto satellitare dello stretto del Bosforo, con Istanbul, ripresa dal NASA Earth Observatory nel 2004.*

GLI STRETTI DEI DARDANELLI E DEL BOSFORO

Sparta, la Lega peloponnesiaca e il mantenimento dello *status quo* Come già sappiamo (→ LEZIONE 6, PARAGRAFO 2), Sparta, a differenza di Atene, era a capo di un'**alleanza prettamente militare**, che non aveva però assunto i caratteri di un vero e proprio dominio sulle altre *poleis* aderenti. Nella Lega peloponnesiaca, infatti, non esistevano tributi fissi e i membri che ne facevano parte godevano di un'ampia autonomia.

La città lacedemone non appariva in grado di rimanere al passo con il dinamismo politico-militare che invece mostrava Atene: essa aveva subito molte perdite nelle guerre affrontate e non era riuscita a reintegrare le truppe, anche per la sua **struttura oligarchica** che limitava l'accesso all'esercito ai soli spartiati.

In definitiva, Sparta non era nelle condizioni né aveva l'intenzione di dedicarsi a una politica espansionistica, preferendo conservare la propria **supremazia nel Peloponneso**. Fu così che nel periodo in cui Atene divenne florida e potente, Sparta consolidò le sue strutture politiche senza variare il proprio assetto territoriale.

Temistocle da eroe a traditore Intanto, nella democratica Atene, in pochi anni fu estromesso dallo scenario politico il protagonista dell'ascesa vissuta dalla città durante le guerre persiane: lo stratego Temistocle. Atene doveva infatti a lui l'insperata salvezza dall'assedio persiano, la poderosa flotta di 200 triremi e il glorioso trionfo di Salamina.

Temistocle, inoltre, aveva promosso la realizzazione di un **nuovo centro portuale** presso il **Pireo**, la riedificazione delle vecchie mura della *polis* e il progetto di costruire nuove mura, che avrebbero collegato il porto del Pireo con Atene (erette poi da Pericle: → PARAGRAFO 2).

Temistocle era però anche un personaggio **inviso ai tradizionalisti**. Egli, infatti, non era di nobili origini e godeva dell'appoggio del *demos*, dei teti (gli appartenenti all'ultima classe sociale della città) e, in particolare, dei **ceti commerciali**, che erano interessati a far prevalere e a intensificare l'**attività marittima** ad Atene (→ LEZIONE 7, PARAGRAFO 3).

Temistocle, poi, non intendeva alimentare la tensione con i Persiani, ma smorzarla con accorte intese mercantili. Il suo obiettivo primario era invece quello di **indebolire Sparta**, che considerava l'ostacolo principale all'espansione di Atene; per far questo, incoraggiò le rivolte degli iloti e delle *poleis* del Peloponneso contro la città lacedemone.

A prevalere fu però la linea dei conservatori, rappresentata da **Cimone**, ostile alla mentalità democratica di Temistocle e alla sua strategia. Nel 471 a.C., essi riuscirono infatti ad allontanare da Atene il grande stratego, utilizzando lo strumento dell'**ostracismo**: Temistocle trovò quindi rifugio presso lo storico rivale, il re di Persia Artaserse II, sotto la cui protezione rimase sino alla morte, avvenuta nel 459 a.C.

Il governo conservatore di Cimone e il cambio di strategia La tattica di Cimone, figlio di Milziade ed esponente del partito conservatore, era esattamente opposta a quella intrapresa sino ad allora da Temistocle: il nuovo stratego, da un lato voleva conservare **relazioni pacifiche con gli Spartani**; dall'altro, era intenzionato a **proseguire il conflitto con l'Impero persiano**. Fu così che, nel 469 a.C., la flotta della Lega delio-attica, capeggiata dallo stesso Cimone, conseguì un nuovo trionfo sui Persiani nella battaglia navale dell'Eurimedonte, in Asia Minore. Atene era ormai la **potenza egemone nel mar Egeo**.

Parallelamente, Cimone cercò di recuperare l'**alleanza con Sparta**. L'occasione si presentò nel 464 a.C., quando la città lacedemone fu colpita da un forte terremoto, a cui seguì una rivolta degli iloti, passata alla storia come «terza guerra messenica». A questo punto, Sparta chiese **aiuto ad Atene** e Cimone inviò 4000 opliti. Le truppe ateniesi, però, furono accusate di simpatie democratiche e filomesseniche, e per questa ragione furono cacciate.

L'indignazione per aver subito un tale oltraggio produsse l'ennesimo mutamento nella politica estera ateniese: dopo aver sottoposto **Cimone** all'**ostracismo**, Atene **ruppe l'alleanza con Sparta** e si coalizzò con il suo tradizionale nemico, la città di Argo. Nella scena politica ateniese, tornarono allora nuovamente alla ribalta i **democratici**, che presero il potere con **Efialte**, un aristocratico di grande prestigio, che però morì assassinato l'anno successivo.

PER RIPASSARE

1. Quale rapporto intercorreva tra Atene e gli alleati all'interno della Lega delio-attica?
2. Per quali motivi Sparta non riuscì a rimanere al passo con Atene da un punto di vista politico-militare?
3. Come mai Temistocle fu osteggiato dai conservatori?
4. In che modo si svilupparono i rapporti tra Sparta e Atene dopo il 464 a.C.?

L'«Età di Pericle» (462-429 a.C.)

Il busto di Pericle in una scultura del V secolo a.C. Pericle era figlio di Santippo, un democratico che era stato a capo dell'armata navale che aveva sbaragliato i Persiani a Micale, e di Agariste, discendente dal clan degli Alcmeonidi e nipote di Clistene.

Video

Arte, letteratura, cinema: guarda il video per scoprire il personaggio di **Pericle**

L'Atene democratica di Pericle Dal **462 a.C.**, si affacciò nel panorama politico ateniese una personalità destinata a dominarne la scena per più di trent'anni e a mutarne radicalmente le sorti: **Pericle**. Di nobili origini, egli ricoprì quasi ininterrottamente la carica di stratego fino alla morte, avvenuta nel 429 a.C., avendo sempre **riguardo per le istituzioni democratiche** e riproponendo ogni anno la sua candidatura, che veniva puntualmente riconfermata dall'Ecclesia.

Le riforme nell'ottica della democrazia Prima di morire, Efialte aveva fatto approvare una legge che privava l'Areopago, l'assemblea che esprimeva gli interessi aristocratici, di quasi tutti i suoi poteri tradizionali, limitando le sue prerogative alla sola giurisdizione sui fatti di sangue. Pericle, in continuità con la politica di Efialte, si impegnò a promuovere provvedimenti mirati a coinvolgere nei processi decisionali cittadini le classi inferiori del *demos*.

In primo luogo, lo statista ateniese **ampliò l'ambito decisionale e i poteri** degli organismi che facevano capo al ***demos***: l'assemblea dei cittadini (Ecclesia), la Boulè e il tribunale popolare dell'Eliea (→ LEZIONE 6, PARAGRAFO 6). Sempre operando nella stessa direzione, Pericle decise di introdurre un'**indennità** da corrispondere a tutti i cittadini che rivestivano incarichi pubblici. Sebbene il compenso fosse basso, pari a una giornata di lavoro da bracciante (due oboli), questo provvedimento consentì ai cittadini **meno abbienti**, che altrimenti avrebbero dovuto lasciare le loro attività per assolvere i compiti istituzionali, di **partecipare alla vita pubblica**.

Inoltre, Pericle stabilì che tutte le cariche, a eccezione di quella di stratego, fossero assegnate per **sorteggio** e che la carica di arconte fosse accessibile anche alle classi sociali più basse, gli zeugiti e i teti.

L'insieme di queste riforme – assieme alle **misure assistenziali** di cui godevano i cittadini ateniesi – comportava però un onere decisamente alto per le casse di Atene. Dal 451 a.C., Pericle decise quindi di adottare una legge che limitava fortemente il **diritto alla cittadinanza**: esso fu infatti riservato esclusivamente a quanti avevano **entrambi i genitori ateniesi**.

Un altro importante provvedimento di Pericle fu la fondazione di **nuove colonie** di cittadini ateniesi nell'Egeo: le **cleruchìe**. A differenza delle altre, i residenti rimanevano cittadini ateniesi e dipendevano dalla madrepatria. Solitamente i coloni erano scelti tra i contadini poveri, ai quali veniva assegnato un appezzamento di terra che consentiva loro di avere un reddito da zeugita e, di conseguenza, di prestare servizio militare nell'esercito.

Quest'ultima riforma di Pericle ebbe il merito di risollevare l'economia ateniese e di creare un vasto contingente bellico prontamente utilizzabile in caso di emergenza militare.

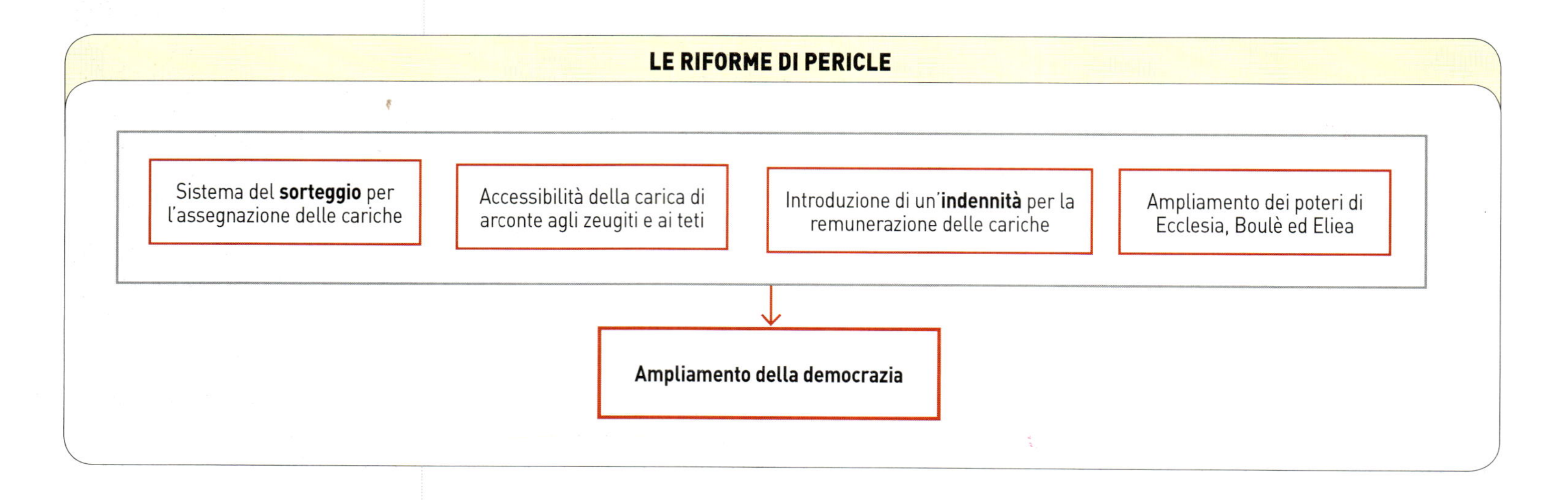

LE RIFORME DI PERICLE
Sistema del sorteggio per l'assegnazione delle cariche
Accessibilità della carica di arconte agli zeugiti e ai teti
Introduzione di un'indennità per la remunerazione delle cariche
Ampliamento dei poteri di Ecclesia, Boulè ed Eliea
Ampliamento della democrazia

Il «grande costruttore» Secondo Pericle, alla grandezza della democrazia ateniese doveva corrispondere una **sontuosità monumentale** della città, che ne fosse ampia testimonianza. Egli incoraggiò quindi un vasto piano di **opere pubbliche**, che tra l'altro diedero lavoro agli strati più poveri della popolazione ateniese.

Nell'ambito di queste opere, fu **ricostruita l'Acropoli**, distrutta dai Persiani, dove fu eretto il **Partenone**, un grande tempio dedicato ad Atena *Parthènos* (= «fanciulla»), costruito dagli architetti Ictino e Callicrate e decorato dallo scultore **Fidia**.

Pericle, inoltre, fece innalzare un tempio dedicato a Efesto nell'Agorà, estese lo **scalo del Pireo** e lo mise in collegamento con Atene costruendo le **Lunghe Mura** (due colossali muraglie già previste da Temistocle).

La degenerazione della Lega delio-attica Ma come faceva Pericle a retribuire gli incarichi politici e a sovvenzionare le opere pubbliche e ogni genere di riforma sociale? In Grecia, infatti, non esisteva un sistema di tassazione come noi lo intendiamo, cioè come un'imposizione fiscale diretta sul reddito o sulle proprietà dei cittadini. Erano quindi altre le fonti a cui attingeva lo Stato ateniese per finanziarsi: le entrate derivavano dai **tributi portuari**, dalle proprietà dello Stato (per esempio, le **miniere del Laurio**), da una tassa che gravava sugli stranieri (*metóikion*) e dalle pene pecuniarie comminate dai tribunali.

Un'altra importante fonte delle finanze ateniese era rappresentata dalle **liturgie**, fondi che i cittadini ricchi volontariamente versavano per partecipare alle spese che lo Stato doveva sostenere per sovvenzionare opere di interesse pubblico: particolarmente ambite e prestigiose erano la **trierarchìa**, ovvero la manutenzione e il comando di una trireme, e la **coregìa**, l'allestimento di rappresentazioni teatrali che si tenevano durante le feste in onore di Dioniso.

La parte più consistente degli introiti per le casse della *polis* ateniese proveniva dai tributi versati dagli **alleati della Lega delio-attica**. Dal 454 a.C., poi, con il pretesto di possibili nuovi attacchi persiani, Atene fece trasferire il tesoro della Lega dall'isola di Delo all'**Acropoli**, e se ne servì in parte per l'edificazione dei principali monumenti costruiti durante l'«Età di Pericle».

VIAGGIO NELLA GEOGRAFIA

IL PIREO

Il Pireo (*nell'immagine a destra*) è sin dall'antichità la sede del **porto della città di Atene**. Esso si sviluppa lungo una serie di insenature presenti nella penisola di Aktì (Atte), a circa 10 km a Sud-Ovest del centro di Atene. Il collegamento tra la città e il porto venne effettuato da Pericle grazie a una strada lunga sei chilometri, fiancheggiata da imponenti fortificazioni (le Lunghe Mura). Il Pireo è il più grande porto della Grecia e il **maggiore d'Europa per numero di passeggeri**, con un traffico di oltre 20 milioni di persone all'anno, e uno dei più importanti a livello mondiale per **traffico di merci**. Oggi, il Pireo è il secondo comune più popoloso dell'Attica dopo Atene.

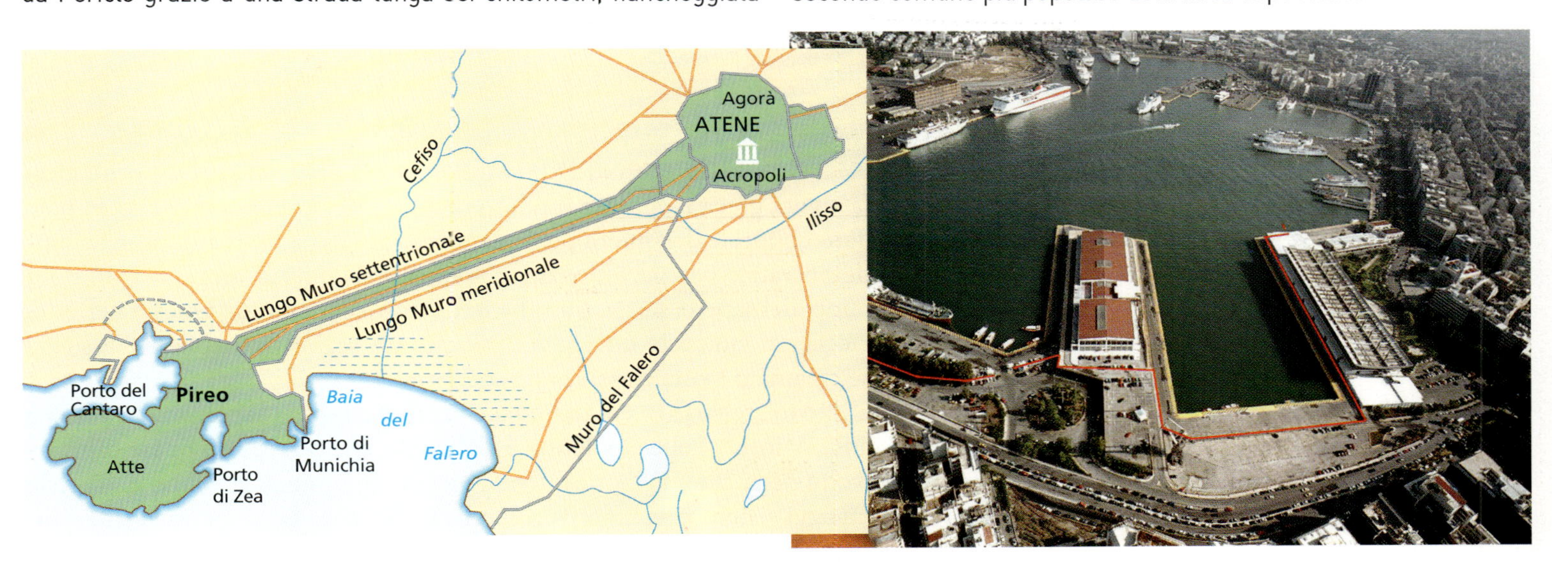

Lo scontro con i Persiani e con Sparta In politica estera, Pericle progettò un vero e proprio **disegno imperialista** che aveva come proprio obiettivo di estendere il dominio ateniese sul mar Egeo e sull'intero mondo greco. La realizzazione di un tale disegno portò inevitabilmente a scontrarsi con gli interessi dei Persiani e degli Spartani.

Nel 460 a.C., si verificò un nuovo **conflitto con i Persiani in Egitto**, che allora apparteneva ai territori dell'impero, quando Atene appoggiò la rivolta di un movimento separatista guidata da un principe locale che le aveva chiesto aiuto. L'intervento degli Ateniesi avvenne sostanzialmente per motivi economici: la sottrazione dell'Egitto all'impero persiano avrebbe infatti significato l'acquisizione del **maggiore granaio del Mediterraneo**.

Nel 454 a.C., però, Atene subì una sonora **sconfitta** e si rese conto della necessità di una tregua. Fu in quest'occasione che, agitando come pretesto un nuovo possibile attacco persiano, il tesoro della Lega delio-attica fu trasferito nell'Acropoli. Nel 449 a.C., infine, fu stipulata con i Persiani la **Pace di Callia**, dal nome del nobile ateniese che la concluse: con essa la città greca si impegnava a non espandersi verso Oriente; l'Impero persiano, invece, accettava definitivamente l'indipendenza delle *poleis* greche dell'Asia Minore e riconosceva il dominio di Atene sull'Egeo.

Parallelamente, Atene continuò a combattere, con alterne vicende, contro **Sparta**. Nel 445 a.C., le due città rivali decisero di concludere un **accordo di pace** di durata trentennale, con il quale riconoscevano le rispettive zone di influenza nella penisola ellenica, assicurando al contempo la libertà dei commerci. Furono poi tenute in vita sia la Lega delio-attica sia la Lega peloponnesiaca.

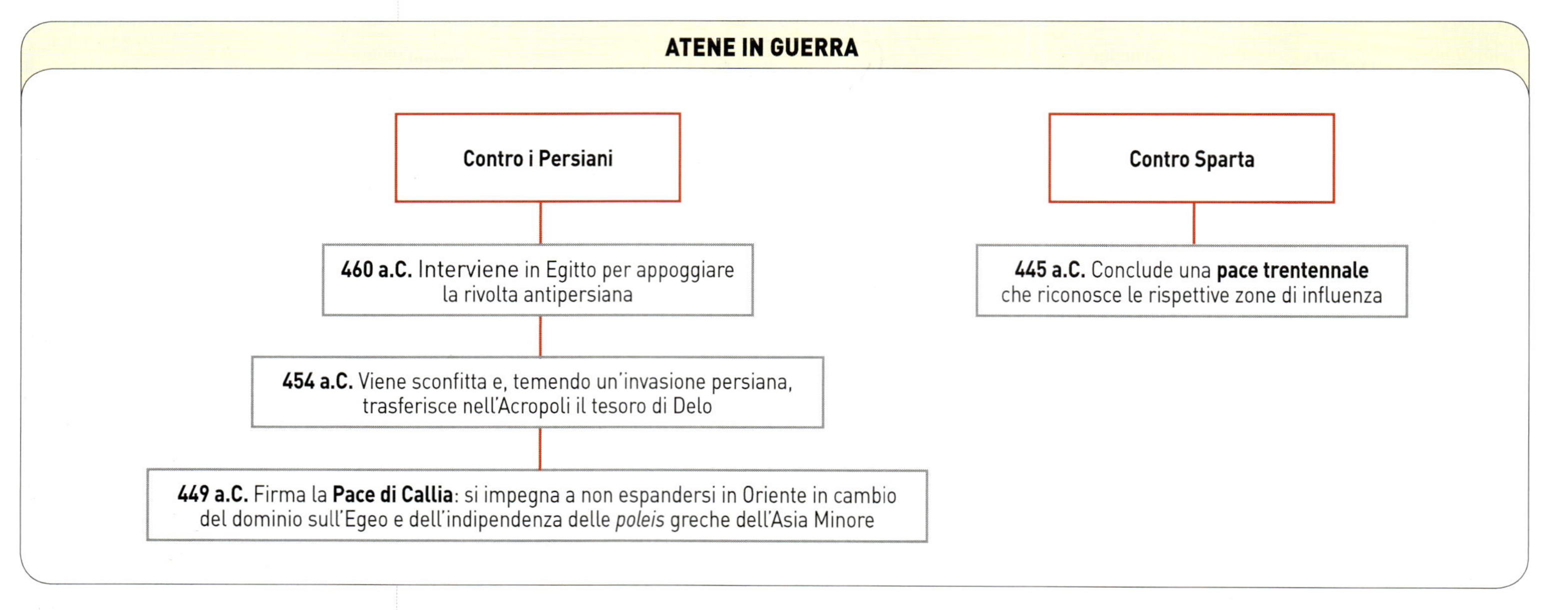

Atene e l'«Età classica» della Grecia Durante il V secolo a.C., soprattutto negli anni dell'Età di Pericle, la civiltà greca raggiunse il punto di **massimo splendore**: Atene, in particolare, divenne il faro culturale dell'intera penisola greca. In questa città, infatti, si svilupparono il governo democratico e la partecipazione politica e si concentrarono le menti più fervide nei diversi campi del sapere: storia, filosofia, arte, teatro, letteratura. Questo periodo, per la sua grande ricchezza culturale destinata a lasciare un segno indelebile nella storia dell'Occidente, viene chiamato l'«**Età classica**» della Grecia.

Atene fu innanzitutto lo scenario in cui trovò piena realizzazione la **sapienza scultorea e architettonica** di Fidia, Mirone, Policleto, Ictino e Callicrate, che con le loro opere cambiarono per sempre il volto della città dell'Attica. Il complesso monumentale voluto da Pericle sull'Acropoli è ancora oggi visibile e testimonia nella sua imponenza ed eleganza lo **splendore economico e culturale** raggiunto dalla *polis* greca nel V secolo a.C.

Atene, inoltre, vide anche la nascita della **storia** come disciplina autonoma: prima **Erodoto** (485-430 a.C.), nato ad Alicarnasso, ma che ad Atene soggiornò negli anni di Pericle, e poi **Tucidide** (460-395 a.C.), infatti, gettarono le basi della moderna storiografia scientifica.

In particolare, è all'ateniese Tucidide che si deve il passo decisivo che svincola il resoconto dei fatti storici da qualsiasi aspetto mitico-religioso e comunque non verificabile, ancora presente nell'opera di Erodoto, consegnando la storiografia alla **ricerca delle cause degli eventi** e al **vaglio critico delle fonti** utilizzate, come unico criterio della sua attendibilità.

Anche la filosofia si sviluppò nella *polis* ateniese, grazie al movimento culturale dei **sofisti**, una schiera di pensatori, di diversi orientamenti e sensibilità tanto da non dar mai vita a una vera e propria scuola, che per primi posero al centro della loro riflessione le **questioni legate all'uomo**, ai suoi **valori** e ai rapporti che egli intrattiene con i suoi simili all'interno della comunità.

Filosofi come **Protagora** e **Gorgia** – solo per citare i due massimi esponenti della sofistica – ebbero grande successo in una città come Atene, animata da un serrato **dibattito politico e sociale**, poiché insegnavano (dietro compenso) le **arti della retorica**, ovvero l'insieme delle tecniche necessarie a costruire discorsi che, per la loro efficacia e capacità di persuasione, fossero in grado di riscuotere il favore e il consenso nelle assemblee e nei tribunali cittadini.

La funzione etica e civile del teatro

Una trattazione a parte meritano invece le rappresentazioni teatrali. Esse, infatti, svolgevano nella *polis* una **funzione civile e culturale** di estrema importanza. Per capire l'entità del fenomeno, basta ricordare che Pericle istituì un **sussidio pubblico** (il *theorikòn*) per consentire ai cittadini meno abbienti di partecipare agli spettacoli teatrali.

Oltre a rappresentare un indubbio momento di svago, partecipare alla messa in scena di una tragedia o di una commedia era per la comunità cittadina occasione, da un lato, di **confronto sui temi politici** che la riguardavano e, dall'altro, di dibattito su aspetti culturali ed etici di respiro universale, come per esempio la **condizione umana** e il suo destino.

L'Acropoli di Atene (sopra) e il Partenone (a sinistra), simboli della città di Atene e dello splendore della Grecia classica. La parola «acropoli» deriva dalla lingua greca e significa «città alta», in quanto è posta in una posizione dominante rispetto al resto dell'insediamento urbano. Nell'Età classica, l'Acropoli ospitava il centro religioso cittadino e lì venivano costruiti maestosi templi, dei quali il più noto resta il Partenone, che ancora oggi troneggia sulla città di Atene.

■ I resti del teatro di Dioniso, ad Atene; fu edificato alle pendici dell'Acropoli tra il VI e il V secolo a.C. L'edificio teatrale, di forma semicircolare, era una struttura all'aperto, composta dalla cavea, in cui si sedeva il pubblico, dall'orchestra, dove prendeva posto il coro, dal proscenio in cui si esibivano gli attori, e dalla scena, lo sfondo che rappresentava di solito un palazzo o un tempio.

I riferimenti alla **realtà contemporanea** erano particolarmente evidenti nelle opere comiche, che, nel loro prendere spunto dalla quotidianità, spesso attaccavano con le armi della **satira** i personaggi pubblici del tempo.

Lo stesso, però, pare non avvenisse nelle opere tragiche. Il ricorso a un avvenimento storico o a un tema d'attualità come motivo principale dell'opera non era infatti consueto e *I Persiani* di Eschilo (→ PAG. 150) rappresentano, sotto questo aspetto, un *unicum* tra le tragedie a noi pervenute.

La fonte d'ispirazione e l'argomento principale su cui si basavano i poeti tragici era piuttosto il **mito**. Era proprio attraverso il racconto delle gesta degli eroi e degli dei che essi esprimevano la loro **visione del mondo** e proponevano alla *polis*, come spettatrice di avvenimenti accaduti in un passato mitico, la loro riflessione su temi quali la giustizia, i valori, la sofferenza umana, che di fatto appartengono a «ogni» contemporaneità, anche alla nostra.

■ Riproduzione di una maschera teatrale greca raffigurante Zeus. Gli attori, di solito, erano solo maschi, che recitavano i diversi ruoli, anche femminili, con maschere e tuniche leggere e colorate (i chitoni); il coro, composto da circa quindici elementi, esponeva gli antefatti e commentava quanto avveniva in scena.

Autori e spettacoli teatrali

Legate nella loro origine al **culto di Dioniso** e alla celebrazione di antichi riti in suo onore, le rappresentazioni teatrali nacquero intorno alla metà del VI secolo a.C. come **spettacoli itineranti**, messi in scena da compagnie che trovavano ospitalità nelle piazze dei villaggi.

Durante il V secolo a.C., l'epoca dei grandi tragici **Eschilo** (525-456 a.C.), **Sofocle** (496-406 a.C.) ed **Euripide** (485-406 a.C.) e del commediografo **Aristofane** (450-385 a.C.), si arrivò invece a una svolta. Le rappresentazioni teatrali divennero infatti **parte istituzionale della vita della *polis***, tanto che a incaricarsi di far fronte alle spese per la loro organizzazione, direttamente o cercando finanziatori tra le famiglie più ricche della comunità, era lo stesso Stato.

Gli spettacoli si tenevano nel corso di importanti **feste religiose**, dove per l'occasione venivano organizzati dei veri e propri concorsi teatrali, a cui partecipavano i migliori autori del tempo e che richiamavano visitatori anche dalle altre *poleis*.

PER RIPASSARE

1. Quali conseguenze ebbe l'introduzione da parte di Pericle dell'indennità per gli incarichi pubblici?
2. Quale differenza intercorreva tra le colonie e le cleruchie?
3. In che modo Pericle reperì i fondi per le opere pubbliche?

3 La Guerra del Peloponneso (431-404 a.C.)

■ La vestizione di quattro giovani guerrieri greci, in un cratere a calice a figure rosse, detto «vaso di Eufronio» dal nome del ceramista che lo dipinse e risalente al 515 circa a.C. Oggi è conservato al Museo Nazionale Etrusco di Villa Giulia a Roma.

Il conflitto e le sue cause L'accordo di pace tra Atene e Sparta non ebbe vita lunga: non si era neanche giunti alla metà della prevista durata trentennale e le due città rivali entrarono nuovamente in un **conflitto** che si sarebbe protratto **per quasi trent'anni** e avrebbe segnato il futuro dell'intero mondo greco.

Si tratta di quella che è passata alla storia come «**Guerra del Peloponneso**», una denominazione che però non rende conto dell'ampiezza di questo conflitto. Esso, infatti, pur avendo come principali protagoniste **Atene** e **Sparta**, non ebbe come proprio epicentro soltanto il Peloponneso e la Grecia continentale, ma coinvolse anche gli alleati delle due città rivali (organizzati nella **Lega delio-attica** e nella **Lega peloponnesiaca**) e persino i Persiani, estendendo il proprio raggio d'azione alla Grecia insulare, alle coste dell'Asia Minore, al mar di Marmara e alla Sicilia.

A provocare le ostilità fu una serie di azioni aggressive da parte di Atene, dietro a cui si celava la **spinta espansionista ai danni di Sparta** voluta da Pericle. Intorno al 433-432 a.C., Atene sostenne la città di **Corcira** (l'attuale Corfù) nella sua ribellione contro la madrepatria Corinto, storica alleata di Sparta; inoltre, con un editto impedì a **Megara**, anch'essa alleata di Sparta, di servirsi dei porti della Lega delio-attica, provocandone la rovina economica; infine, assediò **Potidea**, colonia di Corinto nella penisola calcidica.

A questo punto, nel 432 a.C., Sparta, sollecitata dai suoi alleati e soprattutto da Corinto, intimò ad Atene di rimuovere l'assedio a Potidea e revocare l'editto su Megara. Il rifiuto ateniese determinò la **dichiarazione di guerra** da parte di Sparta. Il conflitto che ne seguì fu già dagli antichi suddiviso in tre fasi: la **guerra archidamica** (431-421 a.C.); la «**fase intermedia**» (421-413 a.C.); la **guerra deceleica** (413-404 a.C.).

Sebbene le azioni aggressive di Atene e l'inevitabile risposta spartana ne rappresentino le cause prossime ed esteriori, vi era però un motivo più profondo, del quale ci avverte già lo storico Tucidide (contemporaneo agli eventi bellici), che portò allo scoppio della Guerra del Peloponneso: Sparta non poteva più restare impotente di fronte all'**inarrestabile ascesa di Atene**, iniziata all'indomani delle guerre persiane.

L'influenza della *polis* dell'Attica continuava infatti a estendersi per tutta la penisola ellenica, esportando il proprio regime democratico nelle altre città alleate e arrivando ormai a minacciare troppo da vicino gli interessi spartani nel Peloponneso. Si era cioè di fronte a un vero e proprio **conflitto per l'egemonia sul mondo greco**.

La guerra archidamica L'inizio del conflitto vide contrapporsi due opposte strategie militari: da un lato, forte della supremazia del suo esercito nelle azioni di terra, il re spartano **Archidamo**, da cui la prima fase del conflitto trae il nome, **invase l'Attica**; dall'altro, **Pericle** decise di abbracciare una **tattica attendista**, evitando di incontrare in campo aperto gli opliti spartani e facendo riparare la popolazione ateniese entro le Lunghe Mura della città.

Lo stratego ateniese era infatti sicuro che gli Spartani, dopo mesi di invasioni in un'Attica ridotta a un territorio desolato e saccheggiato, avrebbero desistito dal loro intento di insidiare Atene, che alla fine avrebbe avuto la meglio.

La strategia di Pericle, che prevedeva inoltre periodiche incursioni navali sulle coste del Peloponneso, era ben congegnata, ma dovette fare i conti con un evento imprevisto e nefasto per le sorti della sua *polis*: quella che è ricordata come la «**peste di Atene**». Nel 429 a.C., infatti, una terribile **epidemia** (forse di vaiolo o di tifo) colpì la città, decimando gli Ateniesi ammassati in precarie condizioni igieniche nel centro urbano.

La «peste di Atene» fu **fatale anche a Pericle**, che con la sua morte lasciò la città in balia della contesa tra gli aristocratici, fautori di una pace con Sparta, e i democratici, che volevano invece a tutti i costi continuare la guerra.

■ Rilievo in marmo di epoca romana raffigurante Alcibiade circondato da etere, donne di liberi costumi, colte ed eleganti, che in Grecia intrattenevano gli uomini. Museo Archeologico Nazionale di Napoli.

In un tale contesto prevalsero i democratici, guidati da un ricco artigiano di nome **Cleone**, che continuò la guerra con Sparta tra alterne vicende, senza però ottenere risultati decisivi. Si arrivò così al **421 a.C.**, quando venne stipulata la **Pace di Nicia**, dal nome dell'aristocratico ateniese che la firmò: con questo accordo – che pose fine alla prima fase della guerra – si ritornava sostanzialmente allo ***status quo*** **precedente all'inizio del conflitto**, confermando alle due città rivali le loro rispettive sfere d'influenza territoriale.

La «fase intermedia»

La Pace di Nicia si dimostrò subito un **fragile compromesso**, destinato rapidamente a spezzarsi. Il clima politico stava infatti mutando in entrambe le città rivali: da un lato, Sparta era spinta dai suoi maggiori alleati, insoddisfatti dalle condizioni di pace stipulate con il nemico ateniese, a riprendere le ostilità; dall'altro, Atene era divisa tra chi voleva continuare una linea di prudente equilibrio con Sparta, come il conservatore Nicia, e chi era invece favorevole a riprendere una politica di espansione.

Fu in questo scenario che emerse la figura di un **nuovo capo democratico**, il giovane e colto **Alcibiade**, un parente di Pericle. Dopo essere stato eletto stratego, egli convinse i suoi concittadini della necessità di rispondere positivamente alla **richiesta d'aiuto** della città siciliana **di Segesta** e di appoggiarla quindi nella sua lotta **contro Siracusa, alleata di Sparta**.

Nelle intenzioni di Alcibiade, una vittoria avrebbe significato sia infliggere un duro colpo a Sparta, sia estendere l'egemonia ateniese sulla Sicilia e sulle coste del Mediterraneo occidentale.

Il fallimento della spedizione in Sicilia

Lo scenario del conflitto si spostò allora in Sicilia. La guerra di Sicilia, che durò dal 415 al 413 a.C., non ebbe però l'esito sperato dagli Ateniesi. Dopo aver preparato una spedizione composta da 134 triremi, 130 navi da trasporto e trentamila uomini e averne affidato la guida ad Alcibiade e agli altri due strateghi Nicia e Làmaco, fu deciso di attaccare la città di Siracusa.

All'attacco, però, Alcibiade, il più valido dei comandanti ateniesi, non partecipò. Egli, infatti, fu richiamato in patria, poiché **accusato**, dai suoi oppositori in città, **del reato di empietà** per aver mutilato le Erme, le statue di Ermes poste a protezione dei crocevia e delle piazze cittadine di Atene, e per avere partecipato alle parodie dei misteri eleusini (→ LEZIONE 6, PARAGRAFO 1), episodi avvenuti prima della sua partenza per la Sicilia. Una nave ateniese venne a cercarlo in Sicilia per riportarlo in patria, ma il giovane stratego riuscì a fuggire e divenne consigliere di Sparta.

Privi della guida di Alcibiade e nonostante fosse arrivata una flotta di rinforzi, nel 413 a.C. gli Ateniesi furono **annientati dai Siracusani**, che nel frattempo avevano ricevuto l'appoggio militare di Sparta: molti soldati ateniesi perirono nello scontro e i superstiti furono fatti prigionieri o rinchiusi nelle **latomie**, le cave di pietra siracusane.

La guerra deceleica

Dopo la terribile sconfitta in Sicilia, Atene **perse molti alleati della Lega delio-attica** e con essi la riscossione dei **relativi tributi**. La situazione era poi aggravata dal fatto di avere «il nemico alle porte»: su consiglio di Alcibiade, infatti, Sparta aveva **occupato la città di Decelea**, una roccaforte a pochi chilometri da Atene, assicurandosi così l'accerchiamento della *polis* attica, l'arresto dei rifornimenti e delle comunicazioni verso la città e il blocco dell'estrazione dell'argento dalle miniere del Laurio.

Inoltre, la città lacedemone si era alleata con Dario II di Persia: gli Spartani, in cambio dell'appoggio finanziario necessario a costruire una flotta capace di tener testa a quella ateniese sull'Egeo, avrebbero lasciato campo libero ai Persiani sulle città greche dell'Asia Minore.

Intanto, ad Atene, la situazione di emergenza mise a dura prova la democrazia cittadina. Nel 411 a.C., un **colpo di Stato di matrice oligarchica**, dopo aver sospeso il governo democratico e le sue istituzioni (fu sciolta la Boulè, fu abolito il sussidio per quanti ricoprivano

LA GRECIA AL TEMPO DELLA GUERRA DEL PELOPONNESO

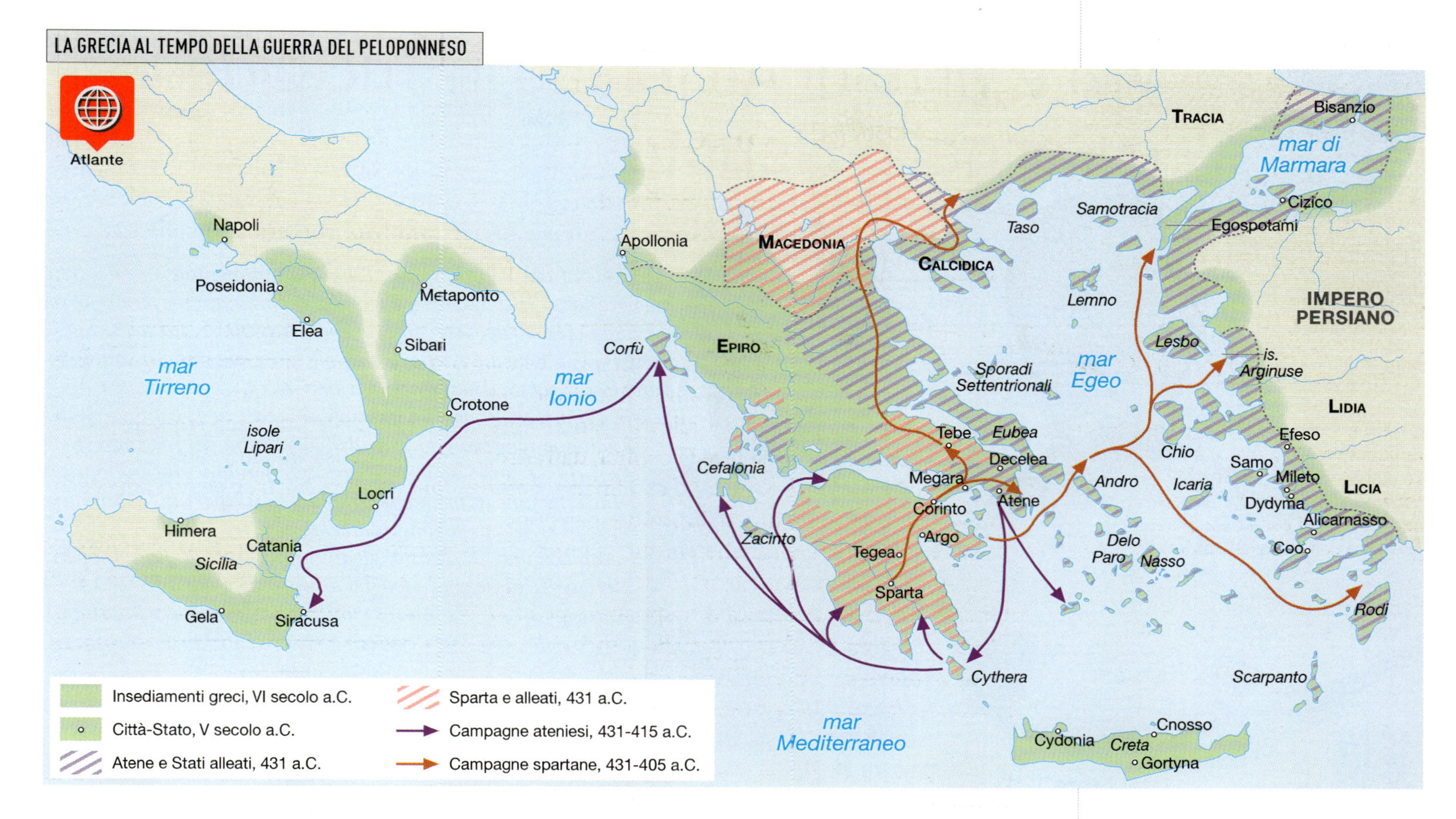

cariche pubbliche, fu limitato ulteriormente l'accesso alla cittadinanza), affidò il potere a un **consiglio di quattrocento cittadini**, i cui membri appartenevano alle famiglie ateniesi più influenti e non erano più scelti per sorteggio.

Il regime dei Quattrocento non durò però a lungo. Nel 410 a.C., dopo il fallimento di un tentativo di raggiungere la pace con Sparta, una ribellione della flotta ateniese di stanza a Samo portò alla **caduta del governo oligarchico**. Furono quindi ristabilite le istituzioni democratiche e venne anche **richiamato Alcibiade**.

La sconfitta di Atene e le dure condizioni di pace

A questo punto, Atene decise di servirsi del tesoro che Pericle aveva conservato nel Partenone per approntare una nuova flotta, riuscendo nel 410 a.C. a sbaragliare gli Spartani a **Cizico**, nel mar di Marmara.

Nel 406 a.C., Atene sconfisse nuovamente il proprio nemico presso le **isole Arginuse**, un arcipelago tra l'isola di Lesbo e l'Asia Minore. Il prezzo di questo successo militare fu però altissimo per Atene: oltre alle ingenti perdite umane, tutti i generali furono accusati di avere abbandonato i naufraghi ateniesi alla tempesta e, per questo motivo, condannati a morte.

Anche **Alcibiade** fu nuovamente **destituito** dalla sua carica di stratego; egli fuggì allora in Asia Minore, dove due anni dopo fu ucciso da sicari inviati probabilmente da Sparta. Tutta la classe dirigente ateniese era stata decapitata; in questo modo la *polis* attica contribuì alla propria fine. Privata dei suoi migliori comandanti, Atene subì una dura **sconfitta a Egospotami** (405 a.C.), nell'Ellesponto, in cui l'ultima armata navale venne annientata prima ancora di levare l'ancora. Assediati all'interno delle Lunghe Mura, gli Ateniesi nel 404 a.C. dovettero arrendersi e accettare **severe condizioni di pace**.

Oltre a rinunciare a tutti i possedimenti fuori dell'Attica, Atene dovette **consegnare la flotta**, eccetto dodici triremi. Fu poi costretta ad **abbattere le Lunghe Mura** e le fortificazioni intorno al Pireo. Infine, dopo essere stata costretta ad **abolire la Costituzione** democratica e a rimettere al potere il **governo oligarchico**, Atene fu obbligata a sciogliere la Lega delio-attica e a entrare nell'orbita della Lega peloponnesiaca.

PER RIPASSARE

1. Quando si svolse la Guerra del Peloponneso e quali furono gli schieramenti che si fronteggiarono?
2. Quale strategia adottò Pericle nella prima fase del conflitto?
3. Come mai l'Impero persiano accettò l'alleanza con Sparta?
4. Come si concluse il conflitto?
5. Quale cambiamento politico si verificò ad Atene dopo il 404 a.C.?

Vizi e virtù di **Alcibiade** in **Tucidide** e **Cornelio Nepote**

LEGGI LA FONTE

Busto di Tucidide, di epoca romana, oggi conservato al Museo Puškin di Mosca.

Copia romana di un busto greco di Alcibiade, conservata ai Musei Capitolini di Roma, IV secolo a.C.

La Guerra del Peloponneso, *l'opera monumentale in otto tomi del grande storico ateniese Tucidide, rappresenta un puntuale resoconto cronologico del conflitto che contrappose, fra il 431 a.C. e il 404 a.C., Sparta e Atene, le due città che al tempo si contendevano la conquista dell'egemonia sulla Grecia.*
La narrazione, che si arresta improvvisamente al 411 a.C., è chiara e intende realizzare l'ideale dell'oggettività del racconto storico, che secondo l'autore è possibile fondare sull'«autopsìa», l'attestazione in prima persona dei fatti riportati, abbinata al vaglio critico delle fonti utilizzate.
Analizziamo, di seguito, alcuni brani, tratti dalla sua opera, in cui Tucidide si occupa della figura di Alcibiade.

Dal Libro V, 43

Primeggiava tra gli altri Alcibiade, figlio di Clinia, immaturo d'anni, a quell'epoca, per qualunque altra città, ma ormai in alto ad Atene, sulle ali del prestigio trasmessogli dagli avi. Costui era certo che il colloquio con Argo avrebbe prodotto miglior frutto: d'altra parte, non era estranea a questo rigore contro la pace spartana la trafittura inferta all'ambizione di cui andava superbo, quando gli Spartani negoziarono la tregua valendosi degli uffici di Nicia e di Lachete e scartando, per l'età troppo acerba, il suo nome.

Dal Libro VI, 15

Al progetto di spedizione si scaldava con più intenso slancio Alcibiade, figlio di Clinia, sia per il desiderio vivo di sopraffare Nicia [...] sia soprattutto per quell'allusione polemica dell'avversario nei suoi confronti. Ma ardeva in lui implacabile la passione del comando, con la speranza di ridurre in tal modo la Sicilia e Cartagine in suo potere.
Giacché tra i cittadini godeva il seguito più largo, ma la sua febbre per l'allevamento dei cavalli e per le altre sfarzose vaghezze lo travolgeva spesso oltre i limiti delle disponibilità familiari: particolare che col correre degli anni fu origine, non la meno importante, della disfatta ateniese.
Scosso dalle frenetiche e smodate stranezze della sua personale condotta e del suo tenore di vita, sorpreso dalla sconfinata ampiezza dei suoi disegni, qualunque fosse l'impresa scelta ad esprimerli, un vasto strato d'Atene gli giurava aperto odio, nel sospetto che ambisse a farsi tiranno, e trascurando il fatto che nella sfera pubblica aveva fornito le indicazioni più efficaci per regolare il corso della guerra, toccati sul vivo personalmente dal ricordo molesto dei suoi privati costumi, costoro trasmisero ad altri il compito di reggere lo Stato: ed in breve sopravvenne la rovina.

Dal Libro VI, 28

Le accuse non risparmiavano Alcibiade: e furono lesti a raccoglierle quelli cui la personalità di Alcibiade incuteva più geloso fastidio, intralciando la scalata ai seggi più alti e solidi del governo democratico; e pieni di speranza, se lo liquidavano, di ascendere ai vertici della società ateniese, facevano un chiasso eccessivo di quest'affare, tempestando in pubblico che le parodie dei misteri e la mutilazione delle Erme rientravano nel piano criminale di sconvolgere la compagine democratica e che nell'una e nell'altra empietà spiccava evidente lo stile di Alcibiade.

(da Tucidide, *La guerra del Peloponneso*, trad. di E. Savino, Garzanti, Milano)

ANALIZZA LA FONTE

La figura di Alcibiade appare per la prima volta nel libro V della *Guerra del Peloponneso*. Le frasi sottolineate in blu ci offrono alcune informazioni sulla reputazione di cui godeva Alcibiade presso i suoi concittadini: stimato per le origini familiari (parente di Pericle), veniva considerato però troppo giovane, motivo per il quale non era stato consultato dagli Spartani nella stipula delle trattative di pace. Tucidide si riferisce alla Pace di Nicia, stipulata fra Sparta e Atene nel 421 a.C.: all'epoca Alcibiade era già entrato in politica, ma avendo trentun'anni, era considerato ancora troppo acerbo per dirimersi con la necessaria esperienza negli affari pubblici.
Il giudizio dell'autore sulla figura di Alcibiade traspare poi dalla descrizione del suo carattere, che è sottolineata in arancione. Secondo Tucidide, Alcibiade era intraprendente («rigore contro la pace spartana»), superbo («ambizione di cui andava superbo»), ambizioso («ardeva in lui implacabile la passione del comando, con la speranza di ridurre in tal modo la Sicilia e Cartagine in suo potere») e amante della vita agiata e dissoluta («la sua febbre per l'allevamento dei cavalli e per le altre sfarzose vaghezze lo travolgeva spesso oltre i limiti delle disponibilità familiari»).
Sebbene ne metta in luce gli eccessi del carattere, Tucidide mostra di essere cosciente delle qualità di Alcibiade come stratego («sconfinata ampiezza dei suoi disegni»; «nella sfera pubblica aveva fornito le indicazioni più efficaci per regolare il corso della guerra») e non attribuisce a lui la sconfitta di Atene.
Il grande storico ateniese – le cui considerazioni nel brano sono sottolineate in verde – sostiene infatti che la rovina della *polis* attica è stata piuttosto causata dalla mediocrità di chi lo ha sostituito («un vasto strato d'Atene gli giurava aperto odio, nel sospetto che ambisse a farsi tiranno [...]; costoro trasmisero ad altri, il compito di reggere lo Stato: ed in breve sopravvenne la rovina»).
Nel libro VI, infine, questa posizione di Tucidide emerge ancora con maggiore chiarezza e fermezza quando, nella descrizione dell'episodio delle Erme, ritiene del tutto pretestuose le accuse rivolte contro Alcibiade («Le accuse non risparmiavano Alcibiade [...], facevano un chiasso eccessivo di quest'affare, tempestando in pubblico che le parodie dei misteri e la mutilazione delle Erme rientravano nel piano criminale di sconvolgere la compagine democratica e che nell'una e nell'altra empietà spiccava evidente lo stile di Alcibiade»).

ADESSO LAVORA TU

Di seguito troverai un brano su Alcibiade di Cornelio Nepote (100-24 a.C.), storico romano del I secolo a.C. Egli descrive dettagliatamente la figura dello stratego ateniese nella sua opera più famosa, il De viris illustribus, *una raccolta di biografie in sedici libri, di cui si è conservata integralmente solo la parte relativa ai condottieri stranieri. Nel brano che segue, l'autore delinea in modo particolareggiato l'aspetto, l'indole e il carattere del noto comandante, non temendo di sbilanciarsi in un proprio giudizio sul personaggio. Dopo aver attentamente esaminato il testo, completa la tabella sui vizi e le virtù di Alcibiade.*

Dal Libro III, 7

Alcibiade, figlio di Clinia, ateniese. Si direbbe che la natura abbia voluto far prova in lui di tutte le proprie possibilità. Tutti quelli che ne lasciarono scritto qualche cosa sono d'accordo nell'affermare che nessuno mai lo superò, sì nel male che nel bene.
Nato in una città illustre, di nobilissimi natali, più avvenente senza confronto di tutti i suoi contemporanei, versatilissimo e pieno di senno; parlatore tra i meglio dotati, aveva tanta grazia nel porgere e nel dire che nessuno poteva tenergli testa; se il momento lo richiedeva, infaticabile e paziente; generoso, affabile, condiscendente, accortissimo nell'adattarsi alle circostanze; ma nello stesso tempo, non appena cessava dal sorvegliarsi e non vi era una ragione di applicare la mente, appariva esuberante, dissoluto, libidinoso, non conosceva freno, tanto che tutti trovavano strana una così spiccata contraddizione e un carattere così diseguale.

(da Cornelio Nepote, *De viris illustribus*, trad. di C. Vitali, Rizzoli, Milano)

Vizi di Alcibiade	Virtù di Alcibiade
....	....
....	....
....	....
....	....
....	....

La fragilità del sistema delle *poleis*

Scena di combattimento tra guerrieri greci in un vaso del V sec. a.C.

I conflitti tra le *poleis* greche La Guerra del Peloponneso aveva mostrato il **fallimento della politica egemonica di Atene**. In un territorio come quello ellenico, caratterizzato dal frazionamento politico e dall'autonomia delle *poleis*, il progetto di dar vita a uno Stato unitario aveva scarsissimi margini di successo.

Il **prevalere di Sparta** alla fine della Guerra del Peloponneso sembrava riaffermare la validità politica dell'idea stessa della *polis* come comunità indipendente e autonoma. Ma anche tale concezione stava per manifestare i suoi profondi limiti. La stessa Sparta, infatti, non rispettò la libertà delle altre città, perché **impose regimi oligarchici** e presidi militari nelle città vinte, imitando in tal modo l'operare tanto criticato del governo ateniese.

Così, nei decenni successivi, la penisola ellenica fu sconvolta da una **lunga serie di conflitti** in cui diverse *poleis* si contesero la supremazia: in un primo tempo sarà Sparta a conquistarla (dal 404 al 379 a.C.), poi Tebe (dal 379 a.C. al 355 a.C.); ma, sullo sfondo, lo scenario politico greco era abilmente manovrato dall'Impero persiano.

Decadenza e ripresa di Atene Dopo la rovinosa disfatta contro Sparta, Atene dovette subire l'**occupazione lacedemone**: la città era infatti presidiata da 700 spartiati comandati da un **armosta**. Il generale Lisandro, il trionfatore di Egospotami, nominò una commissione di trenta cittadini con il compito di formulare una **nuova Costituzione**, che trasformasse il regime democratico ateniese in uno oligarchico.

Il «**governo dei Trenta tiranni**» – così venne chiamato per la sua durezza il regime oligarchico imposto da Sparta – ridusse gli aventi diritto al voto a soli 3000 ateniesi e sottopose l'Eliea a una commissione di 500 esperti. Inoltre, ricorse metodicamente alla violenza, condannando a morte chiunque avesse avuto rapporti col passato sistema democratico e scagliandosi anche contro alcuni membri del loro stesso governo.

In questo clima, molti **democratici** decisero di espatriare nelle regioni confinanti, da dove iniziarono a partire **missioni militari contro i Trenta**, capeggiate da Trasibulo, uno stratego democratico ateniese che aveva già preso parte alla caduta del governo dei Quattrocento e ora si trovava esule a Tebe. In realtà, anche Sparta non condivideva la politica del governo oligarchico ateniese e, per evitare il rischio di una guerra civile, era favorevole affinché si arrivasse a un compromesso tra le parti.

Così, mentre Trasibulo conseguiva diverse vittorie contro i «tiranni», Sparta mandò un contingente e una delegazione per trattare con gli esuli ateniesi sulle condizioni del rientro in città.

Nell'estate del 403 a.C., **Atene tornò a essere democratica**, ma Trasibulo dovette accettare di non ricostituire la Lega delio-attica e di promuovere un'amnistia nei confronti di chi aveva appoggiato il governo dei Trenta.

IL LESSICO STORICO

Armosta Il termine indica i generali che erano a capo dei presidi spartani nei territori abitati dai perieci. Dopo la fine dell'egemonia ateniese (404 a.C.), esso designò i comandanti dei presidi imposti da Sparta nelle città sconfitte o passate dalla sua parte.

Sparta e i Persiani: dall'alleanza allo scontro Come abbiamo visto, Sparta aveva conseguito la vittoria contro Atene nella Guerra del Peloponneso anche grazie all'**appoggio finanziario dei Persiani**, che in cambio avevano ricevuto campo libero sulle **città greche dell'Asia Minore**. Adesso, però, dopo essersi presentata come il difensore dell'autonomia del mondo greco, Sparta non poteva non appoggiare le **spinte indipendentistiche** delle città ioniche contro il gigante persiano.

L'occasione per attuare un simile piano si ebbe alla morte del sovrano persiano Dario II, avvenuta nel 404 a.C. Nella lotta per il trono che ne seguì, Sparta decise di **appoggiare il giovane Ciro**, nel tentativo di scalzare il fratello Artaserse II, erede legittimo alla successione.

La città lacedemone inviò 10.000 mercenari greci in Asia Minore a sostegno di Ciro. Nel 401 a.C., però, nella battaglia di **Cunassa**, presso Babilonia, Ciro trovò la morte. I Greci si trovarono quindi **isolati nel cuore dell'Impero persiano**. Tuttavia, riuscirono a tornare in patria, attraversando un immenso territorio, dal Tigri al mar Nero, e compiendo un'impresa straordinaria di cui abbiamo testimonianza diretta nell'*Anabasi* dello scrittore e soldato **mercenario** **Senofonte** (430/425-355 a.C.), che aveva partecipato alla spedizione.

Artaserse, per vendetta contro Sparta, finanziò una **coalizione** costituita da Tebe, Argo, Corinto e Atene, tutte *poleis* contrarie all'egemonia spartana (**Guerra di Corinto**, 395-386 a.C.). Il sovrano mise al servizio di Atene una flotta, che nel 394 a.C. sconfisse gli Spartani a **Cnido**, nella punta occidentale dell'Asia Minore.

La Guerra di Corinto si concluse con la **Pace di Antalcida** (386 a.C.), dal nome del mediatore spartano. Essa sanciva nuovamente il **dominio persiano sulle città dell'Asia Minore** e vietava il costituirsi di nuove leghe tra le *poleis*, in modo che nessuna potesse prevalere sulle altre. I Persiani vincitori consentirono il permanere della sola Lega peloponnesiaca, riconoscendo a Sparta un ruolo privilegiato nella penisola ellenica. Ma ormai l'Impero persiano rappresentava il vero arbitro dell'equilibrio greco.

Il declino di Sparta e la breve egemonia tebana Il predominio di Sparta nella penisola ellenica fu però presto messo in discussione. Nel 382 a.C. Sparta occupò **Tebe** e vi favorì la formazione di un **regime oligarchico**. Pochi anni dopo, però, i Tebani, grazie alla guida di due abili generali, **Pelopida** ed **Epaminonda**, ristabilirono un regime democratico nella città. Inoltre, costituirono una lega di città della Beozia, ponendosene a capo.

La reazione di Sparta alla provocazione tebana non si fece attendere. Nel 371 a.C., presso **Leuttra**, avvenne lo scontro decisivo, nel corso del quale le truppe spartane furono sconfitte da quelle della **Lega beotica**, che per la prima volta utilizzavano la tattica dello **schieramento obliquo** della falange oplitica. Nella battaglia caddero 400 dei 700 spartiati, compreso il re. La **sconfitta degli Spartani** ebbe un grande impatto sui contemporanei: il mito dell'imbattibilità terrestre della città lacedemone era per sempre infranto.

La battaglia di Leuttra modificò decisamente l'equilibrio delle potenze in campo: essa pose fine all'egemonia spartana e favorì l'**ascesa di Tebe**. A causa dell'indebolimento di Sparta, infatti, molti suoi alleati uscirono dalla Lega peloponnesiaca.

IL LESSICO STORICO

Mercenario Soldato di professione, reclutato a pagamento per combattere al servizio di uno Stato o di un signore. Il termine deriva dal latino *merces* («paga, salario»).

Schieramento obliquo Tattica militare innovativa ideata da Epaminonda, che consisteva nel collocare a sinistra, anziché a destra, la parte più potente delle truppe, ripartendole in profondità con un numero di file più alto del solito (fino a 50). I nemici, che si aspettavano una formazione militare specularmente contraria alla propria, venivano così trafitti con energia nel loro lato più forte a causa dello sbilanciamento provocato dalla pressione esercitata dagli avversari.

COMPETENZE DI GEOSTORIA **COMPLETARE UNA MAPPA CONCETTUALE**

Il passaggio dall'egemonia spartana a quella tebana

Completa la mappa concettuale, servendoti opportunamente dei numeri riferiti ai concetti chiave sotto elencati. L'esercizio è avviato.

1. Breve egemonia di Tebe
2. Ruolo privilegiato di Sparta in Grecia dopo la Pace di Antalcida
3. Nel 362 a.C. Tebe sconfigge Sparta a Mantinea
4. Nel 371 a.C. Tebe sconfigge Sparta presso Leuttra
5. Si indebolisce la Lega peloponnesiaca
6. Sparta conduce una politica espansionistica e occupa Tebe
7. Tebe costituisce la Lega beotica

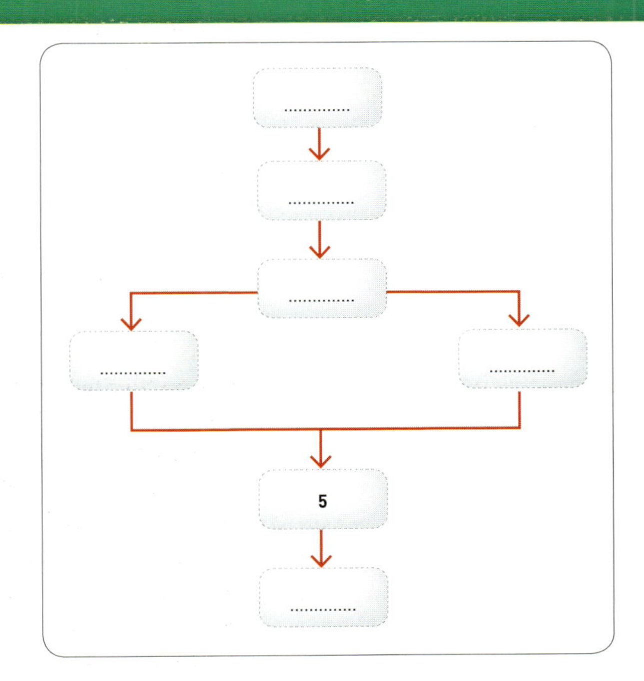

Per applicare correttamente il metodo geostorico proposto, consulta la SCHEDA DI METODO 7, p. 156.

Sparta, alleata con Atene, venne nuovamente sconfitta a **Mantinea** nel 362 a.C. In questa occasione, però, Epaminonda morì, dopo che anche Pelopida era rimasto ucciso in battaglia due anni prima. Tebe quindi, rimasta **senza validi capi politici**, non riuscì a perseguire il suo progetto egemonico e la sua influenza sul mondo ellenico a poco a poco diminuì.

Nessuna delle città greche era stata capace di mantenere sulle altre un'egemonia capace di garantire un equilibrio politico stabile e unitario, più ampio di quello della *polis*. Ci riuscirà, invece, un regno ritenuto dai Greci «barbaro», quello macedone, come vedremo nella prossima lezione.

PER RIPASSARE

1. **Qual era la situazione in Grecia dopo la fine della Guerra del Peloponneso?**
2. **Che cosa stabilì la Pace di Antalcida?**
3. **Con quale strategia Epaminonda riuscì a prevalere negli scontri armati?**

SINTESI

- **Atene e la Lega delio-attica** Dopo la fine delle Guerre persiane **Atene** si avviava, grazie soprattutto all'opera di **Temistocle**, a diventare una **grande potenza marittima** e a estendere la propria influenza sull'intero mondo greco; **Sparta**, invece, si mostrava poco incline a impegnare risorse, ed eventualmente truppe, fuori dai confini del **Peloponneso**.
Atene prese il comando della lotta dei Greci contro i Persiani e istituì una nuova alleanza militare, la **Lega delio-attica**, in cui, pur stabilendo in apparenza un rapporto di parità con gli alleati, deteneva un indubbio **ruolo di supremazia**.
Mentre Sparta accantonava le proprie ambizioni espansionistiche, conservando comunque il predominio sul Peloponneso, Atene, sotto la guida del conservatore **Cimone**, riuscì a vanificare i tentativi di rivalsa dei Persiani. Cimone, tuttavia, non riuscì a ricucire i rapporti con Sparta e, in seguito, cadde **vittima dell'ostracismo**.

- **L'«Età di Pericle»** Nel 462 a.C., con l'elezione a stratego, prese avvio ad Atene la lunga stagione di potere del democratico Pericle, che ne dominò la scena politica per più di trent'anni. Durante l'«**Età di Pericle**», Atene conobbe una riforma in senso radicale delle proprie **istituzioni democratiche**: grazie all'istituzione di un'**indennità** per quanti ricoprivano cariche pubbliche, fu estesa la **partecipazione** della popolazione ai processi di decisione democratica.
In politica estera, con la **Pace di Callia** (449 a.C.), Pericle ottenne dai **Persiani** il riconoscimento, da un lato, dell'indipendenza delle *poleis* dell'Asia Minore e, dall'altro, del predominio ateniese sull'Egeo. Con **Sparta**, invece, si giunse a un **accordo di pace**, che avrebbe dovuto avere durata trentennale, ma che in realtà ebbe vita molto più breve.
Nel V secolo a.C. – l'**«Età classica» della Grecia** – la civiltà della penisola ellenica raggiunse il **massimo splendore** in campo politico, economico e culturale (arte, teatro, letteratura, filosofia, storia).

- **La Guerra del Peloponneso** Nel **432 a.C.** ebbe inizio la Guerra del Peloponneso, un lungo conflitto che **contrappose Atene e Sparta**, con i rispettivi alleati, e che per quasi trent'anni sconvolse il mondo greco.
La guerra visse fasi alterne. Dall'iniziale **tattica attendista di Atene**, voluta da Pericle e vanificata dall'improvvisa esplosione di un'**epidemia** entro le mura della città, si passò all'appoggio in funzione antispartana della città di Segesta in **Sicilia**, dove gli Ateniesi subirono una schiacciante **sconfitta**. Posti sotto assedio nell'Attica da parte di Sparta, che beneficiava anche dell'**aiuto dei Persiani**, e dopo aver sconfitto la flotta spartana nel mar di Marmara e nelle isole Arginuse, gli Ateniesi non riuscirono però a evitare, nel **405 a.C.**, la resa nella battaglia di **Egospotami** nell'Ellesponto, che decretò l'invasione di Atene e la definitiva **vittoria lacedemone**.

- **Gli esiti del conflitto** Dopo la sconfitta, Atene dovette subire un **governo oligarchico** imposto da Sparta, che per la durezza e il ricorso sistematico alla violenza di cui si rese protagonista fu detto **regime dei «Trenta tiranni»**. Il regime non durò però a lungo: già nel 403 a.C., infatti, Atene tornò a essere democratica.
Intanto, Sparta aveva deciso di indebolire la potenza persiana. Il progetto non ebbe però il successo sperato. Si arrivò così alla **Pace di Antalcida**, che sanciva il **predominio persiano** sulle città greche dell'Asia Minore e rendeva la potenza orientale l'arbitro dell'equilibrio del mondo greco.
Negli anni che seguirono, infine, vi fu poi un breve periodo in cui **Tebe** si sostituì a Sparta nel ruolo di *polis* egemone nella penisola ellenica.

Lezione LIM

Collega passato e presente e **approfondisci** temi e problemi della geostoria.

L'attività dell'Unesco

(→ GEOGRAFIA, LEZIONE 16)

«La promozione della conoscenza, la tutela del patrimonio artistico non sono un'attività fra altre per la Repubblica, ma una delle sue missioni più proprie, pubblica e inalienabile per dettato costituzionale e per volontà di una identità millenaria»

(da un discorso di Carlo Azeglio Ciampi, presidente della Repubblica italiana dal 1999 al 2006)

Il monte San Giorgio si trova nel Sud del Canton Ticino svizzero, al confine tra la Lombardia e la Svizzera. Dal 2010 il versante italiano del monte è entrato nella lista del Patrimonio Naturale Mondiale dell'Unesco, completando il riconoscimento attribuito alla parte in territorio svizzero nel 2003. Sul monte San Giorgio sono state rinvenute migliaia di fossili risalenti a 245-230 milioni di anni fa, permettendo così di studiare l'evoluzione di alcune specie vegetali e animali.

L'«Età classica» e le sue testimonianze

Durante l'«**Età di Pericle**», la Grecia visse un periodo di grande **fervore culturale e artistico**, che viene ricordato come «**Età classica**». La città di Atene, in particolare, rappresentò lo scenario in cui grandi personalità come Fidia, Mirone, Policleto, Ictino e Callicrate, grazie alle opere pubbliche volute da Pericle, furono messi nelle condizioni di esprimere al meglio la sapienza scultorea e architettonica di cui erano dotati. Con le loro opere, infatti, essi cambiarono per sempre il volto della città dell'Attica.

A testimonianza di quel periodo, ancora oggi è visibile ad Atene il **complesso monumentale dell'Acropoli**, che nella sua imponenza ed eleganza ci tramanda lo **splendore economico e culturale** raggiunto dalla *polis* greca nel V secolo a.C.

L'Unesco e la lista del Patrimonio Mondiale

Sulle opere dell'arte classica e, in generale, sul patrimonio artistico-monumentale mondiale concentra la propria attenzione l'**Unesco** (Organizzazione delle Nazioni Unite per l'Educazione, la Scienza e la Cultura). Si tratta di un'agenzia delle Nazioni Unite, fondata nel 1945 e con sede a Parigi, che si prefigge lo scopo di favorire la **cooperazione internazionale** nei campi dell'**istruzione**, della **cultura** e della **comunicazione**.

Una delle missioni fondamentali dell'Unesco è identificare, proteggere, tutelare e trasmettere alle future generazioni il **patrimonio culturale e naturalistico mondiale**. A questo scopo, l'agenzia stila annualmente una lista del Patrimonio Mondiale, in cui vengono inseriti i siti che rispondono a queste caratteristiche.

La Convenzione sul Patrimonio dell'umanità e il contributo italiano

Nel novembre 1972, la Conferenza generale dell'Organizzazione delle Nazioni Unite per l'educazione, la scienza e la cultura firmò a Parigi la **Convenzione sul Patrimonio dell'umanità**, che incoraggia i Paesi membri a tutelare il proprio patrimonio (artt. 4, 5, 6, 7). La Convenzione rappresenta quindi un vero e proprio **patto** sottoscritto dai Paesi aderenti, attraverso l'investimento di risorse intellettuali e finanziarie, per la **salvaguardia** dei siti della Lista.

In Italia, a oggi, risultano iscritti nella Lista del Patrimonio Mondiale 49 siti, 45 culturali e 4 naturali, tutelati dall'art. 9 della Costituzione italiana: «La Repubblica promuove lo sviluppo della cultura e la ricerca scientifica e tecnica. Tutela il paesaggio e il patrimonio storico e artistico della Nazione».

Leggi la Costituzione commentata e **rifletti** sul rapporto tra passato e presente.

Laboratorio

La libertà d'opinione e di stampa

La nascita della libertà d'opinione

Durante l'«Età di Pericle», Atene consolidò le proprie istituzioni democratiche. Sebbene fossero presenti pratiche come quella dell'ostracismo, che rappresentava uno strumento per allontanare quanti minacciavano il potere vigente, fu in questo periodo che nella *polis* greca la **libertà di pensiero** raggiunse il suo punto più alto.
Fu soprattutto l'**allargamento della partecipazione alla vita pubblica** – grazie al sistema del sorteggio nell'assegnamento delle cariche e all'indennità concessa a chi le ricopriva – che rese centrale, nella democrazia ateniese, il ruolo giocato dal dibattito e dallo **scambio critico delle idee**.
La libertà d'opinione rientra tra i diritti di libertà, quelli che garantiscono le **libertà individuali**: per esempio la possibilità di esprimere la propria opinione, di praticare la propria religione, l'uguaglianza di fronte alla legge ecc.
Il cammino per l'affermazione di questi diritti è stato lungo e si può dire che sia iniziato solo **a partire dal Settecento**, il secolo dell'Illuminismo e della Rivoluzione francese, quando non a caso furono stampati ed ebbero una certa diffusione i primi **giornali** e le prime **riviste**.
I diritti di libertà erano al centro della riflessione dei pensatori illuministi, per i quali l'uomo e la sua **ragione critica** dovevano diventare il centro propulsore di una nuova epoca caratterizzata dal progresso civile e scientifico.
Secondo gli illuministi l'individuo doveva essere libero di potere esprimere i propri giudizi in totale autonomia, basandosi esclusivamente sulle proprie capacità intellettuali e senza dover ricorrere in maniera vincolante all'autorità della tradizione.

La tutela della libertà di stampa

Il cammino per la conquista delle libertà individuali è proseguito anche nell'Ottocento e nel Novecento e oggi possiamo dire che esse sono **universalmente riconosciute** come un **diritto dell'umanità**, anche se non sono tutelate uniformemente in tutti i Paesi del mondo.
Uno dei presupposti affinché in una comunità possa esserci un'autentica libertà di opinione è una piena **libertà di stampa**: ogni persona deve potere **farsi liberamente una propria opinione** su quanto accade nel proprio Paese e nella comunità internazionale, accedendo a un'**informazione corretta e pluralista**. È cioè necessario che la stampa e gli altri organi di informazione siano diversi e di differente orientamento politico.
La tutela delle libertà di stampa e d'opinione è oggi assicurata dall'attività di numerosi or-

Vignetta che illustra l'importanza di Facebook e dei social network durante la rivoluzione tunisina del 2011, che portò alla caduta del regime autoritario di Ben Alì.

LA LIBERTÀ DI ACCESSO A INTERNET (2012), DA FREEDOM HOUSE

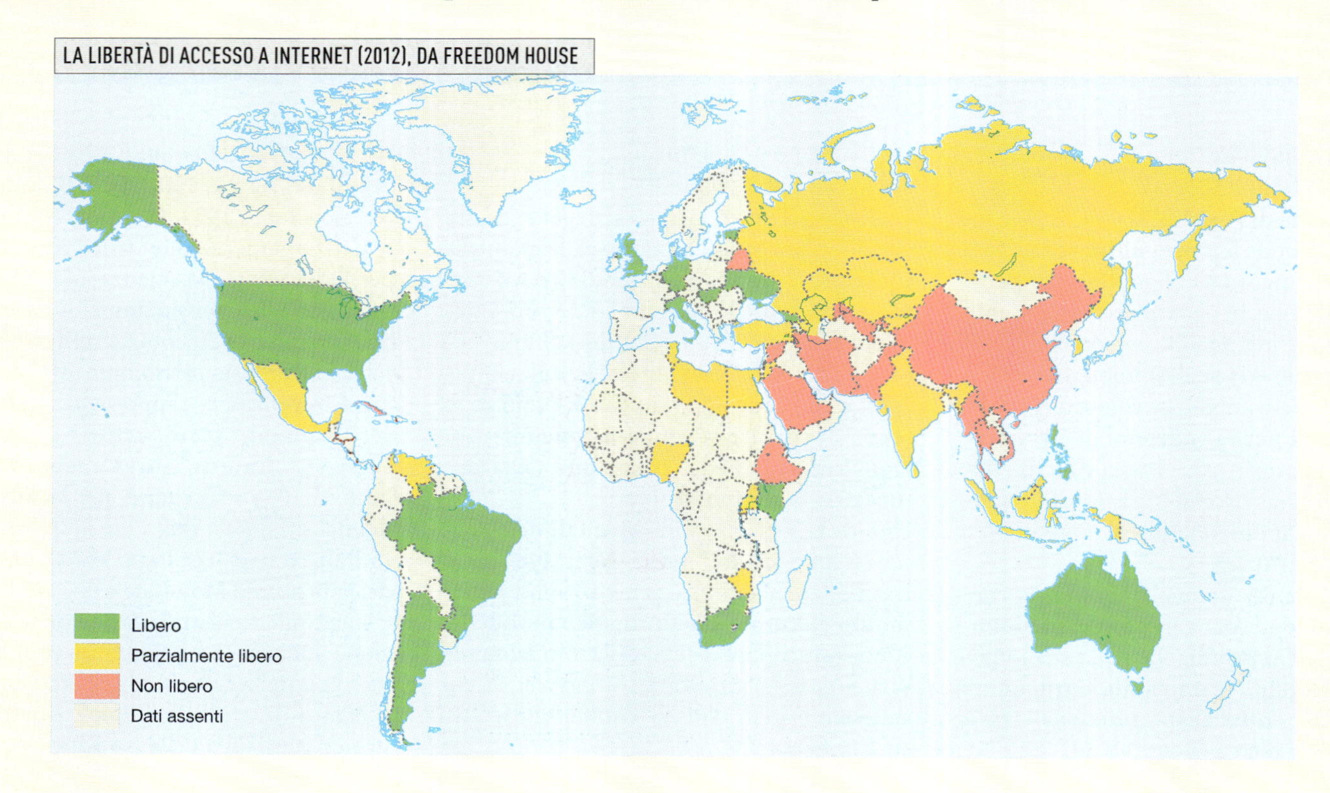

ganismi istituzionali internazionali (come l'Onu) e di organizzazioni indipendenti e non governative (queste ultime sono impegnate nella cooperazione internazionale al di fuori degli ambiti istituzionali) come *Freedom House* (nata nel 1941 negli Usa, si occupa di libertà politiche e diritti umani) e *Reporters sans frontières* (vedi box *Guida alla cittadinanza*).

L'**art. 21 della *Dichiarazione universale dei diritti dell'uomo***, approvata dalle Nazioni Unite nel 1948, per esempio, recita: «Ogni individuo ha il diritto alla libertà di opinione e di espressione, incluso il diritto di non essere molestato per la propria opinione e quello di cercare, ricevere e diffondere informazioni e idee attraverso ogni mezzo e senza riguardo a frontiere».

Anche l'**art. 21 della Costituzione italiana** garantisce in modo esplicito la libertà di opinione, stabilendo che: «Tutti hanno diritto di manifestare liberamente il proprio pensiero con la parola, lo scritto e ogni altro mezzo di diffusione. La stampa non può essere soggetta ad autorizzazioni o censure. [...] Sono vietate le pubblicazioni a stampa, gli spettacoli e tutte le altre manifestazioni contrarie al buon costume. La legge stabilisce provvedimenti adeguati a prevenire e a reprimere le violazioni».

Una libertà violata

Tuttavia, secondo *Freedom House*, un'organizzazione indipendente che studia lo stato della libertà nel mondo, la libertà di stampa e d'opinione è effettiva solo in 69 Paesi. Tra quelli dove la stampa è invece **parzialmente libera** si trova anche l'Italia, che risulta al penultimo posto nell'Europa occidentale, davanti soltanto alla Turchia.

Paradossalmente, quindi, anche in Paesi democratici, dove le libertà fondamentali sono garantite dalle varie carte costituzionali, esistono limitazioni di quelle stesse libertà.

Tuttavia, i Paesi democratici, dove esistono pluralità d'informazione e un controllo da parte dell'opinione pubblica, risultano ancora essere quelli maggiormente rispettosi della libertà d'informazione. Al contrario, in Stati dove il **livello di democrazia delle istituzioni** è gravemente **carente** – è il caso di Paesi come il Sudan, il Ruanda, l'Uganda o quelli del Corno d'Africa – sono frequenti i casi non solo di minacce, intimidazioni, processi irregolari, ma anche di **violenze gravi**, sino all'assassinio, nei confronti di professionisti dell'informazione.

In questi Paesi anche la diffusione dei nuovi *mass media*, come **Internet**, viene ostacolata per impedire una libera circolazione delle informazioni o la denuncia di violazioni dei diritti umani da parte di giornalisti, *blogger* e attivisti. I sistemi per ottenere questo obiettivo sono svariati: il blocco dei motori di ricerca nel web e l'imposizione di alti costi di connessione, ma anche l'estorsione con la tortura delle password di profili Facebook e Twitter.

Ciononostante, esistono persone coraggiose che cercano nuove soluzioni per superare i controlli su Internet e fare in modo che la loro voce sia ascoltata da milioni di persone nel mondo.

Guida alla Cittadinanza

Reporter senza frontiere (Reporters sans frontières, RSF) *è un'organizzazione non governativa internazionale, nata in Francia, che dal 1985 è attiva in difesa della libertà di stampa in tutto il mondo. In particolare, RSF lotta per denunciare ogni restrizione della libertà di stampa; tutela i giornalisti e i collaboratori dei media (tradizionali e on line) finiti in carcere o perseguitati; controlla e denuncia le violazioni della libertà di stampa. Per un ulteriore approfondimento, visita il sito ufficiale* **www.rsfitalia.org**, *dove troverai interessanti carte tematiche e una classifica annuale dei Paesi stilata in base alla libertà di stampa e d'opinione.*

LA LIBERTÀ DI STAMPA NEL MONDO (2012), DA FREEDOM HOUSE

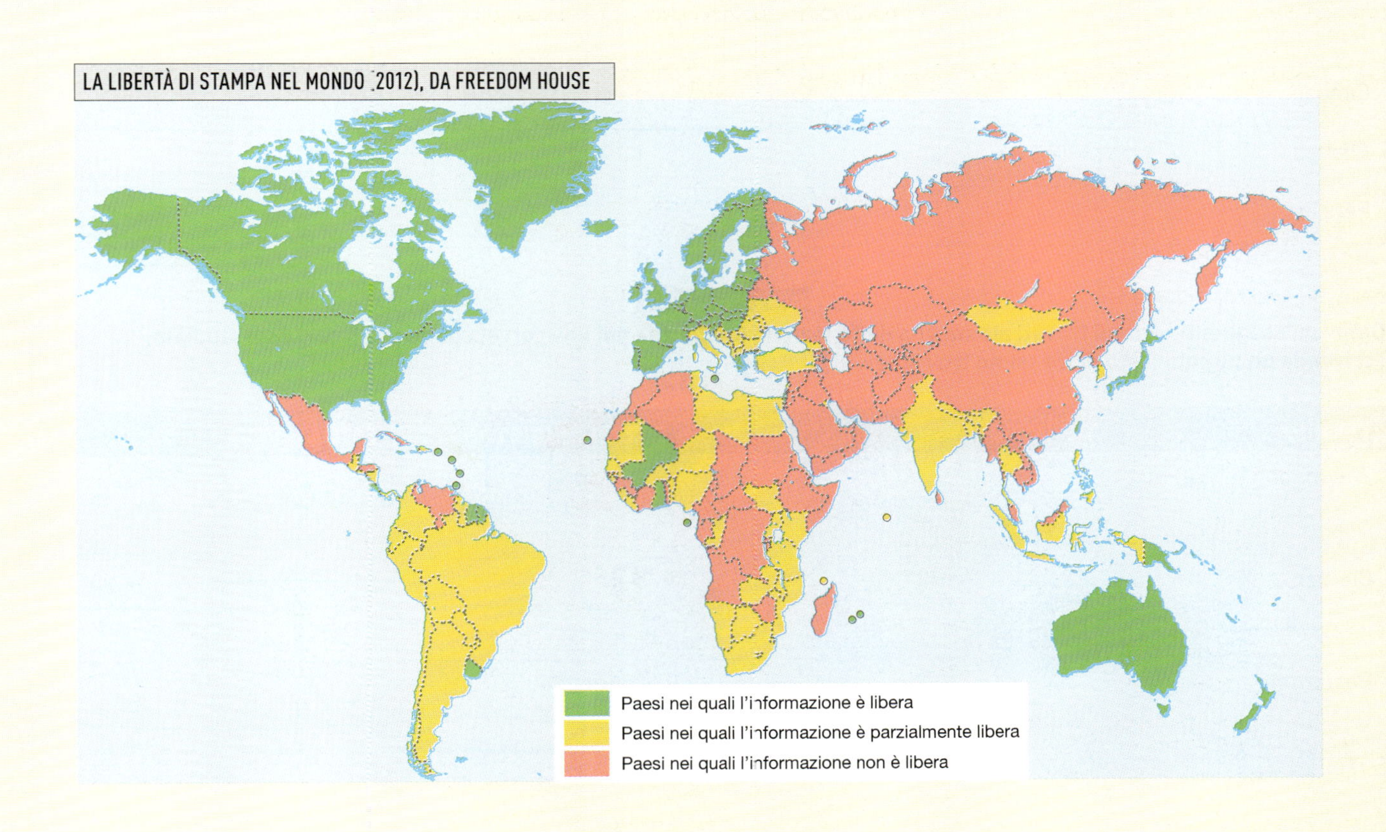

VERIFICA

Lezione 8
La Guerra del Peloponneso

DALLE ABILITÀ ALLE COMPETENZE

1 RICONOSCERE LE CARATTERISTICHE PRINCIPALI DELLE VICENDE STORICHE COMPETENZA STORICA

Indica se le seguenti affermazioni sulla Lega delio-attica sono vere o false. Spiega poi nello spazio sottostante a quale altra Lega sono riconducibili le affermazioni che hai ritenuto false.

Affermazioni sulla Lega delio-attica

- fu chiamata così, perché capeggiata da Atene V F
- venne sovvenzionata con pagamenti occasionali V F
- fu un'alleanza prettamente militare guidata da Sparta V F
- fu costituita per la difesa contro i Persiani V F
- ebbe sede nell'isola di Delo V F
- le diverse *poleis* erano alleate di Sparta, ma non tra loro V F
- fu appoggiata dai Greci delle isole e dagli abitanti di Ellesponto e Ionia V F
- era finalizzata a tutelare solo gli interessi spartani, e non quelli degli alleati V F
- era sovvenzionata grazie a un contributo fisso annuo V F

Le precedenti affermazioni false sulla Lega delio-attica si riferiscono alla Lega ....
perché ....

2 COMPLETARE UNA TABELLA COMPETENZA STORICA

Completa la tabella sotto riportata e attribuiscile un titolo.

(→ Scheda di metodo 6, p. 112)

TITOLO TABELLA:	
	VICENDE A LORO LEGATE (OPPURE AZIONI)
Temistocle	....
Cimone	....
Efialte	....
Pericle	....

3 CONOSCERE, COMPRENDERE E ADOPERARE IL LESSICO STORICO E GEOGRAFICO COMPETENZA STORICA

Definisci i seguenti termini trovati all'interno della lezione 8. Effettua poi una correlazione con il contesto studiato, scrivendo un piccolo testo di massimo tre righe.

TERMINI	DEFINIZIONE	CORRELAZIONE CON IL CONTESTO STORICO
Theorikon	....	....
Cleruchìa	....	....
Partenone	....	....

VERIFICA

DALLE ABILITÀ ALLE COMPETENZE

4 COMPLETARE UNA MAPPA CONCETTUALE COMPETENZA STORICA

Completa la seguente mappa concettuale, servendoti opportunamente dei numeri riferiti ai concetti-chiave sotto elencati. L'esercizio è avviato.

(→ Scheda di metodo 7, p. 156)

1. Contro i Persiani
2. interviene in Egitto per supportare la rivolta antipersiana
3. ratifica le conquiste territoriali e conclude una pace trentennale
4. firma la Pace di Callia: si impegna a non espandersi in Oriente, in cambio del dominio sull'Egeo e dell'indipendenza delle *poleis* greche dell'Asia Minore
5. viene sconfitta e, temendo una nuova invasione persiana, trasferisce nell'acropoli il tesoro di Delo
6. Contro Sparta

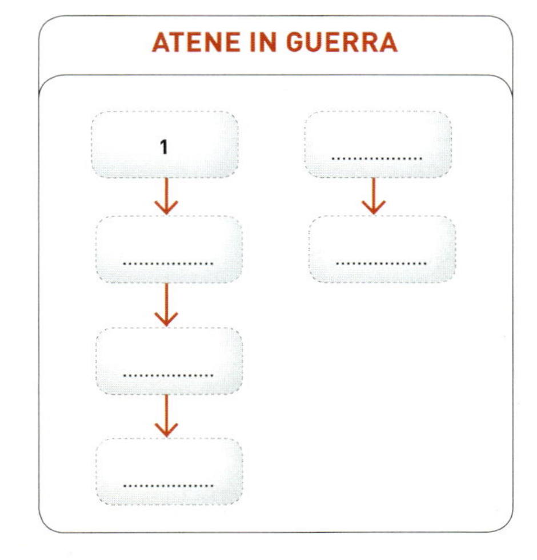

5 RICONOSCERE GLI ATTORI (*IL CHI*) E I LUOGHI DELLE VICENDE STORICHE (*IL DOVE*). COSTRUIRE UNA LINEA DEL TEMPO COLLOCANDOVI EVENTI STORICI COMPETENZA GEOSTORICA

Prima elenca gli attori della guerra del Peloponneso (*poleis*, Stati e protagonisti principali) e i luoghi in cui si è svolta. Poi inserisci correttamente, dalla lista sottostante, gli elementi del *Che cosa* e del *Quando* nella linea del tempo.

(→ Scheda di metodo 3, p. 64)

Attori (*Chi*?): ....

Luoghi (*Dove*?): ....

Che cosa?

Quando?

Che cosa
Sconfitta ateniese a Egospotami – Diffusione di un'epidemia ad Atene – Spedizione ateniese in Sicilia – Sconfitta in Sicilia degli Ateniesi – Presa del potere del consiglio dei Quattrocento ad Atene – Vittoria ateniese a Cizico – Pace di Nicia – Vittoria ateniese alle isole Arginuse

Quando
405 a.C. – 410 a.C. – 429 a.C. – 421 a.C. – 413 a.C. – 411 a.C. – dal 415 al 413 a.C. – 406 a.C.

6 UTILIZZARE LE COMPETENZE STORICHE E GEOGRAFICHE GIÀ ACQUISITE CORRELANDOLE ALLE COMPETENZE DI CITTADINANZA E ALLE ALTRE DISCIPLINE COMPETENZA TRASVERSALE

Organizza un viaggio in Grecia per visitare almeno tre siti Unesco (→ CARTA, p. 161). Serviti di Internet per cercare voli e informazioni sui siti prescelti. Stila al computer un programma di viaggio, corredato di immagini, in cui inserire:

- una cartina della Grecia con segnate le tappe del tour e i siti Unesco da visitare;
- i voli che collegano la tua città ad Atene;
- i luoghi in cui pernottare con indicati alberghi e ristoranti tipici;
- i siti da visitare con breve descrizione storica.

Lezione

9 L'Impero di Alessandro Magno

La lezione interattiva ti aiuterà a **ripassare**, **approfondire** e **verificare** le tue conoscenze su **Alessandro** e l'**Età ellenistica**.

Scopri e **approfondisci** i luoghi e gli avvenimenti della **storia antica** sulla cartografia 3D Google Earth.™

Per una lettura geostorica

IERI

L'IMPERO PERSIANO (500 A.C. CA.) E QUELLO DI ALESSANDRO MAGNO (323 A.C.)

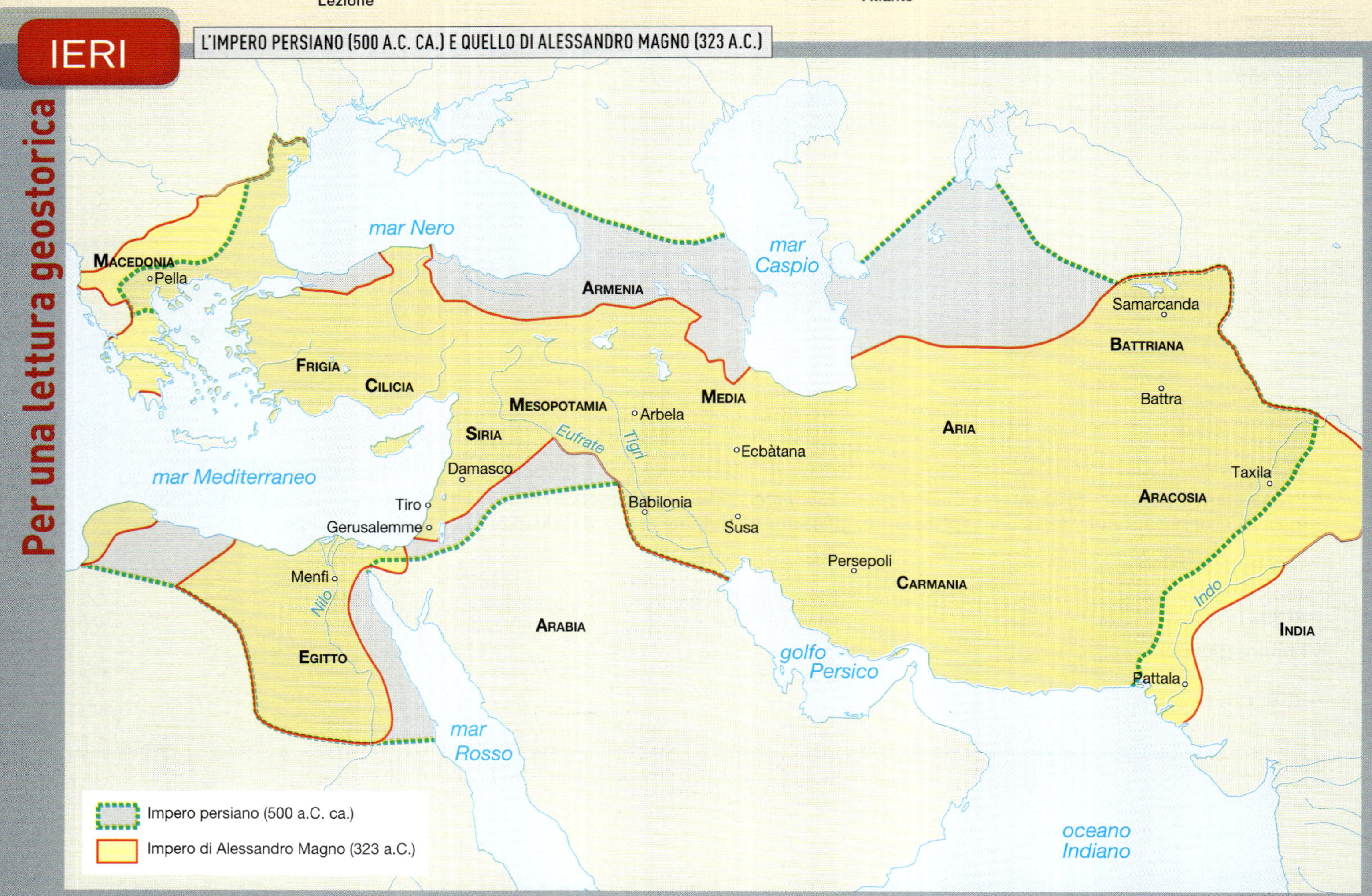

1 Quale nuovo regno si affermò nel IV secolo a.C.?

Mentre a **Occidente** si sviluppava la **civiltà greca** e iniziava ad affermarsi quella di Roma, a **Oriente**, nel continente asiatico, si affermarono due potenti imperi. Abbiamo visto come il potente **Impero persiano**, partendo dai territori dell'odierno Iran, cercò di imporre il proprio potere alle città-stato greche. Più tardi, intorno alla metà del IV secolo a.C., si affermò il **Regno di Macedonia**; i Macedoni, grazie alle vittorie militari ottenute dal sovrano Filippo II, dapprima estesero il proprio dominio sull'intera Grecia, poi puntarono alla conquista dello stesso Impero persiano.

2 Quali furono le caratteristiche dell'Impero di Alessandro Magno?

Alla morte di Filippo, gli successe il figlio **Alessandro**. Il nuovo sovrano macedone **sottomise i Persiani** e continuò le sue conquiste militari verso Oriente, arrivando sino alle **sponde dell'Indo**. Il progetto di Alessandro era di **integrare**, nei territori conquistati, l'elemento greco con quello persiano-orientale, favorendone la collaborazione e l'incontro culturale. Ne nacque una nuova mentalità, che trovò espressione nelle popolose e **multietniche** città dei Regni ellenistici, crocevia sia di consistenti flussi migratori sia di intensi scambi commerciali.

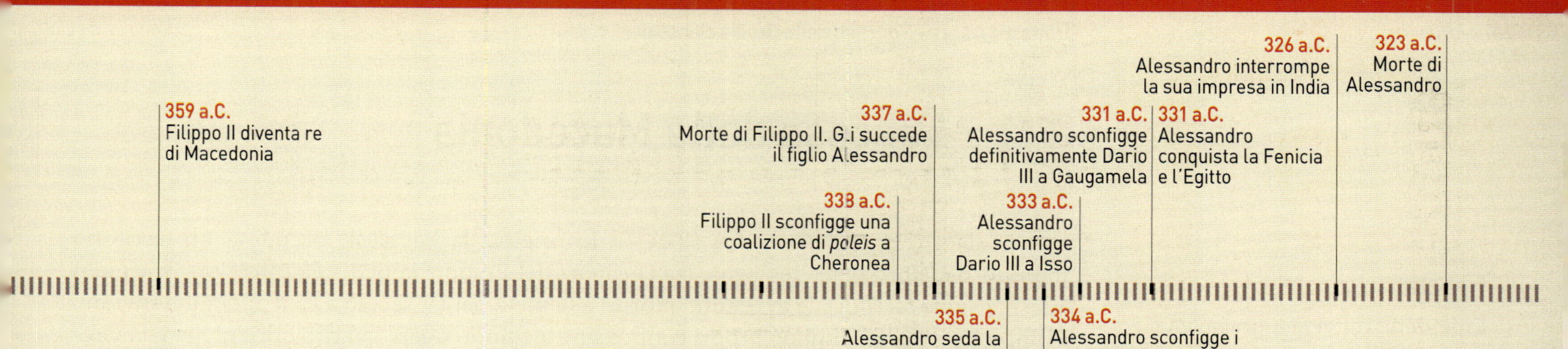

359 a.C.
Filippo II diventa re di Macedonia
338 a.C.
Filippo II sconfigge una coalizione di *poleis* a Cheronea
337 a.C.
Morte di Filippo II. Gli succede il figlio Alessandro
335 a.C.
Alessandro seda la ribellione di Tebe
334 a.C.
Alessandro sconfigge i Persiani a Granico
333 a.C.
Alessandro sconfigge Dario III a Isso
331 a.C.
Alessandro sconfigge definitivamente Dario III a Gaugamela
331 a.C.
Alessandro conquista la Fenicia e l'Egitto
326 a.C.
Alessandro interrompe la sua impresa in India
323 a.C.
Morte di Alessandro

OGGI

L'IMPERO DI ALESSANDRO MAGNO E I SUOI CONFINI ATTUALI

UCRAINA · ROMANIA · Bucarest · RUSSIA · KAZAKISTAN · mar Nero · BULGARIA · Skopje · Sofia · MACEDONIA · ALBANIA · GEORGIA · mar Caspio · UZBEKISTAN · Biškek · KIRGHIZISTAN · ARMENIA · AZERBAIGIAN · Ankara · TURKMENISTAN · Taškent · Aŝchabàd · Dušanbe · TAGIKISTAN · TURCHIA · Atene · GRECIA · CIPRO · SIRIA · Eufrate · Tigri · Teheran · LIBANO · Beirut · Damasco · Kabul · mar Mediterraneo · IRAQ · Baghdad · IRAN · AFGHANISTAN · Islamabad · Gerusalemme · Amman · GIORDANIA · Il Cairo · ISRAELE · PAKISTAN · KUWAIT · Nilo · Indo · LIBIA · EGITTO · ARABIA SAUDITA · golfo Persico · INDIA · QATAR · EMIRATI ARABI UNITI · mar Rosso · OMAN · oceano Indiano

3 Qual è stato nel tempo il destino dei territori da cui partì Alessandro per le sue conquiste?

La Macedonia, nei secoli, è stata sottoposta alla dominazione di numerosi altri popoli: a partire dal XV secolo d.C. ha fatto parte dell'**Impero ottomano**, sino al 1912, quando i Balcani si liberarono dal dominio turco e i Macedoni furono inglobati nel **Regno di Serbia**; nel secondo dopoguerra la Macedonia era uno degli Stati della **Repubblica federale di Jugoslavia** sino al 1991, quando proclamò pacificamente la sua **indipendenza**. Accanto ai Macedoni (64%) è oggi presente in questo Stato una forte minoranza di etnia albanese (25%), oltre ad altri gruppi minori.

4 Qual è oggi la situazione dei territori asiatici dove si estese l'Impero di Alessandro?

Oggi, i vecchi territori su cui si erano estesi l'Impero persiano e quello di Alessandro rappresentano, dal punto di vista geopolitico, una delle aree più calde del globo. Quest'area, infatti, è uno dei più grandi bacini mondiali di **risorse energetiche**. Nel dettaglio, se la penisola anatolica vede il prorompente **sviluppo economico della Turchia**, non esente però da contraddizioni interne e da contrasti religiosi, l'**Iran** e l'**Afghanistan** sono due dei principali baluardi del **fondamentalismo** islamico e della battaglia ideologica contro l'Occidente.

1 L'ascesa della Macedonia

Dai margini al centro della grecità In origine, la **Macedonia** occupava un territorio montuoso a Nord della Tessaglia, tra la catena del Pindo e la penisola calcidica. In seguito all'espansione territoriale avvenuta intorno alla metà del IV secolo a.C. a opera del sovrano **Filippo II**, il Paese ampliò i propri confini sino a comprendere quattro odierni Stati: la Grecia, la Bulgaria, la Macedonia e una parte dell'Albania.

Da sempre relegato **ai margini del mondo greco**, il Regno di Macedonia era caratterizzato da un'**economia arretrata**, dedita prevalentemente all'**agricoltura** e alla **pastorizia**, la cui unica importante risorsa consisteva nell'abbondante legname dei boschi, di cui anche Atene si rifornì a lungo per approntare la sua flotta.

Lo stesso termine *makèdones*, che significava con ogni probabilità «montanari», testimonia la scarsa considerazione che i Greci nutrivano per questa popolazione. La Macedonia rimase a lungo al di fuori dello sviluppo culturale ellenico, anche se vantava **origini greche** sia nella **discendenza** della famiglia reale dal mitico eroe **Eracle**, attraverso un pronipote originario di Argo, sia nel suo **dialetto**.

Dal punto di vista politico, la Macedonia era retta da una **monarchia ereditaria** nelle mani degli **Argeadi**, una dinastia che si riteneva originaria della città di Argo. Nell'esercizio del suo potere, il sovrano era coadiuvato dall'assemblea dei **cavalieri** di origine aristocratica, chiamati *eteri* («compagni del re»). All'interno della società macedone, era poi fondamentale il ruolo svolto dai **contadini-fanti**, i *pezeteri* («compagni a piedi»), che costituivano la **falange oplitica**, dotata di armatura pesante.

I re macedoni tentarono di instaurare un **rapporto con il mondo greco**. Alessandro I (497 circa - 454 a.C.) ottenne la partecipazione ai giochi olimpici; Archelao (413-399 a.C.) riempì la corte di artisti greci (tra i quali Euripide, il famoso tragediografo), rafforzò l'esercito, diede impulso ai lavori pubblici e spostò la capitale da Ege a **Pella**, che sorgeva in una zona privilegiata per le comunicazioni.

Il Regno di Macedonia sotto Filippo II Nel 359 a.C. salì al trono macedone **Filippo II**, che trasformò il regno nello Stato più potente della sua epoca. In primo luogo, Filippo rafforzò il **controllo della monarchia sulla nobiltà**. Il passo successivo fu quello di riformare l'esercito, sostituendo i tradizionali reparti di opliti con l'invincibile **falange macedone**.

Filippo diede poi avvio a un piano di **espansione militare**, che intendeva sfruttare la debolezza e la frammentazione delle *poleis* greche. Dopo aver assoggettato gli Illiri a Ovest e aver

MITI E LEGGENDE

Eracle

Eroe della mitologia greca, che corrisponde alla figura di Ercole nella tradizione romana. Figlio di Alcmena e di Zeus, Eracle, personificazione del vigore fisico, era nato a Tebe ed era dotato di una forza dal carattere sovrumano, di cui diede prova nelle «dodici fatiche» che lo videro protagonista. Simbolo di forza virile e di coraggio, Eracle rappresentò uno degli eroi più celebrati nella Grecia antica.

■ L'*Eracle Farnese*, scultura risalente al III secolo d.C., oggi conservata al Museo Archeologico Nazionale di Napoli. La statua è una copia dell'originale in bronzo creato dallo scultore greco Lisippo nel IV secolo a.C.

VIAGGIO NELLA GEOGRAFIA

LA REPUBBLICA DI MACEDONIA

Oggi, la Macedonia è una **repubblica autonoma**. Indipendente dal 1991, anno della disgregazione della Jugoslavia, essa è stata riconosciuta dall'Onu nel 1993 con il nome di Ex Repubblica Federale Jugoslava di Macedonia in luogo di quello utilizzato dai macedoni di Repubblica di Macedonia; ciò a causa delle preoccupazioni della Grecia, che temeva l'insorgere di rivendicazioni territoriali sull'omonima regione greca, abitata da una minoranza slavofona. Dal 2005, il Paese è **candidato all'ingresso nell'Unione Europea**, ma sia l'instabilità del suo sistema politico-istituzionale sia l'opposizione da parte della Grecia hanno sino a oggi rappresentato un ostacolo alla sua partecipazione all'Ue.

ridotto a vassalli i Traci a Est, il sovrano decise di ampliare il proprio regno **verso Sud**, con il duplice obiettivo di strappare territori all'influenza ateniese e di garantirsi un **accesso al mare**.

In questo quadro, si inseriscono la conquista delle città costiere di Anfipoli, Pidna e Potidea e delle miniere d'oro del monte Pangeo, nonché l'assoggettamento della penisola calcidica (349 a.C.).

Il re macedone ebbe poi l'occasione di intervenire nella Grecia centrale, prendendo parte alla «**guerra sacra**», un conflitto che tra il 356 e il 346 a.C. contrappose Tebani e Focesi per il predominio all'interno della Lega sacra (l'anfizionia) di Delfi. Dopo essersi alleato con i Tebani, il sovrano macedone batté i Focesi, ottenne l'**ammissione all'anfizionia** al loro posto e s'impadronì della **Tessaglia**.

Busto di Demostene, l'oratore e uomo politico ateniese che si oppose strenuamente con i suoi discorsi all'alleanza con Filippo II di Macedonia.

Filomacedoni e antimacedoni: luci e ombre nel ritratto di Filippo II In pochi anni, Filippo aveva ampliato notevolmente i confini del Regno di Macedonia, suscitando nel mondo greco un atteggiamento ambivalente nei suoi confronti, testimoniato ad Atene dal costituirsi di due opposte fazioni: da un lato, il **partito filomacedone**, capeggiato da **Isocrate** (436-338 a.C.), che vedeva in Filippo II l'uomo in grado di unificare la Grecia e di guidarla nella sua lotta contro il vero nemico degli Elleni, i Persiani; dall'altro, il **partito antimacedone** di **Demostene** (384-322 a.C.), che nelle sue *Filippiche* – le violente orazioni dirette contro Filippo – invitava i Greci a combattere il «barbaro» sovrano macedone, il cui unico scopo era quello di sottomettere le *poleis*.

Il ritratto di Filippo giunto fino a noi è particolarmente condizionato dalle *Filippiche* di Demostene, nelle quali il grande oratore, usando le armi della **demagogia**, ci consegna un ritratto dai caratteri marcatamente negativi del sovrano macedone, dipinto – come si diceva prima – alla stregua di un «barbaro» incivile.

Tuttavia, una descrizione delle virtù politiche e militari del re macedone ci è pervenuta grazie a un altro lavoro letterario, quello dello storico greco Teopompo di Chio (*Le storie filippiche*), in cui sono sapientemente, e più obiettivamente, bilanciati pregi e difetti dell'uomo che getterà i pilastri di un impero immenso: quello del figlio Alessandro Magno.

IL LESSICO STORICO

Demagogia Strategia politica che, facendo leva sui desideri e sulle aspirazioni del popolo, mira a ottenere il suo consenso ricorrendo a promesse di difficile realizzazione.

La vittoria della Macedonia e il progetto di invadere la Persia Nel mondo ellenico alla fine prevalse la posizione di chi considerava il Regno di Macedonia un nemico della grecità: così, quando, nel 340 a.C., Filippo decise di intervenire in un nuovo conflitto apertosi all'interno dell'anfizionia di Delfi, si formò, su iniziativa di Atene, una **coalizione antimacedone** che comprendeva Tebe e molte altre *poleis*.

Il 2 agosto del 338 a.C., a **Cheronea**, nella Beozia settentrionale, le truppe macedoni riportarono una **vittoria schiacciante**. Filippo, dimostrando grande accortezza e abilità politica, stipulò nello stesso anno una pace dalle **condizioni miti e tolleranti**, nel rispetto dei vinti

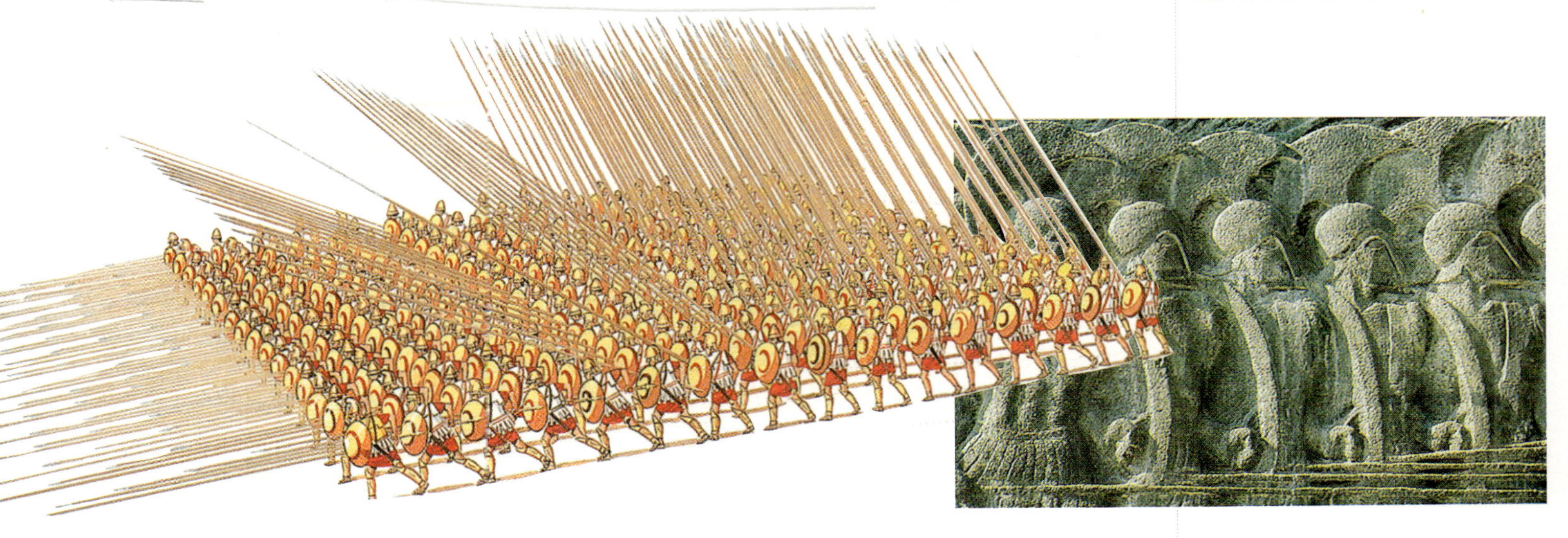

Disegno ricostruttivo della falange macedone in fase di attacco. La falange costruì le sue fortune, oltre che sull'adozione della tecnica dello schieramento obliquo tebano, sull'introduzione di nuove formidabili armi, le sarisse, lunghe lance appuntite che, portate avanti dai soldati delle prime linee, trafiggevano senza scampo il nemico. Sotto, la falange macedone in un bassorilievo del IV secolo a.C.

PER RIPASSARE

1. Qual è la situazione della Macedonia oggi?
2. Quali furono le riforme politiche e militari di Filippo II?
3. Quale fu il rapporto tra Filippo II e le *poleis* greche?

e delle loro istituzioni: mantenne gli ordinamenti vigenti, pur pretendendo la dipendenza politica dal Regno di Macedonia, liberò i prigionieri e si impegnò a non occupare l'Attica.

Nel 337 a.C., ormai arbitro delle sorti della Grecia, Filippo riunì le principali *poleis* greche in un congresso presso la città di Corinto, dove fu costituita, con la scusa di vendicare la distruzione dei templi greci perpetrata da Serse (480-479 a.C.), una lega (**Lega di Corinto**) con a capo lo stesso sovrano macedone.

In realtà, il vero obiettivo della Lega era la **conquista della Persia**. Proprio quando stava per sferrare l'attacco all'Impero persiano, Filippo II fu però **assassinato**.

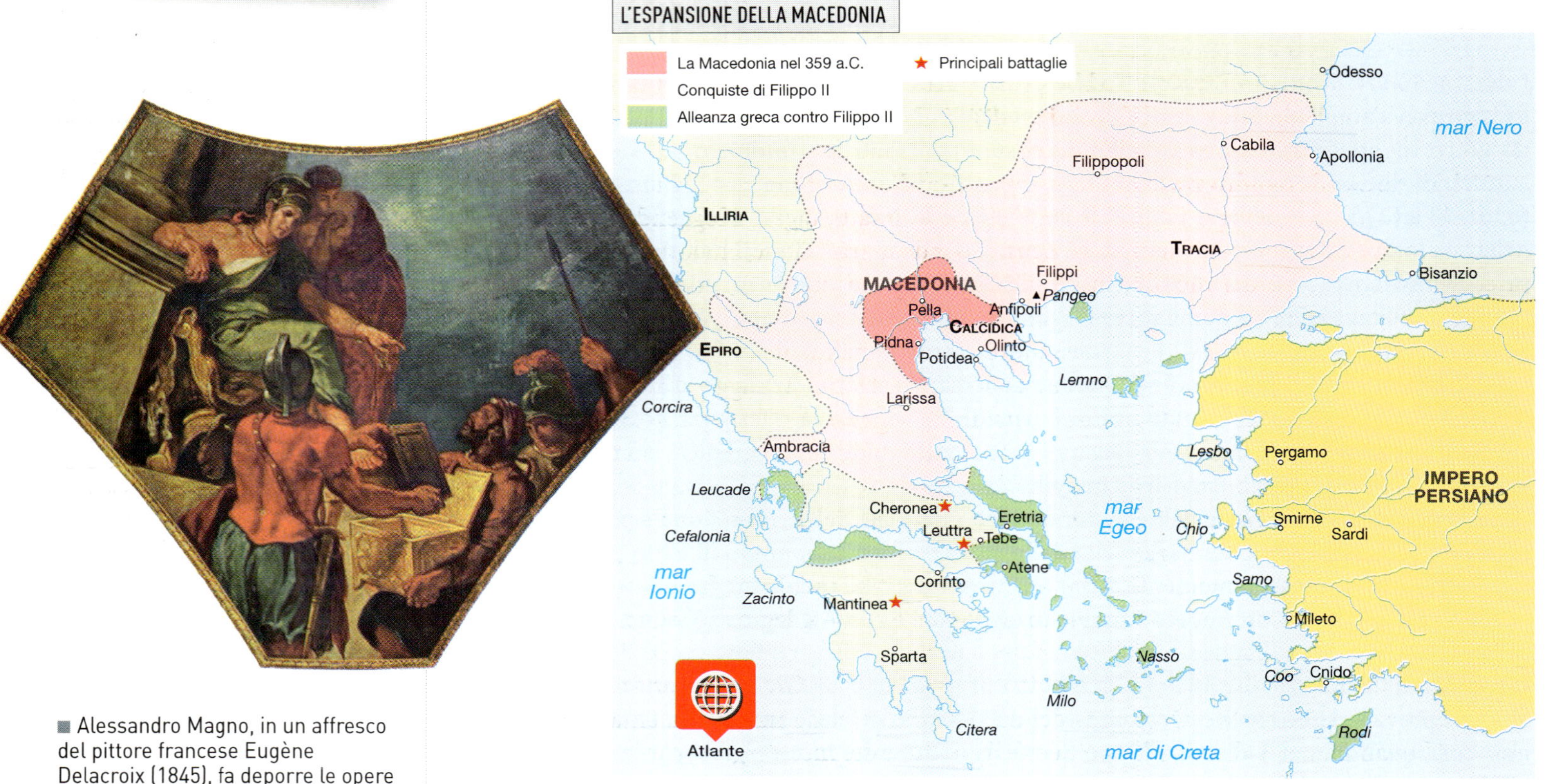

Alessandro Magno, in un affresco del pittore francese Eugène Delacroix (1845), fa deporre le opere di Omero in una cassetta d'oro. Alessandro aveva avuto per tre anni come maestro il filosofo Aristotele, che gli aveva trasmesso la passione per la cultura e per l'educazione elleniche; cultore di Omero, la sua prima tappa verso Oriente fu l'ossequio alla tomba di Achille.

2 L'Età di Alessandro

Alessandro prosegue il progetto paterno La vittoria di Filippo a Cheronea sancì la fine della stagione delle *poleis* e l'inizio dell'**egemonia macedone** sul mondo greco. Con la successione al trono del figlio **Alessandro** – che sarà poi chiamato **Magno** per le sue imprese – si ebbe un ulteriore spostamento nell'orizzonte politico: la nascita dell'**idea di un impero universale**.

Salito al trono appena ventenne, Alessandro dovette subito dare una prova di forza affrontando la **ribellione di Tebe** nel 335 a.C. Il macedone, come misura intimidatoria, distrusse la città e ridusse i suoi abitanti in schiavitù. Il messaggio era chiaro: in futuro non sarebbe stato tollerato nessun tentativo di rivolta.

Alessandro, come il padre, mostrò di possedere una grande intelligenza politica: se Tebe fu trattata duramente, stessa sorte non toccò invece ad Atene, che pure l'aveva appoggiata nel suo tentativo di ribellione. Il sovrano macedone sapeva bene che mettersi contro Atene avrebbe potuto significare porre un significativo ostacolo alla spedizione contro i Persiani, che di lì a poco intendeva intraprendere.

Nel 334 a.C. ebbe così inizio la **campagna in Oriente**, che nei progetti di Alessandro rispondeva all'obiettivo di guadagnare terre per i contadini e bottino per gli aristocratici, sia greci sia macedoni. Un esercito, composto da 30.000 fanti e 5000 cavalieri, raggiunse in Asia Minore un contingente di 10.000 uomini, che era già partito nel 336 a.C., anno della morte di Filippo.

Un contingente «parallelo» accompagnò per l'occasione quello ufficiale: insieme ai militari si mossero infatti anche letterati, storici e scienziati (geografi, naturalisti), partiti allo scopo di studiare, capire e raccontare terre lontane.

Le vittorie di Alessandro contro i Persiani Il primo passo compiuto da Alessandro in Asia ebbe un forte valore simbolico. Il sovrano, che aveva ricevuto un'educazione imperniata sulla cultura greca dal suo precettore, il filosofo Aristotele, si recò infatti a Troia per rendere **omaggio alla tomba di Achille**. Il suo intento era chiaro: inserire la spedizione contro i Persiani nell'alveo della tradizione omerica, presentandosi come il **difensore della causa ellenica**.

Il primo scontro con i Persiani si ebbe presso il fiume **Granico**, nella primavera del 334 a.C.: fu una **vittoria** decisiva per il **dominio sull'Asia Minore** e la liberazione delle città greche, dove furono introdotti regimi democratici.

Nel 333 a.C., Alessandro trascorse l'inverno a **Gordio**, in Frigia, dove si rese protagonista di un atto di grande impatto simbolico. Il sovrano, infatti, tagliò il leggendario **nodo** che univa un carro al suo giogo nel tempio di Zeus: secondo la tradizione, chi lo avesse districato sarebbe diventato il re del mondo; in effetti, dopo appena due anni, Alessandro avrebbe sconfitto i Persiani e creato un enorme impero.

Dopo aver conquistato la Cilicia, Alessandro si trovò finalmente di fronte **Dario III**, che sconfisse nella **battaglia di Isso**, al confine con la Siria. Dario III fuggì, abbandonando in balia del nemico anche la famiglia reale che era al suo seguito. A questo punto, l'imperatore persiano propose ad Alessandro un accordo di pace, offrendogli mano libera sui territori del suo impero a Ovest dell'Eufrate. Il sovrano macedone, però, rifiutò e si volse verso la **Fenicia** dove, nonostante la strenua difesa della capitale Tiro, sottomise le principali città costiere (Tiro, rasa al suolo, Sidone e Gaza).

Alessandro si diresse poi ancora più a Sud verso l'**Egitto**, che liberò facilmente dal giogo persiano. Dopo essere stato accolto come un liberatore e come il legittimo successore dei faraoni, intraprese una spedizione attraverso il deserto all'oasi di Siwa, dove i sacerdoti del tempio di Ammone lo proclamarono figlio del dio Ammon Ra, che i Greci equiparavano a Zeus.

Nel 331 a.C., sulla costa a Occidente del delta del Nilo fondò infine una città con il suo nome, **Alessandria**, che divenne la capitale della cultura del mondo greco-orientale, grazie soprattutto alla sua **biblioteca**.

VIAGGIO NELLA GEOGRAFIA
ALESSANDRIA D'EGITTO

Oggi, Alessandria (*nella foto, una veduta panoramica della città*) è il **secondo centro d'Egitto**, con una popolazione di oltre 4 milioni di abitanti. Estesa per circa 32 km sulla costa, ospita il **più grande porto del Mediterraneo orientale**. Alessandria d'Egitto, la cui fondazione risale al 332/331 a.C., fu la prima delle città omonime edificate da Alessandro Magno e fu sede di un'antica e mitica **biblioteca**, andata distrutta in un incendio durante l'antichità.

MITI E LEGGENDE
Il nodo di Gordio

Secondo una leggenda, i Frigi, privi di un legittimo re, mandarono una delegazione a interrogare l'oracolo di Telmisso (antica capitale della Licia). La risposta fu che il primo uomo a entrare in città su un carro trainato da buoi sarebbe diventato il loro re: così un povero contadino di nome Gordio divenne il sovrano della Frigia.
In segno di ringraziamento, suo figlio Mida dedicò il carro alla divinità frigia Sabazio (che i Greci identificavano con Zeus) e lo legò a un palo. Il carro rimase nel palazzo reale fino a quando vi giunse Alessandro, nel IV secolo a.C., epoca in cui la Frigia era stata ridotta a satrapia dell'Impero persiano. Il condottiero macedone, non riuscendo a sciogliere il nodo, lo tagliò a metà con un colpo di spada. I suoi biografi affermarono retrospettivamente l'esistenza di una predizione oracolare secondo cui chi fosse riuscito a sciogliere il nodo avrebbe avuto il potere sull'Asia.

La sconfitta di Dario e l'organizzazione dell'Impero

Nell'autunno del 331 a.C., Alessandro tornò in Mesopotamia e presso **Gaugamela**, vicino ai resti dell'antica Ninive, sconfisse definitivamente Dario III. Mentre Dario si dava alla fuga verso Est, il sovrano macedone si impadronì delle principali città dell'Impero persiano, ovvero di Babilonia, Susa, Ecbatana e Persepoli.

L'Impero persiano, però, non era ancora crollato del tutto; Alessandro si mise allora all'inseguimento di Dario, spingendosi ancora più verso Oriente. Nel 330 a.C., egli giunse così nella Battriana, dove scoprì che Dario era stato prima usurpato del proprio trono e poi ucciso dal satrapo della regione, Besso.

Dopo essere entrato in possesso del corpo di Dario e avergli dato solenne sepoltura a Persepoli, il sovrano macedone catturò e fece giustiziare l'usurpatore Besso. L'intento di Alessandro era chiaro: presentarsi come il **legittimo successore** e il continuatore della dinastia achemenide; in quello stesso anno egli fu incoronato **re di Persia** a Persepoli.

Alessandro aveva adesso davanti un compito complesso: organizzare e **unificare i vastissimi territori** che erano appartenuti all'Impero persiano con quelli macedoni e greci. Egli capì che non potevano essere governati dalla ristretta aristocrazia macedone e dette avvio a un processo di **integrazione tra l'elemento greco e quello persiano**, tra conquistatori e conquistati, rispettando le tradizioni locali e le strutture di governo preesistenti.

Proprio in quest'ottica, nel 327 a.C., dopo aver sposato la figlia del satrapo della Battriana, Roxane, Alessandro introdusse migliaia di Persiani nell'esercito e istituì il cerimoniale di corte persiano. Questa strategia fu poi consolidata, nel 324 a.C., quando Alessandro prese in moglie anche la figlia di Dario III, Statira, e organizzò le cosiddette «nozze di Susa», un matrimonio collettivo tra militari macedoni e donne persiane.

Un particolare del sarcofago di Alessandro Magno, conservato al Museo Archeologico di Istanbul. L'altorilievo, risalente al IV secolo a.C., raffigura il re macedone e il suo esercito nella lotta contro i Persiani.

In definitiva, il sovrano macedone lasciò immutato l'**apparato amministrativo persiano** (comprese le satrapie), consegnando solo il **comando militare** nelle mani dei Macedoni e promuovendo come cultura di base dell'Impero la **cultura greca**.

Alessandro con questi provvedimenti dette vita a una **società cosmopolita** e, come diciamo oggi, **multiculturale** (→ VIAGGIO NELLA GEOGRAFIA, p. 198). In essa amalgamò diverse tradizioni religiose: in ogni parte dell'Impero, infatti, rispettò e adorò le divinità locali, comprendendo che la venerazione dei culti autoctoni (Ammon Ra in Egitto, ma anche Bel e Marduk in Babilonia o il mazdeismo in Persia) gli avrebbe garantito la lealtà dei popoli sottomessi.

Infine, Alessandro pretese per la propria figura di re onori divini, accogliendo in questo modo la concezione orientale della **sovranità per diritto divino**, che era del tutto estranea alla mentalità greca. L'introduzione nel cerimoniale di corte di riti come quello della *proskynesis* («prosternazione»), che imponeva di inchinarsi di fronte al re come se ci si rivolgesse a un dio, fu una chiara testimonianza della svolta «orientalizzante» imposta dal sovrano macedone. Svolta che incontrò sin da subito l'ostilità del mondo greco.

Verso i confini del mondo conosciuto

Spinto dal desiderio di andare oltre i territori conosciuti, Alessandro non era ancora sazio delle proprie conquiste: egli, infatti, voleva raggiungere i **confini del mondo abitato** che, secondo le teorie dell'epoca, si trovavano nella distante e misteriosa **India**, oltre la quale si credeva ci fosse l'Oceano. Gli scritti dei viaggiatori del tempo riportavano informazioni fiabesche: una fauna favolosa (coccodrilli, grifoni alati) e abitanti alquanto bizzarri (pigmei, uomini con la testa di cane).

Fu così che Alessandro si inoltrò nella regione dell'Indo e dei suoi affluenti (il Punjab), rinfoltendo le sue truppe con forze reclutate sul luogo. Il suo esercito riuscì nell'impresa di sconfiggere numerosi principi indiani tra cui il temibile **re Poro**, che disponeva di numerosi guerrieri e di ben 300 elefanti. Nell'agosto del 326 a.C., tuttavia, Alessandro, che ormai puntava dritto alla valle del Gange, dovette interrompere la propria impresa sulle sponde

COMPETENZE DI GEOSTORIA LEGGERE E COSTRUIRE UNA CARTA GEOSTORICA DINAMICA

Le conquiste di Alessandro Magno

La carta geostorica dinam ca riportata sotto manca di legerda. Dopo averla accuratamente osservata e letta, esegui le operazioni richieste. Controlla poi in rete se le hai svolte correttamente.

- Scrivi la legenda inserendo: una freccia che colleghi le tappe di Alessandro in Asia Minore, un simbolo (per esempio, una crocetta) che indiv dui le vittorie di Alessandro, un colore da assegnare alle capitali dell'Impero persiano conquistate da Alessandro.
- Riporta i contrassegni sopra menzionati (frecce, simboli e colori) sulla cartina geostorica.

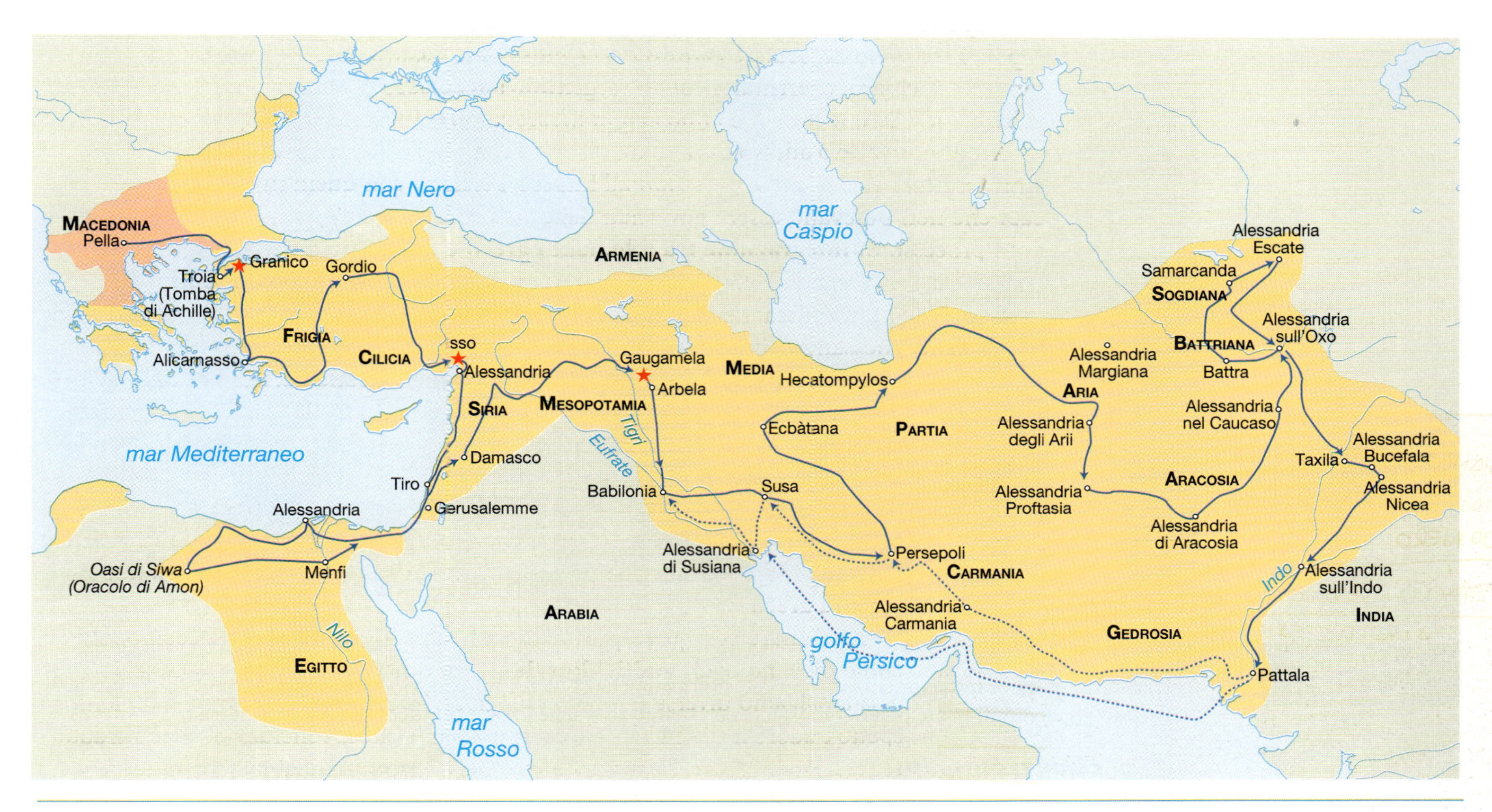

Per applicare correttamente il metodo geostorico proposto, consulta la SCHEDA DI METODO 3, p. 64.

del fiume Ifase (oggi Beas), accettando il **rifiuto dei suoi soldati a proseguire**. Essi, infatti, erano ormai stremati dopo otto anni di scontri e 20.000 chilometri percorsi in condizioni climatiche difficilissime.

Il faticoso ritorno e la morte improvvisa di Alessandro Alessandro dovette così organizzare il lungo ritorno verso il centro dell'Impero. L'esercito fu diviso in due: una parte, dopo che fu costruita una flotta, tornò via mare attraverso l'oceano Indiano in direzione del golfo Persico, al comando di Nearco. il resto delle truppe, invece, capitanato da Alessandro, si fece strada attraverso il tremendo deserto di Gedrosia (oggi Makran, tra Pakistan e Iran meridionale).

Secondo il resoconto dello storico greco Plutarco (vissuto tra il I e il II secolo d.C.), solo un quarto degli uomini di Alessandro arrivò a destinazione. I due contingenti comunque riuscirono a riunirsi e, nel 323 a.C., Alessandro **rientrò a Babilonia**. All'età di trentatré anni, mentre progettava nuove spedizioni, il grande sovrano macedone dovette rinunciare ai suoi sogni: la **morte**, infatti, **lo colse d'improvviso**, forse per malaria o forse per encefalite virale, come ipotizzano oggi gli scienziati.

PER RIPASSARE

1. Riepiloga gli scontri tra Alessandro e i Persiani.
2. In che modo Alessandro pensò di governare il suo immenso Impero?
3. Perché Alessandro rinunciò alla sua avanzata verso Oriente?

La **storia** letta attraverso un **mosaico**: *La battaglia di* ***Isso***

LEGGI LA FONTE

Nel Museo archeologico di Napoli si trova un mosaico romano che risale al 100 a.C. e che è stato rinvenuto a Pompei, nella pavimentazione della Casa del Fauno. Il mosaico, che ritrae la battaglia di Isso in cui si affrontarono Alessandro Magno e Dario III di Persia, è forse una riproduzione dell'affresco di epoca greca eseguito dal pittore Filosseno (IV secolo a.C.), di cui ci dà notizia lo scrittore romano Plinio il Vecchio (23-79 d.C.).

ANALIZZA LA FONTE

Che cosa raffigura la testimonianza materiale sopra riportata? Quali informazioni possiamo ricavarne? Dopo aver analizzato gli elementi principali del mosaico, cerchiamo di trarne i corrispondenti riferimenti storici.

ELEMENTI PRINCIPALI	RIFERIMENTI STORICI
Lo sfondo: la mancanza di qualsiasi riferimento paesaggistico e l'esistenza di un solo arbusto sulla sinistra sono presumibilmente un indizio per individuare in quella raffigurata la battaglia di Isso, che da fonti arabe è chiamata appunto «battaglia dell'albero secco». I particolari: alcuni dettagli, come le lance oblunghe dei Macedoni e il capo scoperto di Alessandro, possono riferirsi alla battaglia di Isso, così come viene raccontata dallo storico greco Diodoro Siculo (I secolo a.C.) e da Plutarco.	Possiamo affermare che, con ogni probabilità, il mosaico rappresenta proprio la battaglia di Isso.
Alessandro: la raffigurazione realistica, secondo i canoni dell'arte greca del IV secolo a.C., ci consegna un ritratto del grande condottiero, che appare prestante e pronto allo scontro. Egli è in groppa al fedele cavallo Bucefalo.	Alessandro fu un re dotato di grande coraggio e di fascino.
Dario III: il re persiano è facilmente riconoscibile perché combatte sopra un carro. Il sovrano, che sembra preoccupato e quasi in procinto di fuggire (il guidatore del carro già dirige i cavalli in direzione opposta rispetto al centro della battaglia), viene colto nel momento in cui sta per sferrare l'ultimo disperato assalto all'armata macedone.	L'esercito persiano contava su una nutrita schiera di carri, che venivano scagliati a tutta velocità sui nemici. Dario III, sconfitto da Alessandro, si dette alla fuga.
Personaggi secondari: davanti ad Alessandro, trafitto dalla sua lancia, c'è il fratello di Dario III, che sacrifica se stesso per mettere in salvo il re. Davanti al sovrano persiano si trova un suddito che gli offre il cavallo, condannandosi così a morte certa.	I Persiani erano molto fedeli al proprio sovrano.
Altri personaggi secondari: in basso al centro, si vede un soldato persiano morente che guarda la sua immagine riflessa nello scudo. Altri particolari: il cavallo a terra e l'assembramento di uomini e aste testimoniano la concitazione e l'intensità dello scontro.	Viene illustrata la drammaticità della battaglia che, secondo Plutarco, causò oltre 110.000 morti tra i Persiani

WEB QUEST

1. Cerca sul web un commento al mosaico che ritrae la battaglia di Isso e proponi una tua analisi che integri le notizie riportate nella tabella (vedi anche SCHEDA DI METODO 1, p. 10).
2. Recentemente, un'enorme statua di Alessandro Magno è stata costruita in Macedonia. Dopo aver letto l'interessante articolo presente nel sito «Osservatorio Balcani e Caucaso» (www.balcanicaucaso.org/aree/Macedonia/Macedonia-arriva-Alessandro-97108), raccogli per iscritto informazioni sulla storia attuale della Macedonia, inserendo nell'elaborato informazioni sulla statua di Alessandro.

La statua di Alessandro Magno posta nel centro di Skopie, la capitale della Macedonia.

3 L'Età ellenistica

La frammentazione dell'Impero di Alessandro La morte di Alessandro diede avvio a un veloce processo di **disgregazione** dell'Impero da lui fondato. Eliminati i legittimi eredi al trono appartenenti alla famiglia del sovrano, tra cui il figlio Alessandro IV e la madre Roxane, si aprì infatti un **trentennio di conflitti** che videro come protagonisti i **diàdochi** (letteralmente, «successori»), i generali di Alessandro a cui, dopo l'improvvisa scomparsa del sovrano, era stato provvisoriamente affidato il governo delle varie regioni dell'Impero.

Alla fine, gli immensi territori conquistati da Alessandro furono suddivisi nei cosiddetti **Regni ellenistici**, nati dall'incontro della cultura greca con quella orientale. In questi regni, i diadochi e i loro successori stabilirono delle vere e proprie **monarchie ereditarie**, che durarono per oltre due secoli fino a quando non furono sottomesse dall'Impero romano.

In questo periodo, fu subito evidente che il sogno di un impero basato sull'integrazione dei vari popoli che ne facevano parte, come era nei progetti di Alessandro, era ormai tramontato. Con i diadochi, infatti, i funzionari persiani vennero estromessi e fu definitivamente accantonata la politica di estendere la partecipazione ai processi amministrativi dei territori del regno a elementi autoctoni; la **classe dirigente** dei Regni ellenistici continuò a lungo a essere prevalentemente costituita da elementi **greci e macedoni**.

Ciononostante, questi regni, come vedremo più avanti, ebbero uno **sviluppo** notevole sia dal punto di vista **culturale** sia dal punto di vista **economico**.

IL LESSICO STORICO

Ellenismo Il termine (da Elleni, cioè Greci), coniato dallo storico tedesco Johann Gustav Droysen (1808-84), definisce due caratteri che contraddistinguono l'epoca che va dalla nascita dell'Impero di Alessandro Magno alla conquista romana dell'Egitto dei Tolomei (31 a.C.): da un lato, la diffusione della lingua greca come lingua veicolare sui vastissimi territori imperiali; dall'altro, l'incontro tra la cultura greca e quella orientale.

I Regni ellenistici I principali Regni ellenistici furono il Regno dei Tolomei, il Regno dei Seleucidi e il Regno di Macedonia.

- Il **Regno dei Tolomei**, il **più duraturo e stabile** dei Regni ellenistici, fu creato dal generale Tolomeo e fu governato da sovrani greci e macedoni, considerati di natura divina come

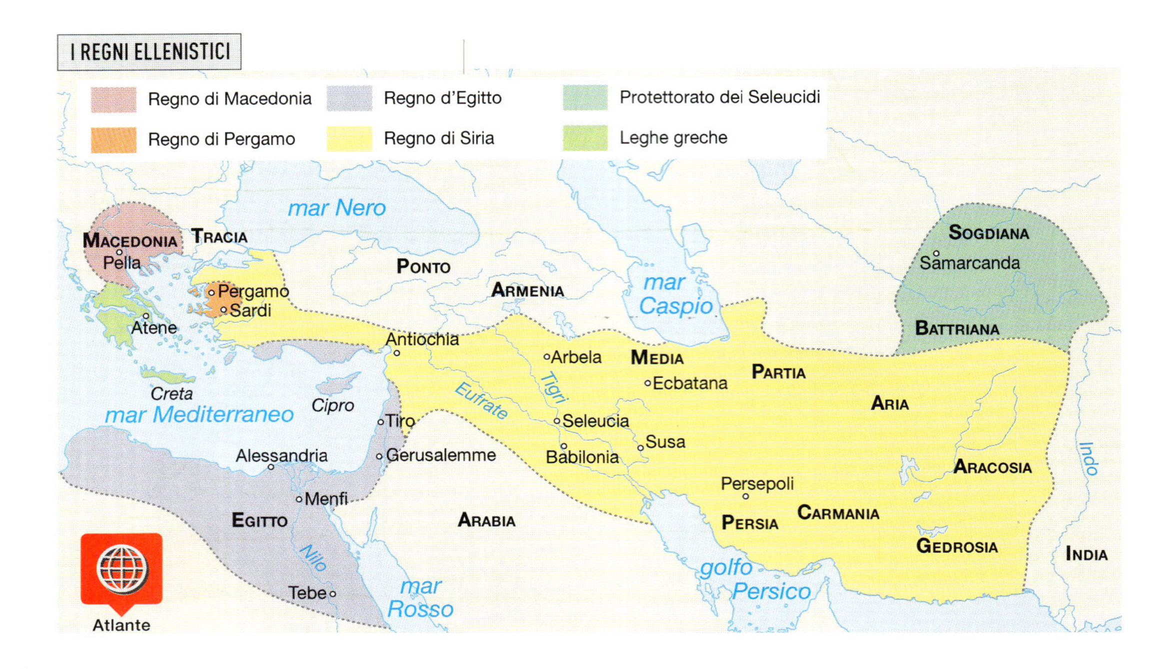

nella tradizione dei faraoni. Esso, che aveva come capitale **Alessandria**, comprendeva un ampio territorio che includeva, oltre all'Egitto, la Cirenaica, la parte meridionale della Siria, Cipro e parte dell'Asia Minore e della Grecia. Il regno ricalcava la precedente struttura dell'Egitto dei faraoni: lo Stato era fortemente **centralizzato** e il Paese era considerato proprietà privata del re. La sua esistenza ebbe fine nel **31 a.C.**, quando venne conquistato dai Romani.

- Il **Regno dei Seleucidi**, invece, prese il nome dal suo fondatore Seleuco I, altro generale di Alessandro. Esso era il **più esteso** in quanto i suoi confini comprendevano un immenso territorio che andava dalla Siria all'India. Per questa ragione, il regno era difficilmente controllabile e soggetto a forze centrifughe, che ne determinarono nel corso del tempo la **frammentazione**. Da esso, infatti, nacquero Stati di una certa importanza, tra i quali, nella sua parte occidentale, il **Regno di Pergamo** e, nella sua parte orientale, il **Regno di Battriana** e il **Regno dei Parti**.
  Il Regno dei Seleucidi ebbe come proprie capitali prima Seleucia e poi **Antiochia** e durò fino all'occupazione romana del 64 a.C.
- Il **Regno di Macedonia**, infine, fu retto inizialmente dal generale **Antipatro** e, dopo la sua scomparsa, dalla dinastia degli **Antigonidi**, che discendevano dal generale Antigono I. Il regno non solo era il **meno esteso** tra quelli ellenistici, ma era anche quello **più fragile** dal punto di vista politico, turbato da continue lotte sia con le *poleis* greche, che tendevano a riconquistare l'indipendenza, sia con altri popoli. Ebbe come capitale **Pella**, l'antica città macedone, e fu anche il primo a cadere sotto l'egemonia romana (168 a.C.).

Tra i regni ellenistici vi fu anche quello di Antiochio I di Commagene (I secolo a.C.). Nella foto, la tomba del re Antiochio I a Nemrut, nell'odierna Turchia. Il santuario è composto da altari e sculture colossali: sulla terrazza ovest sono disseminate le teste che raffigurano Antiochio I (nell'immagine), Zeus, Apollo, la dea Tyche, un leone e un'aquila, simboli della dinastia.

La sorte delle *poleis* greche È indubbio che le trasformazioni dell'Età ellenistica relegarono le *poleis* greche a un **ruolo marginale** negli equilibri «internazionali» del tempo: esse, infatti, subirono l'influenza politica e la concorrenza economica e culturale dei nuovi regni sorti dalle ceneri dell'impero di Alessandro. Furono altre le città che divennero i nuovi poli culturali di riferimento, come **Alessandria, Pergamo, Antiochia e Rodi**.

Il grande altare di Pergamo: eretto in onore di Zeus tra il 183 e il 174 a.C., è oggi conservato al Pergamon Museum di Berlino.

Tuttavia, l'affermarsi di realtà politiche così vaste e strutturate come i Regni ellenistici non fece tramontare l'istituzione delle *poleis*, che rimasero in vita, interagendo, in un'alternanza di scontri e alleanze, con le grandi realtà statuali dell'epoca.

A cambiare fu, invece, il panorama politico della Grecia continentale, dove si affacciarono nuove organizzazioni istituzionali: dall'**unione di diverse città e villaggi** in un rapporto di cittadinanza comune nacquero infatti gli **Stati federali**, in cui vigevano gli stessi organismi delle *poleis* (l'assemblea, il consiglio, le magistrature), ma al riparo dalle lotte intestine per l'egemonia che le avevano lacerate.

Infine, *poleis* e Stati federali si riunirono in due grandi leghe: la **Lega etolica**, che inglobava diverse città della Grecia centrale, e la **Lega achea**, formata dalle *poleis* del Peloponneso, con l'esclusione di Sparta.

L'organizzazione e lo sviluppo dei Regni ellenistici Nonostante le profonde diversità che li caratterizzavano, è comunque possibile riscontrare alcuni elementi politico-sociali che accomunavano i Regni ellenistici.

- La gestione del potere era esclusivamente nelle mani del **sovrano** che, adorato come una divinità e considerato depositario delle leggi e della giustizia, esercitava un'autorità assoluta: gli abitanti del regno erano così **sudditi** e non più, come nelle città greche, cittadini. Si formò inoltre una ristretta cerchia di **burocrati**, **dignitari di corte** e **capi militari**, che affiancavano il re nell'amministrazione del regno.
- L'**attività militare** divenne con il tempo una **professione specializzata e retribuita**. I sovrani avevano infatti bisogno di **truppe mercenarie** qualificate, spesso provenienti da altri Paesi, sia per imporre la propria legittimità e autorità, sia per rispondere alle esigenze di sicurezza interna.
- Il settore economico conobbe un notevole incremento. In particolare, a beneficiarne furono i **traffici commerciali**, grazie a un migliore sfruttamento e al perfezionamento delle infrastrutture (la rete stradale, già sviluppata nell'Impero persiano, porti, canali navigabili) e alla scoperta di nuovi tragitti mercantili. Inoltre, in questo periodo si verificò una **maggiore circolazione di moneta**, coniata in abbondanza sfruttando le risorse di metalli preziosi a disposizione delle monarchie ellenistiche.
- La società ellenistica fu contrassegnata, però, anche da profonde **disuguaglianze**. Accanto a una ristretta fascia di popolazione, composta da funzionari, proprietari terrieri e commercianti, che deteneva il **potere economico**, si formò una grande **massa di miseri**, che versava in condizioni di estrema indigenza. Queste diseguaglianze sociali fomentarono l'insoddisfazione popolare e produssero gravi **conflitti sociali**.

Ritratto del sovrano seleucide Demetrio I Sotere su una moneta d'argento del 161 a.C. Sull'altro verso è raffigurata una cornucopia, simbolo dell'abbondanza.

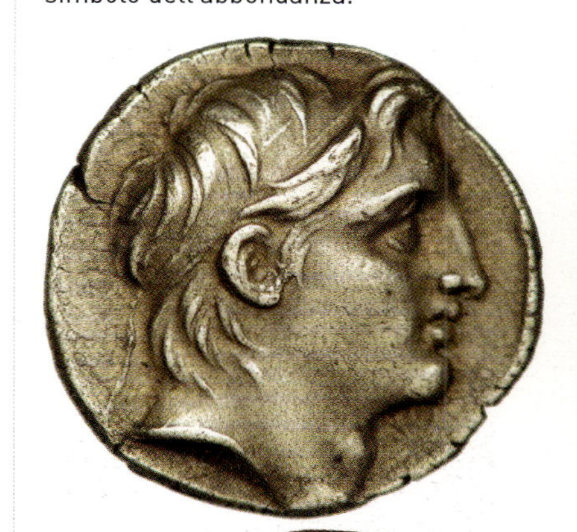

IL LESSICO STORICO

Koinè Termine di origine greca usato per indicare una lingua comune che si sovrappone ai dialetti locali. Si parla di «*koinè* culturale» a proposito di un sistema di valori comuni accettato da popolazioni diverse.

- Le **città ellenistiche**, spesso di nuova fondazione sia in Asia sia nel Mediterraneo e crocevia di consistenti flussi migratori, divennero popolose e **multietniche**. Lo spostamento di persone fisiche e la circolazione di idee arricchirono l'orizzonte urbano, rafforzando la concezione che ognuno fosse sì suddito di un regno, ma anche **cosmopolita**, ovvero «cittadino del mondo».

Inoltre, il **greco** semplificato divenne la **lingua comune** (una ***koinè***) utilizzata sui territori dei Regni ellenistici per gli scambi commerciali, diplomatici e culturali.

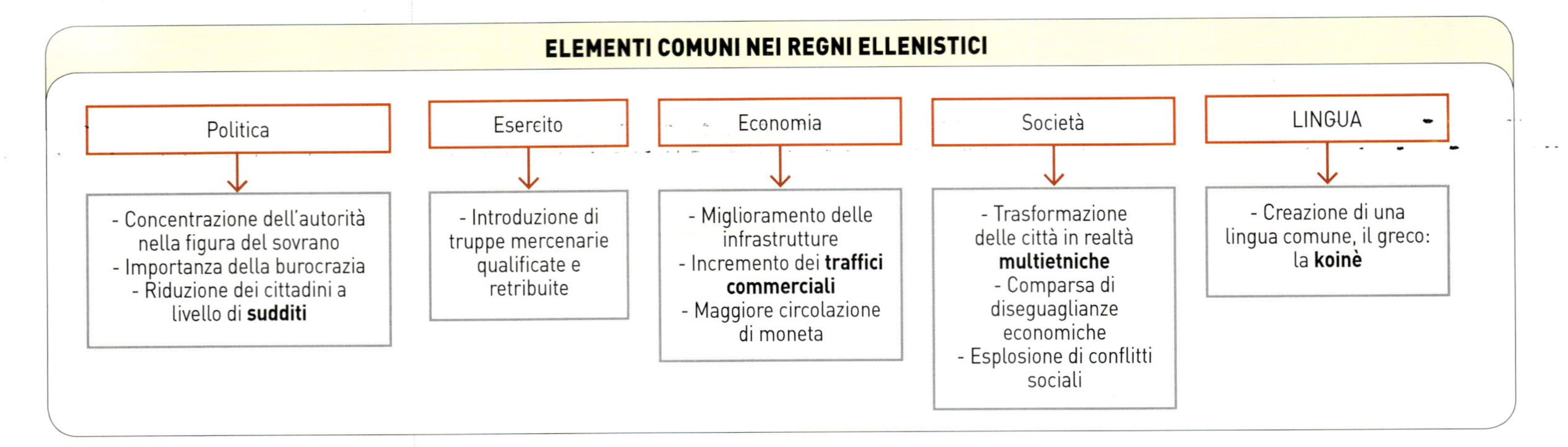

ELEMENTI COMUNI NEI REGNI ELLENISTICI
Politica
- Concentrazione dell'autorità nella figura del sovrano
- Importanza della burocrazia
- Riduzione dei cittadini a livello di sudditi
Esercito
- Introduzione di truppe mercenarie qualificate e retribuite
Economia
- Miglioramento delle infrastrutture
- Incremento dei traffici commerciali
- Maggiore circolazione di moneta
Società
- Trasformazione delle città in realtà multietniche
- Comparsa di diseguaglianze economiche
- Esplosione di conflitti sociali
LINGUA
- Creazione di una lingua comune, il greco: la koinè

PER RIPASSARE

1 **Quale sorte ebbe l'Impero macedone alla morte di Alessandro?**
2 **Quale tipo di istituzione fu propria dei Regni ellenistici?**
3 **Quali furono le altre caratteristiche comuni ai Regni ellenistici?**

Il patrimonio culturale dell'ellenismo

Il cammino della filosofia in Grecia La nascita delle discipline filosofiche, come abbiamo già visto, risale al VI secolo a.C. ed ebbe come scenario principale l'Asia Minore, con la **scuola di Mileto** (→ LEZIONE 6, PARAGRAFO 1). In seguito, fu l'**Atene** del V secolo a.C. a rappresentare il contesto ideale per un'ulteriore evoluzione del pensiero razionale greco.

Nella *polis* attica si diffuse infatti il pensiero dei **sofisti**. Questi pensatori, oltre a insegnare dietro compenso agli aristocratici le tecniche dell'argomentazione e della persuasione, sostenevano che l'oggettività dei fenomeni non esistesse e che la **verità fosse relativa**, poiché era frutto dell'opinione e dell'interpretazione umana. In questo senso, rimane paradigmatica l'affermazione di Protagora secondo cui: «L'uomo è misura di tutte le cose».

La risposta al «relativismo» sofistico non si fece però attendere ed ebbe la sua massima espressione in Socrate e nel suo allievo Platone. Da una parte, **Socrate** (469-399 a.C.) improntò la sua ricerca filosofica sulla conquista, tramite la **conoscenza di sé**, di valori universali quali il Vero, il Buono e il Bello; dall'altro, **Platone** (427-347 a.C.) affermò la possibilità di cogliere l'essenza e la verità, andando oltre l'apparenza sensibile e approdando al **mondo delle idee**. Platone fondò inoltre ad Atene l'**Accademia**, una scuola in cui tenere gratuitamente le proprie lezioni.

L'altro grande filosofo greco, nonché discepolo di Platone, fu **Aristotele** (384-322 a.C.). Egli legò la ricerca della verità all'**analisi dell'esperienza**, dando così un forte impulso all'**indagine scientifica** e ai suoi settori specifici, quali la medicina, la biologia e la fisica. Anche Aristotele istituì ad Atene una propria scuola, chiamata **Liceo**.

Accanto all'Accademia e al Liceo, si svilupparono **nuove scuole filosofiche**, che centrarono la propria riflessione soprattutto su **questioni etico-politiche**, cercando di dare risposte ai problemi e alle inquietudini dei cittadini della società ellenistica.

Le due maggiori scuole dell'Età ellenistica, che iniziarono entrambe la loro attività alla fine del IV secolo a.C., furono quella **stoica** e quella **epicurea**. La prima, fondata ad Atene da **Zenone di Cizio**, elaborò una dottrina sistematica che si basava sul principio regolativo del *logos* («ragione»). La seconda, che prese il nome dal suo fondatore, **Epicuro di Samo**, concentrò invece la propria riflessione quasi esclusivamente su temi prettamente etici.

Uno dei temi chiave attorno a cui si accese il dibattito tra queste due scuole fu la ricerca della via per giungere alla **felicità**. Mentre per gli stoici la felicità risiedeva nella saggezza e nell'**imperturbabilità** di fronte alle passioni, per gli epicurei, invece, essa si otteneva con la liberazione dalla sofferenza e dalle paure che attanagliano l'uomo, come il timore degli dei e della morte. Ciò che veniva così raggiunto era per Epicuro il **piacere**, inteso asceticamente come **assenza di dolore** e di turbamento.

Oggi, grazie ai lavori di restauro iniziati nel 1995 e sponsorizzati dall'Unesco, la biblioteca di Alessandria è stata ricostruita in prossimità del luogo dove sorgeva l'antica struttura (nell'immagine, l'interno della biblioteca). Essa custodisce oltre un milione di testi scientifici e un centro per il restauro dei testi antichi. I volumi occupano una superficie di 45.000 mq e sono distribuiti in ben undici piani (di cui quattro sotterranei). I testi tradizionali sono conservati nei piani inferiori, mentre nei piani superiori sono disposte le scienze moderne e informatiche, l'*high-tech* e le discipline spaziali.

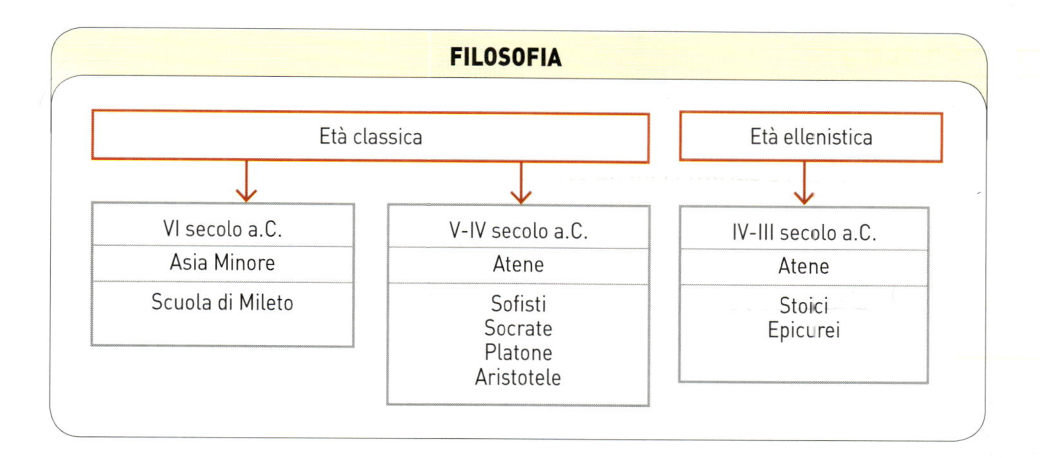

La religione Nell'Età ellenistica, la religione ufficiale e i culti pubblici persero la funzione aggregante che avevano nelle *poleis*, lasciando spazio a **culti di carattere più individualista e intimista**, che tentavano di dare una risposta alle ansie della vita quotidiana. Non è infatti un caso che, proprio in questo periodo, si assistette al diffondersi di religioni che promettevano un orizzonte di salvezza **dopo la morte**, quali il culto – di origine egizia – di Iside e Osiride.

Un altro aspetto fondamentale di questa epoca è l'affermarsi del fenomeno del **sincretismo religioso**, ovvero la fusione di credenze e riti di origine diversa: un esempio è il culto di Seràpide, introdotto dai Tolomei, che fondeva insieme divinità greche e caratteristiche di Osiride.

La scienza Un'altra caratteristica dell'Età ellenistica fu il forte **sviluppo della ricerca scientifica**, soprattutto nei campi della **matematica** e della **geometria** (Euclide, con il suo trattato *Elementi di geometria*, pose una pietra angolare dell'odierna matematica), dell'**astronomia** (Aristarco di Samo ipotizzò per primo che fosse la Terra a ruotare intorno al Sole; Eratostene di Cirene riuscì a determinare la circonferenza della Terra), della **fisica** (Archimede di Siracusa gettò le basi delle moderne teorie sulla fisica dei corpi e sull'ottica).

Nel settore medico, inoltre, Erofilo ed Erasistrato fecero progredire la conoscenza dell'**anatomia umana** tramite la dissezione dei cadaveri (spesso praticando la vivisezione su condannati a morte). Tutto ciò fu merito anche dei sovrani, che sostennero finanziariamente gli scienziati e promossero la nascita delle **biblioteche**, come quella di Alessandria, vere e proprie fucine del sapere.

L'**innovazione tecnologica** trovò spazio principalmente nella progettazione urbanistica (strade, ponti, cisterne, palazzi, acquedotti) e bellica (catapulte, navi da guerra, balestre). Alcune invenzioni (mulini e macchine per trebbiare) non vennero però mai sfruttate praticamente nel campo agricolo e artigianale, e l'uso della tecnologia, cioè l'applicazione delle scoperte scientifiche come mezzo per migliorare la produzione, restò un fenomeno raro.

Per fare chiarezza su tale fenomeno, gli storici ipotizzano due possibili spiegazioni:

- l'**abbondante presenza di schiavi**, manodopera a basso costo e con ruoli interscambiabili, non diede impulso all'uso delle macchine per migliorare l'efficienza produttiva;
- la convinzione comune tra gli scienziati era che il vero sapere fosse puramente teorico, mentre la **tecnologia** si trovava un **gradino più in basso** nella gerarchia del sapere.

L'arte e la letteratura In Età ellenistica, nelle arti e nella letteratura prevalse un'impostazione **realistica**, con un'attenzione particolare (soprattutto nella scultura) alla **realtà quotidiana** e all'**espressione dei sentimenti**.

La **poesia** e la **letteratura** riflettevano lo *status* di un cittadino non più attivamente partecipe alla vita politica, in quanto ormai suddito di un potere monarchico: il letterato si distaccava dai temi politici e sociali, divenendo **introspettivo** e prediligendo i temi naturalistici o epici. La composizione poetica risultava così meno immediata, ma più erudita e raffinata dal punto di vista formale e destinata a un pubblico più ristretto, una cerchia di pochi eletti. Tra i letterati più noti dell'epoca si possono ricordare le figure di Callimaco, Apollonio Rodio, Asclepiade, Teocrito.

Anche la **commedia** «nuova» di Menandro (342-291 a.C.) si occupava di gente comune, indagando nell'intimità dei drammi quotidiani e interessandosi ai conflitti interiori, senza alcun intento di denuncia politica o sociale.

In campo **architettonico**, le città ellenistiche (soprattutto le grandi capitali) differirono dalle *poleis* della Grecia classica, a partire dalle più ampie dimensioni e dal numero maggiore di abitanti. Nei nuovi, **monumentali**, centri urbani, sempre ordinati secondo uno schema

Laocoonte, copia romana in marmo di un originale ellenistico in bronzo (II secolo d.C.). Museo Pio Clementino, Vaticano. Anche i racconti dell'epica omerica vengono rappresentati con un dinamismo e una drammaticità sconosciuti all'arte classica, come nel gruppo marmoreo che raffigura Laocoonte e i suoi figli.

La Nike (= Vittoria) di Samotracia, scultura ellenistica del II secolo a.C. Parigi, Museo del Louvre. La Nike faceva parte di un complesso marmoreo che raffigurava una nave da guerra che doveva fungere da fontana.

a scacchiera, gli incroci e le piazze erano tesi a valorizzare gli edifici pubblici come il palazzo reale, i templi, le are monumentali.

Anche nella **scultura** si affermò la tendenza a un certo realismo, con la predilezione del genere del ritratto e la scelta di soggetti provenienti dalla vita comune (donne, bambini, vecchi), raffigurati in diversi stati d'animo. Anche le rappresentazioni degli dèi divennero sempre più umane: le innumerevoli «Afroditi» del periodo altro non sono che donne dell'epoca, colte in un attimo di grazia seducente che traspare dall'atteggiamento, dal gesto, dallo sguardo.

PER RIPASSARE

1. Con quali posizioni Platone e Socrate si contrapposero ai sofisti?
2. Perché la tecnologia, nel periodo ellenistico, non trovò applicazione pratica?
3. Quali furono le caratteristiche dell'arte e della letteratura ellenistiche?

SINTESI

- **Il Regno di Macedonia** Da sempre relegato ai margini del mondo greco, il Regno di Macedonia occupava in origine un piccolo territorio montuoso a Nord della Tessaglia ed era caratterizzato da un'**economia arretrata**. Nel 359 a.C., salì al trono **Filippo II** che, dopo aver rafforzato il controllo della monarchia sulla nobiltà e riformato l'esercito, trasformò il regno nello **Stato più potente della sua epoca**. Sfruttando i conflitti e la frammentazione delle *poleis* greche, Filippo conquistò vari territori nella Grecia settentrionale e centrale.
Intimorite dall'ascesa del regno di Filippo, le *poleis* greche, con a capo Atene e Tebe, formarono una **coalizione antimacedone** che, nel 338 a.C., subì una sonora **sconfitta a Cheronea**. In seguito alle trattative di pace, le *poleis* furono costrette a unirsi nella **Lega di Corinto**, sotto la direzione del sovrano macedone. La Lega divenne ben presto lo strumento nelle mani di Filippo per procedere alla realizzazione del suo vero obiettivo: la conquista dell'Impero persiano.

- **Le conquiste di Alessandro Magno** Alla morte di Filippo, gli successe il figlio **Alessandro**, che fu poi chiamato **Magno** per le sue imprese. Egli, dopo aver sedato alcune ribellioni e aver consolidato la propria posizione, mise subito in atto il progetto del padre: la **campagna in Oriente**. Dopo aver liberato le città greche dell'Asia Minore, Alessandro sconfisse ripetutamente Dario III di Persia, provocando il **crollo dell'Impero persiano**. Il sovrano macedone continuò le sue conquiste territoriali, arrivando **sino alle sponde dell'Indo**. Qui, nel 326 a.C., dovette rinunciare a proseguire e decise di tornare a Babilonia, dove si ammalò e **morì nel 323 a.C.**

- **L'Impero «multiculturale» di Alessandro Magno** Il progetto di Alessandro era di organizzare i vastissimi territori del suo impero **rispettando le tradizioni locali e le strutture di governo** preesistenti, come per esempio il sistema delle satrapie. Tale strategia politica, basata sull'**integrazione tra l'elemento greco e quello persiano**, fu poi consolidata con l'ingresso di migliaia di Persiani nell'esercito e la promozione dei matrimoni misti tra militari macedoni e donne persiane.
Infine, il sovrano pretese per la propria figura onori divini, accogliendo in questo modo la **concezione orientale della sovranità** per diritto divino, che era estranea e fortemente invisa alla mentalità greca.

- **I Regni ellenistici** Alla morte di Alessandro, l'Impero da lui costruito subì una veloce frammentazione da cui nacquero i cosiddetti **Regni ellenistici**, caratterizzati dalla fusione tra la cultura greca e quella orientale. I più importanti furono quello dei **Tolomei**, dei **Seleucidi** e di **Macedonia**. Seppur molto differenti fra loro, è possibile riscontrare elementi politico-sociali che accomunavano questi regni: un **governo monarchico** basato sull'autorità assoluta del sovrano e su una **burocrazia** di corte; un notevole incremento delle attività economiche e del **commercio**; una popolazione culturalmente eterogenea unita dalla **lingua greca**; ma anche una società caratterizzata da **profonde disuguaglianze**.

- **L'ellenismo** La morte di Alessandro segna per gli storici l'inizio dell'**ellenismo**, un periodo storico contraddistinto dalla diffusione della lingua greca in vastissime aree al di fuori della loro terra d'origine e dal proficuo **incontro tra la cultura greca e quella orientale**.
L'ellenismo fu caratterizzato dal **sincretismo religioso**, dal **cosmopolitismo**, dallo sviluppo della **ricerca scientifica** e dalla nascita di nuove scuole filosofiche, come lo **stoicismo** e l'**epicureismo**, che posero al centro della loro riflessione tematiche prettamente etico-morali, come la ricerca della via per giungere alla felicità.

Dal monoculturalismo plurale al multiculturalismo

(→ GEOGRAFIA, LEZIONE 8)

«Sempre diverso e tuttavia eguale»

(Orazio, *Carme secolare*)

Le classi multiculturali sono sempre più frequenti in Italia. Nella foto, una bambina musulmana in una scuola elementare di Milano.

Il sogno di Alessandro: un impero unito e rispettoso delle diversità

Nel periodo della sua massima espansione, l'Impero di Alessandro Magno si sviluppava dal mar Mediterraneo all'oceano Indiano, dalla Macedonia al fiume Indo, comprendendo entro i suoi confini aree abitate da **etnie** diversissime tra loro.

Come abbiamo visto, il grande sovrano macedone organizzò questo immenso territorio seguendo l'obiettivo di renderlo sì unito, ma nel **rispetto delle differenze** che custodiva al suo interno: l'**intreccio tra la cultura greca e quella orientale**, che per Alessandro doveva rappresentare le fondamenta del suo regno, ne è una chiara testimonianza.

Quella ellenistica fu così una **società cosmopolita**, non chiusa né condizionata da interessi localistici o da visioni particolaristiche del mondo (come quelle che contraddistinsero le *poleis* greche), ma aperta e capace di confrontarsi con le diversità etniche e culturali.

Il multiculturalismo e i suoi principi

Oggi chiameremmo questo atteggiamento «**multiculturalismo**», un orientamento che porta a riconoscere e ad accettare, all'interno delle società contemporanee, la presenza di **culture diverse**, ognuna delle quali ha il diritto di essere rispettata.

Le società in cui oggi viviamo sono polietniche e pluriculturali soprattutto in seguito al fenomeno delle **migrazioni**, i continui spostamenti di popolazioni che sempre più hanno caratterizzato e caratterizzano il nostro tempo, in particolare negli ultimi decenni. L'incontro tra culture diverse e la ricerca di una **convivenza pacifica** rappresentano quindi una delle sfide più importanti dei nostri giorni.

Per convivenza pacifica s'intende non la coesistenza delle diverse culture di appartenenza in uno stesso territorio senza che queste in qualche modo «si parlino», interagiscano tra loro, ma piuttosto il **riconoscimento della pari dignità** a gruppi culturali, religiosi ed etnici differenti.

Il multiculturalismo, come spiega il premio Nobel per l'economia Amartya Sen nel suo libro *Identità e violenza*, si deve basare su alcuni solidi principi:

- il **reciproco riconoscimento** delle culture esistenti su uno stesso territorio;
- l'**integrazione** tra la cultura ospitante (maggioritaria) e quella ospitata (minoritaria), e non l'assimilazione della seconda alla prima;
- il riconoscimento dell'esistenza di un **pluralismo di valori** e, dunque, l'impossibilità di ridurli tutti a un unico valore;
- la concezione della **libera adesione** ai differenti gruppi culturali e della possibilità di lasciare il gruppo d'appartenenza.

IL LESSICO STORICO

Etnia Raggruppamento umano fondato sulla comunità o sulla forte affinità di caratteri fisico-somatici, culturali, linguistici e storico-sociali; questo termine definisce un gruppo umano in base al suo sviluppo culturale, storico, sociale ed economico e non in base a delle differenze naturali.

La società multiculturale e le istituzioni

La società multiculturale rifiuta quindi la frammentazione e rintraccia nella **conoscenza reciproca** e nella **comprensione** i due pilastri a partire dai quali affrontare i problemi che possono insorgere al suo interno.

In questa direzione, il governo italiano ha varato una serie di provvedimenti, come:

- l'introduzione, con una legge del 1999, di norme a **tutela delle minoranze linguistiche storiche**, ammettendo nelle scuole «accanto all'uso della lingua italiana anche l'uso della lingua della minoranza per lo svolgimento delle attività educative»;
- il riconoscimento, nel 2002, da parte del ministero dell'Interno del calendario delle festività ebraiche (giustificando le assenze scolastiche nei giorni di sabato e consigliando le autorità competenti a tenere conto, nelle prove di concorso, del riposo nel giorno del sabato);
- l'intesa, stipulata l'11 dicembre 2012 tra la Prima commissione Affari costituzionali della Camera dei deputati e l'Unione buddhista italiana, basata sul riconoscimento istituzionale del buddismo in Italia.

La libertà religiosa

Un diritto inviolabile

Nella società multiculturale di Alessandro le diverse tradizioni religiose vennero rispettate e le divinità locali non furono soppiantate da quelle greche, e neppure fu imposta alcuna conversione religiosa.
In altre parole, il re macedone, anche se pretese di essere adorato come un dio, garantì nei territori del suo Impero un'ampia **libertà di culto**. A quei tempi, una presa di posizione di questo tipo era lontana dal sentire comune.
Proviamo a dare una spiegazione del concetto di «libertà religiosa (o di culto)». La **libertà religiosa** è un **diritto civile** che rientra nei diritti alla libertà personale. Riguarda l'uomo e la sua vita privata ed è quindi un diritto **inviolabile**, perché non è concesso da una suprema autorità, ma **appartiene alla persona** per natura.
Un individuo gode della libertà religiosa quando ha la possibilità di **praticare il proprio culto** senza alcun impedimento; egli deve godere degli **stessi diritti** dei cittadini che hanno una fede differente e, quindi, non deve essere perseguitato per la sua scelta.
La libertà religiosa, inoltre, è garantita quando ognuno può abbandonare la propria fede o cambiarla per convertirsi a un'altra senza costrizioni o ritorsioni da parte delle autorità governative.

L'articolo 18 della Dichiarazione universale dei diritti umani

Uno Stato che assicura la libertà religiosa ai propri cittadini ha il dovere di garantire la **totale eguaglianza** tra essi, a prescindere dalla fede professata.
La libertà di culto è sancita dall'articolo 18 della *Dichiarazione universale dei diritti umani* (Dudu), approvata dalle Nazioni Unite il 10 dicembre 1948: «Ogni individuo ha diritto alla libertà di pensiero, di coscienza e di religione; tale diritto include la libertà di cambiare religione o credo, e la libertà di manifestare, isolatamente o in comune, e sia in pubblico che in privato, la propria religione o il proprio credo nell'insegnamento, nelle pratiche, nel culto e nell'osservanza dei riti».

Fedeli musulmani in preghiera in una moschea a Roma.

La libertà di culto nella Costituzione italiana

La Costituzione italiana, prima di affrontare la libertà di culto, stabilisce l'**uguaglianza** di tutti gli uomini e le donne con l'**articolo 3**:
«Tutti i cittadini hanno pari dignità sociale e sono eguali davanti alla legge, senza distinzione di sesso, di razza, di lingua, di religione, di opinioni politiche, di condizioni personali e sociali».
Con gli **articoli 8** («Tutte le confessioni religiose sono egualmente libere davanti alla legge») e **19** la Costituzione italiana assicura poi la libertà di culto a italiani e stranieri.

Guida alla Cittadinanza

Che cosa è la *Dichiarazione universale dei diritti umani*?
La *Dichiarazione universale dei diritti umani* (Dudu) è il documento più importante che riguarda i diritti umani. Il 10 dicembre 1948, dopo la fine della Seconda guerra mondiale, le **Nazioni Unite**, con l'obiettivo di salvare le nuove generazioni da future guerre, da persecuzioni o da possibili stermini di massa, stilarono un documento che mise per la prima volta in primo piano il **diritto alla vita e alla persona**, considerate come **inviolabili**.
Il periodo non fu casuale: la guerra aveva infatti lasciato dietro di sé ingiustizie, fame, distruzione, povertà, oltre alla perdita di milioni di vite umane.
La Dudu, composta da 30 articoli, sancisce i diversi diritti che riguardano tutti gli esseri umani del mondo: diritti politici, civili, sociali, economici e culturali. Gli articoli 1 e 2 rappresentano la base della *Dichiarazione*, poiché vi si stabiliscono **l'eguaglianza e la libertà di tutti gli uomini**; gli articoli 28, 29 e 30, invece, forniscono alcune disposizioni su come realizzare pienamente i diritti enunciati nei restanti articoli.
Per conoscere tutti gli articoli e discuterne in classe con il tuo docente e con i tuoi compagni, scarica il documento dal sito www.amnesty.it dopo aver inserito nell'apposito spazio di ricerca la parola-chiave «Dudu».

La chiesa copta ad Alessandria d'Egitto dopo l'attentato terroristico che ha causato la morte di 21 persone durante la messa di Capodanno, il 1° gennaio 2011.

DALLE ABILITÀ ALLE COMPETENZE

1 COMPLETARE UNA TABELLA COMPETENZA GEOSTORICA

Completa **la tabella, riportando le caratteristiche dell'odierna Repubblica di Macedonia.**

(→ Scheda di metodo 6, p. 112)

NOME ATTUALE	....
Anno d'indipendenza	....
Rapporto con la Grecia	....
Rapporto con l'Unione Europea	....

2 RICONOSCERE LE CARATTERISTICHE PRINCIPALI DELLE VICENDE STORICHE COMPETENZA STORICA

Indica **se le seguenti affermazioni sono vere o false.** **Motiva** poi le tue risposte.

1. I Macedoni vantavano origini greche V F MOTIVO ....
2. I Greci avevano un'alta considerazione dei Macedoni V F MOTIVO ....
3. Filippo II adottò la tecnica dello schieramento obliquo V F MOTIVO ....
4. Ad Atene vinse il partito filomacedone di Isocrate V F MOTIVO ....

3 COSTRUIRE UNA LINEA DEL TEMPO COLLOCANDOVI EVENTI STORICI COMPETENZA STORICA

Inserisci **correttamente gli elementi del *Che cosa* e del *Quando* nella linea del tempo.**

(→ Scheda di metodo 3, p. 64)

Che cosa
conquista della penisola calcidica – costituzione della Lega di Corinto – Filippo II sale al potere – guerra sacra – regno di Alessandro I – regno di Archelao – vittoria di Filippo II a Cheronea

Quando
335-323 a.C. – 359 a.C. – 413-399 a.C. – 338 a.C. – 356-346 a.C. – 337 a.C. – 349 a.C.

Che cosa?

Quando?

4 COMPLETARE UNA MAPPA CONCETTUALE COMPETENZA STORICA

Completa **la seguente mappa concettuale, servendoti opportunamente dei numeri riferiti ai concetti-chiave sotto elencati. L'esercizio è avviato.**

(→ Scheda di metodo 7, p. 156)

1. Filippo II viene assassinato
2. libera i prigionieri
3. il suo vero obiettivo è conquistare la Persia
4. stipula una pace dalle condizioni tolleranti
5. si impegna a non occupare l'Attica
6. nel 337 a.C. si pone a capo della Lega di Corinto
7. mantiene gli ordinamenti vigenti
8. la Grecia si unisce politicamente sotto la corona macedone
9. nel 338 a.C. Filippo II vince contro le *poleis* a Cheronea

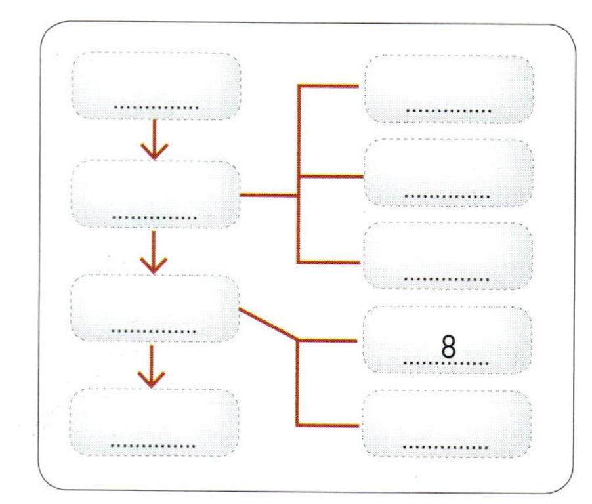

DALLE ABILITÀ ALLE COMPETENZE

COLLEGARE LE CAUSE ALLE CONSEGUENZE COMPETENZA STORICA

5 **Ricostruisci gli eventi, collegando le cause (elencate a sinistra) alle conseguenze (riportate a destra).**

Cause	Conseguenze
Vittoria a Granico	Passione per la cultura greca
Ribellione di Tebe	Liberazione delle città greche
Vittoria macedone a Isso	Alessandro rispetta l'eterogeneità delle etnie
Alessandro sposa donne di etnie diverse	Alessandro viene proclamato figlio di Ammon Ra
Progetto di invadere la Persia da parte Filippo II	Distruzione di Tebe
Alessandro ebbe come precettore Aristotele	Fuga di Dario III
Liberazione dell'Egitto dai Persiani	Campagna in Oriente di Alessandro

PRODURRE UN TESTO SEGUENDO UNA SCALETTA COMPETENZA STORICA

6 **Riassumi sul tuo quaderno in 8 righe l'esperienza di Alessandro in India, seguendo i punti della scaletta sottostante.**

1. Motivo del viaggio
2. Peripezie
3. Motivo del ritorno

UTILIZZARE LE COMPETENZE STORICHE E GEOGRAFICHE GIÀ ACQUISITE CORRELANDOLE ALLE COMPETENZE DI CITTADINANZA E ALLE ALTRE DISCIPLINE COMPETENZA TRASVERSALE

7 **Dopo aver letto attentamente l'articolo proposto di seguito, esprimi il tuo parere motivandolo con appositi riferimenti al testo letto e alla vita del grande condottiero macedone.**

La figura di Alessandro Magno è stata oggetto di diverse interpretazioni, come ci spiega il saggista Pietro Citati in questo articolo dal titolo Il mistero di Alessandro Magno: un santo o il re del male. *Alcuni autori lo considerano un eroe, simbolo del coraggio, della brama di conoscenza e della tolleranza; altri, invece, lo ritengono un personaggio arrogante e superbo, amante delle ricchezze e dei piaceri della vita.*

Nei libri storici, sia Plutarco, sia Curzio Rufo sia Arriano[1], il carattere di Alessandro è segnato dal desiderio dell'insaziabile: egli vuole conquistare il mondo, andare oltre i limiti, raggiungere l'immortalità, sfiorare l'impossibile.

Nel *Romanzo*[2], il carattere di Alessandro è molto diverso, e addirittura si rovescia nel suo opposto. Il grandioso eroe della storia diventa spesso una specie di Ulisse: una figura astuta ed ingegnosa, che inventa macchinazioni e si maschera in ogni forma. Oppure diventa una figura patetica: Dario gli muore tra le braccia, e lui lo bacia, lo conforta, lo carezza, lo consola, lo copre col suo mantello.

Infine, incarna il desiderio del sacro. Lasciandosi dietro le spalle gli dèi greci ed egiziani, esalta il Dio degli ebrei [...]. Nessuno di noi potrà dire quale sia stato il *vero* Alessandro: ma certo i grandi storici, da Plutarco ad Arriano, devono aver visto con una specie di ribrezzo l'eroe ulissiaco o religioso, che il *Romanzo* offriva ai suoi lettori.

Il *Romanzo* è una strepitosa enciclopedia del fantastico, di cui il primo eroe è Alessandro. La terra non gli basta mai. Scende nelle profondità del mare, per mezzo di una gabbia di ferro e di una campana di vetro; sale negli abissi del cielo, legandosi a due uccelli affamati che volano verso l'alto; raggiunge luoghi senza sole, in fondo alla terra della tenebra, dove c'è una sorgente limpidissima, con l'acqua che brilla come un lampo.

E poi vede tutto il possibile e l'impossibile: immensi granchi marini, che contengono sette perle; uomini che misurano ventiquattro cubiti, con mani e gomiti simili a seghe; uomini senza testa, che parlano con voce umana; uomini con sei mani e sei piedi; uomini con la testa di cane e voce umano-canina; uccelli con occhi umani, che gracchiano in lingua greca; pietre nere che colmano i fiumi, e tingono di nero chi le tocca; alberi che col sorgere del sole crescono fino all'ora sesta, e dalla settima deperiscono sino a scomparire, secernendo stille simili alla mirra persiana.

La parte più bella del *Romanzo* è strappata dal bellissimo testo di uno scrittore del terzo-quarto secolo dopo Cristo: La *Vita dei Brahmani* di Palladio. [...] Quando [*i Brahmani*] incontrano Alessandro, gli dicono: «Perché, se sei mortale, fai tante guerre, per prendere tutto? E dove lo porterai? Non lo dovrai lasciare anche tu, a tua volta, ad altri? [...] Quello che cerchi, noi non l'abbiamo; quello che abbiamo, tu non lo desideri. Noi onoriamo dio, amiamo gli uomini, ci disinteressiamo dell'oro, disprezziamo la morte, non ci curiamo dei piaceri; tu temi la morte, ami l'oro, agogni i piaceri, odi gli uomini, disprezzi dio».

In apparenza, Alessandro prova profonda ammirazione per il maestro dei Brahmani. In realtà, qui il libro si capovolge: l'esaltazione del sommo tra i condottieri diventa una feroce polemica contro di lui, sovrano del male.

(P. Citati, in «Corriere della Sera», 14 settembre 2012)

NOTE

1. Autori di alcuni libri su Alessandro, scritti tra il I e il II secolo d.C.
2. Il *Romanzo di Alessandro* è una raccolta di racconti e leggende sulla vita del sovrano macedone, che sono stati scritti a partire dai decenni immediatamente successivi alla sua morte.

Unità 3 L'espansione di Roma

	COMPETENZE DI STORIA	COMPETENZE DI GEOGRAFIA	COMPETENZE DEL METODO GEOSTORICO
LEZIONE 10 L'Italia preromana e gli Etruschi	• Comprendere il cambiamento e la diversità dei tempi storici in una dimensione diacronica attraverso il confronto fra l'epoca preromana e quella attuale e in una dimensione sincronica tramite la comparazione fra aree geografiche e culturali relative in particolar modo alla penisola italiana.	• Riconoscere gli aspetti geografici e territoriali dell'ambiente naturale e antropico italiano. • Osservare, analizzare e descrivere fenomeni appartenenti alla realtà naturale e antropica e riconoscere le varie forme di organizzazione del territorio italiano.	• Metodo 8 Confrontare due carte e saperne ricavare informazioni.
LEZIONE 11 Roma dal mito alla storia	• Riconoscere e comprendere lo sviluppo delle strutture istituzionali e sociali dell'antica Roma e confrontare i modelli esaminati con l'organizzazione politica e sociale attuale.	• Individuare le relazioni demografiche, economiche, sociali, culturali e le trasformazioni intervenute nel corso del tempo.	• Metodo 6 Analizzare fonti scritte e ricavare informazioni da una tabella
LEZIONE 12 Le conquiste di Roma in Italia	• Riconoscere l'evoluzione delle funzioni di base della repubblica in una dimensione diacronica. • Comprendere i principali cambiamenti della realtà storica italiana seguendo la dimensione diacronica e sincronica attraverso la tendenza espansiva	• Riconoscere l'interdipendenza tra fenomeni economici, sociali, istituzionali, culturali e la loro evoluzione nelle regioni italiane.	• Metodo 7 Leggere e costruire mappe concettuali e leggere e interpretare cartogrammi

IL TEMPO

Linea del tempo

Naviga la linea del tempo per scoprire **eventi, personaggi, scienza e tecnica, arte e cultura**.

- **VIII–III secolo a.C.** Egemonia e tracollo degli Etruschi
- **VIII secolo a.C.** Fondazione di Roma
- **509 a.C.** Instaurazione della repubblica a Roma
- **343-290 a.C.** Guerre sannitiche
- **282-271 a.C.** Guerra tarantina
- **264-146 a.C.** Guerre puniche

LO SPAZIO

L'EUROPA E L'ASIA AL TEMPO DI ROMA REPUBBLICANA

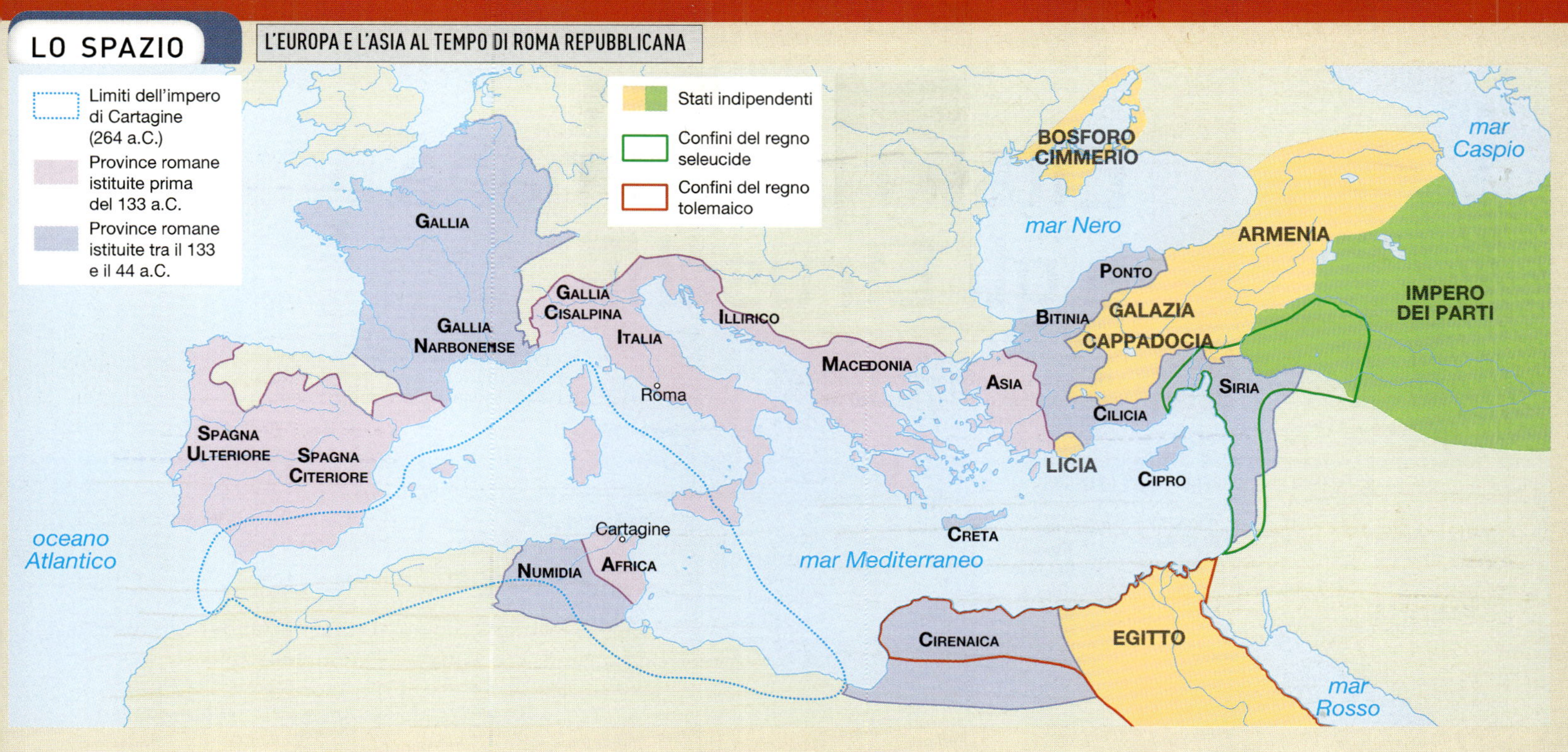

	COMPETENZE DI STORIA	COMPETENZE DI GEOGRAFIA	COMPETENZE DEL METODO GEOSTORICO
LEZIONE 13 L'egemonia nel Mediterraneo	Riconoscere la centralità dell'area mediterranea attraverso l'analisi dell'incontro/scontro tra le principali potenze egemoniche del III e II secolo a.C. Comprendere la diversità dell'assetto politico-territoriale della stessa area in una dimensione diacronica.	Conoscere i territori vicini e lontani e gli ambienti diversi del bacino del Mediterraneo; saperli confrontare, cogliendo i vari punti di vista con cui si può osservare la realtà geografica (geografia fisica, antropologica, economica, politica, ecc.).	Metodo 8 Confrontare due carte e saperne ricavare informazioni.
LEZIONE 14 Dai Gracchi a Cesare: la fine della repubblica	Identificare i diversi modelli istituzionali e di organizzazione sociale e le principali relazioni tra *gentes*, società e Stato.	Individuare le caratteristiche essenziali della norma giuridica europea, riconoscere le opportunità offerte alla persona, alla scuola e agli ambiti territoriali di appartenenza e comprenderle a partire dalle proprie esperienze e dal contesto scolastico.	Metodo 8 Leggere una carta geostorica statica e una carta geografica.

215-168 a.C. Guerre macedoni

133 a.C. Riforma agraria di Tiberio Gracco

107 a.C. Consolato di Mario

91 a.C. Guerra tra Roma e gli Italici

82-79 a.C. Dittatura di Silla

60 a.C. Primo triumvirato: Cesare, Pompeo e Crasso

44 a.C. Uccisione di Cesare

L'Italia preromana e gli Etruschi

Per una lettura geostorica

La lezione interattiva ti aiuterà a **ripassare**, **approfondire** e **verificare** le tue conoscenze su l'**Italia antica** e le **origini di Roma**.

Scopri e **approfondisci** i luoghi e gli avvenimenti della **storia antica** sulla cartografia 3D Google Earth.™

GLI STANZIAMENTI IN ITALIA IN EPOCA PREROMANA E LE REGIONI ATTUALI

Popoli autoctoni o di origine incerta

Popoli indoeuropei

Valle d'Aosta, Trentino-Alto Adige, Friuli-Venezia Giulia, Lombardia, Veneto, Piemonte, Liguria, Emilia-Romagna, Toscana, Marche, Umbria, Abruzzo, Lazio, Molise, Campania, Puglia, Basilicata, Calabria, Sardegna, Sicilia, mar Ligure, mare Adriatico, mar Tirreno, mar Ionio

IERI E OGGI

La penisola italica

L'**Italia preromana** fu popolata da un mosaico di culture e civiltà diverse, che solitamente gli studiosi dividono in due grandi gruppi: i popoli **autoctoni** (Liguri, Sardi, Elimi, Sicani) e i popoli di **origine indoeuropea** (Veneti, Latini, Piceni, Sabini, Sanniti, Apuli, Equi, Volsci, Lucani, Osci, Ausoni, Enotri, Bruzi, Siculi). Successive migrazioni portarono allo stanziamento nella Penisola di Etruschi, Fenici e Greci.

Oggi, oltre ai nomi di alcune regioni italiane, che rivelano un chiaro legame con le popolazioni che si stanziarono nell'Italia preromana, sono molte le località archeologiche che conservano le tracce delle prime civiltà che fiorirono nella Penisola: le incisioni rupestri della Val Camonica, i siti palafitticoli delle Alpi e il complesso nuragico di Barumini in Sardegna, assieme ad alcune necropoli etrusche, sono stati inseriti tra i siti dell'Unesco e sono quindi considerati «Patrimonio dell'umanità».

1 Le prime civiltà nella penisola italica

I primi insediamenti La penisola italica presenta una forte **differenziazione** nelle caratteristiche fisiche e geografiche delle sue varie parti. Queste differenze hanno determinato un notevole **particolarismo nel popolamento** storico delle regioni italiane, con popolazioni di differente lingua e cultura spesso affiancate e a volte sovrapposte nei vari territori.

Tale caratteristica distingue l'Italia da altre realtà, per esempio da quella della Grecia, dove, pur con tutte le differenziazioni culturali e politiche delle diverse *poleis*, l'intera area egea e peninsulare possedeva – come abbiamo già visto – una sostanziale unità culturale, riconosciuta dagli stessi Elleni (→ LEZIONE 6, PARAGRAFO 1).

Anche se le prime forme di insediamento primitivo apparvero nella nostra penisola nell'ultimo periodo del Paleolitico, cioè circa 15.000 anni fa, in Italia, come del resto nell'Europa continentale, il ritmo dell'evoluzione della civiltà ebbe **tempi** molto **più lenti** rispetto alle aree del Medio Oriente e dell'Egeo. Sino alla fine del **Neolitico**, infatti, mentre sorgevano le prime civiltà urbane della Mesopotamia e dell'Egitto, in Italia vigeva ancora un'**organizzazione tribale**.

A partire dalla metà del III millennio a.C., nella Penisola iniziò a diffondersi la tecnica di **fusione dei metalli** (rame e bronzo), grazie anche ai contatti con le civiltà minoica e micenea. Nel II millennio a.C., poi, il territorio italiano divenne teatro di **flussi migratori** e iniziarono a essere praticati i primi **scambi commerciali**. La **scrittura**, infine, fece la sua comparsa non prima dell'**VIII secolo a.C.**

La penisola italiana fu popolata da un **mosaico di culture**, esperienze e civiltà diverse. È possibile però distinguere i suoi primi abitanti in due grandi gruppi: i **popoli autoctoni**, ovvero l'insieme delle popolazioni già presenti in Italia, e i **popoli di origine indoeuropea**, giunti nella Penisola a seguito di migrazioni avvenute in tempi diversi. Del primo gruppo fanno parte Liguri, Sardi, Elimi e Sicani; del secondo, invece, Veneti, Latini, Piceni, Sabini, Sanniti, Apuli, Equi, Volsci, Lucani, Ausoni, Enotri, Bruzi e Siculi.

I Camuni La più antica popolazione che abitò la Penisola è probabilmente quella dei Camuni, così chiamati dal nome della valle prealpina a Nord del lago d'Iseo in cui si insediarono: la **Val Camonica**.

Le notizie che abbiamo di questa popolazione, dall'origine incerta, dedita all'agricoltura e alla metallurgia, provengono quasi interamente dalla grande quantità di **incisioni** sulla roccia che hanno lasciato: 300.000 raffigurazioni che rappresentano animali, abitazioni, guerrieri e che rendono oggi la Val Camonica uno dei siti d'arte rupestre più rilevanti d'Europa.

Il popolo dei Camuni strinse intense relazioni con le zone confinanti della Rezia e del Veneto, e anche con gli Etruschi e i Celti. La Val Camonica venne poi assoggettata dall'Impero romano nel 16 a.C.

Dalle palafitte alle terramare Sempre nell'Italia settentrionale – in Lombardia, Veneto, Trentino e in particolare nelle zone adiacenti ai laghi Maggiore e di Garda – si diffuse nel III millennio a.C. un nuovo tipo di insediamento: le **palafitte**. Si trattava di abitazioni costruite in legno tenute sospese su pali fissati sul fondo di suoli melmosi, pantani, corsi d'acqua o bacini. La **posizione sopraelevata** rispetto al terreno aveva la funzione di difendere le abitazioni dagli animali selvatici, di ripararle dall'innalzamento delle acque e di preservarle dall'umidità.

La **cultura palafitticola** – come fu chiamata – fu di tipo rudimentale e si fondò essenzialmente sulla **caccia** e sulla **pesca**, dal momento che non seppe sviluppare un'economia di produzione.

Insediamenti simili a quelli palafitticoli, sebbene circondati da argini di terra battuta e da fossati, probabilmente per scongiurare il pericolo di inondazioni pluviali o fluviali, furono edificati nel II millennio a.C. anche sulla terraferma tra la Lombardia e l'Emilia. Questi insediamenti vengono chiamati **terramare**: il nome deriva dall'espressione del dialetto emiliano «terra marna», con il quale i contadini indicavano collinette di terriccio scuro, ricco di sostanze organiche, utilizzato come fertilizzante.

La **cultura terramaricola** diede vita a un'economia più sviluppata ed evoluta di quella palafitticola, poiché basata sull'**allevamento** e sull'**agricoltura**, oltre che sulla lavorazione delle ceramiche e dei metalli. Forse proprio l'intenso sfruttamento della superficie coltivabile e il disboscamento provocarono l'impoverimento del suolo e il conseguente abbandono delle terramare, intorno al 1200 a.C.

La cultura appenninica e la civiltà villanoviana Sempre intorno alla metà del II millennio (1600 a.C.), nella zona dell'Emilia e, scendendo lungo la dorsale appenninica, fino alla Puglia, si sviluppò la cosiddetta **cultura appenninica**, la cui

VIAGGIO NELLA GEOGRAFIA

IL TERRITORIO DELL'ITALIA

Dal punto di vista geografico (→ CARTA p. 377), l'Italia è costituita da tre grandi aree: una **continentale**, attaccata all'Europa e delimitata a Nord dalla catena montuosa delle Alpi e a Sud dalla linea che congiunge idealmente La Spezia a Rimini; una **peninsulare**, una lunga striscia di terra che si estende nel Mediterraneo in direzione Sud-Est; una **insulare**, formata dalle due maggiori isole del Mediterraneo, ovvero la Sardegna e la Sicilia.
La penisola italiana presenta una notevole **eterogeneità fisica**: alle lunghe e variegate coste, che fanno sì che il Paese si affacci sul mare per oltre 7000 km, fanno da contraltare sia ampie zone di pianure coltivabili, che trovano nella pianura padana la loro massima espressione, sia imponenti rilievi montuosi come le Alpi e gli Appenini, che ne attraversano l'intero territorio.

Un combattimento in un graffito proveniente dalla Val Camonica.
Il sito d'arte rupestre della Val Camonica figura nella Lista dei Patrimoni dell'Umanità dell'Unesco. Le incisioni riproducono animali, uomini, utensili, ma anche raffigurazioni di caccia (come nell'immagine a fianco) o della volta celeste; la precisione di queste ultime lascia presupporre una conoscenza astronomica raffinata.

economia era basata prevalentemente sulla **pastorizia** e sulla pratica della **transumanza**.

Intorno al 1000 a.C., su una vasta area che va dal Piemonte al Lazio, sorse la **civiltà villanoviana**, che prende il nome dal piccolo paese vicino a Bologna, Villanova, in cui vennero alla luce poco dopo la metà dell'Ottocento i primi resti di questa civiltà. Nata dallo stanziamento del popolo degli Umbri in quelle zone, essa si sviluppò grazie ai traffici commerciali con i Greci, da cui apprese la tecnica della lavorazione del **ferro**.

Alcuni studiosi sostengono che i Villanoviani siano i progenitori degli Etruschi. Tuttavia, una importante differenza nei riti funerari praticati dai due popoli porta a negare questa discendenza: mentre infatti gli Etruschi seppellivano i defunti (**inumazione**), i Villanoviani praticavano l'**incinerazione**, ossia la cremazione e la conservazione delle ceneri in urne biconiche, con coperchi differenti a seconda del sesso dell'estinto.

IL LESSICO GEOGRAFICO

Transumanza Forma di allevamento basata sulla migrazione stagionale delle greggi, condotte dall'uomo o in maniera spontanea, dalle zone di montagna a quelle di pianura e viceversa.

La civiltà nuragica

Intorno al XVI secolo a.C., nacque in Sardegna una cultura originale e autonoma, la **civiltà nuragica**, che si affermò nell'isola sino alla conquista da parte dei Cartaginesi nel VI secolo a.C. Essa deve il proprio nome ai **nuraghi** (dal termine *nurra*, che in dialetto sardo significa «mucchio di pietre» o «cavità»), costruzioni megalitiche a forma di cono tagliato, alte fino a venti metri e formate da massi enormi sovrapposti «a secco», cioè senza calce, e tenuti insieme dal loro stesso peso.

La **funzione** di queste costruzioni non è del tutto chiara: alcuni studiosi pensano che fosse **religiosa**, altri **civile e militare**, di salvaguardia delle risorse del villaggio che si raccoglieva intorno ai nuraghe, e di controllo del territorio circostante.

La civiltà nuragica, inoltre, è nota per avere affinato la lavorazione dei metalli e per gli intensi **scambi commerciali** che intrattenne nell'area del Mediterraneo con Cretesi, Micenei, Fenici ed Etruschi. Essa ha infine lasciato altre tracce molto interessanti della propria cultura: i *menhir*, enormi massi conficcati nel suolo, e le cosiddette «tombe dei giganti», probabilmente sepolcri comunitari.

Greci, Cartaginesi e Celti

A partire dall'VIII secolo a. C., arrivarono in Italia anche altri popoli. I **Greci** si stabilirono in diverse parti dell'Italia meridionale e delle isole, nella regione nota come **Magna Grecia** (→ LEZIONE 5, PARAGRAFO 5), portandovi molte delle conoscenze della madrepatria (tra le quali la scrittura e l'uso della moneta). I Fenici della città di **Cartagine** (→ LEZIONE 13, PARAGRAFO 1) colonizzarono invece la Sicilia occidentale e le coste orientali della Sardegna.

In seguito arrivarono i **Celti** (detti **Galli** dai Romani), una popolazione originaria dei bacini del Danubio e del Reno, costituita da un insieme di tribù autonome che, nel corso del V secolo a.C., dettero vita a un massiccio processo di **migrazione** in tutta Europa: a Nord verso le isole britanniche, a Est verso la Boemia, a Ovest e Sud verso Francia e Spagna.

Valicate le Alpi, giunsero in Italia e, scacciati gli Etruschi (di cui parleremo nel prossimo paragrafo), si stabilirono nella **pianura padana**, dove fondarono le città di Milano (dal celtico *mid-land*, «città nel centro della pianura») e di Bologna (Bononia) sulle rovine dell'antico centro etrusco di Felsina.

Il complesso nuragico di Su Nuraxi nei pressi di Barumini in Sardegna. È un nuraghe quadrilobato, cioè è composto da un bastione di quattro torri angolari più una centrale, risalente al XIII-VI secolo a.C. Oggi rimangono circa 700 nuraghe e sono stati dichiarati dall'Unesco Patrimonio dell'Umanità.

PER RIPASSARE

1. Da cosa è determinato il particolarismo del popolamento storico dell'Italia?
2. Che cosa si intende per popoli autoctoni e popoli di origine indoeuropea?
3. Quali differenze intercorrevano tra la civiltà palafitticola e quella terramaricola?

COMPETENZE DI GEOSTORIA — CONFRONTARE DUE CARTE E SAPERNE RICAVARE INFORMAZIONI

Le popolazioni dell'Italia preromana

Questa carta geostorica statica rappresenta la collocazione delle popolazioni preromane sul territorio italiano. Esaminala accuratamente e confrontala con una carta politica dell'Italia attuale, che puoi trovare in apertura della lezione, in un atlante o sul web. Esegui poi le operazioni richieste:

- osserva attentamente la collocazione dei popoli autoctoni e di origine indoeuropea nella penisola italiana;
- indica a quali regioni odierne corrispondono gli antichi territori occupati dalle suddette popolazioni.

POPOLI AUTOCTONI	REGIONI ATTUALI
Liguri	
Sardi	
Elimi	
Sicani	
POPOLI DI ORIGINE INDOEUROPEA	**REGIONI ATTUALI**
Veneti	
Latini	
Piceni	
Sabini	
Sanniti	
Apuli	
Equi	
Volsci	
Lucani	
Osci	
Ausoni	
Enotri	
Bruzi	
Siculi	

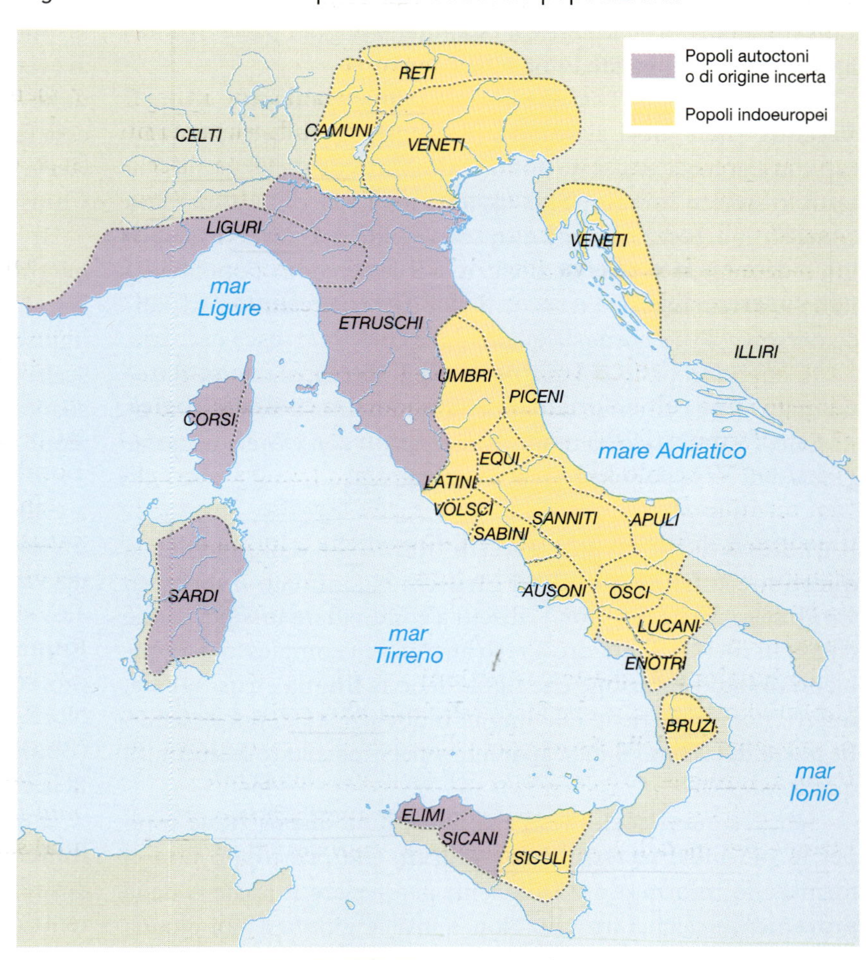

Per applicare correttamente il metodo geostorico proposto, consulta la SCHEDA DI METODO 8, p. 214.

MITI E LEGGENDE

L'origine del nome «Italia»

Nel corso dei secoli, sono stati attribuiti svariati nomi al territorio corrispondente alla penisola italiana: *Saturnia*, «suolo consacrato al dio Saturno»; *Esperia*, «Paese del tramonto», cioè area a Occidente (rispetto alla Grecia); *Ausonia*, territorio in cui abitava il popolo degli Ausoni; *Enotria*, territorio adatto alla coltivazione della vite.
Il termine «Italia» venne utilizzato per la prima volta da Antioco di Siracusa, alla fine del V secolo a.C., in riferimento alla regione oggi corrispondente alla Calabria. In essa, sembra che un principe di nome Italo avesse creato e governato un regno.
Secondo una teoria più accreditata (che proviene da uno storico siceliota del IV secolo a.C., Timeo di Tauromenio), però, il nome Italia significa «terra dei vitelli» e deriva dalla parola osca *viteliu*, divenuta poi *vitulus* in latino e quindi «vitello», animale sacro per gli abitanti di quei luoghi (corrispondenti all'odierna provincia di Catanzaro), chiamati tra l'altro Vituli.
Con il tempo, gli antichi (Greci e Romani) estesero l'area a cui il termine si riferiva: prima fino alla Campania, poi comprendendo tutta la Penisola (sotto Augusto) e, infine, anche le isole (nel III secolo d.C., sotto Diocleziano).

Moneta del I secolo a.C. in cui appare per la prima volta il nome «Italia».

Origine e storia del popolo etrusco

L'importanza del popolo etrusco A partire dall'XI-X secolo a.C., nella zona compresa tra Toscana, Umbria e Lazio settentrionale (l'**Etruria**) si stanziò il popolo degli **Etruschi**, destinato a divenire florido e potente e a espandersi in gran parte dell'Italia, dalla pianura padana fino alla Campania.

Già tra il III e il II secolo a.C. lo scrittore romano **Catone il Vecchio**, riferendosi ai secoli precedenti, affermava che quasi tutta la Penisola era stata sotto il dominio degli Etruschi. Più tardi lo storico romano **Tito Livio** (59 a.C.-17 d.C.) rimarcava come l'importanza rivestita da questa civiltà nel contesto geopolitico del tempo si potesse dedurre dal fatto che le popolazioni italiche chiamassero «Etrusco» il mar Tirreno, mentre l'Adriatico derivava il suo nome da quello della colonia etrusca di Adria.

In effetti, in poco più di due secoli gli Etruschi conquistarono una zona vastissima, che andava dal Po fino al fiume campano Sele, e intrecciarono rapporti mercantili con i Greci, i Cartaginesi e diverse popolazioni preromane.

Il mistero delle origini e della lingua Sin dall'antichità, la **questione sulle origini** degli Etruschi ha animato il dibattito tra gli storici, che non sono riusciti a condividere una posizione chiara in merito. Il quadro è reso ancora più complesso dai problemi di interpretazione che riguardano la **lingua** etrusca. Essa, infatti, non appartiene alle lingue indoeuropee e, pur essendo **in parte decifrata**, è di scarso aiuto per ricostruire la storia di questo popolo.

Sebbene numerosi, i testi che abbiamo a disposizione sono per lo più brevi **iscrizioni** ed **epigrafi**, che purtroppo non ci forniscono informazioni sufficienti per svelare il mistero della provenienza degli Etruschi. Non è invece giunta a noi alcuna fonte letteraria, anche se sappiamo dagli autori romani che esisteva una letteratura etrusca. Per tentare di delineare una storia delle origini del popolo etrusco, dobbiamo quindi ricorrere necessariamente a **fonti greche e romane**.

Secondo **Erodoto** (V secolo a.C.), gli Etruschi proverrebbero dalla Lidia, una regione dell'**Asia Minore**. Guidati dal principe Tirreno, figlio del re di Lidia (per questo sono chiamati **Tirreni** da Erodoto), dopo essere sfuggiti a una carestia e all'assedio del re persiano Ciro il Grande, sarebbero infine giunti in Italia. In questo modo lo storico greco intendeva dichiarare gli Etruschi eredi dei Greci, per legittimare il controllo di questi ultimi sul Mediterraneo.

Molto diversa è la tesi di **Dionigi di Alicarnasso**, storico greco vissuto tra il 60 e il 7 a.C., quando ormai Roma è padrona del Mediterraneo, il quale sostiene la **natura autoctona** degli Etruschi.

La teoria più accreditata rimane però quella dello studioso **Massimo Pallottino** (1909-95). Egli afferma che gli Etruschi sarebbero il risultato dell'incontro, avvenuto nel tempo, tra una popolazione indigena (forse connessa alla civiltà villanoviana) e genti originarie sia dell'Oriente sia dell'Europa settentrionale.

L'organizzazione politica Gli Etruschi non diedero mai vita a uno Stato unitario, ma organizzarono il loro territorio in **città-stato** autonome, che godevano di un'indipendenza politica simile a quella delle *poleis* greche.

Alcune di queste città si riunirono in **confederazioni**, che avevano un **carattere** prevalentemente **religioso**: la più importante e potente di queste confederazioni era la **Dodecapoli**. Di essa facevano parte le seguenti dodici città: Veio, Cere (l'attuale Cerveteri), Tarquinia, Volsinii (l'attuale Orvieto), Vulci, Roselle, Chiusi, Vetulonia, Perugia, Cortona, Volterra e Arezzo.

Il governo di ogni città era basato inizialmente su una monarchia elettiva. Un re, chiamato **lucumone**, veniva selezionato tra gli aristocratici e svolgeva funzioni politiche, militari e religiose. Egli era affiancato da un Consiglio di anziani, sempre scelti tra i nobili. Questi ultimi, verso la fine del V secolo a.C., si sostituirono al sovrano nella gestione del potere, con l'affermazione di magistrature annuali.

L'espansione e la decadenza Nonostante la mancanza di un governo unitario, gli Etruschi riuscirono a **espandersi** su un vasto territorio al di fuori della Dodecapoli. Nel VI secolo a.C. si diressero verso Sud, affermando la propria **influenza su Roma**, dove regnarono sovrani etruschi (→ LEZIONE 11, PARAGRAFO 2), nella parte meridionale del Lazio e in Campania. A Nord, invece, sorsero importanti città etrusche – come Felsina (Bologna) – nell'area della pianura padana, dove si era sviluppata la civiltà villanoviana.

Intorno alla metà del VI secolo a.C., gli Etruschi, che nel frattempo avevano conquistato una posizione di rilievo negli **scambi commerciali** lungo le rotte del Tirreno centrale e settentrionale, si inserirono nel **conflitto tra Greci e Cartaginesi** per il controllo del Mediterraneo occidentale, schierandosi contro i Greci, che intorno al 600 a.C. avevano fondato diverse colonie in Provenza e in Corsica, e alleandosi con Cartagine. Lo scontro decisivo avvenne nel 540 a.C., nelle acque di Alalia, nel mare di Sardegna: la vittoria delle forze etrusche e cartaginesi decretò l'entrata della **Corsica** nell'orbita di influenza etrusca e della **Sardegna** in quella cartaginese.

Dopo aver raggiunto la sua massima espansione, alla fine del **VI secolo a.C.** ebbe inizio il processo di **decadenza** della potenza etrusca. I primi domini a cadere furono Roma (da dove gli Etruschi furono allontanati nel 509 a.C.) e il Lazio: nel 504 a.C., infatti, i Greci di Cuma interruppero l'egemonia etrusca sul Lazio battendo ad Ariccia il re di Chiusi Porsenna.

IL LESSICO STORICO

Dodecapoli Termine di origine greca che indica l'unione di dodici città in una lega che, in genere, aveva un carattere prevalentemente religioso.

All'inizio del IV secolo a.C., poi, furono i Celti a conquistare i territori etruschi della valle padana. Nel 474 a.C., anche i possedimenti nel Sud della Penisola subirono la stessa sorte: i Greci di Siracusa sconfissero gli Etruschi a Cuma e si impossessarono della parte etrusca dell'Italia meridionale; nel 423 a.C., inoltre, Capua fu conquistata dai Sanniti.

Dopo che nel 396 a.C. i Romani si impadronirono di Veio, il predominio etrusco subì il **tracollo definitivo**.

L'ESPANSIONE ETRUSCA

PER RIPASSARE

1. Dove si stanziarono gli Etruschi? In quali zone si espansero?
2. Qual è l'origine degli Etruschi secondo Erodoto? E secondo Dionigi di Alicarnasso?
3. Quale forma di governo ebbero gli Etruschi?
4. Quali furono le tappe dell'espansione e poi della decadenza etrusca?

Cavalli alati, altorilievo fittile risalente al IV secolo a.C. Tarquinia, Museo Archeologico Nazionale.

3 Economia, società e cultura

Le attività economiche Dal punto di vista economico, gli Etruschi devono la loro prosperità in primo luogo alle avanzate **conoscenze agricole** di cui erano in possesso. Essi, infatti, svilupparono **tecniche idrauliche** di bonifica e irrigazione dei campi, che consentirono loro di estendere la superficie dei terreni coltivati. Cereali, vite e olivo erano le colture più praticate.

La principale fonte di ricchezza etrusca era però rappresentata dalle abbondanti **risorse minerarie**, di cui era ricco il sottosuolo dell'Etruria e dell'isola d'Elba: si trattava di ampi giacimenti di ferro, piombo e stagno. Queste risorse vennero sfruttate dagli Etruschi grazie alla loro padronanza delle tecnologie metallurgiche, che resero la città di Populonia un vero e proprio centro industriale della siderurgia del tempo.

Gli Etruschi erano, inoltre, abili **artigiani**: le loro principali attività andavano dalla lavorazione delle ceramiche alla tessitura di pregiate stoffe, sino alla fabbricazione di utensili, armi e raffinati monili. E proprio metalli e manufatti furono i prodotti principali degli **scambi commerciali** che essi intrattennero, via terra e via mare, con il Mediterraneo e il Vicino Oriente.

La società: gerarchia e parità dei sessi La società etrusca era fortemente gerarchizzata. Al suo vertice vi erano le grandi **famiglie aristocratiche**, proprietarie di terre e miniere, che detenevano il potere politico, militare e religioso. In fondo alla scala sociale si trovavano, invece, gli **schiavi**, costretti a lavorare duramente nelle miniere. I **ceti popolari**, anche quelli che praticavano attività produttive come l'artigianato o l'agricoltura, erano estromessi dalla gestione della cosa pubblica.

Nella società etrusca godevano di grande considerazione le **donne**, che, a differenza di quelle greche e romane, beneficiavano quasi interamente delle stesse libertà e degli **stessi diritti** dell'uomo.

Le donne etrusche erano infatti libere di rivestire i più svariati ruoli nella società: accompagnavano il marito in pubblico

La necropoli etrusca di San Cerbone (VII secolo a.C.), all'interno del parco archeologico di Baratti e Populonia, in Toscana. Populonia fu una delle città più importanti dell'antica Etruria: unico centro sorto sulla costa, faceva parte della Dodecapoli e rivestiva un ruolo di rilievo nell'economia del tempo, perché era sede di una fiorente attività siderurgica che sfruttava le risorse minerarie dell'isola d'Elba e delle Colline Metallifere.

IL LESSICO STORICO

Simposio Il termine, che deriva dal greco *sȳn* («con») e *posis* («bevanda»), significa letteralmente «bere insieme» e si riferisce alla seconda parte del banchetto presso gli antichi Greci e Romani, in cui, oltre a bere vino, i partecipanti conversavano su argomenti dotti, recitavano poesie e assistevano a spettacoli di vario genere. Oggi la parola viene utilizzata per indicare convegni di studi, organizzati per discutere di argomenti di interesse collettivo.

e prendevano parte ai **simposi**, gestivano le ricchezze di famiglia, partecipavano alle cerimonie religiose, talvolta officiandone i culti. **Non** potevano però ricoprire **cariche pubbliche** e quindi partecipare alla vita politica.

Le donne, inoltre, si mostravano sempre ben vestite e ornate di pregiati monili, curavano il corpo ed erano istruite e spesso socialmente influenti. Una chiara testimonianza della rilevanza della figura della donna nella società etrusca è l'usanza di affiancare, nell'attribuzione del nome, accanto alla discendenza paterna (patronimico) anche quella materna (matronimico).

Una complessa e profonda religiosità Gli antichi attribuivano agli Etruschi una profonda religiosità, che trova espressione nella credenza secondo cui la vita terrena era costellata di continue **manifestazioni del divino**. Essi, infatti, interpretavano ogni fenomeno naturale come un segno mandato dagli dei e ritenevano quindi indispensabile esercitarsi nella decodifica di questi segni tramite l'**arte divinatoria**.

Quest'ultima era riservata a una ristretta cerchia di sacerdoti, ognuno specializzato in un ramo particolare dell'interpretazione della volontà degli dei: vi erano sacerdoti, chiamati **aruspici**, in grado di leggere il futuro dalle viscere animali, in special modo dal fegato (questa dottrina divinatoria aveva il nome di «aruspicina»); altri, invece, decifravano il significato dei fulmini; altri ancora, infine, chiamati **àuguri**, interpretavano il volo degli uccelli.

La religione etrusca si fondava poi su un *pantheon* di **divinità antropomorfe**, in cui era chiara l'influenza esercitata dalla cultura greca. È infatti possibile affiancare alle principali divinità etrusche i loro corrispettivi greci: Tinio, il dio dei fulmini, coincideva con Zeus; Uni era la moglie, simile a Era; poi c'erano Laran (Ares), Turan (Afrodite), Sathlans (Efesto), Nethuns (Poseidone), Apulu (Apollo), Hercle (Eracle), Turms (Hermes), Fufluns (Dioniso).

Un aspetto cruciale della religiosità etrusca era infine il **culto dell'oltretomba**, la cui importanza è testimoniata dalle numerose **necropoli** (luoghi riservati alla sepoltura e al culto dei defunti), disseminate su tutto il territorio etrusco. Le sepolture erano spesso strutturate come case sotterranee (**ipogei**), dotate di stanze e arredate con suppellettili di vario genere, dove il

Una donna e un uomo seduti su un triclinio durante un simposio, in un affresco della Tomba dei Leopardi (473 a.C. circa), nella necropoli etrusca di Monterozzi, a Tarquinia. La necropoli è stata riconosciuta come Patrimonio dell'Umanità dall'Unesco nel 2004.

Il sacrificio dei prigionieri troiani da parte di Achille in onore di Patroclo, affresco proveniente dalla Tomba François a Vulci (IV secolo a.C.). Presso gli Etruschi il sacrificio rituale era un momento importante, che consentiva ai defunti di trasformarsi in *dei animales*, dei dotati di anima.

defunto avrebbe potuto continuare serenamente la propria vita quotidiana anche dopo la morte.

Per raggiungere questo scopo bisognava però praticare dei **riti propiziatori**, di cui abbiamo notizia dalle ceramiche e dai dipinti parietali ritrovati nelle tombe. Dopo la morte, il defunto veniva adagiato su un letto e si compiva il rito della *conclamatio*, cioè l'invocazione del suo spirito. L'anima poi viaggiava via terra o via mare, a piedi o su un carro, scortata da demoni: Aita (Ade) e Phersipnai (Persefone) e anche Charun (Caronte) e Vanth, dea rappresentata con fiaccola e rotolo del destino. Giungendo nell'aldilà il defunto avrebbe goduto dell'immortalità e incontrato gli antenati.

Il pensiero e la pratica del sacro erano contenuti in tre libri: i *Libri Haruspicini*, dedicati all'auruspicina; i *Libri Fulgurales*, che contenevano le regole per decifrare i fulmini; i *Libri Rituales*, con le norme di comportamento pubblico e privato, rispettose della volontà divina. Tra i *Libri Rituales* si trovavano i *Libri Acherontici*, dedicati all'oltretomba.

PER RIPASSARE

1 Quali erano le principali attività economiche degli Etruschi?
2 Qual era il ruolo delle donne nella società etrusca?
3 Quale ruolo aveva per gli Etruschi il culto dell'oltretomba?

VERIFICA

COMPLETARE UNA TABELLA **COMPETENZA GEOSTORICA**

1 **Completa** sul tuo quaderno la tabella sotto riportata.
(→ Scheda di metodo 6, p. 112)

	Civiltà dei Camuni	Civiltà palafitticola	Civiltà terramaricola	Civiltà appenninica	Civiltà villanoviana	Civiltà nuragica
LUOGO						
PERIODO						
ATTIVITÀ PRINCIPALI						

COSTRUIRE UNA LINEA DEL TEMPO COLLOCANDOVI EVENTI STORICI **COMPETENZA STORICA**

2 **Inserisci** correttamente gli elementi del *Cosa* e del *Quando* nella linea del tempo. Successivamente, **scrivi** il titolo dell'argomento nello spazio sottostante.
(→ Scheda di metodo 3, p. 64)

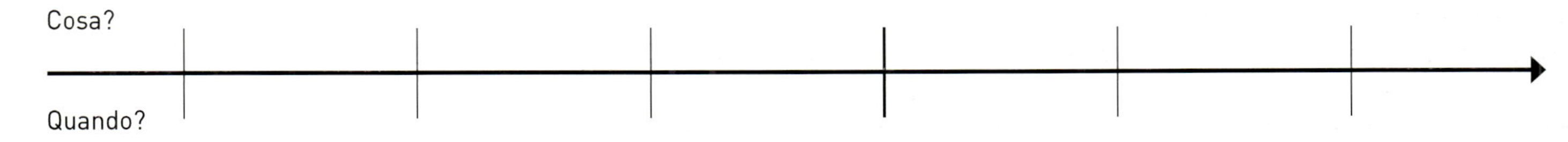

Cosa

I Romani si impadroniscono di Veio – Gli Etruschi sono sconfitti dai Greci di Siracusa – I Sanniti conquistano Capua – Gli Etruschi vengono battuti dai Cumani

Quando

396 a.C. – 504 a.C. – 423 a.C. – 474 a.C.

Titolo argomento: ....

CONOSCERE, COMPRENDERE E ADOPERARE IL LESSICO STORICO **COMPETENZA STORICA**

3 **Definisci** i seguenti termini trovati all'interno della lezione 10.

Dei antropomorfi ....
Necropoli ....
Ipogei ....
Conclamatio ....

Una **lettura** del **Sarcofago** degli Sposi

LEGGI LA FONTE

A Cerveteri, nel Lazio, sono stati rinvenuti due reperti in terracotta della seconda metà del VI secolo a.C., detti «Sarcofagi degli Sposi», ritenuti capolavori dell'arte etrusca. Uno è esposto al Museo del Louvre di Parigi, l'altro a Roma, al Museo di Villa Giulia. In realtà, non sono vere e proprie tombe, ma avevano la funzione di urne cinerarie. Qui sotto, l'immagine del sarcofago esposto a Roma.

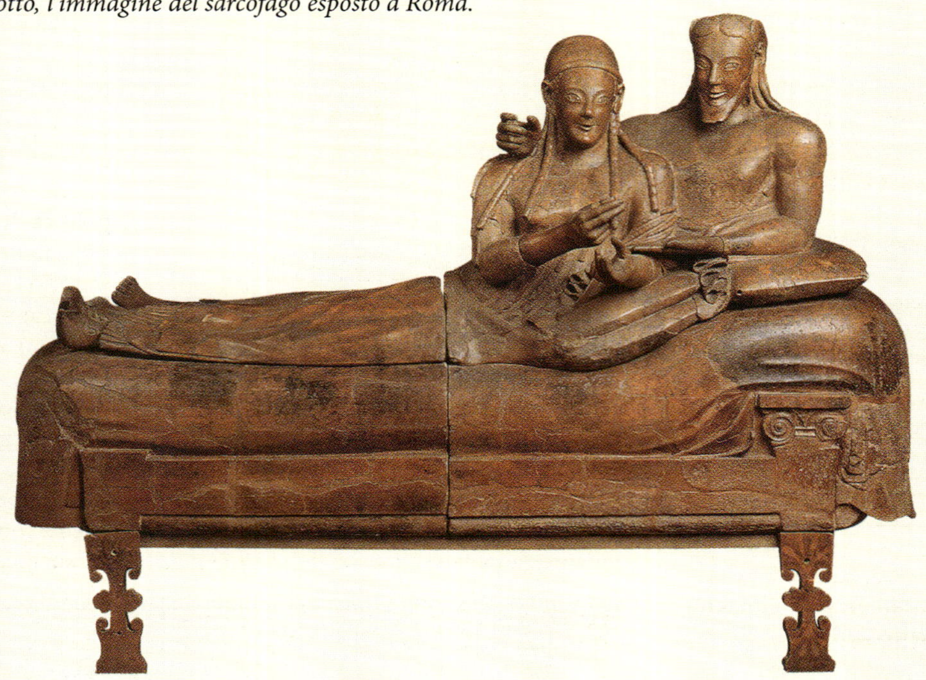

ADESSO LAVORA TU

Che cosa rappresenta la testimonianza materiale sopra riportata? Quali indicazioni storiche può darci? Sappiamo che i manufatti sono importanti fonti storiche perché una loro sapiente analisi può fornirci notizie utili sul periodo di fabbricazione e sulla civiltà che li ha prodotti (→ SCHEDA DI METODO 4, p. 67).

Dopo aver osservato con attenzione il «Sarcofago degli Sposi», completa correttamente le frasi che seguono.

1. Le due figure sono raffigurate:
- ☐ sedute
- ☐ sdraiate
- ☐ in piedi

2. I due personaggi sembrano:
- ☐ gesticolare
- ☐ tenere in mano qualcosa
- ☐ compiere un sacrificio

3. Nei confronti della donna l'uomo si manifesta:
- ☐ affettuoso
- ☐ adirato
- ☐ dominante

4. Il volto degli sposi è:
- ☐ pensoso
- ☐ allegro
- ☐ mesto

Adesso, tenendo conto delle frasi appena completate e di quanto hai studiato sulla società etrusca, rispondi alle seguenti domande.

1. Che cosa stanno facendo e dove presumibilmente si trovano i due protagonisti?
2. Da che cosa si desume che sono degli sposi?

WEB QUEST

Cerca sul web un commento alla fonte che hai esaminato (→ SCHEDA DI METODO 1 a p. 10) e completa la tua analisi, aggiungendo le notizie ricavate dalla tua ricerca, in un testo informativo di massimo 15 righe.

L'Italia: una terra al centro del *mare nostrum*

(→ GEOGRAFIA, UNITÀ 4)

«Non è facile abbracciare sotto una sola figura geometrica tutta quella che ora nomasi Italia»

(Strabone, *Geografia*, libro V)

Una penisola al centro di flussi migratori Come sappiamo, l'Italia fu popolata sin dalla sua origine da un **mosaico di culture e civiltà** diverse, accomunate dalla ricerca di un'area geografica adatta all'insediamento umano. Sia i popoli autoctoni sia quelli giunti a seguito delle numerose **migrazioni** avvenute nel corso del tempo, si stabilirono così nelle isole, lungo le coste e nelle zone pianeggianti della Penisola.
I Greci e i Cartaginesi, per esempio, colonizzarono diverse parti dell'Italia meridionale e delle isole, mentre i Celti si stanziarono nella pianura padana. Gli Etruschi, invece, si stabilirono nell'area dell'Etruria, una regione compresa tra Toscana, Umbria e Lazio settentrionale, con propaggini fino al territorio ligure e verso la zona padana dell'Emilia-Romagna e della Lombardia.
Qualunque fosse il luogo del loro insediamento, la scelta delle zone geografiche non fu mai casuale, ma rispecchiò sempre l'esigenza di approdare in un **territorio fertile, ricco** e con **sbocco sul mare**.

La conformazione e il clima della Penisola I vari insediamenti nella Penisola sono stati favoriti dalla grande diversità tra le parti del suo territorio.
L'Italia, infatti, proprio per la sua estensione da Nord verso Sud, presenta un **territorio eterogeneo**, interessato da due notevoli catene montuose (Alpi a Nord e Appennini lungo tutta la Penisola) e da diverse aree montane (il 35,2%), da zone pianeggianti e floride (il 23,2%), da distese collinari (il 41,6%).
Anche il **clima** è variegato, tanto da poter distinguere sei grandi aree climatiche: alpina, padana, dell'Adriatico settentrionale, appenninica, ligure-tirrenica, mediterranea. A ogni clima corrisponde un diverso tipo di **economia**.

Una posizione geografica strategica
Grazie alla sua posizione geografica strategica, la penisola italiana ha da sempre avuto un **ruolo geopolitico** di grande rilievo nel **contesto euro-mediterraneo**. Essa si trova

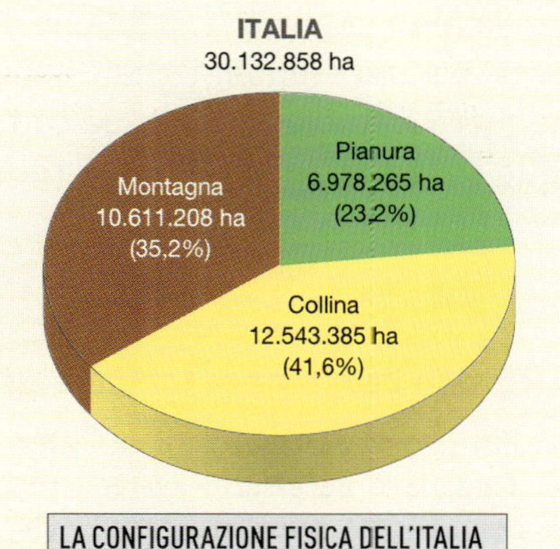

LA CONFIGURAZIONE FISICA DELL'ITALIA

infatti, da un lato, nel cuore del Mediterraneo, fungendo da testa di ponte non solo **tra l'Europa e l'Africa**, ma anche tra l'Occidente e l'Oriente; dall'altro, nella sua parte settentrionale, che confina con i Paesi europei, è naturalmente votata al **dialogo con l'Europa continentale**.
La sua doppia «attitudine» geografica appare evidente: la metà settentrionale continentale ha caratteri – non solo fisici, ma anche culturali – **centro-europei**, mentre la parte peninsulare e insulare ha peculiarità strettamente **mediterranee**.

Tra integrazione europea e dialogo con il Mediterraneo Alla sua posizione geografica si deve anche la duplice inclinazione della Penisola a sviluppare, da un lato, una politica di integrazione europea e, dall'altro, una politica di aperto dialogo con gli Stati che si affacciano sul Mediterraneo.
Proprio questo secondo aspetto riveste una fondamentale importanza, poiché questo mare gioca un ruolo decisivo come **crocevia fra Europa, Africa e Asia**, tre continenti diversi tra loro per politica, economia, cultura e tradizioni.
Il compito dell'Italia è quindi, ormai da anni, cruciale nel promuovere una politica economica e commerciale mirata alla **cooperazione pacifica** tra tutti gli Stati mediterranei.

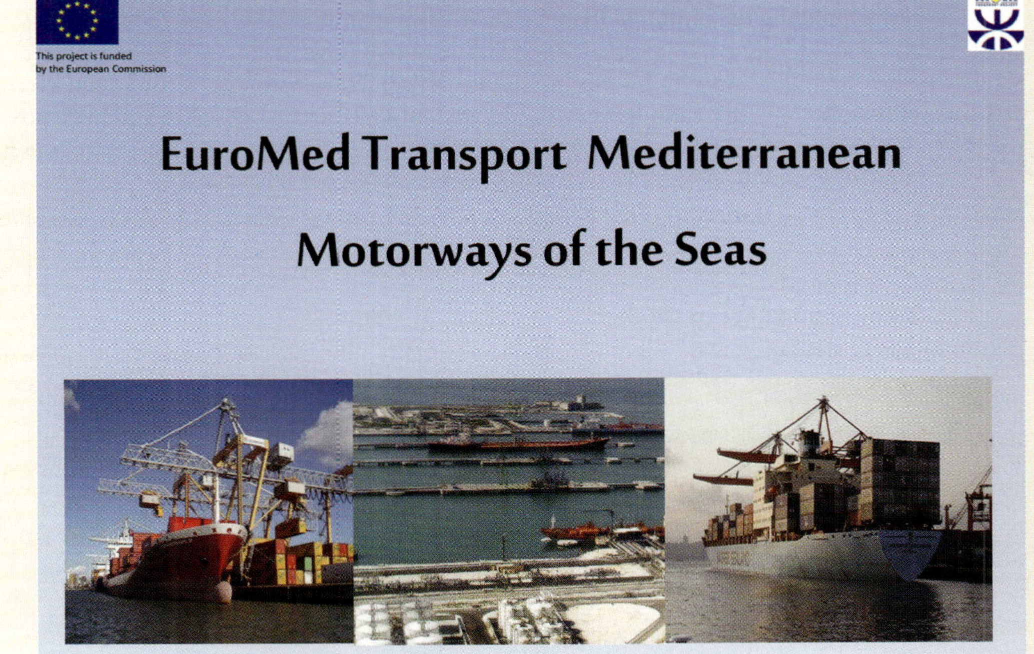

Brochure del progetto «EuroMed Transport», patrocinato dall'Unione Europea. Il progetto mira a promuovere la rete di infrastrutture e i collegamenti via terra e via mare tra i vari Paesi mediterranei.

8. Confrontare due carte e saperne ricavare informazioni

Nello studio della geostoria, come hai già appreso, ci si avvale frequentemente, per la comprensione dei fatti storici e geografici, dell'aiuto di carte geostoriche e geografiche di diversa tipologia: statiche, dinamiche, fisiche, politiche, tematiche ecc. Oltre a essere in grado di leggerle singolarmente, è inoltre fondamentale saper confrontare due carte della stessa o di diversa natura per cogliere e studiare nella sua complessità un fenomeno, per contestualizzarlo nel tempo e nello spazio e per metterlo in relazione ai contenuti delle altre discipline.

NEL TEMPO E NELLO SPAZIO

Come CONFRONTARE una carta geostorica e una geografica

Quando ci troviamo davanti a una carta geostorica (statica o dinamica), per leggerla è necessario avere bene in mente la corrispondente carta geografica, che ci consenta di eseguire il confronto e di ricavarne le informazioni adeguate. In questo senso, per evitare difficoltà di comprensione, almeno in un primo momento occorrerà mettere a confronto visivamente la carta geostorica con una carta geografica. Questa operazione ci consentirà di leggere senza errori la prima e, quindi, di capire meglio i fatti storici.

Dopo la **lettura della carta geostorica** (→ SCHEDE DI METODO 2 e 3, pp. 40 e 64), ci porremo delle domande alle quali potremo rispondere svolgendo un confronto con la carta geografica. Iniziamo queste operazioni lavorando per *step*.

***Step* 1 - La presentazione della carta geostorica**

La carta geostorica qui presentata (Carta 1) descrive i territori che facevano parte dell'Impero romano ai tempi della sua massima espansione, coprendo il periodo che va dalla fine del I secolo a.C. al 117 d.C. La legenda specifica quali «imperatori» furono i protagonisti della conquista delle regioni evidenziate: Augusto, Tiberio, Claudio, Vespasiano, Domiziano e Traiano.

A quali Stati odierni questi territori corrispondono? Conoscere la risposta non è semplice, sebbene ognuno di noi abbia in mente un'idea della configurazione politica attuale dell'area del Mediterraneo. Il territorio, infatti, è vasto e i Paesi odierni sono di numero elevato. La cartina, inoltre, non riporta né i confini politici né i nomi degli Stati moderni, indicando invece i confini politici storici e i nomi antichi delle regioni geografiche (Giudea, Assiria, Mesopotamia ecc.).

È chiaro, quindi, che una prima lettura può essere portata a termine solo in riferimento alle notizie che la carta ci offre.

LA MASSIMA ESTENSIONE DELL'IMPERO ROMANO

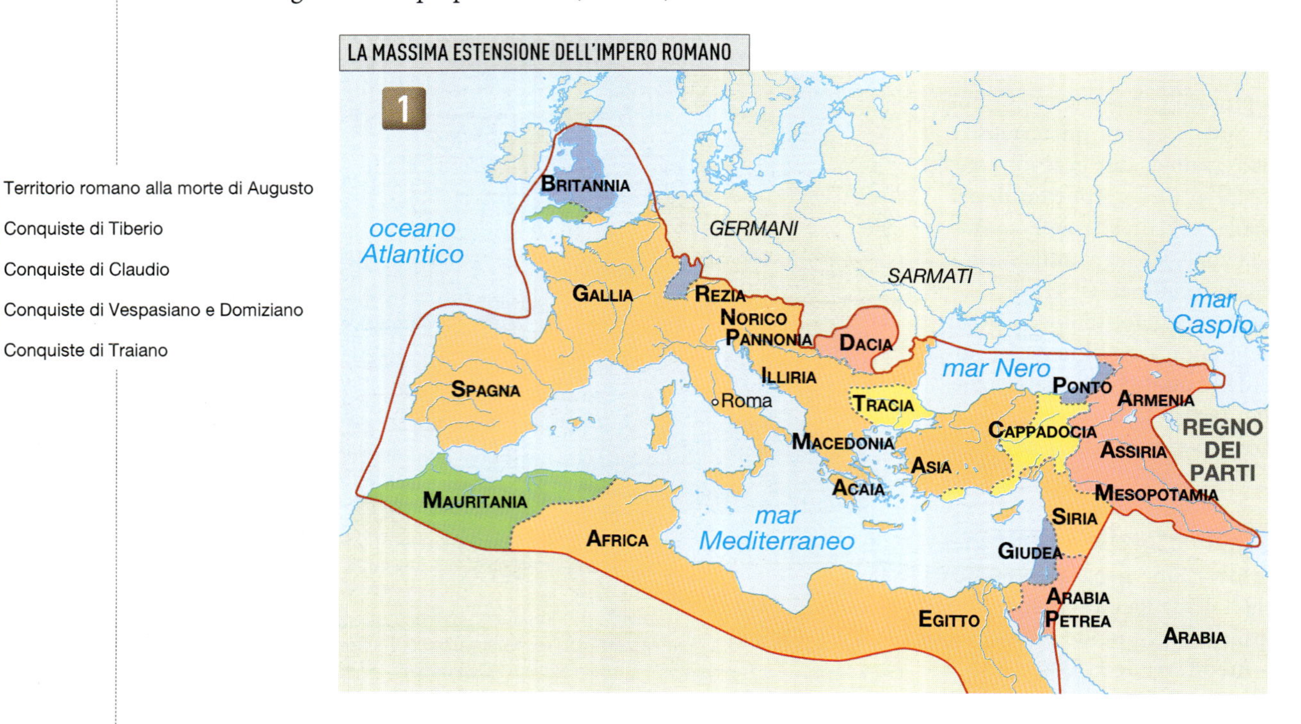

***Step* 2 - La lettura della carta geostorica**

L'Impero romano, durante gli anni della sua massima espansione, comprendeva tutti gli Stati che si affacciavano sul Mediterraneo, i Balcani, la Britannia meridionale, il Nord Africa e l'Asia Minore. Già alla morte di Augusto (14 d.C.), l'Impero era molto esteso e includeva quasi tutti gli Stati dell'Europa sud-occidentale, del Nord Africa, i Balcani, parte dell'odierna Turchia e la Siria; sotto Tiberio, l'Impero si estese alla Tracia e alla Cappadocia; con Claudio, alla Mauritania e a parte della Britannia meridionale; Vespasiano e Domiziano conquistarono la Giudea, il Ponto, buona parte della Britannia e un territorio limitrofo alla Francia orientale; Traiano, infine, assoggettò la Dacia, l'Armenia, l'Assiria, la Mesopotamia e l'Arabia Petrea.

***Step* 3 - Le domande**

Questo è uno *step* intermedio, utile a chiarire quali siano le informazioni che, per essere ottenute, richiedono necessariamente il confronto della carta geostorica con una geografica. Dalla lettura della carta geostorica, infatti, abbiamo ricavato notizie che riguardano la geografia del tempo e le abbiamo contestualizzate nel periodo storico corrispondente. Per **attualizzare** l'argomento, è però necessario «andare oltre», ponendoci alcune domande di questo tipo.

- Quali sono i confini politici attuali dei territori occupati dai Romani durante la massima espansione del loro Impero?
- Quali Stati odierni furono conquistati dai diversi imperatori?
- Come si chiamano oggi i territori che sono segnati nella cartina?

***Step* 4 - Il confronto tra la carta geostorica e la carta geografica**

Dopo aver presentato e letto la carta geostorica, proviamo a rispondere alle domande dello *step* 3 attraverso il confronto tra la carta geostorica (1) e la corrispondente carta geografica (2).

L'Impero romano, negli anni della sua massima espansione, comprendeva parte dei territori dell'Europa centrale, meridionale, orientale, parte del Regno Unito e dell'Africa settentrionale. I Paesi compresi all'interno dei confini romani erano gli attuali Spagna, Portogallo, Francia, Italia, Svizzera, parte dell'Inghilterra, Austria, Ungheria, parte della Slovacchia, quasi tutti gli Stati della penisola balcanica, Turchia occidentale, Siria e il Nord Africa, dall'Egitto a parte dell'Algeria.

Tiberio, successivamente, occupò la Tracia (corrispondente a Bulgaria meridionale, Nord-Est della Grecia e Turchia europea) e la Turchia centrale. Grazie a Claudio, l'Impero assoggettò la rimanente Algeria, il Marocco e una buona parte dell'Inghilterra meridionale. A Domiziano e Vespasiano toccò la conquista dell'intera Inghilterra, di parte della Germania (il piccolo territorio in blu, limitrofo alla Francia orientale, della carta 1), parte della Turchia continentale, il Libano e il Nord Israele.

Infine, Traiano sottomise la restante Turchia continentale, l'attuale Romania (Dacia), l'Armenia, l'Azerbaigian, la porzione di terra lungo il confine tra Iraq e Iran, la Giordania, l'intero Israele e la penisola del Sinai (oggi appartenente all'Egitto).

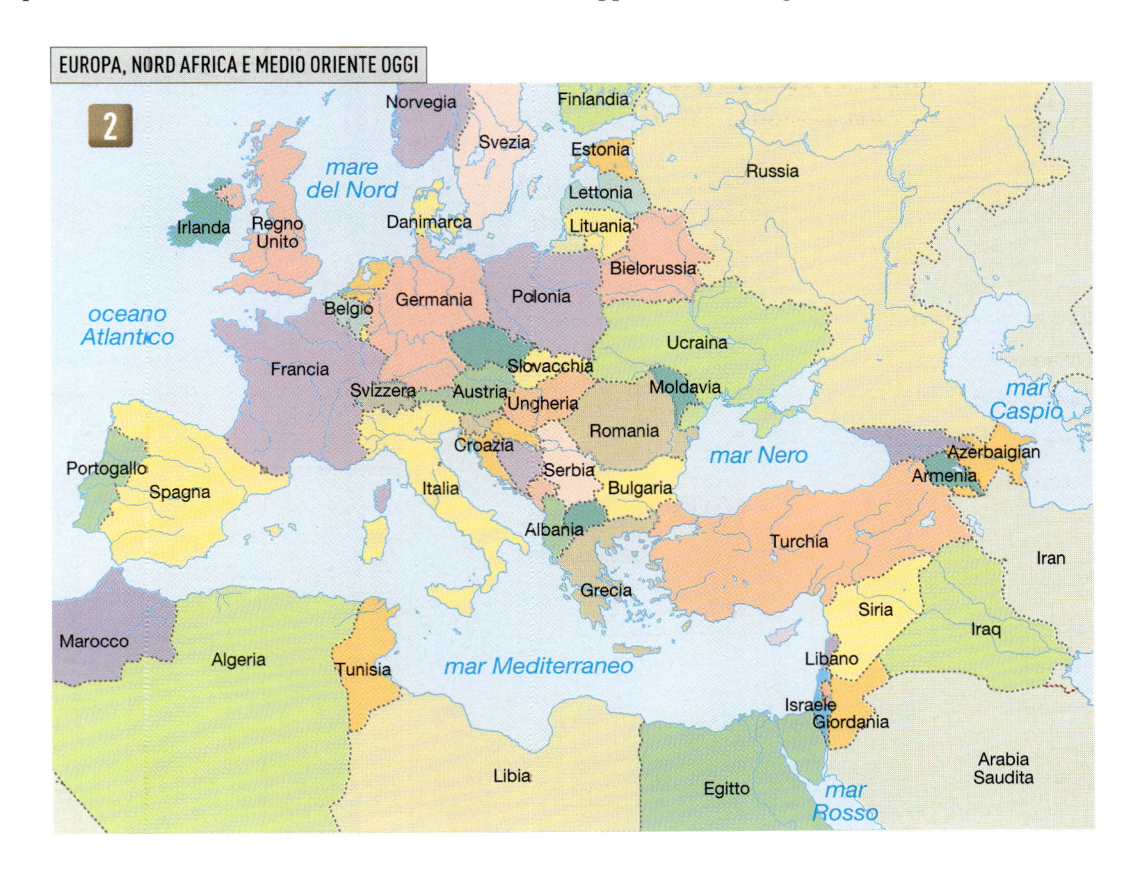

Adesso CONFRONTA una carta geostorica e una geografica

Confronta adesso la carta geostorica dinamica a p. 74 dal titolo *La migrazione del popolo ebraico* con una carta geografica politica corrispondente. Dopo aver effettuato una prima lettura della carta geostorica, proseguendo per *step* come spiegato sopra, elenca gli Stati odierni attraversati dagli Ebrei.

NELLO SPAZIO

Adesso prova a CONFRONTARE due carte geografiche

Se per comprendere meglio i fatti storici è opportuno, se non necessario, ricorrere al confronto tra una carta geostorica e una geografica, allo stesso modo per capire una carta dinamica geografica è fondamentale confrontare due carte geografiche, anche se di diversa tipologia.
Proviamo qui a ricavare informazioni utili dal confronto tra una carta tematica e una politica. La carta tematica proposta descrive sullo spazio globale un fenomeno molto vicino ai giovani: la diffusione dei *social network* nel mondo. Qui le carte sono entrambe geografiche, sebbene la prima sia tematica e la seconda sia politica. Il procedimento è sempre lo stesso:

- osserva attentamente la carta tematica e la legenda che l'accompagna;
- localizza in un primo momento a grandi linee (indicando semplicemente i continenti) la diffusione dei diversi *social network*;
- poniti delle domande incentrate sul «dove» i diversi *social network* sono maggiormente diffusi;
- confronta quindi le carte e rispondi alle domande che, con i tuoi compagni e con l'aiuto del tuo docente, vi sarete posti, trascrivendole poi nella tabella alla pagina seguente;
- infine, sul tuo quaderno, «converti» le risposte in un testo informativo di massimo 20 righe.

LA DIFFUSIONE DEI *SOCIAL NETWORK* NEL MONDO

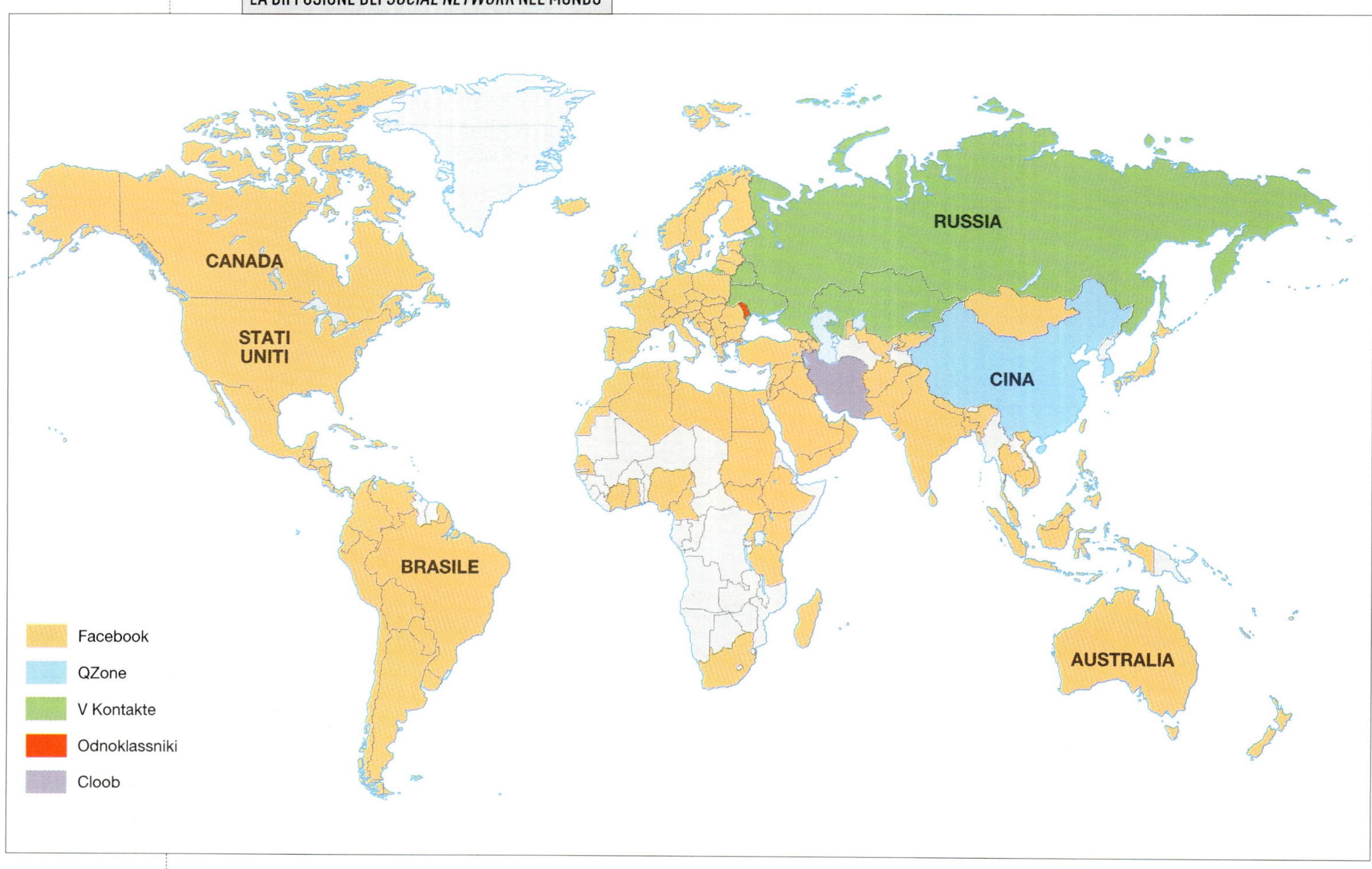

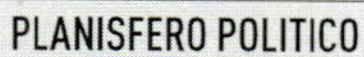

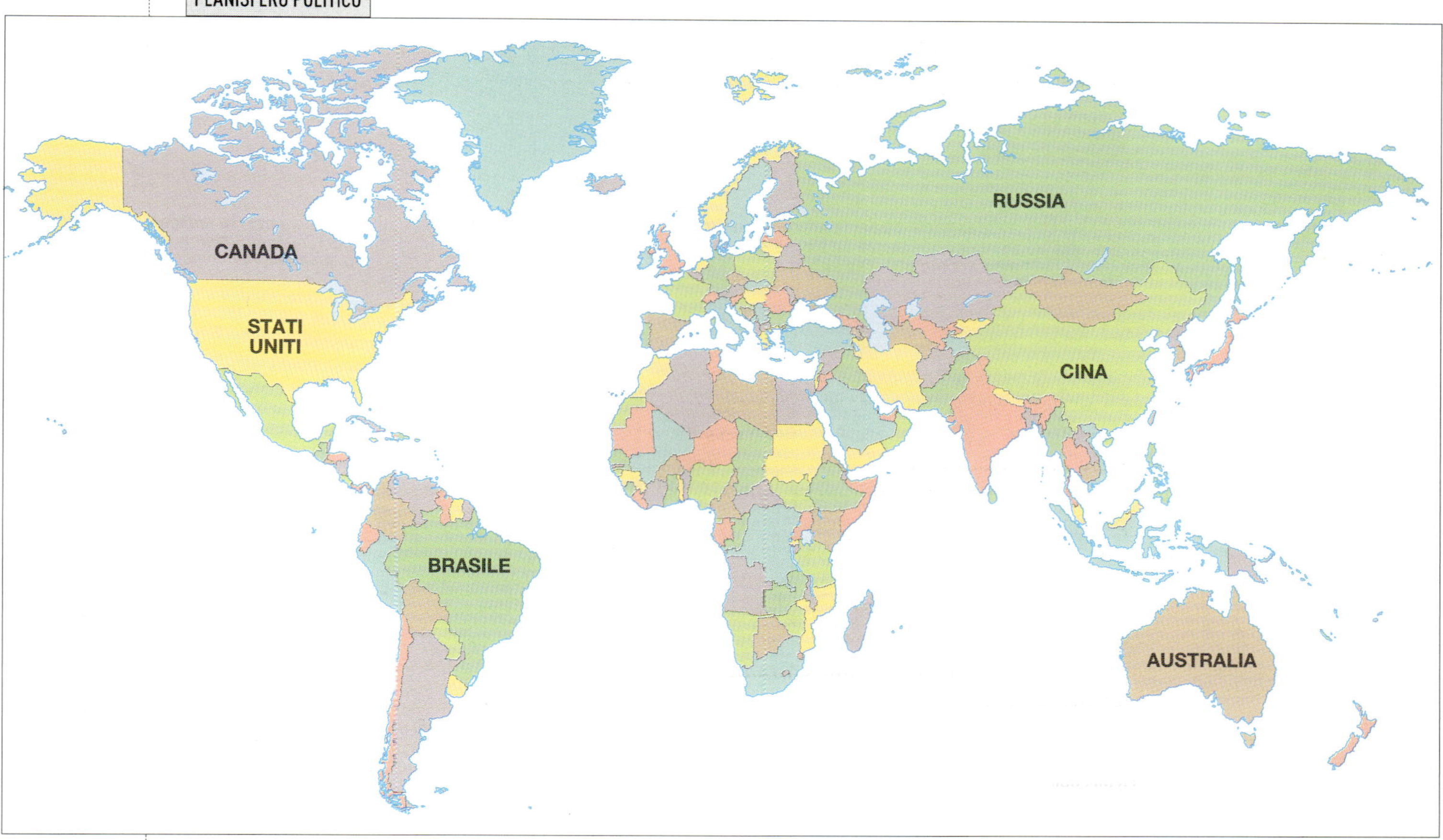

Domande	Risposte
1.	1. ....
2.	2. ....
3.	3. ....

NEL WEB E NEL COMPUTER

Adesso CERCA due carte e mettile a confronto

Ti proponiamo ora di effettuare la ricerca di una carta tematica che descriva o racconti un argomento attuale qualsiasi, per esempio la sete nel mondo, la percentuale delle emissioni di CO_2 nel mondo, la mortalità infantile, femminile, da parto, per fame, per malaria ecc. Confronta la carta tematica che hai cercato sul web con una carta geografica e ricava le informazioni che la carta intende trasmetterci. In una tabella che creerai col tuo pc, quindi, inserisci gli elementi considerati (per esempio tasso alto, tasso medio, tasso basso; oppure emissioni elevate, medie, irrisorie e così via) e completala con la lista degli Stati interessati.

Roma dal mito alla storia

Per una lettura geostorica

La lezione interattiva ti aiuterà a **ripassare**, **approfondire** e **verificare** le tue conoscenze su **Roma dalla monarchia alla repubblica**.

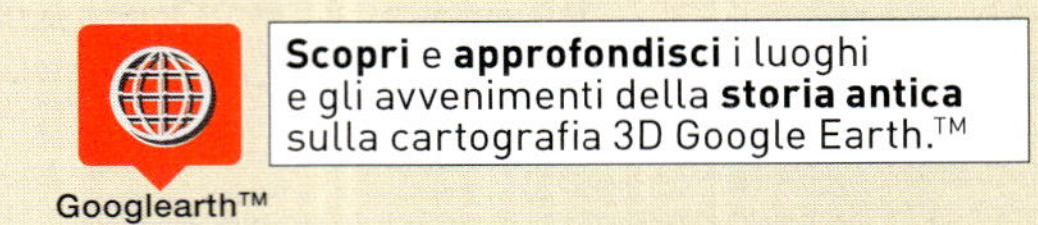

Roma: caratteristiche fisiche e patrimonio culturale

Roma si sviluppò a partire da una posizione geografica strategica. Infatti, i sette colli (Palatino, Esquilino, Celio, Campidoglio, Viminale, Capitolino, Aventino) su cui sorse erano piccoli rilievi dalle pareti scoscese e con le cime spianate; la loro conformazione garantiva quindi una protezione naturale e la possibilità di accogliere nuclei abitativi. La città, inoltre, poteva beneficiare della presenza del Tevere, un fiume navigabile che assicurava disponibilità d'acqua e fertilità del suolo, e della vicinanza del mar Tirreno. Sebbene oggi sia una metropoli di circa quattro milioni di abitanti e sia estesa ben oltre i sette colli originari, Roma porta ancora le tracce del suo passato, conservando un patrimonio artistico-monumentale unico al mondo.

La nascita di Roma tra leggenda e storia

Il Lazio tra Latini e Sabini All'inizio del I millennio a.C., i **Latini**, una popolazione di origine indoeuropea dedita all'agricoltura e alla pastorizia, si stanziarono nella parte centrale dell'odierno Lazio, compresa tra il Tevere e i colli Albani.

Sebbene i numerosi villaggi che essi fondarono fossero indipendenti l'uno dall'altro, due erano gli elementi che rinsaldavano il legame tra queste comunità: da un lato, il fatto che parlassero la **stessa lingua**; dall'altro, la celebrazione di **culti religiosi comuni**. Il più importante di questi culti era quello in onore di Giove laziale (*Iuppiter Latialis*), che veniva periodicamente officiato in una località nei pressi dei colli Albani.

A Nord-Est del Tevere, nelle zone dell'interno, si era invece stabilita un'altra popolazione, i **Sabini**, che – come vedremo a breve – ebbero un ruolo altrettanto importante nelle vicende dell'origine di Roma.

Intorno all'VIII-VII secolo a.C., le comunità latine furono protagoniste di un processo di **urbanizzazione**, che fu probabilmente causato sia da esigenze difensive, sia dall'influsso delle due civiltà urbane che circondavano il Lazio centrale, ovvero a Nord gli Etruschi e a Sud i coloni greci.

Si assistette così alla formazione di centri urbani più grandi (Tivoli, Alba Longa, Ariccia, Preneste), nati dall'**unione di piccoli villaggi**, che iniziarono a contendersi la supremazia sul territorio. In questo periodo, a emergere come città latina egemone fu **Alba Longa** (corrispondente all'attuale Castel Gandolfo), che però in poco tempo avrebbe dovuto cedere il passo a un'altra realtà allora ancora in fase nascente: Roma.

Il racconto mitico Diversi **miti** narrano la fondazione di Roma. I più celebri basano il loro racconto su due tradizioni di diversa provenienza. Il primo, che attinge alla **tradizione greca**, collega l'origine della città latina all'eroe troiano **Enea**. Il secondo, invece, è di **origine autoctona** e racconta la fondazione di Roma ancorandola alla vicenda di due gemelli, **Romolo e Remo**.

Queste due antiche tradizioni vennero in seguito unificate e rese armoniche in un **unico racconto**, che venne trattato non solo dagli storici ma anche dai poeti romani. È il caso del grande poeta **Virgilio** che, nel I secolo a.C., celebrò nell'*Eneide* le nobili origini di Roma (dall'eroe Enea) e dello storico **Tito Livio** (59 a.C.-17 d.C.) che, nella sua opera *Ab Urbe condita*, ripercorse la storia della città dalla sua fondazione, avvenuta secondo la tradizione nel **753 a.C.**

Secondo la leggenda, il troiano **Enea**, dopo essere sopravvissuto alla distruzione della sua città, giunse via mare nel Lazio. Battuti i Latini, l'eroe sposò **Lavinia**, la figlia del loro re, e fondò la città di Lavinio. Successivamente, il figlio di Enea, Ascanio (o **Iulo**, alla latina), edificò un nuovo centro nel Lazio, **Alba Longa**.

A Iulo seguirono dodici re sul trono di Alba Longa, sino ad arrivare a Numitore. Quest'ultimo venne usurpato del trono da parte del fratello Amulio e costrinse **Rea Silvia**, figlia del sovrano legittimo, a farsi **vestale**. Amulio voleva così evitare che la nipote potesse generare eredi legittimi al trono (le sacerdotesse di Vesta dovevano infatti rimanere vergini).

Video

Arte, letteratura, cinema: guarda il video per scoprire il personaggio di **Enea**

Ma la volontà divina agì diversamente: Rea Silva fu sedotta dal dio **Marte** e dalla loro unione nacquero due gemelli, **Romolo e Remo**. Amulio, dopo aver condannato a morte Rea Silvia, colpevole di avere violato il voto di castità, incaricò un servo di gettare nel **Tevere** i due fratelli, per disfarsi dei temibili pretendenti al trono. Ma la cesta che conteneva i neonati si arenò sotto un fico e gli infanti vennero prima **allattati da una lupa** e poi cresciuti da un pastore e da sua moglie. Anni dopo, tornati ad Alba Longa, Romolo e Remo uccisero Amulio e ripristinarono sul trono Numitore.

Fu allora che, per dimostrare la propria gratitudine, il sovrano assegnò loro un terreno a 20 km dalla città, dove, sul colle **Palatino**, i due gemelli fondarono **Roma**. Per decidere a chi dovesse essere attribuito il titolo di re, Romolo e Remo interpellarono la volontà divina, interpretando il volo degli uccelli.

A prevalere fu Romolo, che tracciò con un aratro trainato da buoi un solco, il *pomerium*, confine sacro e invalicabile che divide l'*urbs* (la città) dal territorio circostante. Ma Remo, dopo aver varcato, per avidità personale e invidia, il limite tracciato dal fratello, venne infine ucciso da Romolo.

Il «ratto delle Sabine» Esiste poi un altro mito, che completa il racconto delle primissime fasi della vita della città di Roma: si tratta del «**ratto delle Sabine**».

Si narra che la prima comunità romana non fosse molto popolosa e mancasse in special modo di donne. A questo punto, Romolo ricorse a un inganno per raggirare i Sabini: con il pretesto di essere invitati a dei giochi, essi furono privati a tradimento delle loro **donne**, che furono poi costrette a sposare uomini romani.

Dopo il rapimento, i Sabini, mossi dall'ira, assediarono Roma. Grazie all'intervento delle loro donne, decise a mediare tra i padri sabini e i mariti romani, il conflitto fu però scongiurato. La leggenda testimonia il reale e breve scontro che oppose le due popolazioni e la successiva riappacificazione e **fusione tra le due comunità**.

■ Il simbolo della città di Roma: la Lupa capitolina. Roma, Musei Capitolini. La Lupa che allattò Romolo e Remo era forse l'animale sacro a Marte, oppure il simbolo di una divinità sabina.

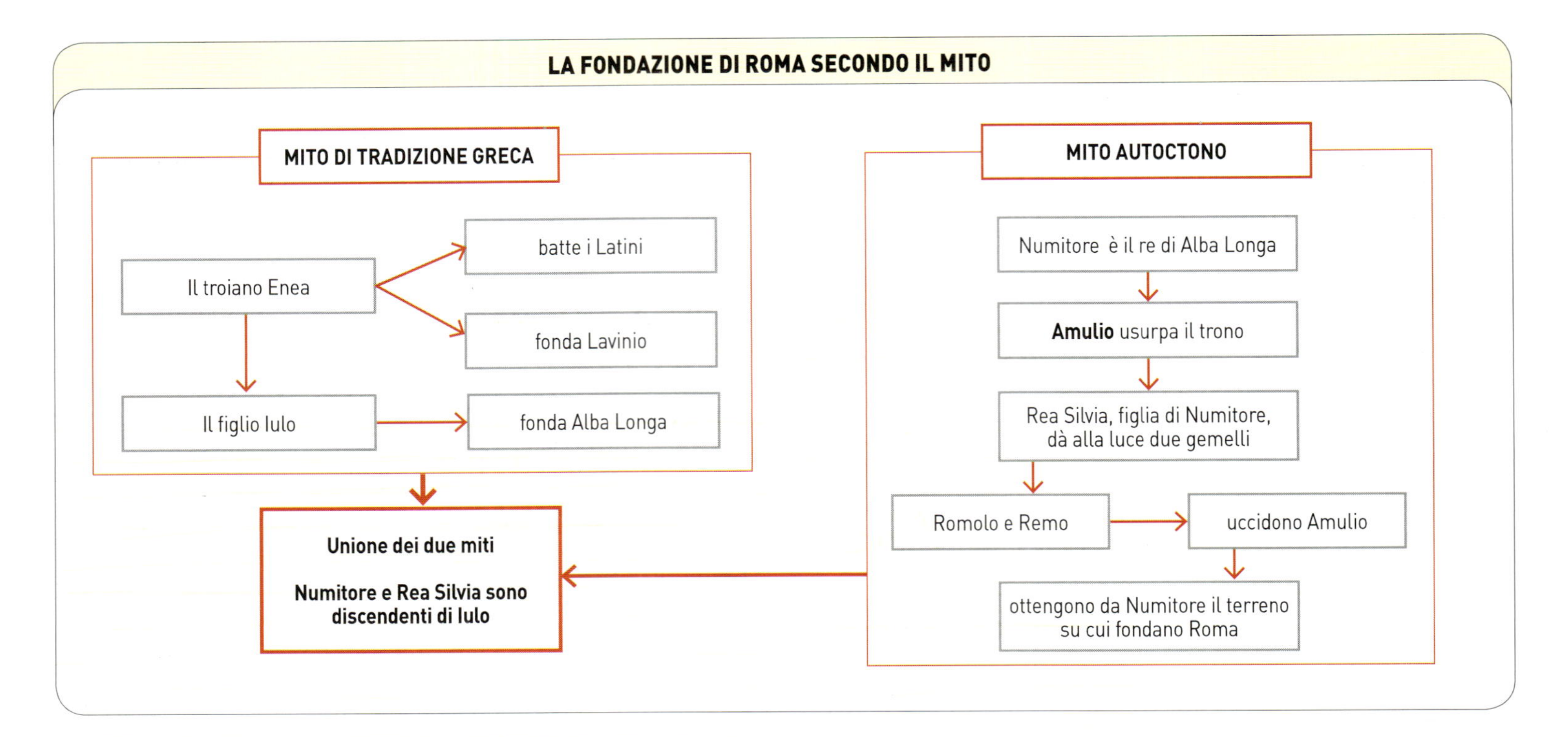
LA FONDAZIONE DI ROMA SECONDO IL MITO
MITO DI TRADIZIONE GRECA
Il troiano Enea
batte i Latini
fonda Lavinio
Il figlio Iulo
fonda Alba Longa
MITO AUTOCTONO
Numitore è il re di Alba Longa
Amulio usurpa il trono
Rea Silvia, figlia di Numitore, dà alla luce due gemelli
Romolo e Remo
uccidono Amulio
ottengono da Numitore il terreno su cui fondano Roma
Unione dei due miti
Numitore e Rea Silvia sono discendenti di Iulo

Le ragioni del mito Il ricorso al mito non è causale ed è utilizzato di frequente quando si tratta di ripercorrere la fondazione di importanti città dell'antichità. Esso, infatti, non solo è volto a **nobilitarne le origini oscure** e a **legittimarne la futura supremazia**, ma mira anche a celebrare ed esaltare una **dinastia** al governo, le cui origini vengono rintracciate negli eroi fondatori.

È il caso, per esempio, della potente *gens* **Giulia** – di cui faranno parte sia Cesare sia Ottaviano Augusto (→ LEZIONE 14) – che vantava la propria discendenza direttamente dal figlio di Enea, Iulo, da cui avrebbe preso il nome.

Il mito, inoltre, rappresenta metaforicamente le **caratteristiche e le tradizioni di un popolo**: così l'intervento del dio Marte è teso a esaltare l'inclinazione militare di Roma, mentre il solco tracciato da Romolo al momento della fondazione della città richiama le consuetudini etrusche, fatte proprie dai Romani, e la successiva nascita della proprietà privata.

Con il racconto mitico, infine, si tenta di consolidare anche l'incontro e la **fusione tra diverse comunità**. È il caso della «Lupa»: essa, da un lato, era simbolo di Soranus, divinità sabina del monte Soratte; dall'altro, il lupo era animale sacro anche a Marte e adorato, oltre che dai Latini, dagli Italici e dagli Etruschi. Nella lupa romana, quindi, confluivano tradizioni che appartenevano a diverse popolazioni: Sabini, Romani ed Etruschi.

Una posizione strategica Quali motivi spinsero le prime comunità che diedero vita alla città di Roma a stanziarsi sul **colle Palatino** e sulla **riva del Tevere**? I fattori che ne determinarono la scelta possono essere così sintetizzati.

Enea sacrifica ai Penati, in un rilievo dell'Ara Pacis, l'altare fatto costruire da Augusto nel 9 a.C. Enea è ritratto in veste sacerdotale con il capo coperto, nell'atto di fare un'offerta su un altare rustico. Si tratta di un omaggio al capostipite della *gens* Giulia, della quale Augusto – che nel frattempo era giunto al potere – faceva parte.

VIAGGIO NELLA GEOGRAFIA

IL TEVERE E L'ISOLA TIBERINA

Il Tevere (*nell'immagine, una veduta aerea dell'isola Tiberina*), con i suoi 405 km, è il terzo fiume d'Italia per lunghezza, dopo il Po e l'Adige. La sua sorgente si trova sulle pendici del monte Fumaiolo, al confine tra Emilia-Romagna e Toscana, a circa 1300 m di altitudine; il fiume poi scorre per larga parte dell'Italia centrale sino al mar Tirreno, dove sfocia nei pressi di Ostia.
Nell'antichità, il Tevere ebbe grande importanza perché, oltre a rappresentare un'importante via commerciale tra l'Italia centro-settentrionale e quella meridionale, ospitava alla sua foce un'ampia zona di saline.

ROMA E IL TEVERE

- La **protezione garantita dai rilievi laziali** rispetto a possibili attacchi nemici. Nell'**VIII secolo a.C.**, infatti, gli abitanti dei sette colli (Palatino, Esquilino, Celio, Quirinale, Viminale, Campidoglio, Aventino) fusero i loro villaggi e formarono un centro unico dotato di mura, proprio per respingere più agevolmente gli attacchi dei nemici (gli Etruschi).
- La presenza del **Tevere**. Come le civiltà fluviali, anche Roma usufruì, grazie al fiume, della disponibilità di **acqua** e della **fertilità** del suolo. Ma il Tevere offriva anche molti altri vantaggi. Nei pressi della sua foce, a **Ostia**, si trovava infatti una **salina**; inoltre, il fiume era navigabile ed era quindi possibile **scambiare merci** lungo il suo corso, che metteva in comunicazione non solo, da Nord a Sud, gli Etruschi con i Greci, ma anche, da Est a Ovest, le popolazioni appenniniche con il mar Tirreno.
  Infine, il guado del Tevere, presso l'**isola Tiberina**, rappresentava un pratico **punto di passaggio terrestre**: un luogo di transito quasi obbligato che avrebbe fatto di Roma uno snodo centrale per la Penisola sia dal punto di vista dei traffici commerciali, sia da quello degli scambi culturali tra popolazioni diverse.
- La **vicinanza del mare**, che consentiva la navigazione e assicurava un approdo marittimo alla città.

In virtù di questa **posizione geografica strategica**, l'iniziale unione dei villaggi di pastori e contadini si sviluppò e prosperò sino a diventare una vera e propria **città**, guidata da un re.

Per la nascita di Roma è convenzionalmente accettata la datazione proposta dal letterato romano Varrone (116-27 a.C.), il **753 a.C.**, confermata anche da recenti campagne di scavo: cor-

MITI E LEGGENDE

L'incerta origine del nome «Roma»

L'etimologia della parola «Roma» è ancora oggi incerta. Secondo una prima ipotesi, essa deriverebbe dal nome del suo fondatore, Romolo. Questa proposta venne messa in discussione già nell'antichità da studiosi di etimologia, che rilevarono come fosse invece più probabile il contrario, ovvero che fosse il nome «Romolo» a derivare da quello della città.
Vennero quindi avanzate altre ipotesi: alcuni studiosi sostengono che il toponimo possa connettersi con il nome etrusco e latino del fiume Tevere, *Rumon*; altri, invece, lo collegano a una caratteristica geografica, ovvero la forma a «mammella» (*ruma*) dei sette colli su cui si erge l'*urbs*; altri ancora, infine, riscontrano una radice comune con il greco *rhome*, che significa «forza».

IL LESSICO GEOGRAFICO

Salina Deposito naturale di sali, formato in seguito all'evaporazione di acque marine o continentali. Nell'antichità, il sale era un elemento indispensabile, poiché permetteva la conservazione dei cibi.

rispondono, infatti, proprio all'VIII secolo a.C. i recenti ritrovamenti della Casa delle Vestali, una delle prime opere pubbliche di Romolo.

Occorre però sottolineare che la **fondazione** della città, ovvero la trasformazione che portò una piccola comunità di villaggi a divenire una realtà urbana, fu un **lungo processo** avvenuto dal X al VI secolo a.C.

PER RIPASSARE

1. Per quali motivi è stato creato il mito della fondazione di Roma?
2. Qual è la verità storica sulla fondazione di Roma?
3. Come mai Roma è sorta sui colli e sulla riva del Tevere?

2 Una prima organizzazione politica a Roma

La monarchia tra storia e leggenda Dal punto di vista dell'organizzazione politica, il primo periodo della storia di Roma fu contraddistinto dall'adozione della **forma monarchica**, che rimase in vigore **fino al 509 a.C.,** anno in cui venne instaurata la repubblica.

Il sovrano guidava l'esercito e rappresentava la città di fronte agli dèi, svolgendo anche un ruolo sacerdotale: in un primo tempo, infatti, le istituzioni religiose non erano distinte da quelle politiche e il re ricopriva il ruolo anche di **pontefice massimo**, carica di cui si parlerà dettagliatamente più avanti. Il sovrano fruiva di un **comando assoluto**, detto *imperium*, che non poteva essere messo in discussione.

Per il resto, le notizie che possediamo non consentono di avere un quadro chiaro né sul numero effettivo dei re né sul loro operato. Tito Livio, riferendosi ai **primi secoli** della storia di Roma, afferma che non è facile ricostruirli secondo verità storica, sia per la distanza temporale sia per la **mancanza di documenti scritti**, la maggior parte dei quali è andata distrutta nell'incendio provocato dall'assedio dei Galli nel 390 a.C. (→ LEZIONE 12, PARAGRAFO 3).

Lo storico romano, inoltre, mette in dubbio la storia tramandata dalla classe dirigente cittadina: «Credo che la storia sia stata alterata nei discorsi funebri e nelle false iscrizioni dei ritratti, poiché le famiglie esaltarono la propria gente». Queste parole confermano la **difficoltà nella ricostruzione oggettiva** dei primi anni di Roma, conosciuti per lo più tramite il **racconto mitico**.

È, in questo senso, del tutto inverosimile ipotizzare la successione di solo sette re in un periodo di due secoli e mezzo. Consapevoli del fatto che ci si stia servendo non solo di fonti storiche ma anche di leggende, riportiamo di seguito le gesta dei mitici **sette re**, riconducibili con ogni probabilità a stadi diversi dello sviluppo della città di Roma.

I re latino-sabini Secondo quanto è riportato dal racconto mitico, Roma fu in una prima fase governata da quattro re di origine latino-sabina.

- **Romolo**, artefice della fusione tra Romani e Sabini (si narra che governò insieme a Tito Tazio, il re dei Sabini), viene considerato l'iniziatore dei **primi ordinamenti politici e sociali** della città. A lui vengono infatti ricondotti:
  - la creazione del **Senato** (da *senex*, «anziano»), l'assemblea che designava e affiancava il re nel governo (→ p. 224), composta dai maggiori esponenti delle **famiglie aristocratiche** (*gentes*);
  - la divisione della popolazione in tre **tribù**;
  - l'istituzione dei **comizi curiati** (→ p. 224);
  - l'introduzione della **proprietà privata** tramite l'assegnazione di un terreno di circa due **iugeri**;
  - l'istituzione del matrimonio monogamico.
- A **Numa Pompilio** si deve invece la fondazione degli **ordinamenti religiosi** di Roma. Egli è ritenuto inoltre il creatore del più antico **calendario** romano, detto appunto «numano», composto da 355 giorni e funzionale al disciplinamento di culti, cerimonie e feste pubbliche. Il re avrebbe poi istituito i **collegi sacerdotali** e diffuso il **culto del dio Giano** (da *ianua*, «porta»), guardiano degli ingressi della città e degli usci delle case private.
- Il terzo re, **Tullo Ostilio**, è il simbolo del re guerriero. Sotto il suo regno, infatti, avrebbe avuto luogo la prima **estensione del dominio romano** ai danni di Alba Longa, la cui traccia è presente nel racconto mitico dello scontro fra **Orazi e Curiazi**.
- **Anco Marzio**, l'ultimo dei re di origine sabina e nipote di Numa Pompilio, viene identificato come il conquistatore di **Ostia**, che assicurò a Roma il controllo dei commerci del sale, e il costruttore del **ponte Sublicio**, che collegava l'isola Tiberina con la sponda del Tevere.

I re latino-etruschi Tra il **VII e il VI secolo a.C.** Roma cadde sotto l'**influenza** economica, culturale e politica **degli Etruschi**, che inserirono propri elementi aristocratici al vertice delle istituzioni della città. Durante il governo dei **re etruschi**, Roma visse una stagione di opere pubbliche e di riforme politiche che la trasformarono in un'importante **città-stato**: furono infatti edificate abitazioni in pietra e importanti costruzioni pubbliche e religiose, oltre alla realizzazione di indispensabili servizi pubblici. Roma, inoltre, acquisì nuovi territori e si **espanse nel Lazio**.

Di seguito, sono elencati i re latino-etruschi e le opere a loro attribuite.

IL LESSICO STORICO

Comizi Riunioni pubbliche a carattere politico (dal latino *comitium*, «adunanza»).

Iugero Unità di misura agraria diffusa nell'antica Roma, che equivale a circa un quarto di ettaro e coincide con la superficie media che una coppia di buoi poteva arare in un giorno.

MITI E LEGGENDE

Le prime tre tribù di Roma

Secondo la tradizione, Romolo divise la popolazione di Roma in tre tribù: i Tities, i Ramnes e i Luceres. I primi abitavano sul colle Quirinale ed erano presumibilmente di stirpe sabina; i secondi si erano stanziati sul Palatino e vantavano origine autoctona; gli ultimi erano identificati con le genti che si stabilirono sui colli Albani (da *lucus*, «selva»), oppure si pensa che fossero di provenienza etrusca (da lucumone, il sovrano etrusco).

- **Lucio Tarquinio Prisco**: di origine etrusca (della città di Tarquinia), secondo la tradizione si deve a lui la costruzione della **Cloaca Massima**, un condotto fognario che permise il risanamento del vallone tra il Palatino e il Campidoglio, dove venne edificato il **Foro Boario**, cioè il mercato dei buoi, fulcro della vita economica e politica della Roma del tempo. Sotto il suo regno, furono sconfitti i Sabini e Roma si espanse ulteriormente.
- **Servio Tullio**: di presunta origine latina, il sovrano fece innalzare le **prime mura** della città, dette «serviane» (lunghe 11 chilometri), e avviò una fondamentale riforma politica con la sostituzione dei comizi curiati con i **comizi centuriati**. A questi ultimi, come vedremo (→ p. 224), i cittadini potevano partecipare in base al loro patrimonio e non più solo in rapporto alla loro discendenza aristocratica. Il re latino riformò anche l'esercito, con l'introduzione della **falange oplitica** di derivazione greco-macedone.
- **Tarquinio il Superbo**: di origine etrusca, fu l'ultimo re di Roma. Tarquinio **accrebbe la potenza** della città, sconfiggendo diverse popolazioni italiche (Volsci, Rutuli ed Equi). Secondo Tito Livio, egli fu però cinico e spietato e concentrò su di sé tutto il potere togliendolo al Senato.

Secondo il mito, inoltre, il figlio Sesto Tarquinio si macchiò di stupro ai danni di una gentildonna, Lucrezia, che si tolse la vita per la vergogna. Ciò provocò la reazione del marito, il patrizio Lucio Tarquinio Collatino, il quale, insieme a Giunio Bruto, guidò una **rivolta** contro il re, che determinò, nel **509 a.C.**, la **fine della monarchia** e l'instaurazione della **repubblica**.

Nella realtà, la fine dell'istituzione monarchica fu dovuta ad altri motivi, legati probabilmente alle **tensioni tra le classi sociali**, che anche a Roma, come in altre città-stato dell'antichità, si fronteggiavano: l'aristocrazia dei proprietari terrieri (i **patrizi**) e la massa costituita dal resto della popolazione, la **plebe** (→ PARAGRAFO 3). I patrizi si ribellarono allo strapotere dei re etruschi – i quali per governare contro di loro si appoggiavano alla plebe –, cacciando il sovrano e affermando il **potere del Senato**.

Il funzionamento delle istituzioni Dopo aver illustrato i compiti del monarca, adesso è opportuno chiarire le funzioni delle altre cariche istituzionali.

MITI E LEGGENDE

Orazi e Curiazi

La leggenda racconta il conflitto per la supremazia sui territori latini tra Roma e Alba Longa, avvenuto al tempo del re Tullo Ostilio. Poiché le due città vantavano una comune sacra discendenza che risaliva a Romolo, sarebbe stato un atto di empietà coinvolgere le rispettive popolazioni in una lunga guerra. Si decise allora di evitare un grande spargimento di sangue e di limitare lo scontro a un duello tra due schiere di gemelli: da un lato i tre Orazi, romani, e dall'altro i tre Curiazi, in difesa di Alba Longa.
In un primo momento prevalsero i Curiazi, che riuscirono a uccidere due degli Orazi, ma alla fine l'Orazio superstite, dopo averli ingannati e fatti separare, riuscì a uccidere uno a uno gli avversari, decretando la vittoria di Roma.

COMPETENZE DI GEOSTORIA — COSTRUIRE UNA TABELLA A DOPPIA ENTRATA CON IL TUO COMPUTER

I sette re di Roma

I paragrafi appena affrontati spiegano nel dettaglio le riforme e le altre iniziative dei sette re di Roma. Dopo un'accurata lettura, esegui le operazioni richieste:

- completa la tabella sottostante;
- ricostruisci la tabella con il computer, seguendo le istruzioni impartite nella SCHEDA DI METODO 6, p. 112.

RE DI ROMA	RIFORME ISTITUZIONALI	ALTRE INIZIATIVE
Romolo (e Tito Tazio)		
Numa Pompilio		
Tullo Ostilio		
Anco Marzio		
Tarquinio Prisco		
Servio Tullio		
Tarquinio il Superbo		

Per applicare correttamente il metodo geostorico proposto, consulta la SCHEDA DI METODO 6, pag. 112.

Il **Senato**, l'assemblea degli anziani che rappresentava gli interessi dei grandi proprietari terrieri, **eleggeva il sovrano** e aveva **poteri consultivi** che riguardavano le decisioni del re e dei comizi. Dopo la fine della monarchia, l'importanza di tale organismo crebbe sino a farlo diventare il vero centro attorno a cui ruotava la vita politica della repubblica romana.

La massima autorità religiosa era quella del **pontefice massimo**, carica che inizialmente era ricoperta dallo stesso re, ma che poi passò ad altri esponenti dell'aristocrazia romana. Egli, eletto a vita, presiedeva un collegio di pontefici e svolgeva tutte le mansioni religiose.

Le **tre tribù** in cui era divisa la popolazione romana avevano una funzione principalmente **politica e militare**. Ognuna di esse era costituita da **dieci curie** (dal latino *coviria*, «riunione di uomini»). Ogni curia era formata da **dieci** *gentes*, un insieme di famiglie benestanti che portavano un nome comune e discendevano da uno stesso avo (→ PARAGRAFO 3).

Le curie, e quindi le *gentes*, avevano il diritto di partecipare all'assemblea popolare dei **comizi curiati**, da cui era pertanto **esclusa la plebe**, ovvero la restante parte della popolazione, la massa di individui che viveva in città (→ PARAGRAFO 3). Le curie e i comizi avevano vari **compiti**:

- **militari**: ogni curia contribuiva a comporre l'esercito, fornendo 10 cavalieri e 100 fanti (una **centuria**);
- **politici**: ogni curia nominava 10 senatori; i comizi ratificavano inoltre l'elezione del re, che era proposto dal Senato, e avevano una funzione consultiva;
- **civili**: le curie convalidavano i testamenti e le adozioni.

La tradizione attribuisce, come abbiamo visto, a Servio Tullio l'istituzione dei **comizi centuriati** in luogo dei comizi curiati; oggi, però, gli studiosi tendono a spostare la riforma più avanti, nel **V secolo a.C.**

Probabilmente, l'intento degli antichi era di connettere temporalmente la riforma serviana con quella di Solone, che avvenne ad Atene nel VI secolo a.C. (→ LEZIONE 6, PARAGRAFO 6). In effetti, esistono forti elementi di somiglianza tra le due riforme: la società romana fu divisa in **sei classi** non più **in base** alle origini familiari, ma al **censo**, cioè alla ricchezza detenuta. Le classi più alte nella scala sociale erano adesso formate da quanti erano capaci di sostenere le spese per acquistare la costosa armatura della falange oplitica.

In realtà, la **riforma censitaria** non fece altro che riconoscere una **trasformazione sociale** in atto nella Roma del tempo: il prestigio e l'influenza dei più ricchi aumentavano sempre più e non riguardavano più soltanto le famiglie aristocratiche, ma interessavano ormai anche la **plebe agiata**. Sappiamo, infine, che questo sistema «timocratico» fu sostituito nel V-IV secolo a.C. da una riforma simile a quella di Clistene: la creazione dei **comizi tributi**, composti dai cittadini ripartiti stavolta in tribù territoriali (→ LEZIONE 6, PARAGRAFO 6 per Atene e LEZIONE 12, PARAGRAFO 1 per Roma).

Testa bronzea risalente al V secolo a.C.

IL LESSICO STORICO

Pontefice Il termine deriva dal latino *pons* («ponte») e dal tema del verbo *facere* («fare»). Secondo alcuni studiosi l'origine della parola è legata al ruolo svolto dai pontefici nella progettazione dei ponti sul Tevere (oggetto di culto a Roma, come il Nilo in Egitto); secondo altri, invece, il riferimento era il ruolo di raccordo con la tradizione, oppure tra l'umano e il divino, svolto dal collegio dei sacerdoti.

Centuria Era il nucleo dell'esercito romano, formato da cento soldati (dal latino *centuria*, composto da *centum*, «cento», e *vir*, «uomo»).

Pater familias Nell'antica famiglia romana, colui che, non avendo ascendenti vivi in linea maschile, era il capo della famiglia.

PER RIPASSARE

1. In cosa consisteva l'*imperium*?
2. Per quale motivo a Roma cadde la monarchia?
3. Spiega la differenza tra comizi curiati e comizi centuriati.

3 Società e religione

La famiglia Il fondamento della società romana era costituito dalla *familia*. Con questo termine a Roma ci si riferiva a un insieme di persone e di beni materiali, che venivano sottoposti all'autorità assoluta del ***pater familias***, ovvero l'uomo più anziano, il capofamiglia. Oltre a disporre interamente del **patrimonio** della famiglia, egli godeva della *patria potestas* su moglie, figli e schiavi, cioè del potere di prendere **qualsiasi decisione** sui componenti della famiglia, anche in relazione alla vita e alla morte.

In una società così marcatamente patriarcale, la **donna** aveva un ruolo del tutto **marginale**: non poteva partecipare alla vita pubblica, né amministrare beni o esercitare una professione.

Da un punto di vista religioso, la *familia* onorava gli **antenati** nutrendo una vera devozione nei loro confronti. I **Lari** e i **Penati** erano **divinità familiari**, spiriti protettori rispettivamente del focolare (cioè degli antenati) e della casa (cioè della famiglia).

Ritratto di patrizio romano del III secolo a.C.

Gentes, patrizi e plebei L'altro cardine della società romana era la ***gens***. Essa era costituita da un **insieme di famiglie** che si identificava in un antenato comune, per lo più leggendario. I suoi componenti erano detti *gentiles* e rafforzavano il proprio legame con l'esercizio di pratiche comuni (assemblee, riti religiosi).

Proprio dall'organizzazione gentilizia emersero i **patrizi**. Essi erano considerati i discendenti dei 100 «padri» (*patres*), scelti – secondo la tradizione – da Romolo per formare il primo Senato, in quanto rappresentavano i maggiori esponenti delle *gentes* di allora. I patrizi erano grandi **proprietari terrieri**, godevano dei **diritti politici** e controllavano le cariche pubbliche.

Alla ristretta cerchia di famiglie gentilizie faceva da contraltare la **plebe** (dal latino *plebs*, «moltitudine», «folla»). Con questo termine ci si riferiva a un ampio strato sociale, composto da contadini, commercianti e artigiani, che non beneficiavano di alcun diritto politico e non potevano, di conseguenza, partecipare alla vita pubblica. In età repubblicana, i plebei rivendicheranno fortemente un ruolo diverso nella società romana, chiedendo di poter acquisire **diritti civili** (matrimonio con i patrizi) e **politici** (→ LEZIONE 12, par. 2).

Un gruppo sociale *sui generis* era invece quello dei **clienti**. Essi erano uomini liberi, dalle più svariate estrazioni ma sempre appartenenti agli strati meno agiati della società, che godevano dell'appoggio e della **protezione** di un patrizio autorevole (il **patrono**).

Il cliente era legato al suo patrono da un **vincolo di fedeltà**, che si basava su uno scambio reciproco: il patrono offriva al cliente una proprietà da coltivare, tutela legale e spesso vitto e denaro; il cliente, da parte sua, contraccambiava il patrono, entrando a far parte di una sorta di milizia privata a disposizione sua e della sua famiglia e votando alle assemblee popolari come gli veniva ordinato.

Per quest'ultimo motivo, potersi avvalere di una «**clientela**» numerosa significava avere la possibilità di esercitare un rilevante **controllo sulla vita politica** della città.

La religione Come in molte società antiche, anche a Roma la religione era concepita come una **pratica pubblica e comunitaria**, intesa a saldare e salvaguardare il **legame della città con la divinità**.

Per affermare, consolidare e soprattutto non spezzare questo rapporto con gli dèi, i Romani officiavano con accuratezza i riti e i sacrifici che accompagnavano con scadenza calendariale la vita pubblica. Dal momento che la loro funzione era quella di rinsaldare la comunità, anche **riti di provenienza straniera**, se servivano a questo scopo, venivano ammessi e assorbiti dalla tradizione religiosa romana.

Il concetto che meglio descrive il senso della religiosità romana è quello di ***pietas***. Esso consisteva nel sentimento di responsabilità, dovere e rispetto che ogni Romano nutriva nei confronti degli dèi e della propria famiglia. Si trattava, in definitiva, di un **valore collettivo** che era allo stesso tempo un **sentimento individuale**.

La più importante divinità del *pantheon* romano era quella di **Giove** (*Iuppiter*) che, insieme a **Giunone** (moglie di Giove) e **Minerva** (dea della Sapienza), entrambe di origine etrusca, formava la **triade capitolina**, adorata nel tempio di Giove Ottimo Massimo sul Campidoglio, che divenne il centro della vita religiosa di Roma.

Molte delle divinità venerate a Roma erano di origine greca o etrusca, mentre espressamente romane erano **Giano** – il dio guardiano che proteggeva la casa e l'inizio della vita e di ogni lavoro – e **Vesta**, che vegliava sul focolare domestico e proteggeva la città.

Anche l'esercizio delle **arti divinatorie** rivestì un ruolo fondamentale nella religione ufficiale romana: esse infatti si prefiggevano di conoscere la volontà divina, in particolare l'approvazione o meno di un atto che si stava per compiere. Grande importanza ebbero quindi quelle figure sacerdotali – di chiara ascendenza etrusca, come abbiamo visto nella lezione precedente – che erano in possesso delle tecniche per cogliere il volere divino: era questo il caso degli **àuguri**,

La Triade Capitolina dell'Inviolata, rinvenuta a Guidonia e oggi conservata al Museo Archeologico Nazionale di Palestrina. Il gruppo scultoreo rappresenta Giove (al centro), Giunone (a sinistra) e Minerva seduti su un unico trono.

che interpretavano il volo degli uccelli, e degli **aruspici**, che esaminavano le interiora degli animali.

Tra le altre figure sacerdotali di rilievo, ricordiamo il collegio dei **Salii** (da *salire*, «assumere un'andatura saltellante»), sacerdoti del dio Marte che si muovevano in processione ondeggiando per aprire e chiudere ogni anno il periodo destinato alla guerra, e quello delle **Vestali**, aristocratiche dedite alla castità in nome della dea Vesta: a queste ultime spettava il compito di tenere sempre acceso il fuoco nel tempio della dea.

PER RIPASSARE

1. Che cos'era la *familia*?
2. In cosa consisteva a Roma la *patria potestas*?
3. Chi faceva parte della plebe?
4. Qual era la principale caratteristica della religione romana?

VERIFICA

1 COMPLETARE UNA TABELLA **COMPETENZA STORICA**

Completa correttamente la tabella sotto riportata relativa ai poteri di alcune istituzioni romane.
(→ Scheda di metodo 6, p. 112)

	POTERI
Re	
Senato	
Pontefice massimo	
Curie	

2 CONOSCERE, COMPRENDERE E ADOPERARE IL LESSICO STORICO E GEOGRAFICO **COMPETENZA STORICA**

Definisci i seguenti termini trovati all'interno della lezione 11.

TERMINI	DEFINIZIONE
Gens	....
Patrizio	....
Cliente	....
Vestali	....
Aruspici	....

3 UTILIZZARE LE COMPETENZE STORICHE E GEOGRAFICHE GIÀ ACQUISITE CORRELANDOLE ALLE COMPETENZE DI CITTADINANZA E ALLE ALTRE DISCIPLINE **COMPETENZA TRASVERSALE**

Come hai potuto notare dalla cartina *Oggi* della schermata iniziale di questa lezione, a p. 218, Roma è ricca di testimonianze del passato. Seleziona almeno tre monumenti presenti nella cartina sopra citata ed effettua un ricerca su di essi (per svolgere correttamente la tua ricerca consulta anche la Scheda di metodo 1 a p. 10). Presenta il lavoro in un file corredato di immagini e di indicazioni utili per visitare realmente i monumenti selezionati (orari di visita, giorni di apertura, prezzo dei biglietti).

Lezione LIM

Collega passato e presente e **approfondisci** temi e problemi della geostoria.

La popolazione italiana e i movimenti migratori

(→ GEOGRAFIA, LEZIONE 16)

«L'immigrato ha un mondo del passato a cui appartiene e un mondo del presente al quale sempre, più o meno, sarà estraneo; suo figlio invece sta in tutti e due e molte volte in nessuno. Per questo c'è bisogno che il processo di integrazione abbia successo, in modo che la seconda generazione non resti chiusa nel ghetto»

(Antonio Muñoz Molina, «Corriere della sera», 2 agosto 2010)

La distribuzione della popolazione L'Italia fu sin dall'antichità abitata da numerose popolazioni di etnie diverse, che si stabilirono nella Penisola in **maniera disomogenea**, assecondando la ricerca di condizioni ambientali favorevoli per la loro sopravvivenza.
Ancora oggi, gli italiani e i residenti stranieri che vi abitano sono distribuiti sul suo territorio in maniera del tutto irregolare: mentre nei **territori montani** vive poco più del 10% della popolazione, circa il 40% risiede invece in **collina** e nelle **zone** prevalentemente **pianeggianti**, come quelle della Lombardia e del Veneto.

Dall'emigrazione ai flussi migratori in entrata Oltre a un ambiente favorevole all'insediamento umano, la distribuzione della popolazione italiana dipende anche dallo **sviluppo industriale e dei servizi**, fattori che hanno contribuito al forte **flusso migratorio in entrata** registrato negli ultimi decenni.
Se, infatti, fino agli anni Ottanta del secolo scorso gli italiani erano costretti a emigrare alla ricerca di condizioni di vita migliori, dagli anni Novanta in poi si è assistito a una forte componente migratoria in entrata, che ha visto l'arrivo e lo stabilirsi nel nostro Paese di persone provenienti soprattutto dal Nord Africa, dai Balcani e dall'Europa orientale, dalle Filippine, dalla Cina, dall'India e dal Bangladesh.

Il carnevale cinese per le vie di Milano, dove vive una numerosa comunità asiatica.

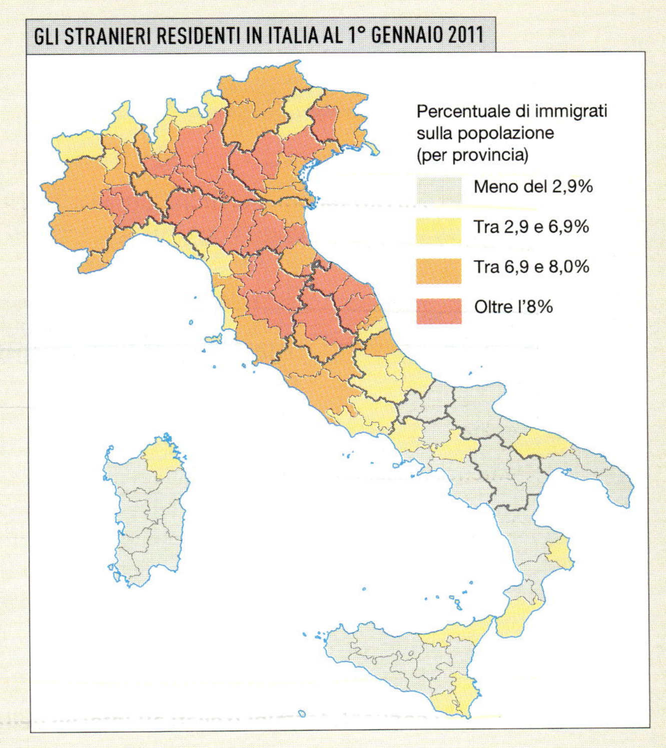

Un'Italia «ringiovanita» L'Italia, pertanto, da luogo di partenza si è trasformata in **meta di flussi migratori** che, secondo i dati Istat del 2010, hanno per così dire **«ringiovanito»** la popolazione italiana, consentendo un leggero riequilibrio tra il tasso di natalità e il tasso di mortalità (al 9,7%).
Il saldo naturale rimane comunque ancora negativo, anche se la presenza stabile di stranieri, che danno alla luce molti più figli degli italiani, è in continuo aumento soprattutto al Nord (61,3%) e al Centro (25,2%); meno preferito come destinazione (13,5%) risulta il Mezzogiorno, dove l'offerta lavorativa è inferiore.
Secondo l'ultimo censimento Istat del 2011, i **residenti stranieri legalmente dichiarati** in Italia sono 4 milioni e 563 mila, cioè il **7,5% della popolazione italiana totale**. Se si tiene conto degli irregolari, la stima sale orientativamente al 20% o più.

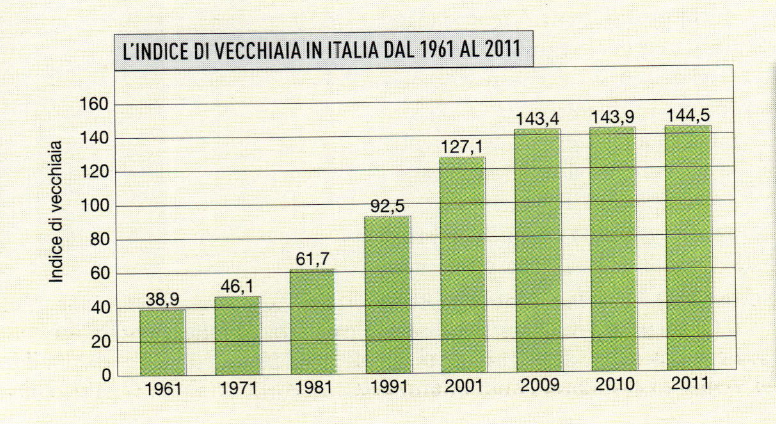

L'indice di vecchiaia serve per determinare la popolazione anziana in una determinata popolazione. Misura il numero di persone di 65 anni presenti ogni cento giovani da 0 a 14 anni. In genere, quando il dato supera 100, viene considerato un segnale di invecchiamento.

9. Leggere e costruire grafici

Lo storico e il geografo, a seguito di ricerche approfondite o di studi statistici, possono ordinare i dati ricavati in una tabella o elaborarli in un grafico. A differenza della prima, che ha il pregio di essere facilmente consultabile, il grafico offre la possibilità di rappresentare un fenomeno nel suo complesso e, stimolando la percezione visiva, di comprenderlo a «colpo d'occhio». Principalmente i geografi, e in misura minore gli storici, fanno uso di diverse rappresentazioni grafiche, perché esse permettono di cogliere velocemente l'importanza di un fenomeno rispetto a un altro o l'evoluzione di uno o più fenomeni in relazione al tempo e al luogo.

NEL TEMPO E NELLO SPAZIO

Come LEGGERE i grafici

Prima di imparare a leggere un grafico, è indispensabile conoscere quali sono e quali funzioni hanno le principali rappresentazioni grafiche utilizzate nello studio della geostoria.

Areogramma o diagramma a torta

L'areogramma viene utilizzato per rappresentare la manifestazione di un singolo fenomeno in più settori. La grandezza della «fetta di torta» è direttamente proporzionale al dato espresso in percentuale, che può essere riportato sulla raffigurazione. Un aerogramma può essere utilizzato, per esempio, per raffigurare l'uso del terreno di una determinata località suddiviso in arativo, incolto, boschivo; i settori economici frazionati in settore primario, secondario e terziario ecc.
L'esempio qui proposto riguarda le principali tipologie familiari in Italia nel biennio 2009-10. Sia dalla grandezza della «fetta di torta» sia dalla percentuale riportata, si può notare la prevalenza delle coppie con figli e delle persone sole sulle coppie senza figli (che pur rappresentano una buona parte delle tipologie familiari italiane) e soprattutto sul genitore solo con figli.

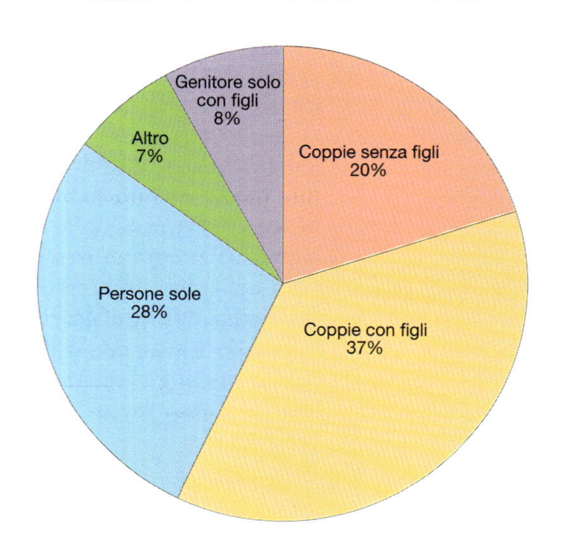

Istogramma

L'istogramma è costituito da tante barre o colonne rettangolari in posizione verticale o orizzontale, a volte dello stesso colore, a volte di colore differente. Viene spesso utilizzato per eseguire analisi sul territorio o sui vari aspetti della società in quanto offre la possibilità di analizzare un fenomeno in riferimento a differenti realtà a esso attinenti. Per esempio, con un istogramma si può rappresentare la media della piovosità, espressa in mm, di un determinato mese in più città o località. La lunghezza o l'altezza delle colonne è direttamente proporzionale al dato di riferimento espresso in valori numerici assoluti.

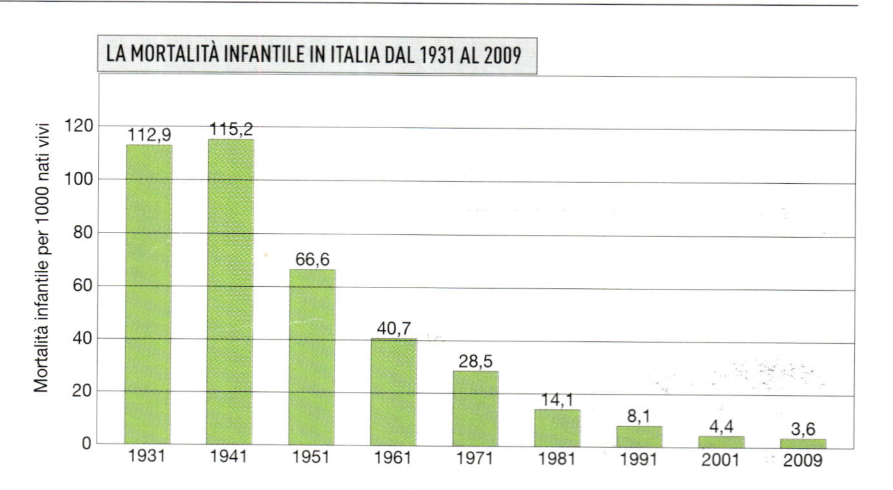

Nell'esempio qui riportato, la mortalità infantile in Italia risulta decisamente maggiore nel decennio 1931-41. Poi, si riscontra una graduale attenuazione del fenomeno.

Ideogramma

La caratteristica dell'ideogramma è di utilizzare simboli per rappresentare un dato fenomeno. Per esempio: per la vendita di automobili può essere usata la sagoma stilizzata di un'auto; per il consumo di carne, l'immagine di una bistecca; per la nascita di bambini un fiocco celeste, per le bambine un fiocco rosa ecc.

Al simbolo viene attribuito un valore, una quantità fissa (per esempio: un'auto = 1000 auto), in modo da attribuire un dato preciso al numero dei simboli riportati.

NUMERO DI AUTO PRODOTTE PER CONTINENTE NEL 2010

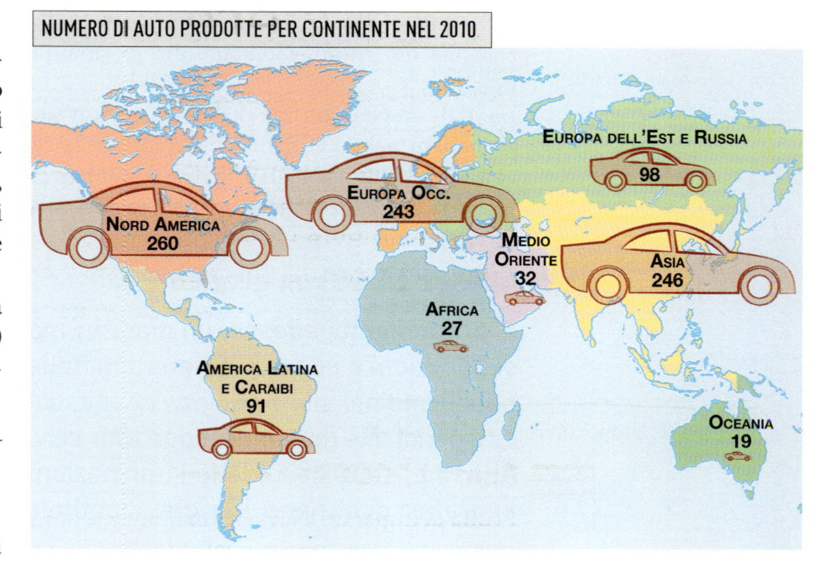

Diagramma cartesiano o grafico lineare

Il diagramma cartesiano, adoperato sia in storia sia in geografia, serve a rappresentare uno o più fenomeni nel tempo, evidenziandone l'evoluzione attraverso una linea curva o spezzata. Per esempio: il tasso di mortalità dall'Ottocento a oggi; le temperature medie massime o minime in un determinato secolo ecc.

Come nell'istogramma, anche nel diagramma i dati sono espressi in valori numerici assoluti. Nel grafico riportato a lato, si evidenzia l'andamento delle interruzioni volontarie di gravidanza in Italia dal 1980 al 2009 (anno in cui si rileva il dato più basso).

INTERRUZIONI VOLONTARIE DI GRAVIDANZA (1980-2009)

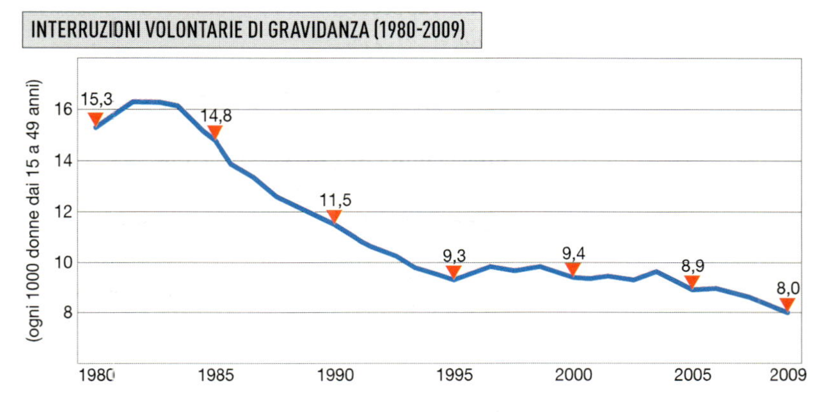

Per utilizzare correttamente un grafico, anzitutto è necessario **individuarne la tipologia**, **leggere il titolo**, da cui ricavare il tipo di fenomeno e di dati, e **apprendere la fonte** da cui il grafico è stato ricavato. Il passo successivo è quello di **analizzare la legenda e i dati**, mettendoli in relazione all'argomento e al luogo trattati. Infine, è sempre utile **produrre un breve commento** orale o scritto.

Proviamo a leggere insieme l'istogramma a lato. Per prima cosa, è bene identificare, attraverso la lettura del titolo, il fenomeno che si sta rappresentando. In questo caso, l'argomento in questione è la raccolta differenziata dei rifiuti, analizzata negli anni 2000 e 2010. Dalla fonte ricaviamo, inoltre, che lo Stato interessato è l'Italia. In basso, sono evidenziati i tipi di rifiuti raccolti dagli italiani (carta, vetro, plastica, rifiuti organici, altro), mentre le due colonne verticali hanno due colori diversi per i due anni presi in considerazione. I dati sono espressi in migliaia di tonnellate e la lunghezza delle colonne è direttamente proporzionale al valore rappresentato.

Ordiniamo per data e in maniera decrescente le informazioni.
Nel 2000: **carta** (1308,0), **rifiuti organici** (1292,7), **vetro** (758,8), **altro** (646,3), **plastica** (174,7).
Nel 2010: **rifiuti organici** (4186,8), **carta** (3062,7), **vetro** (1778,5), **altro** (1776,0), **plastica** (648,6).
Anzitutto, a colpo d'occhio e senza necessariamente leggere i dati numerici, possiamo constatare che gli italiani a distanza

LA RACCOLTA DIFFERENZIATA NEL 2000 E NEL 2010 (IN MIGLIAIA DI TONNELLATE)

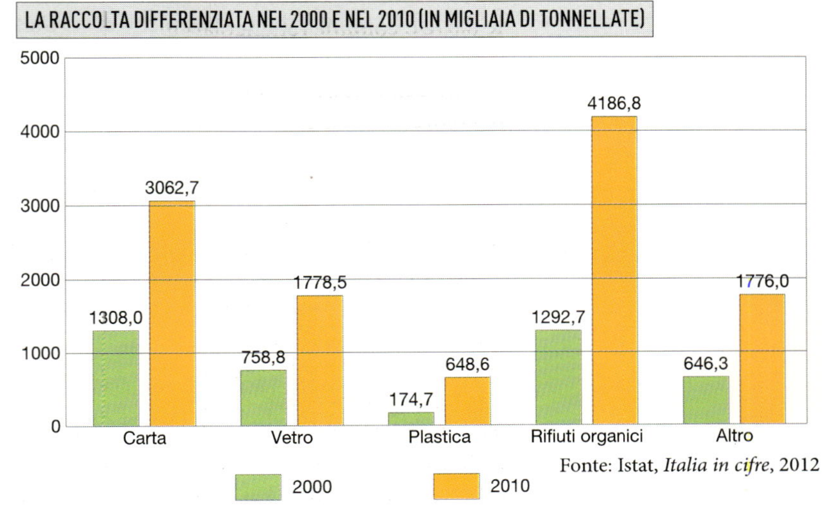

Fonte: Istat, *Italia in cifre*, 2012

di 10 anni si impegnano maggiormente nella differenziazione dei rifiuti, facilitandone lo smaltimento e il riciclo.
Dai dati messi in ordine decrescente, ricaviamo poi che gli italiani nel 2000 hanno differenziato la carta più di ogni altro rifiuto; nel 2010, invece, hanno diversificato in quantità maggiori i rifiuti organici, seguiti dalla carta. La plastica, nei due anni, è il rifiuto meno differenziato nella raccolta. E ancora: considerando lo scarto tra il dato del 2000 e quello del 2010 dello stesso rifiuto, l'aumento maggiore rispetto al primo anno si è verificato nella differenziazione dei rifiuti organici, seguiti sempre dalla carta, dai rifiuti di altra entità (pile, medicine, abbigliamento ecc.), dal vetro e infine dalla plastica.

Adesso LEGGI un grafico

Ti proponiamo, adesso, un diagramma cartesiano. Il fenomeno riprodotto riguarda le separazioni e i divorzi avvenuti in Italia tra il 1971 e il 2010. Il grafico è tratto da un documento pubblicato nel sito web www.istat.it, dal titolo *Italia in cifre,* 2012. Osservalo attentamente, leggilo e rispondi alle domande, dopo aver cercato in Internet alcune informazioni sul divorzio in Italia.
Alla fine, sulla base delle informazioni ricavate, elabora sul tuo quaderno un breve commento al grafico di almeno 10 righe, dal titolo *Italiani in crisi, dai divorzi alle separazioni*.

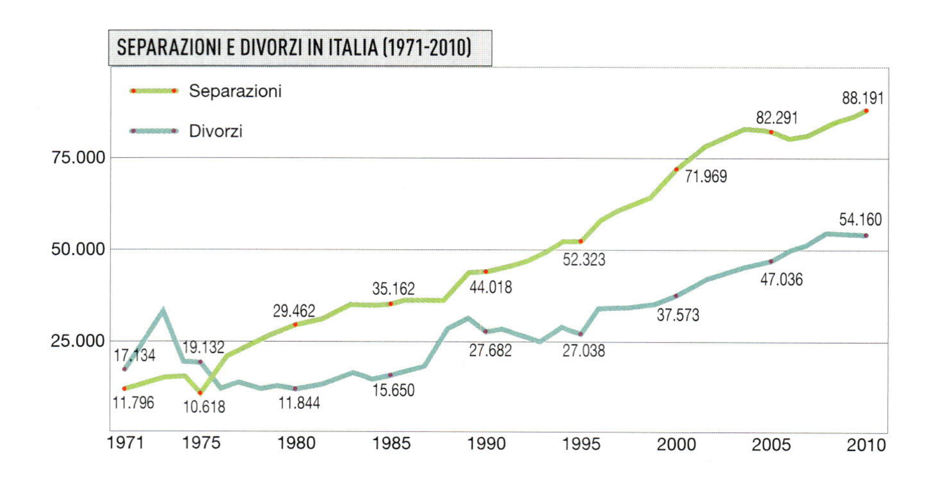

1. Le linee sono curve o spezzate?
2. Che cosa rappresenta la linea di colore verde? E quella di colore celeste?
3. I dati sono forniti in percentuale o espressi in valori numerici assoluti?
4. Nel 1971, è più alto il dato delle separazioni o dei divorzi?
5. In quale anno le linee dei due fenomeni si incrociano e perché, secondo te?
6. Dal 1971 al 2010 i due dati sono in discesa o in ascesa?
7. Quale fenomeno tra i due (separazioni e divorzi) cresce in maniera tale da registrare un maggiore scarto tra i due dati prossimi?
8. Nel 2010, qual è il fenomeno che si verifica maggiormente?

COL COMPUTER

Come COSTRUIRE un grafico con il tuo computer

Un qualsiasi computer, che abbia installato il pacchetto Microsoft Office e che quindi abbia incluso il programma di videoscrittura (Microsoft Word) e quello per realizzare un foglio elettronico (Microsoft Excel), è in grado di elaborare grafici di varia tipologia.
Cercheremo qui di spiegarlo nella maniera più semplice possibile. Per prima cosa bisogna aprire un foglio di Microsoft Excel composto da tante celle una a fianco all'altra e ordinate da due direttive, una orizzontale (A, B, C ecc.) e una verticale (1, 2, 3 ecc.). Successivamente, si possono inserire i dati che si possiedono (in percentuale o in numeri assoluti) assieme agli elementi a cui appartengono. Riportiamo di seguito un esempio.

Percentuale Pil per settore di attività nell'Ue (2004)

- Settore primario 3,6%
- Settore secondario 25%
- Settore terziario 71,4%

I dati possono essere disposti in righe:

Settore primario	Settore secondario	Settore terziario
3,6%	25%	71,4%

oppure in colonne:

Settore primario	3,6%
Settore secondario	25%
Settore terziario	71,4%

Inseriti tutti i dati, seleziona le celle riempite con il tasto destro del mouse, quindi nella barra degli strumenti clicca sulla voce *Inserisci* e scegli il grafico adeguato alle informazioni inserite, come nella schermata qui sotto.

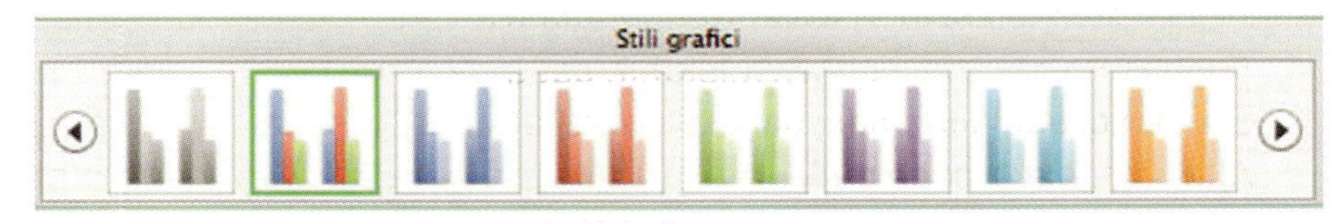

Se, per esempio, possediamo i dati in percentuale, è bene scegliere un grafico a torta; se si sta trattando dell'evoluzione di uno o più fenomeni in un determinato spazio-tempo, allora è opportuno utilizzare il diagramma cartesiano e così via (vedi le tipologie di grafici in questa lezione). Per inserire il titolo, modificare la legenda o i dati, aggiungere titoli agli assi, basta andare sulla voce *Layout* e cliccare sulla casella di testo che si vuole.

Andando sulla voce *Layout grafici* sulla scheda *Progettazione*, il grafico può essere modificato con uno della stessa tipologia (cambiando stile, cioè colori, impostazione di dati e legenda) oppure di modello diverso (istogramma, a linee ecc.).

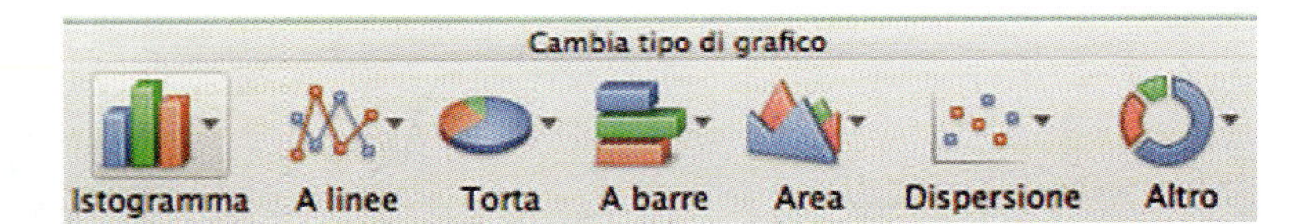

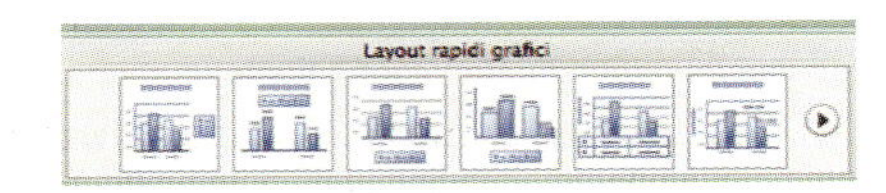

Adesso COSTRUISCI tre grafici con il tuo computer

Ti forniamo adesso tre tabelle, ognuna con i dati di un fenomeno differente in base al quale deciderai quale tipologia di grafico realizzare con il tuo computer (i tre grafici dovranno essere di differente tipologia).

Alla fine, stampa i grafici e incollali sul tuo quaderno per confrontarli in classe con quelli dei tuoi compagni. Non dimenticare di inserire il titolo.

Tabella 1

L'uso delle energie rinnovabili in Italia (2009) Fonte: Iea	
Idroelettrico	53,7%
Biomasse	26,4%
Eolico e fotovoltaico	7,9%
Rifiuti	5,9%
Geotermico	5,8%

Tabella 2

Beni immobili e aziende per regione confiscati per mafia (al 1° novembre 2010) Fonte: *Atlante geopolitico 2012*, Treccani	
Sicilia	4983
Campania	1687
Calabria	1556
Lombardia	963
Puglia	922
Lazio	510
Piemonte	135
Emilia Romagna	107
Sardegna	89
Veneto	84

Tabella 3

Movimento naturale della popolazione italiana (dal 1946 al 2010) Fonte: www.istat.it	
1946	45.540.000
1956	48.788.971
1966	52.317.900
1976	55.588.966
1986	56.597.823
1996	57.332.996
2006	58.751.711
2010	60.340.328

Lezione

12 Le conquiste di Roma in Italia

Lezione

La lezione interattiva ti aiuterà a **ripassare**, **approfondire** e **verificare** le tue conoscenze su **Roma dalla monarchia alla repubblica**.

Atlante

Scopri e **approfondisci** i luoghi e gli avvenimenti della **storia antica** sulla cartografia 3D Google Earth.™

IERI

Per una lettura geostorica

ROMA E LA CONQUISTA DELLA PENISOLA

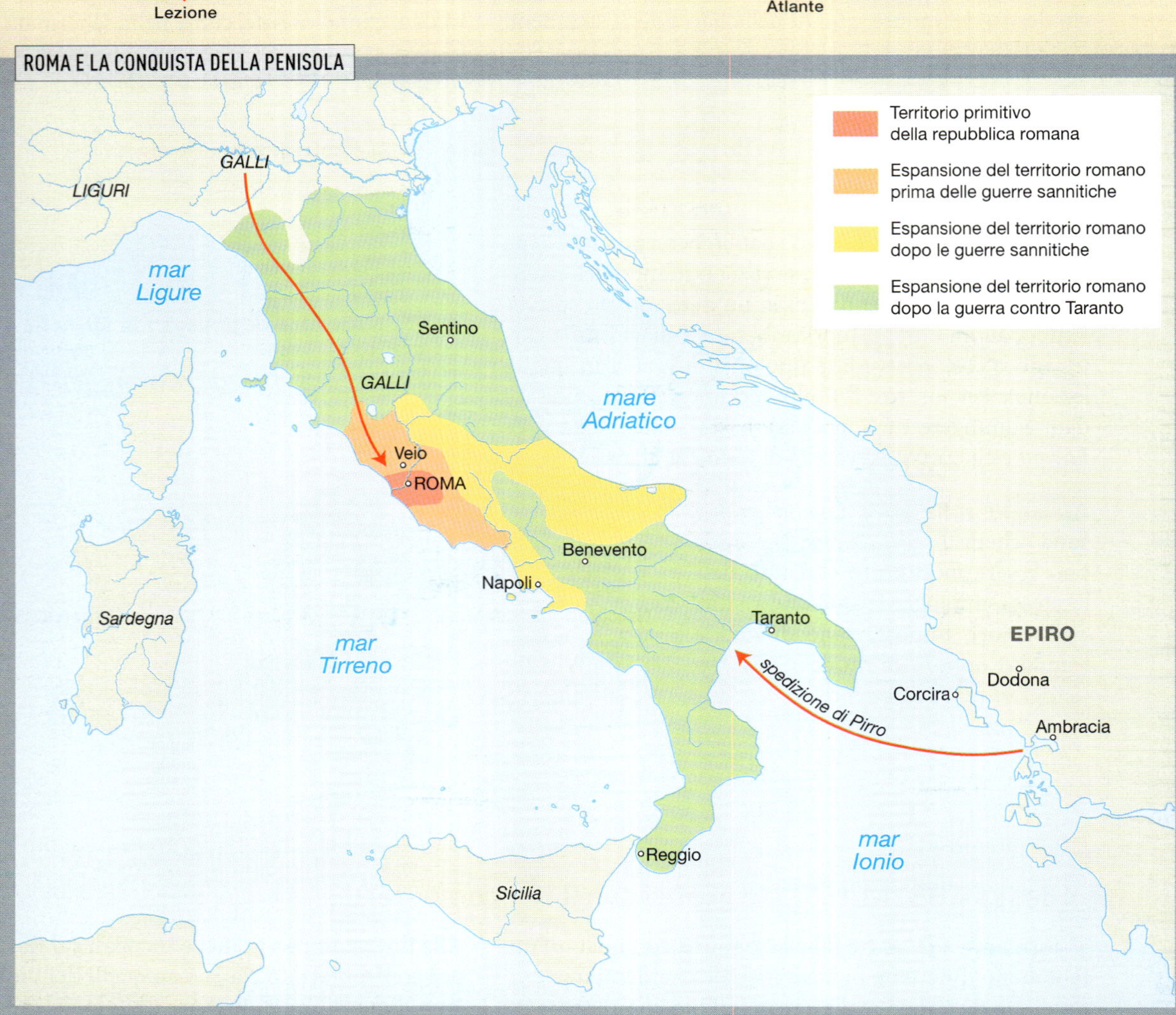

1 Nei primi anni della repubblica, quali direttrici seguì il progetto espansionistico romano?

Nel corso del IV e del III secolo a.C., in seguito a numerose guerre che la videro impegnata contro Etruschi, Galli, Sanniti, Latini e la città di Taranto, Roma **conquistò gran parte dell'Italia peninsulare**, acquisendo al proprio dominio un vastissimo territorio che andava da Rimini sino allo stretto di Messina. Dopo l'iniziale consolidamento della propria sfera d'influenza nel Lazio, la regione dove aveva sede la città, Roma portò infatti a termine la seconda fase del suo progetto espansionistico, con l'estensione dei propri interessi economici sulle ricche e fiorenti città della **Magna Grecia**.

2 Quali furono i rapporti tra Roma e le città assoggettate?

Il dominio romano sulle popolazioni assoggettate non fu particolarmente oppressivo. I Romani, infatti, non imposero la loro religione e i loro usi e permisero ai popoli conquistati di mantenere buona parte delle loro terre. Si creò così una **proficua integrazione** tra i Romani e gli altri popoli italici e presto la lingua e i costumi di Roma si diffusero in tutta la Penisola. Ciò favorì la pacifica convivenza tra le genti e lo sviluppo dell'economia. In tutta l'Italia si diffusero anche gli **edifici tipici dell'architettura romana**, molti dei quali sono ancora oggi visitabili.

509 a.C. Istituzione della repubblica

494 a.C. Secessione della plebe sull'Aventino

451 a.C. Leggi delle Dodici Tavole

396 a.C. Conquista della città etrusca di Veio

390 a.C. I Galli saccheggiano Roma

367 a.C. Leggi Licinie-Sestie: i plebei accedono al consolato

343-341 a.C. Prima guerra sannitica

340-338 a.C. Guerra latina

326-304 a.C. Seconda guerra sannitica

298-290 a.C. Terza guerra sannitica

280-275 a.C. Guerra contro Taranto

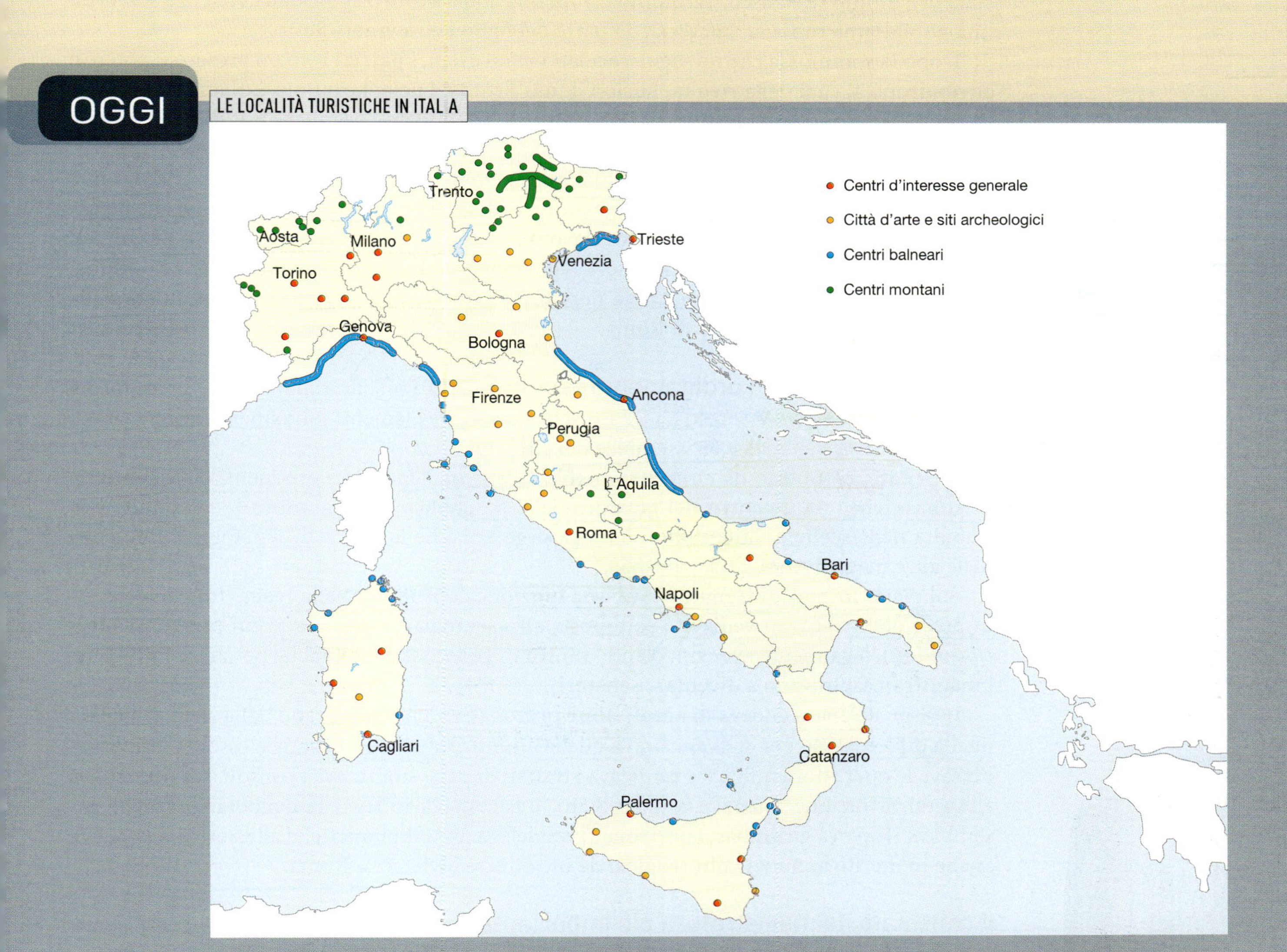

3 Ancora oggi la penisola italiana è capace di suscitare interesse?

Sin dall'incontro tra la Roma repubblicana e i territori della Magna Grecia, avvenuto tra il IV e il III secolo a.C., l'Italia fu un fertile terreno di elaborazioni culturali e artistiche. Le stratificazioni artistico-culturali conservate nella Penisola sono ancora oggi meta di tanti visitatori che fanno dell'Italia un passaggio imprescindibile dei loro viaggi attraverso il continente europeo. **Città d'arte**, **resti archeologici**, **musei**, ma anche località balneari e termali, costituiscono infatti un richiamo irrinunciabile per i viaggiatori di tutto il mondo.

4 In quali condizioni versa il turismo in Italia?

Pur ospitando sul proprio territorio la più alta concentrazione di beni culturali al mondo, oggi l'Italia non riesce a esprimere nel settore turistico la **competitività** che le competerebbe. Negli ultimi anni, infatti, il nostro Paese registra una diminuzione delle presenze di visitatori stranieri che, di fronte all'eccessivo livello dei prezzi e alle carenze infrastrutturali, preferiscono mete turistiche più abbordabili dal punto di vista economico e con una più ampia offerta di servizi. Tuttavia, il settore turistico resta uno dei comparti verso cui guardare per lo sviluppo del Bel Paese.

1 Le istituzioni repubblicane

La nascita della repubblica e del consolato Gli storici sono concordi nel ritenere che, intorno al **509 a.C.**, Roma sia passata da un regime monarchico a una forma di **repubblica aristocratica**. Come abbiamo già visto nella lezione precedente, la leggenda vuole che la cacciata dell'ultimo re etrusco, Tarquinio il Superbo, abbia avuto origine dalla violenza subita da una nobildonna romana, Lucrezia, da parte del figlio del sovrano, Sesto.

Dopo la sommossa che ne seguì, cacciati i re etruschi, i **patrizi** romani presero il potere e attribuirono ai capi della rivolta, Lucio Giunio Bruto e Lucio Tarquinio Collatino (il marito di Lucrezia), il ruolo di **consoli** (dal lat. *consulere* «deliberare, decidere»); aveva così origine quella che in età repubblicana sarebbe diventata la suprema carica di magistrato.

Come spesso accade, i racconti mitici, pur contenendo elementi leggendari, hanno una corrispondenza con alcuni eventi realmente accaduti. Oggi gli storici sostengono che il passaggio dalla monarchia alla repubblica sia avvenuto più **gradualmente** di quanto racconta il mito, svuotando a poco a poco il potere regio delle sue funzioni. Ciò che avvenne a Roma, però, è chiaro: l'**aristocrazia patrizia** depose i re etruschi e divenne la **protagonista** della vita politica e amministrativa di Roma.

IL LESSICO STORICO

Magistratura Nel mondo classico e medievale, il termine (dal latino *magister*, «capo») si usava a proposito di una carica pubblica di rilievo. Oggi, indica il complesso degli organi che amministrano la giustizia.

Il Senato, centro dell'ordinamento repubblicano Lo Stato repubblicano prese forma nel corso del V e del IV secolo a.C. Esso si basava su tre elementi fondamentali: il Senato, il sistema delle **magistrature** e le assemblee dei cittadini.

Il **Senato**, composto da circa 300 membri scelti tra i maggiori esponenti delle **famiglie aristocratiche**, era il **centro del governo** della repubblica e ne garantiva la continuità e la stabilità nelle scelte politiche. Non è un caso, infatti, che la carica di senatore, a differenza delle altre magistrature, fosse **vitalizia**.

Sul piano formale, il Senato aveva una funzione consultiva. Nella realtà, tutte le decisioni prese dai magistrati venivano sottoposte all'assemblea senatoriale, il cui parere (*senatus consultum*), legalmente non vincolante, veniva in genere seguito (anche perché, a loro volta, i magistrati aspiravano a diventare senatori).

Inoltre, il Senato godeva di **amplissime prerogative**, che spaziavano dalla sfera militare a quella diplomatica, per arrivare sino a quella amministrativa e legislativa: esso, infatti, organizzava le operazioni militari e ratificava i trattati di pace, nominava i consoli, sovrintendeva all'amministrazione finanziaria dello Stato, trasformava in leggi le deliberazioni delle assemblee, riceveva gli ambasciatori, mandava delegazioni diplomatiche all'estero e disponeva anche in merito ai nuovi culti religiosi da introdurre o vietare a Roma.

Statua bronzea del III secolo a.C., raffigurante un senatore romano.

Il consolato, la magistratura più importante Le varie funzioni di potere che in epoca monarchica erano esclusivamente in mano al sovrano furono distribuite tra più figure, introducendo diverse **magistrature**. Queste erano tutte **elettive** e avevano altre caratteristiche comuni: erano, infatti, **gratuite** (cioè non retribuite), **collegiali** (ovvero composte da almeno due magistrati di pari potere) e **temporanee**.

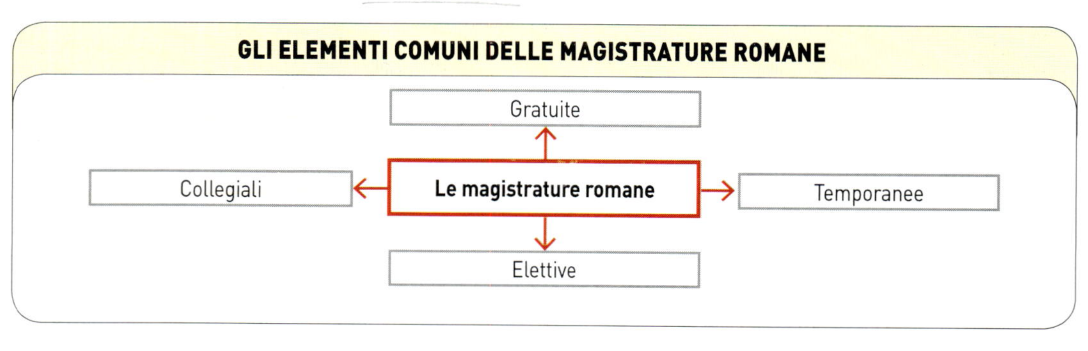

La più importante magistratura del periodo repubblicano era il **consolato**. In numero di due, i **consoli** venivano eletti dai comizi centuriati e rimanevano in carica per **un anno**; erano detti «eponimi» perché il loro nome era attribuito all'anno in cui esercitavano la magistratura.

I consoli godevano dell'*imperium*, ovvero dei **pieni poteri politici e militari**, ed erano costantemente scortati dai **littori**, una sorta di guardie del corpo che portavano sulla spalla sinistra il **fascio**, l'insegna del potere assoluto dei due magistrati. L'attività dei consoli si svolgeva sotto il **controllo del Senato**, che dopo la conclusione del loro mandato poteva anche sottoporli a giudizio nel caso in cui avessero operato in modo scorretto. Alla fine del loro incarico, i consoli entravano tra le file del Senato.

Oltre a **guidare l'esercito**, i consoli svolgevano altre importanti **funzioni civili**, **amministrative** e **giudiziarie**: convocavano il Senato, presiedevano i comizi, controllavano l'ordine pubblico, potevano imporre tributi e condannare un cittadino a varie pene, fino a quella di morte (*coercitio*).

In questo specifico caso, però, il cittadino romano poteva appellarsi al giudizio dei comizi (*provocatio ad populum*), a cui sottoponeva il caso per cui veniva condannato. Questa consuetudine si affermò e divenne successivamente legge, per evitare che il potere così ampio di chi ricopriva la carica di console fosse usato arbitrariamente. Per **limitare il potere assoluto** dei consoli, inoltre, ognuno dei due magistrati aveva la facoltà di **porre il veto** (*intercessio*) nel caso in cui non fosse stato d'accordo con la decisione del collega.

In casi di estrema necessità e di **pericolo per lo Stato** il potere dei consoli poteva essere sospeso e affidato dal Senato a un solo uomo, il **dittatore** (*dictator*). La **dittatura** era una magistratura straordinaria, che decretava l'**interruzione delle magistrature ordinarie** per una durata massima di sei mesi.

Le altre magistrature Accanto ai consoli vi erano altri magistrati, che avevano il compito di affiancarli nell'amministrazione di una comunità in continua espansione e trasformazione, e il cui numero aumentò via via che i compiti di governo crescevano.

I **censori** erano due e venivano eletti ogni cinque anni, scelti tra i componenti del Senato. Essi restavano in carica diciotto mesi e avevano il compito di effettuare il **censimento**, l'insieme delle operazioni necessarie per individuare le classi sociali dei cittadini e stilare in base a queste liste fiscali, elettorali e militari.

I censori, inoltre, sorvegliavano la **morale pubblica** e, in seguito, ebbero anche il delicato incarico di rivedere le liste dei senatori e, di conseguenza, il potere sia di ammetterne di nuovi sia di espellere (tramite la *nota censoria*) quanti ritenuti indegni di tale carica.

I **questori** erano deputati al controllo e alla gestione delle **risorse finanziarie** e dell'**erario pubblico**, nonché al pagamento degli stipendi dell'esercito e dei funzionari di Stato. In origine erano due, poi il loro numero si ampliò sino a circa sessanta in seguito all'estensione dello Stato romano.

Vi erano poi i **pretori**, che amministravano la **giustizia**, interpretavano le leggi vigenti e avevano anche il potere di emanare nuove norme giuridiche, sempre nel solco della tradizione giurisprudenziale romana. Inizial-

Un censimento in un rilievo del II secolo a.C.: un censore raccoglie i dati, mentre un soldato vigila sull'operazione. 100 a.C. circa. Parigi, Museo del Louvre.

IL LESSICO STORICO

Fascio (littorio) I fasci littori erano costituiti da più verghe legate con dei nastri intorno a una scure e venivano usati per la difesa personale dei magistrati. La conformazione dei fasci permetteva ai littori di eseguire le condanne decise dagli stessi consoli, semplicemente sciogliendo i nastri e utilizzando, secondo la gravità del reato, le verghe, per le punizioni corporali, o l'ascia, in caso di pena di morte. È però necessario ricordare che all'interno della città non era possibile applicare la pena di morte a cittadini romani, che avevano diritto alla *provocatio ad populum*, cioè di ricorrere ai comizi centuriati per sospendere una condanna capitale stabilita dai magistrati.

Veto Possibilità riconosciuta a un membro di un organismo di annullare con il suo voto contrario una decisione dell'organismo stesso (dal latino *vetare* = «vietare»).

Dittatore Il termine dittatore (dal latino *dictator*) nella Roma repubblicana indicava un magistrato straordinario che veniva eletto in casi di grave pericolo, con pieni poteri civili e militari per un periodo di tempo non superiore ai sei mesi. Oggi la parola viene usata a proposito di un capo di Stato che esercita pieni poteri senza lasciare ai cittadini alcuna libertà politica.

mente, i pretori erano due; con il tempo, però, aumentarono di numero e videro crescere i loro poteri.

Gli **edili**, infine, sovrintendevano ai mercati e all'**approvvigionamento** della città, alle **opere pubbliche** (manutenzione e costruzione di strade e edifici), agli spettacoli e all'ordine pubblico. Questa magistratura era in un primo tempo riservata ai soli plebei; poi ne entrarono a far parte anche i patrizi. Fu così che gli edili divennero quattro, due plebei e due patrizi.

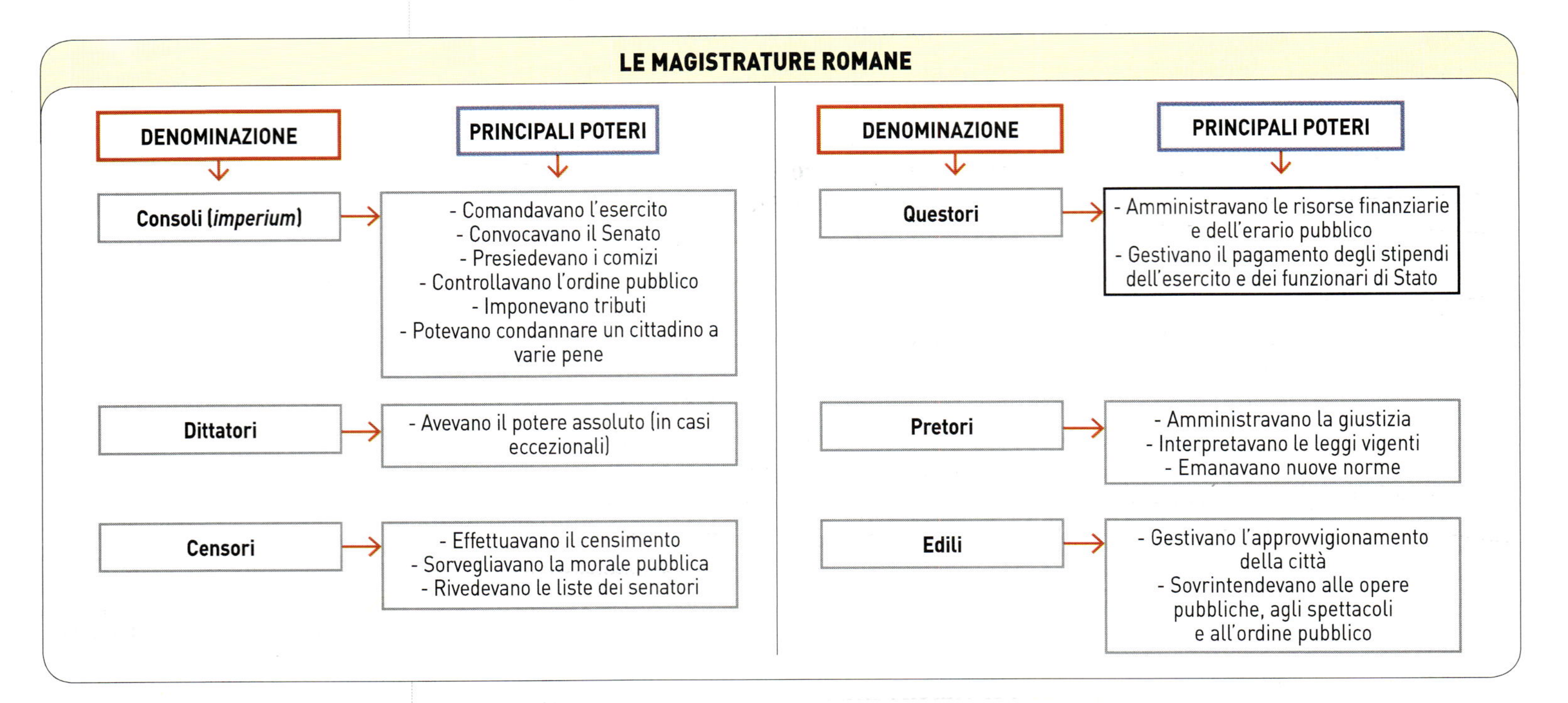

LE MAGISTRATURE ROMANE
DENOMINAZIONE
PRINCIPALI POTERI
Consoli (imperium)
- Comandavano l'esercito
- Convocavano il Senato
- Presiedevano i comizi
- Controllavano l'ordine pubblico
- Imponevano tributi
- Potevano condannare un cittadino a varie pene
Dittatori
- Avevano il potere assoluto (in casi eccezionali)
Censori
- Effettuavano il censimento
- Sorvegliavano la morale pubblica
- Rivedevano le liste dei senatori
DENOMINAZIONE
PRINCIPALI POTERI
Questori
- Amministravano le risorse finanziarie e dell'erario pubblico
- Gestivano il pagamento degli stipendi dell'esercito e dei funzionari di Stato
Pretori
- Amministravano la giustizia
- Interpretavano le leggi vigenti
- Emanavano nuove norme
Edili
- Gestivano l'approvvigionamento della città
- Sovrintendevano alle opere pubbliche, agli spettacoli e all'ordine pubblico

Le assemblee dei cittadini

Le **assemblee dei cittadini**, riservate ai maschi adulti con diritto di cittadinanza, cioè nati a Roma da genitori romani, erano la sede in cui il **popolo** poteva partecipare al governo della città e trovare rappresentanza. In epoca repubblicana, le assemblee furono tre: i comizi centuriati, i comizi tributi e i *concilia plebis*. Le assemblee non avevano il potere di modificare le **proposte di legge**, ma solo di **accettarle** o di **respingerle**. Le loro deliberazioni, inoltre, dovevano essere approvate dal Senato.

In età repubblicana i comizi curiati (→ LEZIONE 11, PARAGRAFO 2) persero progressivamente d'importanza e vennero sostituiti dai **comizi centuriati**. Come abbiamo visto nella LEZIONE 11, si trattava di un'assemblea basata sulla suddivisione della popolazione romana in **classi di censo**. Oltre alle funzioni militari, i comizi centuriati avevano il compito di **eleggere i consoli e i pretori** nominati dal Senato e di **votare le proposte di legge**.

I comizi centuriati dovevano fornire all'esercito, complessivamente, 193 **centurie**. I più ricchi, sebbene fossero meno numerosi, erano inquadrati in 98 centurie (un numero nettamente superiore all'insieme delle altre classi). Ogni centuria, oltre a fornire all'esercito un determinato numero di soldati, aveva il diritto a un voto nei comizi. In questo modo le classi più abbienti potevano mantenere il controllo politico della città.

La formazione dei **comizi tributi**, invece, si basava sulla **residenza**. Roma era infatti divisa in circoscrizioni territoriali, le tribù. In esse si trovavano a convivere, senza alcuna distinzione, patrizi e plebei. L'assemblea svolgeva un **ruolo marginale** nella politica romana, perché eleggeva soltanto magistrati minori; tuttavia, l'iscrizione a una tribù comportava l'assunzione con pieni diritti della **cittadinanza romana**.

I *concilia plebis* (le «adunanze della plebe»), infine, erano assemblee riservate **esclusivamente alla plebe**, anch'esse organizzate per tribù. Il loro compito era di **eleggere i tribuni** (una magistratura istituita in seguito alla *secessio plebis* del 494 a.C.: → PARAGRAFO 2) e di votare le loro deliberazioni, detti *plebiscita*, che ebbero però valore di legge solo dopo il 287 a.C.

■ Un cittadino romano nell'atto di votare, in una moneta di età repubblicana.

PER RIPASSARE

1. Qual era e quali compiti aveva la più alta magistratura in epoca repubblicana?
2. Chi era il dittatore?
3. Quali caratteristiche comuni avevano le magistrature? Elencale e spiegale.

La lotta tra patrizi e plebei

La plebe e le sue rivendicazioni Nei primi tempi della repubblica, tutte le cariche pubbliche erano in mano ai patrizi che, forti del loro ruolo nella cacciata della monarchia e del loro peso economico, avevano di fatto escluso i plebei da ogni forma di rappresentanza.

Questa condizione rifletteva la divisione presente nella società romana e generò **aspri contrasti** tra i due ordini che la costituivano: da una parte i **patrizi**, i grandi proprietari terrieri che controllavano il Senato, e dall'altra i **plebei**, tra le cui file non vi erano soltanto i piccoli contadini e i nullatenenti (i «proletari», cioè coloro che avevano solo i figli – la prole – come unico bene), ma iniziava a emergere anche un ceto di **ricchi commercianti e artigiani**.

La fascia più ricca della plebe premeva per avere gli stessi diritti dei patrizi e per il **riconoscimento** del ruolo che essa di fatto già svolgeva nella società romana. I plebei, infatti, erano **esclusi dalle cariche pubbliche** più importanti e, pur condividendone i rischi, non potevano godere dei benefici (per esempio, la spartizione del bottino) delle guerre a cui prendevano parte. Inoltre, il fatto di non poter sposarsi con gli aristocratici costituiva un ostacolo all'unica possibilità di **ascesa sociale**.

Particolarmente difficile era poi la condizione degli **strati inferiori** della plebe, i contadini e i proletari che spesso contraevano **debiti** con i patrizi e, non essendo in grado di pagarli, rischiavano di perdere la libertà e di diventare schiavi dei loro creditori.

Anche la distribuzione dell'*ager publicus* (ovvero dei terreni confiscati ai vinti dopo una conquista militare e che diventavano proprietà del popolo romano nella sua interezza) costituiva un motivo di contrasto con i grandi proprietari terrieri, che se ne accaparravano la maggior parte.

IL LESSICO STORICO

Secessione Il distacco di una parte o di un gruppo da un organismo politico unitario (per esempio uno Stato), che di solito costituisce una forma di ribellione al potere costituito (dal latino *secedere* = «allontanarsi»).

L'istituzione del tribunato della plebe Per riuscire nell'obiettivo di **incrinare l'egemonia politica dei patrizi**, i ricchi plebei si allearono con gli strati più deboli del loro ordine. In questo clima di contrapposizione sempre più dura si arrivò, nel **494 a.C.**, alla *secessio plebis* («**secessione** della plebe»), ovvero all'abbandono in massa della città da parte della plebe e al suo accamparsi sul colle dell'**Aventino**.

Il gesto ebbe una forte rilevanza politica: i plebei, infatti, minacciavano di **fondare una nuova comunità** autonoma, spezzando l'unità di Roma. Inoltre, con una simile protesta, essi misero di fronte al blocco di potere patrizio un dato incontestabile: senza l'indispensabile contributo plebeo non sarebbe stato possibile convocare la **leva militare** per il reclutamento dell'esercito. E in un periodo in cui – come vedremo – Roma era impegnata su più fronti dal punto di vista bellico, questa era indubbiamente una formidabile arma nelle mani dei plebei.

La secessione rientrò (secondo la tradizione grazie alla mediazione del senatore **Menenio Agrippa**: → p. 238), ma alla fine produsse i suoi effetti. I plebei ottennero il loro primo riconoscimento: l'istituzione del **tribunato della plebe**, una magistratura a protezione del loro ordine. Secondo la tradizione, i primi tribuni della plebe si chiamavano Lucio Albinio e Gaio Licinio Stolone.

I **tribuni della plebe** erano due. Essi, pur non esercitando alcuna funzione di governo, erano in possesso del **diritto di veto**, cioè potevano bloccare ogni legge e decisione di qualsiasi magistrato, compresi i consoli, che ritenessero potenzialmente dannosa per la plebe. I tribuni avevano inoltre il diritto di difendere un cittadino plebeo messo sotto accusa da un magistrato patrizio (*ius auxiliandi*). La loro persona, infine, era considerata sacra e inviolabile.

Mercanti di tessuti con i loro clienti, in un bassorilievo di età repubblicana. I mercanti più ricchi – che facevano parte dell'ordine dei plebei – lottarono per ottenere diritti politici e sociali al pari dei patrizi.

MITI E LEGGENDE

Menenio Agrippa

Menenio Agrippa fu console nel 503 a.C. e si distinse per le sue posizioni moderate nel conflitto che contrappose patrizi e plebei. Durante la secessione della plebe del 494 a.C., secondo la leggenda, venne inviato come mediatore e convinse la plebe a rientrare in città, dopo che questa ebbe ottenuto l'istituzione del tribunato della plebe.
Narrano alcuni scrittori romani che Menenio Agrippa convinse i plebei con un apologo divenuto celebre: le membra (i plebei), stanche di portare il cibo allo stomaco (cioè i patrizi), si erano ribellate, ma in questo modo avevano provocato un danno anche a se stesse, facendo mancare il nutrimento a tutto il corpo. La morale del suo racconto era che soltanto dalla concordia sociale poteva scaturire il benessere.

Le altre tappe della conquista della parità civile e sociale Nel 451 a.C., poi, la plebe raggiunse un altro importante risultato: l'introduzione delle **leggi scritte**. Fino ad allora, infatti, il patrimonio legislativo romano era stato tramandato oralmente ed era affidato alla custodia del collegio dei pontefici, la cui estrazione era esclusivamente di stampo patrizio.

Dopo aver superato le resistenze dei patrizi, che temevano di perdere uno straordinario strumento di potere nelle loro mani, fu nominata una commissione mista di dieci uomini, detti *decemviri*, che redasse le cosiddette leggi delle **Dodici Tavole**, così chiamate perché scritte su dodici lastre di bronzo. Esse, dopo l'approvazione dei comizi centuriati, furono esposte pubblicamente nel Foro. Le leggi delle Dodici Tavole rimasero come **fondamento del diritto pubblico e privato romano**; le tavole, purtroppo, andarono distrutte durante l'incendio seguito al saccheggio di Roma da parte dei Galli, nel 390 a.C. (→ PARAGRAFO 3).

Altre due importanti tappe che portarono alla progressiva parità di diritti tra patrizi e plebei risalgono rispettivamente al 445 a.C., con la *lex Canuleia*, e al 367 a.C., con l'approvazione delle leggi Licinie-Sestie.

La legge voluta dal tribuno Gaio Canuleio **abolì il divieto** di contrarre matrimonio tra patrizi e plebei e fu la prima, dopo l'approvazione da parte dei comizi centuriati, a diventare valida per tutti i Romani.

Le leggi Licinie-Sestie, invece, consistevano in una serie di norme che riconoscevano altre conquiste per l'ordine plebeo. Il provvedimento più importante fu sicuramente quello che **ammise i plebei al consolato** e, di conseguenza, aprì loro la via per entrare nella roccaforte patrizia per eccellenza: il Senato.

Fu poi varata una **riforma agraria**, che non consentiva il possesso di più di 500 iugeri di terreno pubblico da parte di un singolo cittadino romano e redistribuiva il ricavato degli espropri ai contadini indigenti (in realtà, tale legge sarà a lungo disattesa). Infine, una norma rese meno gravose le condizioni dei debitori.

Quest'ultimo problema era però lontano dall'essere definitivamente risolto: la **schiavitù per debiti**, infatti, continuava ad affliggere la plebe romana. Essa fu definitivamente **abolita** solo nel 326 a.C.: la *lex Petelia* stabilì, infatti, che in garanzia al creditore potevano essere dati esclusivamente i beni materiali del debitore, e non la sua persona fisica come fino a quel momento era stato fatto.

Ormai, dunque, i plebei potevano accedere alla quasi totalità delle cariche pubbliche. Essi, però, restavano esclusi dalle magistrature religiose, di cui i patrizi erano ancora unici detentori. Nel 300 a.C. cadde anche quest'ultimo ostacolo e si aprì ai plebei l'**accesso al pontificato**. Infine, nel 287 a.C., con la *lex Hortensia*, le **proposte dei tribuni** della plebe ottennero **valore di legge** per tutto il popolo romano.

Un lungo processo di trasformazione delle istituzioni repubblicane si era dunque compiuto. Uno dei risultati più rilevanti fu il sostanziale conseguimento della parità di diritti tra i

Il tempio della Concordia, all'interno del Foro romano. Fu eretto nel IV secolo a.C. per celebrare l'accordo tra patrizi e plebei.

due principali ordini della società romana, che sancì la nascita di una nuova **classe dirigente patrizio-plebea**. Inoltre, si assistette a un cambiamento radicale negli assetti di potere al vertice della repubblica: a un'aristocrazia che fondava il suo prestigio sul sangue si sostituì un'**oligarchia basata sulla ricchezza**.

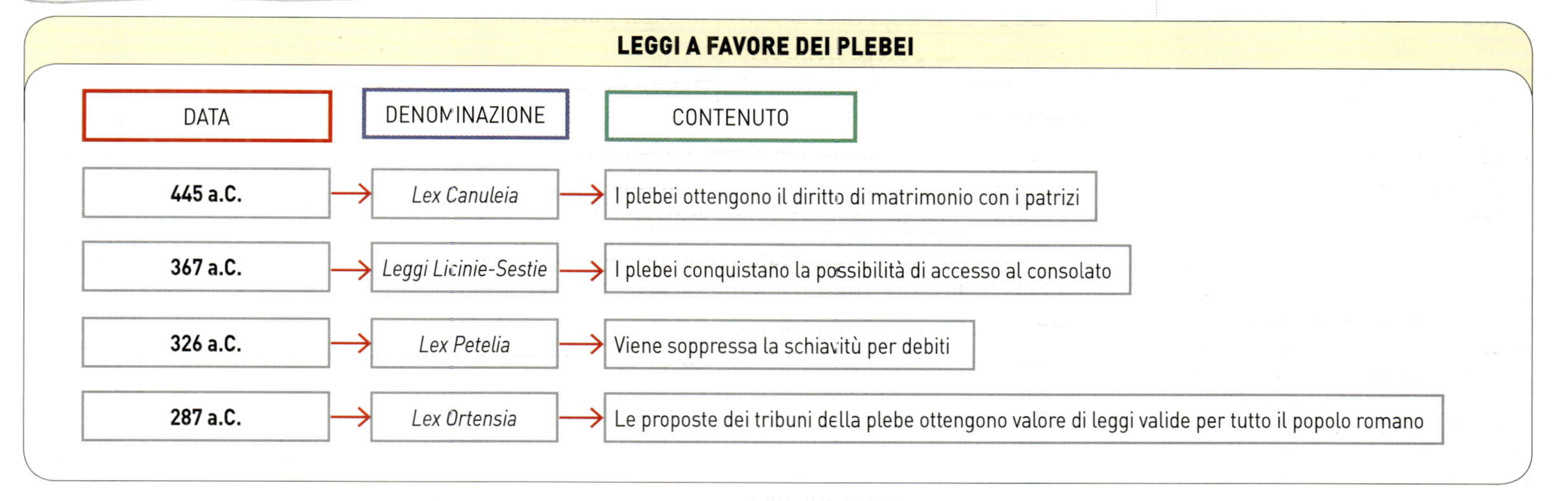

LEGGI A FAVORE DEI PLEBEI

DATA	DENOMINAZIONE	CONTENUTO
445 a.C.	*Lex Canuleia*	I plebei ottengono il diritto di matrimonio con i patrizi
367 a.C.	*Leggi Licinie-Sestie*	I plebei conquistano la possibilità di accesso al consolato
326 a.C.	*Lex Petelia*	Viene soppressa la schiavitù per debiti
287 a.C.	*Lex Ortensia*	Le proposte dei tribuni della plebe ottengono valore di leggi valide per tutto il popolo romano

PER RIPASSARE

1. Per quali motivi sorsero i contrasti tra patrizi e plebei?
2. Quali furono le principali conquiste civili e politiche dei plebei? Rispondi completando la tabella a lato.

CONQUISTE CIVILI	CONQUISTE POLITICHE
....	....
....	....
....	....
....	....
....	....

Roma e la conquista della penisola italica

Lo scontro con le città latine e la federazione latino-romana Dopo la cacciata dei Tarquini, Roma si trovò subito coinvolta in una serie di **operazioni belliche** su più fronti. Infatti, da un lato, essa dovette contrastare l'aggressività delle **città latine**, preoccupate dalla politica espansionistica romana, e respingere gli attacchi delle **popolazioni appenniniche** (in particolare Sabini, Equi e Volsci), che ambivano a espandersi nelle fertili pianure laziali; dall'altro, dovette difendersi dal tentativo degli **Etruschi** di riprendere il controllo della città.

Lo scontro con i Latini, riuniti nella **Lega latina**, culminò nella battaglia del **lago Regillo**, nel 496 a.C., dove a prevalere furono i Romani. A seguito della loro vittoria, nel 493 a.C., venne stretto il cosiddetto **trattato Cassiano** (*foedus Cassianum*), dal nome del console romano che lo stipulò, Spurio Cassio. Il trattato stabiliva un'**alleanza militare** tra Roma e la Lega latina.

Nell'arco di pochi anni, la **federazione latino-romana** iniziò un lungo e faticoso conflitto con le popolazioni appenniniche degli **Equi** e dei **Volsci**. Le operazioni belliche erano rese difficili dal fatto che queste popolazioni erano ancora seminomadi e di conseguenza non offrivano bersagli fissi (per esempio delle città) contro cui potersi dirigere, ma la federazione ebbe alla fine la meglio, intorno al 430 a.C., ottenendo il **dominio di larga parte del Lazio**.

Per consolidare il controllo dei nuovi territori conquistati, Romani e Latini decisero di fondarvi nuovi insediamenti urbani (le **colonie**: → p. 243), che ebbero anche la funzione di favorire il processo di fusione e integrazione tra vincitori e vinti.

Due guerrieri latini trasportano un compagno ferito; scultura del IV secolo a.C.

La conquista di Veio e la sconfitta definitiva degli Etruschi Secondo la leggenda, subito dopo la loro cacciata dal trono di Roma, i Tarquini chiesero l'aiuto del re etrusco di Chiusi, Porsenna, per tentare di riconquistare il controllo della città; il tentativo, però, fallì e Porsenna dovette ritirarsi.

Al di là dell'episodio mitico, gli insediamenti etruschi sulla sponda destra del Tevere rappresentavano un ostacolo per le mire espansionistiche di Roma verso Nord. In particolare, fu con la città di **Veio** che essa entrò in conflitto. Situata ad appena 17 km di distanza, la più meridionale delle città etrusche voleva inoltre sottrarre a Roma il controllo del **commercio del sale**.

La guerra si concluse nel **396 a.C.**, quando il console **Furio Camillo** riuscì a conquistare la città. Con la **presa di Veio**, Roma raddoppiò l'estensione dei suoi domini e diede avvio alla sua **espansione verso Nord**.

I Galli saccheggiano Roma Pochi anni dopo la fine del conflitto con la città etrusca, Roma subì una dura battuta d'arresto nel suo progetto espansionistico. A causarla furono i **Celti**, una popolazione di origine nordica che i Romani chiamavano «**Galli**».

Dopo aver conquistato diversi centri etruschi, i Galli si erano stanziati nella **pianura padana**. Una delle loro tribù (i Galli Sènoni) si spinse ancora più a Sud, verso l'**Etruria**, dove arrivò ad assediare e saccheggiare la città di Chiusi.

In seguito, i Galli si diressero verso Roma e nel 390 a.C., presso il fiume Allia, un affluente minore del Tevere, sconfissero l'esercito romano. Prima di ritirarsi dietro il pagamento di un pesante **riscatto** in oro, **saccheggiarono** e incendiarono **Roma**.

La fine della Lega latina Negli anni successivi al sacco di Roma da parte dei Galli, le città latine più influenti cercarono di liberarsi dall'egemonia romana. Si arrivò dunque alla **guerra latina** (340-338 a.C.), in cui Roma sbaragliò le avversarie, sciolse la Lega latina e impose un sistema di alleanze basato su trattati bilaterali con le singole città.

Alcune città latine, che avevano dimostrato la propria fedeltà a Roma, furono incorporate nello Stato romano e i loro abitanti ottennero la piena **cittadinanza**. Altre, pur mantenendo la loro indipendenza formale, furono costrette a versare a Roma imposte e a rifornire l'esercito romano di soldati, senza però ricevere in cambio i diritti politici.

I GALLI IN ITALIA

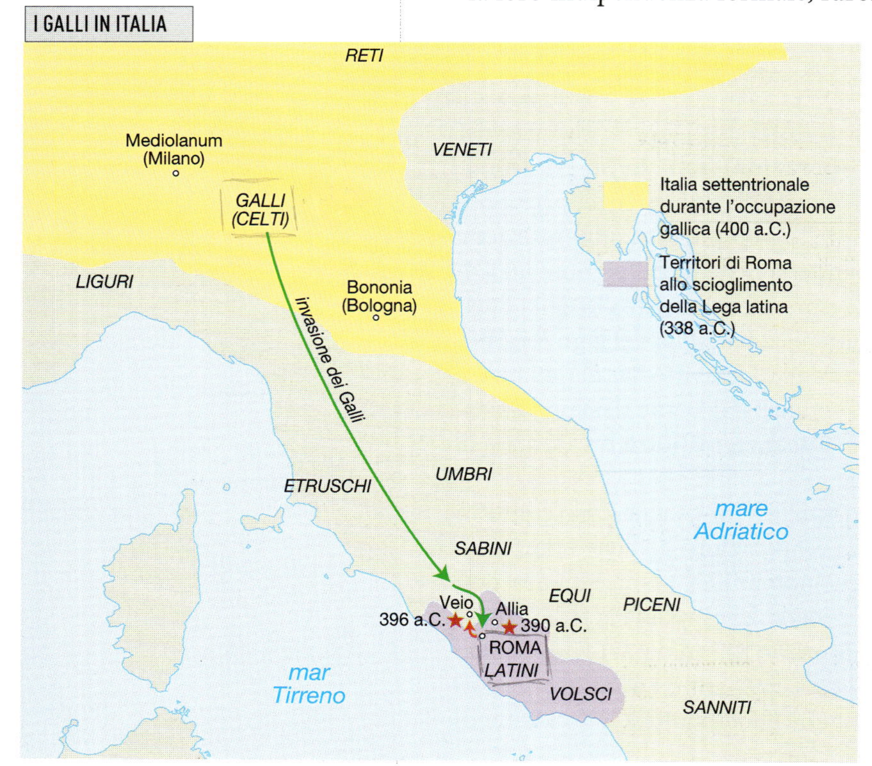

Le guerre sannitiche Dopo la metà del IV secolo, Roma aveva ormai esteso il suo dominio a gran parte del Lazio e spingeva la propria espansione sempre più a Sud. Fu così che si scontrò con i **Sanniti**, un popolo di pastori che occupava le zone montane del Sannio, un territorio all'incirca corrispondente all'attuale Molise e alle alture dell'Irpinia, e che aveva la sua zona d'influenza su Campania, Molise e parte della Puglia.

Dal punto di vista politico, i Sanniti non erano organizzati in uno Stato unitario, ma in una **confederazione** che univa le varie **tribù** in un rapporto di alleanza.

La miccia che fece scoppiare il primo confronto armato tra le due potenze della Penisola fu la richiesta di aiuto rivolta a Roma dalla città campana di Capua, minacciata dai Sanniti. La **Prima guerra sannitica** (**343-341 a.C.**) si concluse rapidamente senza un vero vincitore e con la firma di un trattato di pace. Ma la tregua non durò a lungo.

■ Soldati sannitici in un affresco rinvenuto in una tomba a Nola, IV secolo a.C. Napoli, Museo Archeologico Nazionale.

Nel 326 a.C., i Romani posero l'assedio a *Neapolis* (l'attuale Napoli) e la costrinsero ad allearsi con loro, scatenando la reazione dei Sanniti: fu l'inizio della **Seconda guerra sannitica (326-304 a.C.)**.

Forti dei primi successi, i Romani portarono la guerra negli impervi territori dei Sanniti. Questi ultimi, però, erano molto più esperti nei combattimenti nei territori di montagna e riuscirono ad accerchiare l'esercito romano, lento e macchinoso al di fuori del campo aperto, nella stretta gola di Caudio, presso Capua. Si tratta dell'episodio delle **Forche Caudine** (321 a.C.), quando i soldati romani, insieme agli ufficiali e ai consoli, furono costretti ad arrendersi e a passare disarmati sotto un giogo formato dalle lance dei guerrieri sannitici.

Nonostante la bruciante umiliazione, Roma non accettò di firmare la pace alle dure condizioni imposte dai Sanniti, facendo ricadere la responsabilità della resa unicamente sui due comandanti.

Negli anni di tregua che seguirono, i Romani **riorganizzarono l'esercito**, rendendolo più agile e veloce, e isolarono politicamente i Sanniti stringendo **alleanze** con i popoli confinanti. La strategia di Roma diede i suoi frutti: nel 305 a.C., infatti, la città riuscì a ottenere la vittoria definitiva sui Sanniti a **Boviano** e nel 304 a.C., infine, venne firmato un **trattato di pace**, che sancì il **dominio di Roma sulla Campania**.

Pochi anni dopo, però, le ostilità ricominciarono, quando i Sanniti diedero vita a un'alleanza in cui riuscirono a convogliare il malcontento nei confronti dell'egemonia romana di diverse popolazioni, tra cui Galli, Etruschi e Umbri. In breve si giunse così alla **Terza guerra sannitica (298-290 a.C.)**, che vide, nel 295 a.C., l'importante vittoria dei Romani sulla coalizione avversaria nella **battaglia di Sentino**, nelle odierne Marche.

Dopo il trionfo di Sentino, i Romani ottennero altre vittorie contro i Galli (la più importante delle quali presso il lago di Bracciano, nel 283 a.C.), che furono così ricacciati nella pianura padana. I Sanniti continuarono nelle loro azioni di guerriglia montana fino al **290 a.C.**, quando il console Manio Curio Dentato riuscì a ridurli alla **resa**.

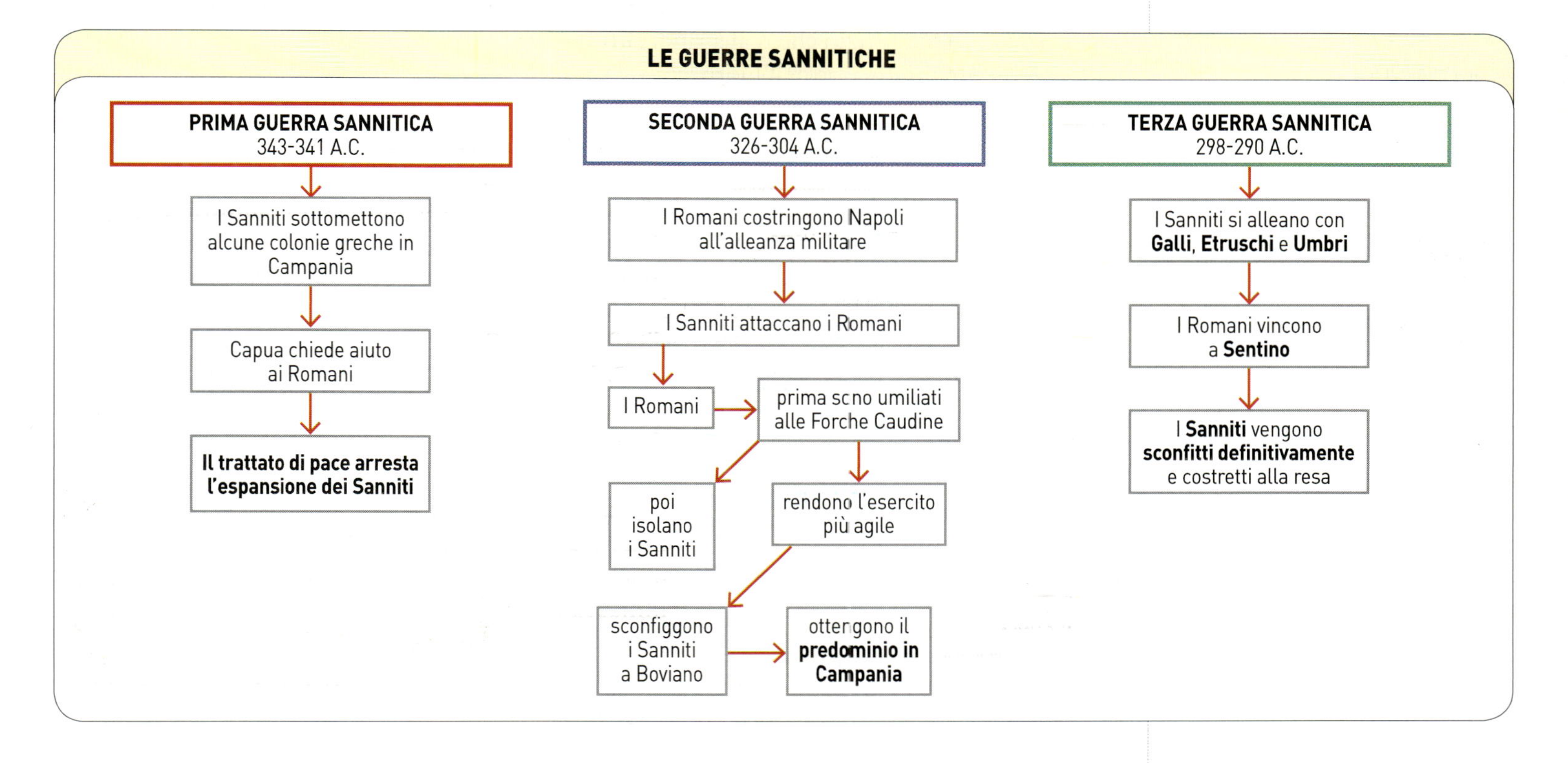

IL TERRITORIO DEI SANNITI E LE REGIONI ATTUALI

La guerra contro Taranto Le guerre sannitiche avevano messo Roma in contatto con le fiorenti città della **Magna Grecia**. A spingere per una sua espansione verso Sud, furono soprattutto le nuove classi mercantili romane, che desideravano entrare nei **ricchi mercati** delle città greche.

Taranto era la più ricca e importante delle colonie greche d'Italia. Essa, infatti, **controllava le rotte commerciali** del grano pugliese verso le coste della Grecia. Nel 303 a.C. Roma aveva stipulato con Taranto un **trattato**, con il quale si impegnava a non entrare con le proprie navi nelle acque dell'omonimo golfo in cui sorgeva la città.

All'inizio del III secolo a.C., le **città greche** dell'Italia meridionale non vivevano un momento facile. Esse, infatti, si erano molto **indebolite**, sia a causa dei continui conflitti che le avevano contrapposte, sia per l'emergere di **Cartagine**, la colonia fenicia situata nell'odierna Tunisia che, dopo la conquista di gran parte della Sicilia, stava ormai eclissando la potenza di **Siracusa**.
Le difficoltà di Siracusa, il grande alleato su cui poteva contare Taranto, fecero sì che venisse a **mancare l'appoggio militare** della città siciliana; Taranto si trovò così indifesa contro l'espansionismo romano.

Chiuse le guerre sannitiche, infatti, Roma aveva inviato, in aperta violazione dei trattati stipulati, alcune navi nel golfo di Taranto. Nel 282 a.C., in risposta alle provocazioni romane, Taranto **affondò le navi romane**: era l'inizio della guerra contro Roma.

L'intervento di Pirro (280-275 a.C.) Nonostante fosse consapevole della propria inferiorità militare, Taranto decise di intraprendere il conflitto con Roma perché nel frattempo aveva ricevuto l'**appoggio di Pirro**, re dell'Epiro, una regione montuosa della Grecia settentrionale che corrisponde circa all'odierna Albania. Pirro decise con entusiasmo di prendere parte al conflitto, forse spinto dal desiderio di emulare le imprese di Alessandro Magno e dal sogno di creare un regno greco sulle due sponde dell'Adriatico.

Sbarcato in Italia, Pirro si scontrò con i Romani a **Eraclea**, nel 280 a.C., e ad **Ascoli Satriano**, nel 279 a.C., e grazie alle sue abilità strategiche, che si combinarono con la tattica dello schieramento della falange macedone e con l'utilizzo in battaglia degli elefanti, sconosciuti ai Romani, il sovrano ellenistico ottenne due **vittorie**. Queste furono però ottenute a costo di **gravissime perdite**, tanto che da allora si usa l'espressione «vittoria di Pirro» per indicare un successo più fittizio che reale, riportato a un prezzo troppo elevato.

A questo punto, il re dell'Epiro, conscio del fatto che non poteva contare su un vero aiuto militare da parte delle città della Magna Grecia, propose a Roma trattative di pace. Il Senato romano, su consiglio del console Lucio Appio Cieco, rifiutò la pace.

Pirro, allora, tentò di portare il conflitto in **Sicilia** (278-276 a.C.), andando in soccorso delle città greche contro Cartagine. La spedizione, però, si risolse in un **nulla di fatto**:

VIAGGIO NELLA GEOGRAFIA

TARANTO

Taranto è la seconda città per numero di abitanti della regione Puglia. Situata nell'omonimo golfo del mar Ionio, la città, che è caratterizzata dalla presenza di tre penisole e di un'isola artificiale, si sviluppa tra due mari: il mar Grande e il mar Piccolo.
L'odierno porto della città è ancora oggi il centro vitale dell'economia cittadina. Esso, infatti, oltre a essere sede di un importante arsenale e di una stazione marittima della Marina Militare Italiana, ospita al suo interno il più grande polo siderurgico d'Europa.
Nella foto, la sede degli stabilimenti dell'Ilva a Taranto. Il complesso industriale si occupa della produzione e della lavorazione dell'acciaio ed è oggi al centro di polemiche per l'inquinamento provocato dalle sue fabbriche.

Pirro fu infatti costretto a ritirarsi, sia perché le città greche dell'isola cominciavano a sentirsi minacciate nella loro indipendenza, sia perché i Cartaginesi, dopo un iniziale arretramento, avevano opposto una tenace resistenza.

Pirro tornò così in Puglia, dove fu **sconfitto** dai Romani, nel 275 a.C., presso la città sannita di *Maleventum*, che fu poi ribattezzata *Beneventum* in ricordo della vittoria. Il re dell'Epiro rientrò quindi in Grecia, lasciando a **Taranto** solo una guarnigione di soldati. La città pugliese cadde definitivamente nel 272 a.C. e fu costretta a entrare nella **federazione italica**.

Un elefante dipinto su un piatto campano in ceramica della metà del III secolo a.C. Gli elefanti da combattimento portati in Italia da Pirro erano sconosciuti ai soldati romani e contribuirono al successo delle truppe del sovrano dell'Epiro nei primi scontri del conflitto.

L'organizzazione dei territori conquistati Dopo la conquista dell'Italia meridionale, Roma controllava ormai quasi tutta la penisola italiana, da Rimini allo stretto di Messina. I Romani organizzarono i propri domini in una **federazione** che comprendeva, a titolo diverso, i popoli alleati e quelli assoggettati. La federazione era formata da diverse categorie.

- Gli **alleati** (*socii*) si legavano a Roma attraverso un **trattato di alleanza** (*foedus*), assumendosi precisi obblighi in caso di guerra (dovevano fornire truppe e supporto logistico), ma mantenendo l'autonomia negli affari interni.
- Vi erano poi i *municipia* (**municipi**), ovvero le città conquistate, a cui veniva concessa la cittadinanza romana, che poteva però essere di due tipi: la **cittadinanza piena** (*civitas optimo iure*), che autorizzava a partecipare attivamente ai comizi e alla vita politica; oppure la **cittadinanza senza diritti politici** (*civitas sine suffragio*), che prevedeva l'acquisizione dei soli diritti civili, come la libertà di commerciare e di contrarre matrimonio con i Romani. I *municipia* erano indipendenti dal punto di vista amministrativo, ma avevano l'obbligo di versare tributi e di rifornire l'esercito di soldati.
- Un ultimo strumento di romanizzazione dei nuovi territori fu la fondazione di **colonie**, ovvero stanziamenti *ex novo* di **cittadini romani o latini** nei territori conquistati, assimilabili per struttura ai municipi con o senza cittadinanza piena, a seconda se erano composti da cittadini romani o latini. Di solito, le colonie erano costituite da poveri ed ex

LE GUERRE SANNITICHE E IL CONFLITTO CON TARANTO

militari in congedo e servivano per evitare la sovrappopolazione di Roma e migliorare le condizioni di vita dei più indigenti, ai quali venivano assegnate delle terre, e come ricompensa per i soldati; inoltre, esse funzionavano come avamposti di guardia nei territori più turbolenti.

Questo tipo di organizzazione del territorio, **non oppressivo** nei confronti dei popoli conquistati, favorì l'integrazione tra i Romani e gli altri popoli e costituì un importante elemento di solidità per lo Stato romano.

IL LESSICO STORICO

Legione Il termine, che deriva dal verbo latino *legere* («mettere insieme», ma anche «scegliere»), indica ognuna delle unità che costituivano l'esercito romano, composta da un numero variabile di fanti, secondo i tempi da 4200 a 6000, e da un gruppo di cavalieri.

L'esercito romano Secondo lo storico latino Publio Flavio Vegezio Renato (IV-V secolo d.C.), autore di un libro sull'arte della guerra, «la forza peculiare dei Romani si basò sempre sulla perfetta organizzazione delle loro **legioni**». In effetti, l'inarrestabile espansione di Roma fu realizzata anche grazie alla forza e all'organizzazione del suo **esercito**, la cui funzione era vitale nell'architettura e nella tenuta dello Stato. Esso, infatti, non solo era il braccio armato della repubblica nelle sue conquiste territoriali, ma ne proteggeva i confini e sedava ogni possibile ribellione interna.

Per quanto riguarda le tattiche militari, fino al V secolo a.C., l'esercito romano si muoveva sul campo di battaglia adottando la struttura della **falange oplitica**, uno schieramento basato su un fitto assembramento di soldati che attaccavano in massa, mantenendo ai lati la cavalleria. Il difetto principale di questa strategia, mutuata dai Greci dell'Italia meridionale, era la **mancanza di agilità** di manovra in terreni scoscesi o poco accessibili, sperimentata dai Romani in occasione della cocente umiliazione delle Forche Caudine. Per questa ragione, intorno al IV secolo a.C. si decise di passare a una formazione militare differente: il **manipolo**.

I manipoli erano **unità tattiche ridotte**, costituite ognuna da circa 120 soldati, che, grazie allo schieramento su tre ordini sfalsati tra loro, riuscivano a essere **molto mobili** in battaglia: la prima linea poteva infatti facilmente ripiegare in favore della seconda e, nel contempo, ricompattarsi alle sue spalle.

COMPETENZE DI GEOSTORIA — COMPLETARE UNA MAPPA CONCETTUALE

Il *casus belli* della guerra tarantina

I paragrafi appena affrontati spiegano nel dettaglio i motivi che causarono lo scoppio del conflitto fra Taranto e Roma. Dopo un'accurata lettura, completa la seguente mappa concettuale, inserendo opportunamente i concetti-chiave sotto elencati.

Roma viola il trattato e invia delle navi – Scoppia la guerra tra Roma e Taranto – Nel 303 a.C. Roma e Taranto stipulano un accordo: le navi romane non possono entrare nel porto di Taranto – Taranto affonda le navi romane – Taranto chiede aiuto a Pirro, re dell'Epiro

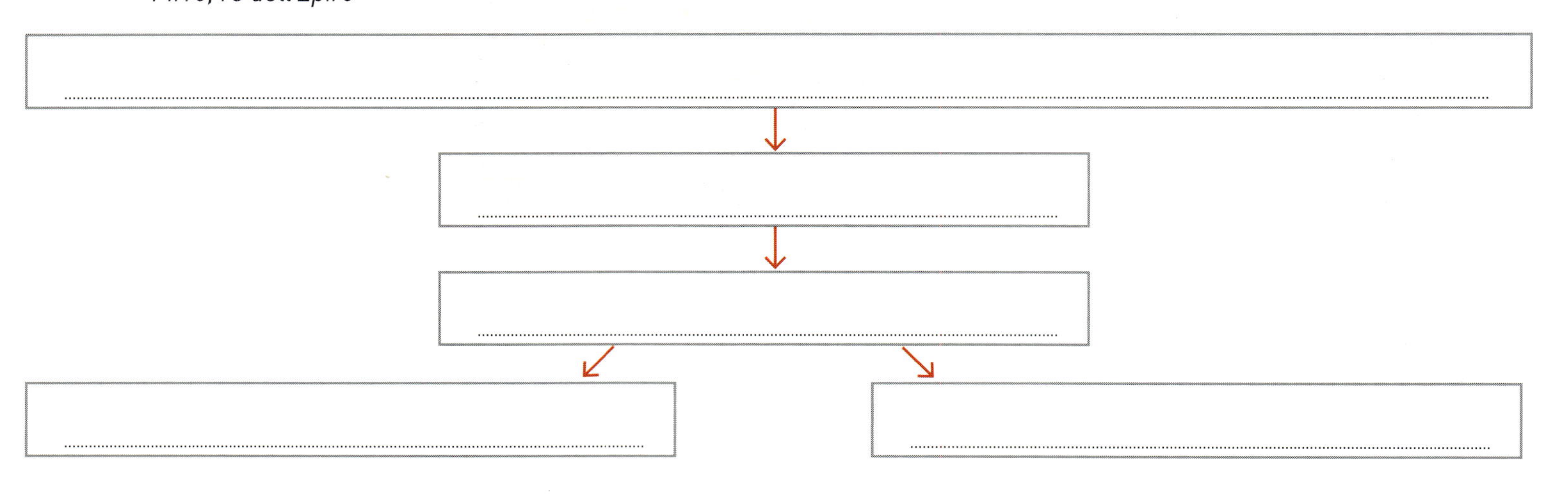

Per applicare correttamente il metodo geostorico proposto, consulta la SCHEDA DI METODO 7, p. 156.

L'anfiteatro romano a Benevento; la città – che si chiamava *Maleventum* – fu ribattezzata *Beneventum* dopo la vittoria romana su Pirro.

La legione «manipolare» era disposta su quattro file: in prima fila vi erano i soldati provvisti di armi leggere, chiamati *velites*, che attaccavano per primi lo spiegamento dei nemici, scagliando contro di loro sottili giavellotti; in seconda linea, invece, erano disposti gli *hastati*, i militari più giovani e ancora inesperti, armati di lunghe lance; dietro di loro, su due file diverse, si schieravano i soldati più esperti, chiamati rispettivamente *principes* e *triarii*, in ordine di anzianità e di esperienza. Ai fianchi di questo schieramento vi era infine la **cavalleria**. I comandanti dell'esercito erano i **consoli**, che impartivano ordini ai **centurioni**, a capo dei manipoli.

Dal punto di vista del reclutamento, l'esercito romano era **di leva e non permanente**. I cittadini romani erano infatti obbligati a prestare il servizio militare dai 17 ai 46 anni e, a partire dal IV secolo a.C., ricevettero anche una paga durante il periodo in cui combattevano. L'esercito romano dell'età repubblicana, infine, non assoldò mai mercenari tra le proprie file, a differenza di quanto avveniva negli Stati ellenistici e a Cartagine.

Stele funeraria di un guerriero romano, I secolo a.C. Londra, British Museum.

PER RIPASSARE

1. **Completa la seguente frase inserendo le parole corrette.**
Roma si espanse nell'Italia centro-settentrionale a scapito dei ....
conquistando tutto il .... Poi combatté le tre guerre ....
e ottenne la .... Infine arrivò fino allo stretto di ....
dopo la guerra contro ....
2. **Dopo le Forche Caudine, in che modo i Romani riuscirono a prevalere sui Sanniti?**
3. **Spiega la differenza tra i *socii* e i *municipia*.**

Il ritratto di **Pirro** in Plutarco

LEGGI LE FONTI

Plutarco (I-II secolo d.C.), biografo e filosofo greco, ebbe la cittadinanza romana e rivestì diversi incarichi politici. La sua opera più famosa sono le Vite parallele, *una raccolta di biografie dei più famosi personaggi dell'antichità, in cui si trova anche la* Vita di Pirro. *Di seguito, presentiamo due brani del ritratto che Plutarco dedica al re dell'Epiro.*

Brano 1

Questo combattimento non riempì tanto i Macedoni d'ira e di odio verso Pirro, considerate le perdite che aveva inflitto loro, quanto e piuttosto suscitò, in chi lo vide in azione e lo affrontò nella battaglia, stima per lui, ammirazione e considerazione per la sua virtù.
Parve loro che nell'aspetto, nella rapidità e nel modo di muoversi assomigliasse ad Alessandro e credettero di vedere in lui un'ombra e una raffigurazione dell'impetuosità e della potenza che il grande spiegava nei combattimenti. Gli altri re non imitavano Alessandro che nella porpora, nelle guardie, nel modo di piegare il collo e nel conversare ad alta voce; solo Pirro nelle armi e nelle azioni.
Della sua scienza e abilità nella tattica e nella strategia è possibile ricavare qualche prova dagli scritti che lasciò su tali argomenti. Si vuole che Antigono, richiesto di dire chi fosse per lui il miglior generale, rispose: «Pirro, se invecchia»: naturalmente parlava soltanto dei generali del suo tempo. Annibale poi dichiarò che dei generali di tutti i tempi il primo per esperienza e abilità fu Pirro, Scipione fu il secondo, e lui il terzo, come ho scritto nella *Vita di Scipione*. E in complesso Pirro sembra non abbia fatto altro in vita sua, se non esercitarsi e studiare in questa soltanto, che gli pareva la più degna di un re, mentre teneva le altre scienze gentili in nessuna considerazione. Si racconta per esempio che durante un simposio gli chiesero chi era, secondo lui, un flautista migliore, se Pitone o Cafisia; rispose che Poliperconte era un buon generale, come per dire che solo queste sono le cose che un re deve indagare e conoscere.
Era anche affabile verso gli intimi e mite, eppure impetuoso e ardente nel ricambiare i favori che riceveva. Perciò quando morì Eropo il suo dolore non ebbe limiti: a Eropo, disse, era accaduto niente più di ciò che è destino degli uomini patire; ma rimproverò e biasimò se stesso per aver sempre indugiato e ritardato nel restituire i favori che Eropo gli aveva fatto. È vero infatti che i debiti si possono pagare anche agli eredi dei creditori; ma dispiace a un uomo buono e retto, se non può far sentire a chi l'ha beneficiato la ricompensa del favore che ha fatto.
Ad Ambracia un individuo sparlava e calunniava Pirro, e tutti erano d'avviso che Pirro dovesse esiliarlo. «È meglio» disse invece Pirro «che, rimanendo qui, parli male di noi tra poca gente, piuttosto che, andando in giro per il mondo, tutti gli uomini lo sentano».
Un'altra volta alcuni giovanotti, mentre bevevano, lo insultarono, e perciò furono denunciati. Pirro chiese loro se avevano detto tutte quelle villanie; e uno rispose: «Sì, o re, e ancor più ne avremmo dette, se avessimo avuto più vino». Pirro scoppiò a ridere e li lasciò andare.

■ Al centro della pagina, Pirro ritratto nelle vesti del dio della guerra Marte, fine del I secolo d.C. Roma, Musei Capitolini.

Brano 2

A guardarlo in viso Pirro aveva un'espressione regale, ma più in quanto incuteva terrore, che perché fosse augusto. Non aveva molti denti in bocca: nella mascella superiore non c'era anzi che un unico osso continuo, con incise delle leggere scalfitture, dove dovevano essere gli interstizi tra un dente e l'altro. Godeva di fama di saper guarire i mali della milza sacrificando un gallo bianco, e quindi, mentre i pazienti giacevano supini, toccando leggermente col piede destro il viscere malato. E non v'era persona così povera e oscura, che non ottenesse di essere guarita, se glielo chiedeva. Teneva per sé il gallo, dopo averlo sacrificato, e questo compenso gli faceva molto piacere. Si racconta che l'alluce di quel suo piede aveva un potere divino, tanto che, quando il suo corpo fu bruciato, dopo morto, il resto andò distrutto, ma il dito fu trovato indenne, senza che il fuoco l'avesse toccato.

(Plutarco, *Vite parallele*, vol. 5, trad. di C. Carena, Milano, Mondadori 1966)

ADESSO LAVORA TU

Nello spazio soprastante hai potuto leggere due brani tratti dalle *Vite parallele* di Plutarco, preceduti da una breve introduzione. Dopo averli letti e analizzati con attenzione, servendoti della griglia tratta dalla SCHEDA DI METODO 6, p. 112, esegui le attività della pagina a fianco, che consentono di approfondire nel dettaglio l'argomento trattato.

COMPRENSIONE E ANALISI CRITICA DELLA FONTE			
Informazioni riguardanti la produzione della fonte		Informazioni riguardanti l'argomento trattato	
La fonte è primaria o secondaria?	Che cosa	Qual è l'argomento principale?	Che cosa
Chi è l'autore della fonte?	Chi	In quale tempo e in quale spazio è ambientata la vicenda?	Quando e dove
Quando è stata scritta?	Quando		
A chi è indirizzata?	A chi		
A quale scopo è scritta?	Perché		
APPROFONDIMENTI SULLA FONTE			
La fonte è attendibile?	Attendibilità	Si può collegare il contenuto con il periodo in cui visse l'autore?	Rapporto contenuto-periodo autore
Ci sono valutazioni o congetture dell'autore?	Valutazioni autore	Esistono altre fonti sull'argomento trattato?	Comparazione con altre fonti

1. Secondo Plutarco Pirro non imitava Alessandro nell'apparenza, ma nella sostanza. Spiega questo concetto.
2. Sottolinea con colori diversi i pregi e i difetti di Pirro (sia fisici sia caratteriali).
3. Evidenzia i giudizi di altri personaggi su Pirro riportati da Plutarco.

SINTESI

- **La repubblica e le sue istituzioni fondamentali** Intorno al **509 a.C.**, a Roma si affermò la **repubblica**, le cui istituzioni fondamentali erano tre: il Senato, le magistrature e le assemblee dei cittadini. Il **Senato** era il centro del governo della repubblica e ne garantiva la continuità e la stabilità nelle scelte politiche: la carica di senatore, infatti, a differenza delle altre magistrature, era vitalizia. Le **magistrature** erano tutte elettive ed erano **gratuite**, **collegiali** e **temporanee**. La più alta magistratura del periodo repubblicano fu il **consolato**. Le **assemblee dei cittadini** (comizi centuriati, comizi tributi e *concilia plebis*) erano le sedi in cui il popolo poteva partecipare al governo della città.

- **La lotta tra patrizi e plebei per la parità dei diritti** Nei primi anni della repubblica, i **patrizi** (grandi proprietari terrieri) monopolizzarono le cariche pubbliche, **escludendo i plebei**. Questa condizione di frattura nella società romana generò forti **contrasti** tra i due ordini, che culminarono nella *secessio plebis*, ovvero nell'abbandono in massa della città da parte della plebe per accamparsi sull'Aventino.
  Grazie anche alle loro proteste, i plebei riuscirono nel tempo a ottenere una serie di conquiste civili e politiche, che sancirono il raggiungimento della **parità di diritti** con i patrizi: l'istituzione del **tribunato della plebe**, l'introduzione delle **leggi scritte**, la legittimazione dei matrimoni con i patrizi, l'accesso a tutte le magistrature, compreso il consolato.

- **L'espansione nel Lazio e la guerra contro i Sanniti** Nel corso del V secolo a.C., Roma portò a compimento il suo progetto di espansione territoriale nel **Lazio** e nell'**Italia centrale**. Dopo alterne vicende, Roma **sbaragliò le città latine** riunite nella Lega latina (**guerra latina**). La Lega fu sciolta e i Romani imposero un sistema di alleanze basato su trattati bilaterali con le singole comunità.
  All'inizio del IV secolo a.C., Roma subì una battuta d'arresto nel suo progetto espansionistico per mano dei Celti (o **Galli**), che nel 390 a.C. **saccheggiarono e incendiarono la città**. Tuttavia, Roma ebbe le forze per riorganizzarsi e per continuare a estendere il suo dominio sull'**Italia centro-meridionale**: dopo ben tre guerre, infatti, essa **sconfisse i Sanniti** e riuscì a conquistare la Campania.

- **La guerra contro Taranto e Pirro** Il progetto egemonico romano prevedeva, però, anche la conquista dell'**Italia meridionale**. Approfittando della debolezza delle città greche, minacciate dai Cartaginesi, Roma decise di provocare l'importante e ricca città di **Taranto**. Ne nacque una guerra, che si rivelò più dura del previsto: Taranto fu infatti appoggiata da **Pirro**, re dell'Epiro, il quale subito dopo essere entrato nel conflitto conseguì due importanti vittorie. Il prosieguo della guerra fu però favorevole ai Romani, che sconfissero Pirro nel 275 a.C. e, dopo tre anni, arrivarono al **controllo della Penisola** da Rimini fino allo stretto di Messina.

Il settore turistico in Italia

(→ GEOGRAFIA, LEZIONE 16)

«Quando si considera un'esistenza come quella di Roma, vecchia di oltre duemila anni e più, e si pensa che è pur sempre lo stesso suolo, lo stesso colle, sovente perfino le stesse colonne e mura, e si scorgono nel popolo tracce dell'antico carattere, ci si sente compenetrati dei grandi decreti del destino»

(da Johann Wolfgang Goethe, *Viaggio in Italia*, 1816-17)

L'Italia e la sua eterogeneità al tempo dei Romani

Abbiamo visto nella lezione che la politica espansionistica di Roma portò la città a controllare, già nel III secolo a.C., quasi l'intera **Penisola** fino allo stretto di Messina.
L'area geografica conquistata si presentava molto **eterogenea** dal punto di vista **territoriale** (catene montuose con alte vette intervallate da distese pianeggianti e collinari, circondate da lunghe coste lineari e frastagliate), **climatico** (continentale al Nord, mediterraneo a Sud) ed **economico** (nel Meridione era maggiormente praticato il commercio via mare, mentre nel Settentrione prevaleva quello via terra).
A questi fattori appena menzionati, occorre poi aggiungere le profonde **differenze culturali e sociali** che separavano le varie popolazioni della Penisola: basti ricordare, a questo proposito, la raffinatezza culturale e la ricchezza socio-economica raggiunta dalla parte meridionale dell'Italia, la Magna Grecia.
Roma pose quindi sotto il proprio dominio un insieme di territori e di popolazioni molto diversi tra loro, che portavano ognuno un proprio **patrimonio storico, artistico** e **culturale**.

Il settore turistico in Italia

Sono proprio le testimonianze lasciateci in eredità da queste popolazioni e dagli oltre duemila anni di storia intercorsi tra l'epoca dell'antica Roma e noi, nonché le bellezze naturali del territorio, che rendono oggi il **settore turistico** uno dei comparti economici maggiormente strategici della nostra Penisola. Tuttavia, nonostante resti ancora uno dei Paesi più visitati al mondo, l'Italia fa fatica a tenere il passo rispetto ai concorrenti europei, **perdendo quote di mercato e di competitività**.
A creare questo divario tra il turismo europeo e quello italiano concorrono diversi fattori, quali la scarsa e poco incisiva promozione all'estero del settore, la debolezza dei prodotti turistici competitivi, le infrastrutture insufficienti, un personale spesso non all'altezza delle esigenze del mercato globale e la difficoltà nell'ottenere investimenti internazionali.

Il Piano strategico per lo sviluppo del Turismo in Italia

Principalmente per questi motivi, nel gennaio 2013, il Ministero per il Turismo ha varato un Piano strategico per lo sviluppo del Turismo in Italia, che si prefigge come obiettivo il potenziamento dell'**arrivo di capitale estero** nel settore turistico entro il 2020.
Il Piano, strutturato in 61 azioni, ha i seguenti obiettivi: ripensare il sistema di direzione e organizzazione del settore; rivalutare l'Agenzia nazionale del turismo; elaborare un'offerta moderna che si affermi nel mercato globale; portare le strutture ricettive al livello dei concorrenti internazionali; migliorare i trasporti e le infrastrutture e i collegamenti con gli altri Paesi.

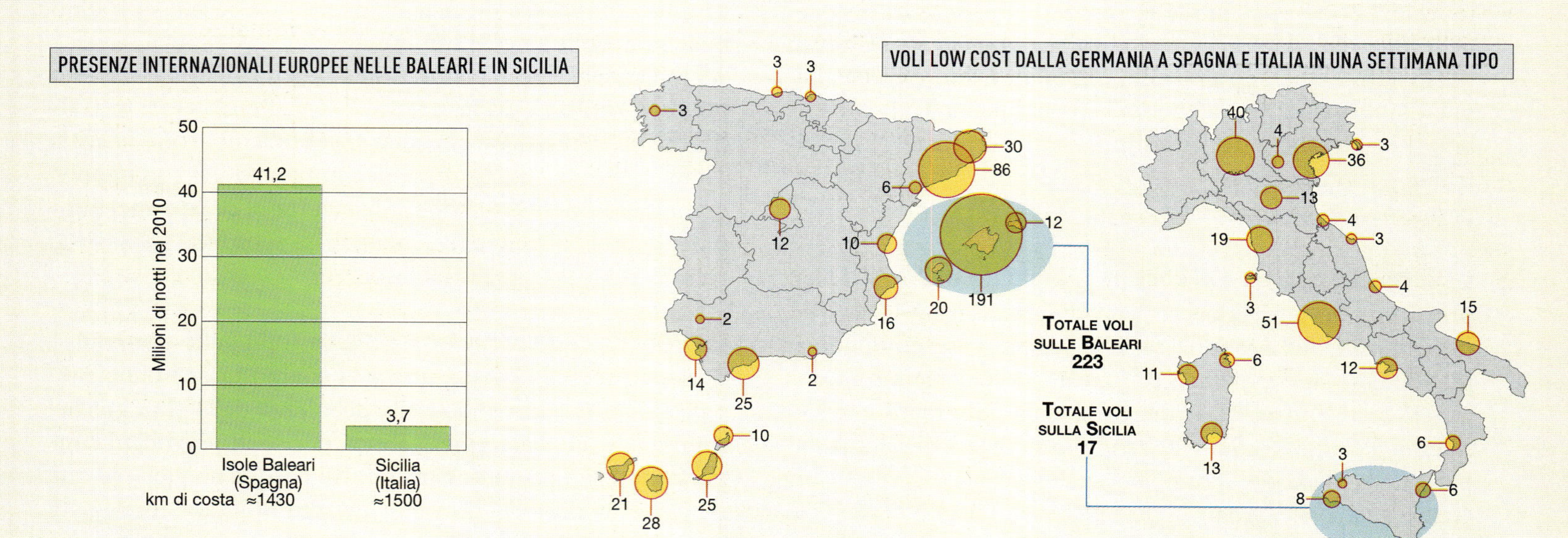

Il cartogramma a punti (a sinistra) e l'istogramma (a destra) mostrano chiaramente le difficoltà del turismo italiano di fronte alla competitività dei Paesi europei. La Spagna, per esempio, attira più turisti tedeschi grazie alle maggiori offerte dei voli *low cost* (522 voli contro i 260 italiani); mentre, di fronte alla quasi parità dell'estensione delle coste delle isole Baleari e di quelle della Sicilia, quest'ultima nel 2010 ha registrato un numero di soste notturne di turisti notevolmente inferiore rispetto alle prime (in media 3,7 milioni di notti contro 41,2).

Laboratorio

Leggi la Costituzione commentata e **rifletti** sul rapporto tra passato e presente.

La Repubblica italiana

Le peculiarità della repubblica romana

Come sappiamo, nel 509 a.C., Roma passò da un sistema di governo monarchico a uno repubblicano, in cui il potere venne suddiviso fra tre principali istituzioni: il Senato, le magistrature e le assemblee. La forma repubblicana che vigeva a Roma, però, era profondamente diversa da quella dell'odierno Stato italiano.
Sia nella sua prima fase «aristocratica», in cui il controllo delle cariche pubbliche era nelle mani dell'ordine patrizio, sia nella successiva fase «oligarchica», in cui l'accesso alle magistrature fu esteso anche alla plebe agiata, la repubblicana romana ancorava la **partecipazione alla vita politica** a determinati requisiti, come la **provenienza familiare** e il **censo**, che escludevano di fatto dalla rappresentanza la maggior parte della popolazione.

L'assetto democratico della Repubblica italiana

Di segno nettamente opposto è la natura dell'odierna Repubblica italiana, che prese vita il **2 giugno 1946**, quando, con un referendum a suffragio universale maschile e femminile (per la prima volta nella storia d'Italia), il popolo italiano decise in piena libertà di votare per la forma repubblicana, ponendo fine alla monarchia dei Savoia. L'Italia, infatti, come recita l'articolo 1 della Costituzione, «è una repubblica democratica», in cui «la sovranità appartiene al popolo che la esercita nelle forme e nei limiti della Costituzione». Questo primo e fondamentale articolo esplicita alcune caratteristiche strutturali della Repubblica italiana, che la pongono agli antipodi di quella dell'antica Roma.
La Repubblica italiana è democratica, ovvero fonda il proprio potere sul **consenso** e la **partecipazione** del popolo italiano nella sua interezza, al di là di qualsiasi differenza sociale, economica e religiosa. Sono i cittadini italiani, infatti, che detengono la sovranità della nazione e che la esercitano nei limiti imposti dalla Costituzione, votando, in libere elezioni, i loro **rappresentanti** nelle istituzioni.
Anche la Repubblica italiana, anche se in maniera differente rispetto a quella dell'antica Roma, distribuisce tra vari organi i tre poteri (legislativo, esecutivo, giudiziario), individuati nel XVIII secolo dal pensatore francese Montesquieu come basi di ogni Stato moderno e che in passato erano nelle mani di una sola persona (re o dittatore). Si tratta del principio della **separazione dei poteri**, necessaria perché nessuno dei tre prenda il sopravvento sugli altri.
I tre poteri su cui si basa lo Stato italiano sono detti **organi costituzionali**, perché voluti e regolati dalla Costituzione (che a essi dedica la II parte, artt. 55-139). Essi sono: il **Parlamento** (composto da Camere e Senato), il **Presidente della Repubblica**, il **Governo**, la **Magistratura** e la **Corte costituzionale**. Oltre alle loro funzioni specifiche, ogni organo ha il compito di vigilare sugli altri affinché non si verifichino abusi di potere o mancanze nell'esercizio dei loro compiti.

L'emblema della Repubblica italiana

L'emblema della Repubblica italiana, detto anche «stellone», fu adottato ufficialmente il 5 maggio del 1948 ed è così descritto nel sito della Presidenza della Repubblica italiana (www.quirinale.it/qrnw/statico/simboli/emblema/emblema.htm):

■ L'emblema della Repubblica italiana.

«L'emblema della Repubblica italiana è caratterizzato da tre elementi: la stella, la ruota dentata, i rami di ulivo e di quercia.
- Il ramo di ulivo simboleggia la volontà di pace della nazione, sia nel senso della concordia interna che della fratellanza internazionale.
- Il ramo di quercia che chiude a destra l'emblema, incarna la forza e la dignità del popolo italiano. Entrambi, poi, sono espressione delle specie più tipiche del nostro patrimonio arboreo.
- La ruota dentata d'acciaio, simbolo dell'attività lavorativa, traduce il primo articolo della Carta Costituzionale: "L'Italia è una Repubblica democratica fondata sul lavoro".
- La stella è uno degli oggetti più antichi del nostro patrimonio iconografico ed è sempre stata associata alla personificazione dell'Italia, sul cui capo essa splende raggiante. Così fu rappresentata nell'iconografia del Risorgimento e così comparve, fino al 1890, nel grande stemma del Regno unitario (il famoso stellone); la stella caratterizzò, poi, la prima onorificenza repubblicana della ricostruzione, la Stella della Solidarietà Italiana, e ancora oggi indica l'appartenenza alle Forze Armate del nostro Paese».

Guida alla Cittadinanza

Dopo una breve ricerca in rete, rispondi adesso alle seguenti domande.

1. In quale giorno l'Italia festeggia la Repubblica?
2. Fai una ricerca in Internet sull'*Inno di Mameli*, quindi scrivi sul quaderno le informazioni essenziali: quando fu scritto, da chi, in quale occasione, quando divenne l'inno d'Italia, quale compositore ne scrisse la musica che oggi ne accompagna le parole.
3. Scarica le parole dell'*Inno di Mameli*, quindi, esegui una breve analisi del testo. Confronta il tuo elaborato con quello dei tuoi compagni.

DALLE ABILITÀ ALLE COMPETENZE

SINTETIZZARE E RIELABORARE INFORMAZIONI STORICHE SECONDO PRECISI VINCOLI COMPETENZA STORICA

1 **Descrivi, in massimo cinque righe, l'avvento della repubblica a Roma, utilizzando tutti i termini della lista sottostante.**
509 a.C. – re etruschi – Sesto Tarquinio – Lucrezia – capi della rivolta – patrizi – consoli

....

....

....

....

....

COMPLETARE UNA TABELLA COMPETENZA STORICA

2 **Completa la tabella sotto riportata.**
(→ Scheda di metodo 6, p. 112)

	Magistrature			Magistrature			
	Consoli	Dittatore	Censori	Questori	Pretori	Edili	Tribuni
Numero dei componenti							
Durata							
Poteri							

CONOSCERE, COMPRENDERE E ADOPERARE IL LESSICO STORICO COMPETENZA STORICA

3 **Definisci i seguenti termini trovati all'interno della lezione 12.**

NOME	DEFINIZIONE
Eponimo	....
Comizi tributi	....
Concilia plebis	....
Ager publicus	....
Municipio	....

VERIFICA

DALLE ABILITÀ ALLE COMPETENZE

INDIVIDUARE ERRORI CONCETTUALI IN UN DISCORSO STORICO **COMPETENZA STORICA**

4 **All'interno del seguente brano sono riportate due parole errate. Dopo averle trovate e sostituite con quelle corrette, motiva la tua scelta.**

Nei primi anni della repubblica tutte le cariche pubbliche erano in mano ai plebei, forti del loro ruolo nella cacciata della monarchia. Si svilupparono, quindi, aspri contrasti tra i due ordini principali: da un lato, i patrizi, grandi proprietari terrieri; dall'altro, i tribuni, tra le cui file non vi erano soltanto i piccoli contadini indigenti e i nullatenenti, ma anche ricchi commercianti e grossi artigiani.

Prima parola errata: ....

Sostituisco con: ....

Motivo: ....

Seconda parola errata: ....

Sostituisco con: ....

Motivo: ....

COSTRUIRE UNA LINEA DEL TEMPO COLLOCANDOVI EVENTI STORICI **COMPETENZA STORICA**

5 **Inserisci correttamente, dalla lista sottostante, gli elementi del *Cosa* e del *Quando* nella linea del tempo sulla guerra di Roma nell'Italia centro-meridionale. Spiega poi il *Perché* di ogni elemento del *Cosa*.**

(➔ Scheda di metodo 3, p. 64)

Cosa?

guerra di Roma contro Pirro e Taranto – Terza guerra sannitica – Seconda guerra sannitica – Prima guerra sannitica – guerra latina

Quando?

280-275 a.C. – 340-338 a.C. – 298-290 a.C. – 343-341 a.C. – 326-304 a.C.

Cosa?

Quando?

Perché?

1. ....
2. ....
3. ....
4. ....
5. ....

UTILIZZARE LE COMPETENZE STORICHE E GEOGRAFICHE GIÀ ACQUISITE CORRELANDOLE ALLE COMPETENZE DI CITTADINANZA E ALLE ALTRE DISCIPLINE **COMPETENZA TRASVERSALE**

6 **Approfondisci il significato che il fascio littorio assume nel corso del tempo: dalla sua origine (ariana ed etrusca) all'impiego da parte dei magistrati a Roma, fino alla funzione di simbolo in Età moderna e contemporanea. Puoi consultare il sito www.alterstoria.it/storia/simboli/fasciolittorio.php: rielabora poi le informazioni ricavate seguendo la scaletta sottostante:**

- origine;
- significato nella Roma antica;
- impiego in Età moderna (Rivoluzione francese e Risorgimento);
- impiego nell'Età contemporanea (durante e dopo la Prima guerra mondiale e ai tempi del regime fascista).

Lezione

13 L' egemonia nel Mediterraneo

Lezione

La lezione interattiva ti aiuterà a **ripassare**, **approfondire** e **verificare** le tue conoscenze sulle **Guerre puniche e la conquista dell'Oriente**.

Atlante

Scopri e **approfondisci** i luoghi e gli avvenimenti della **storia antica** sulla cartografia 3D Google Earth.™

IERI

Per una lettura geostorica

I TRAFFICI COMMERCIALI NEL MEDITERRANEO NEL III SECOLO A.C.

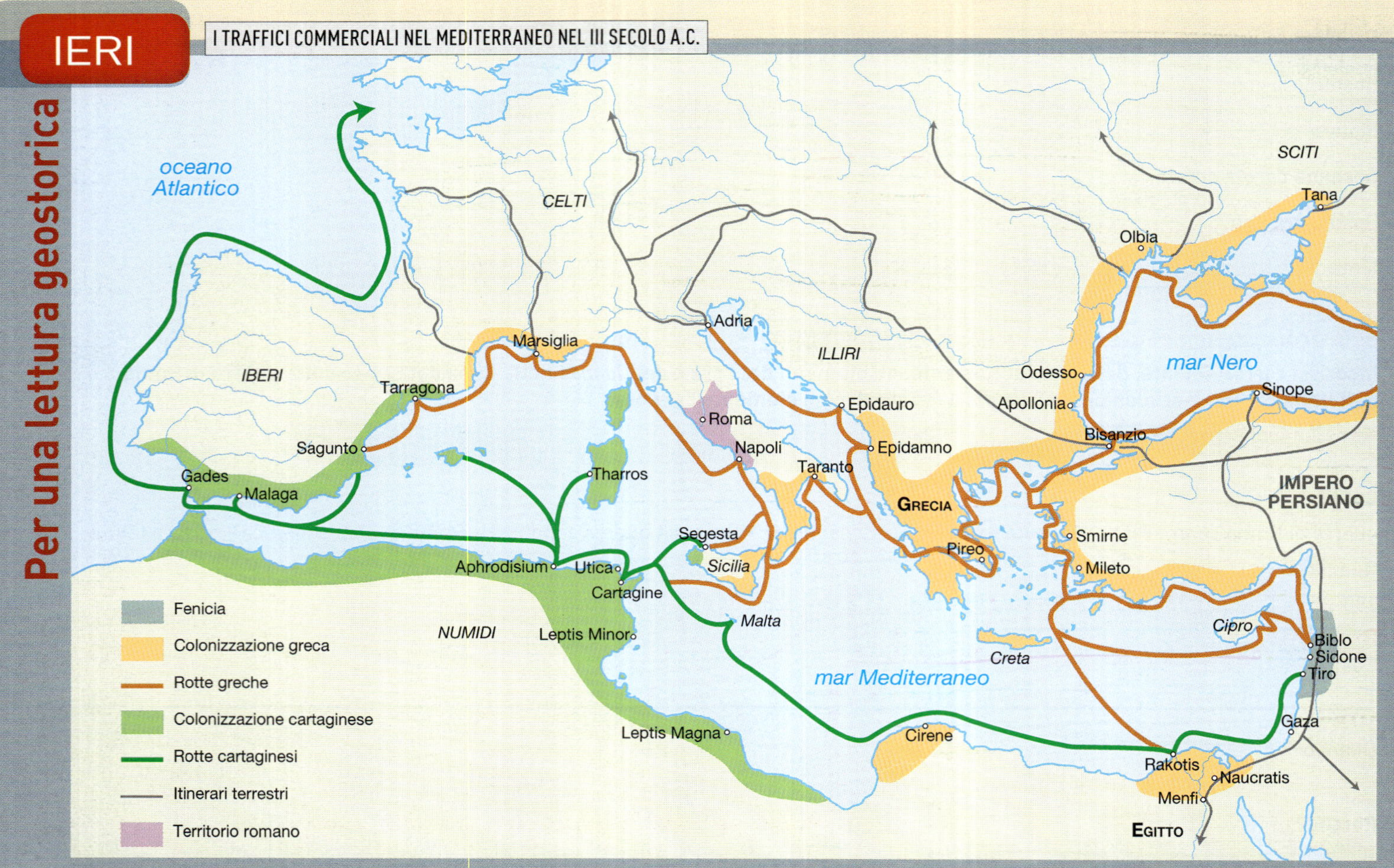

1 Quali erano, nel III secolo a.C., le principali potenze nel Mediterraneo?

Nel tempo, furono diverse le potenze che si avvicendarono nel Mediterraneo: prima i **Cretesi**, tra il 2200 e il 1450 a.C.; dal 1200 a.C., i **Fenici**, che nei secoli successivi crearono numerose colonie, tra le quali Cartagine, nel Nord Africa. Con la seconda colonizzazione greca, intorno al 750 a.C., si arrivò alla fondazione di numerose città nella Penisola italiana, in Nord Africa e sulla costa meridionale della Francia; i traffici dei coloni greci si estesero dal mar Nero al Mediterraneo. Nel III secolo a.C., infine, **Cartaginesi** e **Greci** dominavano il Mediterraneo occidentale.

2 Dove sorgeva Cartagine e dove si trovano oggi le sue rovine?

Cartagine fu fondata dai Fenici sulle **sponde dell'Africa**. La città era situata a circa 12 km dal mare. Le rovine di Cartagine si trovano oggi in **Tunisia**, non lontane dalla capitale Tunisi. Il territorio della Tunisia, Stato dell'Africa nord-occidentale (Maghreb), confina con la Libia a Sud-Est e con l'Algeria a Ovest. Sebbene sia occupato per il 40% dal deserto del Sahara, esso è anche molto fertile, soprattutto nella vallata del fiume Megerda. La popolazione è oggi in maggioranza costituita da Arabi, anche se sono presenti minoranze berbere ed europee.

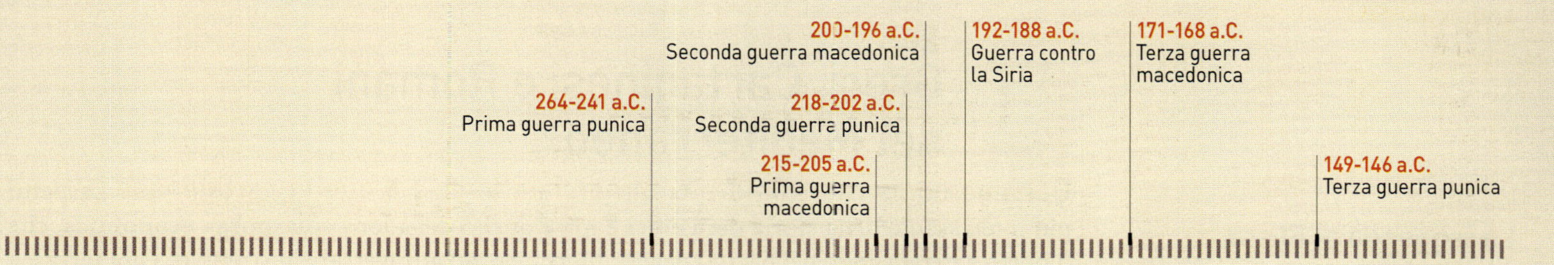

OGGI

IL BACINO DEL MEDITERRANEO OGGI

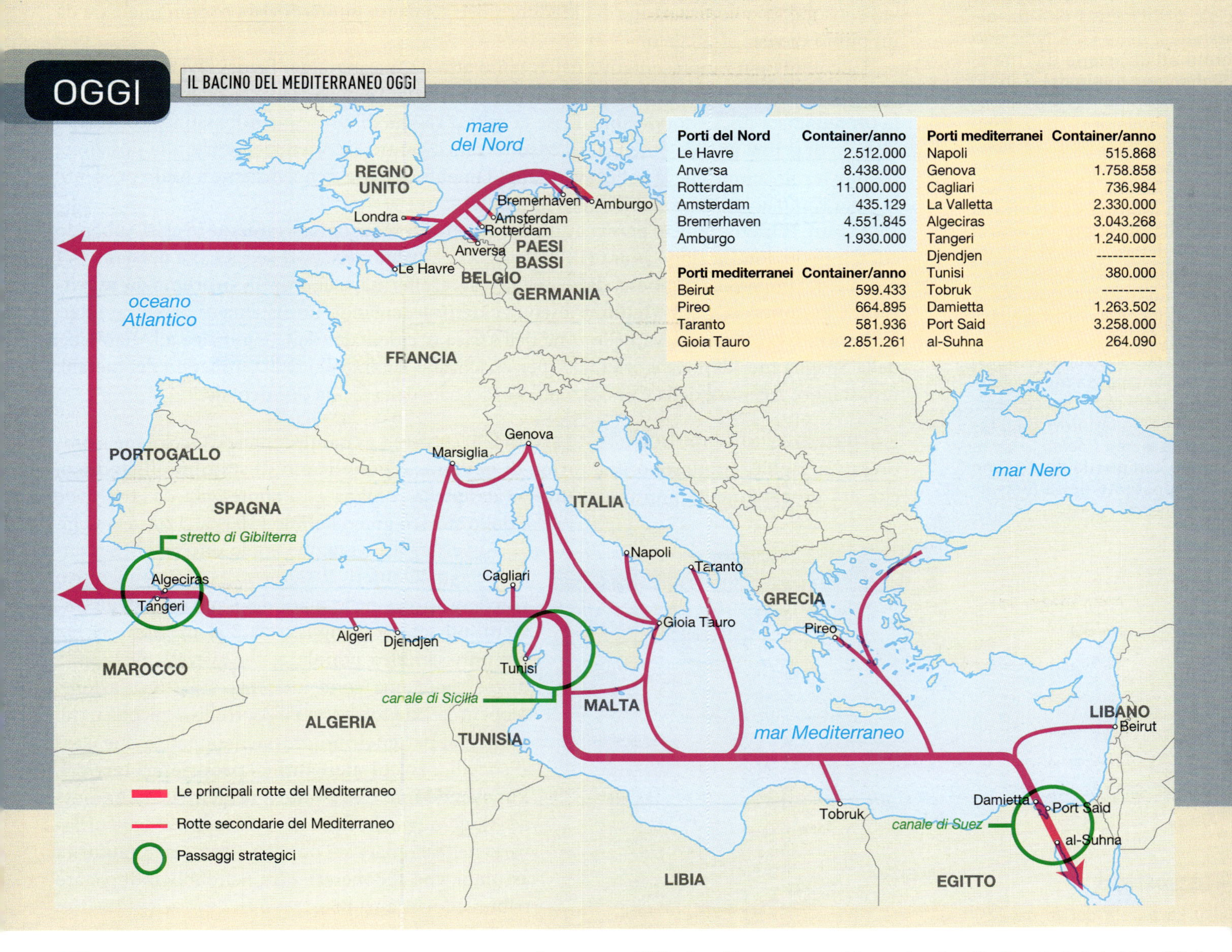

Porti del Nord	Container/anno
Le Havre	2.512.000
Anversa	8.438.000
Rotterdam	11.000.000
Amsterdam	435.129
Bremerhaven	4.551.845
Amburgo	1.930.000

Porti mediterranei	Container/anno
Beirut	599.433
Pireo	664.895
Taranto	581.936
Gioia Tauro	2.851.261

Porti mediterranei	Container/anno
Napoli	515.868
Genova	1.758.858
Cagliari	736.984
La Valletta	2.330.000
Algeciras	3.043.268
Tangeri	1.240.000
Djendjen	----------
Tunisi	380.000
Tobruk	----------
Damietta	1.263.502
Port Said	3.258.000
al-Suhna	264.090

3 In che modo Roma ottenne la supremazia sul Mediterraneo?

Tra il III e il II secolo a.C., i **Romani**, consapevoli dell'importanza del Mediterraneo sul piano commerciale, si scontrarono più volte, e con enormi sacrifici in termini di vite umane, con la potentissima città rivale di **Cartagine**, fino a distruggerla definitivamente. Iniziò così, col dominio sul Mediterraneo occidentale, un processo espansivo verso **Oriente**, che intorno al 120 a.C. portò la città a controllare anche la parte orientale del *mare nostrum*, sino alle sponde dell'Egeo e del mar Nero.

4 Quali sono oggi le principali direttrici dei traffici nel Mediterraneo?

Il Mediterraneo è un mare quasi «chiuso», che comunica con l'oceano Atlantico grazie allo stretto di Gibilterra. Nell'antichità, i due monti posti ai lati dello stretto erano chiamati «**colonne d'Ercole**» e indicavano per le popolazioni di allora i limiti del mondo conosciuto. Con la **scoperta dell'America** e delle **nuove rotte commerciali** atlantiche l'importanza del Mediterraneo diminuì. Nel 1869 il canale di Suez mise in comunicazione il bacino del Mediterraneo con il mar Rosso e l'oceano Indiano e il *mare nostrum* acquisì un nuovo ruolo nei traffici mondiali.

1 Greci, Cartaginesi e Romani nel Mediterraneo

Dall'egemonia marittima e commerciale fenicia a quella cartaginese L'aspetto più interessante della storia dei **Fenici** è forse quello della loro **«diaspora» economica**, che li portò a peregrinare nel bacino del Mediterraneo, ad attraversare lo stretto di Gibilterra e a compiere il periplo dell'Africa (→ LEZIONE 3, PARAGRAFO 2). Si trattò di una progressiva e via via consolidata colonizzazione del Mediterraneo sia da un punto di vista commerciale sia da un punto di vista strategico.

La colonia più rappresentativa dell'intensa attività marinara dei Fenici divenne **Cartagine**. La città, fondata nell'814 a.C. nell'attuale Tunisia dai Fenici di Tiro (la leggenda vuole che la protagonista di tale fondazione fosse la mitica regina di nome *Elissa*), assunse col tempo il ruolo di prima grande potenza nel Mediterraneo centro-occidentale, grazie alla posizione tra due fertili lagune che la collegavano rapidamente al mare e che, insieme a mura possenti, la riparavano ai lati da possibili attacchi nemici.

Mentre l'Oriente fenicio perdeva autonomia ed entrava progressivamente in crisi, subendo col tempo la dominazione assira (IX-VII sec. a.C.), babilonese (VII sec. a.C.) e persiana (VI sec. a.C.), l'impero cartaginese, detto anche **punico**, affermava la propria **supremazia marittima e commerciale sul Mediterraneo occidentale**, creando un sistema di presidi militari e di porti. Esso si estendeva nelle zone dell'Africa occidentale (dalla Cirenaica all'Atlantico), della Spagna meridionale e orientale (per assicurarsi il controllo del commercio dei metalli: oro, stagno, argento), della Corsica, della Sardegna e della Sicilia occidentale.

MITI E LEGGENDE

La leggenda di Elissa

Una famosa leggenda riconduce la fondazione di Cartagine a Elissa, principessa di Tiro, allontanatasi dalla città fenicia in seguito all'uccisione del marito Sicheo per mano del fratello Pigmalione.
Accolta con distacco dalle tribù berbere che abitavano il Paese, la principessa venne chiamata Didone o Regina Errante e acquisì solo il diritto di stanziarsi in un territorio della grandezza di una pelle di toro. L'astuta Elissa, però, fece tagliare la pelle in striscioline molto sottili che, messe in fila, riuscirono a circondare un'intera collina.
Per non sposare poi il re libico Iarba, la principessa morì volontariamente sul rogo. Successivamente, il poeta latino Virgilio farà incrociare nell'*Eneide* la sorte di Didone con quella del troiano Enea, capostipite della discendenza romana.

L'organizzazione politica e militare di Cartagine Le colonie fenicie d'Occidente, compresa Cartagine, adottarono una forma di **governo repubblicano di stampo oligarchico**, che era probabilmente non molto diversa da quella romana e fu apprezzata da Aristotele e dallo storico greco Polibio (200 ca.-120 ca. a.C.).

VIAGGIO NELLA GEOGRAFIA
CARTAGINE E LA TUNISIA OGGI

Al vertice dello Stato vi erano **due** magistrati annui, chiamati **sufeti**. Il supremo potere deliberativo risiedeva invece nelle mani del **Consiglio degli anziani**, un senato composto da 300 membri. Vi era poi un'**assemblea popolare**, che aveva la possibilità di esercitare una certa influenza sulla legislazione, sebbene la città fosse sotto il controllo degli oligarchi.

Essi appartenevano prevalentemente a due classi sociali, i **ricchi mercanti** e i **proprietari terrieri**. Pur avendo interessi a volte divergenti (→ PARAGRAFO 3), gli oligarchi della città cartaginese concordavano nell'esercitare sui popoli sottomessi un'autorità assoluta, che si concretizzava nell'obbligo di pagare tributi e fornire truppe.

A Cartagine mancava un potere militare ordinario: nel corso dei conflitti a cui partecipava, infatti, il comando veniva affidato a ufficiali nominati temporaneamente e forniti di ampi poteri. Mentre questi ultimi erano punici, così come la **potente flotta** reclutata nelle classi abbienti, la maggioranza dell'esercito era invece costituita da soldati **mercenari**; ciò era dovuto al fatto che la popolazione cartaginese era di numero esiguo.

Dalla descrizione dell'organizzazione politica e militare di Cartagine emergono due elementi che

IL LESSICO STORICO

Punico La parola deriva dal latino *Poeni*, termine con il quale i Romani chiamavano i Cartaginesi. Già nel III secolo a.C., il poeta romano Gneo Nevio (275-201 a.C.) intitolò *Bellum Poenicum* il racconto della prima guerra tra Roma e Cartagine, a cui aveva partecipato. «Fenicio» è quindi tutto ciò che proviene dalla Fenicia (oggi, i territori del Libano e di Israele); «punico», invece, tutto ciò che proviene esclusivamente da Cartagine.

la differenziavano nettamente da Roma e che rappresentavano anche dei punti deboli della città punica rispetto a quella latina: un **rapporto repressivo** con i popoli dominati, poco inclini quindi alla fedeltà, e un **esercito** prevalentemente **straniero**, che, qualora non fosse stato pagato, poteva in ogni momento rifiutare di combattere.

Inoltre, a Roma era diffusa un'attiva **propaganda anticartaginese**, che metteva in luce l'abisso culturale che separava i due mondi: i Cartaginesi, infatti, avevano fama di compiere sinistri **sacrifici di bambini** in forma rituale. Alcuni scavi archeologici hanno avvalorato, sino a poco tempo fa, questa teoria: migliaia di urne con ossa di fanciulli e neonati sono state trovate nel ***tophet*** (area sacra) di Cartagine. Tuttavia, recenti studi sostengono che i resti dei bambini mostrano segni di **morte naturale**. È probabile, quindi, che il *tophet* non fosse un luogo di sacrifici umani, ma una necropoli riservata ai piccoli defunti, separata da quelle degli adulti.

IL LESSICO STORICO

Propaganda Attività di diffusione di idee e notizie, che ha come obiettivo di condizionare le azioni altrui e di orientarle a proprio vantaggio.

Tophet Nella Bibbia è una località nei pressi di Gerusalemme, in cui si credeva che si praticassero sacrifici di fanciulli. In seguito, il termine è stato riferito a tutte le aree sacre dei centri fenicio-punici, destinate alla custodia delle urne cinerarie con i resti di bambini.

I rapporti tra Roma e Cartagine e la crisi del sistema delle alleanze

Nel V secolo a.C., Cartagine entrò in **conflitto con i Greci**, che dominavano nell'area orientale del Mediterraneo ed erano interessati ad acquisire la direzione dei traffici spagnoli fino a quel momento controllati dai Punici.

Inizialmente, lo scontro ebbe come teatro la **Sicilia**. I Cartaginesi, dopo essere stati sconfitti nel 480 a.C. dai tiranni di Siracusa e Agrigento, furono costretti a ripiegare nei loro baluardi dell'area occidentale (Mozia e Palermo). In seguito, però, essi riuscirono a **consolidare i loro domini** e, al termine del V secolo (406 a.C.), sottrassero la città di **Agrigento** ai Greci, impegnati nel frattempo nella Guerra del Peloponneso (→ LEZIONE 8).

Nell'ambito della contesa che vedeva opporsi Greci e Cartaginesi per il **controllo del Mediterraneo**, i **Romani**, impegnati a loro volta a consolidare la loro egemonia nella Penisola, mantennero un **ruolo marginale** sino alla sofferta resistenza contro Pirro e alla loro vittoria finale, nel 275 a.C. (→ LEZIONE 12, PARAGRAFO 3).

I resti del *tophet* di Cartagine.

LA COLONIZZAZIONE DELLA SICILIA

mar Tirreno
isole Lipari
Zancle (Messina)
Panormo (Palermo)
Mylae (Milazzo)
Solunto
Erice
Segesta
Himera
Mozia
Naxos
Lilibeo
Katané (Catania)
mar Ionio
Sicilia
Selinos (Selinunte)
Akragas (Agrigento)
Leontinoi (Lentini)
Casmene
Megara Iblea
Ghelas (Gela)
Acre
Siracusa
Kamarina
mar Mediterraneo

- Colonie greche
- Colonie puniche
- Città elime

Nel III secolo a.C., le principali città siciliane erano di origine greca o punica, anche se ancora resistevano i centri fondati dagli Elimi, uno dei popoli che abitavano la parte occidentale dell'isola prima dell'arrivo dei colonizzatori.

Anche se culturalmente ed economicamente più arretrati rispetto ai Greci e ai Cartaginesi, i Romani avevano creato una potenza militare fondata su un'**organizzazione statale e giuridica** salda ed evoluta, che si avvaleva inoltre di un efficace **sistema di colonie e alleanze**.

I **rapporti tra Roma e Cartagine**, prima che le due potenze incrociassero le spade nelle tre guerre puniche, erano **amichevoli**. Già dal 600 a.C., infatti, secondo Tucidide, Cartagine aveva iniziato una politica antigreca, alleandosi prima con gli Etruschi (600 a.C. ca.), per fermare definitivamente le mire dei Greci in Sardegna e Corsica, poi con i Romani. Il sistema delle alleanze si era poi rinvigorito grazie alla stipula, tra Cartagine e Roma, di **due trattati** di navigazione e commercio (509 a.C., secondo Polibio, e 348 a.C., secondo Diodoro) e di un'**alleanza militare** contro Pirro (279 a.C.).

Dopo la vittoria romana sul re dell'Epiro, sembrava che si potesse beneficiare di un lungo periodo di pace. Ma come potevano i Cartaginesi tollerare la conquista delle **città greche nell'Italia meridionale** da parte dei Romani, grazie alla quale essi si affacciavano pericolosamente sullo stretto di Messina?

L'egemonia romana sull'Italia divenne una concreta **minaccia per gli interessi economici cartaginesi** nel Mediterraneo e in Sicilia. Anche i Romani temevano i rivali punici, addirittura paventando, secondo Polibio, «la costruzione di un ponte per arrivare in Italia». Le relazioni tra Cartaginesi e Romani, fino ad allora pacifiche, stavano per incrinarsi.

PER RIPASSARE

1. In quali sfere d'influenza era diviso il bacino mediterraneo alla metà del III secolo a.C.?
2. Come era organizzata Cartagine?
3. Perché Romani e Cartaginesi, dapprima alleati, iniziarono a entrare in contrasto?

I TRATTATI DEI CARTAGINESI		
ALLEATI	**PERIODO**	**MOTIVI**
Etruschi	600 a.C. ca.	Fermare i Greci in Sardegna e Corsica
Romani	509 e 348 a.C.	Delimitare le aree commerciali nel Mediterraneo
	279 a.C.	Contrastare l'avanzata di Pirro, re dell'Epiro

2 La Prima guerra punica: «la più lunga, ininterrotta e tremenda»

I motivi del conflitto Polibio, riferendosi alla Prima guerra punica, afferma: «Fu la più lunga, ininterrotta e tremenda guerra di cui abbiamo conoscenza». Il conflitto tra Roma e Cartagine, infatti, può ritenersi lo scontro navale più imponente dell'antichità, dal momento che vi furono impegnati oltre 100.000 marinai e trecento navi da guerra a remi.

La guerra durò **più di vent'anni** e alla fine vide Roma sostituirsi a Cartagine come potenza marittima nel Mediterraneo. Ma analizziamo attentamente le dinamiche e le decisioni che portarono, improvvisamente, allo **scoppio del conflitto**.

A Siracusa, colonia greca, il tiranno Agatocle aveva assoldato dei mercenari campani, detti **Mamertini** o figli di Mamers, versione osca del dio della guerra Marte. Alla morte di Agatocle, il suo successore **Gerone II** decise di non avvalersi più del loro servizio e di cacciarli. Nel 289 a.C., i Mamertini occuparono allora la città greca di **Zancle** (antico nome di **Messina**), trasformandola nella base dalla quale partire per compiere le loro scorrerie piratesche.

Dopo l'occupazione, i Mamertini, dovendo far fronte all'avanzata di Gerone II, che voleva difendere il proprio territorio dalla loro minaccia, chiesero **aiuto ai Cartaginesi**. Alla città punica, interessata al controllo dello stretto che divide la Sicilia dalla Penisola (offerto «sopra un piatto d'argento»), sembrò opportuno intervenire per estendere il proprio controllo su Messina.

Una parte dei Messinesi chiese allora la **protezione dei Romani**. Il Senato, inizialmente preda di dubbi per i costi dell'impresa e la forza dell'avversario, scelse poi l'**intervento militare**, per non lasciare ai Cartaginesi il controllo della Sicilia, importante dal punto di vista economico.

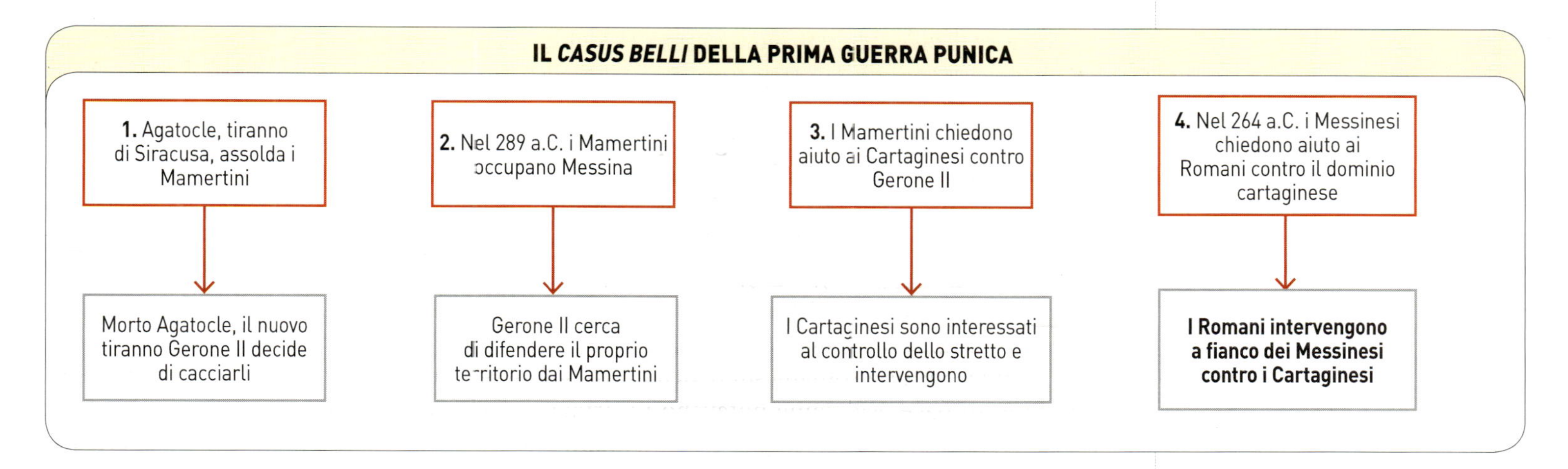

Le ostilità in Sicilia I **Romani** intervennero nel 264 a.C. e, grazie all'aiuto di Gerone II, che aveva stretto un accordo con loro staccandosi dall'alleanza cartaginese, **occuparono Siracusa** e **Agrigento** (261 a.C.).

Fu allora chiaro a Roma che, per portare a termine la conquista della Sicilia, occorreva dotarsi di una flotta all'altezza di quella cartaginese. Narra la leggenda che una tempesta spinse sulle coste del Lazio una nave cartaginese naufragata e che i Romani riuscirono a scoprire i segreti della costruzione e furono in grado di approntare velocemente una flotta. In realtà, fu soprattutto grazie ai tributi e alle conoscenze delle città greche dell'Italia meridionale a loro sottomesse, che essi riuscirono nell'impresa di diventare una **potenza navale**.

In breve tempo furono varate 100 quinqueremi e 20 triremi. L'equipaggio delle navi romane, tuttavia, rimaneva costituito da contadini e artigiani, poco esperti di navigazione. Questo fu uno dei motivi che spinse i Romani a escogitare un'**arma vincente**: un meccanismo che consentiva di trasformare lo scontro marino in lotta terrestre. Si trattava di **ponti di legno muniti di arpioni**, chiamati «**corvi**», che si ancoravano saldamente alle imbarcazioni nemiche impedendone la manovra e consentendo ai legionari di andare all'arrembaggio in un corpo a corpo. Grazie a questa strategia, nel 260 a.C., il console Caio Duilio ottenne un'indiscussa **vittoria nelle acque di** Mylae (**Milazzo**).

Il conflitto si estende in Africa e Spagna Dal 256 a.C., il fronte di combattimento divenne il **territorio africano**, dove i consoli romani Attilio Regolo e Manlio Vulsone conseguirono diverse vittorie. Quando però Vulsone ebbe l'ordine di tornare indietro con parte dell'esercito, **Attilio Regolo** fu fatto prigioniero (255 a.C.) e poi **ucciso** dai Cartaginesi, che, intanto, si erano riorganizzati grazie all'aiuto del generale spartano Santippo.

Assalto di soldati romani a una nave nemica, in una stampa del XVIII secolo. Grazie all'uso dei «corvi» – lunghi ponti girevoli in legno, muniti di arpioni – i marinai romani potevano agganciarsi alle imbarcazioni avversarie vicine e accedervi. In questo modo, lo scontro navale si trasformava in un arrembaggio, nel quale i Romani potevano far valere la loro abilità nel combattimento corpo a corpo.

MITI E LEGGENDE

Attilio Regolo

Secondo la tradizione, così come ricorda Orazio nelle *Odi*, il console romano Attilio Regolo – prigioniero dei Cartaginesi – venne mandato a Roma per ottenere trattative di pace, con l'impegno di tornare nella città punica se le trattative fossero fallite.
Giunto a Roma, il console, tuttavia, convinse i suoi concittadini a continuare il conflitto, pur sapendo che, fallita la missione di pace, sarebbe stato giustiziato. Al termine del discorso, infatti, fece ritorno a Cartagine, dove fu condannato a morte.
La leggenda, poi, narra delle torture che Attilio Regolo dovette subire, del taglio delle palpebre e della morte per rotolamento da un'altura dentro una botte chiodata. Il console divenne così nella propaganda romana un esempio di virtù civica e come tale è ricordato nell'iconografia successiva.

Chiusa la disputa sul fronte africano, la **Sicilia** rimase il solo teatro della guerra. Nell'isola, dopo diversi anni di scontri, i Romani sconfissero i Cartaginesi (250 a.C.) presso le mura di Panormos (Palermo), costringendoli ad arretrare verso l'area occidentale (Trapani e Lilibeo, l'odierna Marsala). L'**occupazione romana di Palermo**, città strategica nel sistema difensivo e d'attacco cartaginese, rovesciò definitivamente le sorti della contesa.

Nonostante una serie sfortunata di naufragi, nel 242 a.C. Roma deliberò che i cittadini più abbienti allestissero una nuova flotta di 200 quinqueremi. Con essa il console **Lutazio Catulo** attaccò e sconfisse nei pressi delle **isole Egadi** (**241 a.C.**) il generale punico **Amilcare Barca**, che fu allora obbligato a firmare **trattative di pace sfavorevoli**. Alla fine della Prima guerra punica, Cartagine dovette abbandonare la Sicilia, le isole Eolie e le isole Egadi, restituire i prigionieri, rinunciare a iniziative belliche contro gli alleati di Roma e pagare un pesante risarcimento in denaro (3200 talenti eubei, corrispondenti a circa 80 tonnellate d'argento).

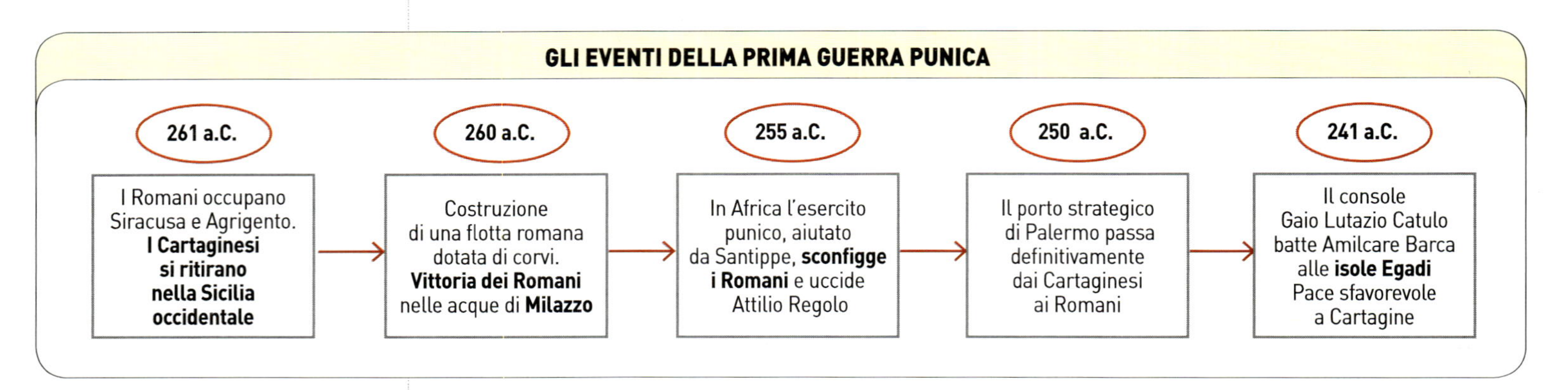

La prima provincia romana

La Sicilia pagò caro il prezzo del prolungarsi del conflitto sul suo suolo, subendo numerose devastazioni in seguito agli assedi di Agrigento e Palermo. Inoltre, dopo la conclusione della guerra, gli abitanti furono declassati al rango di sudditi di Roma. Uniche **alleate** di Roma rimasero **Messina e Siracusa**, dove Gerone II, grazie alla sua fedeltà, mantenne il piccolo Stato da Leontini fino a Enna.

La **Sicilia** punica fu ridotta a **provincia romana** (→ CITTADINANZA E COSTITUZIONE p. 273), la prima di una lunga serie. A capo dell'isola fu posto un **magistrato**, con **potere militare, esecutivo** e **giudiziario**, affiancato da altri funzionari subalterni.

Questo ordinamento divenne il paradigma per tutte le successive conquiste romane. In pratica, mentre gli altri popoli della Penisola che erano stati sottomessi avevano conservato una propria autonomia, la Sicilia veniva sottoposta al **dominio diretto** di Roma e i suoi abitanti, **senza diritto di cittadinanza**, erano obbligati a erogare un congruo **contributo annuo** all'erario di Roma. Spesso gli esattori che riscuotevano le somme pretendevano più del dovuto e con il tempo si verificarono **abusi**, alcuni dei quali furono condannati dalla giustizia romana (famoso il processo di Cicerone contro Verre, governatore della Sicilia dal 73 al 71 a.C., accusato di **concussione** dai Siciliani).

La Sicilia fu la prima provincia creata da Roma. Nei secoli successivi, con il procedere dell'espansione territoriale della città, il numero delle province aumentò e al momento della massima espansione dell'impero, nel I secolo d.C., esse erano quarantacinque.

IL LESSICO STORICO

Magistrato Il magistrato era un ex console o un ex pretore, che diveniva proconsole o propretore nel momento in cui, esaurito il mandato a Roma, acquisiva la direzione di una provincia, termine che letteralmente significa «mandato di governo».

Concussione La concussione è il reato di un pubblico ufficiale che, abusando delle sue funzioni, costringe o induce qualcuno alla consegna indebita di denaro o di altri favori in cambio di qualcosa. La corruzione, invece, è il reato basato sull'istigazione a venir meno a un dovere per denaro ed è strettamente legato alla concussione, solo che l'iniziativa è presa da un privato cittadino che offre del denaro a un pubblico ufficiale per ottenere determinati favori.

Altre province e l'espansione romana a Est

La lunga durata della guerra e le dure condizioni di pace avevano esaurito il tesoro di Cartagine, che, trovandosi in condizioni finanziarie sfavorevoli, non era più in grado di pagare il soldo ai mercenari. Per tale motivo, i mercenari punici di Sardegna offrirono l'isola ai Romani. Cartagine, ormai priva di flotta, dovette sottostare ai dettami di Roma, rinunciando a **Sardegna** e **Corsica** (235 a.C.), che divennero la **seconda provincia** romana.

Nel frattempo, nell'Italia settentrionale si era costituita una **coalizione di Liguri e Galli cisalpini e d'Oltralpe**, che minacciava la pianura padana. Di fronte al pericolo imminente di espansione celtica, memori del terribile sacco dei Galli del 390 a.C., i Romani formarono un blocco difensivo inespugnabile che inflisse ai Galli due terribili **disfatte**: a **Talamone** (225 a.C.) e a **Casteggio** (222 a.C.).

Per evitare ulteriori incursioni nemiche, l'esercito romano **occupò Mediolanum** (Milano) e fondò le colonie di Cremona e Piacenza, importanti baluardi difensivi. La **Gallia Cisalpina** (corrispondente alla pianura padana) costituì la **terza provincia** romana e fu divisa in lotti di terra ripartiti tra i Romani e i Latini: si ampliava così l'*ager publicus*, cioè l'insieme dei terreni confiscati ai popoli vinti che diventavano proprietà del popolo romano.

Dopo l'espansione nel Nord della Penisola, Roma spostò la propria attenzione a Est. La città, infatti, intervenne per liberare l'**Adriatico** dai pirati illirici, che compivano scorrerie ai danni delle colonie greche. Più tardi, l'**occupazione romana dell'Illiria** (territorio che si estende dalla Dalmazia all'Albania), una regione nevralgica per il controllo dei traffici commerciali con il mar Egeo, fu recepita come una provocazione dai Macedoni, i quali la presero come pretesto per uno scontro con Roma (→ PARAGRAFO 3).

I TERRITORI ROMANI ALLA FINE DEL III SECOLO A.C.

Territorio dominato da Roma prima delle guerre puniche

Territorio conquistato da Roma dopo la prima guerra punica e la guerra contro i Galli

★ Principali battaglie

PER RIPASSARE

1. Quali furono le cause che dettero il via alla Prima guerra punica?
2. Quale fu l'esito del conflitto?
3. Quali nuovi territori controllavano i Romani alla fine del III secolo a.C.?
4. In che cosa consisteva l'organizzazione in province dei territori conquistati da Roma?

3 La Seconda guerra punica: uno scontro tra due «titani»

I Cartaginesi in Spagna Lo storico Polibio, cercando di individuare le ragioni che portarono allo scoppio della Seconda guerra punica, definisce *thymos* («ira») il sentimento provato dal generale cartaginese Amilcare Barca quando si vide sottrarre le colonie siciliane.

I Barcidi, la famiglia a cui apparteneva, rappresentavano nella città punica gli interessi dei **commercianti e degli armatori**, che erano interessati a riprendersi il controllo sul Mediterraneo, messo in discussione, oltre che dalla perdita della Sicilia, anche da quella della Sardegna e della Corsica. Amilcare, però, a Cartagine era contrastato da Annone il Grande, portavoce delle istanze dei **proprietari terrieri**, che erano più interessati a espandere l'impero punico nell'entroterra africano.

LA PENISOLA IBERICA

A prevalere fu la linea di Amilcare, che spostò gli obiettivi dell'espansione cartaginese verso la **penisola iberica**, ricca di **risorse minerarie** utili sia a risollevare le finanze di Cartagine sia a pagare le indennità di guerra a Roma.

I Romani, occupati ad arginare i pirati illirici, lasciarono che i Cartaginesi, a partire dal 237 a.C., conquistassero vari territori in Spagna, fino a quando un **trattato**, nel 226 a.C., stabilì come **linea di confine** tra l'area d'influenza cartaginese e quella romana il fiume Iber (Ebro), nella parte settentrionale della penisola iberica.

Un elefante pronto per la battaglia, raffigurato in un vaso di terracotta proveniente da Pompei (III secolo a.C.). La presenza degli elefanti nelle truppe cartaginesi aveva un precedente nella guerra che i Romani avevano combattuto contro Pirro.

Annibale e la questione di Sagunto

A succedere ad Amilcare fu suo figlio **Annibale**, uno dei più illustri generali della storia antica, considerato da Tito Livio il terzo grande condottiero dopo Alessandro Magno e Pirro. Annibale era motivato da un sentimento di acredine e di vendetta nutrito sin da piccolo nei confronti dei Romani, e, da abile stratega, pianificò un **attacco in Italia** tatticamente perfetto: l'invasione della Penisola **attraverso le Alpi**.

Per attuare il piano, però, occorreva un **pretesto**. Annibale, quindi, nel 219 a.C., **assediò** e distrusse la colonia greca di **Sagunto**, fedele alleata di Roma in terra iberica. I Romani, allora, dichiararono guerra a Cartagine.

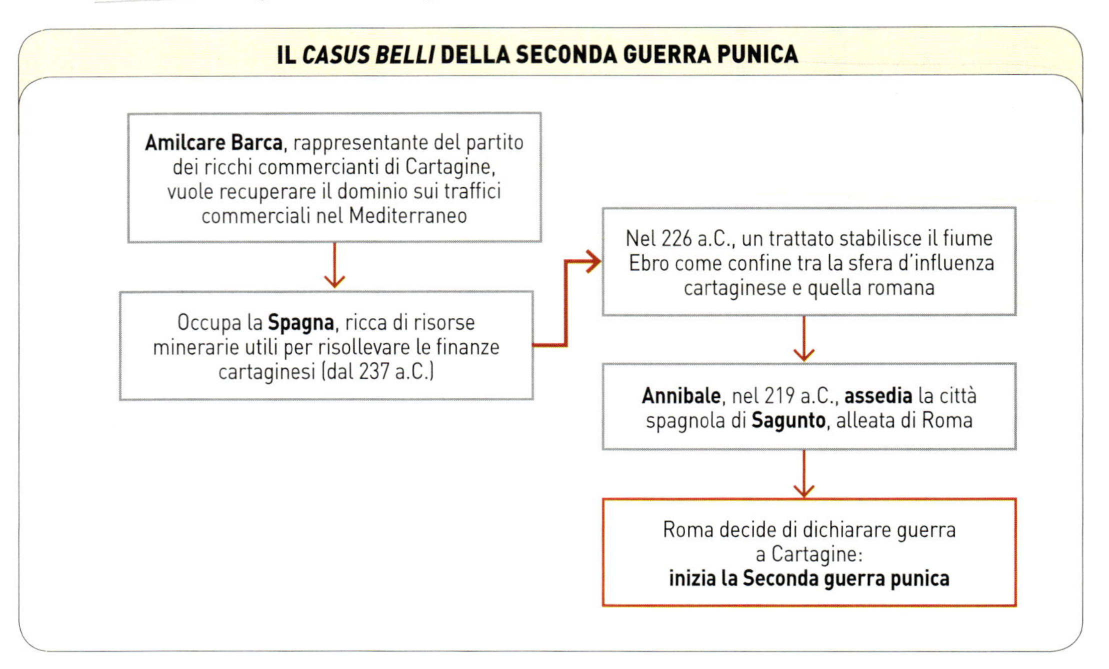

La marcia di Annibale travolge i Romani in Italia

Dopo aver lasciato il fratello Asdrubale al comando dei presidi spagnoli, Annibale iniziò la propria avanzata verso l'Italia. La marcia del suo **esercito** – che pure era composto di circa **30.000 uomini e 37 elefanti** – fu sorprendentemente rapida e le truppe romane in Spagna, guidate da Publio Cornelio Scipione e dal fratello, non riuscirono a impedire che il generale cartaginese, **superati i Pirenei**, proseguisse verso la Penisola.

Il piano di Annibale prevedeva di portare la guerra nei territori di Roma e di far sollevare contro il nemico i suoi stessi alleati italici. Egli riuscì nell'impresa di **varcare le Alpi**; poi discese celermente verso la **pianura padana**, dove poté contare sull'**aiuto dei Galli**, desiderosi di rivalsa nei confronti dei Romani.

In questa prima fase del conflitto, i **Romani furono sbaragliati** su tutti i fronti. Publio Cornelio Scipione, rientrato in Italia, si diresse verso la pianura padana, ma fu nuovamente sconfitto sul **Ticino** (218 a.C.); in seguito, fu messo in salvo a Piacenza dall'eroico intervento del figlio.

Poco dopo, i Romani subirono un'altra disfatta nei pressi del fiume **Trebbia** (218 a.C.), seguita nel 217 a.C. dall'imboscata cartaginese presso il lago **Trasimeno**, dove, guidati dal console Gaio Flaminio, furono piegati, nonostante fossero in numero quasi doppio rispetto agli avversari. Secondo Polibio, al Trasimeno morirono più di 15.000 Romani; questa cifra, però, si riferisce probabilmente al numero complessivo delle vittime, tra le quali anche molti Celti, il cui apporto alla causa punica fu fondamentale.

La discesa nel Mezzogiorno e la vittoria di Canne

Le vittorie conseguite consentirono ad Annibale di puntare sul **Mezzogiorno**, nella speranza che le popolazioni italiche si ribellassero a Roma. L'appoggio sperato, però, non ci fu e sia l'Umbria sia l'Etruria si rifiutarono di aprire le porte all'invasore cartaginese.

VIAGGIO NELLA GEOGRAFIA

IL TRAGITTO DI ANNIBALE ATTRAVERSO LE ALPI

Gli storici non concordano sul punto in cui Annibale valicò le Alpi: la tradizione più consolidata parla del passo del Moncenisio (nella foto di Mario Savio), ma altre ipotesi sostengono che il condottiero cartaginese valicò il colle del Piccolo San Bernardo o il colle dell'Autaret.

LE ALPI

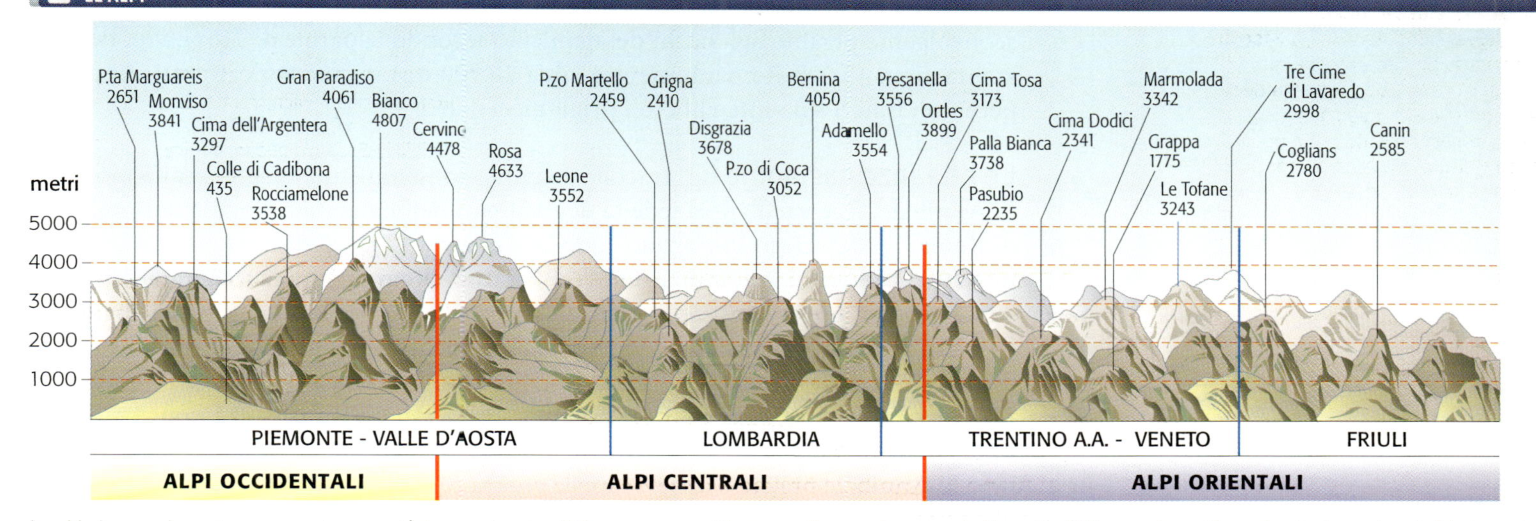

Le Alpi sono la catena montuosa più importante d'Europa e costituiscono il confine settentrionale dell'Italia. Esse hanno una lunghezza massima di circa 1200 km e una larghezza che varia tra i 150 e i 250 km. Le vette delle Alpi superano i 4000 metri; la più alta è il monte Bianco (4807 m).

Secondo una delle più diffuse classificazioni si parla di Alpi occidentali (a loro volta suddivise in Alpi Liguri, Alpi Marittime, Alpi Cozie e Alpi Graie), Alpi centrali (Alpi Pennine, Alpi Lepontine e Alpi Retiche) e Alpi orientali (Alpi Atesine, Dolomiti, Alpi Carniche e Alpi Giulie).

Un altro elemento importante che rallentò la marcia di Annibale fu la tattica adottata dal nuovo dittatore romano **Quinto Fabio Massimo** (tattica che gli valse il soprannome di *cunctator*, cioè il «**Temporeggiatore**»): essa consisteva nell'attendere il nemico, nel bloccare i rifornimenti e gli aiuti che avrebbe potuto ricevere da Cartagine e nell'evitare lo scontro diretto. Annibale, quindi, decise di passare l'inverno in Puglia per preparare il futuro campo di battaglia.

Nel frattempo, i Romani avevano accantonato la strategia del logoramento di Quinto Fabio Massimo: essa, infatti, pur evitando le battaglie campali, non sembrava risolutiva e sottoponeva inoltre i territori della Penisola alle devastazioni dell'esercito di Annibale.

I nuovi consoli, Lucio Emilio Paolo e Gaio Terenzio Varrone, cercarono quindi lo **scontro frontale**. Questo avvenne a **Canne** (216 a.C.), vicino a Barletta, dove Annibale riportò una grande vittoria, grazie a una manovra di **doppio accerchiamento**, perfettamente riuscita da

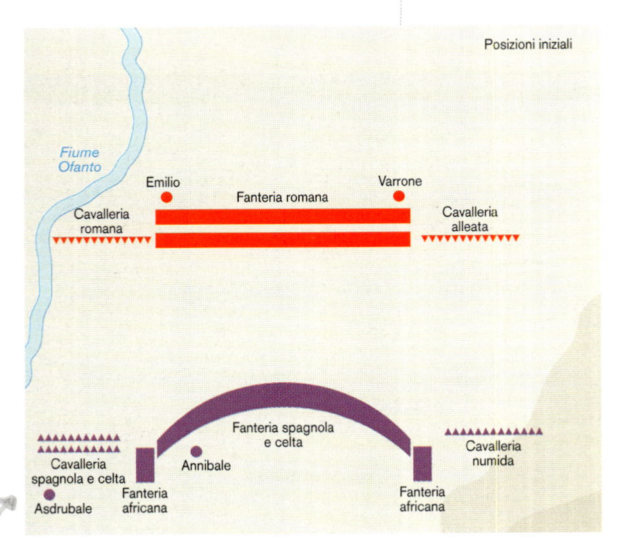

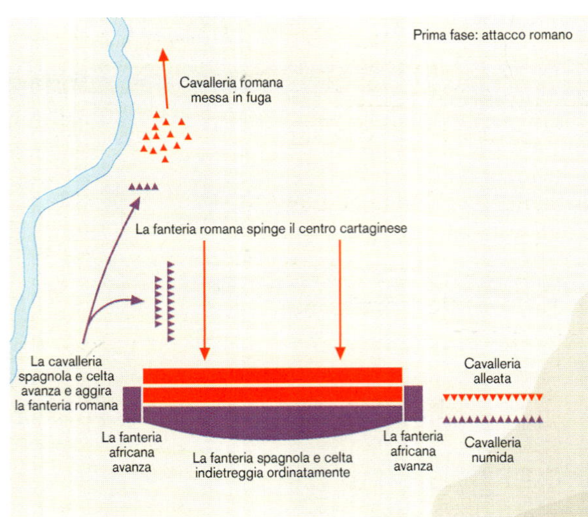

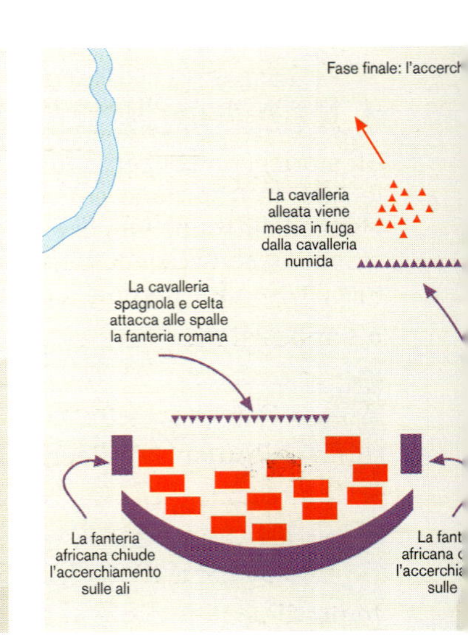

■ La battaglia di Canne si combatté sulle rive del fiume Ofanto, in Puglia. Sulla destra dello schieramento punico si trovava la cavalleria dei Numidi, che allontanò la cavalleria degli Italici alleati dei Romani; sulla sinistra, la cavalleria degli Spagnoli e dei Celti prima mise in fuga i cavalieri romani, poi tornò al centro dello schieramento. Qui, intanto, la cavalleria cartaginese retrocesse ordinatamente di fronte all'avanzata delle legioni romane. Attirate nella trappola di Annibale, queste ultime furono quindi attaccate alle spalle dalla cavalleria spagnola e celtica. Dopo aver accerchiato le truppe romane, i soldati cartaginesi misero in atto una terribile carneficina.

CANNE E L'ODIERNA PUGLIA

parte della cavalleria cartaginese. Il risultato finale fu un massacro, «uno spettacolo sconvolgente persino agli occhi del nemico», secondo le parole di Tito Livio. Persero la vita circa 48.200 Romani, mentre circa 20.000 di loro furono catturati. Annibale però non infierì sui vinti e liberò i prigionieri italici.

Le alleanze cartaginesi

Il tracollo romano, congiunto alla magnanimità mostrata di Annibale, fece vacillare la fedeltà degli **alleati** dell'Italia meridionale nei confronti di Roma. Le **defezioni** iniziarono con Capua (216 a.C.), seguirono con parte di Sanniti, Bruzi e Lucani e culminarono con Taranto, il cui porto era un notevole punto strategico per il prosieguo del conflitto.

Nel 214 a.C., poi, **Siracusa**, abitata da non pochi mercanti cartaginesi, alla morte di Gerone II, fedele alleato di Roma, si schierò con Cartagine insieme a **Filippo V di Macedonia**. Il re macedone, dopo Canne, aveva stretto un'**alleanza con Annibale**, ottenendo campo libero per estendere i propri domini sulla provincia romana dell'Illiria. Roma fu quindi obbligata a intervenire in guerra contro Filippo V, perché non portasse aiuti ai Cartaginesi (→ PARAGRAFO 4).

La ripresa di Roma

In questa fase, però, Annibale commise un grave errore: anziché colpire direttamente al cuore il nemico, puntando su Roma, egli attaccò la Campania, trovandosi **bloccato e isolato a Capua** e dando così la possibilità ai Romani di riorganizzarsi.

A questo punto, le sorti del conflitto virarono **a favore di Roma**: mentre il Senato richiamò alle armi tutta la popolazione, ad Annibale furono lesinati aiuti dalla stessa Cartagine. Il fratello Asdrubale fu ripetutamente battuto in Spagna da Publio Cornelio Scipione e dal fratello (che morirono però alla sorgente del fiume Baetis, l'attuale Guadalquivir) e non poté fornire ulteriori rinforzi in Italia.

L'**esercito romano**, pertanto, coadiuvato dagli alleati rimasti (Latini, Etruschi e altre popolazioni dell'Italia centrale), ebbe il tempo e l'occasione di sferrare l'**attacco decisivo** su due città: **Siracusa** e **Capua**. Siracusa, nonostante la protezione delle macchine belliche del matematico Archimede, capitolò nel 212 a.C.; Capua fu riconquistata l'anno dopo e castigata per il tradimento.

Ma i Romani dovevano ancora vendicare la morte dei valorosi Scipioni. Ecco che allora, a soli 24 anni, acquisì all'unanimità il comando supremo della Spagna **Publio Cornelio**

MITI E LEGGENDE

La morte di Archimede

Archimede fu uno dei più grandi scienziati di tutti i tempi. Egli nacque intorno al 287 a.C. a Siracusa, dove morì nel 212 a.C., durante la conquista della città da parte dei Romani. Sulla sua morte diverse fonti storiche latine (Polibio, Tito Livio, Plutarco) raccontano che lo scienziato, mentre era intento nei suoi calcoli, venne ucciso da un soldato romano, che non lo riconobbe e che quindi non rispettò l'ordine dei suoi superiori di catturarlo vivo.

Scipione (figlio del generale, dallo stesso nome, morto in battaglia). Con una fulminea operazione militare, egli riuscì a battere ripetutamente i Cartaginesi e a **conquistare Cartagena** (*Carthago Nova*), la capitale della Spagna cartaginese.

La fama delle sue imprese, unita alla clemenza con cui rilasciò gli ostaggi ispanici, spinse le tribù iberiche ad appoggiarlo. Tra i prigionieri liberati c'era anche il giovane Massiva, nipote del **re di Numidia** (corrispondente più o meno all'attuale Algeria) **Massinissa**, che, grato ai Romani, si alleerà con loro, svolgendo un ruolo importante nella parte conclusiva del conflitto sul fronte africano.

La partenza di Asdrubale dalla Spagna, con l'intento di portare aiuto al fratello in Italia, mise la penisola iberica nelle mani di Scipione. Nel frattempo, nel 209 a.C., i Romani, capeggiati nuovamente da Quinto Fabio Massimo, avevano **riconquistato Taranto** e **bloccato Annibale** nel Meridione. L'incontro di quest'ultimo col fratello fu impedito sul **Metauro** (207 a.C.), nelle Marche, dove **Asdrubale trovò la morte**.

LA SECONDA GUERRA PUNICA

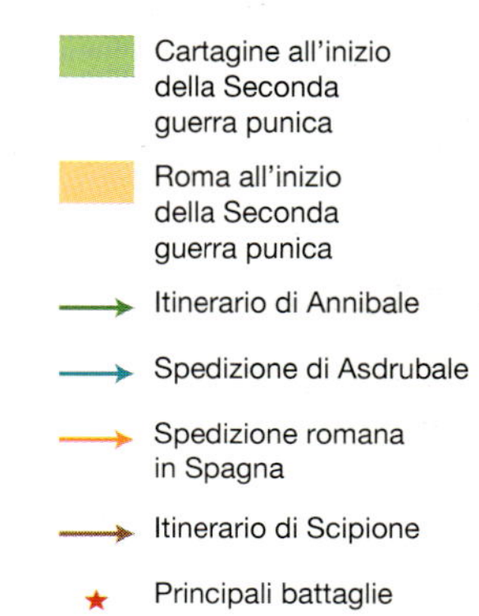

La rivincita di Scipione in Africa

Nel 205 a.C., quando Scipione fu eletto console, prese corpo il suo ambizioso piano di attaccare il nemico nella sua patria: l'Africa. Lo **scontro decisivo** si tenne nel **202 a.C.** presso **Zama**, nell'attuale Tunisia. Qui si fronteggiarono i due più grandi condottieri del loro tempo: l'invitto Annibale, di quarantacinque anni, e Publio Cornelio Scipione, di circa dieci anni più giovane.

La **schiacciante vittoria romana** fu merito dell'abilità strategica di Scipione (detto **l'Africano** a seguito del successo di Zama), che già in Spagna aveva imparato a spaventare gli elefanti – sinora una formidabile arma nelle mani di Annibale – con frecce, trombe e strida: i pachidermi, imbizzarriti, provocarono più danni ai Cartaginesi che ai Romani. Il colpo finale fu sferrato dalla cavalleria numidica di Massinissa. Annibale riuscì a fuggire, morendo poi – ironia della sorte – nel 183 a.C., lo stesso anno della scomparsa del suo compagno di viaggio Scipione.

Le trattative di pace

Le **condizioni di pace** dettate dai Romani furono molto **rigide**. I Cartaginesi dovettero:

- pagare un risarcimento di 10.000 talenti d'argento;
- consegnare la flotta, tranne 10 navi, e tutti i territori al di fuori dell'Africa;
- rinunciare a possibili azioni belliche senza il consenso di Roma.

La Seconda guerra punica rivelò altresì un'importante caratteristica dell'esercito di Roma: l'**inesauribile riserva di uomini**. Se all'inizio della guerra le legioni erano quattro, già nel 211 a.C. il numero era salito a 25. Questo significa che Roma, nonostante le cospicue perdite, era riuscita a procurarsi circa 200.000 uomini.

La capacità di «rigenerarsi», grazie al **contributo delle comunità latine**, fu la chiave della vittoria finale. Roma era infatti riuscita, nonostante alcune defezioni, a tenere salda intorno a sé una confederazione di popoli non in modo autoritario, ma suscitando un vasto **consenso**. Gli alleati di Roma si sentivano tutt'uno con le tradizioni e le usanze romane.

Cartagine, invece, non poteva contare su alleati, ma su **sudditi** che risentivano dello stato di inferiorità e sfruttamento in cui versavano. L'esercito cartaginese era inoltre formato da **mercenari** e non da cittadini, come quello romano. Era quindi inevitabile che, nonostante i notevoli sforzi di Annibale per tenere unite e motivate le truppe, queste ultime alla lunga mancassero di coesione, comunione di intenti e vera partecipazione emotiva agli scontri.

PER RIPASSARE

1. Quali furono le ragioni che portarono alla Seconda guerra punica?
2. Quali furono le principali imprese compiute dal generale cartaginese Annibale?
3. In che modo reagì Roma alle sconfitte subite per opera di Annibale?
4. Quale fu il ruolo di Scipione l'Africano nella vittoria finale di Roma?

La figura di **Annibale** secondo gli storici romani

LEGGI LA FONTE

Il ritratto di Annibale di Tito Livio

Tito Livio (59 a.C.- 17 d.C.) fu un grande storico romano, autore di Ab urbe condita, *un'opera dedicata alla narrazione della storia di Roma fin dalle origini. Dei 142 libri di cui era composta, ci restano soltanto i primi 10 (dalle origini al 293 a.C.) e il blocco dal XVI al XLV (dalla Seconda guerra punica al 167 a.C.). I libri XXI-XXX raccontano appunto la Seconda guerra punica. Particolare rilievo drammatico è dato alla figura di Annibale, che appare eccezionale sia nelle virtù sia nei vizi.*

Busto di Annibale; di età repubblicana, era conservato al Museo Archeologico di Napoli sino alla Seconda guerra mondiale, quando scomparve.

Annibale, mandato in Spagna subito, appena arrivato, attirò su di sé l'attenzione di tutto l'esercito, i veterani immaginarono che fosse stato restituito loro Amilcare da giovane, osservavano la stessa decisione sul volto, la stessa forza negli occhi, l'espressione del viso e i tratti fisionomici.

Poi ottenne così tanto in breve tempo che la somiglianza con il padre fu il motivo di minore importanza per accattivarsi il favore dei veterani, mai una stessa indole fu più adatta della sua a cose totalmente opposte: l'obbedienza e il comando. Perciò non si sarebbe potuto distinguere facilmente se fosse più caro al comandante o all'esercito e Asdrubale non preferiva mettere a capo nessun altro quando si doveva compiere qualche azione con coraggio ed energia, né i soldati dimostravano di sentirsi più sicuri e più coraggiosi sotto la guida di un altro comandante.

Aveva il massimo di audacia nell'affrontare i pericoli, il massimo di accortezza tra gli stessi pericoli, il corpo non poteva esser stancato o l'animo sconvolto da nessun lavoro, sopportava ugualmente bene il caldo e il freddo, la quantità del cibo e del bere era determinata dal bisogno naturale e non dall'ingordigia, i periodi di veglia e di sonno non erano distinti dal giorno e dalla notte, era concesso al sonno ciò che avanzava all'azione, esso non veniva cercato su un morbido letto, né nel silenzio, spesso molti lo vedevano coperto da un mantello militare sdraiato per terra in mezzo alle sentinelle e tra i corpi di guardia.

Il suo modo di vestire non si distingueva da quello dei suoi pari, mentre si facevano notare le sue armi e i suoi cavalli. A cavallo o a piedi era lo stesso lungamente primo, per primo entrava in battaglia e per ultimo si ritirava quando la battaglia era conclusa.

Enormi difetti uguagliavano queste straordinarie virtù: inumana crudeltà, slealtà superiore a quella dei Cartaginesi, nulla di vero, nulla di sacro, nessun timore degli dei, nessun rispetto per i giuramenti, nessuno scrupolo religioso. Con questa indole di virtù e di vizi militò per tre anni, sotto il comando di Asdrubale, senza mai tralasciare nulla che fosse da farsi o da provvedersi da parte di uno destinato a divenire un grande comandante.

(Tito Livio, *Ab urbe condita*, XXI, 4)

ANALIZZA LA FONTE

Nel brano di Tito Livio, il ritratto del generale cartaginese è più che altro un catalogo di pregi e difetti, tratteggiato all'insegna dell'ambiguità e dell'antitesi, secondo un tipico modello di descrizione dei personaggi negativi. Sallustio (86-34 a.C.), un altro illustre storiografo latino, lo utilizza per esempio quando delinea la figura di Catilina (di cui parleremo nella LEZIONE *14).*

Annibale si distingue per la capacità di contemperare tratti divergenti: obbedienza e comando; accortezza e audacia. Quest'ultima è anche la sua virtus *fondamentale, che lo spinge a compiere sempre le azioni «con coraggio ed energia» e a non disertare mai il campo di battaglia («per primo entrava in battaglia e per ultimo si ritirava»).*

Un altro merito di Annibale è la patientia, *la capacità di sopportare (*pati*) la stanchezza, le intemperie, i disagi delle azioni belliche. Ma a fare da pesante contraltare alle* virtutes *sono gli «enormi»* vitia *del cartaginese, uomo assai distante dai costumi degli antichi (*mores maiorum*), poiché crudele, privo di lealtà, sincerità e rispetto nei confronti degli dei e degli uomini.*

Virtù	Tratti divergenti	Vizi
Decisione sul volto; forza negli occhi; coraggio ed energia; audacia; capacità di sopportazione; grande comandante	Obbedienza e comando; audacia e accortezza; enormi difetti eguagliavano queste straordinarie virtù; indole di virtù e di vizi	Inumana crudeltà; slealtà; nulla di vero; nulla di sacro; nessun timore degli dei; nessun rispetto per i giuramenti; nessuno scrupolo religioso

La battaglia di Zama in un affresco di Roviale Spagnolo, 1580-82. Roma, Musei Capitolini.

Troverai adesso altre fonti che descrivono la personalità di Annibale. Dopo averle lette attentamente, svolgi le seguenti attività:
1. **servendoti dell'ausilio delle sottolineature, elabora un breve commento alle fonti proposte;**
2. **individua le differenze tra le fonti sottostanti e il precedente brano di Tito Livio.**

Cornelio Nepote, *Annibale*, 1

Annibale, figlio di Amilcare, [*era*] cartaginese. Se è vero, cosa di cui nessuno dubita, che il popolo romano superò in valore tutti i popoli, è innegabile [*lett.: non si deve negare*] che Annibale di tanto superò in accortezza gli altri comandanti, di quanto il popolo romano supera in forza tutte le altre genti. Infatti tutte le volte che [*Annibale*] si scontrò con esso in Italia, sempre [*ne*] uscì vincitore. E se non fosse stato indebolito dal malanimo dei suoi concittadini in patria, sembra che avrebbe potuto sconfiggere [*definitivamente*] i Romani. Ma la malignità di molti annientò il valore di uno solo. Costui però conservò l'odio paterno contro i Romani, lasciato[*gli*] come in eredità, a tal punto che depose prima di quello la vita, visto che egli, pur essendo stato scacciato dalla patria e pur essendo bisognoso degli aiuti altrui, non smise mai nel [*suo*] animo di combattere contro i Romani.

Polibio, *Storie*, IX, 22, 7; IX, 26, 10-11

Poiché l'esposizione dei fatti ci ha condotto a parlare di Annibale, mi pare opportuno riferire sui tratti più discussi del suo carattere. Alcuni ritengono infatti che egli sia stato eccessivamente crudele, altri lo giudicano avaro. In verità non è facile esprimere giudizi equi su di lui come su chiunque altro si sia occupato dei pubblici affari. Si suole credere che la natura degli uomini si riveli nelle circostanze, nella buona fortuna e nelle difficoltà: secondo me quest'opinione non corrisponde al vero, poiché i comandanti sono spesso costretti dal consiglio degli amici o dal mutare delle circostanze a parlare e ad agire in modo contrario alla loro natura. […]
Riassumendo, è molto difficile esprimere un giudizio sulla natura di Annibale, sia a causa dell'influenza che su di lui esercitarono gli amici, sia a causa delle circostanze. Presso i Cartaginesi prevale la fama che egli fosse avaro, presso i Romani che fosse feroce.

Valerio Massimo, *Fatti e detti memorabili*

Destinato com'era a trasmettere alla posterità un ricordo insigne del suo nome, ci ha lasciato il dubbio se fosse maggiore la sua grandezza o la sua malvagità.

Tito Livio, *Ab urbe condita*

Come in questa guerra e con questo nemico nessun generale mai commise un errore senza prevederne un grave disastro per noi, sarà opportuno che riflettiate sul vostro voto per l'elezione dei consoli con la stessa attenzione avuta quando partiste armati per la battaglia, per cui ciascuno dica a se stesso: «Voto per un console della grandezza del generale Annibale».
(discorso tenuto dal dittatore Quinto Fabio Massimo in occasione delle elezioni a console nel 215 a.C.)

WEB QUEST

Dopo aver cercato sul web il giuramento di Annibale (possibilmente nelle versioni di Tito Livio, Cornelio Nepote e Polibio), riassumi e commenta i brani trovati.

Verso la conquista del Mediterraneo orientale

La nuova politica estera imperialista «I Romani assoggettarono quasi tutta la terra abitata e instaurarono una supremazia irresistibile per i contemporanei, insuperabile per i posteri»: queste sono le parole riportate da Polibio nelle sue *Storie*, quando cercò di descrivere l'opera di conquista attuata dai Romani nel Mediterraneo (215-133 a.C.).

Dopo la vittoria di Zama, i Romani diventarono padroni indiscussi dei traffici commerciali marittimi nel **Mediterraneo occidentale**, nonché una potenza politica ed economica difficile da contrastare. In tale situazione egemonica, fu quasi conseguenza naturale il **mutamento della politica estera**: i Romani, infatti, non si accontentavano più della difesa tempestiva (come era accaduto contro Pirro e contro i Galli) o preventiva (come nel caso delle guerre contro Cartagine), ma miravano alla **conquista di nuovi e prosperi territori**.

Ben presto, le mire di Roma si concentrarono verso Oriente, dove fiorivano gli Stati ellenistici. In particolare, furono la **Siria** e la **Macedonia** a diventare i nuovi obiettivi dell'espansionismo romano: anzitutto, perché nel giro di pochi anni questi Stati avevano accumulato molte ricchezze; inoltre, perché entrambi i regni si sarebbero potuti alleare con Cartagine che, nel frattempo, si stava rimettendo nuovamente in forze.

Filippo V di Macedonia, in una medaglia conservata al British Museum di Londra.

Il **desiderio di conquista** di nuovi territori, geograficamente lontani dalla madrepatria, coinvolse le diverse classi della società romana: in primo luogo l'**aristocrazia terriera**, che vedeva nelle nuove dominazioni la possibilità di arricchirsi ulteriormente; poi il **ceto medio**, che avrebbe potuto prosperare grazie alle attività commerciali in Oriente; infine il **ceto popolare**, che, facendo parte dell'esercito, vedeva nella guerra la possibilità di fare bottino.

Le prime due guerre contro la Macedonia Come abbiamo già visto, dopo la sconfitta dei Romani a Canne, **Filippo V** di Macedonia strinse un **patto con Annibale**, per espandere i propri domini sulla provincia romana dell'Illiria. Non si esclude l'ipotesi che Filippo V volesse sbarcare nella penisola italica, per avere la sua buona parte di conquista nel Mediterraneo. I Romani, però, dopo aver risollevato le sorti della guerra con i Cartaginesi, sconfissero anche

VIAGGIO NELLA GEOGRAFIA

PHOENICE E L'ODIERNA ALBANIA

I resti del teatro romano di Phoenice. Il sito dove sorgeva la città si trova oggi nell'Albania meridionale. Phoenice, come riportano le fonti antiche, era uno dei centri più importanti del regno dell'Epiro e ne fu per un certo periodo anche la capitale.

Filippo V, ormai isolato (**Prima guerra macedonica**, 215-205 a.C., conclusasi con la **pace di Phoenice**, nell'attuale Albania).

L'occasione per un nuovo scontro con l'Oriente mediterraneo si presentò nel 200 a.C., quando, stanchi degli assedi da parte di Filippo V di Macedonia e di Antioco III, re di Siria, il **Regno di Pergamo** e la **Repubblica di Rodi** chiesero **aiuto ai Romani**. Fu il console Tito Quinzio Flaminino a infliggere una dura sconfitta a Filippo V (risparmiando per il momento la Siria che, nel frattempo, si era ritirata dallo scontro e non aveva mandato aiuti militari a Filippo V) nei pressi delle colline di **Cinocefale** (nell'attuale Tessaglia, in Grecia), nel 197 a.C. (**Seconda guerra macedonica**).

Le **trattative di pace**, stipulate a Tempe, nel Nord della Tessaglia, furono durissime per il re macedone: egli non avrebbe potuto più dichiarare alcuna guerra senza il consenso dei Romani; avrebbe dovuto sgomberare la Grecia; infine avrebbe dovuto consegnare l'intera flotta ai vincitori.

Pochi mesi più tardi, il console Flaminino, durante i solenni **giochi istmici** di Corinto, annunciò ufficialmente che le *poleis* greche erano libere per mano dei Romani. Si trattava, in realtà, di un'illusione per i Greci: essi avevano solamente **cambiato padrone** e si ritrovavano soggiogati da un popolo che si era finto liberatore solo per avere un appoggio durante la guerra che aveva in animo di intraprendere contro Antioco III di Siria.

Roma e Siria alla resa dei conti A causa della sempre più insistente **ingerenza romana** negli affari di politica interna, alcune *poleis* greche, riunite nella **Lega etolica**, decisero di chiamare **in aiuto Antioco III** re di Siria, il secondo Stato orientale più grande e forte dopo la Macedonia. Dallo storico Tito Livio sappiamo che Antioco III (spinto anche da Annibale, che, dopo la sconfitta di Zama, si era rifugiato presso di lui) entrò nelle *poleis* con 10.000 soldati come liberatore, occupando diverse regioni della Grecia (192 a.C.).

I Romani, allora, dichiararono **guerra alla Siria**. Antioco III fu battuto alle **Termopili** (191 a.C.) e, dopo aver lasciato la Grecia per spostarsi in Asia Minore, venne nuovamente sconfitto nel 190 a.C. presso la città di **Magnesia** (nell'attuale Turchia), per opera di Lucio Cornelio Scipione, fratello dell'Africano.

MITI E LEGGENDE

Valle di Tempe

La valle di Tempe, situata nel Nord della Tessaglia, è annoverata dalla tradizione come uno dei luoghi preferiti da Apollo e dalle Muse. In tale luogo, fu anche morsa da un serpente la moglie di Orfeo, Euridice.
Al centro della valle scorre il fiume Peneo, che sfocia nel mar Egeo. La valle è anche considerata un luogo militarmente strategico, poiché vi scorre la strada che porta da Larissa, capoluogo della Tessaglia, alla costa.

IL LESSICO STORICO

Giochi istmici Secondi solo a quelli olimpici, quelli istmici si tenevano sull'istmo di Corinto, la striscia di terra che collega il Peloponneso alla Grecia continentale, nei dintorni di un bosco sacro a Poseidone. I giochi, celebrati ogni due anni tra aprile e maggio, consistevano in gare ginniche, ippiche e musicali. Ai vincitori veniva data una corona fatta di palme o piante di pino selvatico.

VIAGGIO NELLA GEOGRAFIA

L'ISTMO DI CORINTO

Veduta aerea dell'istmo di Corinto. L'istmo (parola di origine greca che significa «passaggio») è una lingua di terra, relativamente stretta, che unisce due territori di notevole estensione.

Testa di Antioco III, re di Siria.

Nel 188 a.C., il **trattato di pace di Apamea** (antica città greca, i cui resti si trovano nell'attuale Siria) stabilì la cessione dei territori conquistati dagli antenati di Antioco III (la Tracia e l'Asia Minore, esclusa la Siria) al **Regno di Pergamo** e alla **Repubblica di Rodi**, alleati di Roma; l'obbligo per Antioco III di rinunciare alla sua flotta (escluse 10 navi); la consegna ai Romani di Annibale, il quale riuscì però a fuggire in Asia Minore.

Il Senato romano, venuto a conoscenza del nascondiglio di Annibale, vi inviò degli emissari per catturarlo, ma, come ci racconta lo storico Cornelio Nepote, Annibale «non volendo morire per mano di nessuno e tenendo presente in ogni momento il ricordo del suo antico valore, bevve un veleno che portava sempre con sé».

La Terza guerra macedonica Ancora per qualche decennio, comunque, la situazione in Grecia rimase instabile. A Filippo V di Macedonia, infatti, successe il figlio **Perseo**, che si pose come obiettivo di continuare la **politica espansionistica e antiromana** perseguita dal padre.

Divenuto simbolo della libertà e guida delle città greche, fu temuto dai Romani a tal punto che essi lo anticiparono con uno scontro preventivo nel 171 a.C. I Greci resistettero agli attacchi romani per ben quattro anni, fino a quando, nel 168 a.C., il console Lucio Emilio Paolo sconfisse l'esercito di Perseo a **Pidna**, nella Macedonia meridionale.

La battaglia di Pidna venne commemorata in questa moneta emessa nel 71 a.C. Il console Lucio Emilio Paolo (a destra), rappresentato con dimensioni maggiori rispetto all'avversario sconfitto, ha le armi del re macedone (a sinistra, con i suoi figli).

Il Regno macedone, da cui Alessandro Magno era partito per la conquista del suo immenso impero, era ormai **controllato dai Romani**, che entrarono in possesso anche delle ricchissime **miniere d'oro e d'argento**; per qualche anno ancora, però, vi si manifestarono tentativi di opposizione e di ribellione. Nel 149 a.C., un giovane di nome Andrisco, che si presentava come figlio di Perseo, tentò di guidare una **rivolta**, che nel 146 a.C. fu sedata dai Romani. Questa volta per la **Macedonia** non vi fu scampo: anch'essa, infatti, diventò una **provincia** romana.

Sempre nel 146 a.C., fu soffocata una ribellione nel **Peloponneso** e fu rasa al suolo dai Romani **Corinto**, la stessa città dove, qualche decennio prima, il console Flaminino aveva proclamato la libertà delle *poleis* greche.

La **Grecia** divenne **provincia** romana con il nome di **Acaia** e perse definitivamente l'indipendenza; l'unica eccezione fu **Atene**, che, poiché era stata sempre fedele a Roma mandandole anche aiuti durante le guerre macedoniche, ricevette come ricompensa il riconoscimento della propria **libertà**.

LE CONQUISTE DI ROMA A ORIENTE

PER RIPASSARE

1. Perché Roma decise di espandersi verso Oriente e quali furono le classi sociali che sostennero questa politica?
2. Quali furono i principali avversari di Roma nell'espansione verso Oriente?
3. Quale fu il destino della Grecia in questi anni?

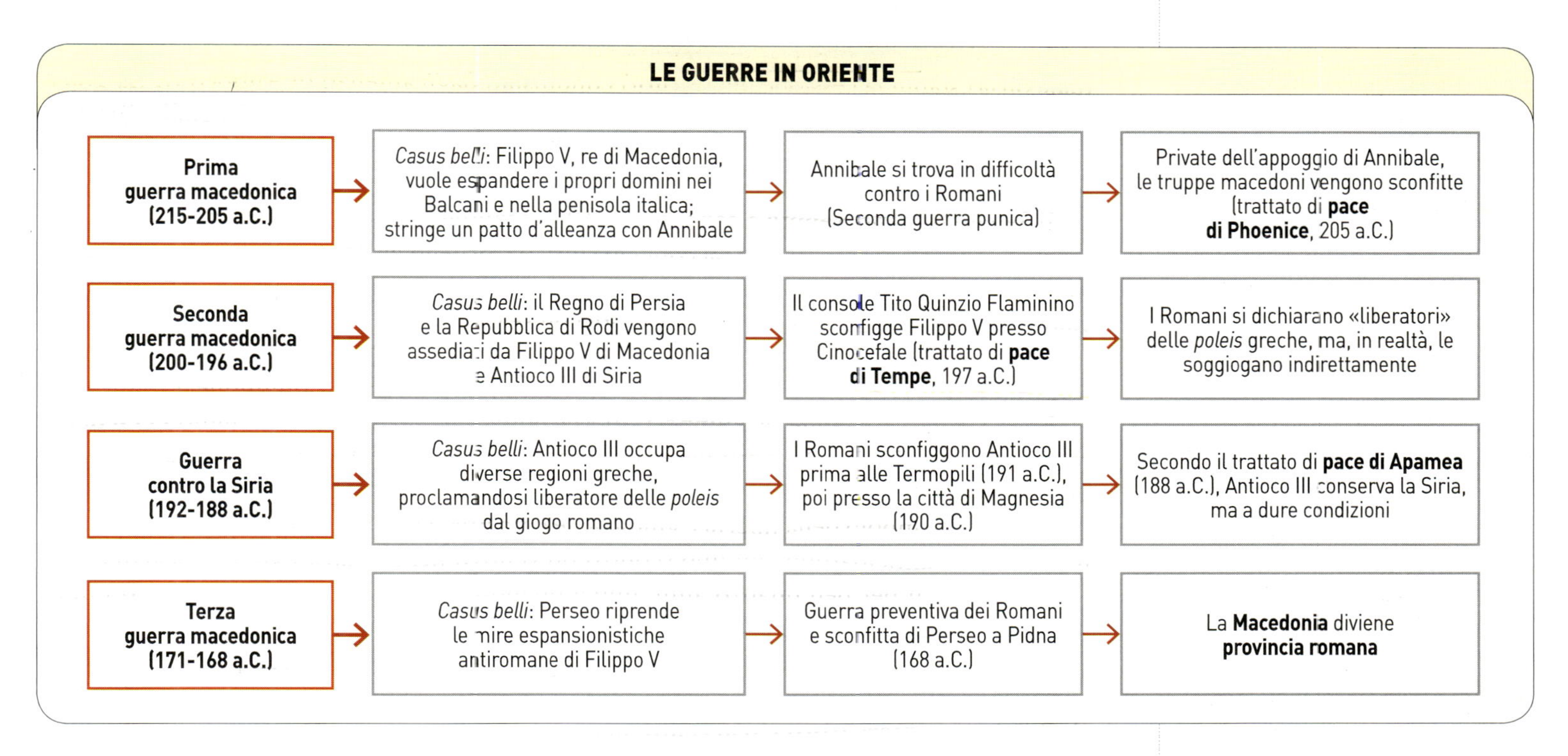

LE GUERRE IN ORIENTE
Prima guerra macedonica (215-205 a.C.)
Casus belli: Filippo V, re di Macedonia, vuole espandere i propri domini nei Balcani e nella penisola italica; stringe un patto d'alleanza con Annibale
Annibale si trova in difficoltà contro i Romani (Seconda guerra punica)
Private dell'appoggio di Annibale, le truppe macedoni vengono sconfitte (trattato di pace di Phoenice, 205 a.C.)
Seconda guerra macedonica (200-196 a.C.)
Casus belli: il Regno di Persia e la Repubblica di Rodi vengono assediati da Filippo V di Macedonia e Antioco III di Siria
Il console Tito Quinzio Flaminino sconfigge Filippo V presso Cinocefale (trattato di pace di Tempe, 197 a.C.)
I Romani si dichiarano «liberatori» delle poleis greche, ma, in realtà, le soggiogano indirettamente
Guerra contro la Siria (192-188 a.C.)
Casus belli: Antioco III occupa diverse regioni greche, proclamandosi liberatore delle poleis dal giogo romano
I Romani sconfiggono Antioco III prima alle Termopili (191 a.C.), poi presso la città di Magnesia (190 a.C.)
Secondo il trattato di pace di Apamea (188 a.C.), Antioco III conserva la Siria, ma a dure condizioni
Terza guerra macedonica (171-168 a.C.)
Casus belli: Perseo riprende le mire espansionistiche antiromane di Filippo V
Guerra preventiva dei Romani e sconfitta di Perseo a Pidna (168 a.C.)
La Macedonia diviene provincia romana

5 La Terza guerra punica e la fine di Cartagine

Carthago delenda est La celere **ripresa economica** di Cartagine ridestò nei Romani una nuova preoccupazione: la possibile ricostruzione del grande impero punico in quello stesso bacino del Mediterraneo in cui Roma aveva ormai sancito la propria egemonia politica ed economica.

«**Cartagine deve essere distrutta**», disse **Marco Porcio Catone**, in un discorso tenuto al Senato, dopo una visita alla città punica nel 153 a.C. Il celebre oratore rimase colpito dalla floridezza economica di Cartagine: i mercati erano ricchi e vivi, la terra era fertile e generosa. Una leggenda racconta che egli avesse portato dall'Africa un cesto di fichi e li avesse fatti gustare ai senatori romani come testimonianza delle meraviglie viste.

■ Resti archeologici di Cartagine. I resti che oggi si possono ammirare sono una stratificazione di costruzioni: in profondità le antiche case puniche, in superficie la riedificazione romana, costruita dopo un secolo dalla distruzione dell'originaria colonia fenicia.

La preoccupazione di Catone divenne una vera e propria **crisi** quando, nel 151 a.C., **Cartagine**, di fronte alle continue pretese territoriali del **re della Numidia Massinissa**, alleato romano, lo **attaccò senza il consenso** di Roma, infrangendo i patti stipulati con i Romani nell'ultimo trattato di pace.

Roma, quindi, trovò il pretesto per **annientare definitivamente** Cartagine. Nel 149 a.C., i Romani sbarcarono in Africa e Cartagine, comprendendo di non poter resistere, si consegnò loro. Non ci fu nessuna possibilità di compromesso per la città punica: essa doveva essere distrutta. Tale decisione fu comunicata ai Cartaginesi e fu dato loro il tempo di trasferirsi a 15 chilometri dal mare.

Alcuni Cartaginesi resistettero ancora tre anni, finché **Publio Cornelio Scipione**, detto **l'Emiliano** (figlio adottivo di Scipione l'Africano), prese d'assalto la città, nel 146 a.C., e la **rase al suolo**. In seguito, il suo territorio fu solcato con l'aratro affinché nessun'altra città fosse costruita in quello stesso luogo, mentre gli abitanti superstiti furono venduti come schiavi.

Anche i territori dell'ex impero cartaginese diventarono una **provincia romana**, quella dell'**Africa settentrionale**, mentre Scipione l'Emiliano fu soprannominato «Secondo Africano», titolo a cui si aggiunse, nel 133 a.C., quello di «Numantino», per la sconfitta inflitta ai Celtiberi a Numanzia e la conseguente conquista della Spagna.

I Romani, padroni del Mediterraneo Questa fase della politica politica espansionistica e imperialistica dei Romani si concluse nel Mediterraneo occidentale, cioè in **Spagna**, che era divenuta provincia romana nel 197 a.C. Qui, nella parte centro-settentrionale della penisola iberica, vivevano i **Celtiberi**, una popolazione eterogenea, nata forse dalla fusione tra tribù celtiche e indigeni. D'indole bellicosa, più di una volta essi si scontrarono con i Romani; lo **scontro decisivo** ebbe luogo nel 133 a.C., anno in cui il generale Scipione l'Emiliano inflisse loro una dura sconfitta nella capitale, **Numanzia**, nel Nord-Est della Spagna, che cadde e fu rasa al suolo.

Nel 133 a.C., quindi, l'intero Mediterraneo era diventato *mare nostrum*, come i Romani orgogliosamente iniziarono a chiamarlo. Attraverso numerose guerre, prima di difesa e poi di conquista, **Roma** era divenuta la **più grande potenza mediterranea**, grazie alla sua flotta militare e commerciale: possedeva l'Italia, la Provenza, la Spagna, la Macedonia, l'Acaia; era erede del Regno di Pergamo (poiché il re era morto senza eredi diretti) e di buona parte dell'Asia Minore; aveva conquistato l'Africa settentrionale; aveva rafforzato baluardi come la Sicilia, la Corsica, la Sardegna, le Baleari, Malta.

PER RIPASSARE

1. **Perché i Romani decisero di distruggere Cartagine?**
2. **Intorno alla metà del II secolo a.C., quali territori controllavano i Romani nel bacino del Mediterraneo?**

I TERRITORI DI ROMA E I CONFINI DEGLI STATI ATTUALI

Territorio romano alla fine della seconda guerra punica
Nuove conquiste romane fino al 120 a.C.
Stati sotto influenza romana
Confini attuali

COMPETENZE DI GEOSTORIA CONFRONTARE DUE CARTE

I territori di Roma e i confini degli Stati attuali

Osserva attentamente la carta geostorica a p. 270 in cui sono presenti i confini storici dello Stato romano intorno al 133 a.C. e quelli odierni (delimitati dalla linea rossa). Aiutandoti con la legenda, individua a quali territori attuali corrispondono quelli indicati nella legenda e completa la seguente tabella di confronto.

	TERRITORI STORICI	TERRITORI ODIERNI
Territorio romano alla fine della Seconda guerra punica		
Nuove conquiste romane fino al 120 a.C.		
Stati sotto l'influenza romana		

Per applicare correttamente il metodo geostorico proposto, consulta la SCHEDA DI METODO 8, p. 214.

SINTESI

- **Il predominio di Cartagine sul Mediterraneo occidentale** **Cartagine**, colonia fenicia nel territorio dell'attuale Tunisia, si sostituì ai Fenici nel predominio marittimo del **Mediterraneo occidentale** e si scontrò con i Greci in **Sicilia** per delimitare le rispettive zone d'influenza. Fino al 279 a.C., la città punica intrattenne rapporti pacifici con i Romani, nonostante la loro propaganda anticartaginese.

- **La Prima guerra punica** A Messina, i **Mamertini**, soldati mercenari in lotta con Siracusa, chiamarono in aiuto i **Romani**. Interessati al dominio sul Mediterraneo, questi ultimi, seppur meno esperti nelle battaglie navali, sbaragliarono la flotta cartaginese a **Milazzo** e, occupato il porto strategico di **Palermo**, conseguirono una schiacciante vittoria alle **isole Egadi**. Con la fine della **Prima guerra punica** (264-241 a.C.), Roma estese la propria influenza su Sicilia, Sardegna, Corsica, Gallia Cisalpina e Illiria.

- **L'inarrestabile marcia di Annibale** Negli anni successivi, Cartagine cercò la rivincita. **Annibale**, che secondo la tradizione aveva giurato odio eterno contro i Romani, provocò la **Seconda guerra punica** (218-202 a.C.) assediando la città di **Sagunto**, fedele alleata di Roma. Scoppiato il conflitto, il condottiero cartaginese scese in Italia dalle Alpi e, grazie all'aiuto dei Galli, alla valente cavalleria e al suo genio militare, ottenne le vittorie al Ticino, al Trebbia, al Trasimeno e a **Canne**. Insieme alla solidità del dominio romano, vacillò la fedeltà dei suoi alleati.

- **I Romani prevalgono nella Seconda guerra punica** La famiglia degli Scipioni «mise anima e corpo» per contrastare il piano di Annibale. Il sentimento di rivalsa pervase soprattutto l'animo di **Publio Cornelio Scipione**, che, deciso a vendicare la morte del padre ucciso in Spagna qualche anno prima, inflisse una sonora sconfitta ai Cartaginesi proprio in terra iberica. Anche sul fronte italiano l'esercito romano conseguì brillanti vittorie, dalla Sicilia, dove fu assediata e punita Siracusa, alle Marche, nella battaglia del Metauro. Ma lo **scontro frontale** tra i due grandi comandanti avvenne in terra africana. Nel 202 a.C., presso **Zama**, i Romani sconfissero i Cartaginesi costringendoli a una **pace umiliante**.

- **Le conquiste in Oriente** Tra il 215 e il 168 a.C., i Romani trasformarono la politica di difesa preventiva in **strategia di conquista**, soprattutto a scapito della Siria e della Macedonia. Prima sconfissero i Macedoni e resero libere le città-stato greche, in realtà controllandole indirettamente. Poi repressero duramente i tentativi di Siria e Macedonia di ripristinare lo *status quo ante* nel territorio greco. Anche **Macedonia** e **Grecia** divennero **province romane**.

- **Il Mediterraneo in mano a Roma** L'egemonia romana sul Mediterraneo fu totale dopo la **Terza guerra punica** (149-146 a.C.) e la guerra contro i Celtiberi. Cartagine e Numanzia furono rase al suolo e si istituirono le **province** dell'**Africa settentrionale** e della **Spagna**.

Collega passato e presente e **approfondisci** temi e problemi della geostoria.

Lezione LIM

Il bacino del Mediterraneo

(→ GEOGRAFIA, LEZIONE 12)

«Questo nostro mare assomiglia, già da tempo, ad una frontiera marittima che si estende dal Levante al Ponente separando l'Europa dall'Africa e dall'Asia Minore. L'identità dell'essere vi rimane tesa e sensibile, invece l'identità del fare riesce con difficoltà a compiersi e soddisfarsi».

(Pedrag Matvejevic, «la Repubblica», 21 marzo 2011)

GLI STATI DEL BACINO MEDITERRANEO

Veduta panoramica del porto di Radès, in Tunisia.

Un ponte tra l'Europa e l'Africa Come osservò lo storico francese **Fernand Braudel** (1902-85), il Mediterraneo è un **mare chiuso**, diviso in due dalla penisola italiana e dalla Sicilia, che si protendono verso la Tunisia quasi a unire il Maghreb (l'area occidentale del Nord Africa, che comprende gli Stati del Sahara occidentale, del Marocco, dell'Algeria e della Tunisia) al continente europeo, **ponte ideale tra l'Europa e il Sud del Mondo**. Non a caso, l'isola siciliana, proprio per la sua posizione geografica, è soprannominata «ombelico del Mediterraneo».

L'importanza degli interessi commerciali Le acque del Mediterraneo furono da sempre stazione di partenza e di arrivo di **mercanti** di ogni genere, che navigavano **da Oriente a Occidente** e viceversa. Già nella lontana Età del bronzo (3500-1200 a.C.), metalli, bestiame, prodotti agricoli, tessuti, ceramiche, armi e altri manufatti circolavano in una rete commerciale che aveva i suoi grandi nodi nel Mediterraneo orientale.
L'**importanza economica** del bacino era tale che per il predominio marittimo nelle sue acque si scontrarono le flotte delle più grandi civiltà, con l'obiettivo di affermare i propri **interessi commerciali**.

Culla di tre civiltà Fu ancora lo storico Fernand Braudel a mettere in luce un altro aspetto fondamentale che riguarda il mar Mediterraneo. Esso, infatti, è stato la culla di tre civiltà: quella dell'**Occidente cristiano**, che ebbe il suo centro a Roma; quella dell'Islam, estesa a partire dal VII secolo d.C. dal Marocco all'oceano Indiano; quella **greco-bizantina**, erede dell'Impero romano e ponte tra l'Asia Minore e i Balcani.

Il Mediterraneo oggi «Mare bianco di mezzo» per i turchi, «mare tra le terre» per i giapponesi, «mare di mezzo» per gli ebrei, i tedeschi e gli albanesi; *mare nostrum* per i Romani. Il Mediterraneo ancora oggi è un **ponte tra territori e culture differenti** e il suo bacino unisce le sorti di ben tre continenti: **Europa**, **Asia** e **Africa**.
La **debolezza economica** e l'**instabilità politica** dei Paesi nordafricani fanno sì che il Mediterraneo sia ancora oggi un luogo di tensioni, proprio tra gli eredi di quelle civiltà che ne hanno fatto la storia. Per questo motivo, la ricerca di un **dialogo** tra gli Stati dell'Unione europea e i Paesi del Sud-Est del Mediterraneo è oggi una preoccupazione costante della diplomazia, che mira a rafforzare l'economia e il benessere di quest'area, attraverso la creazione di uno «**spazio euro-mediterraneo**» e l'instaurazione di rapporti pacifici tra i vari Stati.
A questo scopo nel 2008 è nata l'**Unione per il Mediterraneo**, un organismo internazionale che ha il principale scopo di rendere più saldi e incisivi i rapporti tra gli Stati dell'Unione europea, i Paesi arabi e il Medio Oriente.

Laboratorio

Leggi la Costituzione commentata e **rifletti** sul rapporto tra passato e presente.

Il decentramento amministrativo

Uno dei rilievi che rappresentavano le province romane posti alla base del tempio di Adriano al Campo Marzio (145 d.C.); oggi è conservato ai Musei capitolini a Roma.

Le province romane

Con il termine «provincia» i Romani si riferivano a un'unità amministrativa dipendente da Roma su un **territorio conquistato al di fuori della Penisola**. Essa era «area di pertinenza» di un rappresentante dello Stato, un magistrato, appartenente alla classe dirigente locale, che non era soggetto ad alcun controllo ed era investito del supremo potere amministrativo, militare e giudiziario. I residenti della provincia **non possedevano la cittadinanza romana** (se non dietro speciale motivazione) ed erano tributari del potere centrale. La provincia, quindi, era **assoggettata al potere del magistrato** e **sottomessa a Roma** dal punto di vista politico, amministrativo e territoriale. Solo quando Roma conquistò l'intero bacino del Mediterraneo, ai provinciali si iniziarono a garantire più diritti.

La nostra Costituzione e il decentramento dello Stato

Anche nell'Italia odierna esistono le Province, ma si tratta di enti diversi da quelli dell'antica Roma. Nella Costituzione italiana, infatti, esse, assieme alle Regioni e ai Comuni, sono **enti locali territoriali** che godono di **autonomia amministrativa**. Gli enti locali concorrono, insieme allo Stato, a formare la Repubblica e hanno propri statuti, poteri e funzioni secondo i princìpi espressi nella Costituzione.

Le autonomie locali sono previste con il preciso intento di soddisfare al meglio le esigenze di ogni Regione italiana, **trasferendo alcuni poteri pubblici a livello locale**. Ma non sempre è stato così.

L'Italia è uno Stato di recente costituzione (17 marzo 1861), che si estende su un territorio molto eterogeneo dal punto di vista geografico, culturale, economico e sociale. Subito dopo l'**unificazione** del Paese, però, le istituzioni del nuovo Stato si basarono su un **centralismo** che non lasciò spazio ad alcuna forma di autonomia locale. E l'Italia continuò a essere governata da un unico potere centrale anche durante il **regime fascista**.

Solo con il ritorno alla libertà, nel 1945, la Costituzione (negli articoli 5 e 114) sancì l'affermazione dello Stato regionale, basato su una **distribuzione di poteri** tra lo Stato centrale (a cui spettano le decisioni più importanti) e le autonomie locali (**Regioni**, **Province**, **Comuni**). Le amministrazioni locali, favorite da una politica di decentramento del potere (accentuata con la legge di riforma costituzionale del 2001), incoraggiano la **partecipazione dei cittadini** alle decisioni di interesse collettivo sul territorio.

Regioni, Comuni, Province

Le **Regioni** sono un ente introdotto per la prima volta dalla nostra Costituzione, anche se le prime elezioni che le resero operative si tennero solamente nel 1970. Esso sono l'unico organismo locale che, oltre ai poteri amministrativi, ha **poteri legislativi**, tranne che sulle materie di interesse nazionale. Le istituzioni principali delle Regioni sono: il **Consiglio regionale** (l'organo legislativo), la **Giunta regionale** (l'organo esecutivo, formato dal Presidente e dagli assessori) e il **Presidente della Giunta regionale** (eletto direttamente dai cittadini della Regione).

I **Comuni**, invece, sono le entità amministrative più piccole e hanno nel **Consiglio comunale** e nella **Giunta comunale** (l'organo esecutivo, formato dal Presidente e dagli assessori) i propri organi di governo, al cui vertice si trova il **Sindaco** (eletto direttamente dai cittadini del Comune). Tra i compiti del Comune vi sono: i servizi sociali; il governo del territorio; la disciplina delle attività economiche; l'emanazione di norme relative alla polizia urbana e rurale, l'igiene, l'edilizia ecc.

Le **Province**, infine, costituiscono l'ente intermedio tra Regioni e Comuni e fanno parte dell'ordinamento italiano sin dalla sua nascita, nel 1861, quando erano l'ambito di competenza del funzionario del governo centrale, il prefetto. La Provincia è formata dal **Consiglio provinciale** (che esercita il controllo politico e amministrativo sulla Giunta e sul Presidente), dalla **Giunta provinciale** (l'organo esecutivo, formato dal Presidente e dagli assessori) e dal **Presidente della Provincia** (eletto direttamente dai cittadini della Provincia).

I compiti della Provincia sono: difesa e tutela del suolo e valorizzazione dell'ambiente; costruzione e manutenzione delle strade; igiene pubblica; tutela e valorizzazione delle risorse idriche; prevenzione delle calamità; servizi sanitari; protezione della flora e della fauna. Essa ha inoltre il compito di decidere sugli istituti d'istruzione superiore e di provvedere alla manutenzione delle strutture e dell'arredo delle scuole.

Guida alla Cittadinanza

Le autonomie locali sono previste nella nostra Costituzione e vengono definite, tra gli altri, negli articoli 5 e 114.

Art. 5

La Repubblica, una e indivisibile, riconosce e promuove le autonomie locali; attua nei servizi che dipendono dallo Stato il più ampio decentramento amministrativo; adegua i principi ed i metodi della sua legislazione alle esigenze dell'autonomia e del decentramento.

Art. 114

La Repubblica è costituita dai Comuni, dalle Province, dalle Città metropolitane, dalle Regioni e dallo Stato.

I Comuni, le Province, le Città metropolitane e le Regioni sono enti autonomi con propri statuti, poteri e funzioni secondo i principi fissati dalla Costituzione. [...]

VERIFICA

Lezione 13
L'egemonia nel Mediterraneo

DALLE ABILITÀ ALLE COMPETENZE

RICONOSCERE LE CARATTERISTICHE PRINCIPALI DELLE VICENDE STORICHE COMPETENZA STORICA

1 **Indica se le seguenti affermazioni sono vere o false. Motiva poi le tue risposte.**

a. Cartagine fu fondata dai coloni di Tiro in Asia Minore V F
Perché ....

b. L'Oriente fenicio tenne testa a Cartagine nella supremazia marittima V F
Perché ....

c. I Greci e i Cartaginesi si divisero pacificamente la Sicilia V F
Perché ....

COMPLETARE UNA TABELLA COMPETENZA STORICA

2 **Completa la tabella sotto riportata.**
(→ Scheda di metodo 6, p. 112)

	ROMA	CARTAGINE
Fondazione		
Popolo fondatore		
Sistema politico e militare		
Organizzazione sociale		

COLLEGARE LE DATE (IL *QUANDO*) ALLE VICENDE STORICHE (IL *CHE COSA*) COMPETENZA STORICA

3 **Collega in modo corretto le date, riportate a sinistra, con gli eventi storici, riportati invece a destra.**

279 a.C.	Trattato di navigazione e commercio tra Cartaginesi e Romani
600 a.C. circa	Trattato tra Romani e Cartaginesi per contrastare Pirro
509 a.C.	Vittoria dei Romani contro Pirro
275 a.C.	Trattato tra Cartaginesi ed Etruschi in funzione antigreca

DISTINGUERE LE CAUSE DALLE CONSEGUENZE COMPETENZA STORICA

4 **Nelle seguenti coppie di frasi, sottolinea la causa distinguendola così dall'effetto.**

a. Roma muta la politica estera passando dalla difesa alla conquista – Siria e Macedonia diventano potenze economiche rilevanti.

b. Annibale è bloccato a Capua – Filippo V viene sconfitto nella Prima guerra macedonica.

c. I Romani intervengono a fianco del Regno di Pergamo e della Repubblica di Rodi – Filippo V di Macedonia e Antioco III re di Siria assediano il Regno di Pergamo e la Repubblica di Rodi.

Lezione 13
L'egemonia nel Mediterraneo

DALLE ABILITÀ ALLE COMPETENZE

COMPLETARE UNA MAPPA CONCETTUALE **COMPETENZA STORICA**

5 **Completa la seguente mappa concettuale. L'esercizio è avviato.**
(→ Scheda di metodo 7, p. 156)

LOCALIZZARE NEL PASSATO E NEL PRESENTE **COMPETENZA GEOSTORICA**

6 **Indica nella carta 1 con colori diversi:**

- le aree di espansione fenicia e punica
- l'area d'espansione romana
- i nomi attuali degli Stati e delle regioni in cui si sono verificate l'espansione fenicia e quella romana
- Tiro, Cartagine, Ibiza, Cartagena, Cagliari, Panormo, Mozia

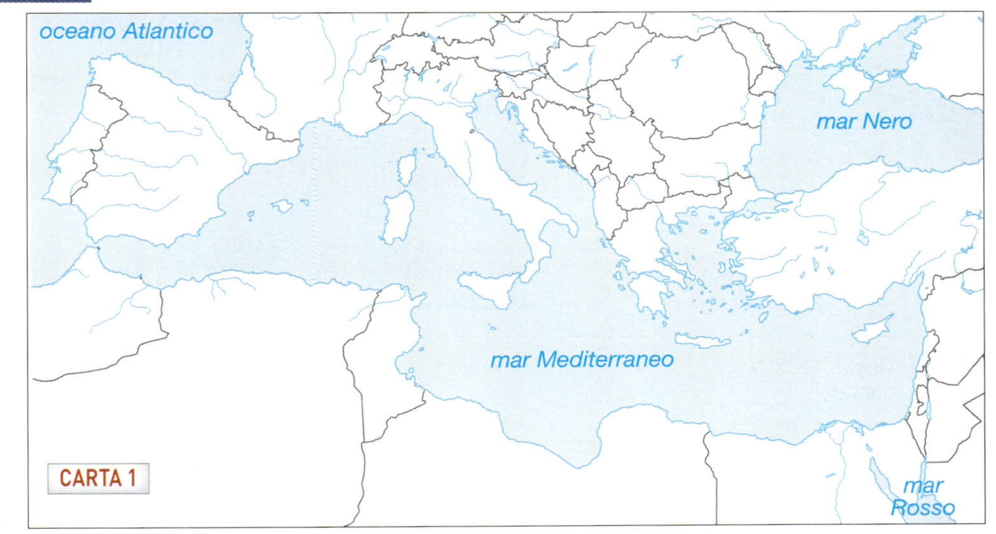

CREARE UNA CARTA GEOSTORICA DINAMICA **COMPETENZA GEOSTORICA**

7 **Indica nella carta 2, seguendo la legenda, gli itinerari di:**

- Asdrubale (fratello di Annibale),
- Publio Cornelio Scipione (padre) e suo fratello,
- Publio Cornelio Scipione (figlio),
- Annibale.

(→ Scheda di metodo 3, p. 64)

Cartagine all'inizio della Seconda guerra punica
Roma all'inizio della Seconda guerra punica
→ Annibale
→ Asdrubale
→ Publio Cornelio Scipione (padre) e fratello
→ Publio Cornelio Scipione (figlio)

UTILIZZARE LE COMPETENZE STORICHE E GEOGRAFICHE GIÀ ACQUISITE CORRELANDOLE ALLE COMPETENZE DI ALTRE DISCIPLINE **COMPETENZA TRASVERSALE**

8 **Quale fu la fine di Cartagine? Produci un breve riepilogo storico, poi localizza il sito della città oggi e, partendo dal tuo Comune, organizza un itinerario di viaggio con informazioni turistiche e archeologiche.**

Lezione 14

Dai Gracchi a Cesare: la fine della repubblica

Lezione

La lezione interattiva ti aiuterà a **ripassare**, **approfondire** e **verificare** le tue conoscenze sulla **fine della repubblica**.

Atlante

Scopri e **approfondisci** i luoghi e gli avvenimenti della **storia antica** sulla cartografia 3D Google Earth.™

Per una lettura geostorica

IERI

I DOMINI DI ROMA INTORNO AL 60 A.C. E LE PROVINCE CONTROLLATE DA POMPEO, CRASSO E CESARE

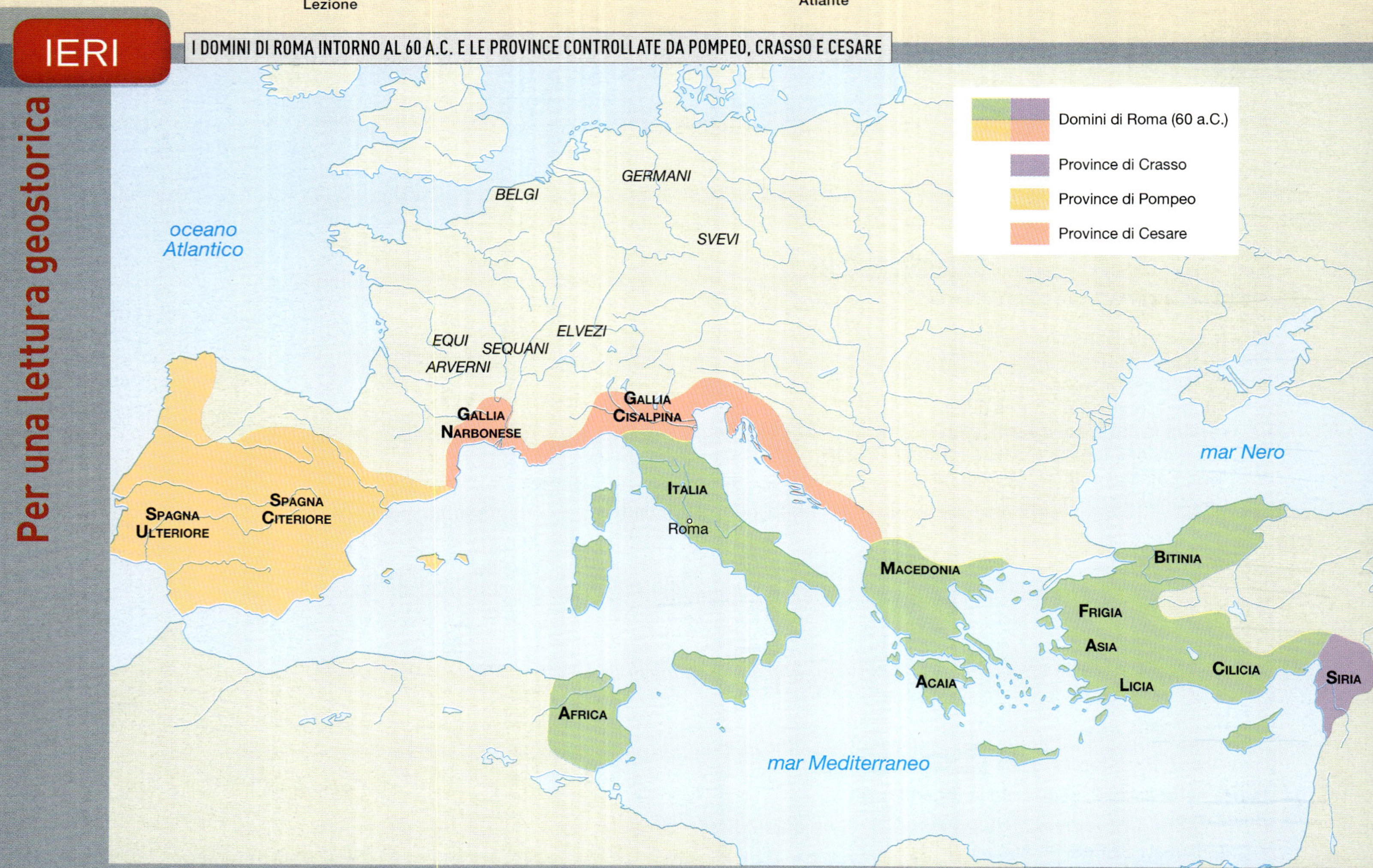

1 Perché Roma, a partire dal II secolo a.C., fu sconvolta da una serie di guerre civili?

A partire dal II secolo a.C., Roma venne ripetutamente sconvolta da una serie di **guerre civili**, che videro contrapporsi i più grandi **generali** del tempo, da Mario e Silla sino a Pompeo e Cesare. Essi, infatti, per soddisfare le proprie **ambizioni personali di potere**, si servirono delle truppe permanenti dell'esercito, che, per effetto della riforma attuata da Gaio Mario, erano ormai più fedeli ai loro comandanti (gli unici in grado di ricoprire il soldato di ricchezze e bottino) che allo Stato. Le guerre civili tra generali romani ebbero importanti conseguenze nella vita della repubblica.

2 Quali conseguenze ebbero le guerre civili?

Le guerre civili misero a nudo l'incapacità delle istituzioni repubblicane di esercitare la propria autorità di fronte all'**immenso potere** di cui godevano i grandi **comandanti militari**. Questi ultimi sottoposero la repubblica a un lento **processo di disgregazione** che culminò nel **primo triumvirato**, un patto privato e segreto in cui tre uomini (Cesare, Pompeo e Crasso) decidevano delle sorti politiche di Roma, totalmente al di fuori delle regole istituzionali. Le conseguenze ultime furono la fine della repubblica e il governo di un uomo solo.

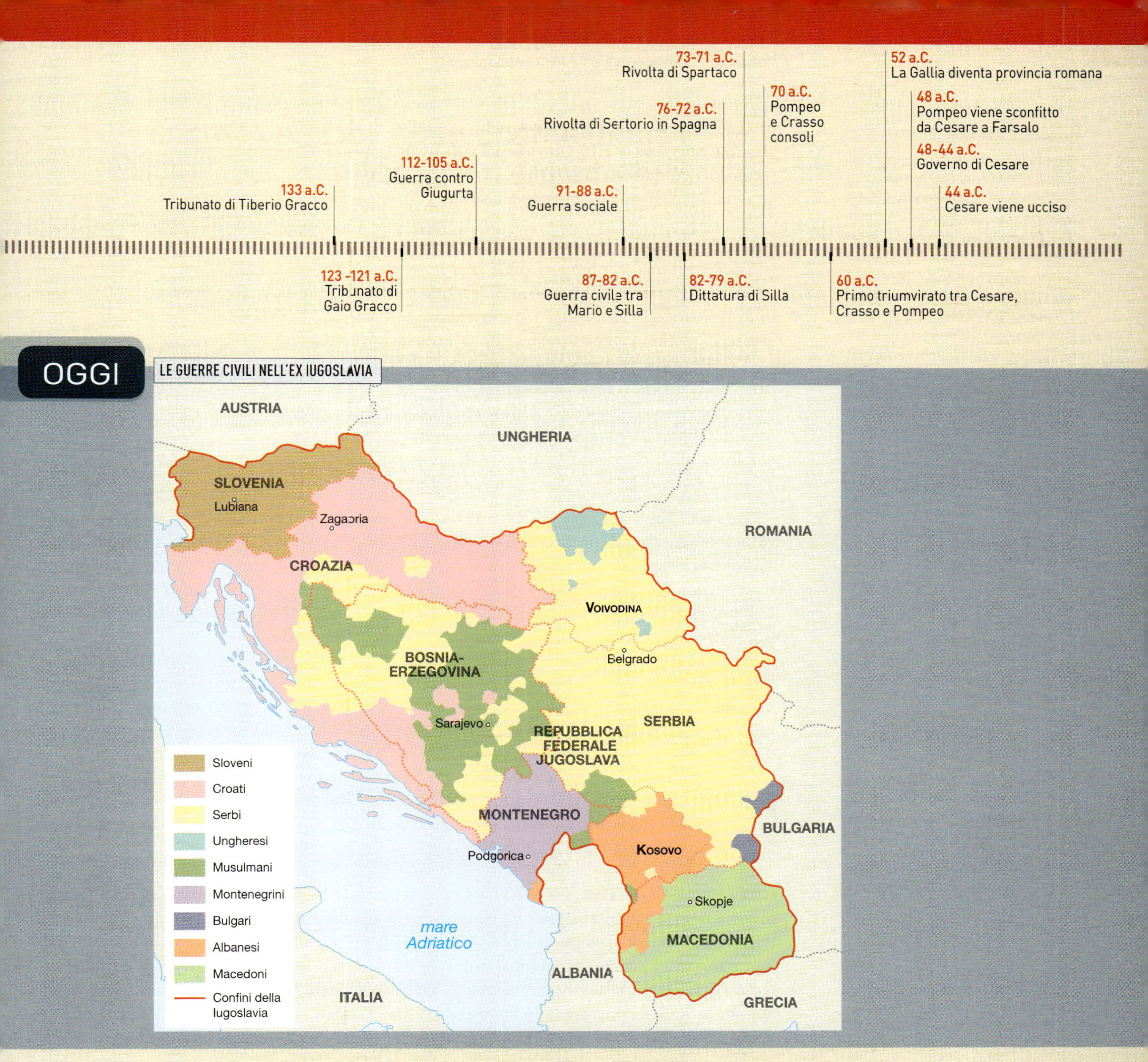

3 In quale parte dell'Europa si sono verificate recentemente guerre civili?

Le guerre civili nascono in Stati in cui il potere centrale non è più in grado di governare. Situazioni analoghe si sono verificate spesso nella storia dell'umanità. Un esempio vicino a noi (nel tempo e nello spazio) è dato dalla situazione della **Iugoslavia**, una repubblica federale formatasi nel 1945, dove a partire dagli anni Novanta del XX secolo le **spinte indipendentiste** di alcuni Stati membri provocarono lo scoppio di una serie di **guerre civili** che determinarono la fine dell'unità del Paese.

4 Qual è la situazione politico-territoriale dell'ex Iugoslavia oggi?

In seguito agli accordi di Dayton (Usa), firmati il 21 novembre 1995, e all'intervento della Nato nel 1999, nell'area dell'ex Iugoslavia le **repubbliche** che facevano parte della federazione (Serbia, Croazia, Slovenia, Bosnia-Erzegovina e Montenegro) hanno dato vita a organismi autonomi. Il progetto di allargamento a Est dell'**Unione Europea** riguarda anche questi Stati: la Slovenia è diventata Stato membro nel 2004 e la Croazia nel 2013; Serbia e Macedonia possiedono lo status ufficiale di candidato; il Montenegro, invece, è in trattativa per l'approvazione della richiesta di adesione.

1 I cambiamenti nella società romana e le riforme dei Gracchi

Tra profonde trasformazioni e disuguaglianze sociali Roma era ormai divenuta, grazie alla lunga serie di conquiste territoriali compiute tra Occidente e Oriente a cavallo tra il III e il II secolo a.C., la padrona indiscussa del Mediterraneo. Questo formidabile processo espansivo determinò **profonde trasformazioni** nel tessuto socio-economico della repubblica, che misero nello stesso tempo a nudo le **contraddizioni** e le disuguaglianze tra i vari strati della popolazione romana.

A beneficiare delle ingenti **ricchezze**, che sotto forma di denaro e beni affluivano verso la madrepatria dai nuovi domini territoriali, furono soprattutto due ceti della società romana: l'**aristocrazia senatoria**, che basava la propria fortuna sulla proprietà terriera e sul suo sfruttamento, e la classe emergente dei **cavalieri**, che fondava i propri lauti guadagni sull'attività commerciale e finanziaria, con una particolare attenzione al settore degli **appalti** pubblici. Il resto della popolazione, in particolare i **piccoli contadini** proprietari di terre – che rappresentavano anche la spina dorsale dell'esercito di Roma –, ne uscì invece largamente **impoverito**.

Alla fine del II secolo a.C., le condizioni di questi piccoli proprietari erano infatti notevolmente mutate. Se in passato la fondazione di nuove colonie e la redistribuzione di terre avevano rappresentato una valvola di sfogo per i piccoli contadini, adesso la sempre maggiore **concentrazione di terre** nelle mani dei ricchi aristocratici (che per consuetudine, ormai, si appropriavano indebitamente dell'*ager publicus*) e le numerose **guerre** portate avanti da Roma avevano duramente colpito questa fascia della popolazione.

La situazione a cui doveva far fronte il **contadino-soldato**, tornato in patria dopo lunghe campagne militari che lo avevano tenuto lontano dai campi, era drammatica: i suoi terreni, malamente accuditi durante la sua assenza, non producevano più un minimo di profitto, schiacciati dalla **concorrenza dei grandi proprietari** che, oltretutto, si giovavano di **manodopera schiavile** (affluita in grande quantità dai nuovi domini) a basso costo.

Sfiancati dai debiti e dalla miseria, i piccoli contadini si videro quindi costretti a **vendere** i propri appezzamenti di terreno ai ricchi aristocratici, che in tal modo diedero vita a dei veri e propri **latifondi**, e a **emigrare** verso la città alla ricerca di nuovo lavoro, andando a ingrossare le file del crescente **proletariato urbano**.

Una classe in ascesa: i cavalieri Tra la ricca classe latifondista e quella del proletariato iniziò a farsi spazio una classe emergente, quella dei **cavalieri** (*equites*), o **ceto equestre**. Si trattava di persone di origine plebea o anche di **liberti** (cioè schiavi che avevano ottenuto dai loro padroni la libertà) arricchitisi non solo attraverso le **attività commerciali e finanziarie**, favorite dall'apertura dei nuovi mercati delle province, ma anche grazie al sistema degli **appalti pubblici**, concessi dallo Stato ai privati: essi, infatti, si occupavano dell'esecuzione di opere pubbliche, dei rifornimenti per l'esercito e della riscossione delle imposte nelle province (questi ultimi erano chiamati **pubblicani**).

Nel 218 a.C., inoltre, fu approvata la **legge Claudia**, che limitò le attività commerciali dei senatori, giudicate indegne del loro rango, vietando loro di possedere navi da carico. Ad avvantaggiarsene furono i cavalieri: si venne così a creare un'**aristocrazia del denaro**, che al suo crescente **potere economico** intendeva far corrispondere un eguale **peso politico** nella vita di Roma. E proprio la contrapposizione tra il ceto dei cavalieri e l'aristocrazia senatoria, che continuava a detenere la maggior parte delle cariche pubbliche, costituirà uno dei più importanti motivi di conflitto della tarda età repubblicana.

La crisi del sistema di valori tradizionali e l'incontro con l'ellenismo La rapida espansione territoriale, che a cavallo tra il III e il II secolo a.C. fece di Roma la potenza indiscussa dell'intero Mediterraneo, non ebbe

IL LESSICO STORICO

Appalto Contratto tramite cui viene affidata a un'impresa la realizzazione di un'opera o di un servizio, dietro il pagamento di un corrispettivo in denaro prefissato.

Latifondo Il termine, che deriva dal latino *latus* («vasto») e *fundus* («fondo»), indica una proprietà terriera di ampie dimensioni, solitamente coltivata in maniera estensiva o destinata al pascolo, che trae i propri utili non tanto dalle produzioni agricole che è in grado di realizzare, quanto piuttosto dall'estensione stessa delle terre possedute.

Proletario Nell'antica Roma, il proletario era chi non possedeva altri averi al di fuori della propria persona e della propria prole (cioè i figli: è questa l'etimologia della parola); per questa ragione, non apparteneva a nessuna delle classi di censo in cui era divisa la popolazione. I proletari erano poverissimi, vivevano in tuguri e si sostentavano grazie alle distribuzioni gratuite di viveri, elargite periodicamente dallo Stato con l'obiettivo di evitare possibili disordini.

Pubblicano Nell'antica Roma con il termine «pubblicano» (in latino *publicanus*) si indicavano i cavalieri che gestivano la riscossione delle imposte nelle province.

Due schiavi incatenati vengono trascinati da un legionario romano; bassorilievo marmoreo rinvenuto in Anatolia e conservato all'Ashmolean Museum di Oxford.

soltanto un forte impatto sul tessuto socio-economico della repubblica, ma determinò anche una profonda trasformazione culturale, che lentamente incrinò il modello dei valori tradizionali incarnato nel richiamo ai **costumi degli antenati** (*mos maiorum*). Si trattava di un sistema di valori di stampo tradizionalista e proprio di una civiltà prettamente rurale, imperniato sugli ideali della **severità** e della **morigeratezza** e basato sul rispetto della famiglia, dello Stato e degli dei.

L'espansione in Oriente e la conquista degli Stati ellenistici non aprirono soltanto nuove e proficue rotte commerciali, ma significarono per Roma anche l'**incontro con l'ellenismo**, una cultura raffinata basata su valori e stili di vita lontani da quelli tramandati dalla tradizione arcaica. A Roma giunsero, assieme a numerose opere d'arte elleniche, anche molti **intellettuali**, che, arrivati in città come prigionieri, si guadagnarono la libertà svolgendo come liberti l'attività di **precettori** per i giovani rampolli delle famiglie aristocratiche. La **contaminazione tra la cultura greca e quella romana** metteva quindi le proprie radici nella futura classe dirigente della repubblica.

A Roma si formarono due veri e propri «partiti», che arrivarono a un duro scontro intorno alla questione della fusione tra le due culture: da un lato, il partito **filoellenico**, riunito intorno al «circolo degli Scipioni» (a cui appartenevano, tra l'altro, lo storico Polibio e il filosofo Panezio), che nell'apertura all'ellenismo rintracciava la via per un profondo arricchimento culturale della società romana; dall'altro, i **tradizionalisti**, capeggiati da **Catone il Censore**, che rifiutavano la cultura greca, considerata individualista e dedita al lusso e all'***otium***, sostenendo la necessità di custodire i valori del *mos maiorum* su cui si fondava l'identità romana.

La battaglia di Catone e dei tradizionalisti fu però inutile e non poté evitare che la contaminazione tra la cultura romana e quella greca avesse luogo: si iniziarono così a scrivere opere letterarie fortemente influenzate dai modelli greci; si diffuse tra l'aristocrazia lo **studio della lingua greca**; venne infine trasportata a Roma, per opera del vincitore di Perseo, ovvero Lucio Emilio Paolo, la ricchissima **biblioteca dei monarchi macedoni**.

IL LESSICO STORICO

Otium Il termine indicava il tempo libero che le classi agiate sottraevano al *negotium*, ovvero all'attività politica o agli affari pubblici, per dedicarlo allo studio e alle speculazioni filosofiche.

Gli alleati italici e la questione della cittadinanza

Un'altra questione aperta, destinata ben presto a destabilizzare la società romana, era rappresentata dalla condizione degli **alleati italici**. Essi, infatti, avevano rivestito un ruolo molto importante durante le guerre puniche e l'espansione in Oriente, contribuendo alle vittorie di Roma sia attraverso il rifornimento di truppe sia attraverso il versamento di tributi per le spese belliche.

Tuttavia, la maggior parte degli Italici **non godeva della piena cittadinanza** romana e, quindi, non poteva accedere alle cariche pubbliche né beneficiare della distribuzione delle nuove terre passate sotto il dominio di Roma. I senatori, per parte loro, non vedevano di buon occhio l'estensione dei diritti politici a nuovi cittadini, temendo di **perdere il controllo dei comizi**.

Il Senato diviso tra ottimati e popolari

Di fronte alle trasformazioni che investivano la società romana, il **Senato**, che rappresentava il perno fondamentale della vita politica nel II secolo a.C., si mostrò preoccupato soprattutto di **difendere i propri privilegi**. All'ampliamento delle proprie prerogative – che si concretizzava in un'influenza sempre più vigorosa sul voto dei comizi, nel controllo dell'elezione dei governatori delle province e nell'istituzione di tribunali speciali per i reati di malgoverno composti solo da senatori – corrispose il netto rifiuto di occuparsi di questioni di vitale importanza per il futuro della repubblica, come l'assegnazione di parte dell'*ager publicus* ai contadini, l'accesso dei cavalieri alle cariche pubbliche e la concessione della cittadinanza agli Italici.

In questa situazione, le famiglie romane più in vista si divisero in due correnti: gli ottimati e i popolari. Gli **ottimati** (da *optimi*, ovvero «i migliori») erano gli appartenenti alla nobiltà senatoria **tradizionalista e conservatrice**, che difendevano strenuamente gli interessi della propria classe; i **popolari**,

Una famiglia di plebei arricchiti su un carro trainato da cavalli.

invece, rappresentavano i **riformatori**, cioè coloro che erano favorevoli a cambiamenti sociali e politici e che godevano, per questa ragione, dell'appoggio dei cavalieri, degli Italici e dei plebei agiati. I **proletari** garantivano il loro sostegno agli uni o agli altri, a seconda dei vantaggi immediati che potevano assicurarsi.

La riforma di Tiberio Gracco A farsi portavoce delle istanze riformatrici di parte dell'aristocrazia romana furono i fratelli **Tiberio e Gaio Gracco**. Appartenenti a una delle famiglie aristocratiche più influenti a Roma, legati da rapporti di parentela con la famiglia degli Scipioni, essi compresero che l'**impoverimento dei piccoli proprietari** minava la stabilità stessa della repubblica, perché andava direttamente a colpire il funzionamento dell'esercito.

L'arruolamento dell'esercito romano, infatti, avveniva tramite le classi di censo, in cui però non venivano inclusi i nullatenenti. La perdita della terra da parte della grande massa dei contadini-soldati avrebbe così significato **privare Roma dei suoi legionari**. Per i Gracchi era quindi necessaria una **riforma agraria**, che rivedesse i meccanismi di assegnazione delle terre pubbliche, con l'obiettivo di ridare fiato al ceto dei piccoli contadini e di ridimensionare lo strapotere dei grandi proprietari terrieri.

Con le conquiste, infatti, lo Stato romano aveva acquisito al proprio patrimonio amplissimi territori. Parte di questi ultimi venivano lasciati ai vinti; il resto diveniva *ager publicus*, entrando a far parte direttamente dello Stato. Dalla metà del II secolo a.C., come si diceva prima, la repubblica non promosse più sulle terre pubbliche né la fondazione di nuove colonie, né la redistribuzione in piccoli lotti ai cittadini meno abbienti. Questo ebbe come conseguenza la concessione di **grandi quantità di terre**, dietro il pagamento di un canone di affitto, ai **grandi proprietari** aristocratici, che le sfruttavano e le consideravano come se fossero di loro proprietà.

Dopo essere stato nominato **tribuno della plebe** nel 133 a.C., Tiberio Gracco propose una **legge agraria**, con la quale si stabiliva che ogni proprietario non potesse possedere più di **500 iugeri** di *ager publicus*, con un'aggiunta di 250 iugeri per ogni erede, fino a un massimo di 1000. Le **proprietà in eccesso** sarebbero state acquisite dallo Stato, che le avrebbe **ridistribuite al proletariato** in piccoli lotti di terreno di 30 iugeri **inalienabili**, cioè invendibili.

■ Un contadino al lavoro nei campi durante la raccolta del grano.

Il **Senato contestò** il progetto di Tiberio e persuase l'altro tribuno della plebe, Ottavio, a opporre il **veto** per non consentire il varo della riforma. Tiberio, però, reagì con altrettanta durezza: con una mossa che andava oltre le consuetudini delle istituzioni romane, dapprima fece **destituire il collega** dai comizi – secondo il principio che chi non agisce per il bene della plebe può essere rimosso dalla plebe stessa che l'ha nominato –, poi li persuase ad **approvare la riforma**.

L'anno seguente, inoltre, violando le leggi che impedivano la rielezione consecutiva alla stessa magistratura, Tiberio **ripresentò la propria candidatura al tribunato**.

Per i suoi rivali politici fu allora facile accusarlo di voler sovvertire l'ordine statale per ottenere il potere personale e fomentare delle **rivolte**, nelle quali il **tribuno restò ucciso** insieme a 300 suoi sostenitori: si trattò del **primo omicidio politico** a Roma.

Gaio Gracco: non solo riforma agraria, ma estensione della cittadinanza agli Italici Un decennio più tardi, nel 123 a.C., fu eletto tribuno della plebe il fratello minore dei Gracchi, **Gaio**, che fu poi riconfermato l'anno successivo, dopo l'approvazione di una legge che rendeva possibile il rinnovo della carica. Egli capì che, per poter contrastare e superare l'opposizione del Senato, era necessario riunire intorno al proprio progetto il **consenso di larga parte della società** romana.

In primo luogo, il tribuno si garantì il favore del proletariato: egli, infatti, fece approvare una **legge frumentaria**, che fissava la vendita del grano a prezzi controllati; avviò inoltre una serie di **lavori pubblici**, per combattere la disoccupazione, e progettò la creazione di nuove **colonie**, nell'ottica di dare terre e abitazioni ai nullatenenti. In secondo luogo, si assicurò l'**appoggio dei cavalieri**, inserendoli nei tribunali che giudicavano gli abusi dei magistrati nelle province, fino ad allora monopolio esclusivo dei senatori.

Convinto di avere stretto ampie e solide alleanze politiche, Gaio propose a questo punto la concessione della **cittadinanza agli Italici** (da riconoscere, in un primo tempo, soltanto ai Latini) e ripresentò la riforma agraria di Tiberio. Il **Senato**, tuttavia, ebbe buon gioco a sostenere che l'estensione della cittadinanza sarebbe stata **dannosa** non solo per il proletariato, che avrebbe dovuto dividere con i nuovi cittadini il lavoro e i vantaggi scaturiti dalla legge frumentaria, ma anche per i cavalieri, che avrebbero invece dovuto affrontare la concorrenza degli Italici nel settore delle concessioni edilizie e degli appalti.

Nel 121 a.C., dopo aver fallito la terza elezione al tribunato, Gaio dovette subire la **repressione del Senato**, che lo dichiarò «nemico di Roma» attraverso il *senatus consultum ultimum*, cioè un decreto che sospendeva le garanzie costituzionali e affidava ai consoli pieni poteri straordinari per difendere lo Stato. Egli, accerchiato con i suoi fedeli sull'Aventino, preferì farsi uccidere da uno schiavo.

Dopo l'uccisione dei Gracchi, il Senato consolidò nuovamente il proprio potere, vanificando i progetti di riforma della società romana, ma i problemi della repubblica erano ancora aperti.

I fratelli Gracchi in una scultura di Eugène Guillaume (1848) conservata al Museo d'Orsay a Parigi.

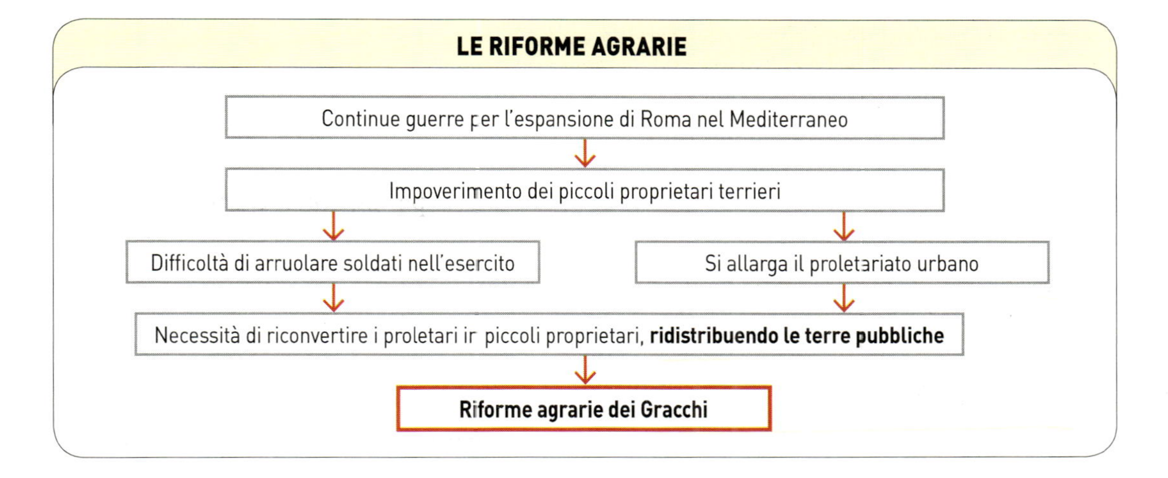

LE RIFORME AGRARIE
Continue guerre per l'espansione di Roma nel Mediterraneo
Impoverimento dei piccoli proprietari terrieri
Difficoltà di arruolare soldati nell'esercito
Si allarga il proletariato urbano
Necessità di riconvertire i proletari in piccoli proprietari, ridistribuendo le terre pubbliche
Riforme agrarie dei Gracchi

PER RIPASSARE

1. Come mai molti piccoli proprietari divennero proletari? E quale effetto negativo ebbe sul reclutamento dell'esercito? Chi e in che modo cercò di risolvere entrambi i problemi?
2. Quali consensi ottenne Gaio Gracco e in quale maniera?
3. In che modo il Senato impedì l'attuazione della sua riforma agraria?

2 Mario e Silla tra guerre estere e scontro civile

La guerra contro Giugurta Archiviata la crisi graccana, alla fine del II secolo a.C., Roma dovette affrontare due spinose questioni di **politica estera**: l'aggressività del **re di Numidia Giugurta** e l'espansione dei **Cimbri** e dei **Teutoni**, due popolazioni provenienti dalla Danimarca e dalla Germania del Nord.

Nel 118 a.C., alla morte del re di Numidia, Stato alleato di Roma sulle coste del Nord Africa, il regno venne diviso fra i suoi due figli, Iempsale e Aderbale, e il nipote Giugurta, che aveva combattuto a Numanzia a fianco di Scipione Emiliano (→ LEZIONE 13, PARAGRAFO 5).

Dopo aver fatto assassinare Iempsale, **Giugurta** pose sotto assedio la città di Cirta, dove si era rifugiato Aderbale, che chiese quindi aiuto a Roma. Il Senato romano decise però di non intervenire, lasciando mano libera a Giugurta, che conquistò la città e ordinò il **massacro** della popolazione, tra le cui file numerosi erano i **mercanti italici e romani**.

Il fatto suscitò la dura **reazione dei cavalieri**, che accusavano il Senato di non passare all'azione anche perché molti suoi membri erano **corrotti** da Giugurta. Sotto la pressione dei

VIAGGIO NELLA GEOGRAFIA

LA NUMIDIA

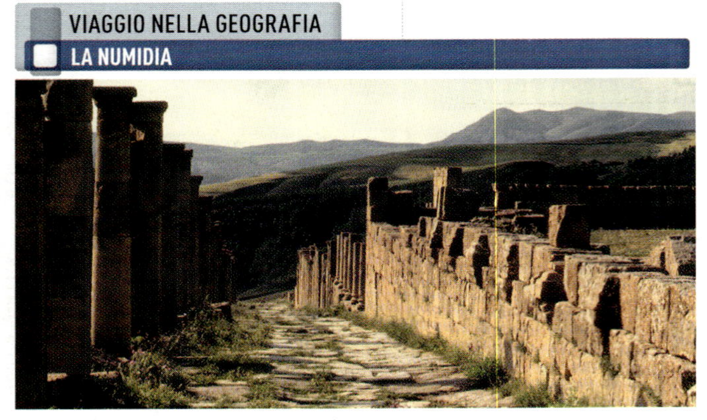

Nell'antichità, la Numidia si identificava con i territori del Nord Africa compresi tra la Mauritania, corrispondente all'incirca all'odierno Marocco, e i domini sotto il controllo di Cartagine, corrispondenti all'attuale Tunisia. Anche se non ebbe mai confini ben definiti, soprattutto nella parte meridionale che si perdeva nel deserto, è possibile affermare che la regione corrispondeva alla parte nord-occidentale dell'attuale Algeria. *Nella foto, rovine a Tipasa, in Algeria, colonia militare romana fondata dall'imperatore Claudio nel I secolo d.C.*

cavalieri, nel 112 a.C., il Senato decise quindi di **dichiarare guerra a Giugurta**. Lo scontro fu condotto fiaccamente e con scarsa risolutezza, gettando sempre più discredito sull'aristocrazia romana.

Il partito dei popolari approfittò dello stallo in cui versava il conflitto per portare a termine un colpo di mano, forzando la volontà del Senato e, nel 107 a.C., fece eleggere come **console Gaio Mario**, un militare di origine italica che apparteneva a una famiglia di rango equestre. Una volta ottenuto il comando delle operazioni militari, Mario impresse una decisa **svolta alla guerra**, sconfiggendo in appena due anni Giugurta, che fu portato come prigioniero a Roma, dove venne infine giustiziato.

Mario, un *homo novus*

Mario era un **uomo nuovo** (*homo novus*), di famiglia non romana e di **estrazione equestre**, che, pur senza percorrere il ***cursus honorum***, aveva raggiunto una delle più alte magistrature, infrangendo il diritto esclusivo degli aristocratici. Per questa ragione, egli non era ben visto da questi ultimi, sebbene avesse preso in moglie una donna che apparteneva a una famiglia della nobiltà.

Oltre che della vittoria contro Giugurta, Mario si rese protagonista di un'importante **riforma dell'esercito**: egli, infatti, modificò i criteri di reclutamento, rendendo il servizio militare **volontario** e aperto anche ai **nullatenenti**. La riforma ottenne due risultati significativi: da un lato, pose un decisivo argine alle difficoltà di trovare soldati, difficoltà aggravate dalla progressiva scomparsa dei piccoli proprietari; dall'altro, avviò la costituzione di un efficiente esercito di professionisti, composto da legionari **salariati** – tra le cui file trovarono lavoro moltissimi proletari – che all'atto del congedo avrebbero ricevuto un appezzamento di terreno.

Le scelte di Mario aprirono però la strada anche allo **strapotere dei singoli generali** che, forti di truppe permanenti fedeli più a loro che allo Stato (era infatti il generale a poter ricoprire il soldato di ricchezze e bottino), avrebbero in futuro minacciato, con le loro ambizioni personali, la tenuta stessa delle istituzioni repubblicane.

La vittoria sui Cimbri e sui Teutoni

Dopo i suoi successi militari e con l'appoggio dei popolari, Mario ottenne – fatto senza precedenti – il **consolato per cinque anni** consecutivi, con il compito di **arrestare l'avanzata dei Cimbri e dei Teutoni**, che minacciavano con le loro scorrerie i possedimenti romani in Spagna e Gallia e in particolare la provincia della **Gallia Narbonense**.

Le incursioni dei due popoli erano ormai giunte a minacciare il Nord Italia. Grazie alle sue abilità e al suo esercito rinnovato, Mario riuscì a schiacciare i Teutoni ad **Aquae Sextiae** (l'odierna Aix-an-Provence) nel 102 a.C., e a sconfiggere i Cimbri ai **Campi Raudii** (nei pressi di Vercelli) nel 101 a.C.

La figura di Lucio Saturnino e il ritiro di Mario

Negli anni del consolato di Mario, il capo politico dei popolari era Lucio Apuleio **Saturnino**, che con l'appoggio del console fu eletto **tribuno della plebe**. Egli, nel 100 a.C., propose una legge che assegnava ampie **terre delle province ai veterani** (i militari con molti anni di servizio), con un vincolo che imponeva ai senatori di non revocare in futuro il provvedimento.

L'opposizione del Senato alla legge voluta da Saturnino fu durissima, e gravi furono i disordini fomentati dai popolari come risposta. A questo punto, il Senato scelse per la seconda volta di ricorrere al *senatus consultum ultimum*, che ordinava ai consoli di difendere lo Stato. **Mario** fu allora costretto ad andare contro i suoi stessi soldati e contro la fazione dei popolari che lo aveva da sempre appoggiato. Dopo aver **represso la rivolta**, in cui trovò la morte anche Saturnino, il console decise di ritirarsi dalla vita politica (solo momentaneamente, come vedremo).

IL LESSICO STORICO

Uomo nuovo Presso gli antichi Romani veniva definito *homo novus* chi per primo nella propria famiglia, senza appartenere alla nobiltà, giungeva alle alte cariche dello Stato.

Cursus honorum Nell'antica Roma, la carriera politica del cittadino, di cui le varie magistrature costituivano le tappe.

Gallia Narbonense Regione della Francia meridionale che divenne romana dal 121 a.C. con il nome di *Provincia nostra* (da cui deriva l'attuale denominazione della regione della Provenza). Dopo la creazione della città di Narbona, l'intera provincia fu chiamata *Gallia Narbonensis*.

Il progetto di Druso e la Guerra sociale Intanto, a Roma restava ancora irrisolto il problema dell'**estensione della cittadinanza agli Italici**, che ormai da tempo premevano con forza per raggiungere questo obiettivo. Infatti, non essere cittadini romani implicava non solo l'impossibilità di beneficiare della distribuzione di terre e delle leggi frumentarie, ma significava soprattutto non poter accedere alle cariche pubbliche e non esercitare quindi alcuna influenza sulle scelte della repubblica.

A proporre nuovamente la questione all'attenzione della società romana fu, nel 91 a.C., il tribuno della plebe Marco Livio **Druso**. Il suo progetto, infatti, era quello di costruire un'ampia alleanza politica che fosse in grado di trovare il consenso necessario per giungere, senza l'opposizione del Senato, all'estensione della cittadinanza agli alleati italici.

Druso, come anche anni prima Gaio Gracco, varò allora una serie di provvedimenti che cercavano una **mediazione** tra le varie forze della Roma del tempo. Per ottenere il favore del **proletariato** urbano, il tribuno approvò una legge agraria, che stabiliva una distribuzione di terre e la fondazione di nuove colonie, e un provvedimento che prevedeva l'ulteriore diminuzione del costo del frumento. Per conquistare invece l'appoggio dei **cavalieri**, Druso aprì loro il Senato, portandone i membri a 600. Infine, per assicurarsi il consenso dei **senatori**, riassegnò loro il controllo dei tribunali per i reati di corruzione.

I tentativi di Druso furono però vani. Il suo progetto di riforma fu duramente osteggiato dal Senato, che fece cancellare la sua legislazione. Lo stesso **Druso venne ucciso**: si trattò della scintilla che provocò lo scoppio della cosiddetta **Guerra sociale** (da *socii*, «alleati»).

Il conflitto, che durò dal 91 all'88 a.C., partì dall'Italia centro-meridionale e vide costituirsi uno Stato federale italico, con a capo Sanniti e Marsi e con capitale Corfinio, ribattezzata *Italica*, nell'attuale provincia dell'Aquila.

La guerra fu difficile e impegnò i Romani, che alla fine ottennero la vittoria. Tuttavia, gli Italici conseguirono il loro scopo, perché il **Senato**, gravato dalla guerra in Oriente contro Mitridate (di cui parleremo tra poco) e da precarie condizioni finanziarie, aveva dovuto **concedere la cittadinanza** a tutti gli Italici a Sud del Po.

Due legionari romani in un rilievo del I secolo a.C. rinvenuto a Magonza: il primo è armato di scudo e di una spada corta, chiamata gladio, che veniva utilizzata per i combattimenti corpo a corpo.

La Guerra mitridatica e l'ascesa di Silla Negli anni della Guerra sociale, Roma dovette far fronte anche all'espansionismo di **Mitridate**, **re del Ponto** (un piccolo regno nella penisola anatolica), che si mise a capo di una **rivolta antiromana** nei territori della Grecia e dell'Asia Minore.

Nell'88 a.C., in seguito allo sterminio di circa 80.000 mercanti italici e romani in tutte le città dell'Oriente, il Senato decise di dichiarare guerra a Mitridate, affidando il comando al console **Lucio Cornelio Silla**, esponente di un'importante famiglia **aristocratica** che si era già distinto nelle campagne militari contro Giugurta e nella Guerra sociale.

La nomina di Silla, che rappresentava l'ala più intransigente degli ottimati, incontrò la ferma opposizione dei cavalieri e dei popolari, che fecero pressioni sul Senato perché **revocasse il comando** delle operazioni militari assegnato a Silla per affidarlo nuovamente a Mario.

Venuto a conoscenza della situazione, Silla, che si trovava a Nola pronto a salpare per l'Oriente, rifiutò il contrordine e **marciò su Roma**, dopo essersi assicurato l'appoggio dell'esercito con la promessa di un ricco bottino in Oriente. Nell'87 a.C., entrato in città, **costrinse Mario alla fuga** in Africa e diede avvio alla **persecuzione** dei suoi sostenitori.

Dopo aver ristabilito il controllo del Senato e degli ottimati sulle istituzioni repubblicane, Silla partì per l'Oriente, dove per circa quattro anni dovette affrontare una dura e lunga **campagna militare contro Mitridate**, uscendone alla fine vittorioso. Intanto, a Roma, i popolari avevano riconquistato il potere, facendo nominare console nuovamente, nell'86 a.C., Mario, che però morì subito dopo la sua elezione, lasciando i popolari orfani della sua guida.

Con l'avvicinarsi del ritorno di Silla, in città lo scontro tra le opposte fazioni si fece sempre più aspro, sino a sfociare nella **guerra civile**, nell'83 a.C., quando Silla sbarcò a Brindisi. Dopo aver siglato un accordo con due giovani generali, Gneo **Pompeo** e Marco Licinio

CORFINIO ITALICA E L'ODIERNO ABRUZZO

Crasso, e forte delle ricchezze accumulate in Oriente e del suo fedele esercito, Silla riuscì a sconfiggere i popolari e i loro alleati (tra cui i Sanniti, acerrimi nemici di Silla sin dai tempi della Guerra sociale) nella battaglia di **Porta Collina**, presso Roma, nell'82 a.C.

La dittatura a tempo indeterminato di Silla Dopo aver definitivamente sbaragliato la fazione dei popolari, Silla entrò trionfante a Roma. Nell'82 a.C., con un'evidente forzatura istituzionale, il Senato lo nominò **dittatore a tempo indeterminato**, conferendogli il potere di riformare l'**assetto normativo** della repubblica, che egli restaurò in senso **conservatore e aristocratico**.

Il primo atto del nuovo dittatore fu quello di eliminare i propri nemici politici: furono infatti emanate le **liste di proscrizione**, ovvero elenchi di cittadini dichiarati traditori dello Stato, che potevano essere impunemente uccisi da chiunque e i cui beni venivano confiscati e messi all'asta. Inoltre, i familiari dei proscritti perdevano il diritto di cittadinanza.

IL LESSICO STORICO

Pomerium Il pomerio (*pomerium* in latino) era il terreno consacrato, lasciato libero da costruzioni, all'interno e all'esterno delle mura di Roma. Questo confine invalicabile fu varcato, secondo la tradizione, da Remo, suscitando la reazione di Romolo, che lo uccise.

Si scatenò una vera e propria caccia all'uomo, in cui molti Romani si macchiarono di omicidio pur di riuscire ad accaparrarsi enormi ricchezze. Il potere passò stabilmente nelle mani dei veterani di Silla, a cui furono assegnate le terre degli Italici favorevoli a Mario, e in quelle del potente ceto aristocratico. Per **impedire ai popolari di reintrodursi nelle istituzioni** e di ricreare consenso intorno a loro, Silla promulgò una serie di leggi di stampo reazionario:

- il **Senato** venne ampliato a **600 membri**, tra le cui file furono inseriti molti uomini vicini a Silla;
- il **controllo dei tribunali** per i reati di corruzione passò nuovamente ai senatori, a cui fu anche attribuito il **diritto di veto** sulle proposte di legge presentate dai comizi;
- dopo aver ristabilito il *cursus honorum*, fu innalzato il **limite d'età** per l'accesso alle magistrature e fu vietato di ricoprire una stessa carica prima che fossero passati dieci anni, così da evitare fulminee e pericolose carriere politiche;
- per scongiurare colpi di Stato tramite l'utilizzo dell'esercito, fu **separato il potere politico da quello militare**, obbligando consoli e pretori a fermarsi a Roma durante l'esercizio della carica;
- sempre per allontanare il pericolo di possibili attacchi alle sedi delle istituzioni repubblicane, fu **esteso il territorio sacro del *pomerium*** sino all'Arno e al Rubicone, così da comprendervi quasi tutta l'area di cittadinanza romana, e fu proibito ai comandanti che rientravano dalle missioni belliche di oltrepassarlo con l'esercito;
- furono considerevolmente **limitati i poteri dei tribuni della plebe**, decretando l'esame obbligatorio del Senato per qualsiasi loro proposta di legge e privandoli del diritto di riunire il popolo e di pronunciarsi nelle assemblee; inoltre, fu proibito loro di accedere a qualsiasi altra magistratura.

Il potere era ormai tornato saldamente **in mano al Senato** e in particolare a Silla; questi, però, nel 79 a.C. stupì tutti **rinunciando alla dittatura** e ritirandosi a vita privata nella sua villa di Cuma, in Campania, dove morì l'anno successivo.

PER RIPASSARE

1 Perché Mario fu detto *homo novus*?

2 Come mai il Senato romano non intervenne subito contro Giugurta?

3 Quali furono le riforme di Silla a favore degli aristocratici?

LE CAMPAGNE MILITARI DI MARIO E SILLA

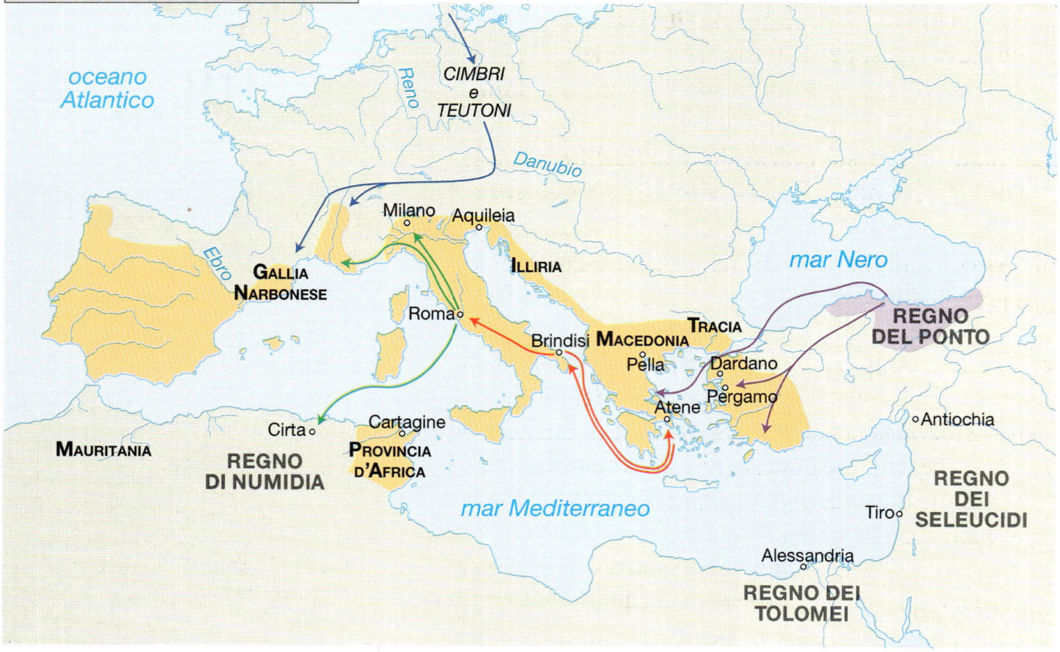

Estensione dei territori romani intorno al 120 a.C.
Invasioni di Cimbri e Teutoni
Campagne di Mitridate
Campagne di Mario
Campagne di Silla

Pompeo, il nuovo protagonista della scena politica e militare

I problemi di Roma dopo la morte di Silla La dittatura di Silla (82-79 a.C.) era nata con l'obiettivo di restaurare l'antico potere del Senato, che si era indebolito nel corso degli anni. Tuttavia, la vicenda politica del dittatore dimostrò che, al di là delle sue stesse intenzioni, il **potere a Roma** era ormai nelle mani dei **capi militari**.

Nel periodo successivo alla morte di Silla, la repubblica dovette affrontare **nuove difficoltà**: in **Spagna** era scoppiata un'insurrezione; in **Italia** era in corso una violenta ribellione di schiavi; in **Oriente** Mitridate aveva riacceso le ostilità contro Roma, accordandosi con i pirati che infestavano il Mediterraneo.

Pompeo doma la ribellione in Spagna In Spagna si era ribellato Quinto Sertorio, un generale di Mario che, non riconoscendo l'autorità di Silla, aveva fatto di quella provincia una sorta di territorio autonomo in cui dare rifugio agli esuli mariani e dove aveva stretto alleanze con le tribù indigene in lotta contro Roma per l'indipendenza.

Il Senato assegnò l'incarico di reprimere la ribellione a **Gneo Pompeo** (106-48 a.C.), un nobile, ricco e ambizioso, che era stato con Marco Licinio Crasso uno dei due luogotenenti dell'esercito di Silla. Pompeo non aveva compiuto il *cursus honorum*, ma aveva eliminato i seguaci di Mario rifugiatisi in Africa e in Sicilia, guadagnandosi l'appellativo di «Magno». Giunto in Spagna nel 76 a.C., Pompeo riuscì a ottenere la vittoria solo nel 72 a.C., grazie all'**uccisione a tradimento di Sertorio**. Pacificata la Spagna, in seguito provincia a lui fedele, Pompeo ritornò a Roma.

Lotta tra gladiatori in un mosaico del 320-330 d.C., conservato alla Galleria Borghese di Roma. In greco sono indicati i nomi dei gladiatori, mentre il simbolo θ significa «deceduto».

La rivolta di Spartaco Intanto a **Capua**, nel 73 a.C., era scoppiata una **rivolta di schiavi** nella scuola per **gladiatori** dove venivano addestrati gli uomini che dovevano affrontarsi in combattimenti, spesso mortali, per il divertimento delle folle. Non era la prima volta che si verificavano ribellioni di schiavi: a partire dal 130 a.C., infatti, erano avvenute sanguinose rivolte anche in Sicilia. Questa volta, però, la situazione era particolarmente delicata, dal momento che i rivoltosi erano uomini abituati a combattere.

A capo dell'insurrezione si pose **Spartaco**, uno schiavo proveniente dalla Tracia, che raccolse in poco tempo un **esercito di** circa **150.000 uomini**, tutti schiavi ribelli. Tuttavia, nonostante l'ingente schiera di combattenti, non ebbe luogo una vera e propria rivoluzione, poiché il gladiatore aveva come unico obiettivo quello di **raggiungere la libertà**, uscendo dal territorio romano attraverso le Alpi. Spartaco stava quasi per riuscire nel suo intento (aveva inflitto alle legioni romane una netta sconfitta a Modena), quando il suo esercito si disunì e ritornò verso Sud, compiendo saccheggi e razzie.

A questo punto, il Senato affidò a **Marco Licinio Crasso**, un cavaliere arricchitosi con le proscrizioni sillane, il comando di dieci legioni, con le quali riuscì a sconfiggere e **uccidere Spartaco** in Lucania, nel 71 a.C. Migliaia di ribelli sopravvissuti, fatti prigionieri, furono crocifissi lungo la via Appia da Capua a Roma. Altri, scampati alla battaglia, furono intercettati in Etruria e massacrati dalle truppe di Pompeo, di ritorno dalla Spagna.

LA TRACIA

Il consolato di Pompeo e Crasso Nel 70 a.C. Pompeo e Crasso furono accolti a Roma in trionfo, mentre il Senato iniziò a preoccuparsi per la presenza nella capitale dei due eserciti, non ancora smobilitati. Il prestigio dell'aristocrazia senatoria era indebolito anche dai **continui scandali** per il malgoverno delle province. Il più eclatante di questi scandali vide protagonista il **propretore** della Sicilia, Gaio Verre, messo sotto processo per corruzione da un giovane avvocato, **Marco Tullio Cicerone**, al tempo questore nell'isola.

I timori del Senato che i due generali puntassero al potere si dimostrarono fondati: Pompeo e Crasso, infatti, si allearono con i popolari e i cavalieri e ottennero con il loro sostegno il **consolato**, che i senatori furono costretti a concedere.

IL LESSICO STORICO

Propretore Nell'antica Roma, il pretore dell'anno precedente, destinato al comando di un esercito o all'amministrazione di una provincia.

Nonostante avessero costruito le loro fortune tra le file dei sillani, durante il loro mandato Pompeo e Crasso smembrarono quanto era rimasto dell'ordinamento istituzionale voluto dal dittatore: infatti, **ripristinarono i poteri dei tribuni** della plebe e **modificarono la composizione dei tribunali** per i reati di corruzione, consentendo nuovamente ai cavalieri di accedervi. Un altro importante provvedimento fu di eleggere nuovamente, dopo quindici anni, i censori, che portarono a termine un processo di **epurazione del Senato**, con l'espulsione di molti membri legati a Silla.

La campagna contro i pirati e Mitridate Scaduto il mandato consolare, Pompeo e Crasso non ricoprirono cariche pubbliche per qualche anno. Nel 67 a.C., il tribuno della plebe Aulo Gabinio propose una legge, molto avversata dal Senato, che conferiva un **comando militare eccezionale** (*imperium infinitum*) a **Pompeo** per risolvere il problema dei **pirati nel Mediterraneo**. Le scorrerie di questi ultimi, infatti, erano molto dannose per Roma, in quanto mettevano a rischio i rifornimenti alimentari della città, contribuivano ad alzare i prezzi dei prodotti e colpivano gli interessi delle potenti associazioni commerciali romane.

Dopo aver ricevuto l'incarico, Pompeo impiegò poco tempo per sconfiggere i pirati. Forte di questo successo e del suo potere personale, ottenne anche pieni poteri per la **nuova guerra contro Mitridate**, che qualche anno prima aveva occupato la Bitinia e la Cappadocia, due regioni dell'Asia Minore sotto il controllo di Roma. Nel giro di due anni, Pompeo sconfisse Mitridate, unì in un'unica provincia la Siria, il Ponto e la Bitinia e pose sotto il protettorato di Roma il regno autonomo di Giudea.

PER RIPASSARE

1. Quali problemi sorsero a Roma dopo la morte di Silla? Come furono risolti?
2. Completa il seguente brano inserendo le parole corrette.
   Mentre .... doma in Spagna la ribellione di ...., ... ottiene in Lucania una vittoria contro .... Entrambi, nel 70 a.C., diventano consoli e smembrano quanto era rimasto dell'ordinamento istituzionale voluto da .... Nel 67 a.C., ... ottiene poteri eccezionali contro Mitridate, che ha occupato la .... e la Cappadocia. Dopo la vittoria, la .... diviene una provincia romana.

LE CONQUISTE ROMANE DAL 133 A.C. AL 62 A.C.

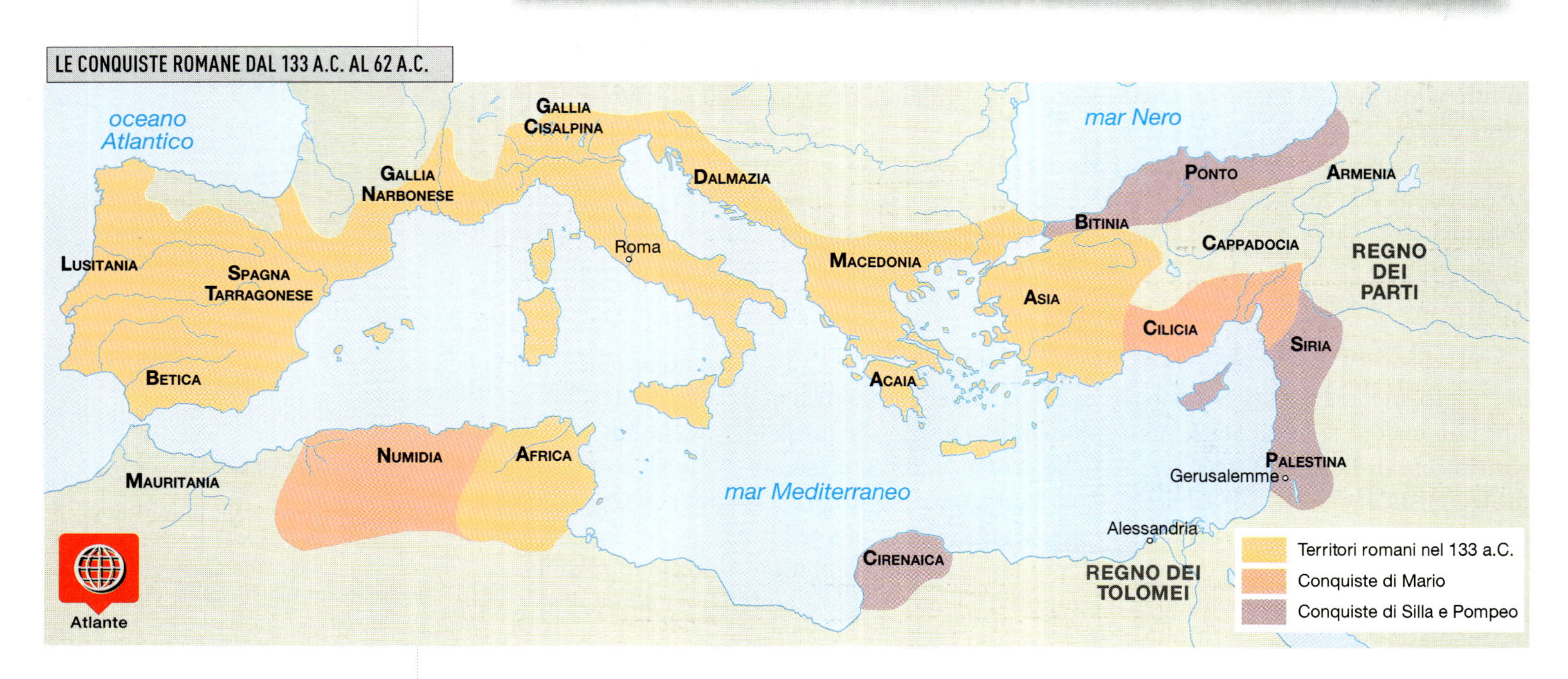

La situazione politica a Roma e la congiura di Catilina

I protagonisti della vita politica romana Mentre, grazie alle vittorie in Oriente, **Pompeo** aveva rafforzato il proprio **potere personale**, rendendosi sempre più indipendente dal Senato, a Roma la scena politica era dominata dalla lotta tra l'ex console **Crasso**, portatore di istanze nettamente antisenatorie e sempre più ricco e benvisto da larghi strati della popolazione, e i **nobili conservatori**, il cui capo era **Catone l'Uticense**, nipote di Catone il Censore.

Intanto, cominciava a prendere forma la carriera politica di Marco Tullio **Cicerone**, un uomo nuovo originario di Arpino, nell'Italia centrale, fervido sostenitore degli ideali repubblicani, che affermava però la necessità di un'**alleanza tra nobili e cavalieri** come unica via di salvezza per Roma (*concordia ordinum*). Cicerone godeva di larga stima e fiducia tra la classe senatoriale, fattore, questo, che gli aprì la strada alla nomina a **console** nel 63 a.C.

Nel frattempo, anche un giovane protetto di Crasso, **Gaio Giulio Cesare**, ascendeva al *cursus honorum*. Egli apparteneva a una delle più antiche stirpi romane, la *gens* Giulia, e aveva sposato Cornelia, figlia di Lucio Cornelio Cinna, un esponente di primo piano dei mariani, che, grazie alle sue amicizie aristocratiche, era uscito indenne dalle proscrizioni di Silla. Con l'aiuto politico ed economico di Crasso, Cesare fu eletto **edile** nel 65 a.C., **pontefice massimo** nel 63 a.C. e **pretore** nel 62 a.C.

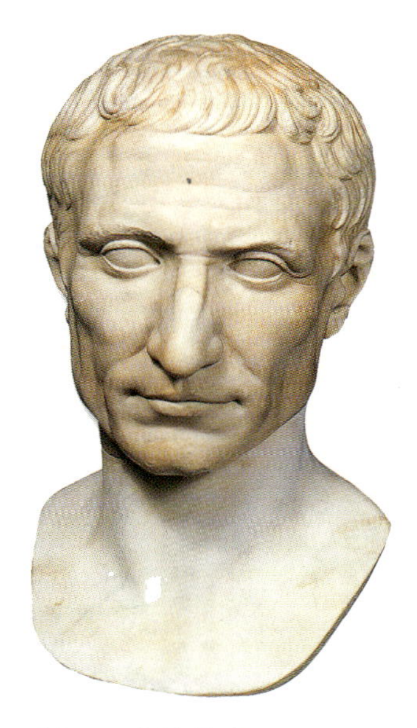

Il busto di Giulio Cesare conservato al Museo Pio-Clementino in Vaticano.

La congiura di Catilina Nel 63 a.C., Roma fu scossa dal tentativo di presa del potere da parte di **Lucio Sergio Catilina**, membro di una famiglia aristocratica decaduta, che aveva fatto fortuna durante la Guerra sociale tra le fila dei sillani. Dopo aver dilapidato il suo patrimonio ed essersi indebitato, Catilina tentò in tutti i modi di farsi eleggere alla carica consolare, nella quale vedeva – come molti giovani aristocratici della sua generazione – una facile strada per l'arricchimento personale.

La sua **candidatura a console**, però, fu **respinta** per due volte, nel 66 e nel 63 a.C. Dopo essersi assicurato l'appoggio di poveri contadini, proletari e aristocratici oppressi dai debiti, con la promessa di migliorare la loro condizione una volta preso il potere, Catilina decise di **prendere con la forza** ciò che non aveva potuto avere legalmente.

Cicerone scoprì, grazie a denunce anonime, la congiura e Catilina fu costretto a lasciare Roma. Rifugiatosi in Etruria, dove aveva messo in piedi un esercito composto per la maggior parte da ex veterani di Silla, egli fu poi **sconfitto e ucciso** in battaglia a Pistoia, nel 62 a.C. I congiurati rimasti a Roma furono condannati a morte da Cicerone senza possibilità di appellarsi al popolo (l'antica *provocatio*), in deroga ai diritti di cittadinanza, scatenando le proteste della fazione dei popolari e di Cesare.

Il ritorno di Pompeo Nello stesso anno della morte di Catilina, **Pompeo rientrò dall'Oriente**, carico di ricchezze e di gloria. Il timore che egli, sulle orme di quanto aveva fatto Silla, potesse marciare in armi verso Roma, per impadronirsi del potere con la forza non ebbe però seguito. Al contrario di quanto ci si poteva aspettare, appena sbarcato a Brindisi, Pompeo decise di sciogliere l'esercito e di sottoporre due richieste al Senato: la **terra per i suoi veterani** e la **ratifica dei provvedimenti** presi in Oriente.

Considerando il comportamento di Pompeo un segno di debolezza, il Senato **respinse le sue richieste**, sia per affermare la propria superiorità nelle decisioni sulla politica estera, sia per sminuire la figura di Pompeo agli occhi dei suoi soldati. Anche questa decisione, però, si rivelò dannosa per la classe aristocratica.

PER RIPASSARE

1. Quali erano le figure emergenti nella scena politica a Roma?
2. Come si svolse la congiura di Catilina? Sintetizzala in 5 righe sul tuo quaderno.

Il ritratto di Catilina: segno della corruzione dei costumi

LEGGI LA FONTE

Busto di Cicerone, I secolo a.C. Roma, Musei Capitolini.

Sallustio: Catilina è corrotto così come la città di Roma

Gaio Sallustio Crispo (86-34 a.C.), lo storico che scrisse il brano che segue, nacque a Roma nel periodo in cui la città era agitata dalla guerra civile tra Mario e Silla. Dopo aver intrapreso la carriera politica, se ne allontanò in breve tempo, disgustato dalla dilagante corruzione. Dopo la morte di Cesare, si rifugiò nell'otium e decise di dedicarsi alla scrittura di opere storiche. De Catilinae coniuratione *è una monografia storica in 61 capitoli, che ha come tema la cospirazione ordita nel 63 a.C. da Lucio Sergio Catilina contro la repubblica. In questo brano, Sallustio dipinge a tinte forti un ritratto di Catilina, presentando gli aspetti antitetici della sua indole e i segni principali della smodata corruzione dei costumi romani.*

1. Catilina, nato di nobile stirpe, fu di grande vigore d'animo e di membra, ma d'ingegno malvagio e vizioso. **2.** Fin dalla prima giovinezza gli piacquero guerre intestine, stragi, rapine, discordie civili, e in esse spese tutta la sua gioventù. **3.** Il corpo resistente alla fame, al gelo, alle veglie oltre ogni immaginazione. **4.** Animo temerario, subdolo, mutevole, simulatore e dissimulatore di qualsivoglia cosa, avido dell'altrui, prodigo del suo, ardente nelle cupidigie, facile di parola, niente di saggezza. **5.** Spirito vasto, anelava sempre alle cose smisurate, al fantastico, all'immenso. **6.** Dopo la dominazione di L. Silla, era stato invaso da una sfrenata cupidigia d'impadronirsi del potere, senza farsi scrupolo della scelta dei mezzi pur di procurarsi il regno. **7.** Sempre di più, di giorno in giorno quell'animo fiero era agitato dalla povertà del patrimonio e dal rimorso dei delitti, entrambi accresciuti dai vizi sopra ricordati. **8.** Lo incitavano, inoltre, i costumi d'una cittadinanza corrotta, tormentata da due mali funesti e fra loro discordi, il lusso e l'avidità.

(Sallustio, *De Catilinae coniuratione*, V, 1-8)

ANALIZZA LA FONTE

Adottiamo il metodo d'analisi proposto nella **SCHEDA DI METODO 6, p. 112.**

COMPRENSIONE E ANALISI CRITICA DELLA FONTE			
Informazioni riguardanti la produzione della fonte		Informazioni riguardanti l'argomento trattato	
La fonte è primaria o secondaria?	Primaria	Qual è l'argomento principale?	Il ritratto di Catilina, caratterizzato dai pregi e dai difetti del suo carattere
Chi è l'autore della fonte?	Gaio Sallustio Crispo, storico romano (vedi introduzione al brano)	In quale tempo e in quale spazio è ambientata la vicenda?	Ripercorre le tappe della vita di Catilina e ambienta la vicenda della congiura nell'epoca in cui è stata ordita, cioè il I secolo a.C.
Quando è stata scritta?	Una ventina di anni dopo gli eventi narrati (vedi introduzione al brano)		
A chi è indirizzata?	Ai suoi contemporanei		
A quale scopo è scritta?	Per denunciare la corruzione dei costumi		
APPROFONDIMENTI SULLA FONTE			
La fonte è attendibile?	I fatti raccontati da Sallustio, contemporanei alla vita dello storico, sono testimoniati anche da altre fonti. Traspare, però, nel brano il forte coinvolgimento di Sallustio; il suo giudizio deve quindi essere confrontato con altre fonti e con la ricostruzione storica più attuale sulla questione	Si può collegare il contenuto con il periodo in cui visse l'autore?	Sì, perché l'argomento narrato è contemporaneo al periodo in cui visse Sallustio
Ci sono valutazioni o congetture dell'autore?	Sì: nel giudizio sul carattere di Catilina e nella condanna della degenerazione del *mos maiorum*	Esistono altre fonti sull'argomento trattato?	Sì, scrive sulla congiura di Catilina anche Cicerone

Coppe di propaganda di Catilina (destra) e Marco Porcio Catone (sinistra), conservate al Museo Nazionale Romano. Queste coppe, piene di cibo o bevande, venivano offerte per le strade ai cittadini in occasione delle elezioni.

Cerchiamo adesso di approfondire l'argomento trattato, ricavando altre informazioni direttamente dalla fonte. Le frasi sottolineate in verde indicano le qualità di Catilina; quelle sottolineate in arancione si riferiscono ai difetti del cospirante. Sallustio, infatti, costruisce un ritratto in chiaroscuro di Catilina, costituito da antitesi che mettono in rilievo le contraddizioni insite nel personaggio.
La straordinaria vitalità psichica e fisica di Catilina («grande vigore d'animo e di membra», «corpo resistente alla fame, al gelo, alle veglie oltre ogni immaginazione» e «Animo temerario») viene sovrastata da una natura scellerata («d'ingegno malvagio e vizioso»), che lo conduce sin da giovane sulla via dei delitti e dei crimini violenti («gli piacquero guerre intestine, stragi, rapine, discordie civili, e in esse spese tutta la sua gioventù»).
Un tale soggetto dall'animo doppio e fasullo («subdolo, mutevole, simulatore e dissimulatore di qualsivoglia cosa») diviene presto preda della bramosia di potere («ardente nelle cupidigie », «anelava sempre alle cose smisurate, al fantastico, all'immenso», «era stato invaso da una sfrenata cupidigia d'impadronirsi del potere, senza farsi scrupolo della scelta dei mezzi pur di procurarsi il regno»), anche perché si trova a vivere in un periodo storico in cui, dopo la dittatura sillana («dopo la dominazione di L. Silla»), i costumi sono corrotti e la città è afflitta da due mali opposti: il lusso e l'avidità («Lo incitavano, inoltre, i costumi d'una cittadinanza corrotta, tormentata da due mali funesti e fra loro discordi, il lusso e l'avidità»). Ed ecco che le contingenze provocano in lui l'ossessione del massimo potere: il governo dello Stato. Per Sallustio, quindi, la degenerazione dei costumi influisce sull'acuirsi della perfidia di Catilina.

ADESSO LAVORA TU

Troverai adesso un altro ritratto di Catilina, tratto dalla prima delle *Orationes in Catilinam* di Cicerone, preceduta da una breve introduzione. Dopo aver letto con attenzione il brano proposto, svolgi le attività seguenti.

Cicerone fu il principale accusatore di Catilina e mise per iscritto le quattro orazioni tenute contro di lui: le Orationes in Catilinam. *Il primo discorso, esposto nel tempio di Giove sul Palatino, aveva come scopo la veemente denuncia della congiura e l'allontanamento di Catilina.*

Cicerone: la malvagità di Catilina deve essere punita con maggiore severità

1. Fino a che punto, Catilina, approfitterai della nostra pazienza? Per quanto tempo ancora la tua pazzia si farà beffe di noi? A che limiti si spingerà una temerarietà che ha rotto i freni? Non ti hanno turbato il presidio notturno sul Palatino, le ronde che vigilano in città, la paura della gente, l'accorrere di tutti gli onesti, il riunirsi del Senato in questo luogo sorvegliatissimo, l'espressione, il volto dei presenti? Non ti accorgi che il tuo piano è stato scoperto? [...]
2. [...] Questi i tempi! Questo il costume! A morte, Catilina, già da tempo dovevamo condannarti per ordine del console e ritorcerti addosso la rovina che da tempo prepari contro noi tutti!
3. Ma come? Un uomo della massima autorità come Publio Scipione, il pontefice massimo, fece uccidere senza mandato pubblico Tiberio Gracco, che minacciava solo in parte la stabilità dello Stato, e noi consoli dovremo continuare a sopportare Catilina, smanioso di distruggere, di mettere a ferro e a fuoco il mondo intero? [...] Ci fu, ci fu un tempo tanto valore nello Stato che uomini impavidi punivano il concittadino ribelle con maggiore severità del più implacabile dei nemici! Abbiamo un decreto senatoriale contro di te: è di estrema durezza. Allo Stato non mancano né l'intelligenza né la fermezza dell'ordine senatorio: manchiamo noi, noi, i consoli, lo dico apertamente.

(Cicerone, *Orationes in Catilinam*, I, 1-3)

Dopo aver letto il brano, analizzalo applicando il metodo d'analisi proposto nella SCHEDA DI METODO 6, p. 112, e sottolinea nel testo e commenta sinteticamente:

- i difetti di Catilina;
- il giudizio sul Senato.

Cesare: dall'ascesa al potere alla morte

Il primo triumvirato Il rifiuto del Senato ebbe come conseguenza l'avvicinamento di Pompeo alle due figure più importanti tra le file dei popolari: Cesare e Crasso. Di ritorno dalla Spagna Ulteriore come propretore, Cesare non si lasciò infatti sfuggire l'occasione per puntare al seggio consolare, per lui di difficile conquista dal momento che era vicino ai popolari e non godeva del sostegno dei senatori: in cambio del suo **appoggio alla nomina a console**, propose infatti a Pompeo di **esaudire le richieste già avanzate al Senato**. Per suggellare il patto, Cesare diede in sposa a Pompeo la figlia Giulia. All'accordo venne associato anche **Crasso**, esponente del ceto dei cavalieri, molto ricco e influente negli ambienti finanziari.

Si formò così, nel 60 a.C., il **primo triumvirato** (dal latino *tres viri*, «tre uomini»), un accordo segreto e privato in cui i tre generali decidevano il corso della storia della repubblica romana totalmente **al di fuori delle regole istituzionali**. Si trattava dell'ennesima conferma che il Senato non era più in grado di esercitare alcuna autorità di fronte al potere di cui godevano i grandi comandanti militari.

Il consolato di Cesare Dopo essere stato nominato console nel 59 a.C., **Cesare onorò gli impegni presi**: da un lato, distribuì terre ai veterani di Pompeo e ratificò l'assetto istituzionale da lui stabilito per l'Oriente; dall'altro, a favore di Crasso e dei cavalieri, ridusse i canoni d'appalto per i pubblicani che riscuotevano le tasse per conto dello Stato.

Alla fine del suo mandato consolare, Cesare ottenne il **proconsolato** della **Gallia Cisalpina** e **Narbonese**, province meno ricche e ambite di quelle orientali, ma utili per guadagnare subito **prestigio** personale e consolidare la **fedeltà** dell'esercito, premessa ormai obbligata per poter realizzare le proprie ambizioni personali.

Prima di partire per la Gallia, però, Cesare volle **consolidare il proprio potere** a Roma, non lasciando così la città in mano a Pompeo e Crasso, e mettersi al sicuro dai suoi principali avversari politici, rappresentati da Cicerone e Catone l'Uticense: l'**elezione al tribunato,** nel 58 a.C., **di Publio Clodio Pulcro**, nobile spregiudicato e fedelissimo di Cesare, andava proprio in questa direzione.

LA CONQUISTA DELLA GALLIA

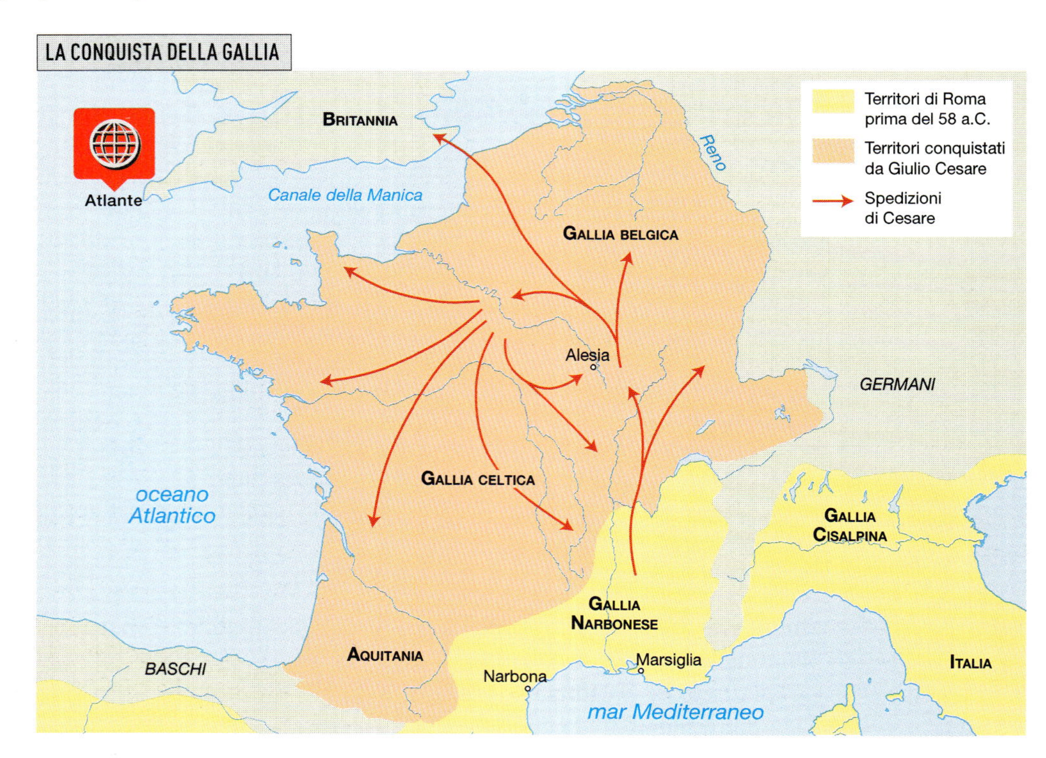

Clodio, tra i suoi primi interventi, riuscì a far approvare un provvedimento, con validità retroattiva, che dichiarava illegale la condanna a morte di un cittadino romano senza la concessione della possibilità di appello all'assemblea popolare (*provocatio ad populum*): l'obiettivo della legge era dichiaratamente il comportamento in occasione della congiura di Catilina di Cicerone, a cui non restò che andare in esilio. Catone fu invece nominato governatore dell'isola di Cipro, venendo così allontanato da Roma e dalla vita politica attiva.

Statua commemorativa di Vercingetorige eretta ad Alesia, in Francia.

Le campagne militari in Gallia e gli accordi di Lucca Nel 58 a.C., Cesare si recò quindi nelle province a lui assegnate. Il suo obiettivo era di estendere il dominio romano sui territori della Gallia Transalpina, conquistando così gloria e potere personale.

Sfruttando il pretesto della difesa degli Edui, una popolazione amica di Roma minacciata dalla discesa degli **Elvezi**, che dall'attuale Svizzera occidentale si erano spinti – sotto la pressione di alcune tribù germaniche – verso i territori dei Galli confinanti, Cesare iniziò una vera e propria campagna di **conquista della Gallia Transalpina**. Nel giro di poco meno di due anni, quasi tutta la Gallia era sotto il controllo dell'esercito romano.

Intanto, a Roma, il Senato, preoccupato dai successi di Cesare in Gallia, cercò di avvicinarsi a Pompeo e fece ritornare Cicerone dall'esilio. Allarmato da queste notizie, Cesare tornò in Italia e nel 56 a.C. a Lucca, prima di ripartire per la Gallia, incontrò nuovamente Pompeo e Crasso, questa volta pubblicamente e alla presenza di qualche centinaio di senatori, per un **rinnovo del triumvirato**. Cesare avrebbe ottenuto il proconsolato della Gallia per altri cinque anni, mentre Pompeo e Crasso sarebbero stati nominati consoli per il 55 a.C. e, alla fine del loro mandato, sarebbero diventati proconsoli rispettivamente in Spagna e in Oriente.

Tornato in Gallia, dal 53 al 52 a.C. Cesare dovette affrontare la **ribellione di molte tribù**, riunite sotto la guida di **Vercingetorige**, capo degli Arverni. I Galli tennero testa alle legioni romane fino all'assedio di **Alesia** (52 a.C.) da parte di Cesare, in cui furono **sconfitti** e Vercingetorige fatto prigioniero e schiavo. La Gallia divenne quindi **provincia romana** e i vinti assimilarono ben presto la lingua e i costumi dei vincitori, ma a caro prezzo: si calcola che la resistenza ai Romani costò al popolo gallico un milione di morti e altrettanti schiavi.

PRIMO TRIUMVIRATO

Quando	60 a.C.; viene rinnovato a Lucca nel 56 a.C.
Che cosa	Patto segreto e privato in cui tre uomini prendono decisioni politiche, al di fuori delle regole istituzionali
Chi	Stipulato tra Cesare, Crasso e Pompeo
Perché	Per ottenere poteri di governo, con l'estromissione del Senato: • Cesare ottiene il consolato e, alla fine del suo mandato, il proconsolato della Gallia Cisalpina e Narbonense • Pompeo si assicura la distribuzione delle terre ai veterani, la ratifica dell'assetto istituzionale da lui stabilito per l'Oriente, il consolato per il 55 a.C. e il proconsolato in Spagna • Crasso viene nominato console per il 55 a.C. e proconsole in Oriente

La fine del triumvirato e la presa del potere da parte di Cesare Alla fine del loro mandato consolare, Pompeo e Crasso decisero di percorrere strade diverse.

Dopo essersi trasferito in Oriente, **Crasso**, in cerca di gloria e prestigio personale, aveva intrapreso una campagna militare **contro i Parti**, che con il loro vasto impero esteso sull'altopiano iranico minacciavano i possedimenti romani. Lo scontro fu molto più duro del previsto e lo stesso Crasso finì **sconfitto e ucciso**, nel 53 a.C., nella battaglia di **Carre**, in Mesopotamia.

Pompeo, invece, non rispettò i patti triumvirali: egli, infatti, non si recò in Spagna, dove inviò alcuni suoi legati di fiducia, ma **rimase a Roma** per controllare la situazione nella città, che diveniva di giorno in giorno più esplosiva. A farne le spese fu **Clodio**, che venne **assassinato** dalle bande di Milone, un capopopolo al soldo degli aristocratici.

Il triumvirato era ormai di fatto finito e si profilava all'orizzonte lo spettro di una **nuova guerra civile** a Roma: la città, ormai priva di salde e autorevoli istituzioni, era infatti preda di sanguinosi scontri tra fazioni e della corruzione dilagante.

Di fronte a un momento così critico, la risposta del Senato fu di nominare **Pompeo console unico**, una carica senza precedenti che violava un altro fondamentale principio delle istituzioni romane, la collegialità delle magistrature. Il provvedimento era formalmente giustificato dalla necessità di riportare l'ordine a Roma; in realtà, il vero obiettivo del Senato era di servirsi della forza militare di Pompeo **per contrastare Cesare**, ormai considerato un pericoloso nemico.

La tensione era altissima e sfociò presto in scontro aperto quando Cesare, scaduto il suo mandato in Gallia, chiese di poter tornare a Roma non da privato cittadino, temendo la probabile vendetta del Senato, ma come console. Il Senato, però, respinse le sue richieste e gli intimò di **sciogliere il suo esercito** e presentarsi a Roma come privato cittadino.

A questo punto, Cesare, che in quel momento era accampato con le sue legioni a Ravenna, tentò un'ultima mediazione, affermando di essere disposto a congedare le sue legioni, se altrettanto avesse fatto Pompeo. Ancora una volta, però, il Senato rispose opponendo un netto rifiuto e, anzi, accogliendo la proposta di Pompeo, emanò nuovamente nel 49 a.C. il *senatus consultum ultimum*, che dichiarava **Cesare «nemico pubblico»** e affidava ai consoli e a Pompeo il compito di difendere la repubblica.

Cesare decise allora di **varcare** con il suo esercito **il Rubicone**, violando così il *pomerium* (il confine sacro di Roma – precedentemente ampliato da Silla – entro cui non si poteva entrare in armi) e marciò verso Roma. Colto di sorpresa dalla decisione di Cesare, **Pompeo**, seguito da buona parte dei senatori, **fuggì in Grecia**, da dove contava di organizzare un nuovo esercito grazie all'appoggio delle sue clientele e dei governatori delle province orientali.

Prima di inseguire il rivale, **Cesare** consolidò la sua posizione a Roma, convincendo i pochi senatori rimasti a passare dalla sua parte e a nominarlo **console**. Si recò poi in **Spagna**, dove sconfisse le legioni fedeli a Pompeo. In questo periodo, Cesare diede prova di estrema **moderazione**, mostrando clemenza verso gli avversari e tenendo a freno qualsiasi estremismo. Egli

LO SCONTRO TRA CESARE E POMPEO

voleva così rassicurare l'aristocrazia romana e italica che il suo intento non era tanto di arrivare a un nuovo colpo di Stato, ma di difendere il proprio ruolo e la propria posizione personale.

Solo nel 48 a.C. Cesare decise quindi di inseguire il rivale, sconfiggendolo a **Farsalo**, in Tessaglia. Pompeo fuggì allora verso l'**Egitto**, dove contava di ricevere l'appoggio del giovane re **Tolomeo XIII**, che aveva preso il potere spodestando dal trono la sorella Cleopatra.

Il sovrano egizio decise però di **uccidere Pompeo a tradimento**, per conquistarsi il favore di Cesare, a cui fu fatta recapitare la testa del nemico su un vassoio. Cesare non apprezzò il gesto e, come racconta Plutarco, scoppiò addirittura in lacrime per il vile atto di tradimento nei confronti di un fiero nemico e di un illustre cittadino di Roma.

Tolomeo, quindi, non fece altro che attirarsi le ire del condottiero romano: Cesare, infatti, dopo aver posto sotto assedio la città di Alessandria (assedio in cui andò in fiamme la celebre biblioteca, che custodiva migliaia di preziosi manoscritti), fece **rimettere sul trono Cleopatra**. Assicurarsi il controllo dell'Egitto significava per Roma soprattutto avere accesso a grossi **rifornimenti di grano**, indispensabili a Cesare per le distribuzioni gratuite alla plebe.

Infine, dopo aver condotto una **vittoriosa campagna** in Oriente a spese di **Farnace**, il figlio di Mitridate, che tentava invano di recuperare i territori persi dal padre, Cesare sconfisse gli ultimi pompeiani a **Tapso** (46 a.C.) in Africa e a **Munda** (45 a.C.) in Spagna.

Rilievo di Cleopatra e Cesarione (il figlio nato dalla sua unione con Cesare) nel tempio di Hathor a Dendera.

La politica interna e le riforme Cesare **non stravolse l'ordine istituzionale** della repubblica, ma tentò di dare una veste legale all'immenso potere di cui di fatto era in possesso, concentrando nelle sue mani le più importanti magistrature esistenti.

Al suo rientro a Roma, dopo l'ultima campagna contro i pompeiani in Spagna, il Senato e i comizi lo nominarono infatti **dittatore a vita**, conferendogli inoltre l'impero proconsolare, i poteri censori e la potestà tribunizia, che garantiva l'inviolabilità della sua persona. Cesare fu poi insignito della più alta carica religiosa, il pontificato massimo, e ricevette i titoli di *imperator* (che si assegnava ai generali vittoriosi) e di *pater patriae* («padre della patria»).

Sebbene l'ordine istituzionale dello Stato fosse formalmente salvo, il **potere** nelle mani di Cesare era **sconfinato**: ogni decisione dei comizi e del Senato doveva infatti ricevere la sua approvazione; inoltre, anche le nomine dei governatori per le province e l'accesso alle magistrature e al Senato erano sotto il suo controllo.

COMPETENZE DI GEOSTORIA — LEGGERE E CREARE UNA CARTA GEOSTORICA STATICA

Lo scontro tra Cesare e Pompeo

Costruisci la carta geostorica statica: completa la legenda inserendo negli appositi spazi le parti mancanti riferite ai simboli e ai colori presenti nella cartina.

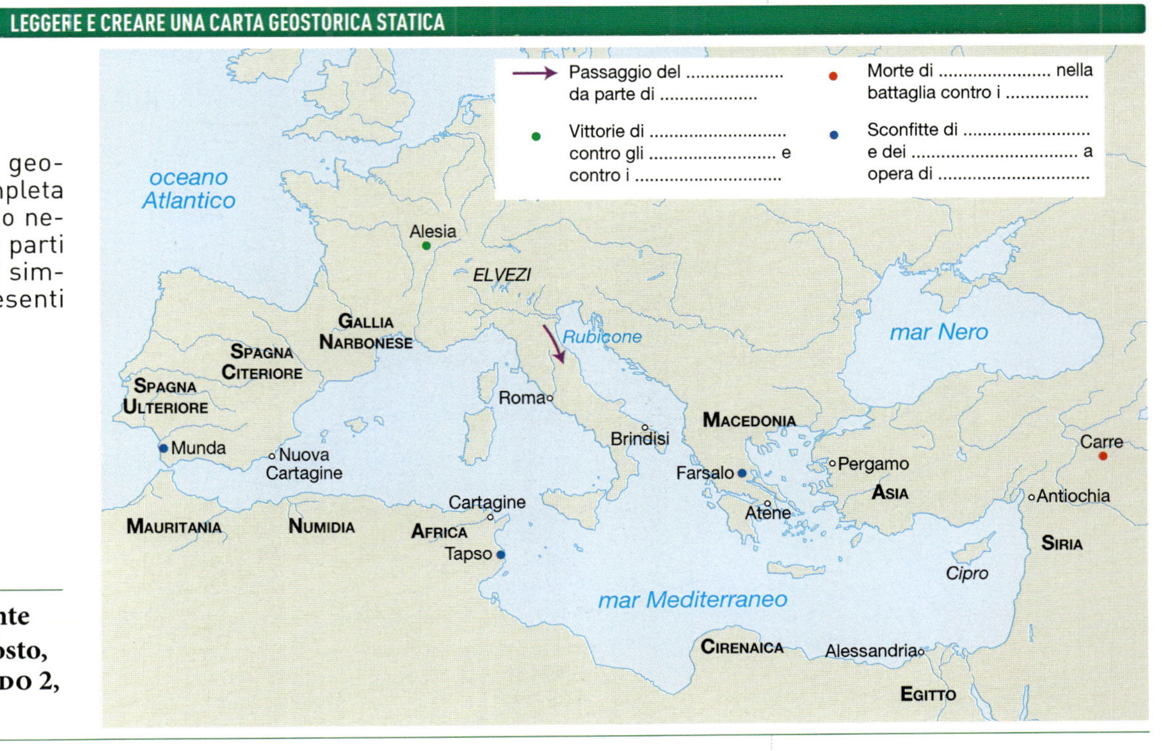

Per applicare correttamente il metodo geostorico proposto, consulta la SCHEDA DI METODO 2, p. 40.

■ Moneta in argento raffigurante Giulio Cesare con uno scudo gallico; 48 a.C. circa.

Sin dagli anni della guerra civile Cesare non abusò mai di tutto questo potere, guadagnando anzi sempre più prestigio e popolarità grazie a una serie di provvedimenti mirati alla pacificazione sociale come la **revoca delle ordinanze di esilio** per molti condannati politici e l'**estensione del diritto di cittadinanza** alla Gallia Transalpina e ad altre comunità provinciali.

Cesare diede poi seguito a una serie di riforme volte a **riorganizzare** in maniera più efficiente **l'amministrazione pubblica** e a **migliorare le condizioni di vita del popolo**.

In primo luogo, aumentò il numero dei magistrati, per permettere al sistema statale di adeguarsi alla maggiore estensione dei domini romani, e migliorò l'amministrazione delle province, rendendo più capillare il controllo sull'azione dei governatori. Portò poi il **Senato a 900 membri** e vi fece entrare ufficiali dell'esercito, cavalieri, ceti dirigenti italici e provinciali, favorendo in tal modo il processo di **romanizzazione** e l'integrazione dei territori conquistati.

Infine, in linea con la tradizione dei popolari, si occupò anche di approvare provvedimenti **in favore del proletariato**: razionalizzò la procedura delle distribuzioni gratuite di grano, promosse molte **opere pubbliche** (tra cui la sistemazione del Foro e degli argini del Tevere, la bonifica delle paludi pontine), abbassando così il tasso di disoccupazione, e favorì l'**emigrazione dei proletari** nelle colonie extraitaliche, in modo da fornire loro una sistemazione più decorosa di quella che avevano a Roma.

La congiura anticesariana e la morte di Cesare Paradossalmente, proprio il **crescente favore popolare** di Cesare fu la **causa della sua fine**. Esso, infatti, determinò la formazione di un fronte di opposizione al dittatore, che, pur accogliendo istanze molto distanti tra loro, era però concorde nel ritenere Cesare un pericolo per la tenuta istituzionale dello Stato.

I due principali oppositori di Cesare erano, da un lato, una parte del Senato e dell'aristocrazia romana, che non lo avevano mai visto di buon occhio e che con il crescere del suo potere avevano perso molto del loro peso politico e dei loro privilegi; dall'altro, i sostenitori delle istituzioni repubblicane, convinti che il dittatore volesse restaurare la monarchia.

Fu così che si arrivò a una **congiura**, di cui facevano parte anche il figlio adottivo Bruto e Gaio Cassio Longino, due pompeiani perdonati da Cesare. Nel giorno delle **Idi di Marzo** del **44 a.C.** (il 15 marzo), i congiurati lo pugnalarono a morte durante una seduta del Senato. Ma il gesto clamoroso non diede gli effetti sperati: proprio l'assassinio di Cesare aprirà infatti la strada alla fine della repubblica.

PER RIPASSARE

1. Che cosa fu il primo triumvirato?
2. In che modo Cesare si impose su Pompeo?
3. Quali leggi a favore del popolo furono promosse da Cesare?

I DOMINI DI ROMA DOPO LA MORTE DI CESARE

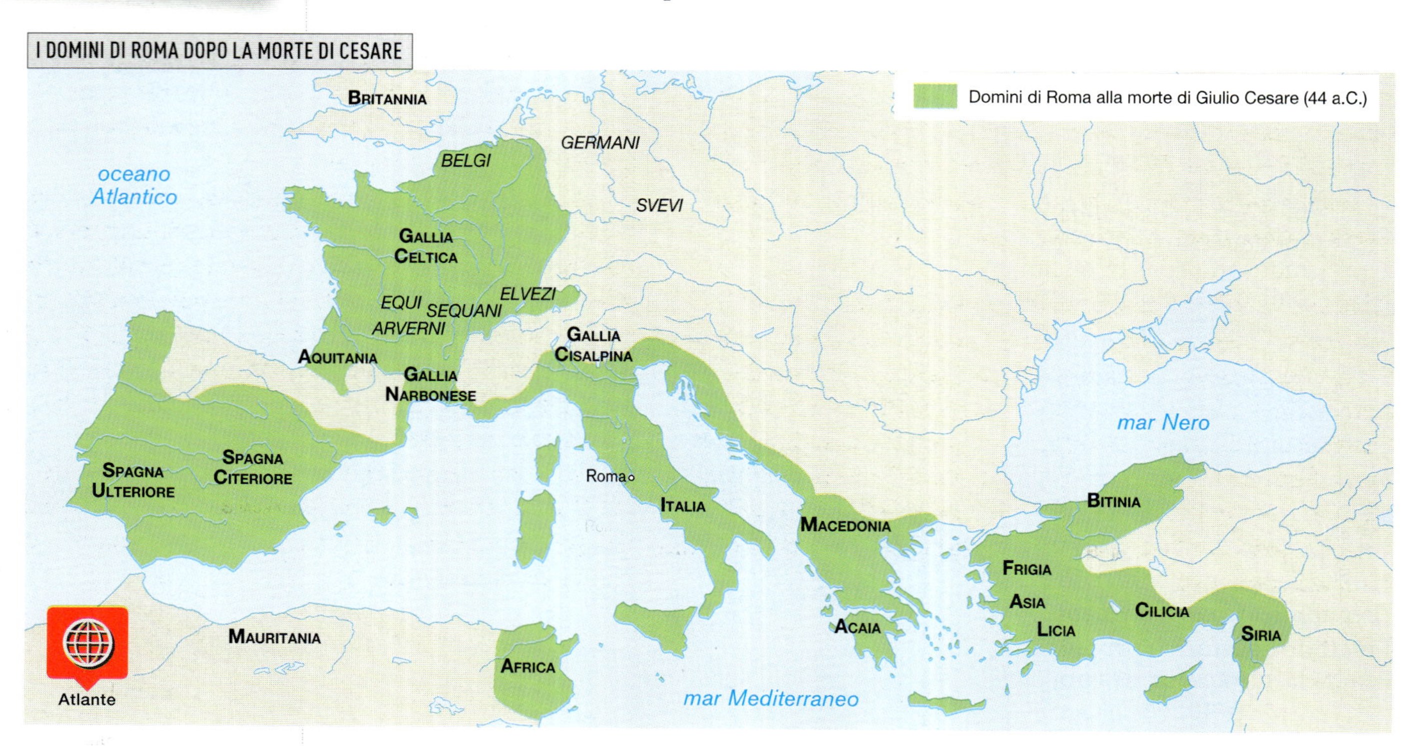

SINTESI

- **Le disuguaglianze sociali a Roma** Tra il III e il II secolo a.C., grazie a una lunga serie di conquiste, Roma fu protagonista di un formidabile processo espansivo, che determinò profonde trasformazioni sociali nella repubblica e mise in evidenza le enormi disuguaglianze tra i vari strati della popolazione. A beneficiare delle ricchezze che giungevano verso la madrepatria dai nuovi domini, infatti, furono l'**aristocrazia senatoria**, che basava la propria fortuna sulla proprietà terriera, e la classe dei **cavalieri**, che fondava i propri guadagni sull'attività commerciale e finanziaria. I **piccoli contadini** proprietari di terre, che rappresentavano anche la spina dorsale dell'esercito, ne uscirono invece largamente impoveriti. Tornati in patria dopo lunghe campagne militari, questi ultimi, schiacciati dalla concorrenza dei grandi proprietari e sfiancati dai **debiti**, si videro costretti a **vendere** i propri terreni ai ricchi aristocratici e a emigrare verso la città alla ricerca di nuovo lavoro, andando a ingrossare le file del **proletariato urbano**.

- **Il potere del Senato e i Gracchi** Nel II secolo a.C., il Senato accrebbe il proprio potere e divenne il centro della vita politica, anche se non fu in grado di affrontare i problemi di uno Stato in continua espansione.
  Le famiglie romane più in vista si divisero in due correnti: gli **ottimati** e i **popolari**. I primi, di orientamento conservatore, difendevano gli interessi dei grandi proprietari terrieri; i secondi, invece, erano favorevoli a cambiamenti sociali e politici. A farsi portavoce delle istanze riformatrici dei popolari furono, nella seconda metà del II secolo a.C., i fratelli **Tiberio e Gaio Gracco**, che proposero una **riforma agraria**, che intendeva rivedere i meccanismi di assegnazione delle terre pubbliche, con l'obiettivo di ridare fiato al ceto dei piccoli contadini e di ridimensionare lo strapotere dei grandi proprietari terrieri. Il loro progetto, però, non andò in porto e prevalsero invece gli interessi del Senato e degli ottimati: Tiberio e Gaio Gracco furono **uccisi**.

- **Dall'ascesa di Mario alla dittatura di Silla** Alla fine del II secolo a.C., Roma dovette affrontare due delicate questioni di politica estera. A risolverle fu un «**uomo nuovo**» della scena politica, Gaio **Mario**, che riuscì nel 105 a.C. a sedare la rivolta antiromana di **Giugurta** in Numidia e, dopo pochi anni, a fermare l'avanzata dei **Cimbri** e dei **Teutoni**. Inoltre, Mario fu autore di un'importante **riforma dell'esercito**, che rese il servizio militare **volontario**, **stipendiato** e aperto anche ai **nullatenenti**.
  Nello stesso periodo, scoppiò la cosiddetta **Guerra sociale** (91-88 a.C.). I Romani ottennero formalmente la vittoria, ma il Senato fu comunque costretto a concedere la cittadinanza agli Italici, perché gravato da una precaria situazione finanziaria e dalla **rivolta antiromana di Mitridate**, re del Ponto. L'incarico di reprimere la ribellione fu dato prima a **Silla** e poi a Mario: ne nacque uno scontro tra i due generali, che sfociò in una **guerra civile**. Nell'82 a.C., Silla ebbe la meglio, diventando **dittatore a vita** e trasformando l'assetto delle istituzioni repubblicane in senso **conservatore e aristocratico**.

- **I nuovi protagonisti della politica a Roma** Dopo la morte di Silla, Roma dovette affrontare nuove difficoltà. Gneo **Pompeo**, nel 72 a.C., riuscì a domare in Spagna una rivolta guidata da **Sertorio**, ex generale di Mario, e a reprimere una nuova ribellione antiromana capeggiata da **Mitridate**. In Italia, Marco Licinio **Crasso** sedò nel sangue una rivolta di schiavi, che aveva avuto inizio nella scuola di gladiatori di Capua ed era condotta da **Spartaco**. Pompeo e Crasso, eletti **consoli**, si resero protagonisti di una serie di provvedimenti che smantellarono l'ordinamento istituzionale voluto da Silla.
  Mentre i due consoli si opponevano alla classe senatoria, Marco Tullio **Cicerone** affermava la necessità di un'**alleanza tra nobili e cavalieri** come unica via di salvezza per Roma. Intanto, si affacciava sulla scena politica romana un altro «uomo nuovo» avverso ai conservatori: Gaio Giulio **Cesare**.

- **Dal primo triumvirato alla presa del potere di Cesare** Dopo aver stipulato un accordo segreto con Pompeo e Crasso (**primo triumvirato**), **Cesare** fu eletto **console** e onorò gli impegni presi con gli altri due membri del patto. Nominato proconsole della Gallia Cisalpina e Narbonese, Cesare conquistò la **Gallia Transalpina**.
  Dopo la morte di Crasso, si chiuse l'esperienza del triumvirato e iniziò una **guerra civile** che vide contrapporsi **Cesare e Pompeo**, intanto nominato dal Senato console unico. Cesare lo sconfisse a **Farsalo** nel 48 a.C. e, dopo qualche anno, sbaragliò definitivamente i suoi seguaci in Spagna e in Africa.
  Cesare, nominato **dittatore a vita**, non stravolse l'ordine istituzionale della repubblica, tentando piuttosto di dare una veste legale all'**immenso potere** di cui era in possesso. Varò poi una serie di **riforme** che incontrarono il favore del popolo, ma che gli attirarono l'ostilità del Senato e dei repubblicani. Per questa ragione, nel 44 a.C., Cesare fu vittima di una congiura e fu **assassinato**.

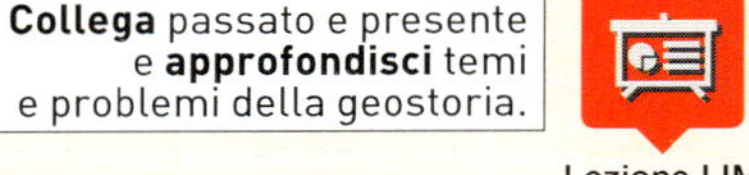

Cittadinanza europea e diritti fondamentali

(→ GEOGRAFIA, LEZIONE 14)

«Non sono un ateniese o un greco, ma un cittadino del mondo»

(Socrate, citazione a lui attibuita da Plutarco in *Dell'esilio*)

Manifesto dell'Unione Europea che mostra un gruppo di rifugiati di varie nazionalità in cerca di asilo.

La questione dell'apertura dei confini e delle politiche migratorie fu una delle tematiche principali durante la campagna elettorale per le elezioni europee del 2009, come dimostra questo manifesto.

La questione della cittadinanza a Roma

In età repubblicana – prima che fosse estesa la cittadinanza agli Italici nell'89 a.C. e, da Cesare, alle province della Gallia – abitare in uno dei tanti territori dominati da Roma non bastava per essere un **cittadino** romano. Lo *status* di cittadino era infatti una prerogativa che spettava soltanto a **chi apparteneva alla comunità romana**, ovvero a chi nasceva da genitori romani. In caso di unione mista, prevaleva la linea paterna, vale a dire che solo quando il matrimonio era contratto tra un cittadino romano e una straniera, il nascituro avrebbe goduto della cittadinanza; in caso contrario (padre straniero e madre romana), il figlio sarebbe stato considerato uno straniero.

Ma perché i Romani attribuivano tanta importanza alla cittadinanza? La risposta è molto semplice: appartenere alla comunità romana significava godere di molti privilegi sul piano fiscale e politico e nella vita privata di tutti i giorni. Come abbiamo visto, essere cittadini romani implicava non solo la possibilità di beneficiare della **distribuzione di terre** conquistate, della fondazione di nuove **colonie** e delle **leggi frumentarie**; soprattutto, comportava la possibilità di accedere alle **cariche pubbliche** ed essere quindi partecipi delle scelte compiute dalla repubblica.

La cittadinanza oggi

La questione della cittadinanza è ancora oggi al centro del dibattito pubblico nei Paesi in cui è forte la presenza di **immigrati stranieri**. In questi Paesi, l'accesso alla cittadinanza è regolato da leggi promulgate *ad hoc*, che tentano di dare una risposta a un fenomeno in crescita come quello dell'intensificarsi dei flussi migratori.

Ma come ci si comporta nei confronti degli stranieri quando, anziché di un singolo Stato, si parla addirittura di un insieme di più Stati o di popoli, come nel caso dell'**Unione Europea**? Ricordiamo, infatti, che l'Ue non ha un'unica storia e una sola cultura, eppure si pone come arduo obiettivo quello di creare una **società europea**, che si elevi al di sopra delle diversità culturali, senza però annullare le singole identità nazionali.

La cittadinanza europea

Nel 1992, il **Trattato di Maastricht** ha istituito il diritto di cittadinanza europea per tutti i cittadini appartenenti agli Stati aderenti. La cittadinanza europea non diviene però sostitutiva di quella nazionale, ma l'affianca. Il cittadino, infatti, ha una **doppia cittadinanza**: quella dello Stato in cui vive (nel nostro caso, la cittadinanza italiana) e quella europea. Il cittadino dell'Ue, quindi, vede rispettato il proprio patrimonio storico-culturale, la propria individualità, ma allo stesso tempo è considerato cittadino di un'entità più ampia, l'Europa.

Ottenere la cittadinanza europea vuol dire godere di diritti importanti, tra i quali: la **libera circolazione** negli Stati appartenenti all'Ue; il **diritto di voto** nelle elezioni comunali nello Stato membro in cui si vive e nelle elezioni europee; la **tutela diplomatica** e consolare nei Paesi extraeuropei nei quali il proprio Stato non è rappresentato dalle autorità degli altri Stati membri; il diritto di istanza al Parlamento europeo.

Soprattutto, significa essere tutelato per moltissimi diritti fondamentali elaborati dalla Corte di giustizia europea sulla base di due fonti principali:

- le tradizioni costituzionali degli Stati membri;
- i trattati internazionali ai quali hanno aderito gli Stati membri.

Tra i diritti più importanti si possono citare: l'inviolabilità della dignità umana; il diritto alla vita; il diritto all'integrità della persona; la proibizione della tortura e delle pene o dei trattamenti inumani o degradanti; la proibizione della schiavitù e del lavoro forzato; il diritto alla libertà e alla sicurezza; la libertà di pensiero, di espressione, di religione, di riunione e associazione; il diritto all'istruzione e al lavoro.

Laboratorio

Leggi la Costituzione commentata e **rifletti** sul rapporto tra passato e presente.

Le forme di Stato e di governo

La trasformazione istituzionale a Roma

Dalla fondazione della repubblica alla morte di Cesare, Roma conobbe un graduale processo di trasformazione delle sue istituzioni e delle **forme di governo** adottate. Dopo essere passata dalla monarchia alla **repubblica** (509 a.C.), infatti, la città visse, nel periodo che va dall'ascesa di Silla a quella di Cesare, entrambi nominati **dittatori** a vita, l'inesorabile declino delle istituzioni repubblicane, che – come vedremo nel secondo volume – porterà nel giro di due decenni all'affermazione del **potere imperiale** di Ottaviano Augusto.

I tre elementi costitutivi di uno Stato

Anche oggi esistono varie forme di Stato e di governo. Bisogna anzitutto precisare che uno Stato può dirsi tale solo se sono presenti i **tre elementi principali** di cui è costituito:

- il **popolo**, cioè le persone che risiedono nello Stato e ne hanno la cittadinanza;
- il **territorio**, che con i suoi confini politici delimita lo spazio in cui vivono i cittadini (senza confini politicamente ben definiti non esisterebbe uno Stato, poiché non vi sarebbe il riconoscimento da parte degli altri Stati del mondo);
- la **sovranità**, ossia il potere supremo che lo Stato esercita sui cittadini.

Stato unitario e Stato federale

Dal punto di vista della sua strutturazione interna, lo Stato può essere **unitario** o **federale**.

Nel primo caso, vi è un **unico centro di potere** sovrano in tutto il territorio, identificabile quasi sempre con la capitale; nel secondo caso, invece, lo Stato è costituito da un **insieme di Stati federati** (chiamati province autonome), ognuno con il suo centro di potere e la sua autonomia (le proprie leggi, il proprio governo), ma tutti facenti capo a **un governo centrale**, detto federale. Stati federali sono, per esempio, gli Stati Uniti e l'Australia.

Le due forme di Stato: autoritaria e democratica

Possiamo inoltre distinguere due **forme di Stato**: da un lato, quella **autoritaria**, in cui il potere è accentrato nelle mani di una sola persona o di una sola classe (è il caso della dittatura di Silla e Cesare); dall'altra, quella **democratica**, in cui la sovranità è esercitata dai cittadini, i quali delegano le scelte politiche a dei rappresentanti, che agiscono per il bene della collettività.

Lo State Capitol Building di Atlanta è la sede del Congresso federale della Georgia. Sulla sua cupola sventolano sia la bandiera degli Stati Uniti d'America che la bandiera dello Stato.

Come recita l'articolo 1 della nostra Costituzione, «**L'Italia è una repubblica democratica**», la cui sovranità è esercitata dai cittadini non direttamente, ma attraverso l'elezione dei loro rappresentanti, che rimangono in carica solo per un periodo determinato, secondo la legge.

Le possibili forme di governo

Un'ultima fondamentale distinzione è quella che riguarda la **forma di governo** di uno Stato. Essa può essere: parlamentare, presidenziale e semipresidenziale.

Si ha un governo **parlamentare** quando il potere esecutivo è nelle mani di un governo eletto dal Parlamento. Il presidente della Repubblica ha la funzione di vigilare sull'operato del governo e mediare tra la maggioranza parlamentare e l'opposizione. Quella parlamentare è la forma di governo maggiormente diffusa in Europa.

Nel governo **presidenziale**, invece, il potere esecutivo è esercitato dal capo dello Stato, il presidente appunto, che è anche capo del governo. Eletto direttamente dai cittadini, il presidente nomina il suo governo, che entra in carica anche senza l'approvazione del Parlamento. Un esempio di governo presidenziale è quello statunitense.

Infine, il governo **semipresidenziale** si caratterizza per il fatto che il presidente della Repubblica, eletto direttamente dai cittadini, pur esercitando diversi poteri importanti (come quello della Difesa e degli Esteri), non detiene però quello esecutivo, che spetta invece al governo. Un esempio di governo semipresidenziale è la Francia.

Guida alla cittadinanza

La II parte della Costituzione italiana è dedicata all'ordinamento della Repubblica. Riportiamo qui alcuni articoli fondamentali per comprendere il rapporto esistente tra il governo e i cittadini italiani. Approfondisci l'argomento, ricercando su Internet gli artt. seguenti: 56, 58, 84, 87, 92, 96.

Art. 55
Il Parlamento si compone della Camera dei deputati e del Senato della Repubblica.

Art. 57
Il numero dei senatori elettivi è di trecentoquindici, sei dei quali eletti nella circoscrizione Estero.

Art. 60
La Camera dei deputati e il Senato della Repubblica sono eletti per cinque anni.
La durata di ciascuna Camera non può essere prorogata se non per legge e soltanto in caso di guerra.

Art. 83
Il Presidente della Repubblica è eletto dal Parlamento in seduta comune dei suoi membri.

Art. 85
Il Presidente della Repubblica è eletto per sette anni.

Art. 101
La giustizia è amministrata in nome del popolo.

Art. 102
La funzione giurisdizionale è esercitata da magistrati ordinari istituiti e regolati dalle norme sull'ordinamento giudiziario.

VERIFICA

DALLE ABILITÀ ALLE COMPETENZE

COMPLETARE UNA MAPPA CONCETTUALE **COMPETENZA STORICA**

1 **Completa la seguente mappa concettuale, servendoti opportunamente dei numeri riferiti ai concetti-chiave sotto elencati. L'esercizio è avviato.**

(→ Scheda di metodo 7, p. 156)

1. afflusso di ricchezze e apertura dei mercati
2. lunghe campagne militari
3. si forma il proletariato urbano
4. li vendono agli aristocratici
5. ascesa sociale dei cavalieri (ceto equestre)
6. processo espansivo di Roma nel III e II secolo a.C.
7. i contadini-soldati al rientro dalle guerre trovano i terreni abbandonati e improduttivi
8. emigrano nelle città
9. appalti
10. concentrazione di latifondi nelle mani dell'aristocrazia senatoria
11. commerci

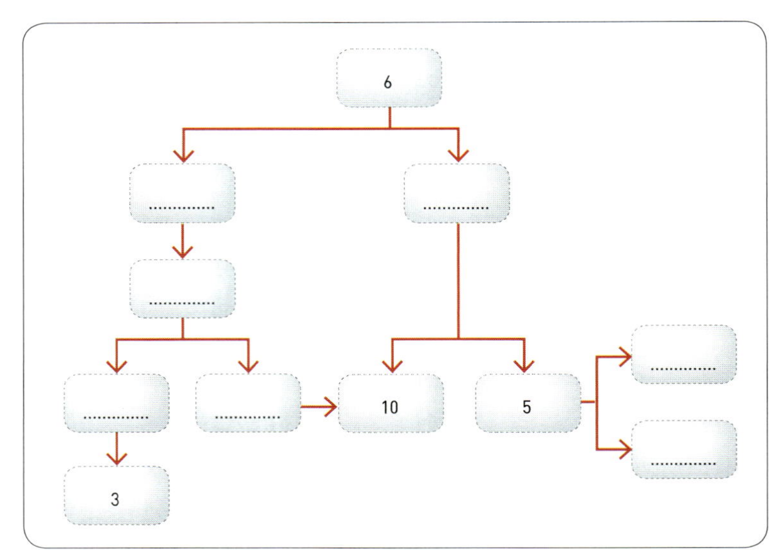

COMPLETARE UNA TABELLA **COMPETENZA GEOSTORICA**

2 **Completa la tabella sotto riportata.**

(→ Scheda di metodo 6, p. 112)

	RIFORME A ROMA TRA IL II E IL I SECOLO A.C.		
	PERIODO	TIPOLOGIA	SCOPO
Tiberio			
Gaio Gracco			
Mario			

STABILIRE I NESSI CRONOLOGICI. SINTETIZZARE EVENTI STORICI **COMPETENZA STORICA**

3 **Dopo aver ordinato cronologicamente i seguenti eventi con dei numeri, scrivi sul tuo quaderno, indicandone la data, una breve sintesi per ognuno, in un massimo di tre righe.**

- ☐ Guerra contro Giugurta
- ☐ Primo triumvirato
- ☐ Dittatura di Silla
- ☐ Sconfitta di Pompeo a Farsalo
- ☐ Rivolta di Spartaco
- ☐ Congiura di Catilina

Lezione 14
Dai Gracchi a Cesare: la fine della repubblica

DALLE ABILITÀ ALLE COMPETENZE

RICONOSCERE LE CARATTERISTICHE PRINCIPALI DELLE VICENDE STORICHE COMPETENZA STORICA

4 **Indica se le seguenti affermazioni sono vere o false. Motiva poi le tue risposte.**

a. Mario era di famiglia nobile **V** **F**
MOTIVO ....

b. L'estensione della cittadinanza fu proposta solo dal tribuno Gaio Gracco **V** **F**
MOTIVO ....

c. Silla fu vicino ai popolari **V** **F**
MOTIVO ....

d. Pompeo e Crasso si inimicarono i senatori **V** **F**
MOTIVO ....

STABILIRE I NESSI CRONOLOGICI. COLLEGARE LE CAUSE ALLE CONSEGUENZE COMPETENZA STORICA

5 **Ordina cronologicamente gli eventi della colonna sinistra con dei numeri. Poi collega le cause elencate a sinistra alle conseguenze riportate a destra.**

CAUSE

a. Cesare ottiene la Gallia Cisalpina e Narbonense
b. Il Senato respinge le richieste di Pompeo
c. Il re d'Egitto Tolomeo uccide Pompeo a tradimento
d. Clodio approva un provvedimento retroattivo che dichiara illegale la condanna a morte di un cittadino romano senza la concessione della possibilità di appello all'assemblea popolare
e. Il Senato nomina Pompeo console unico e si rifiuta di fare entrare Cesare a Roma con le armi

CONSEGUENZE

1. Pompeo si allea con Cesare e Crasso
2. Cesare aumenta il suo prestigio e ottiene la fedeltà dell'esercito
3. Cesare oltrepassa in armi il Rubicone
4. Cesare pone sotto assedio la città di Alessandria e rimette Cleopatra sul trono d'Egitto
5. Cesare ottiene l'allontanamento di Cicerone

PRODURRE UN TESTO SEGUENDO UNA SCALETTA COMPETENZA STORICA

6 **Riassumi nel tuo quaderno in 5 righe la congiura di Catilina, seguendo i punti della scaletta sottostante:**

- Chi era Catilina?
- Che cosa escogitò e perché?
- Da chi venne accusato e quale epilogo ebbe la sua vicenda?

CONOSCERE, COMPRENDERE E ADOPERARE IL LESSICO STORICO E GEOGRAFICO COMPETENZA STORICA

7 **Definisci i seguenti termini trovati all'interno della lezione 14.**

TERMINI	DEFINIZIONE
pubblicani	....
ottimati	....
senatus consultum ultimum	....
triumvirato	....

Geografia

La geografia umana, l’Europa, l’Italia

Unità 1 Conoscere il nostro pianeta per rispettarlo

COMPETENZE DI GEOGRAFIA

- Descrivere e inquadrare nello spazio i problemi del mondo attuale, mettendo in relazione i motivi, i processi di trasformazione, le condizioni morfologiche e climatiche, la distribuzione delle risorse, gli aspetti economici e demografici delle diverse realtà.
- Avere coscienza delle conseguenze positive e negative dell'azione degli esseri umani sul territorio, rispettare l'ambiente e agire in modo responsabile nell'ottica di uno sviluppo sostenibile.

COMPETENZE DEL METODO GEOSTORICO

- Metodo 4 Leggere una carta tematica.
- Metodo 9 Leggere e costruire grafici.
- Metodo 6 Leggere e interpretare i cartogrammi.

LEZIONE 1 I climi e gli ambienti della Terra

I cambiamenti del clima che si sono verificati negli ultimi decenni stanno provocando importanti e inquietanti conseguenze per gli ecosistemi della Terra, come l'aumento delle emissioni di anidride carbonica, causa principale del riscaldamento del pianeta.

Le parole chiave

Effetto serra Il fenomeno per cui l'aumento di concentrazione nell'atmosfera dell'anidride carbonica e di altri gas, presenti in natura o generati da processi industriali, provoca una diminuzione della dispersione del calore del Sole riflesso dalla Terra: i raggi infrarossi emanati dal Sole, permanendo all'interno dell'atmosfera, fanno aumentare la temperatura globale terrestre.

Biodiversità Il termine significa «diversità biologica» e indica l'insieme di tutte le forme di vita (animale e vegetale), geneticamente diverse tra loro, considerate assieme al loro habitat naturale.

■ Manifesto del WWF (il Fondo d'estensione mondiale per la natura) per sensibilizzare l'opinione pubblica sui rischi del riscaldamento globale.

LEZIONE 2 Risorse energetiche e futuro

Molte delle risorse naturali presenti nel nostro pianeta rischiano di esaurirsi: sono le risorse energetiche non rinnovabili, come il petrolio o i gas naturali, necessarie per lo sviluppo economico del pianeta ma tra le cause maggiori dell'aumento delle emissioni di anidride carbonica.

Le parole chiave

Risorsa naturale Qualsiasi materiale o fenomeno forniti dalla natura e utilizzati dall'uomo per la propria sopravvivenza e il proprio benessere.

Risorsa (o fonte) energetica Qualsiasi materiale o fenomeno (per esempio magnetismo, reazione chimica) in grado di produrre energia a disposizione dell'uomo, che la impiega per compiere un lavoro, per ottenere calore o forza motrice, per far funzionare macchinari: carbone, petrolio, elettricità, gas naturali, reazioni nucleari, radiazioni solari (energia solare), acqua (energia idroelettrica), vento (energia eolica), calore terrestre (energia geotermica).

■ Un uomo a lavoro in un giacimento petrolifero iracheno.

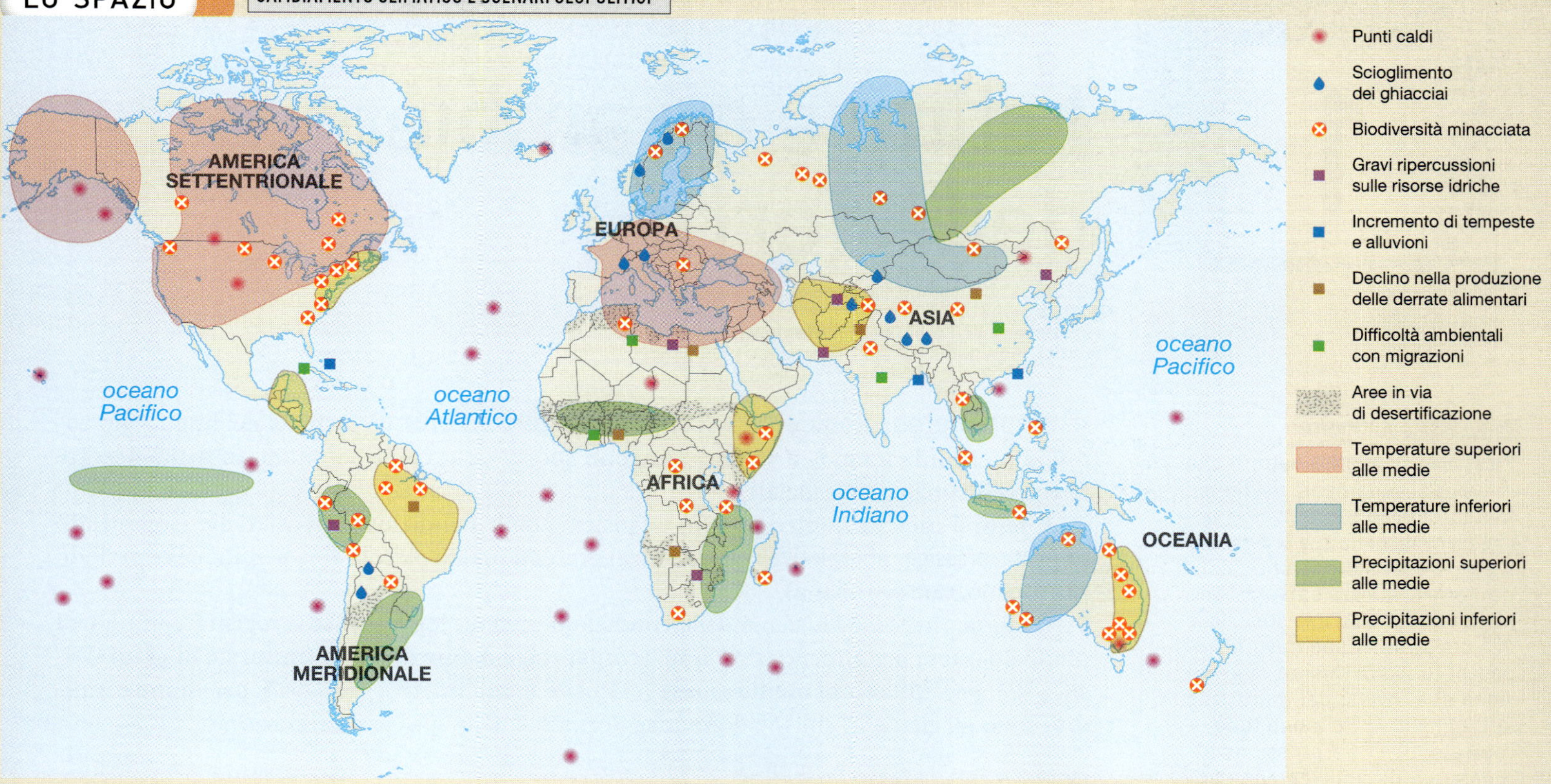

LEZIONE 3

L'acqua: una risorsa che si riduce

L'acqua, uno degli elementi indispensabili alla vita, è oggi minacciata sia dal diffondersi dell'inquinamento sia dagli sprechi dell'uomo. La sua disponibilità diminuisce rispetto a una popolazione in costante crescita e il controllo delle fonti idriche (fiumi, laghi, sorgenti) diventa motivo di conflitto in diverse zone del mondo.

Le parole chiave

Deficit idrico Per «deficit idrico» si intende la situazione di scarsa disponibilità di acqua che negli ultimi decenni si sta verificando a causa dell'aumento della popolazione mondiale, dei cambiamenti climatici, degli sprechi umani, dell'impoverimento dei suoli, del degrado del territorio: secondo una previsione dell'Onu nel 2020 essa interesserà il 22% dell'umanità.

Water wars Sono così indicate le «guerre dell'acqua», conflitti – che possono diventare anche guerre vere e proprie – nati per il controllo dell'accesso alle risorse idriche (in particolare di acqua dolce: un fiume, una sorgente, un lago) necessarie per la sopravvivenza delle popolazioni.

Kenya: una donna in cerca di acqua pulita in un pozzo.

LEZIONE 4

Lo sviluppo sostenibile

La crescita delle emissioni di CO_2, con il conseguente aumento della temperatura globale terrestre, è oggi una delle cause più importanti del degrado dell'ambiente.

Le parole chiave

Inquinamento Il termine «inquinamento» indica l'alterazione e la contaminazione di un ambiente attraverso l'introduzione di sostanze dall'esterno. È una delle cause principali del degrado ambientale e del danneggiamento degli ecosistemi ed è oggi soprattutto legato alle attività dell'uomo.

Sviluppo sostenibile L'espressione «sviluppo sostenibile» indica lo sviluppo sociale ed economico del pianeta compatibile con la disponibilità di risorse di cui esso dispone, in relazione alle esigenze della popolazione presente e senza compromettere quelle delle generazioni future.

Un'abitazione con pannelli fotovoltaici installati sul tetto, in modo da ottenere energia elettrica dal Sole.

Lezione 1 I climi e gli ambienti della Terra

Lezione

Vai alla lezione di geografia
La protezione dell'ambiente: mutamenti climatici, inquinamento

IL LESSICO GEOGRAFICO

Pressione atmosferica Fattore che influenza l'andamento del tempo meteorologico e che svolge anche un ruolo nella sua previsione. È il peso esercitato da una colonna d'aria di altezza pari all'atmosfera terrestre su una superficie di 1 cm². Esso viene misurato in pascal (unità di misura internazionale) al livello del mare, alla latitudine di 45° e a una temperatura di 0° C. La pressione atmosferica diminuisce con l'aumentare dell'altitudine poiché si accorcia la colonna d'aria.

Insolazione In meteorologia, il termine indica il rapporto percentuale tra il numero di ore in cui il Sole è effettivamente visibile e il numero di ore durante le quali il Sole si trova al di sopra dell'orizzonte del luogo.

«Tempo meteorologico» e «clima» non sono sinonimi Anche se nel linguaggio comune i termini «tempo» e «clima» vengono spesso usati come sinonimi, in realtà occorre fare una distinzione essenziale.

Il **tempo meteorologico**, infatti, è l'insieme delle condizioni atmosferiche (soprattutto umidità, **pressione atmosferica**, temperatura) presenti in una piccola area per un breve periodo (un giorno, una settimana).

Il **clima**, invece, è l'insieme delle condizioni meteorologiche medie registrate in un'area piuttosto estesa per almeno trent'anni: **temperature medie dell'aria** (misurate in gradi Celsius, °C), **precipitazioni medie annue** (calcolate in millimetri), **insolazione**, **pressione** e **umidità** sono gli elementi che incidono maggiormente nella sua caratterizzazione.

I fattori che determinano il clima Gli elementi climatici sono determinati da alcuni importanti **fattori**, tra i quali i seguenti.

- La **latitudine**, cioè la distanza angolare dall'Equatore. Nonostante l'inclinazione dell'asse terrestre, sappiamo che i raggi solari colpiscono perpendicolarmente la zona equatoriale. Data la sfericità della Terra, man mano che ci si allontana dall'Equatore (sia nell'emisfero boreale che in quello australe, quindi verso Nord e verso Sud), l'inclinazione dei raggi solari aumenta tanto da far sì che essi sono costretti ad attraversare un maggiore spessore dell'atmosfera, disperdendo così il loro calore. Ecco perché **la temperatura diminuisce proporzionalmente con l'aumentare della latitudine**.

CLIMI E AREE CLIMATICHE

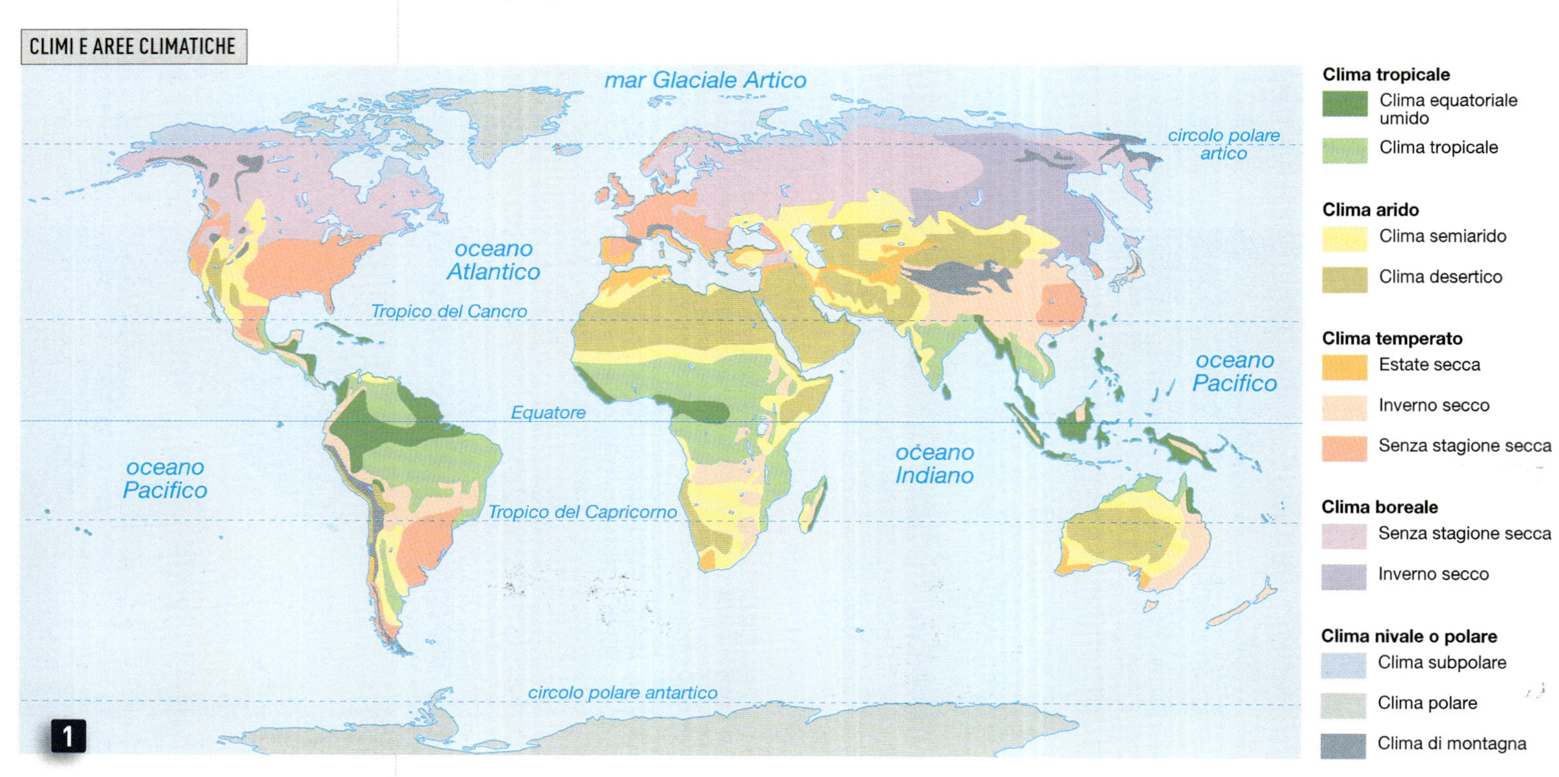

- L'**altitudine**, cioè la distanza in verticale dal livello del mare (chiamato «livello zero»). La pressione atmosferica e la **densità dell'aria** diminuiscono costantemente con l'aumento dell'altitudine; la temperatura diminuisce più o meno di 0,6 °C per ogni 100 m d'altezza.
- La **vicinanza al mare**. Le masse d'acqua, infatti, si riscaldano e si raffreddano molto più lentamente rispetto alla terra. Ciò significa che durante il periodo invernale il mare, ancora carico del calore accumulato nei mesi estivi, rilascia lentamente sulle zone costiere una temperatura più elevata rispetto a quella dell'atmosfera, rendendo meno rigido il clima delle regioni costiere. L'azione del mare aumenta anche l'incidenza dell'umidità e della piovosità sulle zone costiere, per effetto del ciclo dell'acqua(→ GEOGRAFIA, LEZIONE 2).
- La **presenza di catene montuose**. Le catene montuose esercitano una funzione di scudo per temperature basse e venti umidi. Un esempio è quello delle Alpi italiane, che bloccano le rigide temperature e i forti venti provenienti dagli Stati confinanti.
- La **presenza di un'abbondante vegetazione**. La vegetazione determina una maggiore umidità sull'area su cui si estende e, quindi, un più alto grado di **piovosità**. Di contro, più scarsa è la vegetazione, più arido è il clima.
- Le **azioni antropiche**. L'uomo, intervenendo sull'ambiente per adattarlo alle proprie esigenze, ha determinato nei secoli (con una decisa accelerazione negli ultimi decenni) importanti **cambiamenti climatici**, le cui conseguenze – come la progressiva «**desertificazione**» (cioè la graduale trasformazione in deserto di aree semiaride: di molte aree della Terra e l'eccessivo **surriscaldamento climatico**) – destano oggi preoccupazione per l'intera umanità.

La classificazione climatica di Wladimir Köppen La più nota classificazione climatica è opera del climatologo tedesco Wladimir Köppen e risale al **1901**. Essa si basa sui dati medi della **temperatura** e delle **precipitazioni**, rilevati mensilmente e annualmente, e sulla **distribuzione della vegetazione naturale**. Köppen realizzò, così, una mappatura della Terra sulla base di **cinque macroaree climatiche** (→ CARTA 1), all'interno delle quali vi sono delle sottoaree: clima **tropicale**, clima **arido**, clima **temperato**, clima **boreale** e clima **nivale** (o **polare**). A ogni clima corrisponde un particolare **bioma** (→ CARTA 2), cioè un ambiente caratterizzato dalla presenza delle stesse condizioni per quanto riguarda clima, fauna e vegetazione.

IL LESSICO GEOGRAFICO

Densità dell'aria Quantità della massa d'aria (misurata in kg) in un dato volume (o spazio) occupato (misurato in m^3). La densità dell'aria è strettamente legata alle temperature, alla pressione atmosferica e agli spostamenti dell'aria, fattori che determinano i venti.

IL PLANISFERO DEI BIOMI

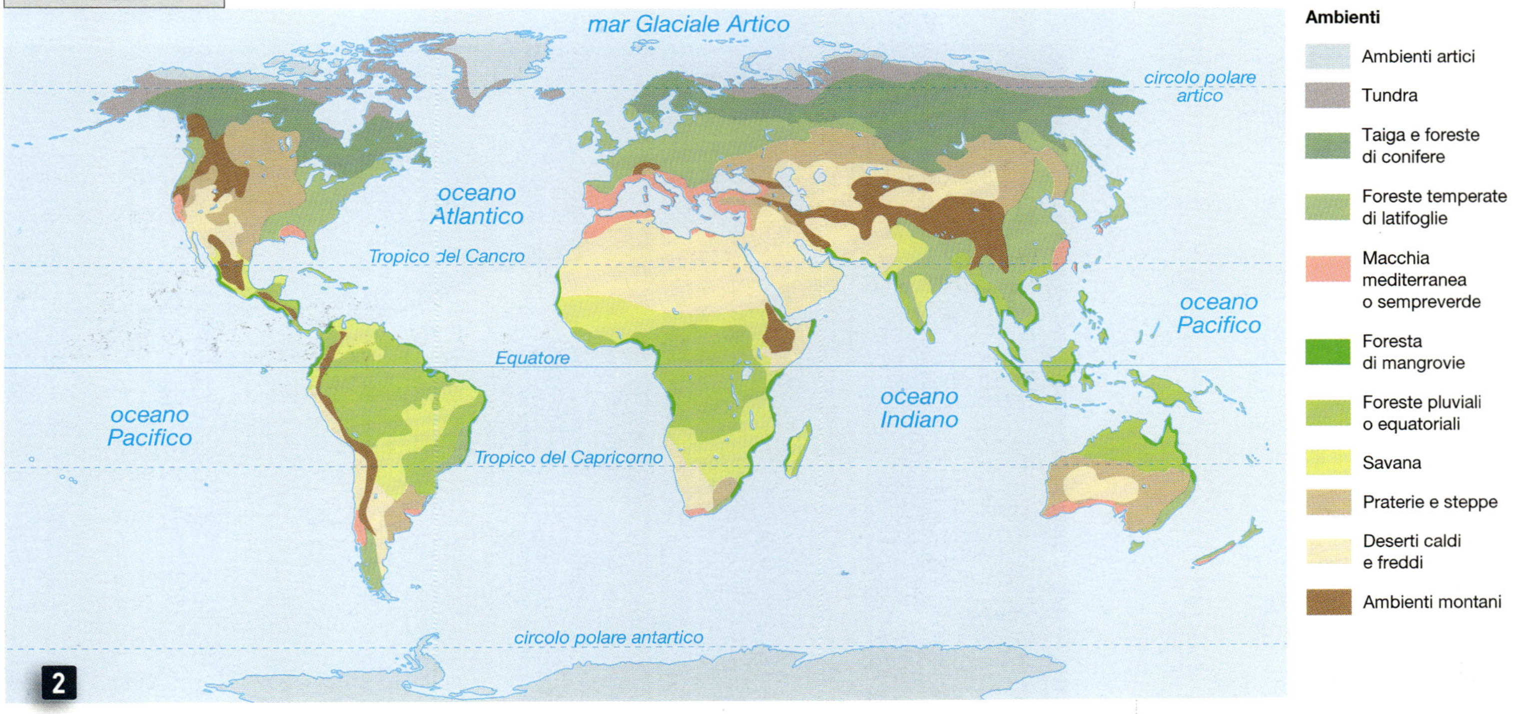

Le cause dei cambiamenti climatici Fin dalla sua formazione, la Terra è stata attraversata da **fasi climatiche** profondamente differenti tra loro: nel corso dei millenni, infatti, si sono susseguiti e alternati periodi glaciali (come durante il Paleolitico: → STORIA, LEZIONE 1, PARAGRAFO 3) a periodi particolarmente caldi e secchi. Davanti a tali cambiamenti climatici, l'uomo, e con lui tutti gli esseri viventi, a volte è riuscito ad adattarsi, a volte si è spostato, cercando ambienti più adeguati, altre volte, infine, è andato incontro alla morte.

Dagli ultimi decenni del XX secolo a oggi i cambiamenti climatici sono diventati sempre più intensi, soprattutto a causa dell'**intervento dell'uomo** e delle sue attività (industrie, trasporti e agglomerati urbani), che tendono a **produrre e consumare** sempre più **energia**.

Le **temperature globali**, così, sono progressivamente **aumentate** e in questo periodo l'atmosfera si è riscaldata più rapidamente di quanto sia mai accaduto in passato: si pensi che solo **dal 1989 al 2008** le temperature sono salite in media di **0,5 °C**. Le **conseguenze** di questa trasformazione del clima possono essere catastrofiche per tutte le specie viventi e per tutti gli ecosistemi presenti nel pianeta.

Un attento studio sui cambiamenti climatici a livello globale viene regolarmente eseguito da un gruppo di esperti per conto dell'**Ipcc** (*Intergovernmental Panel on Climate Change*, Gruppo intergovernativo di esperti sul cambiamento climatico), che dal 1988 si occupa soprattutto dell'impatto dei cambiamenti climatici sui sistemi naturali e umani e delle responsabilità dell'uomo nel rialzo delle temperature.

Secondo l'ultimo rapporto dell'Ipcc, l'uso sempre maggiore di **combustibili fossili** (carbone, gas e petrolio) – non solo nei processi legati alla produzione industriale, ma anche, per esempio, nei sistemi di riscaldamento delle città – provoca infatti un **aumento delle emissioni di anidride carbonica** (CO_2) che, rilasciata nell'atmosfera assieme al protossido di azoto (prodotto dai concimi utilizzati in agricoltura) e al metano (emesso soprattutto nell'allevamento dei bovini e nella coltivazione del riso), genera una sorta di «cappa invisibile» che produce il fenomeno chiamato «**effetto serra**» (→ PAROLE CHIAVE UNITÀ 1, p. 302).

Generalmente, i raggi solari arrivano sulla superficie terrestre con il proprio calore dopo aver attraversato i diversi strati dell'atmosfera. Parte del calore, poi, si riflette e ritorna indietro disperdendosi nuovamente nello spazio. Con la «cappa invisibile», invece, il calore rimane intrappolato negli strati bassi dell'atmosfera, comportandosi proprio come se si trovasse in una grande serra.

IL LESSICO GEOGRAFICO

Combustibile fossile Combustibile derivante dalla conversione, avvenuta durante milioni di anni, di una sostanza organica (rimasta intrappolata nel sottosuolo nel corso delle ere geologiche) in forme molecolari via via più stabili e ricche di carbonio. Si tratta di fonti energetiche non rinnovabili. Sono combustibili fossili il carbone, il petrolio e il gas naturale.

Nell'immagine, lo scioglimento dei ghiacciai in Groenlandia in seguito all'aumento delle temperature del globo terrestre.

Le conseguenze dell'effetto serra Quali sono le conseguenze dell'effetto serra? Molte di esse sono constatabili nella vita quotidiana o anche attraverso foto satellitari. Il riscaldamento del sistema climatico, infatti, comporta:

- un **aumento delle temperature medie** globali dell'aria e delle temperature degli oceani;
- lo **scioglimento** di neve e ghiaccio e **l'innalzamento** del livello del mare medio globale;
- un forte **aumento delle precipitazioni**;
- un processo di **desertificazione** in alcune aree continentali (specialmente in Africa e Asia) e un lento **prosciugamento** di fiumi e laghi.

L'aumento delle emissioni di anidride carbonica è anche all'origine dell'**inquinamento** dell'ambiente in cui viviamo, cioè della sua alterazione, causata dalle attività umane, sia produttive sia stanziali (→ GEOGRAFIA, LEZIONE 4). L'inquinamento può interessare l'**atmosfera**, le **acque**, il **suolo**, il **sottosuolo** e la sua diffusione, in particolare nelle società industrializzate, determina un peggioramento della qualità della vita della popolazione.

Gli scenari futuri Di fronte a un quadro così inquietante, la comunità scientifica si interroga sui possibili scenari futuri in cui incorreremo. A questo proposito, gli studiosi parlano di un aumento della temperatura di 6,4 °C di qui al 2100, con effetti quali la **diminuzione della copertura nevosa e dei ghiacci marini** (sia nelle zone artiche sia in quelle antartiche), l'**aumento delle masse oceaniche** e la conseguente violenta **erosione delle zone costiere** (o addirittura la **scomparsa di alcune isole**), nonché l'aumento della profondità di **disgelo** nella maggior parte delle zone di **permafrost**.

Situazioni di caldo estremo e di forti precipitazioni saranno sempre più frequenti. Si prevede anche un'intensificazione di **cicloni tropicali** (tifoni e uragani), associata a un continuo incremento delle temperature marine superficiali dei tropici. Tutto ciò sarebbe letale per la sussistenza della **biodiversità** (→ PAROLE CHIAVE UNITÀ 1, p. 302).

Pur essendo un fenomeno mondiale, il surriscaldamento climatico è destinato, però, ad avere conseguenze diverse a seconda dell'**area geografica**. Le zone litoranee, per esempio, saranno danneggiate dall'innalzamento del livello del mare causato dallo scioglimento dei ghiacciai e dalle precipitazioni, rese più consistenti dall'evaporazione delle acque oceaniche; le aree interne di continenti dal clima già arido subiranno, invece, processi di desertificazione, di penuria idrica e di siccità, i quali, a loro volta, provocheranno malattie varie, epidemie e fame, causate dalla difficoltà di coltivare i campi agricoli, unico settore economico in grado di sostentare queste zone (→ LEZIONE 3).

IL LESSICO GEOGRAFICO

Permafrost Terreno perennemente ghiacciato da almeno due anni. Il permafrost è presente soprattutto nelle regioni artiche, nelle aree attigue ai poli e in alta montagna (nelle Alpi, per esempio, lo si trova a partire da quote di circa 2500 m sopra il livello del mare).

ATTIVITÀ

DOMANDE DI COMPRENSIONE

1. Qual è la differenza tra tempo meteorologico e clima?

....

....

2. Quali sono i fattori che determinano il clima di un'area geografica?

....

....

3. Elenca le cause delle alterazioni climatiche indicate nell'ultimo rapporto dell'Ipcc.

....

....

COMPETENZE DI GEOSTORIA **LEGGERE UNA CARTA TEMATICA**

Climi e biomi nel mondo

Le due carte tematiche di questa lezione (→ pp. 304 e 305) «parlano» delle regioni climatiche e di quelle naturali presenti sulla Terra. Osservala con attenzione, decifra la legenda e leggila. Quindi, completa correttamente la seguente tabella.

TIPO DI CLIMA	TIPO DI BIOMA	AREE GEOGRAFICHE INTERESSATE
1.	1.	1.
2.	2.	2.
3.	3.	3.
4.	4.	4.
5.	5.	5.

Per applicare correttamente il metodo geostorico proposto, consulta la SCHEDA DI METODO 4, p. 67.

Lezione

2 Risorse energetiche e futuro

Lezione

Vai alla lezione di geografia
Le fonti energetiche

Nella storia dell'uomo sulla Terra, a differenti necessità è corrisposto nel corso dei secoli un diverso uso delle risorse. Un esempio interessante è quello del silicio. Il silicio è un elemento naturale presente in abbondanza sulla Terra, sfruttato nella preistoria per la costruzione di armi e utensili di vario genere e che oggi è largamente impiegato nel campo dell'informatica. Nelle immagini: *sopra*, utensili in silicio risalenti al Paleolitico; *sotto*, sistema fotonico che usa il silicio.

IL LESSICO GEOGRAFICO

Greggio Nome che viene dato al petrolio appena estratto, prima di essere raffinato.

Le risorse naturali del nostro pianeta Gli elementi naturali presenti nel pianeta hanno da sempre rappresentato risorse fondamentali per la sopravvivenza dell'umanità: esse sono definite **risorse naturali** (→ PAROLE CHIAVE UNITÀ 1, p. 302), in contrapposizione a quelle che derivano dal lavoro dell'uomo. La ricerca delle risorse naturali ha contraddistinto la storia dell'uomo nel rapporto con il pianeta e il suo processo di evoluzione e sviluppo nell'ambiente in cui vive.

Alcune risorse ambientali, come l'acqua, il suolo, il Sole, il vento, gli alberi, sono state **indispensabili** per la conservazione e lo sviluppo della specie umana **sin dalla sua origine**. Altre, come il petrolio, il carbone e il gas naturale (i combustibili fossili: → GEOGRAFIA, LEZIONE 1), sono state invece sfruttate solo **a seguito del progresso tecnologico**, che ne ha permesso la lavorazione, la trasformazione e il trasporto.

Tra le risorse naturali, rivestono grande importanza per l'uomo alcune **risorse** (o **fonti**) **energetiche** (→ PAROLE CHIAVE UNITÀ 1, p. 302), in grado cioè di liberare energia. Esse possono essere distinte in primarie e secondarie. Le fonti **primarie** sono quelle che si trovano direttamente in natura; le **secondarie** sono invece quelle che derivano da una trasformazione delle primarie, come nel caso dell'energia elettrica, che può essere ricavata sia dal Sole o dall'acqua sia da un combustibile fossile come il petrolio.

Le risorse energetiche vengono inoltre suddivise in **rinnovabili** (quelle che si riproducono continuamente in natura) e **non rinnovabili** (quelle che sono **destinate a esaurirsi**). Di queste ultime fanno parte i minerali metalliferi (ferro, rame, zinco, piombo, oro, argento, platino ecc.), i minerali utilizzati dall'edilizia (sabbia, rocce ecc.) e i minerali energetici nel loro stato solido (carbone e uranio), gassoso (gas naturale) e liquido (petrolio).

Le risorse energetiche non rinnovabili Le risorse energetiche primarie soddisfano l'82% circa del fabbisogno energetico mondiale e meritano quindi una particolare attenzione.

- **Carbone**: è una roccia sedimentaria di colore nero, che si è originata dalla decomposizione degli arbusti presenti nelle foreste di circa 300 milioni di anni fa. Si tratta, quindi, di un combustibile fossile (→ GEOGRAFIA, LEZIONE 1), così come il petrolio e il gas naturale.
  Il carbone è molto facile da estrarre e utilizzare. Inoltre, le sue riserve, distribuite in modo diseguale da un'area geografica all'altra, sono talmente abbondanti da permettere il suo utilizzo per almeno altri 160 anni circa.
  Sebbene i costi per il trasporto siano notevoli, il carbone fornisce il **40% dell'elettricità mondiale**. Il suo contributo all'aumento delle emissioni di anidride carbonica (CO_2; → GEOGRAFIA, LEZIONE 1) è dunque alto.
- **Petrolio**: è la **fonte energetica più utilizzata**. Viene lavorata anche per la realizzazione di gomme, plastiche, vernici e fibre sintetiche. Oggi la sua richiesta si è sostanzialmente stabilizzata nei Paesi sviluppati, mentre è aumentata significativamente nei Paesi che registrano una veloce crescita economica, come la Cina e l'India.
  Anche il petrolio, così come il carbone, provoca gravi **danni ambientali** a causa delle emissioni di CO_2 nell'atmosfera. Il danno maggiore si verifica nel caso di incidenti a navi petroliere (→ GEOGRAFIA, LEZIONE 4), che possono **inquinare** in maniera irreversibile il tratto di mare dove si verificano. Oggi si trovano in circolazione nel mondo circa 485 petroliere capaci di portare da 200.000 a 560.000 tonnellate di **greggio**.

- **Uranio**: è la fonte utilizzata per ottenere **l'energia nucleare**. L'uranio presenta alcuni vantaggi. Anzitutto è **meno inquinante**, ovvero contribuisce in misura inferiore, rispetto al carbone e al petrolio, all'emissione di CO_2 e quindi all'effetto serra; in secondo luogo, ha una potenzialità energetica superiore alle altre fonti.
  Oggi, il nucleare fornisce il **6% dell'energia prodotta nel mondo** ed esistono centrali nucleari in trenta Stati. La sua produzione, però, si è piuttosto rallentata negli ultimi decenni, fondamentalmente per tre motivi: gli ingenti costi di produzione richiesti per la realizzazione di una centrale nucleare; i gravi rischi connessi al delicato equilibrio dell'intero «sistema» e al suo corretto e sicuro funzionamento; il difficile smaltimento delle **scorie radioattive**.
- **Gas naturale**: meno presente in natura del carbone, il gas naturale ha il vantaggio di essere **meno inquinante**, ma lo svantaggio di richiedere ingenti costi per il trasporto. Così, ancora oggi, i maggiori consumatori di gas naturale (fondamentale per l'elettricità) sono gli stessi Paesi che lo producono.

IL LESSICO GEOGRAFICO

Scorie radioattive Sostanze con un alto tasso di radioattività, prodotte come scarto durante il processo di fissione nucleare: non possono più essere utilizzate come combustile nucleare e necessitano di tempi lunghissimi per essere smaltite.

Le risorse energetiche rinnovabili e potenzialmente rinnovabili Le risorse energetiche **rinnovabili** sono quelle **presenti in natura**, **pulite** e **inesauribili**.

- L'**acqua**, da cui deriva l'**energia idroelettrica**. Le centrali idroelettriche utilizzano la caduta dell'acqua da grandi altezze oppure l'acqua fluente. Le prime, soprattutto se di grandi dimensioni, possono avere un **impatto ambientale** notevole, dal momento che per costruirle occorrono opere, come dighe e laghi artificiali, che inevitabilmente alterano

LE RISORSE ENERGETICHE

Secondo alcune stime del 2009, i Paesi con la più alta percentuale di riserve di carbone sono Stati Uniti (28,9%), Russia (19%), Cina (13,9%), Australia (9,2%) e India (7,1%)

I maggiori produttori di energia idroelettrica sono la Norvegia, il Brasile e il Canada.

Tra i maggiori Paesi produttori di gas naturale ci sono Russia (23,7%), Iran (15,8%) e Qatar (13,5%). L'Italia, invece, è un Paese importatore, dal momento che possiede una riserva inferiore allo 0,1%

Atlante

oceano Pacifico

oceano Atlantico

oceano Indiano

oceano Pacifico

Grandi centrali idroelettriche
Giacimenti di petrolio
Giacimenti di gas naturale
Giacimenti di carbon fossile
Miniere di uranio

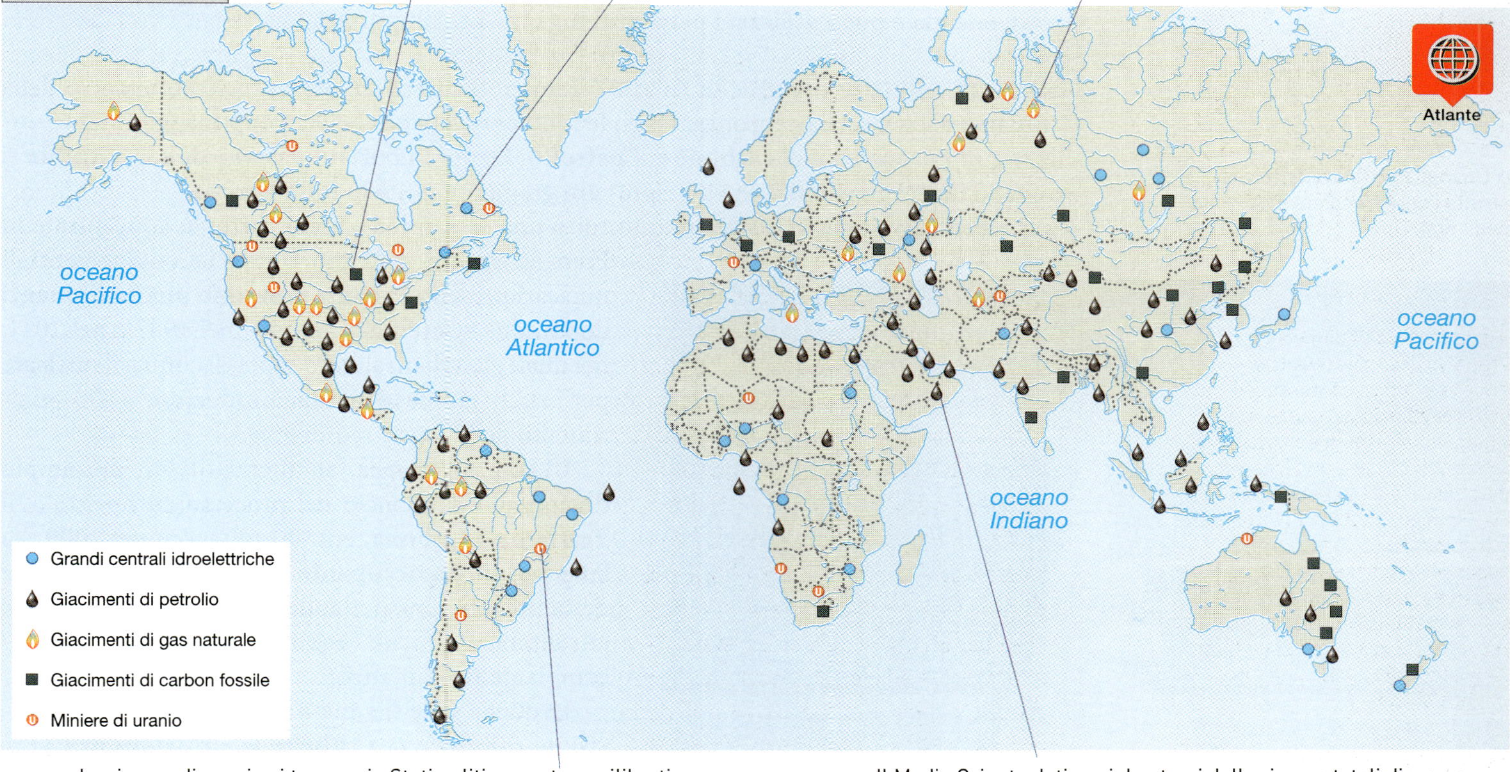

Le riserve di uranio si trovano in Stati politicamente equilibrati e stabili (al contrario di quelli in cui si trovano le riserve di gas naturale), fattore importante per l'importazione di energia nucleare dai Paesi produttori

Il Medio Oriente detiene i due terzi delle riserve totali di petrolio del pianeta; in particolare, l'Arabia Saudita è il maggior produttore ed esportatore di «oro nero», contando nel proprio sottosuolo le più grandi riserve petrolifere mondiali l'ecosistema che le ospita. Su scala mondiale, l'energia idroelettrica è poco utilizzata a causa dei cambiamenti climatici, che determinano progressivi prosciugamenti di laghi e fiumi, oltre che per il rischio di sottrarre terreni preziosi all'economia agricola.

- **La luce del Sole**, da cui si ricava l'**energia solare** in due modi: attraverso i **pannelli fotovoltaici**, che riescono immediatamente a trasformare i raggi del Sole in energia elettrica sfruttando le proprietà del silicio di cui sono composti, e le **centrali termiche solari**, che sfruttano invece la pressione del vapore che si crea dalla concentrazione dei raggi su un liquido per azionare le turbine che producono energia. Queste ultime, piuttosto costose e poco presenti su scala mondiale, sono in incremento costante dagli anni Novanta. Negli ultimi anni, l'utilizzo dell'energia solare è stato incoraggiato dai governi attraverso svariati **incentivi economici e normativi**.
- **La forza del vento**, dalla quale si ottiene l'**energia eolica**. Il suo utilizzo si è moltiplicato di dodici volte tra il 1995 e il 2006. Questo tipo di energia viene prodotta tramite gli aerogeneratori, ovvero enormi pale che, legate a un generatore di elettricità e muovendosi per azione del vento, producono energia. La Germania e la Spagna ne sono i maggiori produttori al mondo.
- **Il calore interno della Terra**, la cui energia prende il nome di **geotermia**. La geotermia, che utilizza la pressione del vapore per produrre energia, recupera il calore direttamente dal sottosuolo per mezzo di pompe di calore, oppure attraverso grandi e più potenti centrali estrattive. La geotermia fornisce solamente lo 0,3% dell'elettricità globale.
- **La biomassa e i rifiuti**. Vantaggioso ed economico, questo tipo di energia rinnovabile si ottiene bruciando vegetali, legno e rifiuti. La biomassa e i rifiuti forniscono orientativamente il 77% di energia rinnovabile su scala mondiale.
- **L'energia marina**, che si può ottenere dalle maree, utilizzando la differenza del livello dell'acqua che si crea fra l'alta e la bassa marea, dai movimenti delle correnti marine e delle onde, dalla salinità e dal gradiente termico, ovvero dalla differenza di temperatura fra la superficie dell'oceano e gli strati sottostanti. Ancora oggi, questa via alla produzione di energia è poco utilizzata per i costi ingenti che comporta.

IL LESSICO GEOGRAFICO

Biomassa Materiale organico di varia provenienza, derivante soprattutto dagli scarti di lavorazione dei processi agroalimentari, che viene utilizzato in apposite centrali per produrre energia.

Su quali energie investe l'Europa? Tentiamo adesso di fare un piccolo bilancio della «situazione energetica» europea. Oggi, le fonti energetiche che vengono maggiormente utilizzate in Europa sono il **carbone** e il **petrolio**. Le più importanti **riserve di gas naturale** si trovano invece **in Russia**, che ne esporta in grandi quantità in tutta Europa.

Le **centrali nucleari** attive sono in tutto una sessantina e sono perlopiù concentrate in Francia, Spagna e Regno Unito. Le cinque centrali nucleari presenti **in Italia non sono più funzionanti** dopo i due referendum tenutisi nel 1987 e nel 2011, nei quali gli italiani si sono espressi contro il nucleare per i rischi connessi alla sua produzione e allo smaltimento delle scorie radioattive.

Un impianto fotovoltaico che sfrutta l'energia solare in Arizona, negli Stati Uniti.

L'Unione Europea, all'interno di un più ampio documento di rilancio del processo europeistico, il **Trattato di Lisbona**, entrato in vigore nel **2009**, ha lanciato un **preoccupante allarme** sulla situazione dell'ambiente, prospettando alcune ipotesi su come affrontare il difficile binomio «crescita economica/cambiamento climatico».

In quella sede si è infatti stabilita l'urgenza di decisioni drastiche per **ridurre le emissioni di CO_2** e **ridurre i cambiamenti climatici**. L'obiettivo, conosciuto anche come «energia del 20-20-20», è quello di raggiungere il 20% di produzione di energia da fonti rinnovabili entro il 2020, riducendo le emissioni di CO_2 del 20% entro lo stesso anno. Gli obiettivi europei a lungo termine sono specificatamente tre:

- **ridurre le emissioni di anidride carbonica** attraverso l'incremento dell'uso delle «Fonti Energetiche Rinnovabili» (Fer);
- **rendere più sicuro e** competitivo **l'approvvigionamento di energia** per tutti i Paesi europei;
- **contenere il costo dell'energia** attraverso una minore percentuale di importazione energetica dai Paesi extraeuropei.

CONSUMO DI ENERGIA PRIMARIA PER FONTE ENERGETICA NEL 2007 E NEL 2050

RISORSA ENERGETICA	2007	2050 (PREVISIONE)	AUMENTO IN PERCENTUALE
Carbone	135.891	225.245	+ 66%
Petrolio	155.920	224.983	+ 44%
Nucleare	29.664	48.142	+ 62%
Gas naturale	104.845	166.487	+ 59%
Biomassa	49.816	76.777	+ 54%
Energia idroelettrica	11.082	21.467	+ 94%
Energia solare	402	6322	+ 1473%
Energia eolica	624	9058	+ 1352%
Energia geotermica	1984	4888	+ 146%

Tabella rielaborata da *Atlante dei futuri del mondo*, Slow Food Editore. I dati relativi al 2007 e al 2050 sono espressi in *petajoule*, che equivale a 1015 *joule*, unità di misura del lavoro e dell'energia.

ATTIVITÀ

DOMANDE DI COMPRENSIONE

1. Che cosa si intende per «risorsa naturale»?
2. Spiega la distinzione tra le risorse di energia rinnovabili e quelle non rinnovabili.
3. L'uso dell'energia nucleare presenta dei vantaggi e degli svantaggi. Svolgi una breve ricerca in rete e poi descrivili brevemente.
   - Vantaggi
   ....
   ....
   ....
   ....
   - Svantaggi
   ....
   ....
   ....
   ....

Per applicare correttamente il metodo geostorico proposto, consulta la SCHEDA DI METODO 9, p. 228.

COMPETENZE DI GEOSTORIA — LEGGERE E COSTRUIRE GRAFICI

La domanda di energia nel mondo

La tabella proposta riporta in percentuale i dati relativi al consumo delle fonti rinnovabili e non rinnovabili nel 2008. Nella seconda e terza colonna, i dati riguardano le previsioni per il 2035 sia proseguendo con le politiche in atto, sia applicando delle leggi che abbiano come obiettivo la riduzione di CO_2. Come si può notare, la differenza è notevole tra i dati inseriti nelle due colonne.
Per rendere più percepibile questa differenza, crea con il tuo computer tre aerogrammi, utilizzando i dati delle tre colonne, sulla domanda globale di tutte le fonti (rinnovabili e non). Alla fine, attribuisci un titolo a ogni grafico.

LA DOMANDA DI ENERGIA NEL MONDO NEL 2008 E NEL 2035 (dati rielaborati da «la Repubblica», 16 marzo 2011. Fonte: *Iea*)

	2008	2035 CON LE POLITICHE ATTUALI	2035 CON POLITICHE CHE RIDUCANO LE EMISSIONI DI CO_2
FONTI RINNOVABILI			
Idroelettrico	2,51%	2,43%	3,49%
Biomasse e rifiuti	90,79%	9,50%	15,52%
Solare ed eolico	0,73%	2,60%	7,46%
FONTI NON RINNOVABILI			
Carbone	27,01%	29,26%	16,72%
Petrolio	33,01%	27,85%	25,57%
Gas	21,15%	22,37%	20,01%
Nucleare	5,80%	5,99%	11,23%

Lezione 3

L'acqua: una risorsa che si riduce

Vai alla lezione di geografia
La protezione dell'ambiente: mutamenti climatici, inquinamento

IL LESSICO GEOGRAFICO

Idrosfera Insieme all'aerosfera (l'atmosfera terrestre) e alla litosfera (la crosta terrestre), l'idrosfera è una delle tre parti in cui la geofisica divide l'ambiente terrestre. Essa è costituita dall'insieme delle acque terrestri, anche sotto forma solida (ghiacciai) o gassosa (vapore acqueo atmosferico).

Il «Pianeta blu»

La Terra, se la osserviamo dal satellite, appare prevalentemente di colore blu. Circa il **70% della sua superficie** è infatti ricoperto dall'**acqua** ed è proprio per questo motivo che essa viene chiamata anche «Pianeta blu». L'insieme delle acque presenti sul nostro pianeta nei suoi tre stati fisici (liquido, solido, gassoso) costituisce l'**idrosfera**. A seconda della loro provenienza, le acque vengono suddivise in:

- **superficiali** (oceani, mari, fiumi, laghi, sorgenti);
- **sotterranee** (falde acquifere);
- **meteoriche** (pioggia, neve, grandine, rugiada, brina).

Circa il 97,4% delle acque superficiali è costituito dagli oceani e dai mari. Essi contribuiscono a determinare le caratteristiche del clima attraverso il **ciclo dell'acqua**, ovvero la circolazione dell'acqua all'interno dell'idrosfera.

In seguito al surriscaldamento delle acque degli oceani, dei laghi e dei fiumi provocato dai raggi del Sole, parte di queste acque passa dallo stato liquido a quello di vapore acqueo (**evaporazione**), diffondendosi nell'atmosfera. Il vapore acqueo, salendo nell'atmosfera e incontrando temperature sempre più basse, si condensa in piccole goccioline o in microscopici cristalli di ghiaccio (**condensazione**), che danno vita alle nuvole. Queste goccioline e questi cristalli di ghiaccio sono in continuo movimento e scontrandosi tra loro aumentano di dimensione; appena non possono essere più sostenute dall'aria, si originano le **precipitazioni**, attraverso cui le acque evaporate ritornano sotto altra forma sulla superficie terrestre.

Gli **oceani** e i **mari** definiscono anche i profili delle zone costiere, attraverso la forza delle correnti, delle onde e delle maree, che ne muovono le acque. Gli oceani che ricoprono la Terra sono tre: l'oceano **Pacifico** (superficie 179.650.000 km²), l'oceano **Atlantico** (superficie 106.100.000 km²) e l'oceano **Indiano** (superficie 74.900.000 km²).

L'Organizzazione idrografica internazionale include nella lista anche il **mar Glaciale Artico** (con il nome di «oceano Artico»); alcuni oceanografi, infine, considerano oceano anche l'insieme dei mari che costeggiano l'Antartide (con il nome di «**oceano Antartico**»).

LA DISTRIBUZIONE DELLE ACQUE SULLA TERRA

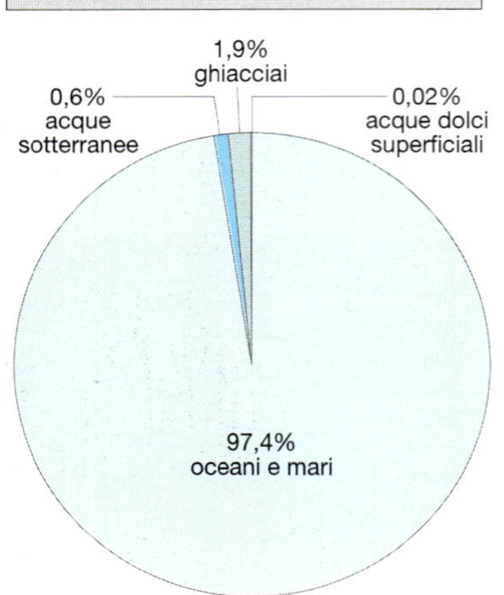

Perché l'acqua è considerata «oro blu»

L'acqua è una delle risorse naturali (→ GEOGRAFIA, LEZIONE 2) più importanti presenti sul nostro pianeta: la Terra, infatti, ne è ricoperta quasi per i suoi tre quarti. Paradossalmente, però, oggi la sua disponibilità si sta riducendo.

L'**acqua a disposizione** dell'uomo tende a **diminuire** rispetto al **fabbisogno della popolazione mondiale**, che è invece in continua **crescita**. A un costante aumento del numero di abitanti sulla Terra, infatti, corrisponde una diminuzione della disponibilità media dell'acqua (→ TABELLA A LATO).

I motivi della minore disponibilità di acqua sono svariati: innanzitutto i grandi **cambiamenti climatici** di cui abbiamo parlato nella LEZIONE 1 DI GEOGRAFIA; poi il conseguente **inquinamento**, che interessa sia le acque interne sia i mari; infine gli **sprechi** domestici, industriali, energetici e agricoli (si pensi che solo l'agricoltura richiede più dei due terzi del consumo di acqua dolce a livello mondiale).

Sulla Terra, oggi, 1 miliardo e 400 milioni di persone circa non hanno accesso all'acqua potabile. Di questo passo, le stime si fanno sem-

LA DISPONIBILITÀ MEDIA DI ACQUA DOLCE SULLA TERRA

ANNO	DISPONIBILITÀ MEDIA ANNUA IN M³ PER ABITANTE
1950	16.800 m³/ab./an.
2008	6500 m³/ab./an.
2025 (previsione)	4800 m³/ab./an.

(Fonte: *Atlante dei futuri del mondo*, Slow Food Editore)

pre più pessimistiche: nel 2025, con una popolazione prevista di 9 miliardi, il numero delle persone senz'acqua potabile salirebbe a più di 3 miliardi in 48 Paesi.

Secondo le stime dell'Oms (Organizzazione Mondiale della Sanità), le persone che non hanno un rubinetto in casa sono 800 milioni, mentre in Asia e in Africa, dove si trovano i Paesi maggiormente colpiti dal fenomeno della desertificazione, più di 200 milioni di bambini muoiono ogni anno per il consumo di **acqua insalubre** e per le **cattive condizioni igieniche** che ne derivano (i più colpiti sono quelli sotto i 5 anni di età).

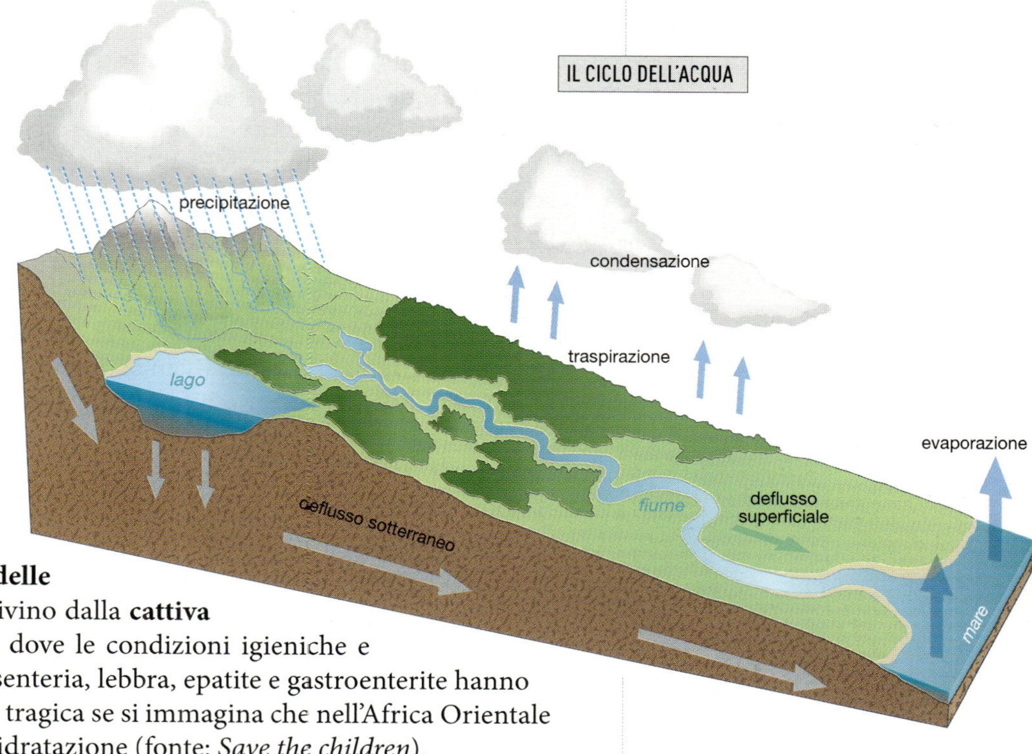

Complessivamente, si valuta che l'**80% delle malattie** nei **Paesi del Sud del mondo** derivino dalla **cattiva qualità dell'acqua**: e nei Paesi più poveri, dove le condizioni igieniche e sanitarie sono più arretrate, tifo, colera, dissenteria, lebbra, epatite e gastroenterite hanno spesso esiti mortali. La situazione è davvero tragica se si immagina che nell'Africa Orientale un bambino ogni 15 secondi muore per disidratazione (fonte: *Save the children*).

L'acqua sta diventando un bene sempre meno alla portata di tutti. Per questo motivo, il suo valore aumenta di anno in anno, rendendola preziosa, con un paragone non tanto azzardato, come il petrolio. Questa situazione non riguarda però in maniera omogenea tutti i Paesi del mondo. In quelli industrializzati, infatti, l'acqua è un elemento sempre presente. Se confrontiamo alcuni dati, gli squilibri, però, sono evidenti.

L'Oms ha stabilito che il **fabbisogno giornaliero reale** d'acqua di ogni persona deve essere pari a **50 litri**. In Italia, terzo Paese maggiormente consumatore di «oro blu» dopo Stati Uniti e Canada, ogni cittadino utilizza una quantità d'acqua circa 10 volte superiore al fabbisogno indicato dall'Oms. Per meglio comprendere: un italiano, in media, «sciupa» circa 40 litri d'acqua al giorno solo per la doccia. Se si pensa che un contadino africano dispone soltanto di 20 litri per un'intera giornata, ci si rende subito conto di quali siano i problemi a cui occorre far fronte.

Inoltre, le aspettative future sono negative: infatti, i dati dell'Onu e della Fao annunciano per il 2020 un importante **deficit idrico mondiale** (→ PAROLE CHIAVE UNITÀ 1, p. 302), che comporterà una «grande penuria» d'acqua almeno per il 22% dell'umanità.

Un bambino somalo beve dell'acqua inquinata. L'acqua contaminata è una delle cause principali di malattie e decessi in Africa, soprattutto tra i bambini. I lunghi periodi di siccità obbligano la popolazione a utilizzare acqua insalubre e spesso la scarsità di questo bene è all'origine di conflitti, come nella regione tra la Somalia e l'Etiopia.

«*Water wars*»: le guerre dell'acqua del XXI secolo

L'acqua appartiene a tutti gli abitanti della Terra. Essa è un bene comune e nessun individuo, popolo o nazione ha il diritto di accaparrarsene la proprietà. L'acqua è infatti patrimonio dell'intera umanità, è un **diritto collettivo e individuale inalienabile**. La **salvaguardia** di questo bene naturale, sempre più difficile da reperire, dovrebbe essere un obiettivo comune a tutti i popoli della Terra.

Eppure, proprio per la sua scarsa disponibilità, l'acqua rappresenta oggi la **causa di molti conflitti** tra etnie, tribù, popoli o intere nazioni, pronti a impugnare le armi per conquistare il controllo di un fiume o della sua sorgente. Si parla infatti ormai delle «***water wars***» (→ PAROLE CHIAVE UNITÀ 1, p. 302), le **guerre dell'acqua**, come quelle che caratterizzeranno il **XXI secolo**, così come nel XX secolo sono state quelle per il petrolio.

Preoccupati che le guerre dell'acqua possano minacciare la sicurezza globale, nonché i rapporti economici con i diversi Paesi interessati, gli Stati Uniti hanno reso pubblico a Washington l'ultimo rapporto del *National Intelligence Estimate* (Nie, 2012). Secondo le stime dell'*Intelligence* americana, i **pericoli** derivanti dai conflitti per il controllo dell'acqua sono destinati a diventare **preoccupanti** e **inarrestabili** entro il **2022**, a causa dell'aumento della popolazione mondiale, dei cambiamenti climatici (che determineranno siccità, inondazioni e carestie), degli sprechi umani, agricoli e industriali, dell'impoverimento dei suoli, del degrado del territorio causato dall'azione antropica.

In particolare, il rapporto dell'*Intelligence* identifica otto fiumi come prossime cause di seri conflitti nazionali e internazionali. La relazione si basa sulla previsione secondo cui gli Stati che ospitano la **sorgente** di questi fiumi saranno destinati a essere più potenti di quelli in cui scorrono i loro corsi. I fiumi a cui si riferisce il rapporto dell'*Intelligence* sono i seguenti.

- **Nilo**: ha origine dal lago Vittoria, tra Kenya e Tanzania. I Paesi attraversati dal Nilo sono dieci: Tanzania, Burundi, Ruanda, Repubblica democratica del Congo, Uganda, Kenya, Etiopia, Eritrea, Sudan e infine Egitto. In questi Paesi, la vita della quasi totalità della popolazione ruota attorno alle sue acque. Il Sudan cerca di controllarne la distribuzione a scapito dell'Egitto, perché presso la città di Khartoum convergono i due affluenti principali del Nilo: il Nilo Bianco e il Nilo Azzurro.
- **Tigri** ed **Eufrate**: la Turchia ne possiede le sorgenti e ne controlla la distribuzione delle acque, a svantaggio della Siria, dell'Iraq e del Kuwait.
- **Giordano**: nasce sul monte Hermon, in Israele, al confine con Libano e Siria, per scorrere verso Sud e segnare il limite tra Israele (a Ovest) e Giordania (a Est), attraversando quei territori su cui dovrebbe nascere lo Stato palestinese. Alcuni politologi sostengono che tra le cause dell'occupazione di quest'area (comprendente Golan e Cisgiordania) da parte di Israele ci sia la necessità di controllare le acque del fiume, più ancora che la realizzazione di uno scudo armato contro possibili attacchi palestinesi.
- **Mekong**, **Indo** e **Brahmaputra**: nascono tutti e tre sull'altopiano del Tibet e sono sotto il controllo della Cina. Il controllo di questi bacini potrebbe generare tensioni fra i Paesi dell'Indocina, del Pakistan, dell'India, del Bangladesh e della stessa Cina, a oggi lo Stato economicamente più potente tra quelli interessati.
- **Amu Darya**: nasce tra le montagne del Pamir, una regione compresa fisicamente tra Tagikistan, Afghanistan, Kirgizistan, Pakistan e Cina. Tutti questi Stati se ne contendono il controllo.

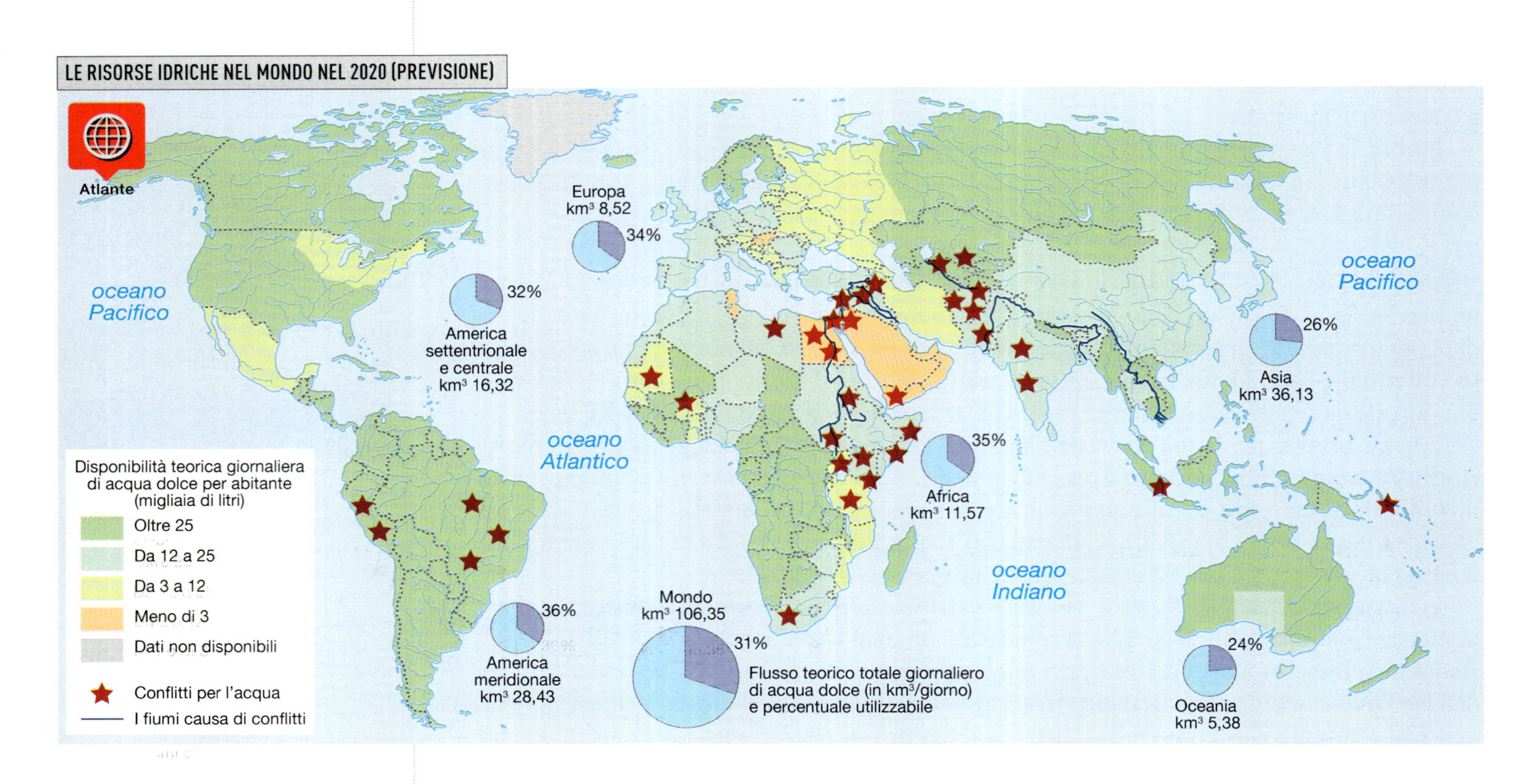

ATTIVITÀ

DOMANDE DI COMPRENSIONE

1. Che cos'è l'idrosfera?

2. Indica almeno tre motivi per i quali l'acqua è considerata «oro blu».

3. Che cosa si intende per «deficit idrico»?

4. Che cosa sono le «*water wars*»? Quali sono le cause scatenanti?

COMPETENZE DI GEOSTORIA — **LEGGERE UNA CARTA TEMATICA**

Deficit idrici, previsioni per il 2020

Partendo dall'analisi della situazione attuale, gli studiosi prevedono quale sarà nel 2020 la condizione idrica di ogni singolo Paese. La carta tematica riportata nella pagina precedente riproduce tale previsione. Dopo aver letto con attenzione la legenda e analizzato la carta, spiegala oralmente. Quindi, sul tuo quaderno, esegui le operazioni richieste:

- con l'aiuto di un atlante geografico, confronta la carta tematica con la carta politica a essa corrispondente;
- elenca gli Stati per i quali è previsto un «deficit idrico cronico» e indica i continenti di cui fanno parte;
- dalla posizione geografica, dalla morfologia del territorio e dalla situazione socio-politica che conosci, cerca di dedurre le cause del deficit economico; se hai difficoltà, trova le informazioni sul web;
- elenca gli Stati contrassegnati dal «deficit idrico durevole» e indica i continenti di appartenenza; spiega inoltre il significato di «durevole»;
- esponi la causa determinante del deficit economico;
- elenca le città e i rispettivi Stati di appartenenza in cui oltre il 20% della popolazione non ha accesso all'acqua a domicilio e quelle che dipendono da trasferimenti d'acqua su lunga distanza.

Per applicare correttamente il metodo geostorico proposto, consulta la SCHEDA DI METODO 4, p. 67.

LE FONTI IN GEOGRAFIA

I nove principi alla base della «democrazia dell'acqua»

LA FONTE

In questo breve brano, tratto da un volume incentrato sulle guerre che sono in corso nel pianeta per il controllo dell'acqua, l'attivista e ambientalista indiana Vandana Shiva descrive i principi che devono essere alla base della «democrazia dell'acqua». Ne riportiamo alcuni.

1. **L'acqua è un dono della natura.**
Noi riceviamo l'acqua gratuitamente dalla natura. È nostro dovere nei confronti della natura usare questo dono secondo le nostre esigenze di sostentamento, mantenerlo pulito e in quantità adeguata. [...]
2. **L'acqua è essenziale alla vita.**
L'acqua è la fonte della vita per tutte le specie. Tutte le specie e tutti gli ecosistemi hanno diritto alla loro quota di acqua sul pianeta.
3. **La vita è interconnessa mediante l'acqua.**
L'acqua connette tutti gli esseri umani e ogni parte del pianeta attraverso il suo ciclo. Noi tutti abbiamo il dovere di assicurare che le nostre azioni non provochino danni ad altre specie e ad altre persone.
4. **L'acqua dev'essere gratuita per le esigenze di sostentamento.**
Poiché la natura ci concede l'uso gratuito dell'acqua, comprarla e venderla per ricavarne profitto viola il nostro insito diritto al dono della natura e sottrae ai poveri i loro diritti umani.
5. **L'acqua è limitata ed è soggetta a esaurimento.**
L'acqua è limitata e può esaurirsi se usata in maniera non sostenibile. Nell'uso non sostenibile rientra il prelevarne dall'ecosistema più di quanto la natura possa rifonderne (non sostenibilità ecologica) e il consumarne più della propria legittima quota, dati i diritti degli altri a una giusta parte (non sostenibilità sociale). [...]
7. **L'acqua è un bene comune.**
L'acqua non è un'invenzione umana. Non può essere confinata e non ha confini. È per natura un bene comune. Non può essere posseduta come proprietà privata e venduta come merce. [...]
9. **L'acqua non è sostituibile.**
L'acqua è intrinsecamente diversa da altre risorse e prodotti. Non può essere trattata come una merce.

(Vandana Shiva, *Le guerre dell'acqua*, Feltrinelli, Milano 2003)

ANALISI DELLA FONTE

1. Quali sono i doveri dell'uomo rispetto all'acqua? E quali i suoi diritti?
2. Come e da chi deve essere utilizzata l'acqua, secondo Vandana Shiva?

Lezione 4

Lo sviluppo sostenibile

Lezione

Vai alla lezione di geografia
La protezione dell'ambiente: mutamenti climatici, inquinamento

La crescita delle emissioni di anidride carbonica Il **consumo delle fonti energetiche** è in **costante aumento**. La loro richiesta è determinata dalla posizione geografica di un Paese, dal clima che lo caratterizza, dalla sua crescita demografica e dalla sua economia. Se le economie sviluppate mostrano una richiesta generalmente stabile, alcuni **Stati in via di sviluppo** (come la Cina o l'India) ampliano di anno in anno la propria domanda di energia per soddisfare l'incremento del loro fabbisogno, con conseguenze sempre più nocive per l'ambiente.

Per esempio, nel 2011, la **Cina** ha emesso quasi la stessa quantità di CO_2 pro capite dell'Unione Europea: 7,2 tonnellate (un aumento del 9% rispetto all'anno precedente) contro 7,5 tonnellate (in calo del 3%). Così anche l'**India**, per la quale entro il 2030 è previsto un aumento del 4,8% di consumo energetico.

Le statistiche prevedono, **entro il 2030**, una **crescita** considerevole delle **emissioni di CO_2** da parte dei Paesi asiatici emergenti, che produrrà gravi **danni all'ambiente**, annullando quasi del tutto gli sforzi compiuti dai Paesi sviluppati, che negli ultimi anni stanno cercando di ridurre le emissioni di «**gas serra**» (→ PARAGRAFO *Dal protocollo di Kyoto a oggi: uniti per uno sviluppo sostenibile*).

La conseguenza principale dell'uso indiscriminato e non soggetto a controllo delle fonti energetiche è l'emissione di elementi inquinanti nell'atmosfera (come anidride carbonica, protossido di azoto, ozono e metano), tra le cause principali del fenomeno dell'**effetto serra**, identificato dagli studiosi come il principale responsabile del riscaldamento climatico globale (→ GEOGRAFIA, LEZIONE 1).

IL LESSICO GEOGRAFICO

Gas serra Sono quei gas atmosferici, normalmente presenti in natura (per esempio il vapor d'acqua, l'anidride carbonica, il metano, l'ozono) oppure generati da processi industriali, che assorbono la radiazione infrarossa causando l'effetto serra.

I problemi eco-ambientali Il **decennio 2002-2011** è stato classificato come il più caldo dal 1850 (anno in cui è iniziata una registrazione accurata delle temperature), con una crescita di 2/2,4 °C della temperatura globale.

L'inquinamento atmosferico coinvolge le società economicamente sviluppate, ma sta diventando un problema grave anche per Paesi emergenti come la Cina. Nelle due immagini: a destra, abitanti di Pechino avvolti in una coltre di smog; a sinistra, una fabbrica negli Stati Uniti. Le emissioni degli impianti industriali sono tra le cause primarie dell'inquinamento atmosferico; gli Usa restano il Paese con il maggiore inquinamento pro capite.

Come abbiamo visto nella lezione 1 di geografia, il riscaldamento climatico implica un rilevante cambiamento nell'equilibrio ambientale globale, che potrebbe avere conseguenze catastrofiche per l'intero ecosistema di alcune aree geografiche.

Con l'aumento delle temperature medie, infatti, si assiste allo **scioglimento dei ghiacciai** e, di conseguenza, all'**innalzamento del livello del mare**, che erode le aree litoranee e che potrebbe in futuro sommergere alcune isole. Insieme alla temperatura atmosferica cresce anche quella delle acque oceaniche: ciò comporta un aumento dell'evaporazione delle acque, seguito dall'aumento del loro grado di salinità, responsabile di diverse alterazioni all'interno del ciclo dell'acqua.

Tutti questi fattori rischiano di determinare, in futuro, una **crescente siccità** e la **desertificazione** delle aree già caratterizzate da un clima arido, rendendo il **suolo non coltivabile.**

Fame, **carestie** e **malattie** sono gli incubi dai quali scappano i cosiddetti «**profughi climatici ed ecologici**», che si muovono alla ricerca di un ambiente più consono alla sopravvivenza. I profughi fuggono anche da alterazioni climatiche gravi, come cicloni amplificati, inondazioni e crescita delle maree.

Le conseguenze dell'innalzamento delle temperature atmosferiche **minacciano** anche la **biodiversità**, mettendo a rischio in particolar modo molte specie del mondo marino, delle foreste e della **barriera corallina** (dove l'aumento delle temperature produce la perdita di parte dei coralli).

IL LESSICO GEOGRAFICO

Barriera corallina Scogliera di corallo che costituisce una cintura lungo le coste continentali e insulari dei mari tropicali.

L'inquinamento

L'intensificarsi delle attività antropiche, l'incontrollabile crescita demografica, l'uso eccessivo delle fonti energetiche, la quantità della superficie terrestre utilizzata dall'uomo per soddisfare le proprie esigenze sono alcune delle cause che, negli ultimi due secoli, hanno portato al **deterioramento ambientale** che viene nel suo complesso definito «**inquinamento**» (→ PAROLE CHIAVE UNITÀ 1, p. 302).

Questo può essere **biologico** (da scarichi di ogni genere, soprattutto fognari), **termico** (da emissioni di fumi nocivi), **chimico** (da detersivi, scarichi industriali, concimi agricoli), **acustico** (soprattutto dal traffico delle aree urbane), **radioattivo** (da scorie nucleari).

Nei suoi diversi aspetti, l'inquinamento coinvolge la vita dell'uomo, degli animali, delle piante e degli ambienti, minando l'equilibrio dell'atmosfera, delle acque e dei suoli.

Particolarmente gravi per l'ambiente sono i pericoli derivati dagli incidenti che colpiscono industrie, centrali nucleari, petroliere e pozzi petroliferi. In questo senso, sono significativi due esempi recenti: l'incendio della piattaforma petrolifera statunitense Deepwater Horizon (nel golfo del Messico) nel 2010 e l'incidente, determinato da un violento terremoto

La Grande barriera corallina nell'Australia nord-orientale, al largo della costa del Queensland, è la più grande scogliera di corallo al mondo, con un'estensione di 2600 km. La barriera ospita una grande biodiversità e nel 1981 è stata dichiarata Patrimonio dell'umanità dall'Unesco.

La piattaforma petrolifera «Deepwater Horizon» in fiamme in seguito all'incidente del 20 aprile 2010. Si tratta del disastro ambientale più grave della storia americana, con milioni di barili di petrolio versati nelle acque del golfo del Messico, di fronte a Louisiana, Mississippi, Alabama e Florida.

(8.9 della scala Richter), che nel 2011 ha colpito la centrale elettrica nucleare di Fukushima, in Giappone.

Non è facile trovare **soluzioni** per arginare il pericolo di nuovi disastri ambientali e il lungo **dibattito tra economisti e ambientalisti** ne è una testimonianza: se i primi insistono sulla necessità di non interrompere il percorso della crescita economica globale, i secondi controbattono, con validi argomenti, che questa crescita non può avere un costo ambientale così alto.

Le scelte per risolvere i problemi eco-ambientali riguardano in buona parte la comunità internazionale e le politiche dei singoli Stati, che hanno iniziato a discutere su come affrontare la questione, come vedremo nel prossimo paragrafo. Nella vita quotidiana, però, ognuno di noi può cercare di portare il suo contributo, per esempio seguendo la cosiddetta **strategia delle «quattro R»** per diminuire i consumi e i rifiuti:

- **riduzione**: diminuzione dei consumi energetici e dei rifiuti attraverso nuove tecnologie, che all'elevata efficienza abbinino bassi consumi;
- **riuso**: non disperdere le risorse già utilizzate, ma riconvertirle verso altre destinazioni;
- **riciclo**: riutilizzo del materiale di scarto e di rifiuto per un nuovo ciclo produttivo (per esempio, attraverso la raccolta differenziata dei rifiuti);
- **recupero**: trasformazione dei rifiuti non riciclabili o non riutilizzabili in altri prodotti, attraverso impianti più costosi ma più funzionali alla salvaguardia dell'ambiente.

Dal Protocollo di Kyoto a oggi: uniti per uno sviluppo sostenibile

L'obiettivo delle politiche ambientalistiche è il raggiungimento di un livello di benessere che possa essere condiviso non solo dagli attuali abitanti del nostro pianeta, ma anche dalle **generazioni future**, tentando però nel contempo di custodire quanto più possibile l'ambiente in cui viviamo.

In questo senso si parla di «**sviluppo sostenibile**» (→ PAROLE CHIAVE UNITÀ 1, p. 302), cioè uno sviluppo che possa realizzarsi seguendo quattro direzioni:

- **economica**, creando reddito e lavoro pari o superiore alla crescita demografica mondiale, così da garantire il sostentamento della popolazione;
- **sociale**, assicurando condizioni di benessere umano (in termini di sicurezza, salute e istruzione) equamente distribuite e senza distinzioni;
- **ambientale**, con l'obiettivo di difendere la qualità, la quantità e la riproducibilità delle risorse naturali;
- **istituzionale**, assicurando condizioni di democrazia, partecipazione e giustizia in tutti i Paesi del mondo.

Riguardo alla **sostenibilità ambientale**, la prima conferenza internazionale promossa dall'Onu venne indetta nel 1972 a Stoccolma, dove si discussero le diverse cause dell'inquinamento sulla Terra e le possibili soluzioni da adottare. Tuttavia, si dovette attendere il **1997** per assistere all'annuncio di un vero e proprio **allarme sui cambiamenti climatici** e per fissare gli obiettivi da raggiungere in un definito arco temporale.

L'ELETTRICITÀ GENERATA DA FONTI ENERGETICHE RINNOVABILI

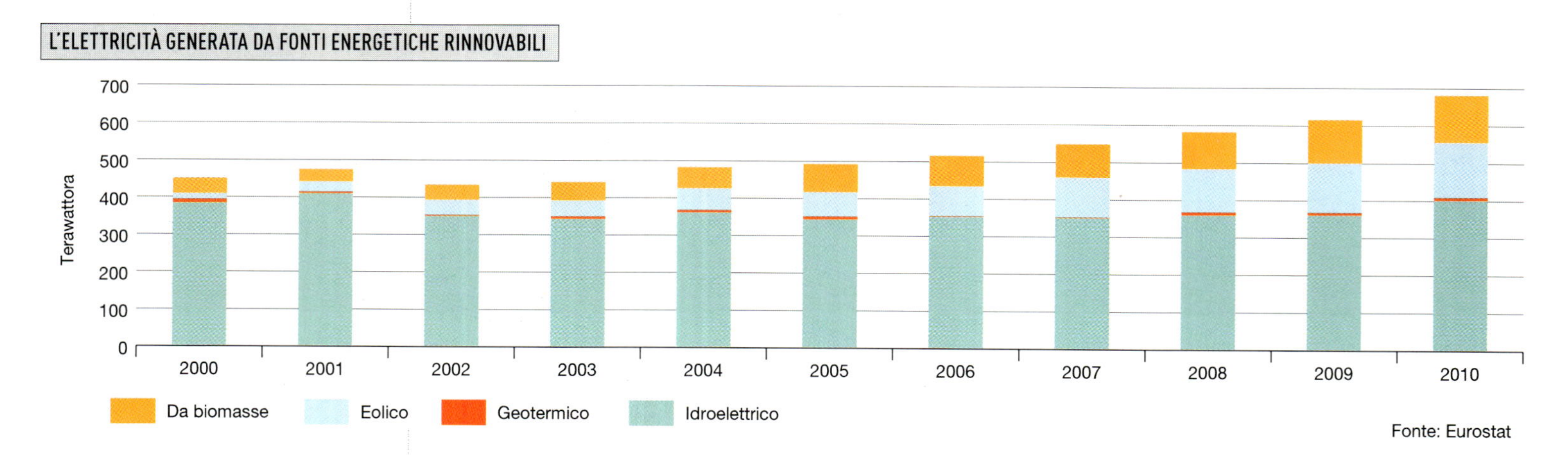

Fonte: Eurostat

In quell'anno, infatti, a **Kyoto**, 169 nazioni firmarono un **protocollo**, impegnandosi a **ridurre**, per il periodo 2008-2012, il totale delle **emissioni di gas serra** almeno del 5% rispetto ai livelli del 1990 (preso come anno di riferimento). Al protocollo **non aderirono** però gli **Stati Uniti**, primi produttori di gas a effetto serra nel mondo, timorosi di compromettere la propria crescita economica.

Per raggiungere gli obiettivi prefissati, gli Stati aderenti si ripromisero di sostituire il più possibile le fonti energetiche non rinnovabili con fonti energetiche rinnovabili, di ridurre l'uso di **combustibili fossili**, di limitare i consumi energetici. I risultati del Protocollo di Kyoto furono, però, molto deludenti.

Ecco perché, nel **dicembre 2012**, l'Onu decise di indire una nuova **Conferenza sul cambiamento climatico** a Doha, capitale del Qatar, con l'obiettivo di contenere il surriscaldamento globale al di sotto di 2 °C. Un programma che pone come limite massimo di realizzazione l'anno 2020 e che vuole la partecipazione di tutti i 195 Paesi membri, entro e non oltre il 2015. I Paesi aderenti si impegnano così a privilegiare l'**adozione delle tecnologie «*green*»** e si ripromettono di **finanziare i Paesi più poveri** per aiutarli a far fronte ai costi della riduzione di emissioni di CO_2.

ATTIVITÀ

DOMANDE DI COMPRENSIONE

1. Quali sono le possibili conseguenze delle alterazioni climatiche?
....
....
....
....
....
....
....

2. Quali danni può apportare l'inquinamento all'ambiente in cui viviamo?
....
....
....
....
....
....

3. Che cos'è lo «sviluppo sostenibile»? Che cosa prevedono gli accordi di Kyoto e Doha per la salvaguardia della Terra?
....
....
....
....
....
....

COMPETENZE DI GEOSTORIA — **LEGGERE E INTERPRETARE I CARTOGRAMMI**

Emissione di CO_2 per area, nel 2005 e nel 2033 (previsione)

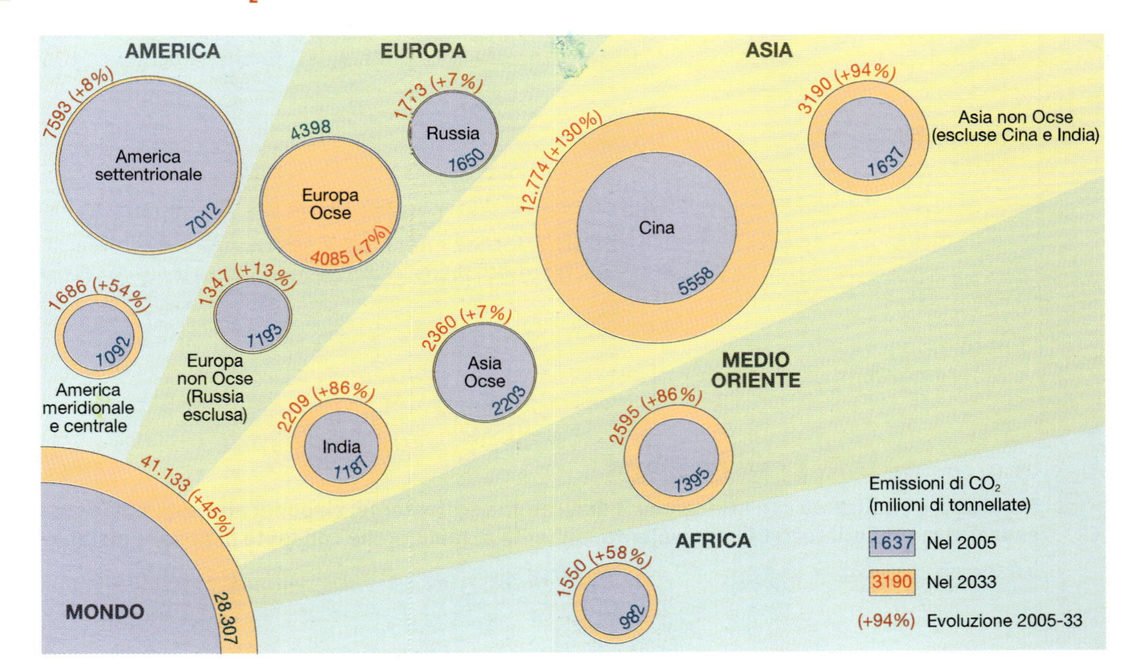

Il cartogramma riporta in percentuale i dati relativi al consumo di CO_2 per area geografica. Dopo averlo osservato e letto con attenzione, rispondi alle seguenti domande.

1. Il cartogramma indica con un colore diverso ogni area geografica. A che cosa servono la tonalità più scura e la tonalità più chiara?
2. Sul quaderno, metti in ordine crescente i dati delle emissioni di CO_2 registrati nel 2005 di ogni regione geografica; fai la stessa cosa con i dati delle emissioni di CO_2 previsti per il 2033: noti delle differenze tra la classifica del 2005 e quella del 2033?
3. Qual è la regione che dal 2005 al 2033, secondo la previsione, registrerà un aumento in percentuale di emissione di CO_2 maggiore?

Per applicare correttamente il metodo geostorico proposto, consulta la SCHEDA DI METODO 7, p. 156.

Test

DALLE ABILITÀ ALLE COMPETENZE

ASSOCIARE TERMINI A DEFINIZIONI E COMPLETARE UNA TABELLA COMPETENZA GEOGRAFICA

1 **La tabella sottostante presenta due colonne: quella a sinistra contiene i termini, quella a destra le rispettive definizioni. Scrivi negli spazi vuoti i termini e le definizioni mancanti.**

(→ SCHEDA DI METODO 6, p. 112)

TERMINI	DEFINIZIONI
....	Il fenomeno per cui l'aumento di concentrazione dell'anidride carbonica nell'atmosfera provoca una diminuzione della dispersione del calore del Sole riflesso dalla Terra, e quindi un aumento della temperatura terrestre
....	Insieme delle acque presenti sul nostro pianeta nei suoi tre stati fisici (liquido, solido, gassoso)
Water wars	....
....	Organizzazione mondiale dell'Onu che si occupa della salute
Sviluppo sostenibile	....
....	Trattato internazionale, sottoscritto nel 1997 in Giappone, per la salvaguardia della Terra dai disastri ambientali causati dal surriscaldamento climatico
Energie rinnovabili e non rinnovabili	....

LEGGERE E COSTRUIRE GRAFICI COMPETENZA GEOGRAFICA

2 **Dopo avere analizzato con attenzione il diagramma sottostante, rispondi alle seguenti domande. I dati, relativi all'Italia, sono espressi in tonnellate di CO_2 equivalente, un'unità di misura che consente di pesare insieme le emissioni di differenti gas serra.**

(→ SCHEDA DI METODO 9, p. 228)

- In quali settori economici l'Italia produce gas a effetto serra?
- Qual è il settore economico che produce la quantità maggiore di emissioni di gas a effetto serra?

PROFILO PER SETTORI DELLE EMISSIONI DI GAS A EFFETTO SERRA

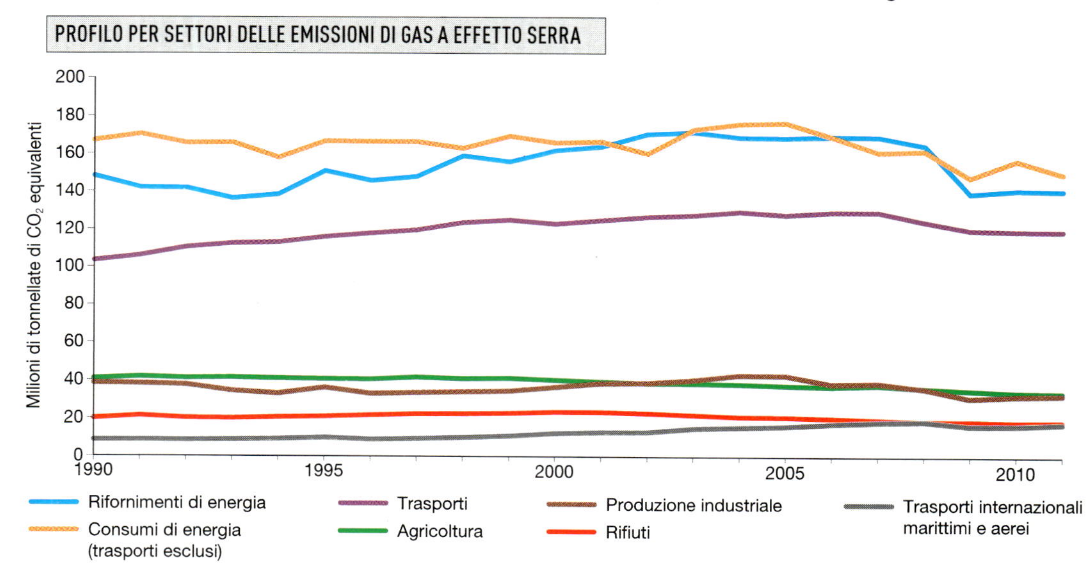

DALLE ABILITÀ ALLE COMPETENZE

LEGGERE UNA CARTA TEMATICA **COMPETENZA GEOGRAFICA**

3 **Dopo aver osservato attentamente la carta tematica proposta, relativa ai pericoli previsti a causa dei cambiamenti climatici, esegui le attività segnalate.**

(→ SCHEDA DI METODO 4, p. 67)

LE AREE GEOGRAFICHE PIÙ A RISCHIO DELLA TERRA

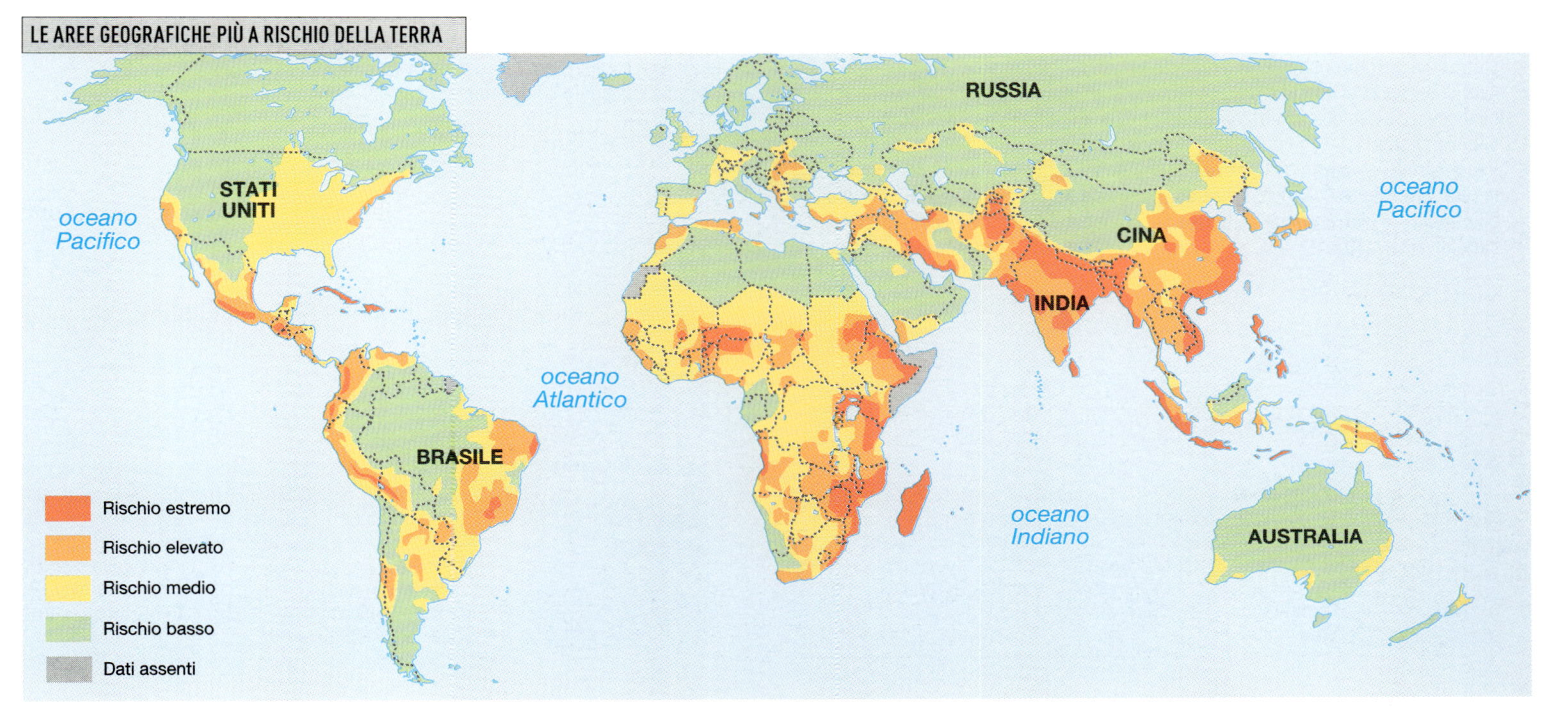

- Elenca gli Stati con rischio estremo e quelli con rischio alto. A quali continenti appartengono? Data la loro posizione geografica, secondo te, a quali rischi sono maggiormente sottoposti?
- Indica le aree geografiche che presentano un rischio basso. Prova a ipotizzare i motivi principali per cui il rischio è meno allarmante che altrove.

RICONOSCERE LE CARATTERISTICHE PRINCIPALI DEI FATTI E DEI FENOMENI GEOGRAFICI **COMPETENZA GEOGRAFICA**

4 **Indica se le seguenti affermazioni sono vere o false. Motiva le tue risposte.**

- Nonostante la popolazione aumenti, l'acqua continua a essere una risorsa abbondante **V** **F**
  Perché ....
- Il gas naturale è la fonte energetica meno inquinante **V** **F**
  Perché ....

UTILIZZARE LE COMPETENZE GEOGRAFICHE GIÀ ACQUISITE, CORRELANDOLE ALLE COMPETENZE DI CITTADINANZA E ALLE ALTRE DISCIPLINE **COMPETENZA TRASVERSALE**

5 **«Il riscaldamento globale è una realtà. Entro la fine del secolo, se le tendenze attuali continuano, la temperatura globale probabilmente raggiungerà il picco più alto degli ultimi due milioni di anni». Partendo dalla citazione, ricavata dal sito www.greenpeace.org, e possibilmente dopo avere visionato il film-documentario *Una scomoda verità* di Al Gore (ne puoi trovare un estratto sul sito http://vimeo.com/11339978), scrivi un testo di massimo 20 righe in cui esporrai i rischi ambientali, sociali ed economici cui il mondo è sottoposto a causa del surriscaldamento del clima (chiamato *global warming*). Per facilitarti il lavoro, ti proponiamo una serie di conseguenze possibili del fenomeno.**

Scioglimento delle calotte polari – innalzamento del livello dei mari – modifiche nella distribuzione e nella quantità delle piogge – aumento del numero e dell'intensità degli uragani – aumento della diffusione di malattie – desertificazione – effetto serra – migrazioni di massa – estinzione di specie animali e vegetali – cambiamento di aree coltivabili e di rotte commerciali – inondazioni frequenti – scomparsa di isole

L'organizzazione della vita umana sulla Terra

COMPETENZE DI GEOGRAFIA

- Individuare le relazioni tra le strutture demografiche, economiche, sociali, culturali e le trasformazioni intervenute nel corso del tempo.
- Avere coscienza di quali fattori consentono ai gruppi umani di trasmettere conoscenze e comportamenti nel tempo e di quali, invece, ne favoriscono il cambiamento.
- Descrivere e inquadrare nello spazio i problemi del mondo attuale, mettendone in relazione i motivi, i processi di trasformazione, le condizioni morfologiche e climatiche, la distribuzione delle risorse, gli aspetti economici e demografici delle diverse realtà.

COMPETENZE DEL METODO GEOSTORICO

- Metodo 6 Leggere una tabella a doppia entrata e saperne ricavare informazioni.
- Metodo 4 Leggere una carta tematica.
- Metodo 7 Leggere e interpretare i cartogrammi.

LEZIONE 5
Popolazione e questione demografica

Nel corso del 2011, la popolazione mondiale ha raggiunto una quota di sette miliardi di persone. Tuttavia, il tasso di crescita della popolazione è differente a seconda dei continenti e dei Paesi. Il contributo maggiore, in questo senso, proviene dall'Asia, dall'Africa e dagli Stati dell'America centrale, dove tra l'altro l'Indice di Sviluppo Umano (→ LEZIONE 7) è inferiore rispetto alla restante parte del mondo.

Le parole chiave

Demografia Scienza che studia, prevalentemente con l'aiuto di strumenti statistici, i fenomeni che riguardano lo stato e i movimenti della popolazione.
Transizione demografica Modello teorico, strutturato in tre fasi, che spiega il processo per il quale una società passa da un regime demografico caratterizzato da un alto tasso sia di natalità sia di mortalità a un regime, invece, in cui i due indicatori risultano entrambi più bassi e vicini tra loro.

Un manifesto del Fondo delle Nazioni Unite per la popolazione informa che è stata varcata la soglia dei 7 miliardi di abitanti sulla Terra (ottobre del 2011).

LEZIONE 6
La città e le sue funzioni

La rapida crescita demografica mondiale, cominciata nel XIX secolo, ha spinto la popolazione delle campagne a spostarsi in massa in direzione delle città. Il fenomeno dell'urbanesimo preoccupa però le Nazioni Unite per il rischio che soprattutto i Paesi più poveri non siano in grado di assicurare a tutti i cittadini gli standard minimi d'istruzione, salute, lavoro, mobilità e qualità ambientale.

Le parole chiave

Urbanesimo/Urbanizzazione Con il termine «urbanesimo» si indica il processo secondo il quale la popolazione tende a concentrarsi progressivamente nelle aree urbane, sviluppate e industrializzate, abbandonando le campagne e le periferie. Si parla, invece, di «urbanizzazione» quando ci si riferisce a quei processi che portano all'espansione delle città nel territorio.
Sviluppo Lo «sviluppo» è la condizione di crescita dei principali indici economici di un Paese o di un'area geografica più vasta (Pil, occupazione, investimenti, reddito pro capite), a cui si unisce una costante innovazione delle tecnologie utilizzate per la produzione di beni e servizi.

Una baraccopoli a Nairobi, in Kenya.

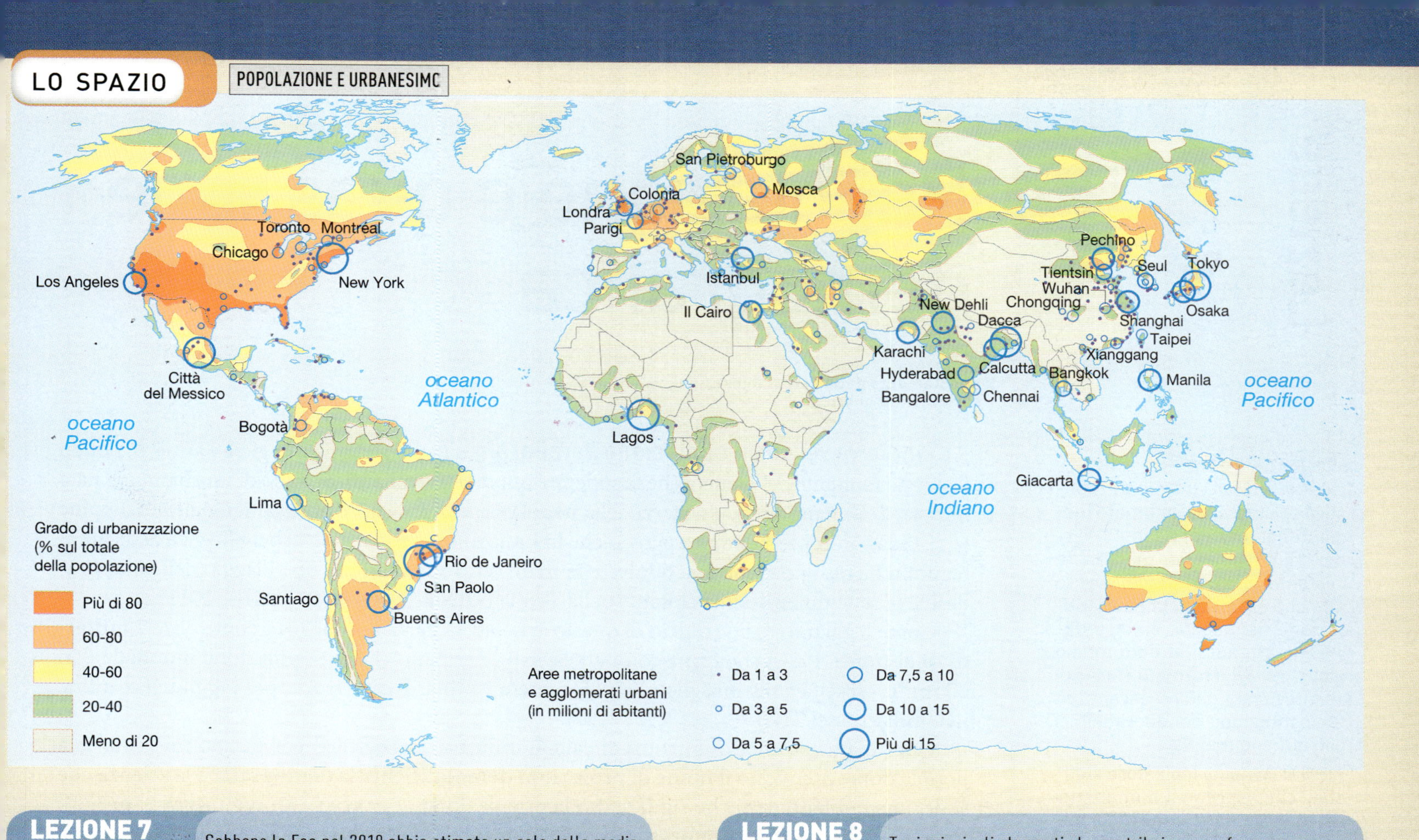

LEZIONE 7
Alimentazione e salute

Sebbene la Fao nel 2010 abbia stimato un calo della media globale di persone sottonutrite, i numeri rimangono ancora troppo elevati, specialmente nei Paesi in via di sviluppo. Il divario Nord-Sud del mondo, in questa direzione, appare ancora oggi quasi insanabile.

Le parole chiave

Sottosviluppo Condizione di grave disagio economico di un determinato Paese o di un'area geografica più vasta, che affonda le sue radici in alcuni fattori come l'impiego di tecniche produttive arretrate, la disoccupazione diffusa e la mancanza di capitali per gli investimenti.
Denutrizione Insufficiente assunzione di cibo che, protratta nel tempo, causa deperimento e conseguenze anche molto gravi per la salute, sino alla morte. Colpisce più di un quarto della popolazione mondiale, soprattutto nei Paesi in via di sviluppo.

Un bambino somalo nel campo profughi di Dadaab, in Kenya.

LEZIONE 8
Lingue e religioni nel mondo

Tra i principali elementi che contribuiscono a formare l'identità di un popolo vi sono la lingua e la religione. A causa delle continue migrazioni che contraddistinguono la società contemporanea, le popolazioni che si spostano portano con sé il proprio bagaglio socio-culturale con la possibilità di condividerlo o custodirlo gelosamente. Nel primo caso, si verifica una proficua integrazione culturale tra il migrante e la società ospitante; nel secondo caso, invece, si assiste alla coesistenza di più culture senza che queste si incontrino mai.

Le parole chiave

Monoculturalismo plurale Coesistenza di differenti culture in un medesimo territorio, senza che queste in alcun modo interagiscano tra loro.
Multiculturalismo Orientamento politico-sociologico che riconosce la pari dignità di gruppi culturali, religiosi ed etnici differenti.

Il quartiere di Chinatown a New York.

Lezione 5

Popolazione e questione demografica

Lezione

Vai alla lezione di geografia
Il popolamento della Terra: migrazioni e società multiculturali

IL LESSICO GEOGRAFICO

Indice di fecondità Indicatore statistico che individua il numero medio di figli per donna in età fertile (15-49 anni). Per mantenere costante la popolazione, ovvero affinché si verifichi la sua sostituzione fisiologica, l'indice dovrebbe attenersi al dato medio globale di 2,1, chiamato «tasso di sostituzione» poiché garantisce la sostituzione dei due genitori con almeno due figli.

Tasso di mortalità Indicatore statistico che esprime il numero dei morti in un anno ogni 1000 abitanti.

Speranza di vita Indicatore statistico che stima il numero medio di anni di vita che una persona può aspettarsi, considerato il sesso, le condizioni igienico-sanitarie e il contesto politico e socio-economico in cui è inserito.

Il pianeta va verso un'esplosione demografica? «Con un misto di gioia e ansia, il mondo festeggia l'abitante del pianeta che fa superare quota sette miliardi. Si tratta di una bambina nata in Asia, dove hanno sede due terzi della popolazione mondiale, e precisamente nelle Filippine [...]. Quasi in contemporanea però anche in India un'organizzazione di beneficenza dedicata ai bambini ha reso noto che una bimba nata in un centro sanitario in un villaggio dell'Uttar Pradesh è la sette miliardesima abitante della Terra» («Il Sole 24 Ore», 31 ottobre 2011).

Come leggiamo dallo stralcio di questo articolo, la Terra già dal 2011 conta oltre **7 miliardi di abitanti**. I dati che forniscono gli esperti affermano che la popolazione mondiale è in continua crescita e si stima che nel 2025 conterà 9 miliardi di persone, per raggiungere infine i 10 miliardi nel 2100.

Queste ipotesi, che sono frutto di calcoli mirati a quantificare lo sviluppo futuro di una popolazione, prendono il nome di **proiezioni demografiche** (la **demografia** è la scienza che si occupa dei fenomeni che riguardano la popolazione: → PAROLE CHIAVE UNITÀ 2, p. 322). Esse si basano su tre indicatori statistici fondamentali per la demografia: l'**indice di fecondità**, il **tasso di mortalità** e la **speranza di vita**.

Nonostante la popolazione mondiale sia ancora in crescita, ormai gli studiosi sono concordi nel ritenere infondata l'ipotesi, formulata nella seconda metà del Novecento, che teorizzava l'approssimarsi di un'**esplosione demografica** tale da mettere a repentaglio il futuro stesso del nostro pianeta. L'ipotesi si basava su un dato incontestabile: nel corso del Novecento si è assistito a un aumento della popolazione sulla Terra senza precedenti, dovuto soprattutto al **miglioramento delle condizioni igienico-sanitarie** e alla **maggiore disponibilità di risorse alimentari** in zone quali l'America latina, l'India e la Cina; questo boom demografico ha portato il numero di abitanti del globo da 1,6 miliardi a 7 miliardi.

Oggi, però, è possibile affermare che quelle previsioni catastrofiche di un'incontrollata crescita della popolazione mondiale non si sono avverate e che, anzi, in alcune aree della Terra, concentrate soprattutto in buona parte dell'Europa, è già in atto un **calo demografico**. Ciò dipende dal fatto che le dinamiche demografiche non sono le stesse per ogni Paese e per le varie zone del mondo, ma sono influenzate da diversi **fattori sociali, culturali ed economici**, come l'innalzamento del livello medio di istruzione e la possibilità di lavoro per le donne al di fuori del contesto domestico.

LA CRESCITA DELLA POPOLAZIONE MONDIALE DAL NEOLITICO AL 2050 (PROIEZIONE)

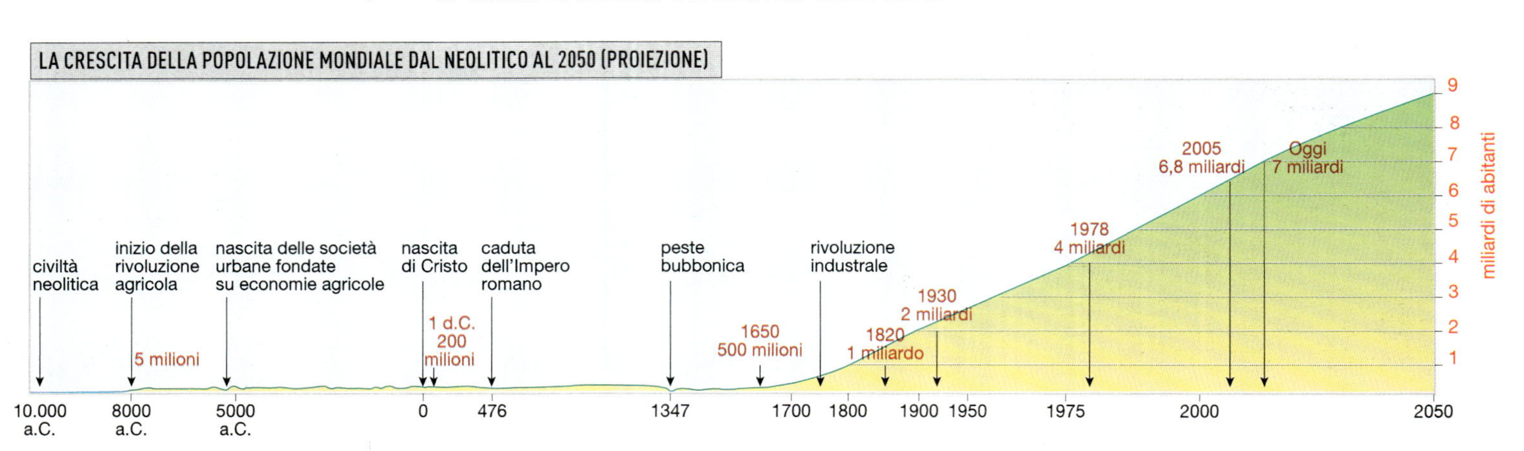

Tra i Paesi sviluppati e quelli in via di sviluppo, infatti, vi è una notevole differenza in termini di crescita demografica. In Europa e negli altri **Paesi avanzati**, l'incremento naturale della popolazione (dato dalla differenza tra il **tasso di natalità** e il tasso di mortalità in un anno) ha subito un sostanziale rallentamento a partire dagli anni Sessanta, che ha determinato una certa stabilità nel numero degli abitanti, chiamata «**crescita zero**».

Nei **Paesi in via di sviluppo**, invece, la **popolazione** è **in continua crescita**; di fronte a questo fenomeno, le istituzioni di questi Paesi non sono in grado di garantire i diritti sociali fondamentali dei cittadini né di offrire loro un decoroso standard di vita. In Africa, in Medio Oriente e nell'Asia del Sud si soffre sempre più per fame, malattie, mancanza di lavoro, inadeguatezza di strutture abitative, povertà, carenza d'istruzione, richiesta di risorse naturali o energetiche superiore rispetto alla disponibilità presente nel territorio.

L'aumento della popolazione nei Paesi in via di sviluppo è dovuto anche a un altro importante fattore: la **diminuzione del tasso di mortalità**. Sebbene ancora molto alto rispetto ai Paesi ricchi, esso si è progressivamente ridotto in seguito al miglioramento delle condizioni igienico-sanitarie, alla diffusione di vaccini, al progresso della medicina

IL LESSICO GEOGRAFICO

Tasso di natalità Indicatore statistico che esprime il numero dei nati in un anno ogni 1000 abitanti.

Crescita zero In demografia si parla di «crescita zero» quando la popolazione di un determinato territorio o Stato resta sostanzialmente invariata, a causa della quasi perfetta compensazione tra il tasso di natalità e quello di mortalità.

Un treno sovraffollato nei pressi di Bombay. L'India è il secondo Paese più popolato del mondo con 1,21 miliardi di persone, cioè il 17% della popolazione mondiale.

Una strada di Shajing, nel Nord della Cina, che è il Paese più popolato del mondo con più di 1 miliardo e 300 milioni di persone.

LA DIFFUSIONE DELLA POPOLAZIONE SULLA TERRA

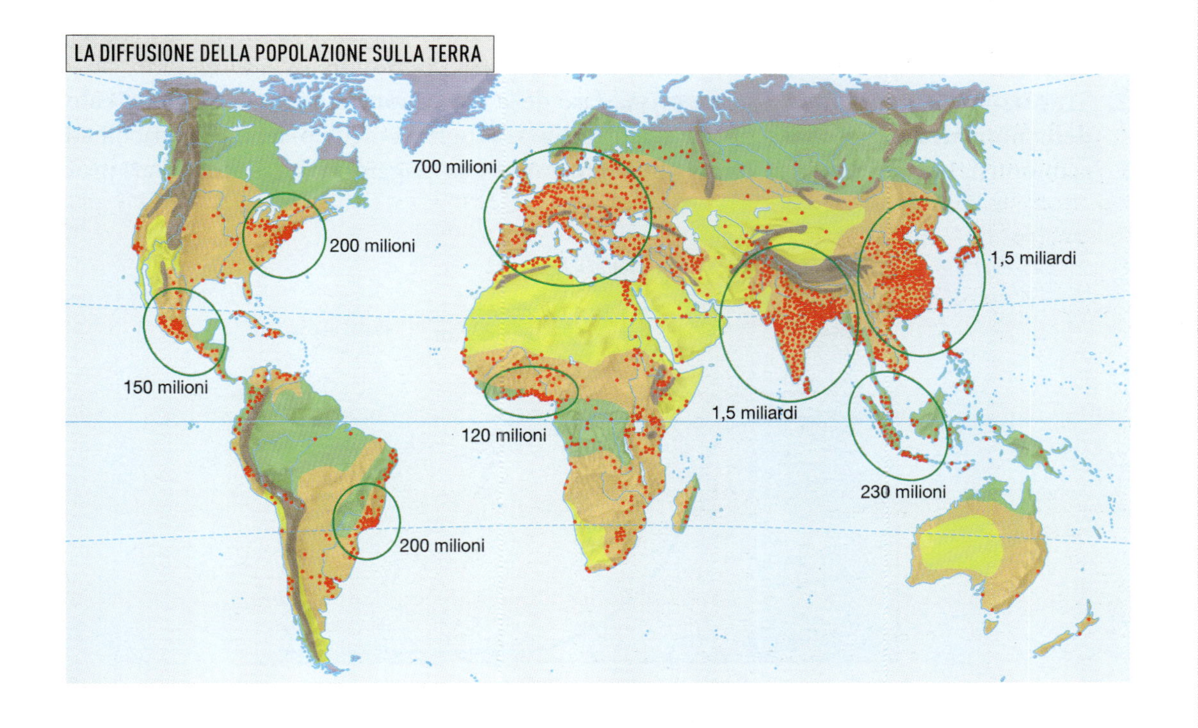

Ecumene
- Foreste temperate, praterie, steppe e savane
- Maggiori concentrazioni di popolazione

Anecumene
- Deserti caldi e freddi
- Foreste pluviali e boreali
- Ghiacci e tundre
- Rilievi elevati

moderna, nonché agli aiuti umanitari e al numero notevole di medici volontari, che ogni anno si recano nei Paesi maggiormente in difficoltà per organizzare un'assistenza adeguata e istruire i medici del luogo.

La distribuzione della popolazione sulla Terra La popolazione mondiale **non è distribuita in maniera uniforme** sulla superficie delle terre emerse. Vi sono zone del pianeta, come i deserti e le regioni polari, che per le loro condizioni fisiche e climatiche sono inospitali e non adatte all'insediamento umano. L'insieme di questi territori, che rappresentano circa il **20%** delle terre emerse, viene chiamato **anecumene** (da un termine greco che significa «terra non abitata»).

Di contro, il restante **80%** delle terre emerse, chiamato **ecumene** (da un termine greco che significa «terra abitata»), offre condizioni ambientali favorevoli affinché l'uomo vi si possa stabilire. All'interno dell'ecumene vi sono poi zone particolarmente votate all'insediamento umano e in cui si concentra la maggior parte della popolazione mondiale: si tratta delle **zone costiere**, delle **pianure fluviali** e delle aree geografiche appartenenti alle **fasce climatiche temperate**. Considerando solamente le zone abitate, oggi sul nostro pianeta si ha una **densità media della popolazione** (cioè il numero medio di abitanti per km^2) di 48 abitanti per km^2.

In generale, la popolazione è maggiormente concentrata nelle **aree urbane**, specialmente nelle zone costiere, nei pressi dei grandi fiumi o nelle aree geografiche appartenenti alle fasce climatiche temperate. Ciò comporta un'**esplosione urbana** inarrestabile nel futuro, come vedremo nella LEZIONE 6 della parte di geografia.

La transizione demografica Per effettuare previsioni sull'andamento demografico globale o di un solo Stato, l'Onu utilizza il **modello della transizione demografica** (→ PAROLE CHIAVE UNITÀ 2, p. 322), teorizzato da alcuni studiosi anglosassoni sulla base dell'osservazione diretta dei mutamenti demografici in Europa e nel Nord America. La teoria si pone l'obiettivo di spiegare quel processo che porta una società a passare da un regime demografico caratterizzato da un forte tasso di natalità e da un forte tasso di mortalità a un regime in cui i due indicatori sono entrambi più bassi e vicini tra loro. Vediamo adesso nel dettaglio le **tre fasi** in cui è strutturato il modello.

1. **Regime demografico antico**. Si tratta dello stadio tipico delle società preindustriali, in cui la popolazione cresce poco, dal momento che **sia il tasso di natalità sia il tasso di mortalità sono molto alti** e tendono quindi a compensarsi a vicenda. Con il miglioramento delle condizioni igienico-sanitarie e con i progressi tecnico-scientifici ed economici prende avvio la fase di transizione demografica, in cui la popolazione comincia a crescere.
2. **Transizione demografica**. In una prima fase della transizione si registra un **forte calo della mortalità** grazie alle scoperte scientifiche, ai progressi medico-sanitari, agricoli ed economici. Le più numerose opportunità lavorative e le maggiori risorse alimentari pro-

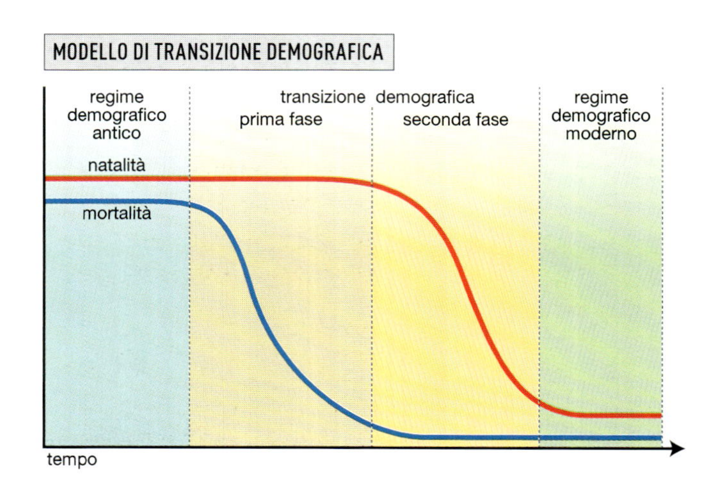

LA POPOLAZIONE MONDIALE PER GRADO DI SVILUPPO

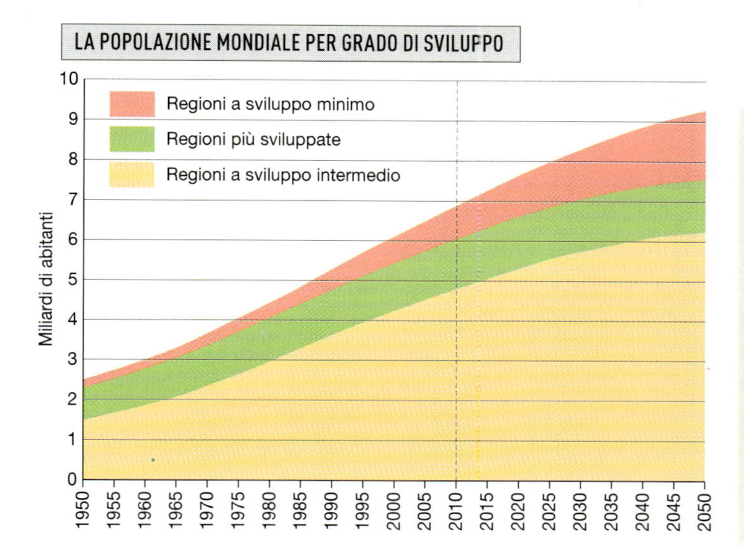

LA PROPORZIONE TRA GIOVANI E ANZIANI NELLE DIVERSE AREE MONDIALI

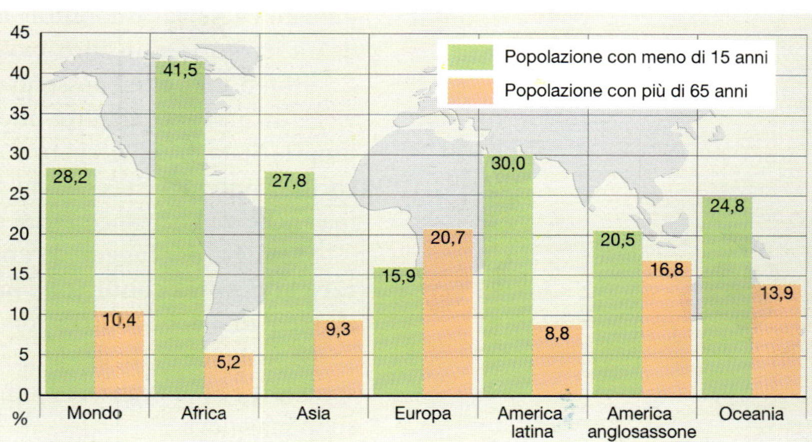

Il grafico a sinistra mostra come la crescita demografica mondiale tra il 1950 e il 2050 (proiezione) sia molto maggiore nelle regioni a sviluppo minimo rispetto alle regioni più sviluppate e a quelle intermedie. Dal grafico a destra, invece, possiamo notare come nei continenti dove è maggiore il numero dei Paesi a sviluppo minimo, la popolazione sia molto più giovane rispetto a quella dei Paesi più sviluppati.

ducono un generale benessere delle famiglie. Di contro, il **tasso di natalità** rimane **ancora molto alto** e ciò comporta un rapido incremento della popolazione.
In una seconda fase della transizione, invece, a un'ulteriore – ma più lenta – **riduzione del tasso di mortalità**, dovuta ai continui progressi della scienza, si accompagna un **rallentamento nelle nascite**: le donne lavorano, sono istruite, hanno sogni, ambizioni; in altri termini, non sono più semplicemente relegate nell'ambiente domestico e assegnate alla cura dei figli. Il tasso di fecondità scende quindi a ritmi proporzionati con l'emancipazione femminile.

3. **Regime demografico moderno**. Si tratta del regime demografico in cui si trovano oggi tutti i Paesi sviluppati. In questa fase, dal momento che **il tasso di mortalità è basso tanto quanto quello di natalità**, la crescita della popolazione è pari a zero. La speranza di vita è alta e la popolazione invecchia. È il caso dei Paesi europei e nordamericani, in cui si parla di «*baby crack*» e «*papy boom*», cioè di un sensibile calo delle nascite abbinato a un'elevata presenza di anziani.

Il boom demografico nel Sud del mondo Oggi, dal punto di vista demografico, ai Paesi sviluppati con una popolazione «vecchia» e «a crescita zero» si contrappongono i Paesi in via di sviluppo con una popolazione «giovane» e in continuo aumento.

A questo proposito, alcuni studiosi parlano di «**ribaltamento demografico Nord-Sud**»: se, infatti, nel XX secolo i Paesi del Nord del mondo contavano una popolazione maggiore grazie al benessere raggiunto alla fine della Seconda guerra mondiale (è il secolo del **boom demografico**), nel XXI secolo si registra una situazione diametralmente opposta, in cui a essere maggiormente popolati sono i **Paesi del Sud** del pianeta.

Questi ultimi, però, non sono in grado di far fronte al boom demografico che interessa i loro territori: essi, infatti, non dispongono di sufficienti risorse o non sanno utilizzare quelle che hanno a propria disposizione, per garantire ai loro cittadini una qualità della vita accettabile. Anzi, in alcuni casi l'aumento della popolazione è direttamente proporzionale alla **diminuzione del Pil** (Prodotto Interno Lordo) dei singoli Paesi. Ecco perché molti giovani, specialmente maschi, sono costretti a **emigrare**.

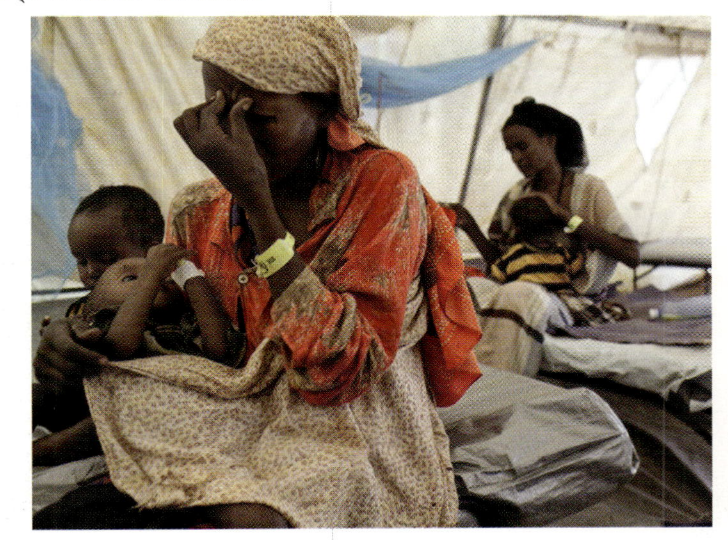

Una popolazione di circa 10 milioni di persone è a rischio di fame cronica in Somalia, Paese devastato da una guerra civile e da una forte siccità, tra le peggiori degli ultimi 60 anni. Nella foto, due madri in un centro di assistenza delle Nazioni Unite.

I flussi migratori Sinora si è parlato di **crescita naturale** della popolazione, intesa come la differenza che intercorre tra il tasso di natalità e quello di mortalità registrato in un anno in un dato Paese. La **«mobilità» demografica**, però, scaturisce anche dagli spostamenti umani da un territorio a un altro, ovvero dalle **migrazioni**.

I **flussi migratori** possono essere di due tipi: **internazionali**, quando lo spostamento avviene da un Paese all'altro; **interni**, quando i migranti si muovono all'interno dei confini del proprio Stato di appartenenza. All'origine dei flussi migratori vi sono principalmente **squilibri socio-economici** che esistono non solo tra le aree del mondo sviluppate e quelle più arretrate, ma anche tra una zona e l'altra all'interno di una stessa regione o di uno stesso Paese.

Si emigra per fuggire da una condizione di **povertà**, dalla **disoccupazione** o per **migliorare la propria condizione lavorativa**; ma anche da Paesi dove si sono verificati disastri ambientali o dove sono in corso conflitti o guerre civili.

La maggior parte dei migranti proviene **dai Paesi in via di sviluppo**: le mete più ambite sono le aree più avanzate (come quelle europee e gli Stati Uniti), dove le occasioni di lavoro sono maggiori.

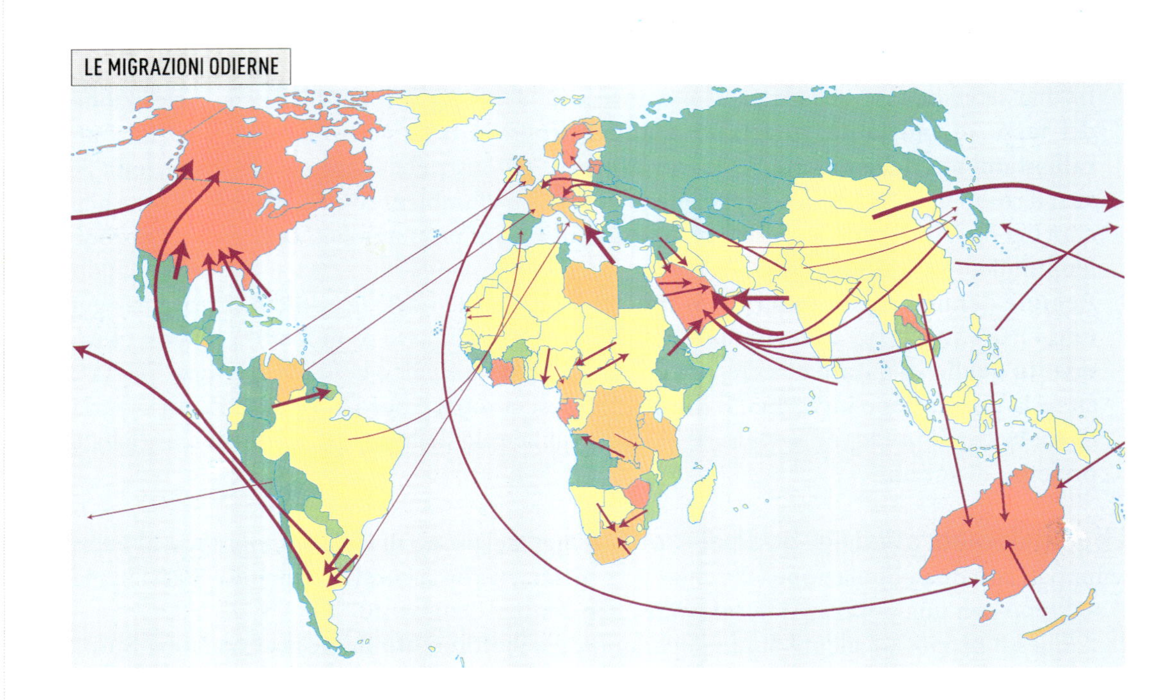

Manifesto pubblicitario di un servizio di «*money transfer*», che consente di inviare (o di ricevere) denaro in qualsiasi luogo del mondo verso il Myanmar (o Birmania). Nei Paesi interessati dai flussi migratori si genera anche un importante movimento di capitali: gli immigrati, lavorando, fanno aumentare il Pil del Paese ospitante; contemporaneamente, inviando denaro alle proprie famiglie rimaste nel Paese d'origine, fanno circolare denaro che giova all'economia.

Facilitati dall'apertura delle frontiere (per esempio all'interno dell'Unione Europea) e da reti di comunicazione e mezzi di trasporto più veloci, i migranti forniscono **manodopera giovane e a basso costo** nei luoghi d'arrivo, che tra l'altro beneficiano di un «**ringiovanimento**» della loro popolazione. Si pensi, per esempio, che senza gli immigrati, secondo alcune stime, la popolazione europea sarebbe diminuita di 4,4 milioni di persone tra il 1995 e il 2000.

In seguito a provvedimenti legislativi più restrittivi, adottati da molti Paesi avanzati per limitare l'afflusso di nuovi migranti sui loro territori, negli ultimi anni si è ampliato il fenomeno dell'**immigrazione clandestina**. Si tratta di milioni di migranti in tutto il mondo, fuggiti dai loro Paesi e che spesso cadono vittime di **organizzazioni criminali**, che, dietro il pagamento di cifre enormi e in condizioni disumane, provvedono al loro trasporto nei cosiddetti «**viaggi della speranza**», il cui termine purtroppo coincide nella maggior parte dei casi con forme di moderna schiavitù. A causa, infatti, della mancanza di documenti e dell'assoluta indigenza in cui versano, i migranti sono costretti ad accettare lavori irregolari, sottopagati e spesso ai limiti della legalità.

ATTIVITÀ

DOMANDE DI COMPRENSIONE

1. Che cosa si intende per «crescita zero» della popolazione?

   ....

   ....

2. Descrivi brevemente i passaggi che contraddistinguono il modello della transizione demografica.

   ....

   ....

   ....

3. Quali cause sono all'origine dei flussi migratori?

   ....

   ....

COMPETENZE DI GEOSTORIA — **LEGGERE UNA TABELLA A DOPPIA ENTRATA E SAPERNE RICAVARE INFORMAZIONI**

La distribuzione della popolazione mondiale sulla Terra

I dati della tabella a doppia entrata, che riportiamo sotto, sono ricavati dal *Calendario Atlante De Agostini 2012*. Dopo avere letto attentamente la lezione, esegui le seguenti attività.

- Indica quali sono gli elementi delle «due entrate» della tabella e dove sono collocati.
- Dopo aver osservato e confrontato su una carta geografica gli Stati europei indicati nelle voci della colonna a sinistra, rispondi alle seguenti domande. Qual è il Paese che presenta una superficie maggiore? È il Paese più popolato? È anche il Paese con la più alta densità della popolazione? Perché, secondo te?
- L'Islanda è un Paese con una maggiore o minore superficie rispetto a quella del Principato di Monaco? Perché allora presenta addirittura la densità di popolazione più bassa d'Europa?
- Dopo avere effettuato le precedenti osservazioni anche sugli Stati degli altri continenti presenti nella tabella, rispondi alla seguente domanda: ti sembra che il contenuto della tabella sia coerente con quanto hai letto nei primi due paragrafi di questa lezione?
- Attribuisci, infine, un titolo alla tabella.

	EUROPA	ASIA	AFRICA	AMERICA SETTENTRIONALE E CENTRALE	AMERICA MERIDIONALE	OCEANIA
Il Paese più popolato	Russia (parte europea) 110.175.45 ab.	Cina 1.339.724.852 ab.	Nigeria 158.258.917 ab.	Usa 308.745.538 ab.	Brasile 190.755.799 ab.	Australia 22.405.595 ab.
La più alta densità di popolazione	Monaco 17.763 ab./ km²	Singapore 5297 ab./ km²	Maurizio 636 ab./ km²	Barbados 641 ab./ km²	Irinibad e Tobago 257 ab./ km²	Nauru 471 ab./ km²
La più bassa densità di popolazione	Islanda 3 ab./ km²	Mongolia 2 ab./ km²	Namibia 3 ab./ km²	Canada 3 ab./ km²	Suriname 3 ab./ km²	Australia 3 ab./ km²

Per applicare correttamente il metodo geostorico proposto, consulta la SCHEDA DI METODO 6, p. 112.

Lezione 6

La città e le sue funzioni

Lezione

Vai alla lezione di geografia
L'urbanizzazione

Insediamento e abitazioni Sin dalla «**Rivoluzione agricola**» del Neolitico, l'uomo, dopo aver tracciato sul terreno i primi segni di un campo coltivato, iniziò a fissare stabilmente la propria dimora, dando vita ai primi **villaggi**, ovvero alle prime forme di **aggregazione umana**. Da allora le trasformazioni urbanistiche che hanno consentito il passaggio a un paesaggio organizzato sono state rapide e hanno portato la presenza dell'uomo più o meno sulla superficie dell'**intero globo**.

Con il passare dei secoli, infatti, la popolazione mondiale è aumentata sensibilmente e i villaggi si sono espansi fino a diventare vere e proprie **città**, fulcro delle attività politiche, amministrative, commerciali e religiose delle comunità. Il processo che ha portato progressivamente all'espansione delle città nel territorio è definito **urbanizzazione** (→ PAROLE CHIAVE UNITÀ 2, p. 322).

Oggi, i 7 miliardi della popolazione mondiale occupano l'intera ecumene. All'inizio, gli **insediamenti** umani si svilupparono lungo i corsi dei grandi **fiumi**, nelle **aree litoranee** e nelle fertili **pianure** ricche di vegetazione; in seguito, grazie al progresso tecnico-scientifico e a causa della forte spinta demografica, essi si estesero anche ad altre zone del territorio, considerate prima inospitali.

I fattori economici e le tipologie abitative

La *bidonville* di Mumbai, in India, dove vivono più di 9 milioni di persone in baracche costruite abusivamente con materiali di scarto.

Una veduta notturna dello *skyline* di Boston.

Per quanto riguarda le tipologie abitative, possiamo fare un confronto tra due aree del mondo molto popolate, ma con una diversa situazione economica. In molte città dell'**Asia meridionale**, sovrappopolate e povere, vi sono ampie zone dove la grande massa della popolazione meno abbiente è costretta a vivere, in condizioni igieniche precarie e a rischio per la salute, nelle cosiddette **baraccopoli** (dette anche *bidonville* o *slum*), costruite con materiale di fortuna (lamiere, cartone, legno).

Di contro, nelle moderne città **nordamericane**, anch'esse molto popolate ma ricche, le abitazioni più caratteristiche e diffuse sono i **grattacieli**, grandi costruzioni che si sviluppano in verticale per molti piani, frutto delle più moderne tecniche di edilizia e di progettazione architettonica.

La scelta del luogo dove edificare una città non è mai casuale e indipendente, ma è legata alle caratteristiche geografiche del territorio, alle sue capacità di appagare i **bisogni** umani e di assolvere le **funzioni** a cui è destinato (commerciale, residenziale, agricola, di comunicazione, religiosa, amministrativa ecc.).

La prima operazione effettuata dall'uomo dopo l'insediamento è la **suddivisione del territorio in zone**, con l'ausilio di confini naturali o artificiali (abbastanza evidenti i primi dalle foto satellitari, i secondi da quelle aeree), per stabilirne il controllo e la proprietà. Ogni tipo di insediamento è poi ripartito in un **centro**, che rappresenta la sede in cui si svolgono le principali attività di una comunità (civili, amministrative e religiose), e in una **periferia**, che ha invece una semplice funzione abitativa.

Diverse sono infine le **tipologie abitative** in cui ha preso forma l'insediamento umano: esse, infatti, hanno subito nel tempo, e subiscono ancora oggi, l'influenza di molteplici **fattori storico-culturali e socio-economici**, che spaziano dalla storia di un determinato territorio al numero e alla densità della sua popolazione, sino ad arrivare alle possibilità economiche dei suoi abitanti.

La città e le sue funzioni Il XX secolo è stato contraddistinto da due fenomeni che hanno mutato in modo decisivo l'organizzazione sociale: l'esplosione demografica, che ha portato la popolazione mondiale a quadruplicare in un solo secolo (ne abbiamo parlato nella LEZIONE 5) e l'**espansione urbana**: nel corso del Novecento, infatti, si è assistito allo spostamento in massa degli abitanti delle campagne in direzione delle città.

L'**urbanesimo** (→ PAROLE CHIAVE UNITÀ 2, p. 322), ovvero il progressivo concentrarsi della popolazione mondiale nelle città a scapito della campagna, non è certo un fenomeno dei nostri giorni. Oggi, però, ormai **più del 50%** della popolazione del nostro pianeta vive nelle **aree urbane**, portando a compimento il processo di espansione urbana iniziato in Europa nel corso del XIX secolo con le varie fasi della **Rivoluzione industriale**.

L'industrializzazione, infatti, ha segnato una svolta epocale nella storia dell'insediamento umano: a partire dalla Rivoluzione industriale inglese della seconda metà del Settecento, la **città** si è trasformata nel cardine attorno a cui ruotava l'intera economia del territorio circostante. Essa, infatti, iniziò a ospitare le **fabbriche**, ovvero il tessuto produttivo della società, che attiravano centinaia e centinaia di persone, fuggite dalle campagne con la speranza di garantirsi un futuro più dignitoso grazie a un **lavoro** ben retribuito.

■ Gli impianti industriali della Volkswagen a Wolfsburg, in Germania. La città, costruita nel 1938 durante il regime nazista e da sempre legata alla fabbrica automobilistica tedesca, ha una funzione prettamente industriale.

Le città «industriali» cambiarono aspetto anche nella loro conformazione: l'area urbana, infatti, si estese, dando vita intorno al proprio centro (antico, storico e monumentale) a una **periferia** sempre più ampia, pronta a ospitare la nuova forza lavoro impiegata nelle industrie.

Da allora, le città hanno progressivamente aumentato le loro dimensioni e si sono diffuse su **scala mondiale**, partendo dalle aree protagoniste dell'impetuoso sviluppo industriale ottocentesco, come l'Europa e il Nord America, per poi estendersi nella seconda metà del Novecento anche ai Paesi in via di **sviluppo** (→ PAROLE CHIAVE UNITÀ 2, p. 322).

Inoltre, ogni città si differenzia dalle altre per le **funzioni** che svolge, cioè per la capacità di offrire servizi, occupazione, cultura, per sé e per il territorio in cui sorge. Innanzitutto vi sono le **capitali** dei vari Stati che, essendo la sede delle maggiori istituzioni politiche, svolgono una cruciale funzione **amministrativa**. Altre città hanno prevalentemente una funzione **industriale**: esemplare, in questo senso, è il caso della presenza dell'industria automobilistica in aree come quella di Torino, sede della Fiat, o di Wolfsburg in Germania, sede della Volkswagen.

■ Canary Wharf, uno dei distretti finanziari di Londra (assieme alla City), sede di numerose banche e uffici.

IL LESSICO GEOGRAFICO

Hinterland Il territorio che circonda una grande città, dalla quale dipende dal punto di vista dei servizi e con cui intrattiene rapporti commerciali.

Agglomerato urbano Area di espansione delle grandi città che, aumentando di dimensioni, tende a occupare porzioni sempre più ampie del territorio a esse circostante.

Area metropolitana Tessuto urbano che, secondo le modalità abitative tipiche della città e la differenziazione delle attività produttive, comprende al suo interno non solo la metropoli e la sua periferia, ma anche i centri minori e la campagna circostante.

Altri centri, invece, debbono la loro importanza alla funzione **commerciale e finanziaria**: è il caso di Milano, Zurigo, Francoforte, Londra, Tokyo, New York, Singapore e Hong Kong, dove si trovano le più importanti Borse del mondo. Vi sono infine altri rilevanti centri urbani, come Firenze e Venezia, per limitarci al nostro Paese, che vengono identificati con la loro funzione **turistico-culturale**.

Oggi la Terra si trova in piena **era dell'urbanesimo**. Se, infatti, nel 1900 la popolazione urbana rappresentava il 13% su scala globale, **nel 2000 essa superava il 50%**. Le Nazioni Unite prevedono che dagli attuali 3,4 miliardi di cittadini, nel 2030 si passerà a 5-5,5 miliardi. A preoccupare le autorità governative, però, è soprattutto la difficoltà di assicurare a tutti i cittadini gli standard minimi di lavoro, istruzione, salute, mobilità e qualità ambientale.

L'incremento della popolazione urbana è poi chiaramente differente a seconda delle aree del pianeta dove ha luogo. Nei **Paesi sviluppati**, infatti, il fenomeno sembra «congelato»: sempre più persone preferiscono recarsi in città solo per motivi di lavoro e poi rientrare nelle zone dell'***hinterland***, più tranquille e vivibili (processo di **deurbanizzazione**).

Nei **Paesi in via di sviluppo**, invece, il **sovrappopolamento** delle città è preoccupante, perché sembra essere un processo inarrestabile: le migrazioni interne (dalla campagna verso la città), infatti, sono ancora numericamente elevate. A Dacca (Bangladesh), per esempio, la popolazione è aumentata di 60 volte rispetto al 1960.

Metropoli, megalopoli e città globali

Gli **agglomerati urbani**, a seconda della grandezza, della densità della popolazione, delle funzioni e dell'influenza che hanno nei confronti delle aree circostanti, si suddividono in metropoli, megalopoli e città globali.

La **metropoli** (dal greco *mèter*, «madre», e *polis*, «città») è una città di grandi dimensioni e con almeno un milione di abitanti. Essa è il fulcro economico, culturale e politico delle aree circostanti, alle quali è collegata attraverso una fitta rete di comunicazioni, dando vita a un'**area metropolitana**. In Italia, le due città che superano il milione di abitanti sono Roma e Milano.

La **megalopoli**, invece, è un'area urbana molto estesa, con una superficie di tipo regionale, data dall'**unione di diverse aree metropolitane**. Secondo *Un-Habitat*, il programma delle Nazioni Unite che si occupa delle problematiche legate alle città, si definisce «megalopoli» un'area urbana di almeno 8 milioni di abitanti. Le metropoli che ne fanno parte sono collegate tra loro attraverso fitte e articolate reti di trasporti, grazie alle quali sono possibili scambi commerciali, culturali e umani di considerevole importanza.

Una delle più importanti **megalopoli** è quella **atlantica degli Stati Uniti**, mentre, recentemente, una nuova megalopoli è stata individuata anche in **Europa occidentale**. Denominata «Banana blu» per la forma curvata della zona e il colore blu dominante della bandiera dell'Unione Europea, essa occupa l'area geografica che va dall'Inghilterra meridionale alla pianura padana.

La **città globale**, infine, è una megalopoli che possiede una capacità d'influenza internazionale e che partecipa al processo di globalizzazione sulla Terra (per esempio Tokyo). Essa è un nodo centrale dell'**evoluzione tecnologica** e, per questa ragione, registra redditi superiori persino ad alcuni Stati. Le più importanti città globali sono **Londra**, **New York** e **Tokyo** (che supera di ben due volte il Pil del Brasile) e con loro interagiscono altri importanti centri urbani, le cosiddette «**città-periferie**».

■ Il progetto urbanistico di Dongtan, una città ecosostenibile immersa nel verde costruita intorno al canale Sud del Fiume Giallo Yang-Tze. La città ospiterà 500.000 abitanti su una superficie di 630 ettari. Il progetto prevede numerosi spazi verdi pubblici, una vasta rete ciclabile e la diffusione di auto elettriche o a idrogeno. Sul piano energetico la città sarà autosufficiente poiché verranno utilizzati pannelli solari e fotovoltaici e una centrale a biomassa.

Ecopolis, città del futuro

In un mondo in cui l'inquinamento nei suoi numerosi aspetti contribuisce largamente alle alterazioni climatiche e ambientali, con previsioni disastrose per molti ecosistemi entro il 2050 (→ GEOGRAFIA, LEZIONE 4), in molti Paesi le autorità governative si stanno muovendo per proporre città **ecologiche e responsabili**, le *Ecopoleis*, dette anche *Green city* («**città verdi**»).

Le *Ecopoleis* sfruttano e forniscono energia pulita e rinnovabile sia nel settore pubblico sia in quello privato, grazie all'utilizzo di pale eoliche e di pannelli solari, promuovono l'uso di automobili elettriche e di biciclette e la raccolta differenziata dei rifiuti: tutto nel pieno rispetto degli obiettivi delineati dal Protocollo di Kyoto (→ GEOGRAFIA, LEZIONE 4). Il progetto della prima **città** totalmente **ecosostenibile** arriva dalla Cina, si chiama **Dongtan** e sarà la «valvola di sfogo» della sovrappopolata e inquinata vicina città di Shangai.

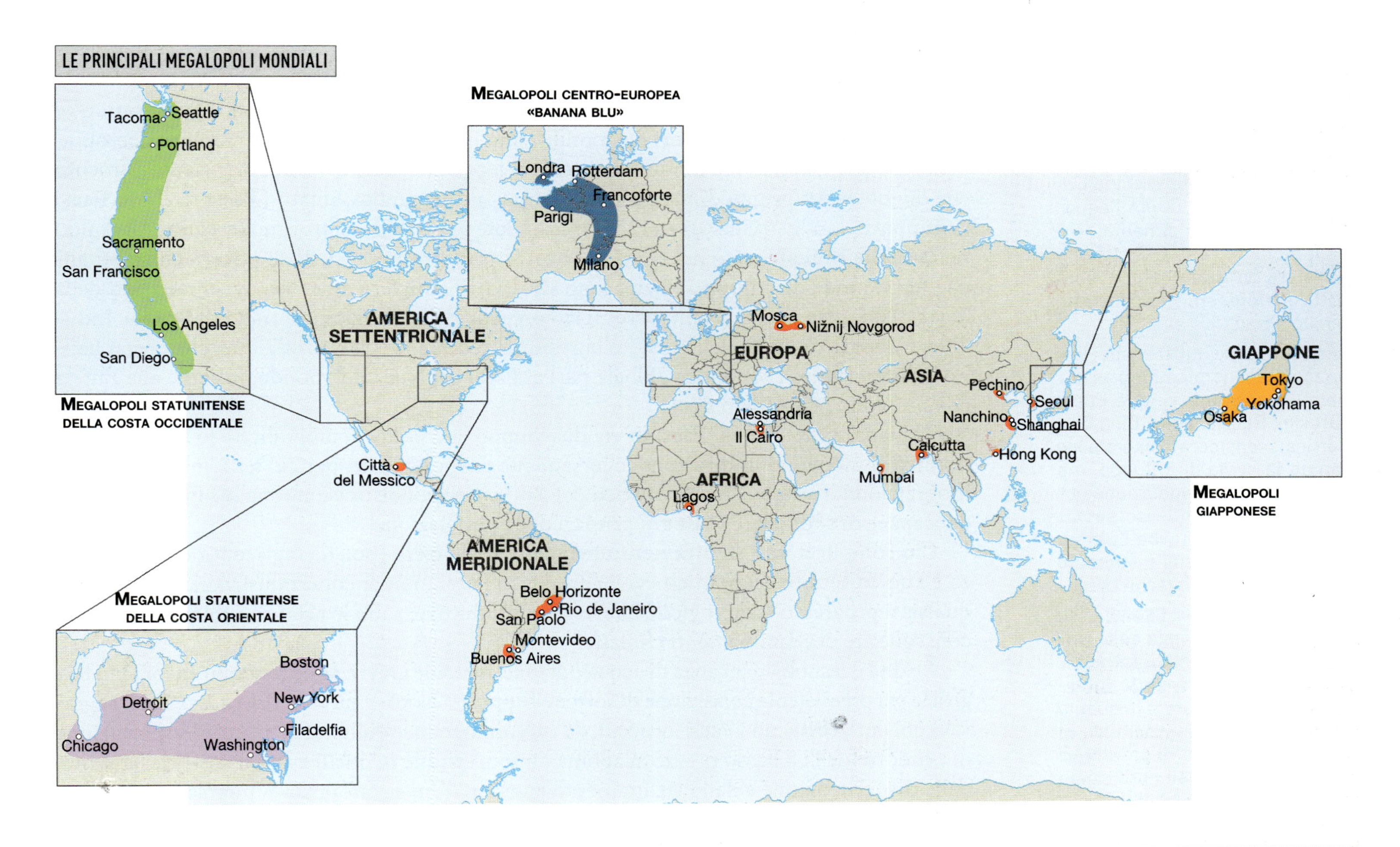

ATTIVITÀ

DOMANDE DI COMPRENSIONE

1. Accanto all'esplosione demografica, quale fenomeno ha contraddistinto il Novecento?
2. Quali sono le previsioni riguardo al fenomeno dell'urbanesimo ai nostri giorni? Quali sono le preoccupazioni delle autorità governative?
3. Spiega che cosa sono le metropoli, le aree metropolitane, le megalopoli, le città globali e le *Ecopoleis*.

COMPETENZE DI GEOSTORIA — LEGGERE UNA CARTA TEMATICA

La popolazione urbana nel mondo

Dopo aver osservato con attenzione la carta tematica proposta in apertura dell'unità 2, dal titolo *Popolazione e urbanesimo*, svolgi le seguenti attività.

- Qual è il tema principale della carta?
- Elenca sul tuo quaderno le megalopoli e al loro fianco elenca gli Stati a cui appartengono.
- Qual è lo Stato che conta un numero maggiore di megalopoli?
- In Europa, ci sono aree metropolitane o megalopoli? Con quanti milioni di abitanti?
- Indica orientativamente in quali Stati europei si trovano più aree metropolitane.
- Qual è il continente con il grado di urbanizzazione inferiore? E quello con il grado di urbanizzazione maggiore? Fornisci una spiegazione plausibile alle tue risposte.

Per applicare correttamente il metodo geostorico proposto, consulta la SCHEDA DI METODO 4, p. 67.

Lezione 7 Alimentazione e salute

IL LESSICO GEOGRAFICO

Emisfero Il termine, che letteralmente significa «metà di una sfera», indica le due metà in cui, prendendo come limite l'equatore, è convenzionalmente diviso il globo terrestre. Si chiama emisfero boreale quello a Nord dell'equatore; emisfero australe quello a Sud.

Brics Acronimo utilizzato nel linguaggio economico internazionale per indicare cinque Paesi (Brasile, Russia, India, Cina, Sudafrica), considerati sino a poco tempo fa in via di sviluppo, ma che, forti di una popolazione numerosa e di ingenti risorse naturali, hanno visto nell'ultimo decennio un sensibile aumento del loro Prodotto Interno Lordo.

Isu (Indice di Sviluppo Umano) L'Isu è un indicatore sociale delle Nazioni Unite, utilizzato dal 1993, assieme al Pil (Prodotto Interno Lordo), per valutare la qualità della vita dei Paesi membri. Si basa su una serie di parametri che vanno dal reddito pro capite all'alfabetizzazione, dalla speranza di vita alla disponibilità di acqua potabile, dal tasso di scolarità al grado di libertà politica. L'indice va da un minimo di 0,4 (sviluppo molto basso) a un massimo di 0,9 (sviluppo alto).

Fao Acronimo dell'inglese *Food and Agriculture Organization of the United Nations* (Organizzazione delle Nazioni Unite per l'Alimentazione e l'Agricoltura). Si tratta di un'agenzia specializzata delle Nazioni Unite che si occupa di coordinare tutti i possibili interventi a livello internazionale, mirati a sconfiggere la fame e la malnutrizione nel mondo.

I Paesi del Nord e del Sud del mondo Abbiamo visto nella LEZIONE 5 DI GEOGRAFIA che i Paesi ricchi e quelli poveri del mondo sono interessati da diverse dinamiche demografiche, che condizionano in modo consistente le loro economie. Un altro importante elemento che divide questi gruppi di Stati è la loro posizione geografica. Infatti i Paesi ricchi (o **Paesi sviluppati**) – industrializzati ed economicamente più stabili – si trovano (esclusa l'Australia) nell'**emisfero boreale**, cioè nel Nord del nostro pianeta; invece, i Paesi poveri, chiamati anche **Paesi in via di sviluppo (Pvs)**, sono situati nell'**emisfero australe**, ovvero nel Sud della Terra. Anche tra questi ultimi, però, si riscontrano delle eccezioni: si tratta di Brasile, India, Cina e Sudafrica, Paesi dell'emisfero australe di recente industrializzazione, che ormai hanno un'importanza economica globale pari ai Paesi del Nord del mondo; insieme alla Russia costituiscono i cosiddetti **Brics**.

Abbiamo visto che nei Paesi in via di sviluppo la crescita demografica e lo sviluppo economico si muovono in direzione inversamente proporzionale, per cui a un incremento demografico inarrestabile (caratteristico dei Pvs) corrisponde un'economia sempre più debole e incapace di soddisfare i bisogni primari della popolazione.

Ciò comporta uno **sfruttamento** maggiore **delle terre** (poiché l'agricoltura di sussistenza è l'unico settore economico «vivo» in questi Paesi, non ancora industrializzati e privi di qualsiasi progresso tecnologico), che, rese improduttive, sono le prime a subire le disastrose conseguenze dei cambiamenti climatici.

Aridità dei suoli, mancanza di acqua potabile, malattie gravi e fame rendono ancora più tragica la già preesistente condizione di **sottosviluppo** (→ PAROLE CHIAVE UNITÀ 2, p. 322), aggravata poi dai **debiti** con i Paesi avanzati, da un commercio «squilibrato», in cui all'esportazione di prodotti locali a basso prezzo si abbina l'importazione di quelli esteri a costi elevatissimi, dalla disoccupazione e dallo sfruttamento lavorativo cui è sottoposta la popolazione.

In un tale contesto, mentre l'**Isu (Indice di Sviluppo Umano)** dei Paesi del Nord del mondo è mediamente pari a 0,9, quello dei Pvs raggiunge anche un valore di 0,4, troppo basso per assicurare una **qualità di vita** adeguata per la popolazione.

Malnutrizione infantile: un fenomeno ancora allarmante Nei Paesi poveri, la situazione è preoccupante soprattutto dal punto di vista alimentare. Secondo la **Fao**, un'alimentazione equilibrata prevede l'assunzione di circa **2300-2500 chilocalorie al giorno**, a seconda del sesso, dell'età e delle attività che si praticano quotidianamente. Oggi, la popolazione mondiale consuma mediamente 2800 chilocalorie al giorno per abitante.

Tuttavia, il dato è solo frutto di una media matematica e, in quanto tale, nasconde profonde **diseguaglianze**. Così, mentre, per esempio, in Francia si consumano mediamente 3500 chilocalorie al giorno e negli Usa quasi 3700, nei Pvs si rimane spesso molto al di sotto della media calcolata dalla Fao.

Le conseguenze dell'alimentazione (ipercalorica per i Paesi del Nord del mondo e ipocalorica per i Paesi del Sud) sulla salute degli abitanti sono molto diverse. L'**ipernutrizione**, infatti, provoca problemi cardiovascolari, obesità, diabete e altre malattie connesse all'eccessiva assunzione di calorie. Quando l'alimentazione è determinata da un basso apporto calorico, si parla invece di **malnutrizione** e **denutrizione** (→ PAROLE CHIAVE UNITÀ 2, p. 322). La prima è un'alimentazione squilibrata, la seconda è un'alimentazione quantitativamente povera.

Secondo l'**Indice di Sviluppo Infantile** del 2012, redatto dall'organizzazione internazionale indipendente «Save the Children», nonostante i progressi registrati ultimamente nella lotta alla fame in tutto il mondo, la **malnutrizione infantile** continua a essere un problema irrisolto, perché il numero di bambini che nel mondo non sono nelle condizioni di alimentarsi adeguatamente ha negli ultimi anni ripreso a crescere, con 1.500.000 bambini in più colpiti da malnutrizione acuta fra il 2005 e il 2010 rispetto agli anni precedenti. In totale, sono 58.700.000 i bambini gravemente malnutriti.

IL LESSICO GEOGRAFICO

Indice di Sviluppo Infantile Indice redatto ogni quattro anni dall'organizzazione «Save the Children», volto a monitorare le condizioni dei bambini in 141 Paesi del mondo, sulla base di tre criteri: il numero di bambini iscritti a scuola, il tasso di mortalità entro i cinque anni e il numero di bambini sottopeso.

Un bambino con la madre, mentre riceve delle cure contro la malnutrizione all'ospedale di Dadaab, in Kenya. Nel mondo 300 bambini muoiono ogni quattro ore per fame e quasi mezzo miliardo di minori è a rischio di danni persistenti nei prossimi 15 anni.

Gli Obiettivi di Sviluppo del Millennio

Gli Obiettivi di Sviluppo del Millennio delle Nazioni Unite rappresentano otto risultati che i 191 Stati membri dell'Onu si sono impegnati a raggiungere entro l'anno 2015. Tra di essi, è sul primo, ovvero quello rivolto a «sradicare la povertà estrema e la fame», che si concentrano gli sforzi della Fao. Dagli ultimi dati statistici, pubblicati nel 2010, emerge una lieve diminuzione del numero di persone sottonutrite nel mondo, dopo ben 15 anni. Sebbene il numero di persone sottonutrite sia sceso a 925 milioni di persone, rispetto al miliardo e 23 milioni del 2009, si tratta tuttavia ancora di un livello troppo alto, che delude le aspettative del Primo obiettivo, ovvero di dimezzare la percentuale di persone sottonutrite nei Pvs dal 20% nel 1990-92 al 10% nel 2015.

1. Sradicare la fame e la povertà estrema.
2. Raggiungere l'istruzione primaria universale.
3. Promuovere l'uguaglianza di genere e l'*empowerment* (cioè una maggiore indipendenza) delle donne.
4. Ridurre la mortalità infantile.
5. Ridurre la mortalità delle donne in attesa di un figlio.
6. Combattere l'Hiv/Aids e le altre malattie.
7. Assicurare la sostenibilità ambientale.
8. Sviluppare un partenariato globale per lo sviluppo.

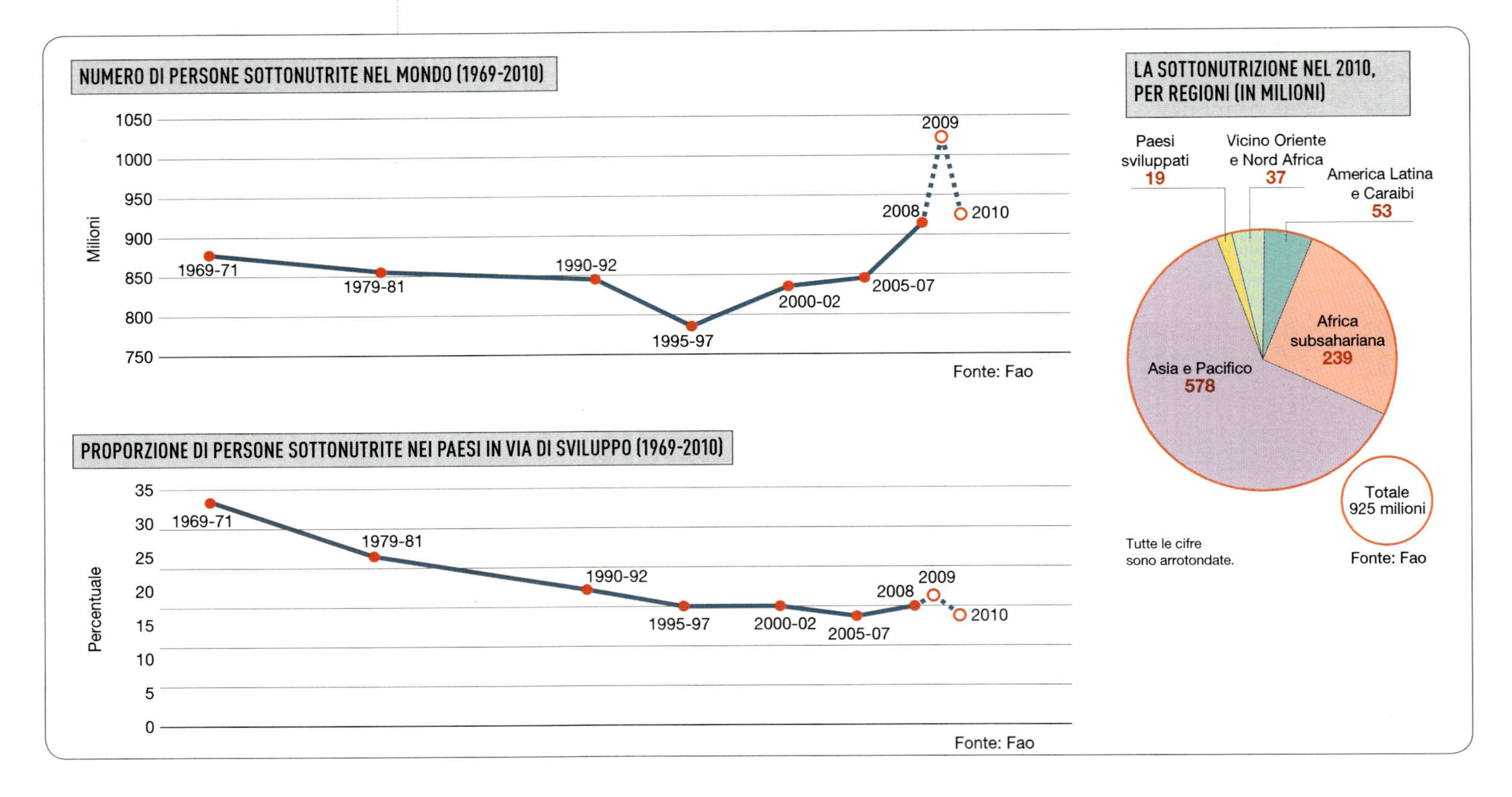

ATTIVITÀ

DOMANDE DI COMPRENSIONE

1. Che cosa differenzia i cosiddetti Paesi del Nord da quelli del Sud del mondo?
   ....
   ....
2. Definisci i seguenti termini:
   a. alimentazione ipercalorica
   ....
   ....
   b. alimentazione ipocalorica
   ....
   ....
   c. malnutrizione
   ....
   ....
   d. denutrizione
   ....
   ....
3. Che cosa prevedono gli Obiettivi di Sviluppo del Millennio in materia alimentare?
   ....
   ....

COMPETENZE DI GEOSTORIA — LEGGERE UN CARTOGRAMMA E COSTRUIRE UNA TABELLA

La fame nel mondo

Dopo aver letto e analizzato il cartogramma a mosaico riguardante l'Indice globale della fame nel 2013 (da *Indice globale della fame 2013*), crea una tabella in cui elencare le aree geografiche industrializzate, quelle che presentano un basso indice della fame, quelle con un indice moderato, grave, allarmante ed estremamente allarmante.

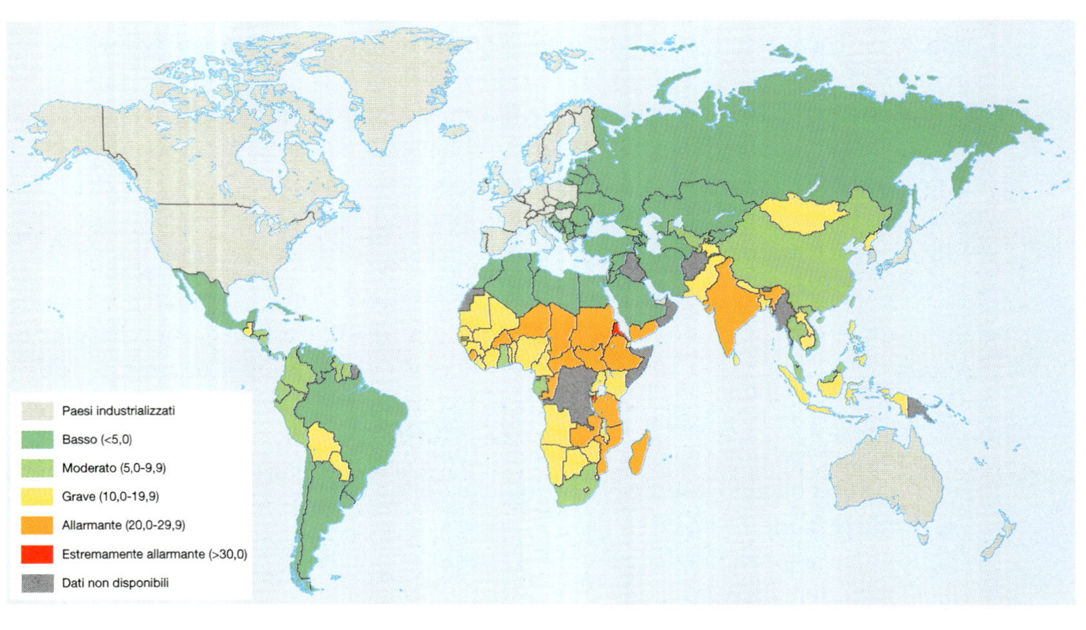

Per applicare correttamente il metodo geostorico proposto, consulta la SCHEDA DI METODO 6, p. 112, e la SCHEDA DI METODO 7, p. 156.

Lingue e religioni nel mondo

Lingue maggioritarie e lingue minoritarie Oggi nel mondo si parlano circa settemila lingue. Tra queste è necessario distinguere le **lingue maggioritarie** da quelle **minoritarie**.

Al primo gruppo appartengono le **lingue ufficiali** parlate nei singoli Stati e quelle che debbono la loro diffusione in ampie zone del globo a motivi di **carattere economico e commerciale**. È questo per esempio il caso della lingua inglese, che nel tempo, grazie anche al suo ampio utilizzo in settori come quello pubblicitario, tecnologico e della moda, è diventata uno strumento di comunicazione globale. La lingua più parlata sulla Terra (più di un miliardo di persone) è oggi il cinese, che però non gode di un'amplissima diffusione come **lingua veicolare**.

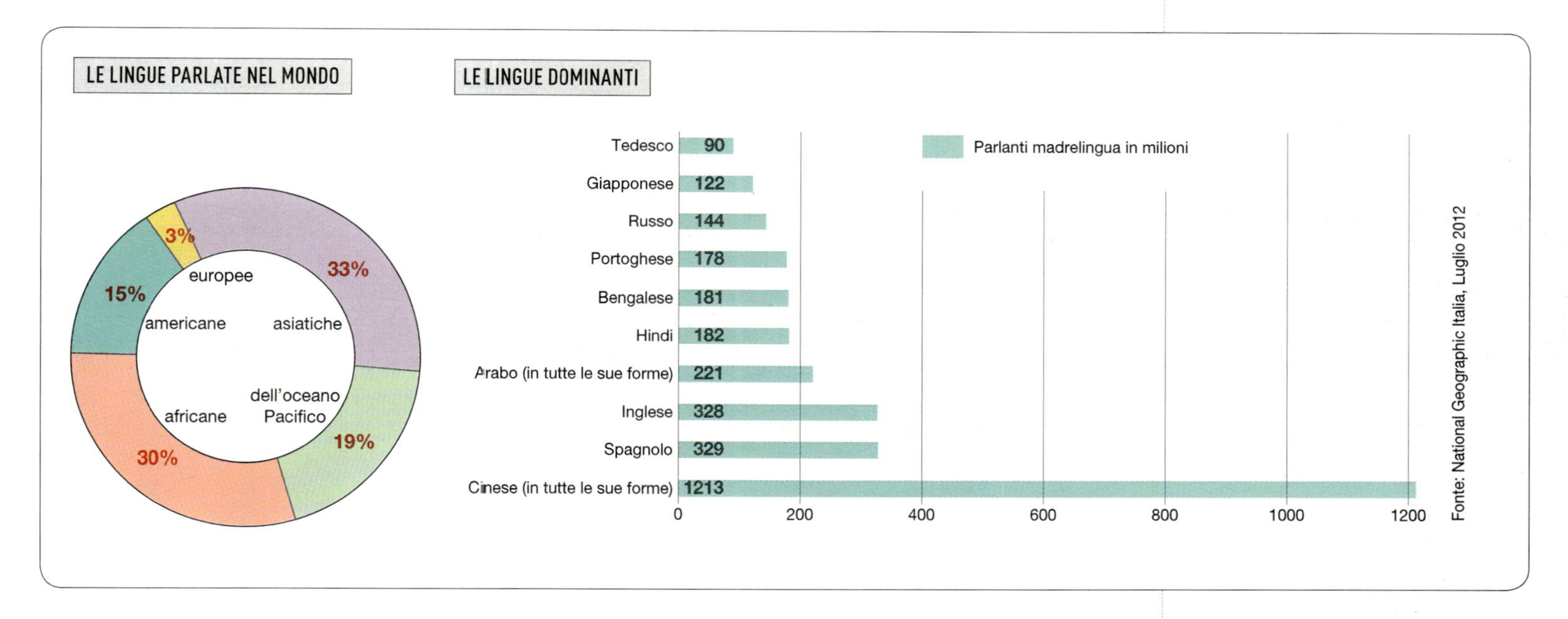

Del gruppo delle **lingue minoritarie**, invece, fanno parte quelle lingue che rimangono all'interno dei propri confini geografici di appartenenza o che, superando questi ultimi grazie all'emigrazione, non riescono a uscire fuori dalle mura domestiche di quanti le parlano.

Le lingue minoritarie non sono però rappresentate soltanto dalle lingue «esportate» dai migranti in altre aree geografiche. In varie zone del mondo, infatti, esistono gruppi che, grazie a vicende storiche che hanno radici profonde, conservano una loro specificità linguistica e culturale e vengono riconosciuti come «**minoranze linguistiche**» attraverso strumenti legislativi *ad hoc*.

In questi casi, come per esempio in **Trentino-Alto Adige** o in **Valle d'Aosta**, vige un sostanziale **bilinguismo** che trova applicazione a partire dall'istruzione scolastica sino ad arrivare all'amministrazione statale, passando per ogni aspetto della vita quotidiana.

Moltissime lingue minoritarie sono quasi sconosciute e vengono parlate da piccolissime comunità. Esse, perciò, **tendono a estinguersi** in breve tempo. Si tratta perlopiù di lingue che ormai vengono tramandate solo oralmente e che non hanno un peso rilevante nell'economia globalizzata. Il tuvano, per esempio, è una lingua parlata in Russia solo da 235.000 persone. Un numero davvero irrilevante, se si pensa che l'inglese è parlato da 328 milioni di persone, mentre il cinese mandarino da oltre 845 milioni.

IL LESSICO GEOGRAFICO

Lingua veicolare Lingua utilizzata per la comunicazione tra persone che appartengono a lingue madri diverse.

Minoranza linguistica Gruppo che parla una lingua materna diversa da quella della maggioranza della popolazione a cui appartiene, che di norma è la lingua ufficiale dello Stato in cui il gruppo risiede.

Religioni nel mondo Oltre alla lingua, un secondo importante elemento che contribuisce a formare l'identità culturale di un popolo è la religione professata, intesa come **credo individuale**, come **consuetudine collettiva** tramandata dalla società e come **visione del mondo** che arriva a delineare le regole comportamentali quotidiane.

A seconda che il credo professato si rivolga a un sistema composto da diverse divinità o a un dio singolo e unico, si parla di religioni politeiste o monoteiste.

Le **religioni monoteiste** più diffuse sono: l'**ebraismo** (la più antica), il **cristianesimo** nelle sue diverse confessioni (cattolicesimo, protestantesimo, ortodossia, credo copto) e l'**islamismo** (caratterizzato dall'opposizione principale tra sunniti e sciiti).

Tra le religioni **politeiste**, o tra quelle che si delineano piuttosto come **filosofie religiose**, le più importanti e diffuse nel mondo sono l'induismo (India), il buddismo (Cina e Asia orientale), lo scintoismo (Giappone), il lamaismo (Tibet), il confucianesimo (Cina) e il taoismo (Cina).

Oggi, in diverse aree del mondo la religione assume una nuova rilevanza, dal momento che in molti Stati essa è alla base delle **scelte politiche fondamentali**, sia per quanto riguarda le questioni interne sia per quanto riguarda le relazioni internazionali.

Dal monoculturalismo plurale al multiculturalismo Viviamo in un'**era multietnica**, favorita dalla globalizzazione e dai grandi spostamenti di popolazioni, nella quale diverse culture entrano in contatto tra loro e si influenzano a vicenda. Quest'incontro, però, può andare in due diverse direzioni: da un lato, la via del **dialogo** e della costruzione di un terreno comune di confronto e relazione; dall'altro, la via dell'**esclusione** e dell'affermazione di una presunta superiorità di un sistema culturale su un altro.

Ebrei ultraortodossi con i tipici *payot* (i boccoli laterali), durante una preghiera di gruppo a Gerusalemme.

Un bambino gioca in mezzo ai fedeli durante la preghiera del primo giorno di Ramadan nella Grande Moschea di Strasburgo, in Francia.

Monaci buddisti pregano nel parco di Buddhamonthon, nella provincia di Nakhon Pathom, in Thailandia. Alle loro spalle è visibile la statua di Buddha più alta al mondo.

LE RELIGIONI NEL MONDO

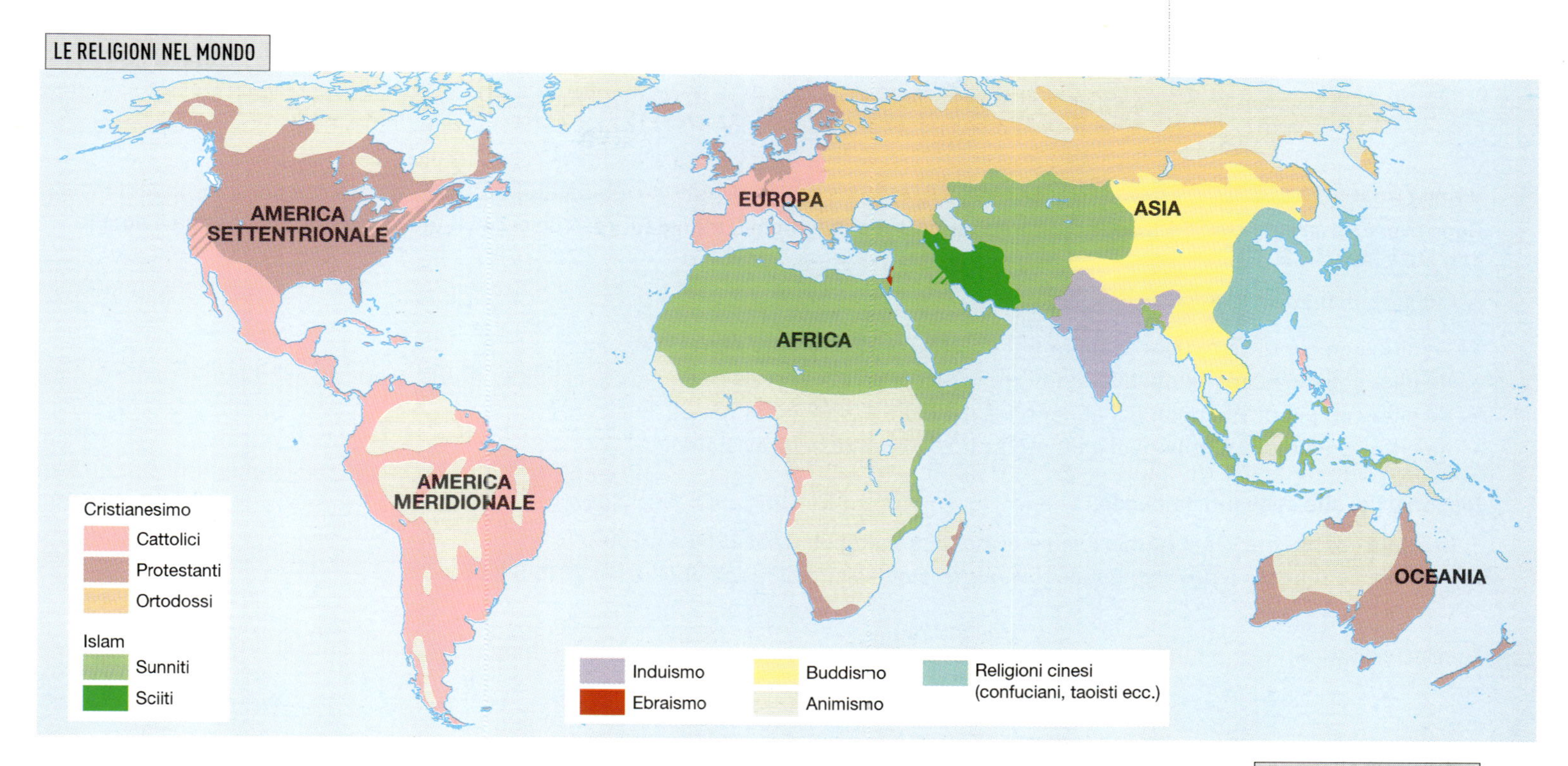

■ Calcolare con precisione la distribuzione delle diverse religioni nel mondo e il numero di praticanti per ciascuna di esse è un'operazione molto difficile, soprattutto in un'era globalizzata come la nostra, dove a sempre più frequenti movimenti antropici corrisponde un'altrettanta intensa mobilità di tradizioni e culture. La rappresentazione cartografica sottostante, cuindi, è stata fortemente semplificata. Si pensi, per esempio, alla commistione di religioni nella sola Asia.

Alla base di quest'ultima posizione vi è la convinzione che non solo le culture siano diverse tra di loro, ma che ve ne siano alcune **superiori** alle altre, solitamente rappresentate da quelle che appartengono alle minoranze. Spesso, una simile convinzione si concretizza nel tentativo di assimilazione integrale di una cultura nell'altra, nell'inclusione subalterna o, nei casi più estremi, in atteggiamenti di stampo **razzista**.

Vi è poi il caso in cui si verifica la **coesistenza** di diverse culture di appartenenza in uno stesso territorio, senza che queste in qualche modo «si parlino», interagiscano tra loro: si tratta del cosiddetto **monoculturalismo plurale** (→ PAROLE CHIAVE UNITÀ 2, p. 322).

Diverso è invece l'orientamento del **multiculturalismo** (→ PAROLE CHIAVE UNITÀ 2, p. 322) che riconosce la pari dignità di gruppi culturali, religiosi ed etnici differenti. Il multiculturalismo, insomma, richiede una sola cultura, ossia quella del **reciproco riconoscimento** dell'esistenza di una pluralità di culture, capace di dare vita a una società basata su un sistema di valori condivisi.

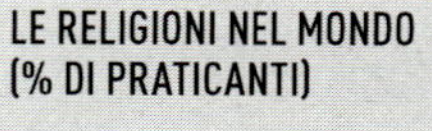

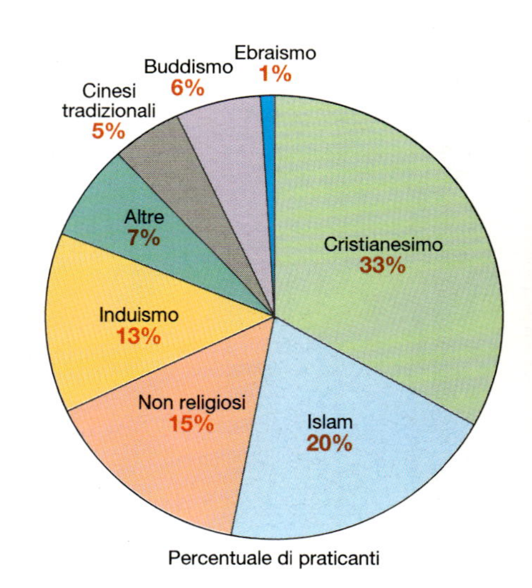

ATTIVITÀ

DOMANDE DI COMPRENSIONE

1. Qual è la differenza tra lingue maggioritarie e lingue minoritarie?
2. Spiega oralmente, con parole tue, la differenza che intercorre tra le seguenti dottrine:
   a. monoculturalismo plurale;
   b. multiculturalismo.

COMPETENZE DI GEOSTORIA — **LEGGERE UNA CARTA TEMATICA E COSTRUIRE UNA TABELLA**

Le religioni nel mondo

Dopo aver analizzato con attenzione la carta tematica *Le religioni nel mondo* in questa pagina, realizza una tabella in cui elencare per ogni religione le regioni di diffusione.

Per applicare correttamente il metodo geostorico proposto, consulta la SCHEDA DI METODO 4, p. 67, e la SCHEDA DI METODO 6, p. 112.

DALLE ABILITÀ ALLE COMPETENZE

LEGGERE E INTERPRETARE CARTOGRAMMI E LEGGERE E COSTRUIRE UNA TABELLA E SAPERNE RICAVARE INFORMAZIONI **COMPETENZA GEOGRAFICA**

1 **Dopo avere osservato con attenzione il cartogramma sulle megalopoli mondiali, costruisci con il tuo computer una tabella a doppia entrata e inserisci:**

(→ Schede di metodo 6, p. 112, e 7, p. 156)

- le città con più di 15 milioni di abitanti tra il 1950 e il 2009 (dato reale);
- le città con più di 15 milioni di abitanti tra il 2010 e il 2024 (previsione);
- le città con più di 3,5 milioni di abitanti tra il 1950 e il 2009 (dato reale);
- le città con più di 3,5 milioni di abitanti tra il 2010 e il 2024 (previsione).

Rispondi poi alle seguenti domande.

1. In quale continente vi è il numero più elevato di megalopoli tra il 1950 e il 2009?
2. In quale continente è previsto il maggior numero di nascite di megalopoli tra il 2010 e il 2024?

LE MEGALOPOLI MONDIALI

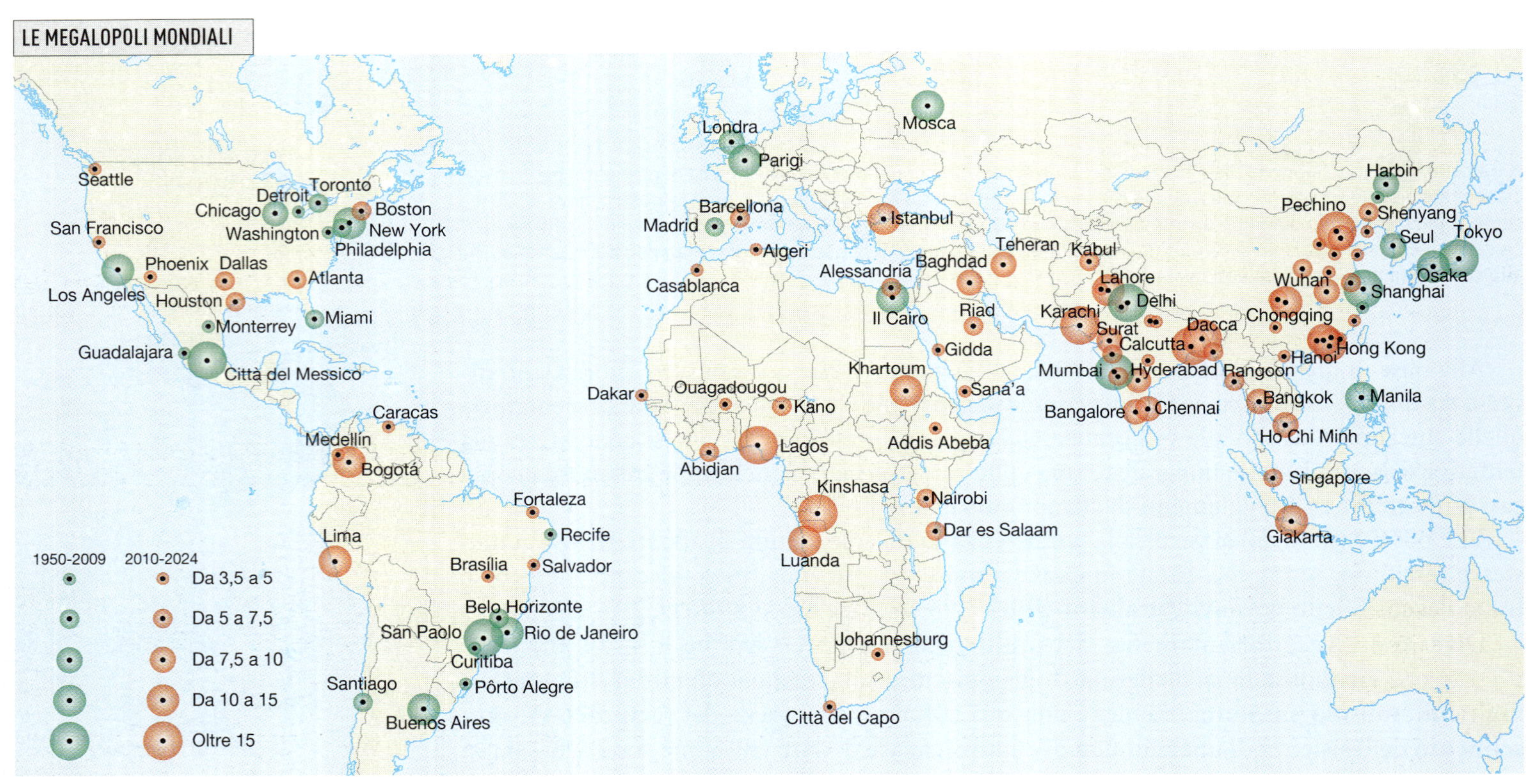

Città multimilionarie (per periodo di ingresso nella categoria e per milioni di abitanti) Fonte: Onu

LEGGERE E INTERPRETARE CARTOGRAMMI E CONFRONTARE DUE CARTE **COMPETENZA GEOGRAFICA**

2 **Dopo avere esaminato il cartogramma a mosaico nella pagina a fianco, confrontalo con una carta geografica politica e rispondi alle seguenti domande.**

(→ Schede di metodo 7, p. 156, e 8, p. 214)

- Quali sono le aree geografiche con l'Isu maggiore?
- In quali continenti vi è il maggior numero di Paesi con l'Isu minore?
- Di quali aree geografiche non si hanno informazioni relative all'Isu?
- In quali aree geografiche dell'Asia, dell'Africa e dell'America si registra un Isu tra 0,712 e 0,796?

Per approfondire, consulta la *world map* (mappa mondiale interattiva) del sito Internet hdr.undp.org/en/data/map/ (in inglese, francese e spagnolo) e confronta l'indice di povertà nei vari Stati nel mondo.

DALLE ABILITÀ ALLE COMPETENZE

LO SVILUPPO UMANO NEL MONDO

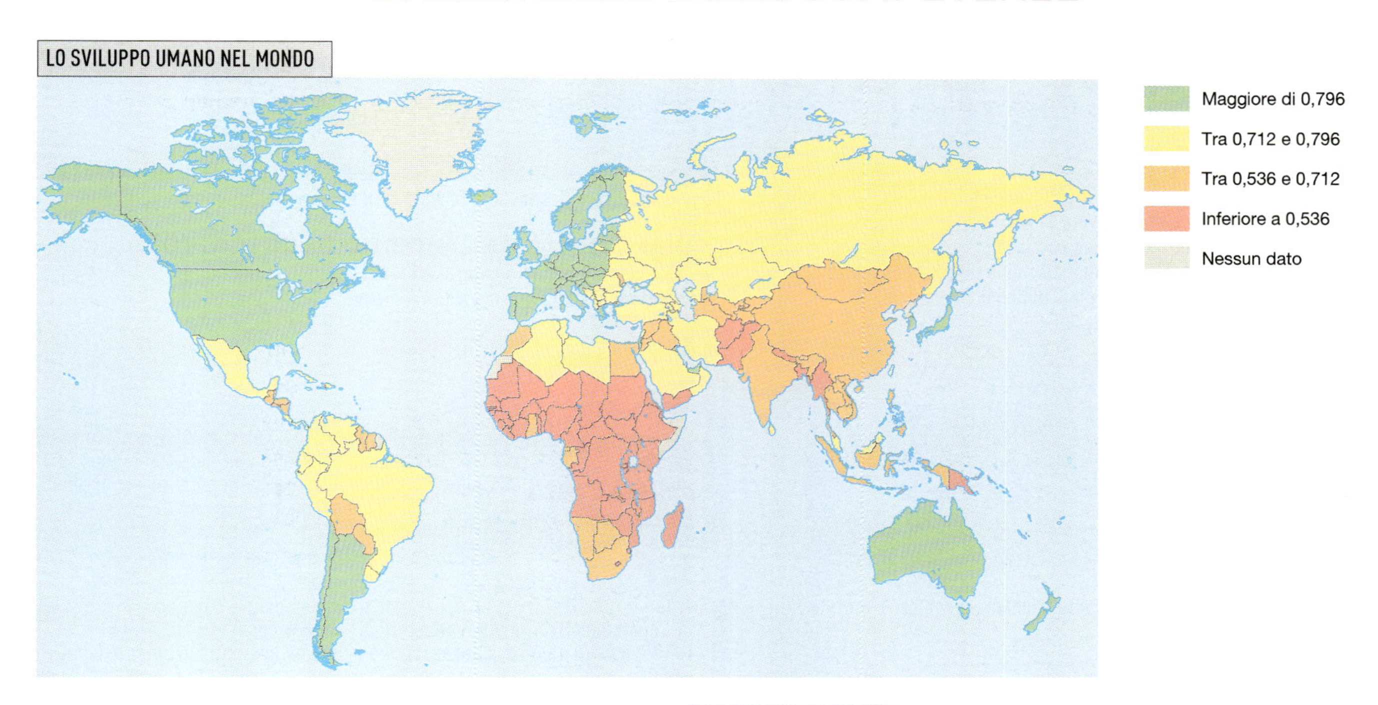

Maggiore di 0,796
Tra 0,712 e 0,796
Tra 0,536 e 0,712
Inferiore a 0,536
Nessun dato

RICAVARE INFORMAZIONI DA UN SITO INTERNET DATO E COSTRUIRE UNA TABELLA **COMPETENZA GEOGRAFICA**

3 **Dopo aver consultato con attenzione il sito Internet http://www.worldometers.info/it/ tutti i giorni, per una settimana intera qualsiasi e alla stessa ora (ore 15.00, 16.00, ecc.), completa la tabella a doppia entrata sottostante inserendo i dati richiesti. Conclusa la settimana, scrivi un breve commento (max 15-20 righe) su quanto rilevato. Sarebbe opportuno che ogni alunno del gruppo classe si collegasse al sito in orari diversi.**

(→ Scheda di metodo 6, p. 112)

	LUNEDÌ	MARTEDÌ	MERCOLEDÌ	GIOVEDÌ	VENERDÌ	SABATO	DOMENICA
Popolazione mondiale annuale							
Persone morte oggi							
Persone morte di fame oggi							
TOTALE							

UTILIZZARE LE COMPETENZE GEOGRAFICHE GIÀ ACQUISITE CORRELANDOLE ALLE COMPETENZE DI CITTADINANZA E ALLE ALTRE DISCIPLINE **COMPETENZA TRASVERSALE**

4 **Dopo avere cercato su Internet la pianta della tua città e dopo averla stampata e incollata sul quaderno di geografia, indica le sue funzioni principali (economica, militare, amministrativa, commerciale, turistica, culturale, industriale ecc.) rispetto ai Comuni limitrofi o all'intera regione.**

Realizza poi uno schema con le sue caratteristiche principali: forma della città (a scacchiera, a raggiera, circolare ecc.), area di superficie (in km²), numero di abitanti, andamento demografico negli ultimi dieci anni, densità di popolazione, settore economico maggiormente sviluppato, prodotti in maggior misura esportati, tasso di disoccupazione.

Indica infine in quale parte della città vivi (centro o periferia), se e quale mezzo utilizzi per raggiungere la tua scuola, quanti chilometri dista la scuola da casa tua (o quanti minuti impieghi per giungere a scuola), se al ritorno percorri la stessa strada o una strada diversa (e perché), in quale parte della città ti rechi nel tuo tempo libero (e perché).

Unità 3 Europa, dal passato al futuro

Lezione

Vai alla lezione di geografia **Europa**

COMPETENZE DI GEOGRAFIA

- Conoscere territori vicini e lontani e ambienti diversi, saperli confrontare, cogliendo i vari punti di vista con cui si può osservare la realtà geografica (geografia fisica, antropologica, economica, politica ecc.).
- Comprendere il cambiamento e le diversità dei tempi storici in una dimensione diacronica, attraverso il confronto tra epoche, e in una dimensione sincronica, attraverso il confronto tra aree geografiche e culturali.
- Osservare, analizzare e descrivere fenomeni appartenenti alla realtà naturale e antropica e riconoscere le varie forme di organizzazione del territorio.

COMPETENZE DEL METODO GEOSTORICO

- Metodo 9 Leggere e costruire grafici.
- Metodo 4 Leggere una carta tematica.

LEZIONE 9 Europa: confini naturali e territorio

L'Europa è un continente di 46 Stati indipendenti, due dei quali estendono il proprio territorio anche nel continente asiatico: Russia e Turchia.

Le parole chiave

Eurasia Zona geografica che per convenzione individua l'unica massa continentale in cui si uniscono Europa e Asia.

Il fiume Volga nei pressi del villaggio di Dubrovki, nella Russia europea.

LEZIONE 10 Storia e popolazione d'Europa

L'andamento demografico odierno dell'Europa si è assestato a livelli molto bassi: al crollo dell'indice di fecondità e all'aumento della speranza di vita corrisponde, in direzione inversamente proporzionale, l'aumento dell'età media della popolazione.

Le parole chiave

Baby boom/Baby crack Si parla di *boom* demografico nel caso in cui si verifichi un rapido incremento della popolazione. Il *baby boom* che ha caratterizzato l'Europa negli «anni del benessere» è quindi un aumento significativo delle nascite, mentre l'espressione *baby crack* (che caratterizza invece i nostri giorni) indica un crollo considerevole del numero delle nascite.

Anziani in un centro commerciale italiano.

LEZIONE 11 I diversi volti dell'Europa

Pur non occupando una superficie molto vasta (se paragonata a continenti come l'Africa, l'America e l'Asia), l'Europa è suddivisa politicamente in più di 40 Stati, ognuno dei quali, a seconda della propria collocazione geografica e grazie alle proprie caratteristiche geopolitiche, contribuisce all'identificazione di macroaree geografiche.

Le parole chiave

Regione geografica Estesa superficie terrestre che può includere diversi Stati accomunati dalle stesse caratteristiche, come la conformazione del terreno, la posizione geografica, il clima, la fauna, la flora, la cultura, la storia e la lingua.

Una piantagione di viti sulle colline toscane. La viticoltura è una delle attività agricole principali dell'Europa meridionale.

LEZIONE 12 Il bacino del Mediterraneo

Il Mediterraneo, chiave d'accesso a tre continenti (Europa, Asia e Africa), è stato nel corso dei secoli un affollato crocevia di popoli e culture. Proprio per la sua importanza strategica, appare fondamentale che gli Stati mediterranei portino avanti un dialogo pacifico e un rapporto economicamente e politicamente costruttivo.

Le parole chiave

Clima mediterraneo Si tratta di un clima caratterizzato da estati calde, mitigate però dal mare e dai venti, e da inverni tiepidi, sempre grazie all'influenza del mare.
Stato di diritto Forma di Stato che vincola l'esercizio del proprio potere al rispetto di una legge costituzionale, che tutela i diritti fondamentali del cittadino e stabilisce la distribuzione del potere tra i vari organi governativi.

Una nave cargo con un carico di container attraversa il mar Mediterraneo, crocevia di intensi traffici commerciali.

L'EUROPA POLITICA

LEZIONE 13

L'Unione Europea

All'indomani della Seconda guerra mondiale, i politici e gli uomini di cultura europei elaborarono l'ipotesi di un organismo sovranazionale che mettesse in primo piano, nel rispetto delle diversità socio-culturali degli Stati aderenti, una cooperazione politica ed economica fruttuosa e pacifica: è l'origine dell'Unione Europea.

Le parole chiave

Cittadinanza europea Istituita dal trattato di Maastricht nel 1992, la cittadinanza europea non sostituisce quella dello Stato in cui si è nati, ma vi si aggiunge automaticamente qualora quest'ultimo sia un Paese che fa parte dell'Unione.

Euro Moneta unica adottata dai Paesi dell'Unione Economica e Monetaria Europea (UEM) dal 1° gennaio 1999.

A Bruxelles una folla di cittadini assiste ai festeggiamenti per il Giorno dell'Europa, che si celebra ogni anno il 9 maggio.

LEZIONE 14

Europa, un mosaico di culture diverse

Le autorità politiche degli Stati aderenti all'Ue si adoperano affinché le diversità culturali europee vengano viste come un'opportunità di incontro, confronto e arricchimento culturale.

Le parole chiave

Identità europea Il patrimonio di valori comune ai cittadini dei Paesi membri dell'Ue, capace di accogliere e rispettare le diversità culturali e le singole identità nazionali presenti nel Vecchio Continente.

Una parete ricoperta di fotografie di cittadini europei, nella sede della Commissione Europea a Bruxelles, mostra l'identità multietnica e multiculturale del nostro continente.

Lezione

9 Europa: confini naturali e territorio

Lezione

Vai alla lezione di geografia
Europa

Confini naturali e politici I confini orientali dell'Europa hanno caratteri incerti. Analizzando la cartina fisica a pagina 345, infatti, si può notare che non vi è una suddivisione territoriale netta, un chiaro spartiacque tra il territorio europeo e quello asiatico. Proprio per questa ragione, alcuni studiosi, quando si tratta di enumerare i continenti che fanno parte della superficie terrestre, preferiscono parlare di **Eurasia** (→ PAROLE CHIAVE UNITÀ 3, p. 342).

Il concetto di un'Europa dai confini ben delineati è piuttosto recente e rintraccia le proprie radici nella storia, nelle tradizioni, nella cultura che accomunano a grandi linee gli abitanti del Vecchio Continente e che, invece, sono lontane dal patrimonio storico-culturale proprio delle popolazioni asiatiche.

I limiti geografici europei maggiormente accettati sono quelli delineati nel 1730 dall'ufficiale svedese Philip Johan **von Strahlenberg**, che esaudì il desiderio dell'allora zar Pietro il Grande di far rientrare la Russia – o una parte di essa –nei confini politici europei.

Secondo l'impostazione di von Strahlenberg, il **confine tra l'Europa e il continente asiatico** è rappresentato dai **monti Urali** (che tagliano in due la Russia) e, proseguendo da Nord verso Sud, dal **fiume Ural** che sfocia nel mar Caspio. Quindi, avanzando verso Ovest, le **depressioni** dei fiumi Kuma e Manyč, fra il mar Caspio e il mar d'Azov, segnano il confine meridionale tra Europa e Asia fino ad arrivare al mar Nero e quindi alla penisola balcanica (escludendo, così, l'area caucasica considerata da sempre asiatica).

I rimanenti confini europei sono delimitati dai mari che circondano il Vecchio Continente e che sviluppano ben 37.900 km di coste: il **mar Glaciale Artico** a Nord, l'**oceano Atlantico** a Ovest, il **mar Mediterraneo** a Sud.

Si può quindi concludere che l'Europa si presenta come una propaggine dell'Asia, una grande penisola dalla forma triangolare che ha come propria base una linea immaginaria tracciata tra i monti Urali e il mar Caspio e come proprio vertice il capo di São Vicente in Portogallo. La stretta **vicinanza tra l'Europa e l'Asia**, resa ancora maggiore dall'assenza di aree gelate o desertiche, dalla mancanza di foreste malsane o di catene montuose invalicabili, ha fin dall'antichità favorito contatti e relazioni tra popoli diversi, facilitandone in tal modo il commercio terrestre e marittimo, ma anche gli spostamenti di popolazioni.

IL LESSICO GEOGRAFICO

Depressione Parte della superficie terrestre che si trova a un livello più basso rispetto a quello del mare o a quello medio della regione circostante.

Le caratteristiche del territorio L'Europa, suddivisa in **46 Stati** (→ CARTA POLITICA, p. 343), si estende su una superficie di 10.367.058 km² e ha una popolazione di 719.168.562 abitanti (con una densità pari a 69 ab./km²), includendo gli arcipelaghi delle Azzorre e di Madeira (regioni autonome del Portogallo) e delle Canarie (regione della Spagna).

Il territorio del Vecchio Continente, piuttosto omogeneo solamente nella sua parte nord-orientale, è caratterizzato dalla presenza di **estese penisole**: a Nord si trovano la penisola scandinava (Norvegia, Svezia e Finlandia) e lo Jutland (corrispondente alla Danimarca); a Ovest la penisola iberica (Spagna e Portogallo); a Sud la penisola italiana; a Sud-Est la penisola balcanica. Inoltre, l'Europa accoglie entro i suoi confini alcune **grandi isole**: Islanda, Irlanda, Gran Bretagna, Sardegna, Corsica, Sicilia, Cipro e Malta.

Diversi **mari** bagnano le coste europee: a Nord il mar Glaciale Artico, il mar di Barents, il mar Bianco, il mar Baltico (che divide la penisola scandinava dal Nord Europa); a Nord-Ovest il mar di Norvegia e il mare del Nord; a Ovest l'oceano Atlantico; a Sud il mar Mediterraneo; a Est il mar Nero e il mar Caspio.

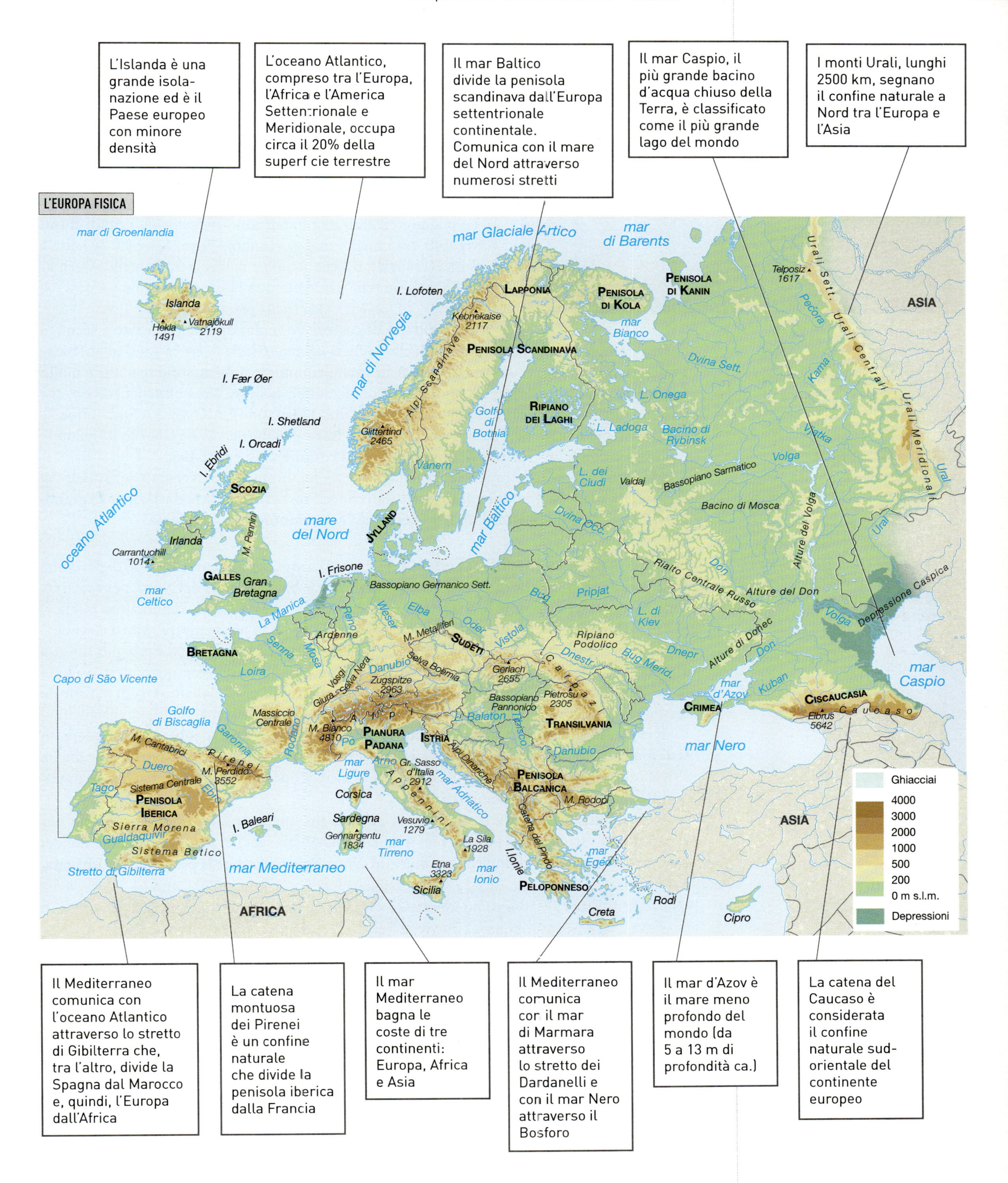
L'Islanda è una grande isola-nazione ed è il Paese europeo con minore densità
L'oceano Atlantico, compreso tra l'Europa, l'Africa e l'America Settentrionale e Meridionale, occupa circa il 20% della superficie terrestre
Il mar Baltico divide la penisola scandinava dall'Europa settentrionale continentale. Comunica con il mare del Nord attraverso numerosi stretti
Il mar Caspio, il più grande bacino d'acqua chiuso della Terra, è classificato come il più grande lago del mondo
I monti Urali, lunghi 2500 km, segnano il confine naturale a Nord tra l'Europa e l'Asia
L'EUROPA FISICA
mar di Groenlandia
mar Glaciale Artico
mar di Barents
Penisola di Kanin
Penisola di Kola
Lapponia
I. Lofoten
Islanda
Hekla 1491
Vatnajökull 2119
Kebnekaise 2117
Penisola Scandinava
mar Bianco
Telposiz 1617
Urali Sett.
Urali Centrali
Urali Meridionali
Pečora
Kama
Vjatka
Ural
ASIA
mar di Norvegia
Alpi Scandinave
I. Fær Øer
I. Shetland
I. Orcadi
I. Ebridi
Glittertind 2465
Golfo di Botnia
Ripiano dei Laghi
L. Onega
L. Ladoga
Dvina Sett.
Bacino di Rybinsk
Volga
Vänern
L. dei Ciudi
Valdaj
Bassopiano Sarmatico
Bacino di Mosca
Scozia
oceano Atlantico
mare del Nord
Jylland
mar Baltico
Dvina Occ.
Alture del Volga
M. Pennini
Irlanda
Carrantuohill 1014
Galles
Gran Bretagna
mar Celtico
I. Frisone
Bassopiano Germanico Sett.
Rialto Centrale Russo
Don
Alture del Don
Depressione Caspica
La Manica
Reno
Weser
Elba
Oder
Bug
Pripjat
L. di Kiev
Ripiano Podolico
Dnepr
Alture di Donec
Donec
Ardenne
M. Metalliferi
Sudeti
Vistola
Bretagna
Senna
Mosa
Danubio
Selva Boemia
Gerlach 2655
Carpazi
Dnestr
Bug Merid.
Capo di São Vicente
Loira
Vosgi
Selva Nera
Giura
Zugspitze 2963
Bassopiano Pannonico
Pietrosu 2305
mar d'Azov
Kuban
Ciscaucasia
Caucaso
Elbrus 5642
mar Caspio
Golfo di Biscaglia
Massiccio Centrale
Alpi
M. Bianco 4810
Pianura Padana
Po
Istria
Balaton
Tibisco
Transilvania
Crimea
mar Nero
Garonna
M. Cantabrici
Pirenei
M. Perdido 3552
Duero
Rodano
mar Ligure
Arno
Gr. Sasso d'Italia 2912
Appennini
Alpi Dinariche
mar Adriatico
Danubio
Penisola Balcanica
M. Rodopi
Tago
Sistema Centrale
Ebro
Penisola Iberica
Corsica
Sardegna
Gennargentu 1834
I. Baleari
Vesuvio 1279
mar Tirreno
La Sila 1928
Catena del Pindo
I. Ionie
mar Egeo
Sierra Morena
Guadalquivir
Sistema Betico
Stretto di Gibilterra
mar Mediterraneo
Etna 3323
Sicilia
mar Ionio
Peloponneso
Creta
Rodi
Cipro
AFRICA
ASIA
Ghiacciai
4000
3000
2000
1000
500
200
0 m s.l.m.
Depressioni
Il Mediterraneo comunica con l'oceano Atlantico attraverso lo stretto di Gibilterra che, tra l'altro, divide la Spagna dal Marocco e, quindi, l'Europa dall'Africa
La catena montuosa dei Pirenei è un confine naturale che divide la penisola iberica dalla Francia
Il mar Mediterraneo bagna le coste di tre continenti: Europa, Africa e Asia
Il Mediterraneo comunica con il mar di Marmara attraverso lo stretto dei Dardanelli e con il mar Nero attraverso il Bosforo
Il mar d'Azov è il mare meno profondo del mondo (da 5 a 13 m di profondità ca.)
La catena del Caucaso è considerata il confine naturale sud-orientale del continente europeo

Il Geirangerfjord è un fiordo che si trova nella parte sud-occidentale della contea del Møre og Romsdal, in Norvegia; dal 2005 è entrato a far parte della lista dei siti Patrimonio dell'Umanità dell'Unesco.

IL LESSICO GEOGRAFICO

Fiordo Insenatura stretta, profonda e ramificata che incide le coste aspre e rocciose. I fiordi si originano di frequente da valli in precedenza coperte da ghiacciai.

Estuario Foce di un fiume a forma di imbuto, caratteristica delle coste oceaniche in cui il mare si addentra considerevolmente fino al letto fluviale.

Il territorio europeo si caratterizza anche per la presenza di grandi **catene montuose**: i Pirenei a Ovest (confine naturale tra la Spagna e la Francia), le Alpi nell'area centro-meridionale e i Carpazi a Est (più o meno tra Polonia, Ucraina e Romania).

Prevalentemente **pianeggiante**, invece, è la parte del continente che partendo dalla Francia va verso Oriente: in questo territorio, infatti, si susseguono diversi bassopiani fino alla grande pianura russa (il bassopiano sarmatico) delimitata dai monti Urali. Le pianure centrali e orientali sono percorse da **grandi fiumi navigabili**, tra i quali i maggiori sono: l'Ebro (Spagna), la Loira e la Senna (Francia), il Reno (confine naturale tra Francia e Germania), il Danubio (che percorre tutta l'Europa centrale e sfocia nel mar Nero), il Don e il Volga (nella pianura russa).

I **37.900 km di coste** sono molto differenti tra loro a seconda dell'area geografica in cui si trovano. Quelle bagnate dal mar Glaciale Artico sono infatti basse e quasi sempre gelate. Le coste a ridosso delle catene montuose, invece, sono rocciose e molto frastagliate, come quelle inglesi e norvegesi (di incredibile bellezza sono i **fiordi** norvegesi, che attirano migliaia di turisti durante i mesi meno freddi dell'anno). A Ovest e a Sud, infine, le coste sono più lineari, in prossimità delle pianure basse e sabbiose; ciò ha favorito lo sviluppo economico con la costruzione di importanti **porti commerciali e turistici**.

Un caso particolare è rappresentato dagli **estuari** dei fiumi che si riversano nell'Atlantico: essi, infatti, rappresentano rientranze naturali che hanno permesso la realizzazione di grandi porti come quello di **Rotterdam** nei Paesi Bassi e di **Amburgo** in Germania.

I porti e la politica marittima europea Le coste europee godono di un grado di pescosità differente a seconda delle caratteristiche del mare che le bagna. I **mari del Nord**, per esempio, sono molto pescosi, poiché le acque con una temperatura bassa offrono condizioni migliori per lo **sviluppo della fauna marina** rispetto a quelle con una temperatura mite o elevata. Proprio per questa ragione, la Norvegia è il Paese che gode in Europa della più intensa attività ittica sia dal punto di vista quantitativo sia dal punto di vista qualitativo, seguita dalla Danimarca, dall'Islanda e dalla Spagna. Questi Paesi, grazie all'utilizzo di sofisticate tecnologie, riescono a praticare anche la pesca d'altura (cioè a diverse miglia di distanza).

È evidente, poi, come a un consistente sviluppo del settore ittico debba corrispondere un **sistema infrastrutturale** tale da permettere la commercializzazione e l'esportazione anche a livello internazionale del pescato: è così che sono nati porti di grandi dimensioni e dotati di tutte le attrezzature all'avanguardia.

Negli ultimi anni, però, la quantità di pescato si è notevolmente ridotta, non solo per la cosiddetta «corsa alla pesca» non regolamentata, ma anche per lo sfruttamento dei giacimenti petroliferi sottomarini nel mare del Nord. Per contrastare la **pesca indiscriminata**,

ALCUNI DEI PRINCIPALI PORTI EUROPEI (2009)

PORTI	MERCI (1000 t)	CONTAINER (1000 TEU, unità equivalente a 20 piedi. 1 piede = 30,48 cm)
Amburgo (Germania)	110.381	7008
Amsterdam (Paesi Bassi)	86.678	386
Anversa (Belgio)	157.807	7310
Brema (Germania)	63.106	4579
Gioia Tauro (Italia)	34.394	2857
Marsiglia (Francia)	83.194	877
Rotterdam (Paesi Bassi)	386.957	9743

(fonte: *Calendario Atlante De Agostini 2012*)

l'**estinzione di alcune specie** (come la balena) e l'**inquinamento delle acque marine**, l'Unione Europea ha varato nel 2009 una strategia comunitaria relativa ai trasporti, all'energia e alla tutela ambientale marittima valida fino al 2018, in pieno accordo con il *Protocollo di Kyoto* (→ GEOGRAFIA, LEZIONE 4).

Tra gli obiettivi della strategia ricordiamo: la creazione di uno «spazio europeo di trasporto marittimo senza barriere»; il rispetto delle norme ambientali nello sviluppo dei porti; la creazione di reti transeuropee di trasporto per una migliore fruibilità delle merci; la progettazione di nuovi modelli di navi e attrezzature per migliorare le prestazioni ambientali e di sicurezza; nuove tecnologie che garantiscano la massima efficienza della catena dei trasporti; strumenti di ispezione e di controllo, nonché sistemi avanzati di telecomunicazione.

Una veduta dello scalo portuale più grande della Germania, Amburgo, che è anche il terzo porto europeo dopo Rotterdam e Anversa.

Un'attivista dell'organizzazione ambientalista Greenpeace manifesta contro lo sfruttamento delle riserve ittiche. La pesca intensiva, attuata con sistemi distruttivi, è la minaccia più pericolosa per la vita degli ecosistemi marini.

ATTIVITÀ

DOMANDE DI COMPRENSIONE

1. Indica sulla cartina di p. 345 i confini naturali dell'Europa.

   ....

   ....

2. Indica sulla cartina i mari, le pianure, le catene montuose e i fiumi che interessano il territorio europeo.

   ....

   ....

3. Quali sono gli obiettivi della politica marittima europea del 2009? Quale nesso hanno con il *Protocollo di Kyoto*?

   ....

   ....

COMPETENZE DI GEOSTORIA — **LEGGERE E COSTRUIRE GRAFICI**

Il trasporto marittimo in Europa

Dopo avere letto con attenzione la tabella sul trasporto marittimo europeo, seleziona i soli dati riguardanti l'Italia e crea al tuo computer un grafico a scelta tra quelli proposti nella scheda 9 delle Competenze di geostoria. Ricorda, però, che non tutti i grafici sono adatti a rappresentare uno o più fenomeni nel tempo. Alla fine, attribuisci un titolo al tuo grafico, utilizzando parole differenti da quelle riportate nel titolo della tabella.

IL TRASPORTO MARITTIMO IN EUROPA: MERCI IMBARCATE E SBARCATE (IN MIGLIAIA DI TONNELLATE)

PAESE	2005	2006	2007	2008	2009
Regno Unito	584.919	583.739	581.504	562.166	500.863
Italia	508.946	520.183	537.327	526.219	472.499
Olanda	460.940	477.238	507.463	530.359	468.051
Spagna	400.019	414.378	426.648	416.158	363.536
Francia	341.470	350.334	346.825	351.976	315.534
Germania	284.865	302.789	315.051	320.636	262.863

Per applicare correttamente il metodo geostorico proposto, consulta la SCHEDA DI METODO 9, p. 228.

Lezione 10 Storia e popolazione d'Europa

Lezione

Vai alla lezione di geografia
Il popolamento della Terra: migrazioni e società multiculturali

I diversi sviluppi delle due aree dell'Europa antica Alle origini della storia europea si riscontra una netta frattura tra le **civiltà mediterranee**, che diedero vita a società complesse con un sistema economico aperto e strutturato, e le popolazioni dell'**area continentale** (Celti, Illiri, Germani ecc.), che a lungo non riuscirono a superare l'organizzazione in piccole comunità di villaggi e un'economia prevalentemente di sostentamento.

Le civiltà cretese, micenea e fenicia posero le fondamenta della cultura europea, che si sviluppò poi pienamente con i **Greci** e i **Romani**. Alla civiltà greca si deve infatti la fondazione delle **prime città organizzate**, le *poleis*, dove per la prima volta venne sperimentata una forma di governo democratico, in cui i cittadini avevano la possibilità di partecipare alla vita politica (→ STORIA, LEZIONE 6).

Fu grazie ai **Romani**, invece, che la frammentazione politico-territoriale tipica delle *poleis* greche venne superata con la creazione di uno **Stato unitario**, con una lingua unica (il latino) e un'unica moneta per facilitare i commerci. Inoltre, i Romani posero le basi del **diritto** moderno.

Nei primi secoli dopo la nascita di Cristo, quindi, l'Europa era distinta in due grandi aree: quella **sud-occidentale**, sviluppata economicamente e ben organizzata socialmente, e quella **nord-orientale**, scarsamente popolata e arretrata dal punto di vista economico.

■ Una nave mercantile romana con un carico di botti piene di vino. I Romani unificarono il mar Mediterraneo sotto il loro dominio politico e commerciale.

La centralità dell'Europa nel Medioevo Chiamati «barbari» dai Romani, i popoli nomadi provenienti dall'Europa centro-settentrionale con le loro invasioni accelerarono la **caduta** dell'**Impero romano d'Occidente**, avvenuta nel 476. L'Europa assistette quindi alla formazione e al consolidamento di nuovi soggetti politici, nati dall'incontro tra l'elemento romano preesistente e le popolazioni di origine germanica, ovvero i cosiddetti «**regni romano-germanici**».

Nel corso del tempo, si modificò anche la forma di governo del territorio: nacque così il **feudalesimo**, un sistema per il quale un signore locale (il feudatario) riceveva dal sovrano alcune terre o ampie regioni da amministrare, in cambio di fedeltà e disponibilità militare.

Intanto, il **cristianesimo** si era già ampiamente diffuso sull'intero continente e intorno alle chiese e ai monasteri, che offrivano anche assistenza alle fasce più deboli della società, sorsero nuovi villaggi e mercati.

Intorno all'anno **Mille**, infine, grazie anche all'introduzione di nuove tecniche agricole, vi fu una **ripresa demografica** che favorì l'incremento della produzione, lo sviluppo delle città e dei porti e l'apertura di nuove rotte commerciali.

L'Europa in età moderna: le scoperte geografiche e l'epoca del colonialismo Nel XV secolo, il periodo in cui in Italia si assistette allo sviluppo artistico e culturale del **Rinascimento**, la **scoperta dell'America** sconvolse totalmente il corso della storia e dell'economia mondiale. Dal 1492, infatti, i mari del Nord Europa e il mar Mediterraneo persero via via la centralità commerciale che rivestivano in precedenza per lasciar spazio alle nuove **rotte atlantiche**, che permettevano la comunicazione tra l'Europa e il Nuovo Mondo.

Una veduta del porto di Calicut nel 1572. Dopo la scoperta dell'America, gli Europei iniziarono la colonizzazione degli altri continenti.

Furono quindi gli Stati che si affacciavano **sull'oceano Atlantico**, prima Spagna e Portogallo e successivamente anche Francia e Inghilterra, a ottenerne un vantaggio dal punto di vista economico, attraverso lo sfruttamento delle risorse minerarie (oro e argento) del Nuovo Mondo e l'importazione da oltreoceano in Europa di prodotti, prima sconosciuti, come cacao, caffè, tabacco e canna da zucchero.

Contemporaneamente, i Paesi Bassi e la Russia guardavano verso Oriente, intraprendendo intensi rapporti commerciali con le popolazioni asiatiche.

L'Europa tra progresso e guerre Dopo la scoperta dell'America e l'apertura delle nuove rotte commerciali atlantiche, l'Europa continuò nei secoli successivi la sua crescita economica sino ad arrivare, intorno alla metà del Settecento, alla svolta epocale della **Rivoluzione industriale**.

Partita dall'Inghilterra con l'invenzione della macchina a vapore, nel XIX secolo la rivoluzione si diffuse nel resto dell'Europa, con l'introduzione della **produzione in serie nelle fabbriche**: ciò ebbe come conseguenza l'ampliamento non solo dei mercati, ma anche delle città e dei porti, che cambiarono la loro fisionomia adattandosi alle esigenze della nuova società industriale.

Intanto, con la scoperta di **nuove cure mediche** e il **miglioramento delle condizioni igienico-sanitarie** si elevò la qualità di vita e, di conseguenza, aumentò la speranza di vita della popolazione, che in Europa nell'Ottocento passò da 180 a 390 milioni.

All'inizio del Novecento, però, l'Europa subì una battuta d'arresto nel suo cammino verso il benessere diffuso a causa dello scoppio delle **due guerre mondiali**. La prima (1914-18) provocò la fine degli ultimi grandi imperi (germanico, turco-ottomano e austro-ungarico), permettendo la nascita di nuovi Stati indipendenti. La seconda (1939-45) vide, invece, la definitiva **perdita della supremazia** economica e politica dell'Europa a favore degli Usa.

Operai al lavoro in una fornace in un dipinto di Adolph Menzel dal titolo *Moderni Ciclopi* (1872-75).

La canuta popolazione europea Uno dei cambiamenti più significativi che ha riguardato la popolazione europea dal punto di vista dell'andamento demografico si è verificato dalla seconda metà del Novecento a oggi. Nonostante le perdite umane subite negli anni delle due grandi guerre mondiali, infatti, l'Europa ha vissuto la sua massima crescita demografica intorno al **1960**, nei cosiddetti «**anni del benessere**» o del ***boom*** economico. Terminata la guerra, i soldati fecero ritorno nelle proprie case, contribuendo allo sviluppo economico dei propri Paesi d'origine, ma anche alla loro crescita demografica attraverso una vera e propria **esplosione delle nascite**. Si tratta di quello che è stato definito «***baby boom***» (→ PAROLE CHIAVE UNITÀ 3, p. 342).

La popolazione europea, quindi, crebbe a ritmi molto elevati, fino a quando negli **anni Ottanta-Novanta** l'andamento demografico iniziò a mutare di segno. Il miglioramento della qualità di vita e l'aumento della speranza di vita (che raggiunse circa 75 anni) portarono a una diminuzione del tasso di mortalità che, assieme al calo del tasso di natalità, determinò un deciso **arresto nella crescita demografica**. La popolazione cominciò a invecchiare, causando un progressivo innalzamento del numero di anziani nella società a scapito delle nascite: si verificarono quindi i fenomeni denominati «***nonno boom***» e «***baby crack***» (→ PAROLE CHIAVE UNITÀ 3, p. 342).

La situazione, però, varia da Paese a Paese. In alcuni Stati, infatti, il saldo naturale è pari a zero, in altri è addirittura negativo, dal momento che il numero delle nascite non riesce a superare quello delle morti e la popolazione diminuisce. Oggi, l'Europa copre **appena l'8%**

LE FONTI IN GEOGRAFIA

Un continente «vecchio»

LA FONTE

Il brano che segue è tratto dalla relazione dell'Eurostat – l'Ufficio statistico dell'Unione Europea – sui trend demografici europei nel 2013.

«La situazione demografica nell'Ue-27 è caratterizzata da un aumento costante della popolazione e da un suo progressivo invecchiamento», sostiene Eurostat in uno studio demografico pubblicato congiuntamente alla Direzione generale Occupazione, Affari sociali e Inclusione della Commissione europea lo scorso 26 marzo.
Il 1° gennaio 2012, infatti, la popolazione dell'Ue era stimata in 503,7 milioni, in crescita del 6% rispetto al 1992, mentre al suo interno la quota di persone anziane con 65 anni o più è aumentata dal 14% al 18%.
Così come la struttura per età, stanno cambiando anche le strutture familiari della popolazione, caratterizzate da meno matrimoni, più divorzi e una quota crescente di figli nati fuori dal matrimonio.
La struttura per età della popolazione dell'Unione può essere esaminata utilizzando i tassi di dipendenza, che mostrano il livello di sostegno alle «due generazioni dipendenti» (i minori sotto i 15 anni e gli anziani over 65) da parte della popolazione in età lavorativa (15-64 anni). Guardando il tasso di dipendenza giovanile, questa è diminuita nell'Ue dal 28,5% del 1992 al 23,4% del 2012. Durante questo periodo, la percentuale è calata in tutti gli Stati membri, ad eccezione della Danimarca (+ 2 punti percentuali). Nel 2012, il tasso di dipendenza giovanile variava dal 20% in Bulgaria e Germania al 29% in Francia fino al 33% in Irlanda.
Il tasso di dipendenza degli anziani nell'Ue è invece aumentato dal 21,1% del 1992 al 26,8% del 2012. Durante questo periodo, tale rapporto è aumentato in tutti gli Stati membri tranne l'Irlanda (–0,4%). Nel 2012, il tasso di dipendenza era compreso tra il 18% di Slovacchia, Irlanda e Cipro, il 31% della Germania e il 32% dell'Italia.
Di conseguenza, il tasso di dipendenza totale (giovani e anziani) nell'Ue-27 è leggermente aumentato nel corso degli ultimi due decenni, passando dal 49,5% del 1992 al 50,2% del 2012, il che significa che ci sono circa due persone in età lavorativa per ogni persona a carico. Negli Stati membri, il rapporto di dipendenza totale nel 2012 variava dal 39% in Slovacchia il 55% in Svezia fino al 56% in Francia.

(Adattato da *Eurostat 26 marzo 2013, Relazione sulla demografia*, 49/2013)

ANALISI DELLA FONTE

1. **Quali sono le cause dell'invecchiamento della popolazione europea?**
2. **Che cosa s'intende per tasso di dipendenza giovanile e degli anziani?**

della popolazione mondiale con un tasso medio di fertilità pari a 1,6 (decisamente inferiore al tasso medio del 2,1). Il dato è molto basso se si pensa che solo in Africa esso si aggira mediamente intorno a 5,8. È possibile quindi affermare che la popolazione europea è la **più vecchia al mondo**.

Oggi nelle società occidentali il numero degli anziani è notevolmente aumentato e a loro sono rivolte numerose offerte per il tempo libero e per migliorare la qualità della vita.

ATTIVITÀ

DOMANDE DI COMPRENSIONE

1. In quali due grandi aree si trovò divisa l'Europa nei primi secoli dopo la nascita di Cristo?
2. Quali conseguenze ebbero le scoperte geografiche del XV secolo?
3. Spiega il passaggio dal «*baby boom*» al «*nonno boom*» verificatosi in Europa, indicandone gli anni di riferimento e le cause principali.

COMPETENZE DI GEOSTORIA — LEGGERE E COSTRUIRE GRAFICI

La crescita della popolazione europea nella storia

Dopo aver letto e analizzato il diagramma sottostante *La crescita della popolazione europea nella storia*, rispondi alle seguenti domande.

1. In quale periodo si comincia a registrare un lieve aumento della popolazione europea?
2. In quali secoli la crescita demografica, seppur graduale, è considerevole? Di quante centinaia di milioni di abitanti cresce la popolazione?

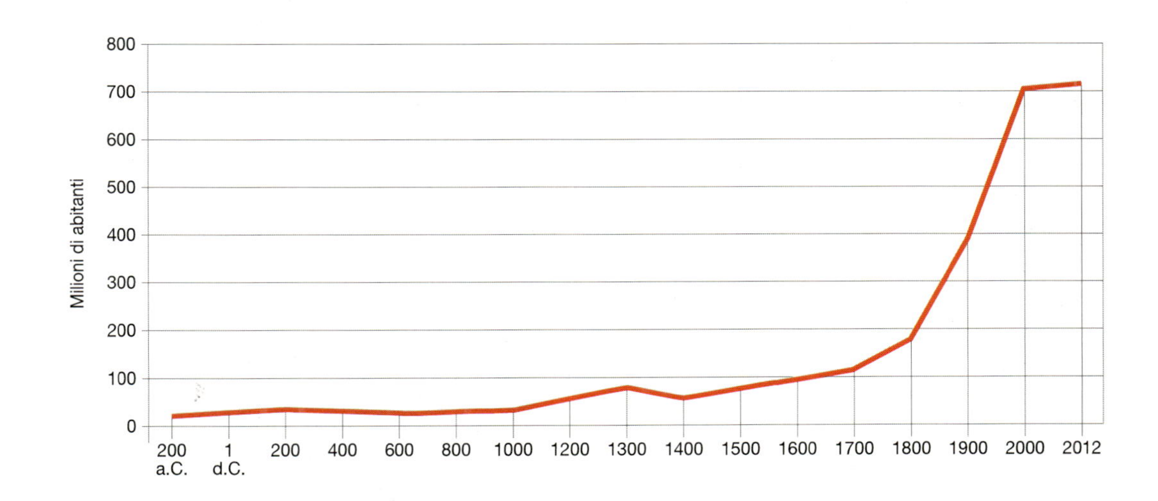

Per applicare correttamente il metodo geostorico proposto, consulta la SCHEDA DI METODO 9, p. 228.

Lezione 11

I diversi volti dell'Europa

Lezione

Vai alla lezione di geografia
Europa

L'Europa settentrionale

LA POPOLAZIONE Dato il clima rigido che li caratterizza, nella maggior parte degli Stati del Nord Europa (soprattutto in quelli della penisola scandinava) la popolazione tende a concentrarsi nelle **aree interne meridionali**, essendo quelle settentrionali quasi del tutto ghiacciate e quindi poco adatte all'insediamento umano. Di conseguenza, la densità della popolazione non è omogenea: si passa dai dati molto bassi di determinate zone geografiche (3 ab./ km^2 in Islanda) a dati più elevati di altre (126 ab./km^2 in Belgio).

La **crescita demografica** dell'intera area è sostanzialmente **lenta**: si pensi, per esempio, che in Finlandia il tasso di fecondità è pari a 1,8 (il più basso dell'Europa settentrionale). Questo ha come conseguenza che la popolazione locale sia piuttosto «anziana». Tuttavia, la media demografica si alza se includiamo i diversi immigrati (europei ed extraeuropei) che si riversano in questi territori, con l'obiettivo di migliorare la propria qualità di vita. La religione maggiormente praticata nell'area è il **cristianesimo protestante**; non mancano, però, piccole comunità musulmane.

L'ECONOMIA Gli Stati dell'area settentrionale sono **tra i più ricchi d'Europa**: a un tasso di disoccupazione piuttosto basso corrisponde, infatti, una qualità della vita molto alta. Nonostante la presenza di ampie zone agricole, l'economia è in gran parte dominata dal **settore secondario** e **terziario**. Industrie manifatturiere, tecnologiche, aeronautiche, elettroniche e di trasformazione agricola rendono il mercato del Nord Europa ricco e dinamico, favorendo tra l'altro intensi trasporti commerciali (terrestri e marittimi).

I maggiori partner economici dei Paesi dell'area sono alcuni Stati dell'Europa centrale, come Germania e Austria, che importano grandi quantità di prodotti ittici, soprattutto norvegesi, islandesi e svedesi (aringhe, tonni, sgombri e salmoni sono le specialità più richieste).

Piattaforma petrolifera nella parte britannica nel mare del Nord.

Dal punto di vista delle risorse, il **petrolio** estratto dal mare del Nord e il **carbone** dei Paesi Bassi, del Belgio e del Regno Unito sono le principali fonti di energia utilizzate ed esportate. A ciò, si aggiungano le **riserve idroelettriche** scandinave e islandesi, e l'**energia geotermica** generata dall'isola vulcanica dell'Islanda, utilizzata in lavorazioni di prodotti che richiedono molta energia, come quella dell'alluminio. Data la presenza di straordinarie bellezze naturali (come i fiordi norvegesi) e di alcune tra le capitali europee più importanti, come Londra, il **turismo** rappresenta una buona fetta dell'economia del Nord Europa.

L'Europa centrale

LA POPOLAZIONE Gli Stati dell'Europa centrale sono caratterizzati da una diversa morfologia del territorio: quelli a Ovest sono attraversati dalle Alpi, la catena montuosa più elevata d'Europa dopo il Caucaso; i Paesi orientali, invece, sono prevalentemente pianeggianti.

Naturalmente, la presenza di rilievi e pianure determina la distribuzione della popolazione, che tuttavia non presenta grandi disomogeneità, dal momento che le Alpi sono la catena montuosa più densamente popolata d'Europa. La maggior parte della popolazione vive nei **centri urbani**, anche se non mancano gli **insediamenti rurali** (numerosi, per esempio, in Slovacchia e nella Repubblica Ceca).

Anche in quest'area geografica, la **crescita demografica è molto lenta** e la popolazione tende a invecchiare. Entrambi i fenomeni, però, sono mitigati dalla presenza degli **immigrati** (in Svizzera, per esempio, gli immigrati rappresentano il 20% della popolazione nazionale). La religione più diffusa nell'area è il **cristianesimo cattolico** e **protestante**.

L'ECONOMIA Anche per quanto riguarda l'economia, i Paesi dell'Europa centrale non rappresentano un'area omogenea, ma presentano invece delle differenze. Anzitutto, va specificato che i Paesi che si trovano a Ovest sono certamente più ricchi rispetto a quelli che si trovano a Est. Tuttavia, questi ultimi stanno tentando una ripresa economica, centrata principalmente sul settore secondario e terziario.

Il settore agricolo dell'intera area dell'Europa centrale non è molto sviluppato, sebbene non manchino casi di produzione ed esportazione di **cereali**, **patate** e **zucchero**. Data l'ampia presenza di boschi nelle zone alpine, anche l'**allevamento** e la **silvicoltura** (con la connessa esportazione di legname) sono abbastanza praticati.

Il settore economico maggiormente rilevante dell'area è quello **industriale**: industrie alimentari, chimiche, tecniche e tecnologiche, meccaniche, siderurgiche, tessili, automobilistiche ed elettroniche sono quelle prevalenti e sostengono il mercato europeo.

Operai al lavoro alla catena di montaggio in uno stabilimento automobilistico a Sindelfingen, in Germania.

I PAESI DELL'EUROPA CENTRALE

La produzione energetica deriva da **fonti petrolifere**, **carbonifere** e **idroelettriche**. Molto presenti sono anche le centrali nucleari: esse, per esempio, forniscono il 40% di energia elettrica alla Svizzera. Per ciò che concerne il settore terziario, oltre al **turismo**, sono molto sviluppati i settori della finanza, delle **banche** e delle **assicurazioni**.

L'Europa meridionale

LA POPOLAZIONE A parte il Portogallo, le cui coste sono lambite dall'oceano Atlantico, gli Stati dell'Europa meridionale si affacciano sul **mar Mediterraneo**, un fattore, questo, che nei secoli ha influenzato l'insediamento della popolazione e l'economia dell'intera **regione geografica** (→ PAROLE CHIAVE UNITÀ 3, p. 342). Il Mediterraneo, con un'estensione di 3880 km per una superficie complessiva di 2.505.000 km^2, influisce moltissimo anche sul **clima** che, a parte aree montuose come Alpi e Pirenei (dove le temperature sono rigide, gli inverni nevosi e le estati fresche), è mediamente **mite in inverno** e **caldo in estate**, con un grado di piovosità relativamente modesto.

A esclusione delle zone particolarmente montuose, la popolazione è ben distribuita ovunque nell'area dell'Europa meridionale. Negli ultimi decenni, poi, essa è in continua crescita per l'arrivo di **immigrati** provenienti dall'Asia e dall'Africa.

Anche per effetto della presenza della città che ospita la sede del papato, Roma, la religione maggiormente praticata in quest'area è il **cristianesimo di confessione cattolica**.

L'ECONOMIA La presenza del mare e il clima mite fanno sì che i settori economici maggiormente sviluppati dell'area dell'Europa meridionale siano quello **agricolo** (cereali, barbabietola da zucchero, agrumi, uva) e quello **ittico** (soprattutto pesce azzurro).

Le **industrie** sono perlopiù sviluppate nell'area settentrionale della regione. Gli **scambi commerciali** sono intensi grazie soprattutto ai numerosi **porti** che costellano le coste mediterranee. Il **turismo** è uno dei settori economici principali dell'Europa meridionale, che attrae numerosi visitatori sia per le bellezze naturali sia per la presenza di importanti siti archeologici e monumentali.

L'Europa orientale

LA POPOLAZIONE L'Europa orientale include regioni con differenze geografiche significative: la regione baltica (Estonia, Lettonia e Lituania), la regione danubiano-carpatica (Romania e Bulgaria), la regione russa (Bielorussia, Ucraina, Moldavia, Russia), la regione balcanica (Slovenia, Croazia, Serbia, Montenegro, Bosnia-Erzegovina, Macedonia, Albania) e infine la regione del Mediterraneo orientale (Grecia, Cipro e Turchia occidentale).

Veduta delle Cinque Terre, una delle principali attrattive turistiche della costa ligure. Dal 1997 fanno parte del Patrimonio dell'Umanità Unesco.

La densità della popolazione va da un minimo di 8 ab./km^2 (in Russia) a un massimo di 119 ab./km^2 (in Moldavia). Mentre in alcune regioni vi è una **limitata urbanizzazione**, in alcuni Paesi (come la Lettonia) la maggioranza della popolazione vive ancora in insediamenti rurali.

Tutte le regioni sono accomunate da un tasso di natalità molto basso e da una forte emigrazione, fattori che a volte, congiunti a un'alta mortalità infantile, determinano un **saldo demografico negativo** (come in Romania e Ucraina).

A parte la **Turchia**, dove la religione più diffusa è quella **musulmana**, la religione prevalente dell'area è il **cristianesimo di confessione ortodossa**.

L'ECONOMIA La maggior parte degli Stati dell'Europa orientale godono di **abbondanti risorse energetiche**: petrolio, gas naturale, lignite, carbone (specialmente in Bosnia-Erzegovina e in Serbia), cromo, rame e nichel (in grandi quantità in Albania). In particolare, la **Russia** è una delle grandi riserve mondiali di energia: essa, infatti, è il secondo produttore mondiale (dopo l'Arabia Saudita) e il primo europeo di petrolio, nonché il primo produttore mondiale di gas naturale.

Il **settore primario** dell'area è sufficientemente sviluppato. Si producono soprattutto patate, barbabietole da zucchero, frumento, avena, mais, segale e orzo. La produzione agricola della Grecia e della Turchia è di tipo mediterraneo: ortaggi, frutta, olio d'oliva, agrumi, vite, ma anche cotone e tabacco. Le **industrie** più diffuse sono quelle **siderurgiche e meccaniche**, con una distinzione per la regione baltica, dove sono presenti importanti industrie farmaceutiche, elettroniche e informatiche.

Patriarchi ortodossi greci partecipano, in preparazione alla Pasqua, alla celebrazione del rito del lavaggio dei piedi davanti alla basilica del Santo Sepolcro a Gerusalemme (foto di Ammar Awad).

DOMANDE DI COMPRENSIONE

1. Spiega che cos'è una regione geografica.
2. Completa la seguente tabella.

	EUROPA SETTENTRIONALE	EUROPA CENTRALE	EUROPA ORIENTALE	EUROPA MERIDIONALE
Densità min./max.				
Settore economico maggiormente sviluppato				
Risorse energetiche più diffuse				

Lezione 12 Il bacino del Mediterraneo

Lezione

Vai alla lezione di geografia
Mediterraneo e Medio Oriente

Il mar Mediterraneo

MEDITERRANEO: UN MARE APERTO Il Mediterraneo può essere considerato il centro forse più importante dello sviluppo della civiltà umana. Il suo assetto politico e territoriale odierno è il frutto di circa tremila anni di storia nel corso dei quali l'Europa è giunta a dominare tutto il mondo (→ CARTA PAGINA A FIANCO).

Quando si parla di bacino del Mediterraneo ci si riferisce a un'ampia area geografica che interessa i **ventuno Stati** bagnati dalle acque del mar Mediterraneo. Quest'ultimo è definito «mare intercontinentale», perché è compreso fra **tre continenti**: Europa a Nord e a Ovest, Africa a Sud e Asia a Est. Questa sua particolare posizione è all'origine anche del suo nome, che deriva dal latino *mediterraneus*, cioè «in mezzo alle terre».

Tuttavia, il Mediterraneo non è un mare chiuso: esso, infatti, comunica a Ovest con l'oceano Atlantico attraverso lo stretto di Gibilterra, a Sud-Est con il mar Rosso attraverso il canale di Suez, a Est con il mar di Marmara e con il Mar Nero, rispettivamente attraverso gli stretti dei Dardanelli e del Bosforo.

Tali aperture permettono un costante **ricambio di acque**, in mancanza del quale il bacino si trasformerebbe in un grande lago dalle acque melmose, dalle temperature elevate e dall'eccessivo grado di salinità e rischierebbe il prosciugamento del fondale marino.

Eppure vi fu un tempo in cui il Mediterraneo fu una salina. Circa 5,9 milioni di anni fa, il bacino fu separato dall'Atlantico in seguito a forti movimenti della crosta terrestre, trasformandosi così in un **enorme lago**, il cui fondale con il tempo si prosciugò dando vita a una **gigantesca salina**. Solo successivamente, nuovi **movimenti tettonici** aprirono lo stretto di Gibilterra, permettendo all'Atlantico di riempire una seconda volta la conca. Per questo motivo, è possibile affermare che il mar Mediterraneo è un mare «giovane».

IL LESSICO GEOGRAFICO

Movimenti tettonici Movimenti della crosta terrestre che si verificano in seguito a fenomeni quali le attività sismiche e vulcaniche, l'orogenesi (cioè l'insieme dei fenomeni geologici che portano alla formazione delle catene montuose), la creazione di strutture complesse come fosse oceaniche o archi insulari ecc.

ISOLE, PENISOLE, FIUMI E COSTE Il mar Mediterraneo occupa una **superficie di 2.505.000 km²** e dà vita a due **bacini**, a Ovest e a Est. Bacini secondari sono poi quelli delle isole Baleari e dei mari Ligure, Tirreno, Ionio, Adriatico, della Sirte (golfo che prende il nome dalla città libica omonima) e dell'Egeo. Nel mare si protendono, inoltre, **tre penisole**: l'iberica a Ovest, l'italiana al centro e la balcanica a Est. Le **isole** principali sono la Sicilia, la Sardegna, la Corsica, le Baleari, l'arcipelago Toscano, Cipro, Creta, le isole Egee, Ioniche, Dalmate.

I **fiumi** che vi sfociano sono pochi: ciò causa un elevato grado di salinità delle acque. I maggiori sono il Nilo, il Tevere, il Po, l'Adige, il Rodano e l'Ebro.

Proprio a causa del susseguirsi di golfi e penisole, le **coste** europee sono molto articolate: lunghi tratti **alti** e **rocciosi** si alternano a litorali **bassi** e **sabbiosi**. Le coste **basse e paludose** si incontrano, invece, laddove i fiumi hanno difficoltà a sfociare in mare, per cui le acque colmano il terreno intorno alla foce e vi ristagnano. Esempi di palude si hanno lungo le coste della Puglia, del Veneto e dell'Emilia-Romagna, dove si trova il più grande specchio palustre d'Italia: le Valli di Comacchio.

L'economia mediterranea

L'AGRICOLTURA E LA PESCA Praticata ininterrottamente da secoli e secoli, l'**agricoltura** della regione mediterranea è tra le più ricche e produttive del mondo grazie al clima temperato (**clima mediterraneo**: → PAROLE CHIAVE UNITÀ 3, p. 342), alle risorse idriche interne e alla

1. Fenici e Greci (XII-III secolo a.C.)
Intorno alla prima metà del primo millennio a.C. il Mediterraneo occidentale era controllato dai Fenici, mentre quello orientale dai Greci. Quella greca fu la prima grande civiltà mediterranea.

2. Romani (III secolo a.C.- V secolo d.C.)
I Romani a partire dal III secolo a.C. portarono a termine l'unificazione del Mediterraneo, che sino al V secolo d.C. fu al centro di un vasto impero, che si estendeva sui tre continenti.

3. Il Medioevo: l'islam (VI-X secolo)
A partire dal VI secolo d.C. nel bacino mediterraneo si aprì una nuova fase: nella penisola arabica nacque una nuova religione monoteista, l'islam, e ben presto i suoi seguaci fondarono un impero che si estese dal Nord Africa a gran parte dell'Asia. Gli Arabi in questi secoli dominarono i traffici commerciali tra i Paesi mediterranei e l'Oriente.

4. La ripresa dei commerci (XI-XIII secolo)
Dopo il Mille l'economia dell'Occidente europeo risorse e le navi delle repubbliche marinare (Amalfi, Pisa, Genova, Venezia) presero il sopravvento nelle acque del Mediterraneo.

5. La scoperta dell'America e le rotte atlantiche (XV-XVI secolo)
Alla fine del XV secolo, l'apertura delle rotte atlantiche, inaugurata da Cristoforo Colombo con la scoperta dell'America (1492), determinò una perdita di importanza dei porti mediterranei, relegandoli a un ruolo secondario rispetto a quelli atlantici.

6. Il crescente ruolo dell'Inghilterra (XVI-XIX secolo)
A partire dalla fine del XVI secolo l'Inghilterra impose la propria supremazia sul Mediterraneo, dapprima commerciale e poi politica, grazie all'occupazione di alcuni luoghi strategicamente importanti, come lo stretto di Gibilterra nel 1704, Malta nel 1800, Cipro nel 1878.

7. L'apertura del canale di Suez (1867)
Il Mediterraneo acquisì nuovamente importanza commerciale con l'apertura del canale di Suez (1867), che, mettendo in comunicazione il *mare nostrum* con il mar Rosso e l'oceano Indiano, permetteva un agevole collegamento tra Oriente e Occidente e tra l'Europa e l'Asia.

8. Il Mediterraneo oggi
Oggi il Mediterraneo è ancora al centro di scambi commerciali e di spostamenti di uomini, come un tempo, anche se il suo ruolo nell'economia mondiale è meno centrale rispetto al passato.

LA CARTA FISICA DEL BACINO DEL MEDITERRANEO

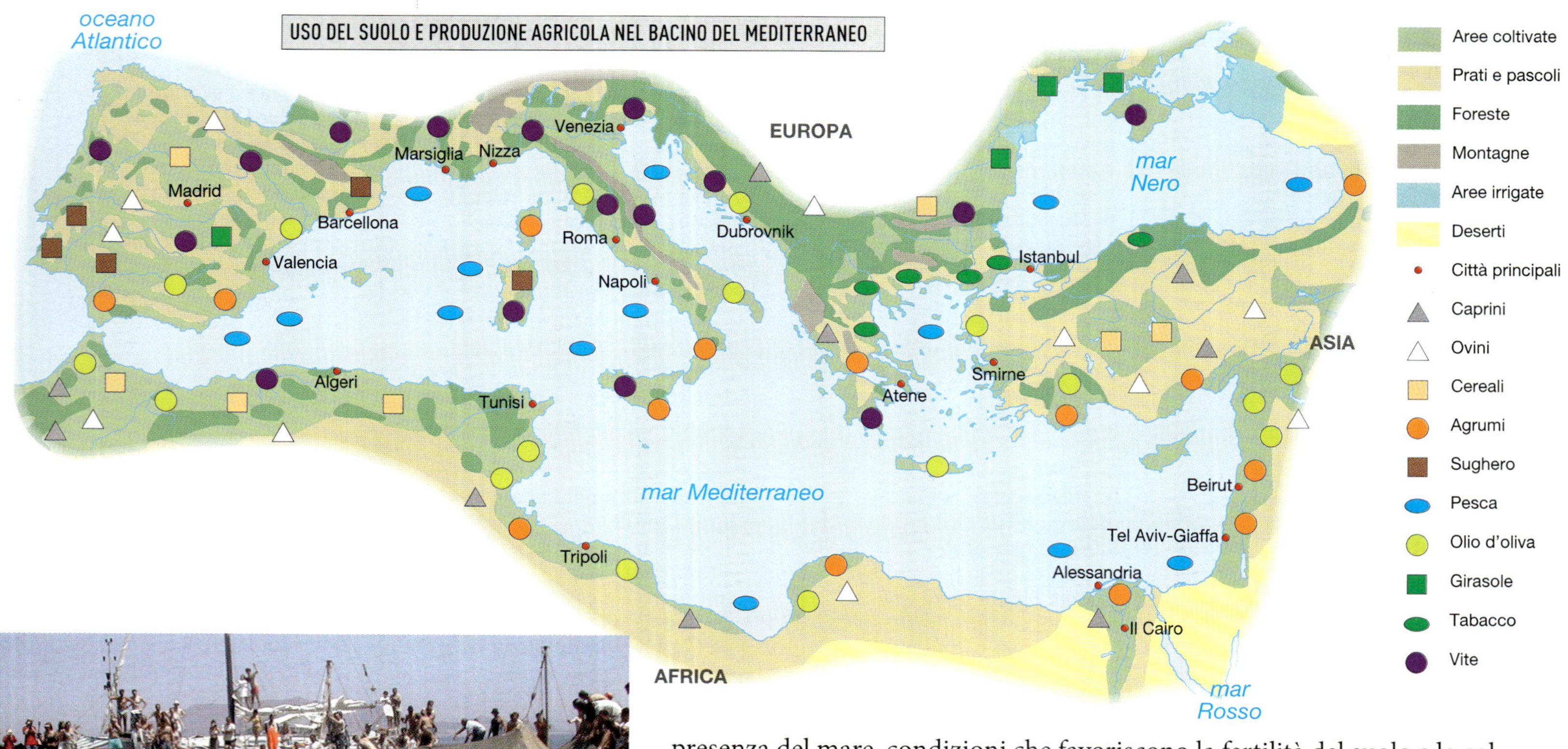

■ La «mattanza» nella tonnara dell'isola siciliana di Favignana. La mattanza è la fase finale della pesca del tonno, nella quale i pesci, giunti nell'ultimo compartimento della tonnara, vengono ripetutamente colpiti con arpioni. Si tratta di una pratica crudele, tanto che la parola per estensione ha assunto il significato di «strage, delitto efferato».

presenza del mare, condizioni che favoriscono la fertilità del suolo e la coltivazione di diverse specie vegetali.

Le colture mediterranee sono caratterizzate da un'**agricoltura tradizionale estensiva** nelle zone interne e aride (coltivazione di cereali e allevamento di ovini) e da **colture specializzate** di prodotti tipici mediterranei nelle zone costiere e collinari, quali: ulivi, agrumi, alberi da frutto, frumento, riso, vite, mais, tabacco, ortaggi.

Secondo i dati della Fao – l'organizzazione delle Nazioni Unite che si occupa di alimentazione e agricoltura e che ha l'obiettivo di eliminare la fame nel mondo – l'agricoltura mediterranea fornisce quasi tutta la produzione mondiale d'**olio d'oliva** (Italia, Spagna e Grecia sono ai primi tre posti); sempre a livello mondiale, essa fornisce il 60% della produzione vinicola, il 45% della produzione d'uva, il 25% di mandorle, il 20% di agrumi e circa il 12% della produzione cerealicola.

Il Mediterraneo, a causa della sua profondità, è **meno pescoso** rispetto agli altri mari europei, per cui alcuni Paesi, come l'Italia, sono costretti a importare oltre la metà del pesce che viene consumato a livello nazionale. Ciononostante, il **settore ittico** è sviluppato in tutti i Paesi che vi si affacciano. La pesca mediterranea è praticata generalmente attraverso piccole o medie imbarcazioni, che non si allontanano di molto dalla costa e che sono qualificate nella pesca del **pesce azzurro**: sardine, tonni e sgombri.

LE INDUSTRIE Lo sviluppo industriale presenta un divario tra le tre aree mediterranee. Le **sponde sud ed est** hanno un'economia basata più sul **settore primario** che su quello secondario. Tuttavia, diverse grandi aziende e vari enti europei stanno investendo in quelle aree al fine di consolidare i rapporti economici e politici tra i Paesi uniti dalle acque mediterranee.

La **sponda nord**, pur non essendo tra le prime aree industriali dell'Unione Europea, presenta l'installazione di **impianti industriali** in diverse zone, specialmente in quelle costiere, per la comodità della via di comunicazione marittima.

Assieme a Francia, Germania, Stati Uniti, Russia, Giappone, Regno Unito e Canada, l'**Italia** è tra le prime otto potenze industriali del mondo (il cosiddetto **G8**). I settori industriali più diffusi sono la meccanica, la chimica, l'elettronica, l'elettromeccanica.

IL LESSICO GEOGRAFICO

Agricoltura estensiva L'insieme di tecniche agronomiche che tende a ottenere il massimo di produzione per unità di persone impiegata.

Il commercio e il turismo Il commercio è da sempre molto praticato nel bacino del Mediterraneo. Oggi, l'area euro-mediterranea vale sette volte il Pil della Cina e produce ben il 71,2% del commercio estero dell'Unione Europea. In termini di tonnellate, un quinto dei traffici marittimi mondiali si svolge in queste acque.

I percorsi dei traffici nel Mediterraneo stanno differenziandosi rispetto al passato, quando questi si svolgevano prevalentemente tra la sponda est e quella ovest. Oggi si assiste invece all'aumento dei commerci tra la sponda nord e quella sud del bacino, in particolare il **Maghreb**, il **Mashrek**, la penisola arabica e la fascia subcaucasica (**ricchi di petrolio** e con una popolazione complessiva che oramai supera i 300 milioni di abitanti).

Un'altra importante rotta commerciale è quella che mette in comunicazione il bacino del Mediterraneo **con l'oceano Indiano** passando **per il canale di Suez**. Attraverso questa rotta vengono scambiati, per esempio, materie prime come il petrolio, il carbone e la bauxite, manufatti e prodotti alimentari. Inoltre, i porti del Mediterraneo costituiscono una sorta di ponte attraverso il quale un consistente flusso di merci provenienti dai Paesi asiatici sviluppati va verso l'America (e viceversa).

Il turismo rappresenta una delle attività principali dei Paesi del Mediterraneo. Grazie al clima sostanzialmente mite anche in inverno, al cosiddetto «sole mediterraneo», alle coste (sviluppate per circa 46.000 km e perlopiù rocciose), alle riserve naturali, nonché alle numerose città d'arte, ingenti sono i **flussi turistici** che si dirigono dal Nord al Sud d'Europa e dall'area nord all'area sud del Mediterraneo, sia nei mesi estivi sia in quelli invernali. Per esempio, **Spagna**, **Italia** e **Grecia** sono tra le mete preferite di tedeschi e inglesi. Dopo la Francia, Spagna e Italia sono tra le prime mete turistiche europee (60 milioni e 40 milioni circa di turisti stranieri all'anno).

Anche **Marocco**, **Tunisia** ed **Egitto** sono abbastanza frequentate dai turisti (europei e non), attratti dalla bellezza naturale e dai numerosi monumenti e siti archeologici.

IL MAGHREB

L'area più a Ovest del Nord Africa; oggi è la parte maggiormente sviluppata del continente africano.

IL MASHREK

L'insieme dei Paesi arabi che si trovano a Est rispetto al Cairo e a Nord rispetto alla penisola arabica. Si tratta della macroregione orientale del mondo arabo, che comprende anche Iraq e Kuwait.

«Un mare pieno di problemi e di tensioni»

Le tre aree mediterranee, così vicine e così diverse Nel corso della storia, i 21 Paesi che si affacciano sul mar Mediterraneo – appartenenti all'Europa, all'Asia e all'Africa – hanno vissuto nei loro rapporti **momenti di tensione e di conflitto**, ma anche di unione e di collaborazione.

Oggi, i governi europei giudicano sempre più importante **favorire l'intesa e il dialogo** con i Paesi del Sud e dell'Est mediterraneo (ci si riferisce a tutto il Nord Africa, al Medio Oriente, ma anche alla penisola arabica), sia per raggiungere un **equilibrio politico di pace** sia per tutelare il più possibile l'economia dell'intera area; nello stesso tempo, però, numerosi sono stati e sono tuttora gli ostacoli che impediscono la realizzazione di una collaborazione basata sul dialogo tra i Paesi del Mediterraneo.

Uno dei problemi maggiori nei rapporti tra le varie aree della regione mediterranea è costituito dal **divario tra le forme governative** dei vari Stati. Infatti, mentre il Sud Europa è retto da repubbliche democratiche, negli Stati del Nord Africa, del Medio Oriente e della penisola arabica prevalgono monarchie assolute, dittature o «democrazie autoritarie» (dette «democrature» dall'intellettuale Predrag Matvejević per indicare una democrazia apparente, nascosta dietro il trasparente «velo» della democrazia).

Le differenze tra le tre aree mediterranee, però, non sono solo di natura politica, ma anche di natura economica e sociale. Alla base sono radicate delle **divergenze più intrinseche** e difficilmente conciliabili tra loro. L'esempio della **questione demografica** può semplificare il concetto appena espresso. Dal 1970 al 2000 si è verificato un aumento della popolazione del Mediterraneo di 142 milioni di abitanti: dai 285 milioni di abitanti si è infatti passati a 427 milioni. Secondo le più recenti stime, **entro il 2025** la popolazione dell'area mediterranea potrebbe raggiungere i **524 milioni**, di cui il 95% riguarderebbe l'area sud ed est. Questi dati dimostrano che, mentre nell'area europea la crescita demografica è sostanzialmente rallentata, nelle aree africana e asiatica si verifica esattamente l'opposto.

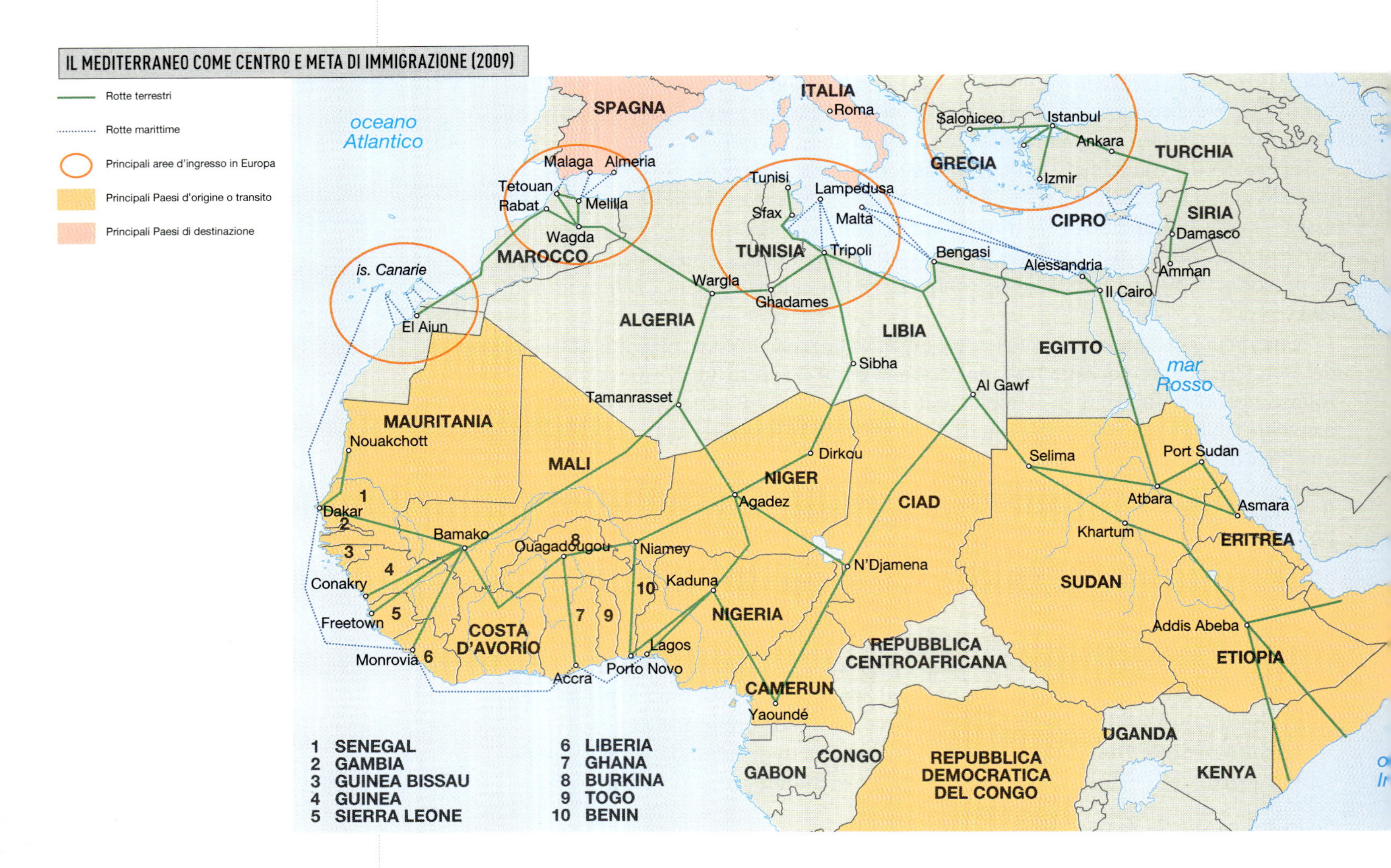

Quali sono gli effetti più considerevoli di questo fenomeno? Anzitutto, la popolazione del Mediterraneo europeo **invecchia visibilmente** (per il basso tasso di nascite), mentre quella asiatica e africana è **sempre più giovane** (in conseguenza dell'alto tasso di nascite). Di conseguenza, nei Paesi della **sponda sud ed est** del Mediterraneo si riscontra un tasso medio di **urbanizzazione** maggiore e le città, specialmente quelle costiere, sono **sovrappopolate**.

Inoltre, dal momento che la crescita demografica è maggiore, la domanda di lavoro è nettamente superiore rispetto all'offerta, e i servizi (l'istruzione, per fare un esempio) non bastano a soddisfare le esigenze dell'intera popolazione. Ciò spinge sempre più gli abitanti del Sud e dell'Est mediterraneo a **emigrare verso la sponda nord**, specialmente verso Francia, Belgio, Portogallo, Spagna e Italia, che si trova proprio al centro del Mediterraneo. Oggi il problema dell'immigrazione è una preoccupazione costante dell'Unione Europea, per le difficoltà a gestire le tensioni sociali ed economiche che vi sono collegate.

LA «PRIMAVERA ARABA» Le difficoltà di un dialogo pacifico tra gli Stati mediterranei dell'Ue e quelli asiatici e africani sono determinate dall'**instabilità** della situazione politica di questi ultimi. Le cause sono diverse: la povertà diffusa tra la popolazione, la mancanza di lavoro, la politica repressiva dei governi e il mancato rispetto dei diritti civili, politici e sociali. In altri termini, l'**assenza di quei valori democratici** fondamentali per collaborare con i Paesi vicini.

Il **2011** è stato un anno particolarmente significativo in quasi tutto il **Nord Africa**, poiché segnato da grandi disordini, che hanno provocato profondi cambiamenti politici, economici, sociali e culturali in alcuni Stati del Maghreb e del Mashrek. Gli Stati del Nord Africa e del Medio Oriente, infatti, dal dicembre 2010 e per tutto il 2011 sono stati scossi dalla cosiddetta «**Primavera araba**». Con questa espressione giornalistica ci si riferisce a una serie di proteste, sfociate in **rivolte** che hanno portato in alcuni Paesi anche a un cambio di regime.

LA PRIMAVERA ARABA

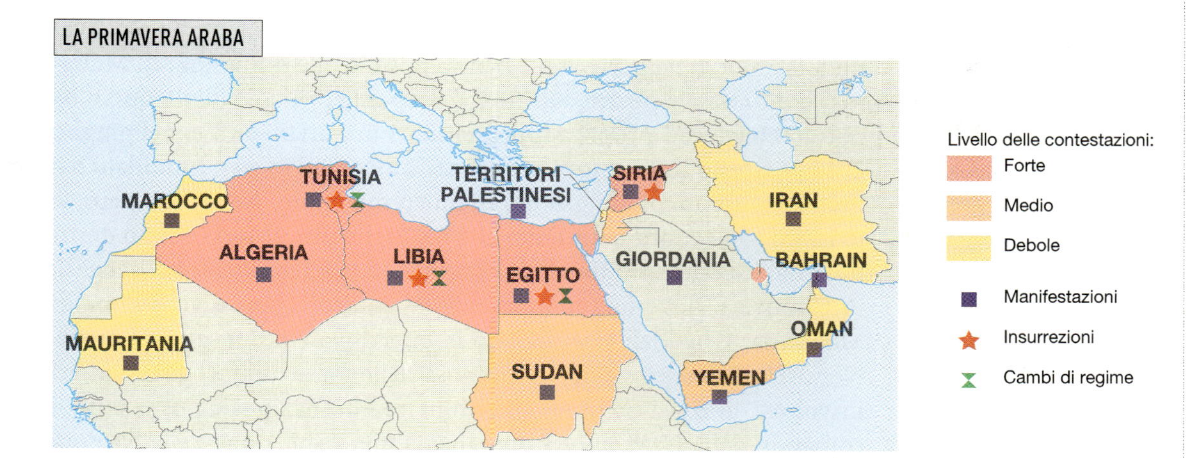

La ribellione è partita da un fatto tragico accaduto in **Tunisia**. Il 17 dicembre 2010, un venditore ambulante di frutta e verdura, in seguito al rialzo dei prezzi alimentari e al sequestro della merce subito da parte della polizia, si è immolato **dandosi fuoco** di fronte al municipio della città tunisina di Sidi Bouzid.

Come spiega lo scrittore marocchino **Tahar Ben Jelloun**, il darsi fuoco è un'azione del tutto estranea alla cultura e alla tradizione islamica che, come le altre religioni monoteiste, **vieta il suicidio**, poiché è visto come un affronto alla volontà divina. Per questa ragione, Jelloun parla di «**protesta laica dei manifestanti**». Una protesta alla cui base vi sono state sì idee religiose, ma anche e soprattutto un'esigenza di **riforma politica** e un **desiderio di democrazia**. La vicenda di Mohamed ha scatenato il «caso Paesi arabi», quelli che vanno dal Maghreb al Mashrek.

In realtà «Primavera araba» è un'espressione generalizzante, perché ogni «moto» ha avuto cause peculiari, originate da contesti diversi. I motivi alla base delle rivolte nei Paesi arabi del Nord Africa sono molteplici: **politici** (la tirannia dei regimi e la corruzione dei governi, la negazione delle libertà individuali, la violazione dei diritti umani), ma anche **economici e sociali** (l'aumento dei prezzi – soprattutto di quelli dei beni alimentari –, l'alto tasso di disoccupazione – in particolare di quella giovanile –, la povertà e la fame in un contesto di forte disuguaglianza distributiva). Questo malcontento ha portato a una **diffusa richiesta di riforme, di pace e di stabilità**.

Internet, importante finestra sul mondo, ha consentito ai **giovani arabi istruiti**, sia uomini sia donne, di prendere coscienza della tragicità della loro condizione. Tutto questo ha alimentato l'indignazione e il risentimento, che sono sfociati in un violento **dissenso sociale e politico** e in manifestazioni che chiedevano a gran voce **libertà e giustizia**. La fitta ragnatela di *blog* e *social network* ha favorito la nascita di organizzazioni di massa della protesta, nonché la possibilità di far conoscere a tutto il mondo i massacri compiuti da parte delle forze poliziesche dei vari regimi.

Donne durante una manifestazione contro il regime libico di Gheddafi, nel 2011.

ALCUNI ESITI DELLE RIVOLTE ARABE Nel corso della «Primavera araba» hanno avuto luogo proteste di piazza, combattimenti tra fazioni rivali e vere e proprie guerre civili, come nel caso della Libia. Gli esiti di questi moti sono stati diversi a seconda dei Paesi: in alcuni casi, **dittatori** di lunga data sono stati **rimossi** (come Muhammad Mubarak in Egitto o Ben Ali in Tunisia) o **uccisi** (come Gheddafi in Libia); altrove, come nel caso dell'Arabia Saudita, sebbene la democrazia appaia ancora una meta lontana, si iniziano a intravedere **timidi segni di cambiamento**, come la concessione del diritto di voto alle donne (in Paesi in cui ancora non possono guidare e dove per le scelte più importanti hanno bisogno del consenso di un maschio della famiglia).

Rimane ancora poco chiaro quali saranno le conseguenze di lungo periodo, se cioè gli Stati arabi riusciranno a trasformarsi in **Stati di diritto** (→ PAROLE CHIAVE UNITÀ 3, p. 342) oppure se le vecchie élite, dopo alcune riforme di facciata, riusciranno a mantenere il potere.

I martiri della rivolta egiziana ritratti nei graffiti di Sad Panda sui muri del Cairo, accanto a piazza Tahrir, nel 2011.

In **Egitto** le proteste hanno avuto come centro piazza Tahir, divenuta il simbolo della rivolta, e hanno portato alle dimissioni di Mubarak, il dittatore al potere dal 1981. Così per la prima volta il popolo ha potuto **eleggere i propri rappresentanti** in Parlamento e, nel giugno 2012, ha scelto come nuovo presidente Mohamed Morsy, candidato dei Fratelli Musulmani, un gruppo islamico moderato. Nel Paese, però, le tensioni sono continuate, tanto che nel luglio 2013 Morsi è stato destituito dall'esercito. In **Libia** la rivolta iniziò nel febbraio 2011 a Bengasi, in Cirenaica, dove una manifestazione contro l'oppressivo regime di Muammar Gheddafi si trasformò in guerriglia e poi in **guerra civile**. Nonostante la repressione sanguinosa delle forze militari governative, i rivoltosi, grazie a un intervento militare internazionale posto sotto il comando della Nato in ottemperanza a una risoluzione delle Nazioni Unite, sono riusciti a mettere in fuga il dittatore Gheddafi e a prendere il potere. Nell'ottobre 2011, **Gheddafi**, accusato di crimini contro l'umanità dal Tribunale Internazionale dell'Aia, è stato **ucciso dagli insorti**.

Una situazione drammatica è quella che sta vivendo la **Siria**, dove le proteste della popolazione, che chiede una democratizzazione delle strutture statali, sono represse con veri e propri **massacri** dal governo del presidente Bashar Hafiz **al-Assad**, calpestando i diritti umani, ancor prima che sociali e civili. La guerra dal suo inizio a oggi, secondo le Nazioni Unite, ha causato più di 100.000 vittime.

La fine della dittatura in alcuni di questi Paesi, però, **non ha ancora portato l'avvento della democrazia e di un diffuso benessere**. L'economia, infatti, continua a soffrire, non solo per le conseguenze della crisi finanziaria internazionale, ma anche perché le rivolte e gli scontri hanno portato a una diminuzione dei flussi turistici e degli investimenti stranieri. Del resto, creare una società aperta, pluralista e democratica non è affatto un compito facile, perché bisogna lavorare sin dalle radici e cioè intervenire su una struttura sociale e su una mentalità ancora in larga parte caratterizzate dalle divisioni in clan ed etnie.

Le **questioni** ancora **da risolvere** sono svariate: dar vita a un effettivo sistema democratico fondato sulla Costituzione; realizzare un quadro istituzionale in cui siano possibili relazioni equilibrate tra lo Stato e l'islam; raggiungere una maggiore giustizia sociale, diminuendo le distanze tra ricchi e poveri; combattere gli abusi e la corruzione e risanare una burocrazia finora inefficiente; riformare il sistema giudiziario; consentire eguali diritti alle diverse etnie e religioni.

LA «PRIMAVERA ARABA» E L'EUROPA In che modo hanno inciso gli eventi della «Primavera araba» nel Mediterraneo europeo e nell'Unione Europea? Innanzitutto, hanno creato preoccupazione in relazione al partenariato commerciale. Durante questi mesi di rivolte e di guerriglie interne, si è verificato un **arresto dell'*import/export* europeo** da e verso gli Stati del Nord Africa e dell'Oriente occidentale. In Italia, per esempio, l'importazione del petrolio dalla Libia si è arrestata per il 69,6% (una percentuale non indifferente), mentre **gli scambi commerciali si sono fermati complessivamente al 6,2%**: per esemplificare, uno scambio su tre è fallito, mandando in fumo, nel solo anno 2011, 1.240.000 euro.

Un'altra conseguenza della «Primavera araba» è stato l'**aumento del numero di profughi** verso gli Stati dell'Unione Europea. Milioni di persone sono fuggite dai loro Paesi durante le rivolte o dopo l'instaurazione dei nuovi regimi. Nella sola notte tra il 6 e il 7 marzo 2011 circa mille profughi, perlopiù tunisini, sono sbarcati sulle coste italiane, dopo pericolosi viaggi di fortuna gestiti da traghettatori di ventura e senza scrupoli. Le **isole** (Lampedusa, Pelagie, Pantelleria, Sicilia e Sardegna) sono state le mete preferite perché più vicine.

Impreparato a questo esodo dalle proporzioni straordinarie, lo Stato italiano ha risposto organizzando un'**accoglienza** che si è dimostrata inizialmente inadeguata e che poi è migliorata grazie all'aiuto di **associazioni umanitarie** che si sono offerte di soccorrere gli immigrati che riuscivano a giungere vivi.

Il viaggio clandestino per mare, infatti, presenta numerosi rischi. Secondo le stime di *Fortress Europe* (l'osservatorio on line sulle vittime dell'immigrazione verso l'Europa), solo **nel 2011 circa 2000 persone** (tra cui numerosi sono le donne e i bambini) **sono annegate nello stretto di Sicilia**, proprio in quelle acque mediterranee attraversando le quali i migranti speravano di migliorare la propria vita. Un numero così elevato di profughi ha creato gravi disagi nei Paesi euro-mediterranei. Oggi, l'Unione Europea cerca di garantire un miglior controllo delle acque mediterranee e degli sbarchi clandestini, mentre i singoli Stati lavorano per migliorare l'accoglienza, nel rispetto dei diritti umani fondamentali.

■ A sinistra, volontari e operatori della Guardia costiera prestano i primi soccorsi ai naufraghi la notte del 6 aprile 2011; a destra, una protesta di residenti di Lampedusa contro gli sbarchi di clandestini sulla propria isola, nel 2011.

ATTIVITÀ

DOMANDE DI COMPRENSIONE

1. Quali sono i principali bacini, fiumi e isole del Mediterraneo?
2. Quali sono i settori più sviluppati nei Paesi che si affacciano sulle sponde del Mediterraneo?
3. Quali differenze esistono nei vari settori tra le diverse aree mediterranee?
4. Quali sono le principali rotte commerciali che passano per il Mediterraneo, e attraverso quali vie di comunicazione avvengono?
5. Quali sono state le cause della «Primavera araba»?

COMPETENZE DI GEOSTORIA **LEGGERE E COSTRUIRE GRAFICI**

Emergenza profughi e informazione

Dopo aver letto e analizzato l'istogramma qui sotto, descrivilo in un breve testo espositivo (max 20 righe), concentrandoti sulle differenze delle percentuali dei temi trattati da ogni rete televisiva europea e sulle possibili cause di tali squilibri. Perché, per esempio, Rai 1 ha trattato maggiormente, rispetto alle altre reti televisive europee, l'allarme immigrazione in Italia? E perché, invece, la Bbc One si è interessata solamente ai profughi tra i Paesi arabi e ha trascurato del tutto l'allarme profughi in fuga verso i Paesi europei?

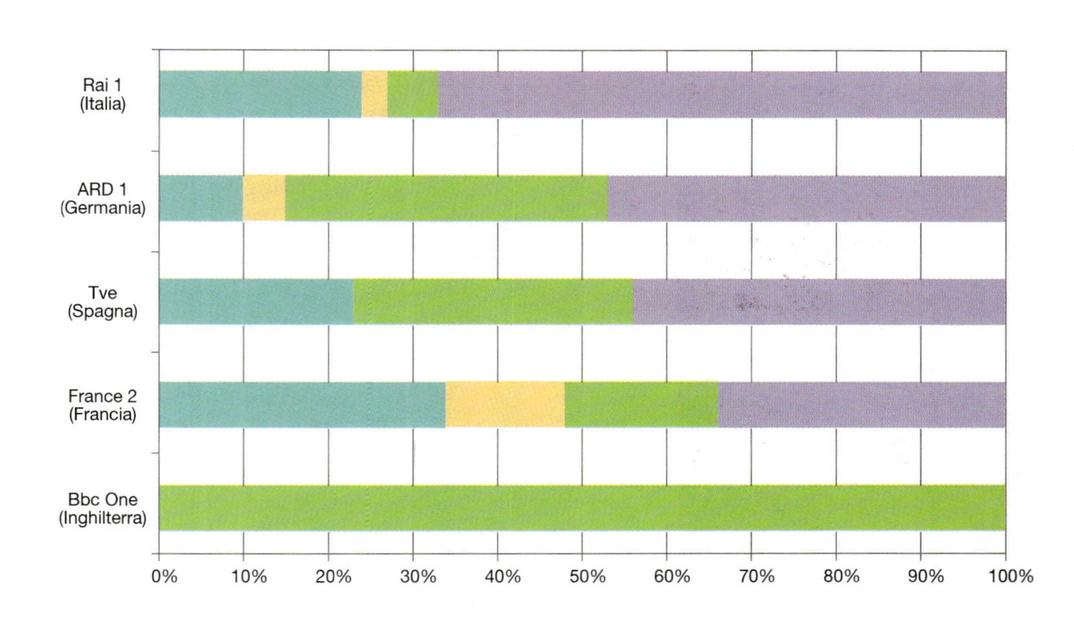

Emergenza immigrazione Italia
Profughi in fuga tra i Paesi arabi
Profughi in fuga verso Paesi europei
Emergenza flussi e ruolo dell'UE

(Reti pubbliche europee, primo quadrimestre 2011)
Fonte: rielaborazione dati da «I quaderni speciali di Limes», anno 4 n. 1

Per applicare correttamente il metodo geostorico proposto, consulta la SCHEDA DI METODO 9, p. 228.

Lezione 13

L'Unione Europea

Lezione

Vai alla lezione di geografia
Il governo del mondo: Stati, nazioni e organismi internazionali

Quando e perché nasce l'idea di progettare l'unità europea Dopo la Seconda guerra mondiale, intorno alla metà del Novecento, alcuni leader politici e intellettuali, ponendosi l'obiettivo di garantire all'Europa una pace duratura, compresero che era necessario dare avvio a un processo di **integrazione politica ed economica** tra i vari Stati del Vecchio Continente. L'idea era di superare le antiche divisioni e i recenti drammatici conflitti per approdare a una nuova **Europa unita**, basata sugli ideali di pace e prosperità.

Il padre fondatore dell'idea di un'Europa libera e unita fu un fermo oppositore del fascismo italiano, **Altiero Spinelli**, che nel 1941, durante il confino a cui era stato condannato dal regime di Mussolini nell'isola di Ventotene (di fronte a Latina), scrisse, assieme a Ernesto Rossi, il *Manifesto di Ventotene*. La linea ispiratrice di questo testo, cioè la costruzione degli **Stati Uniti d'Europa**, fu condivisa dopo la fine della guerra dalle più influenti figure politiche del tempo (l'italiano Alcide De Gasperi, il francese Robert Schuman, l'inglese Winston Churchill e il tedesco Konrad Adenauer). Questi ultimi, infatti, divennero i più accesi sostenitori della nascita di uno Stato sovranazionale europeo.

Fu quindi grazie all'impegno e all'intuizione di questi intellettuali e politici «illuminati» se oggi, come cittadini europei, possiamo viaggiare liberamente e senza passaporto in 28 Stati del Vecchio Continente e, nel contempo, in 17 di questi fare acquisti con un'unica moneta, l'euro.

Dalla Ceca alla Cee Dare inizio al processo di integrazione europea non era impresa facile. Gli Stati del Vecchio Continente, infatti, si trovavano a dover affrontare le drammatiche conseguenze della Seconda guerra mondiale: fame, distruzione, morte, ma anche forti spinte nazionalistiche, che ancora serpeggiavano in molti Paesi.

Per queste ragioni, fu chiaro che la scelta iniziale di arrivare in tempi brevi a un'unione politica non sarebbe stata adeguata e avrebbe portato certamente a un rapido fallimento. Si decise allora di guardare al **campo economico**, un settore in cui già in quegli anni i Paesi europei collaboravano tra loro per sfruttare le risorse materiali e finanziarie, che gli Stati Uniti avevano messo a disposizione attraverso il «**Piano Marshall**», un programma di aiuti finanziari (1947-52) per risollevare l'economia dei Paesi occidentali dopo la guerra.

Fu così che nel **1951**, a Parigi, i leader politici di Italia, Francia, Repubblica Federale Tedesca, Paesi Bassi, Belgio e Lussemburgo (la Gran Bretagna, contro il volere di Churchill, non aderì) fondarono la **Ceca** (Comunità Europea del Carbone e dell'Acciaio), dando vita a un **mercato comune** in cui questi prodotti potevano circolare senza dazi doganali. Fu il primo passo verso l'unità europea.

Nel **1957**, gli Stati che avevano aderito alla Ceca (l'«**Europa dei sei**») firmarono il **Trattato di Roma**, che istituì la **Cee** (Comunità Economica Europea): oltre all'acciaio e al carbone, il mercato comune veniva così esteso anche a molti altri prodotti e servizi. Nel corso degli anni la Comunità Economica Europea venne allargata, accogliendo solo Stati basati su un regime democratico, e nel 1986 i Paesi aderenti erano diventati 12.

Manifesto dell'Unione Europea a favore della moneta unica che riporta la frase: «Verso un'autentica unione economica e monetaria».

Il Trattato di Maastricht e la nascita dell'Unione Europea Il 7 febbraio del **1992**, con il **Trattato di Maastricht** (così chiamato dal nome della città olandese in cui venne firmato) nacque l'**Unione Europea** (Ue). Essa rappresenta la fase più ambiziosa del processo di integrazione tra i Paesi del Vecchio Continente: il nuovo organismo non vuole più limitare la propria azione alle sole relazioni economiche, ma intende **estenderla** anche ad altri campi fino a questo momento di competenza esclusiva degli Stati membri, quali la politica estera e di sicurezza, la politica fiscale, la regolamentazione commerciale e la cooperazione in materia di giustizia e affari interni.

Con l'Ue, oltre al mercato comune, venne istituita anche la **cittadinanza europea** (→ PAROLE CHIAVE UNITÀ 3, p. 342), che dà diritto ai cittadini degli Stati membri di circolare e soggiornare liberamente in ogni altro Stato, e di essere eletti negli organi di rappresentanza comunitari.

Nel **1999** entrò in funzione l'Uem, cioè l'Unione Economica e Monetaria Europea, con la quale nacque la cosiddetta «Eurozona», cioè l'area geografica in cui circola la **moneta unica europea**, l'**euro** (→ PAROLE CHIAVE UNITÀ 3, p. 342), attualmente utilizzata da 18 Paesi.

Oggi, l'Unione Europea, che dal 1992 al 2013 è passata da 12 a 28 Paesi membri, è uno dei mercati più grandi al mondo e ha accordi commerciali con oltre 120 Paesi.

Organi e istituzioni sovranazionali L'Unione Europea si avvale di alcuni organi e istituzioni, che svolgono le loro funzioni per delega assoluta dei 28 Stati membri. Ecco i principali.

- **Parlamento europeo** Eletto ogni cinque anni, dal 1979, a suffragio universale, comprende 736 membri nominati in proporzione alla popolazione di ogni Stato (si va dai 99 della Germania ai 5 di Malta). Ha **funzioni legislative** (in vari settori come istruzione, trasporti, ricerca, sanità ecc.), ma anche **di controllo e bilancio economico**. Ha sede a Strasburgo (Francia), anche se a volte si riunisce a Bruxelles (Belgio).
- **Consiglio europeo** È l'organo politico fondamentale dell'Ue e ha sede a Bruxelles. È guidato da un presidente, nominato dallo stesso Consiglio e in carica per due anni e mezzo, ed è formato dai capi di Stato o di governo dei Paesi membri e dal presidente della Commissione europea. Ha il **potere esecutivo** riguardo alle leggi promulgate dal Parlamento e approvate dal Consiglio dei ministri.

LE TAPPE DELL'UNIONE EUROPEA

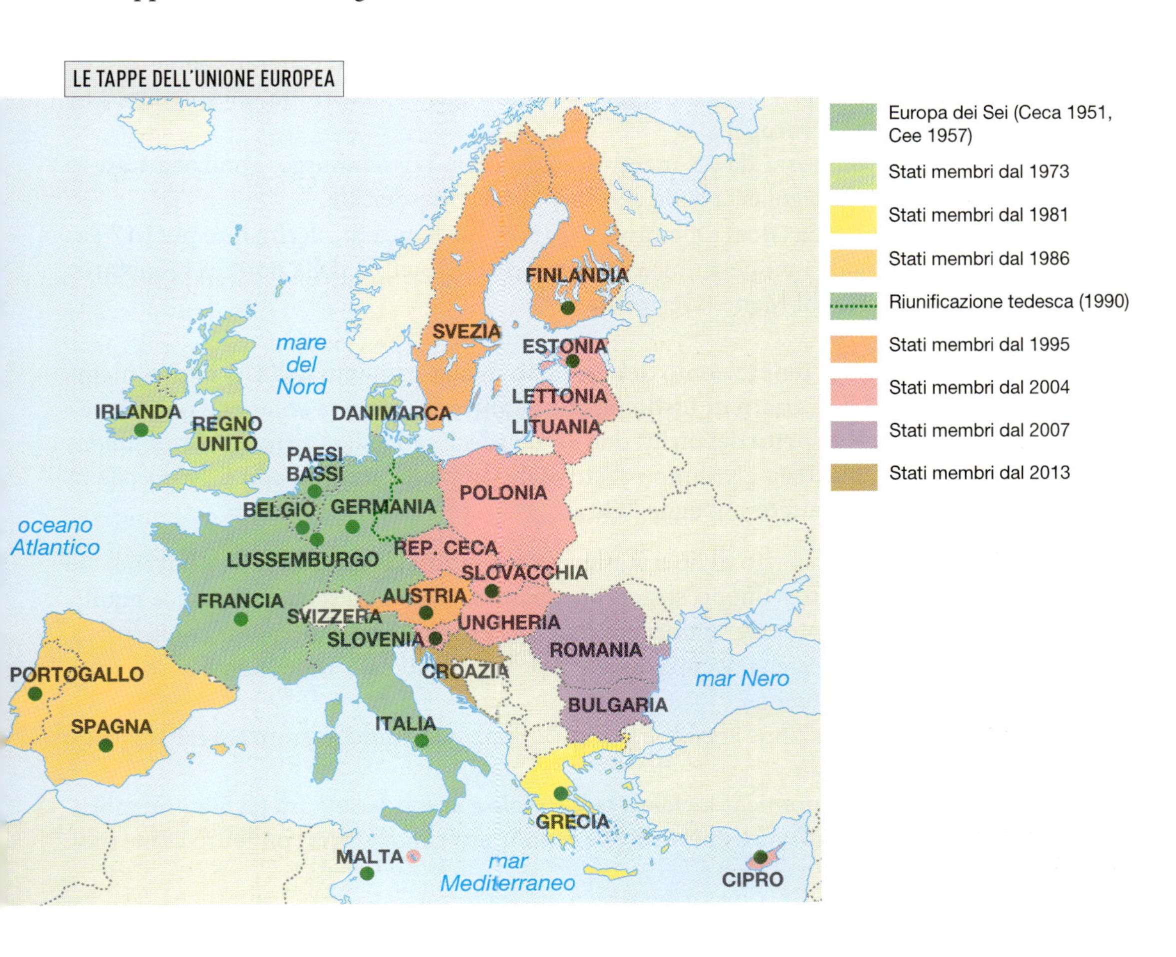

LE IMPORTAZIONI DELL'UNIONE EUROPEA

Materie prime 3,5%
Altri 4,2%
Macchinari e mezzi di trasporto 28,5%
Alimentari e bestiame 5,6%
Prodotti chimici 9,4%
Prodotti energetici 24,2%
Beni manufatti 24,6%

LE ESPORTAZIONI DELL'UNIONE EUROPEA

Altri 7,7%
Macchinari e mezzi di trasporto 41,5%
Alimentari e bestiame 4,1%
Prodotti chimici 17,9%
Prodotti energetici 5,2%
Beni manufatti 23,6%

GLI AIUTI ALLO SVILUPPO NEL MONDO NEL 2009

Altri 7,7%
EU e Paesi membri 49,3%
Unicef 0,7%
Imf 1,1%
Donatori arabi 2,5%
Ida 5,4%
Giappone 5,7%
Stati Uniti 17,4%

Imf: Fondo Monetario Internazionale
Ida: Agenzia Internazionale per lo Sviluppo
Unicef: Fondo delle Nazioni Unite per l'Infanzia

■ Votazione durante una seduta del Parlamento europeo a Bruxelles.

- **Consiglio dei ministri della Ue** È il titolare del **potere legislativo**, che esercita insieme al Parlamento. Esso riunisce i ministri dei Paesi membri a seconda delle loro competenze. Se, per esempio, deve discutere problemi relativi all'istruzione, allora si riuniscono i ministri dell'Istruzione e così via.
- **Commissione europea** È formata da 28 membri (uno per ogni Stato membro) ed è il «custode» dei trattati dell'Ue, di cui tutela gli interessi. La Commissione prepara le proposte per nuove normative, vigila sull'attuazione delle politiche Ue e sull'assegnazione e gestione dei fondi.
- **Corte di Giustizia** È composta da 28 giudici assistiti da 8 avvocati generali e affiancati da un Tribunale, che ha sede a Lussemburgo. La Corte vigila sulla corretta interpretazione e applicazione delle leggi europee.
- **Corte dei Conti** Composta da 28 membri, con sede a Lussemburgo, controlla tutte le attività finanziarie e la regolarità delle entrate e delle spese dell'Ue.
- **Banca Centrale Europea (Bce)** Operativa dal 1998, è la banca di riferimento per i 17 Paesi che hanno adottato la moneta unica. La Bce fissa gli obiettivi della politica monetaria. Ha sede a Francoforte sul Meno (Germania).

Alcuni obiettivi dell'Ue Tenuto conto del processo di allargamento dell'Ue, i Paesi membri firmarono nel **2007** il **Trattato di Lisbona**, che definiva in maniera chiara gli obiettivi e i valori dell'Unione: pace, rispetto dei diritti dell'uomo (declinati nella *Carta dei diritti fondamentali*), uguaglianza, giustizia e sviluppo sostenibile (in pieno accordo con il *Protocollo di Kyoto*). In particolare, il Trattato impegna l'Ue a:

- «offrire ai cittadini uno spazio di libertà, sicurezza e giustizia senza frontiere interne;
- garantire all'Europa uno sviluppo sostenibile, basato su una crescita economica equilibrata, sulla stabilità dei prezzi e su un'economia sociale di mercato altamente competitiva, al fine di raggiungere la piena occupazione e il progresso sociale, unitamente a un livello elevato di tutela dell'ambiente;
- lottare contro l'emarginazione sociale e la discriminazione, nonché promuovere la giustizia e la protezione sociali;
- favorire la coesione economica, sociale e territoriale e la solidarietà fra gli Stati membri;
- continuare l'impegno in favore di un'unione economica e monetaria con l'euro come moneta;
- conservare e promuovere i valori dell'Unione Europea nel resto del mondo e adoperarsi

per la pace, la sicurezza, lo sviluppo sostenibile del pianeta, la solidarietà e il rispetto fra i popoli, un commercio libero ed equo e l'eliminazione della povertà;
- contribuire alla protezione dei diritti dell'uomo, segnatamente dei diritti dei bambini, all'applicazione rigorosa e allo sviluppo del diritto internazionale, ivi compreso il rispetto per i principi enunciati nella Carta delle Nazioni Unite».

(tratto da *Guida al Trattato di Lisbona. Commissione europea*)

Le maggiori difficoltà che l'Ue incontra oggi, in un momento di crisi economica mondiale, è il passaggio da un'unificazione di tipo prevalentemente economico a un'altra di tipo politico, soprattutto per le resistenze degli Stati membri a rinunciare alle proprie prerogative in alcuni settori chiave della vita politica.

Festeggiamenti per il «Giorno dell'Europa», il 9 maggio, a Pristina, in Kosovo.

ATTIVITÀ

DOMANDE DI COMPRENSIONE

1. Quali furono le ragioni all'origine del progetto dell'Europa unita?
2. Spiega brevemente che cosa avvenne dalla creazione della Ceca al Trattato di Maastricht.
3. Quali sono oggi gli obiettivi principali dell'Ue?

COMPETENZE DI GEOSTORIA — **LEGGERE UNA CARTA TEMATICA**

I Paesi dell'Unione Europea

Trasforma la carta muta dell'Europa qui proposta in una carta tematica dal titolo *I Paesi dell'Unione Europea*, segnando con colori differenti i Paesi che hanno aderito all'Ue dal 1951 al 2007. Alla fine, crea la legenda così da rendere la tua carta chiara e comprensibile a chi la consulta.

Per applicare correttamente il metodo geostorico proposto, consulta la SCHEDA DI METODO 4, p. 67.

Lezione 14 Europa, un mosaico di culture diverse

Lezione

Vai alla lezione di geografia
Europa

Quanto ci sentiamo europei?

«E allora diciamo oggi – e io sono con voi – tutti noi qui convenuti, diciamo alla Francia, all'Inghilterra, alla Prussia, all'Austria, alla Spagna, all'Italia, alla Russia: verrà un giorno in cui le armi vi cadranno dalle mani, persino a voi; verrà un giorno in cui la guerra vi sembrerà tanto assurda, tanto impossibile fra Parigi e Londra, fra San Pietroburgo e Berlino, fra Vienna e Torino [...].

Verrà un giorno in cui voi – Francia, Russia, Italia, Inghilterra, Germania –, tutte le nazioni del continente, senza perdere le vostre qualità distinte e la vostra gloriosa individualità, vi fonderete in modo stretto in un'unità superiore, formerete in modo assoluto la fraternità europea [...]. Verrà un giorno nel quale l'uomo vedrà questi due immensi insiemi, gli Stati Uniti d'America e gli Stati Uniti d'Europa, posti l'uno di fronte all'altro, tendersi la mano al di sopra dell'oceano, scambiare fra loro merci, prodotti, artisti, scienziati, dissodare il mondo, colonizzare i deserti, perfezionare la Creazione sotto lo sguardo del Creatore e riunire, per il benessere comune, le due forze più grandi: la fraternità del genere umano e la potenza di Dio!

Non ci vorranno quattrocento anni per vedere quel giorno poiché viviamo in un tempo rapido».

Queste parole furono proferite concitatamente da **Victor Hugo** all'apertura del Congresso internazionale per la pace, tenutosi a Parigi il 21 agosto del 1849. Lo scrittore francese non solo vedeva in un'unione degli Stati europei l'unica possibilità di pace per il Vecchio Continente, ma addirittura presagì la nascita di un'Europa unita in tempi relativamente brevi, come sarebbe effettivamente avvenuto (poco più di cento anni). Partendo dalla frase pronunciata dal politico e patriota italiano Massimo D'Azeglio dopo l'unificazione dell'Italia («Abbiamo fatto l'Italia, ora dobbiamo fare gli italiani»), bisogna però ammettere che altrettanto si dovrebbe affermare per l'Unione Europea e per i cittadini europei.

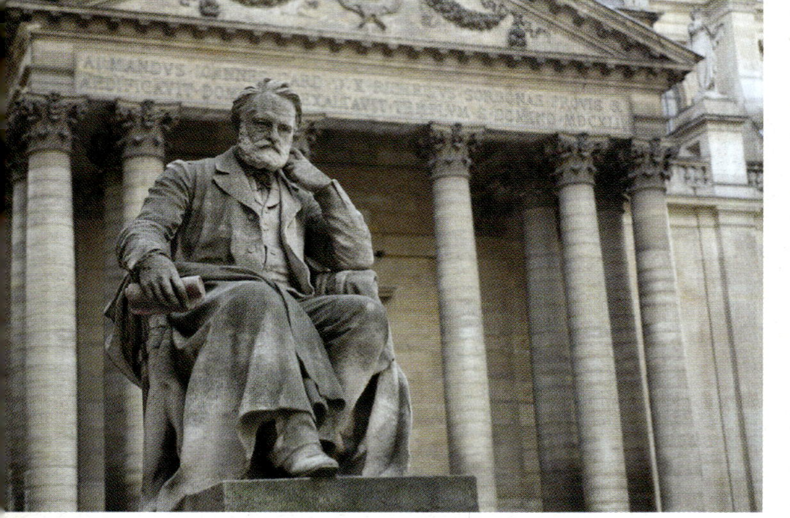
La statua dello scrittore Victor Hugo, opera dello scultore Laurent Marqueste, nel cortile dell'Università Sorbona di Parigi.

Una nazione è tale se è formata da un popolo che vive su un dato territorio e che si riconosce in **una storia e una cultura comuni**. Ciò, però, non può essere affermato per l'Unione Europea. Costituita da Stati e popoli anche molto diversi tra loro, i Paesi dell'Ue, anche se hanno alcune radici comuni, non hanno, però, un'unica storia e una sola cultura. Per questo motivo, l'Ue deve fare i conti con una sfida importante: porre le basi di un'**identità europea** (→ PAROLE CHIAVE UNITÀ 3, p. 342) capace di accogliere e rispettare le diversità culturali e le singole identità nazionali presenti nel Vecchio Continente. Insomma, la sfida è di riuscire a dare vita a una **società multiculturale**.

Il dialogo interculturale costruisce l'identità europea

In quale modo l'Unione Europea intende far fronte a un tale compito? Nel maggio 2008, i ministri degli Affari Esteri del Consiglio d'Europa hanno sottoscritto a Strasburgo il *Libro bianco sul dialogo interculturale*, che adotta il motto «Vivere insieme in pari dignità».

Dal testo emergono con chiarezza i concetti di **tolleranza** e di **dialogo interculturale** come elementi essenziali per un vivere civile, nel pieno rispetto della pace e della solidarietà.

Coniugare la capacità di accogliere e ascoltare chi appartiene a un orizzonte culturale diverso dal nostro con l'apertura a un confronto vivo con le istanze di cui è portatore rappresenta dunque la via maestra per costruire una società europea. Non è quindi un caso se, secondo i leader europei, è possibile raggiungere un'identità europea unicamente attraverso il dialogo interculturale, poiché esso solo può prevenire fratture etniche, religiose, linguistiche e culturali.

Cittadinanza e diritti fondamentali Nel 2007, il Parlamento, il Consiglio e la Commissione europee stilarono e sottoscrissero *Le Carte dei diritti fondamentali dell'Unione Europea*, nel cui preambolo si legge quanto segue: «I popoli d'Europa, nel creare tra loro un'unione sempre più stretta, hanno deciso di condividere un futuro di pace fondato su valori comuni. Consapevole del suo patrimonio spirituale e morale, l'Unione si fonda sui valori indivisibili e universali della dignità umana, della libertà, dell'uguaglianza e della solidarietà; essa si basa sul principio della democrazia e sul principio dello Stato di diritto. Pone la persona al centro della sua azione istituendo la cittadinanza dell'Unione e creando uno spazio di libertà, sicurezza e giustizia».

■ Una bancarella di pietanze turche durante una festa multiculturale nel quartiere berlinese di Kreuzberg, dove vivono numerosi immigrati.

La **diversità culturale** tra i vari cittadini dell'Ue è dunque la premessa dell'elenco dei diritti e delle libertà fondamentali. Nel rispetto del proprio patrimonio storico-culturale di appartenenza, il cittadino dell'Ue è considerato allo stesso tempo **cittadino europeo**. Per questa ragione, egli gode di una **doppia cittadinanza**: quella dello **Stato in cui vive** (nel nostro caso, la cittadinanza italiana) e quella **europea**.

La cittadinanza europea, istituita dal Trattato di Maastricht del 1992, non è sostitutiva della prima; anzi si acquisisce solo nello stesso momento in cui si ottiene quella di un Paese membro dell'Ue. Ottenere la cittadinanza europea vuol dire godere di **diritti importanti** (specialmente per gli immigrati), tra i quali: la **libera circolazione** negli Stati appartenenti all'Ue; il **diritto di voto** nelle elezioni locali dello Stato membro in cui si vive e nelle elezioni europee; la **tutela diplomatica e consolare** nei Paesi extraeuropei, nei quali il proprio Stato non è rappresentato dalle autorità degli altri Stati membri; il diritto di istanza al Parlamento europeo.

Il cittadino europeo, inoltre, è ampiamente tutelato dai diritti fondamentali espressi nelle *Carte* e dall'accettazione da parte dei Paesi membri del regime democratico. Riportiamo alcuni dei diritti fondamentali: l'inviolabilità della dignità umana; il diritto alla vita; il diritto all'integrità della persona; la proibizione della tortura e delle pene o trattamenti inumani o degradanti; la proibizione della schiavitù e del lavoro forzato; il diritto alla libertà e alla sicurezza; la libertà di pensiero, di espressione, di religione, di riunione e associazione; il diritto all'istruzione e al lavoro.

■ Una foto del Carnevale di Notting Hill, una manifestazione annuale organizzata dalla comunità caraibica di Londra.

Nell'Unione Europea il multiculturalismo è oggi una realtà che cerca, sia pure in mezzo a tante difficoltà, di affermarsi. Quelle europee, infatti, sono **società multiculturali** in seguito all'arrivo di un numero sempre maggiore di migranti, alla velocità raggiunta nelle comunicazioni, allo sviluppo dei trasporti e del turismo (che permettono contatti diretti tra un gran numero di persone provenienti da parti del mondo diverse), all'affermarsi dei nuovi mezzi di comunicazione come Internet.

Il dialogo interculturale e la conseguente nascita di un'identità unica europea dipendono dal rispetto dell'«altro», della diversità e dei diritti fondamentali espressi nelle *Carte* del 2007.

L'integrazione europea di fronte ai nuovi nazionalismi Costruire un'identità europea comune basata sul dialogo interculturale e sulla tolleranza non è comunque, come si diceva prima, un compito semplice. Anzi, esso rappresenta un **obiettivo ambizioso**, che deve essere pronto a scontrarsi con le profonde differenze culturali, religiose e sociali di cui è costellato il Vecchio Continente. Differenze che possono anche sfociare in drammatici conflitti: è il caso di quanto ha vissuto in tempi molto vicini a noi l'area dell'ex Iugoslavia.

Nel **1945**, all'indomani della Seconda guerra mondiale, fu proclamata la **Repubblica socialista federale di Iugoslavia**, con capitale a Belgrado, organizzata in sei repubbliche: Bosnia-Erzegovina, Croazia, Macedonia, Montenegro, Serbia e Slovenia.

Negli anni del crollo del muro di Berlino e del lento e inesorabile declino dell'Unione Sovietica (1989-91), anche il panorama dei Balcani mutò nettamente di segno. Spinte indipendentiste, problemi legati alle minoranze etniche, differenze di reddito e desiderio di una democratizzazione della vita politica causarono la **disgregazione della Federazione iugoslava**. Ciò però non avvenne pacificamente, ma attraverso una sanguinosa **guerra civile**.

Nel 1991, la **Slovenia** fu la prima a proclamare l'**indipendenza**, che raggiunse senza arrivare allo scontro militare con Belgrado (attuale capitale della Serbia). In **Croazia** si aprì invece un vero e proprio **conflitto**, che si concluse con l'indipendenza del Paese.

Nella **Bosnia-Erzegovina**, dove convivevano tre comunità religiose differenti (serbi ortodossi, croati cattolici e bosniaci musulmani), le ostilità assunsero caratteri più drammatici, soprattutto dal punto di vista umanitario. Nel 1992 scoppiò una **guerra civile** che durò tre anni e che fu caratterizzata da **eccidi** e dalla «**pulizia etnica**» (cioè l'eliminazione fisica delle persone di etnia diversa dalla propria), nonché dalla fuga di centinaia di migliaia di **profughi**, che si riversarono nei Paesi mediterranei più vicini.

Nel 1999, l'orrore della guerra si spostò più a Sud, dove si assistette ad altri stermini da parte dei Serbi in **Kosovo**, provincia serba a prevalenza musulmana. Solo l'intervento della Nato, i cui bombardamenti aerei colpirono obiettivi militari, industrie e infrastrutture della Serbia, portò alla sconfitta della Serbia e poi all'arresto, nel 2001, del suo leader, Milošević.

Nonostante la loro storia recente sia stata decisamente lontana dai valori che stanno alla base del progetto di integrazione europea, dal 2004 a oggi l'**allargamento a Est dell'Unione Europea** ha riguardato anche gli Stati dell'**ex Iugoslavia**: la Slovenia è infatti diventata Stato membro proprio nel 2004, mentre la Croazia nel 2013; sia alla Serbia sia alla Macedonia, inoltre, viene riconosciuto lo status ufficiale di candidato all'ingresso nell'Unione; il Montenegro, invece, è in trattativa per l'approvazione della richiesta di adesione. È questo un esempio di come un organismo come l'Unione Europea possa facilitare il superamento delle differenze tra i vari popoli del nostro continente.

La bandiera croata accanto alla bandiera dell'Unione Europea: nel 2013 la Croazia è diventata il ventottesimo Stato dell'Unione.

LE FONTI IN GEOGRAFIA

La cittadinanza ai figli degli immigrati

LA FONTE

Nel 2012 a Roma è stata organizzata una manifestazione per chiedere al Consiglio dell'Unione Europea l'applicazione, ai figli degli immigrati stranieri nati in uno dei Paesi membri, dello ius soli, *cioè la norma per la quale si considera cittadino di uno Stato chi nasce sul suo territorio, qualunque sia la cittadinanza dei genitori. In tale occasione è stato realizzato un manifesto firmato e sostenuto da personaggi del mondo della cultura e dello spettacolo, come Rita Levi Montalcini, Roberto Saviano, Margherita Hack, Andrea Camilleri, Carlo Verdone e Claudio Baglioni.*
Sulla stessa problematica, a tutt'oggi ancora irrisolta, è intervenuto nel 2013 il ministro per l'Integrazione Cécile Kyenge, sostenendo la concessione di cittadinanza europea per ius soli *già a partire dai cinque anni di età.*

1. Chi nasce qui è di qui. Appello per il diritto alla cittadinanza per nascita

Tutti i bambini hanno diritto ad essere protetti, rispettati e non discriminati: lo sancisce l'Onu e lo prevede anche la Carta dei diritti fondamentali dell'Unione Europea.
In Europa milioni di bambini, figli di migranti, nascono e crescono nei Paesi dell'Unione Europea, ma non hanno diritto all'uguaglianza, né allo status di cittadini. È una situazione di discriminazione inaccettabile cui l'Unione Europea deve rimediare, in nome dei principi e dei valori su cui si fonda.

CHIEDIAMO UNA DIRETTIVA EUROPEA CHE
1. Garantisca a tutti i bambini figli di migranti l'uguaglianza nell'accesso all'istruzione, alla salute, allo sport e al benessere.
2. Incoraggi un forte coordinamento tra i governi per consentire di ottenere la cittadinanza a tutti i bambini e i minori figli di migranti nati e cresciuti nei Paesi membri ed evitare discriminazioni nell'accesso ai diritti fondamentali.
3. Estenda ai bambini e ai minori nati e residenti legalmente nei Paesi membri i diritti derivanti dalla cittadinanza europea.

CHIEDIAMO SUBITO UNA LEGGE IN ITALIA
che riconosca la CITTADINANZA ai bambini nati nel nostro Paese come hanno chiesto centinaia di migliaia di italiani con la legge di iniziativa popolare.

2. Per una cittadinanza europea

«Bisogna parlare di una nuova cittadinanza, una cittadinanza europea» ha detto il ministro per l'Integrazione Kyenge, a proposito della questione dello *ius soli*. «Ho cominciato il mio mandato» ha spiegato «con due parole: *ius soli*. Ho ricevuto molte lettere di bambini che mi scrivono per raccontarmi come vivono con altri bambini. Un bambino che nasce in Italia nasce nello stesso ospedale, lo stesso giorno di tanti bambini italiani, quindi cominciano un percorso insieme, frequenteranno le stesse scuole, le stesse palestre, solo che appartengono a famiglie diverse. Da qui la possibilità di richiedere la cittadinanza. Diversamente dai genitori, i quali, arrivando da un altro Paese, avranno bisogno di strumenti e di un percorso per integrarsi».
«La legge in vigore dà diritto alla cittadinanza all'età di diciotto anni» ha proseguito «e non sempre riescono a ottenerla. In Europa sono tanti i Paesi che attuano lo *ius soli*, quello che cambia è il numero di anni. Nella mia proposta da deputata avevo indicato cinque anni. Nel Parlamento Europeo ho posto questo punto nell'agenda europea: parlare di una nuova cittadinanza, una cittadinanza europea, sapendo che chi ha la cittadinanza in un paese Ue di fatto ha la cittadinanza europea».

(adattata da *www.lettera43.it/politica/per-kyenge--serve-una-cittadinanza-europea_43675104529.htm*, 06 Agosto 2013)

ANALISI DELLA FONTE

1. Qual è lo scopo della manifestazione realizzata a Roma nel 2012? A quali istituzioni si rivolge il manifesto?
2. Che cosa chiedono i firmatari dell'appello?
3. Che cosa spinge il ministro per l'Integrazione Cécile Kyenge a chiedere l'applicazione dello *ius soli* per i figli degli immigrati nati nell'Unione Europea?
4. Qual è la condizione attuale dei figli degli immigrati stranieri nati nell'Unione Europea riguardo alla cittadinanza?

DOMANDE DI COMPRENSIONE

1. Che cosa s'intende quando si parla di «identità culturale europea»?
2. Che cos'è il dialogo interculturale?
3. Spiega che cos'è la cittadinanza europea, come si ottiene, quali sono i suoi limiti e quali diritti offre.
4. Qual è oggi il rapporto dei Paesi della ex Iugoslavia con l'Unione Europea?

DALLE ABILITÀ ALLE COMPETENZE

1 ORIENTARSI SU UNA CARTA MUTA E CREARE UNA CARTA TEMATICA COMPETENZA GEOGRAFICA

Dopo aver stabilito una legenda, colora con tinte diverse l'Europa dei 6 e l'Europa unita del 2014. Infine, dai un titolo alla tua carta tematica.

PAESE	DONNE	UOMINI
Austria	48,54%	51,46%
Belgio	47,94%	52,06%
Bulgaria	44,96%	55,04%
Cipro	48,47%	51,53%
Danimarca	50,60%	49,40%
Estonia	46,39%	53,61%
Finlandia	45,71%	54,29%
Francia	50,62%	49,38%
Germania	47,34%	52,66%
Grecia	56,25%	43,75%
Irlanda	39,82%	60,18%
Italia	54,29%	45,71%
Lettonia	45,69%	54,31%
Lituania	43,05%	56,95%
Lussemburgo	56,63%	43,37%
Malta	52,71%	47,29%
Paesi Bassi	47,54%	52,46%
Polonia	53,56%	46,44%
Portogallo	49,39%	50,61%
Regno Unito	46,92%	53,08%
Repubblica ceca	57,63%	42,37%
Romania	46,27%	53,73%
Slovacchia	52,09%	47,91%
Slovenia	53,14%	46,86%
Spagna	50,79%	49,21%
Svezia	48,34%	51,66%
Ungheria	48,77%	51,23%

2 LEGGERE UNA TABELLA E SAPERNE RICAVARNE INFORMAZIONI E LEGGERE E COSTRUIRE GRAFICI COMPETENZA GEOGRAFICA

Dopo aver analizzato con attenzione la tabella della colonna a fianco, ordina i dati in ordine decrescente, prima quelli sugli uomini, poi quelli sulle donne, partendo dal più alto. Con i primi cinque Stati, crea al computer un istogramma sulla percentuale di disoccupati tra gli uomini e tra le donne.
I dati provengono dal sito ufficiale dell'Ue e si riferiscono al 2013, quando gli Stati membri erano 27 e non 28 come oggi.

(→ Schede di metodo 6, p. 112, e 9, p. 228)

3 PRODURRE UN TESTO SEGUENDO UNA SCALETTA COMPETENZA GEOGRAFICA

Produci una sintesi (di massimo una pagina di quadernone) dell'intera unità 3, che abbia come tematica le caratteristiche fisiche, politiche, economiche e demografiche dell'Europa.

Per aiutarti, ti forniamo una scaletta degli argomenti da trattare:

- morfologia del territorio;
- andamento demografico;
- macrocaratteristiche economiche delle diverse aree geografiche europee;
- accenno a problemi e tensioni nel bacino del Mediterraneo;
- Unione Europea: quando si è formata e da quanti e quali Stati è formata; caratteristiche principali;
- cittadinanza e diritti democratici nell'Unione Europea.

Ricorda: per ottenere una sintesi chiara in tutti i suoi punti, occorre che il tuo testo sia coeso e coerente nel contenuto.

VERIFICA

DALLE ABILITÀ ALLE COMPETENZE

4 UTILIZZARE LE COMPETENZE GEOGRAFICHE GIÀ ACQUISITE CORRELANDOLE ALLE COMPETENZE DI CITTADINANZA E ALLE ALTRE DISCIPLINE **COMPETENZA TRASVERSALE**

Quanto ti senti cittadino europeo? Ti offriamo, sotto forma di domande, una riflessione per valutare la tua percezione di essere cittadino europeo. Dopo avere dato le risposte, calcola il tuo punteggio e confrontalo con quello dei tuoi compagni.

SI (1 punto) **NO (0 punti)**

1. Conosci almeno una lingua comunitaria oltre all'italiano? **SI** **NO**
2. Hai visitato mai almeno uno Stato appartenente all'Ue? **SI** **NO**
3. Fai acquisti negli Stati dell'Ue su Internet? **SI** **NO**
4. Hai amici nei Paesi membri dell'Ue? **SI** **NO**
5. Quando guardi il telegiornale, ti interessi alle notizie che riguardano l'Ue? **SI** **NO**
6. Quando fai spese, ti accerti che i prodotti provengano dagli Stati europei? **SI** **NO**
7. Saresti disposto a studiare o a lavorare in uno dei Paesi membri dell'Ue? **SI** **NO**

Alla fine del test, si consiglia di aprire un dibattito, guidato dall'insegnante, che può partire dall'articolo seguente, pubblicato il 7 aprile 2013 sul settimanale cattolico «La Voce dei Berici».

Un Paese di «euroscettici».

I risultati di un'indagine condotta in Italia dall'Eurobarometro

Solo il 51% degli italiani, appena oltre la metà del campione, afferma di sentirsi cittadino europeo, mentre il 47% continua a non sentirsi tale.

È quanto emerge dal Rapporto sull'Italia dell'Eurobarometro basato su un sondaggio effettuato su un campione di 1032 italiani tra il 3 e il 18 novembre 2012.

Un risultato che attribuisce ancor più valore e importanza all'Anno europeo dei cittadini 2013. Il dato italiano stride con percentuali ben diverse che Eurobarometro ha potuto riscontrare in altri Paesi Ue. Innanzitutto è ben sotto la media europea, che si attesta al 63%, ma è lontano dai picchi di Lussemburgo (87%), Finlandia (78%), Malta (76%) e Germania e Polonia (74%).

A sentirsi cittadini europei – rileva il rapporto – sono soprattutto gli italiani tra i 40 e i 54 anni (58% degli intervistati), gli uomini (54%) più delle donne (49%), i manager e i lavoratori autonomi (rispettivamente 66% e 62%) più di pensionati (42%) e disoccupati (44%). Mentre è nel Nord-Est della penisola che gli italiani si sentono più vicini alla cittadinanza europea (60%) di fronte a una diffusa diffidenza al Centro e nelle Isole (dove, rispettivamente, il 60% e il 57% si dichiara scettico a riguardo).

Il rapporto si sofferma anche sulla relazione tra gli italiani e i media. E la televisione (84% degli intervistati) resta di gran lunga il mezzo di comunicazione più usato come fonte di informazione, seguita da Internet (45%) e *social network* (25%, dieci punti in più rispetto al 2010). Ultima la stampa (24% degli intervistati), mentre il 51% degli italiani ritiene i *social media* uno strumento innovativo per tenersi aggiornati sulla vita politica oltre che un modo per partecipare attivamente alla vita pubblica.

L'abbandono dell'euro, tornato al centro del dibattito politico anche in Italia, è un'ipotesi che però gli italiani prendono assai poco in considerazione: appena il 2% pensa che l'Ue possa tornare indietro e solo l'1% ritiene che la moneta unica sarà realmente abbandonata. Anzi, per il 31% degli italiani rappresenta il principale risultato dell'Unione Europea, percentuale superiore al 29% emerso da un sondaggio del maggio 2012 e molto vicina al 32% rilevato su un campione in tutta l'eurozona.

Tra le conquiste dell'Europa unita, primeggia comunque la libertà di muoversi da un Paese all'altro dell'UE con il 46%. Eppure ben il 55% degli italiani (e il 54% degli europei) ritiene di non aver fruito dei vantaggi dell'assenza di frontiere tra i Paesi Schengen: non stupisce, quindi, che il 69% degli intervistati non ha visitato alcun Paese UE negli ultimi 12 mesi.

Anche il mercato unico – si sottolinea nel rapporto – resta una conquista di cui fregiarsi, ma che pochi sfruttano concretamente. Solo il 13% degli italiani nel corso degli ultimi 12 mesi ha usato Internet per acquistare un prodotto in un altro Paese Ue.

L'Italia, una terra al centro del *mare nostrum*

Lezione

Vai alla lezione di geografia
Italia

COMPETENZE DI GEOGRAFIA
- Individuare le relazioni tra le strutture demografiche, economiche, sociali, culturali e le trasformazioni intervenute nel corso del tempo.
- Osservare, analizzare e descrivere fenomeni appartenenti alla realtà naturale e antropica e riconoscere le varie forme di organizzazione del territorio.
- Riconoscere l'interdipendenza tra fenomeni economici, sociali, istituzionali, culturali e la loro dimensione locale.

COMPETENZE DEL METODO GEOSTORICO
- Metodo 6 Leggere una tabella e saperne ricavare informazioni.

LEZIONE 15
L'Italia: aspetto fisico e clima

Per la sua posizione geografica, l'Italia è uno Stato facilmente raggiungibile sia dai Paesi del Medio Oriente sia dal Nord-Africa. È una penisola e il suo confine naturale a Nord è costituito dalle Alpi. Per quanto riguarda il clima, l'Italia rientra nell'area climatica mediterranea.

Le parole chiave

Placche continentali Enormi «zattere» che costituiscono la superficie terrestre, su cui viaggiano le terre emerse. Le placche continentali sono in continuo e costante movimento perché poggiano sulla parte fluida del mantello. I confini tra due placche vengono chiamate faglie; sono i punti su cui si verificano quei fenomeni che modificano l'aspetto della crosta terrestre, come l'orogenesi, il vulcanesimo, la sismicità e la formazione di dorsali e fosse oceaniche.

Una veduta del paesaggio alpino presso Passo Gardena, in Trentino-Alto Adige.

LEZIONE 16
Popolazione ed economia

L'Italia è il quarto Paese più popoloso dell'Ue, dopo Germania, Francia e Regno Unito, anche se il suo saldo naturale è negativo. Tra i primi posti anche nell'indice di ricchezza economica tra i Paesi dell'Ue (soprattutto grazie alla media impresa e al turismo), oggi anche la penisola italiana subisce i contraccolpi della grave crisi economica mondiale del 2009.

Le parole chiave

Censimento Il termine, che deriva dal latino *censere* («valutare»), indica un sistema di misurazione e valutazione volto a fornire informazioni sulla popolazione e sull'economia di un determinato territorio o Stato. Dal 1926, il censimento in Italia è effettuato dall'Istituto Nazionale di Statistica (Istat), con cadenza decennale.

Pil (Prodotto Interno Lordo) Valore monetario dei beni e servizi finali prodotti in un anno in un Paese al lordo degli ammortamenti.

La città di Milano vista dal tetto del Duomo: oltre le guglie si intravede un tessuto urbano in continua trasformazione.

Pale eoliche e vitigni caratterizzano il paesaggio di Alcamo, in provincia di Trapani. Tre quarti del territorio siciliano sono utilizzati per l'agricoltura, settore che occupa l'11% dei suoi abitanti.

L'ITALIA POLITICA

LEZIONE 17

Territorio politico e contraddizioni interne

Secondo l'art. 114 della Costituzione italiana, l'Italia si divide in Regioni, Province e Comuni. Le Regioni, dal 2001, grazie alla riforma del Titolo V della Costituzione godono di maggiore autonomia. Seppur unita politicamente dal 1861, l'Italia presenta ancora un forte divario tra le aree del Centro-Nord e quelle del Sud, che si è acuito ulteriormente negli ultimi anni.

Le parole chiave

Regioni a statuto speciale Nell'ordinamento della Repubblica italiana, particolare forma di autonomia legislativa, amministrativa e finanziaria, di cui godono cinque delle venti Regioni in cui è suddivisa la Penisola, in ragione di determinate specificità del loro patrimonio storico-culturale, geografico e linguistico.

La protesta di un gruppo di disoccupati nel centro di Napoli. La Campania, insieme alla Calabria e alla Sicilia, è tra le regioni italiane dove si registra il più alto tasso di disoccupazione, pari al 19,3% della popolazione (dati Istat 2013).

Una piccola azienda tessile in provincia di Prato.

Lezione 15

L'Italia: aspetto fisico e clima

Lezione

Vai alla lezione di geografia
Italia

Un tratto della costa sarda, caratterizzata dalla tipica macchia mediterranea.

Le caratteristiche fisiche Per la sua conformazione particolare e unica, simile a uno stivale circondato dall'acqua, la penisola italiana è facilmente riconoscibile da una semplice carta geografica o storica, ma anche da foto aeree e satellitari. Essa, infatti, è collegata alla terraferma solamente a Nord, dove confina con la Francia, la Svizzera, l'Austria e la Slovenia.

La Penisola si protende verso Sud ed è bagnata dai mari del Mediterraneo: Ligure, Tirreno, Ionio e Adriatico. Proprio per la sua estensione in lunghezza, l'Italia conta più di **7400 km di coste**, dalle svariate forme e caratteristiche: basse e lagunari nell'alto Adriatico; basse e sabbiose in corrispondenza delle pianure della Toscana, del Lazio e della Campania; prevalentemente alte e rocciose nelle rimanenti regioni della Penisola. A differenza delle coste adriatiche, quelle tirreniche e ioniche sono più frastagliate e presentano diversi golfi. Il territorio nazionale, inoltre, include due grandi isole, **Sicilia e Sardegna**, nonché diverse isole minori e molti arcipelaghi.

Il territorio dell'Italia si presenta abbastanza vario e frammentato. Esso, infatti, è interessato da due grandi catene montuose (le **Alpi** a Nord, proprio lungo il confine politico, e gli **Appennini** lungo tutta la Penisola) e da varie pianure, la più grande delle quali è la **pianura Padana**, che dal Piemonte si allunga verso Sud-Est estendendosi in Lombardia, Veneto ed Emilia-Romagna. La pianura Padana, inoltre, è solcata dal fiume **Po** (e dai suoi affluenti settentrionali e meridionali) che, anch'esso in direzione Ovest-Est, sfocia in un ampio delta in territorio veneto. Sia la Sicilia sia la Sardegna si presentano prevalentemente montuose nelle aree interne e pianeggianti lungo le zone litoranee.

Il fiume Po nei pressi di Torino, in Piemonte.

L'Italia è caratterizzata dalla presenza di **aree vulcaniche** e da un **elevato grado di sismicità**, fenomeno caausato dalla pressione della **placca continentale** (→ PAROLE CHIAVE UNITÀ 4, p. 374) africana su quella euroasiatica. I vulcani attivi sono quattro: Etna (in Sicilia), Stromboli e Vulcano (nelle omonime isole dell'arcipelago delle Eolie) e Vesuvio (in Campania).

Come si nota dalla carta geografica della pagina a fianco, il territorio conta numerosi laghi, ma di piccole dimensioni. I più estesi si trovano ai piedi delle Alpi; il maggiore è il **lago di Garda**, tra le Alpi e la pianura Padana.

Il clima Per quanto riguarda il clima, l'Italia rientra nell'**area climatica mediterranea** (lunghe estati secche e inverni miti, con gelate saltuarie); tuttavia, data la sua estensione da Nord a Sud, essa presenta delle variazioni sostanziali da zona a zona, che è possibile raggruppare in sei regioni microclimatiche:

- **regione alpina**: estati fresche e piovose, elevate escursioni termiche annue e persistenza del manto nevoso sui rilievi montuosi;
- **regione padana**: estati calde e afose, inverni rigidi e forti escursioni termiche annue;
- **regione dell'Adriatico settentrionale**: estati calde e inverni rigidi, caratterizzati da un forte vento di Nord-Est (bora);
- **regione appenninica**: inverni freddi ed estati calde;
- **regione ligure-tirrenica**: estati secche e inverni freddi con abbondanti precipitazioni;
- **regione mediterranea**: estati molto calde e afose, inverni miti e bassa escursione termica annua.

Il Monte Bianco, ricoperto da neve e imponenti ghiacciai.

Il Monte Bianco (4810 m) viene considerato esterno ai confini politici italiani, pur facendo parte delle Alpi occidentali.

L'arco alpino si sviluppa in direzione Ovest-Est. Le Alpi centrali non includono rilievi importanti (a parte la Marmolada, nelle Dolomiti, che raggiunge 3342 m, non superano i 3000 m), al contrario dei monti a Ovest, capeggiati dalla cima più alta, il Monte Rosa (4634 m).

La Lombardia è la regione con la popolazione maggiore.

La pianura Padana è l'area più vasta e uniforme delle superfici pianeggianti italiane. È l'area che ospita le attività economiche italiane più significative.

Il Po è il maggior fiume italiano. Nasce a 2020 m sul versante Nord-Est del Monviso. Sfocia nelle acque del mar Adriatico a Sud di Venezia, formando un grande delta ramificato. La sua portata media annua è di quasi 1500 m³/s. Ha affluenti sia a sinistra sia a destra del suo corso.

La Valle d'Aosta è la regione con la popolazione minore e con la superficie più piccola.

L'Appennino settentrionale si sviluppa dal territorio ligure e forma un arco assieme all'Appennino tosco-emiliano fino all'Appennino centrale. L'Appennino meridionale propende più verso Ovest, dando spazio verso Oriente al Tavoliere pugliese.

Roma è la capitale d'Italia e il capoluogo della regione Lazio. All'interno del suo territorio comunale è compreso anche lo Stato della Città del Vaticano.

Lo Stato della Città del Vaticano e la Repubblica di San Marino sono due Stati indipendenti e sovrani all'interno del territorio italiano.

La Sicilia è la regione con la superficie maggiore.

ITALIA FISICA

Ghiacciai
2000-3000 m s.l.m.
1000-2000 m s.l.m.
500-1000 m s.l.m.
200-500 m s.l.m.
0-200 m s.l.m.

LE REGIONI CLIMATICHE ITALIANE

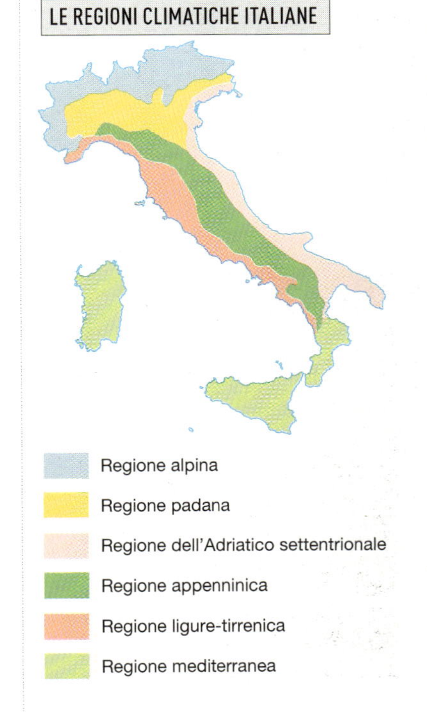

SUPERFICIE	La superficie dell'Italia, esclusi lo Stato della Città del Vaticano e la Repubblica di San Marino, è di 301.336 km²
DENSITÀ	199 ab./km²
FORMA DI GOVERNO	Repubblica parlamentare (dal 2 giugno 1946)
REGIONI	L'Italia è suddivisa in 20 Regioni, 15 a statuto ordinario e 5 a statuto speciale
LINGUA	Italiano
RELIGIONE	Cattolica (84%)
MONETA	Euro
PIL/AB. (2010)	34.059 $
ISU (2010)	0,854 (23° posto)

DOMANDE DI COMPRENSIONE

1. Quali caratteristiche ha il territorio italiano?
2. Quali sono le aree climatiche diffuse in Italia?

Lezione 16 Popolazione ed economia

Lezione

Vai alla lezione di geografia **Italia**

IL LESSICO GEOGRAFICO

Saldo naturale Scarto tra il numero delle nascite e il numero delle morti in una specifica zona geografica e in un dato periodo.

La popolazione italiana e i movimenti demografici

L'Italia conta una popolazione, compresi i residenti stranieri, di **60.626.442** (dati Istat 2011), distribuita sul territorio nazionale in base alle condizioni ambientali e al diversificato sviluppo urbano. Ad aree geografiche poco popolate (soprattutto campestri e montuose) si alternano grandi centri urbani densamente popolati. La distribuzione della popolazione, quindi, non è omogenea.

La penisola è il **quarto Paese più popoloso dell'Ue**, dopo Germania, Francia e Regno Unito, e risulta tra gli Stati europei con una **densità** media molto **elevata** (201 ab./km²).

Sebbene la popolazione abbia registrato un lieve aumento negli ultimi anni, il **saldo naturale** rimane comunque in **negativo**. Il basso indice di fecondità (1,41 figli per donna), infatti, si abbina a un incremento della speranza di vita e della vita media sia degli uomini (79,4 anni) sia delle donne (84,5 anni).

Poche nascite e la possibilità di vivere a lungo rendono i **movimenti demografici quasi nulli**. Un aiuto proviene però dagli stranieri residenti, oggi di numero inferiore rispetto al 2009, ma superiore al 2010. Fino al 2011, anno dell'ultimo **censimento** (→ PAROLE CHIAVE UNITÀ 4, p. 374), in Italia si contavano **4.570.317** stranieri muniti di valido permesso di soggiorno. Gli stranieri sono stanziati sul territorio italiano in maniera del tutto disomogenea, prediligendo le regioni che offrono maggiori possibilità lavorative: nel Nord si concentra il 61,3% dei residenti stranieri, nel Centro il 25,2% e nel Mezzogiorno il 13,5%.

LA DENSITÀ DELLA POPOLAZIONE RESIDENTE IN ITALIA, REGIONE PER REGIONE

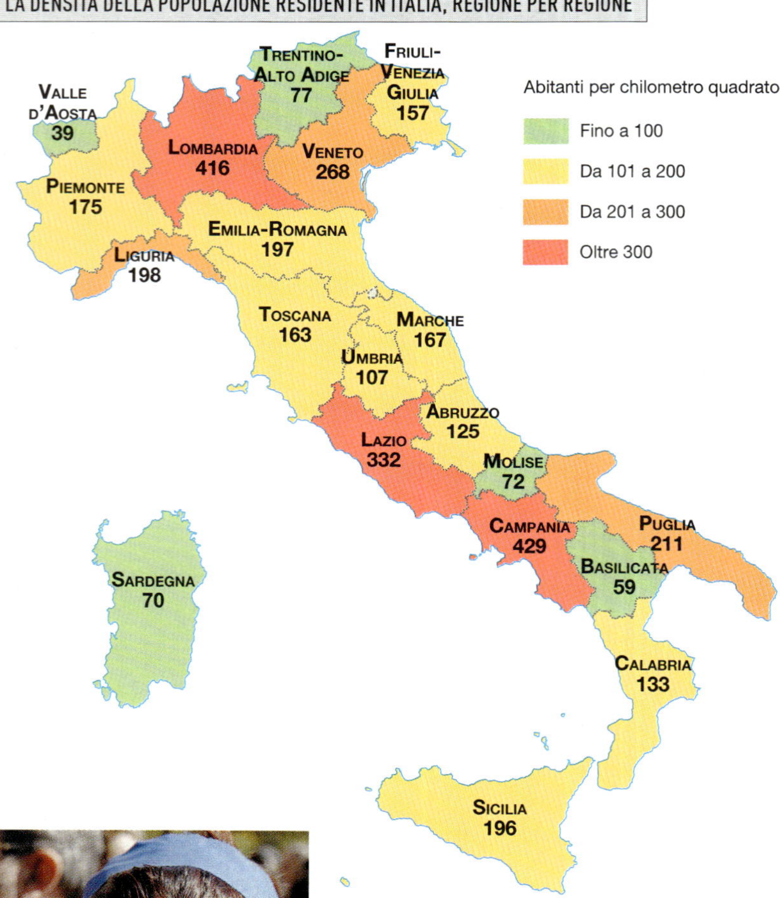

L'economia italiana subisce una «battuta d'arresto»

L'Italia si situa al **quarto posto** tra i Paesi dell'Ue anche per **indice di ricchezza economica**. L'economia del Paese è favorita senz'altro dalla sua collocazione geografica: la Penisola, infatti, rappresenta un punto strategico d'intersezione tra l'Europa continentale e quella mediterranea, tra l'Ue e gli Stati del Mashrek e del Maghreb, tra l'Europa e i Balcani.

Nel 2009, la grave **crisi economica internazionale** ha colpito anche l'Italia, facendo registrare un calo del **Pil** (→ PAROLE CHIAVE UNITÀ 4, p. 374) nazionale di ben cinque punti percentuali, e ancora oggi, nonostante deboli segni di ripresa, il nostro Paese non è uscito dalle difficoltà. La politica economica restrittiva ha imposto tagli nel personale pubblico e nei finanziamenti, perlopiù alle piccole e medie imprese. Soprattutto la chiusura di queste ultime – che rappresentano una quota importante del settore produttivo italiano – ha incrementato il **tasso di disoccupazione** rispetto agli anni precedenti al 2009.

Una giovane disoccupata in cerca di lavoro durante una manifestazione contro la crisi economica. Secondo i dati Istat, nel secondo trimestre del 2013 in Italia il tasso di disoccupazione tra i 15-24enni si attesta al 39,5%, con un picco del 51% per le giovani donne del Mezzogiorno.

FORZE DI LAVORO* PER CONDIZIONE, SESSO E AREA GEOGRAFICA ANNO 2011, MIGLIAIA DI PERSONE (FONTE ISTAT)			
	MASCHI	**FEMMINE**	**TOTALE**
OCCUPATI			
Nord	6818	5107	11.925
Centro	2774	2052	4826
Mezzogiorno	4026	2189	6216
Italia	**13.619**	**9349**	**22.967**
IN CERCA DI OCCUPAZIONE			
Nord	360	371	731
Centro	198	201	399
Mezzogiorno	556	422	978
Italia	**1114**	**993**	**2108**
FORZE DI LAVORO			
Nord	7178	5478	12.656
Centro	2973	2253	5226
Mezzogiorno	4582	2611	7194
Italia	**14.733**	**10.342**	**25.075**

* L'espressione «forze di lavoro» comprende gli occupati e le persone in cerca di occupazione

Gli occupati sono impiegati soprattutto nel settore terziario, poi in quello secondario (medie industrie) e infine in quello primario, che incide solamente per il 2% sul Pil nazionale.

Nel **settore agricolo**, il Nord produce quantitativamente di più rispetto al Sud, pur ospitando sul suo territorio meno di un quarto delle aziende agricole nazionali. Le colture più produttive sono: cerealicoltura, barbabietola da zucchero, orticoltura, frutticoltura, olivicoltura, agrumicoltura (Sicilia, Calabria e Campania). Negli ultimi anni, inoltre, sono state incrementate le coltivazioni dei prodotti agroalimentari di qualità **Dop** (Denominazione di Origine Protetta), **Igp** (Indicazione Geografica Protetta) e di **agricoltura biologica**.

L'**allevamento** ha il suo punto di forza nella pianura Padana e in Toscana. Per quanto riguarda il **settore ittico**, esso è rimasto sostanzialmente **marginale** nell'economia italiana, sia perché larga è la diffusione di imbarcazioni piccole e medie che non praticano pesca d'altura, sia per i rischi di contenziosi legali legati allo sfruttamento delle zone marine, che spesso hanno coinvolto, per esempio, la marineria siciliana con gli Stati del Nord Africa.

Rispetto a quello primario, il **settore secondario** è sufficientemente sviluppato e conta sul tessuto delle **microimprese** (meno di 10 addetti), che rappresentano il **95% del totale nazionale** del comparto. Le **grandi imprese** (più di 250 addetti) sono solamente lo **0,08% del totale**, ma assorbono circa il 20% degli occupati nel settore industriale. I principali settori sono il meccanico (specialmente autoveicoli, cicli e motocicli), il tessile, il chimico e l'agroalimentare.

Il **commercio**, rispetto al 2010, ha visto un indicativo aumento nelle attività di import/export. Il primo partner commerciale dell'Italia è la **Germania**, seguita da Francia, Stati Uniti, Cina, Russia, Paesi Bassi, Svizzera.

Per quanto riguarda l'uso e l'approvvigionamento di **energia**, l'Italia è un Paese grande **importatore e consumatore di gas e petrolio**. Dal momento che ha aderito al Protocollo di Kyoto, oggi la Penisola tende a promuovere le energie rinnovabili, specialmente quelle eoliche e solari, anche se è molto

Un'azienda sartoriale del Centro Italia, un esempio delle tante microimprese sparse sul territorio nazionale.

IL LESSICO GEOGRAFICO

Dop Marchio di qualità attribuito dall'Unione Europea a prodotti agricoli e alimentari che risultano unici nel loro genere perché vengono prodotti e trasformati in un determinato territorio e in un determinato ambiente geografico.

Igp Marchio di qualità attribuito dall'Unione Europea a prodotti agricoli e alimentari le cui qualità dipendono dall'area geografica di provenienza e la cui produzione viene effettuata in un'area geografica determinata.

Agricoltura biologica Tipo di agricoltura che ha come obiettivi principali la salvaguardia della Terra e dei suoi abitanti. Per queste ragioni, nel totale rispetto dell'intero ecosistema, sfrutta la naturale fertilità del suolo, rispetta la biodiversità e non utilizza organismi geneticamente modificati (Ogm).

SCAMBI COMMERCIALI PER SETTORE DI ATTIVITÀ ANNI 2010 E 2011 (DATI PROVVISORI): VALORI ASSOLUTI IN MILIONI DI EURO (FONTE ISTAT)	2010		2011	
	IMPORTAZIONI	ESPORTAZIONI	IMPORTAZIONI	ESPORTAZIONI
Prodotti dell'agricoltura, della silvicoltura e della pesca	11.123	5614	12.980	5770
Prodotti dell'estrazione di minerali da cave e miniere	59.005	1165	69.235	1249
Prodotti alimentari, bevande e tabacco	25.320	22.179	27.483	24.390
Prodotti tessili e dell'abbigliamento, pelli e accessori	25.960	37.339	28.792	41.913
Legno e prodotti in legno; carta e stampa	9991	7151	10.142	7614
Coke e prodotti petroliferi raffinati	8550	14.794	10.056	16.770
Sostanze e prodotti chimici	32.122	22.575	36.337	24.911
Articoli farmaceutici, chimici medicinali e botanici	17.344	13.973	19.160	15.311
Articoli in gomma e materie plastiche, altri prodotti della lavorazione di minerali non metalliferi	11.312	20.854	12.373	22.505
Metalli di base e prodotti in metallo, esclusi macchine e impianti	36.107	39.350	42.433	48.343
Computer, apparecchi elettronici e ottici	33.871	11.604	29.848	12.881
Apparecchi elettrici	13.292	19.380	13.715	20.298
Macchine e apparecchi non classificati altrove	22.416	60.061	24.040	68.418
Mezzi di trasporto	37.901	34.507	38.114	36.408
Prodotti delle altre attività manifatturiere	10.647	18.918	10.891	19.993
Energia elettrica, gas, vapore e aria condizionata	2659	277	2980	276
Altri prodotti non classificati altrove	9770	7605	11.901	8800
Totale	367.390	337.346	400.480	375.850

lontana da utilizzarle come strade preferenziali nel consumo energetico. Con il **referendum** popolare del 2011, è stato definitivamente accantonato l'obiettivo di uno sviluppo dell'energia nucleare attraverso la costruzione di centrali. L'Italia si trova, però, costretta a **importare** grandi quantità di energia da Paesi europei, africani e asiatici (vedi carta tematica).

Il settore turistico in Italia e le attività dell'Unesco Il **settore turistico** italiano, con le sue 270.000 imprese (tra alberghi, bar, ristoranti, campeggi, villaggi turistici, stabilimenti balneari ecc.), è uno dei comparti economici italiani più sviluppati, con un giro di affari in media di circa **25 miliardi di euro l'anno**. L'Italia, infatti, con 47 siti, di cui 44 culturali e 3 naturali (isole Eolie, Dolomiti e Monte San Giorgio), oltre 3400 musei, 2000 aree e parchi archeologici, è il primo Paese al mondo nella lista del Patrimonio culturale e ambientale dell'Umanità stilata dall'Unesco.

L'**Unesco** (Organizzazione delle Nazioni Unite per l'Educazione, la Scienza e la Cultura, dall'acronimo inglese *United Nations Educational, Scientific and Cultural Organization*), fondata nel 1945 con lo scopo di promuovere educazione, scienza e cultura su tutta l'ecumene, ha stilato, a partire dal 1972, un elenco dei siti che possono essere considerati «**Patrimonio dell'umanità**». Questa lista oggi include 936 siti dal valore culturale e scientifico universale (725 beni culturali, 183 naturali e 28 misti) presenti in 153 Paesi del

I PRINCIPALI PARTNER COMMERCIALI ITALIANI ANNO 2011 (DATI PROVVISORI)

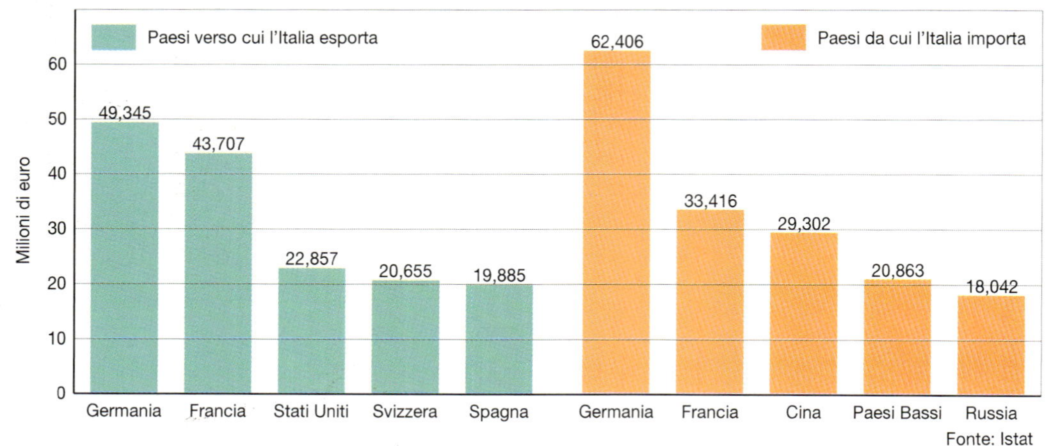

Fonte: Istat

GLI APPROVVIGIONAMENTI ENERGETICI DELL'TALIA (2010)

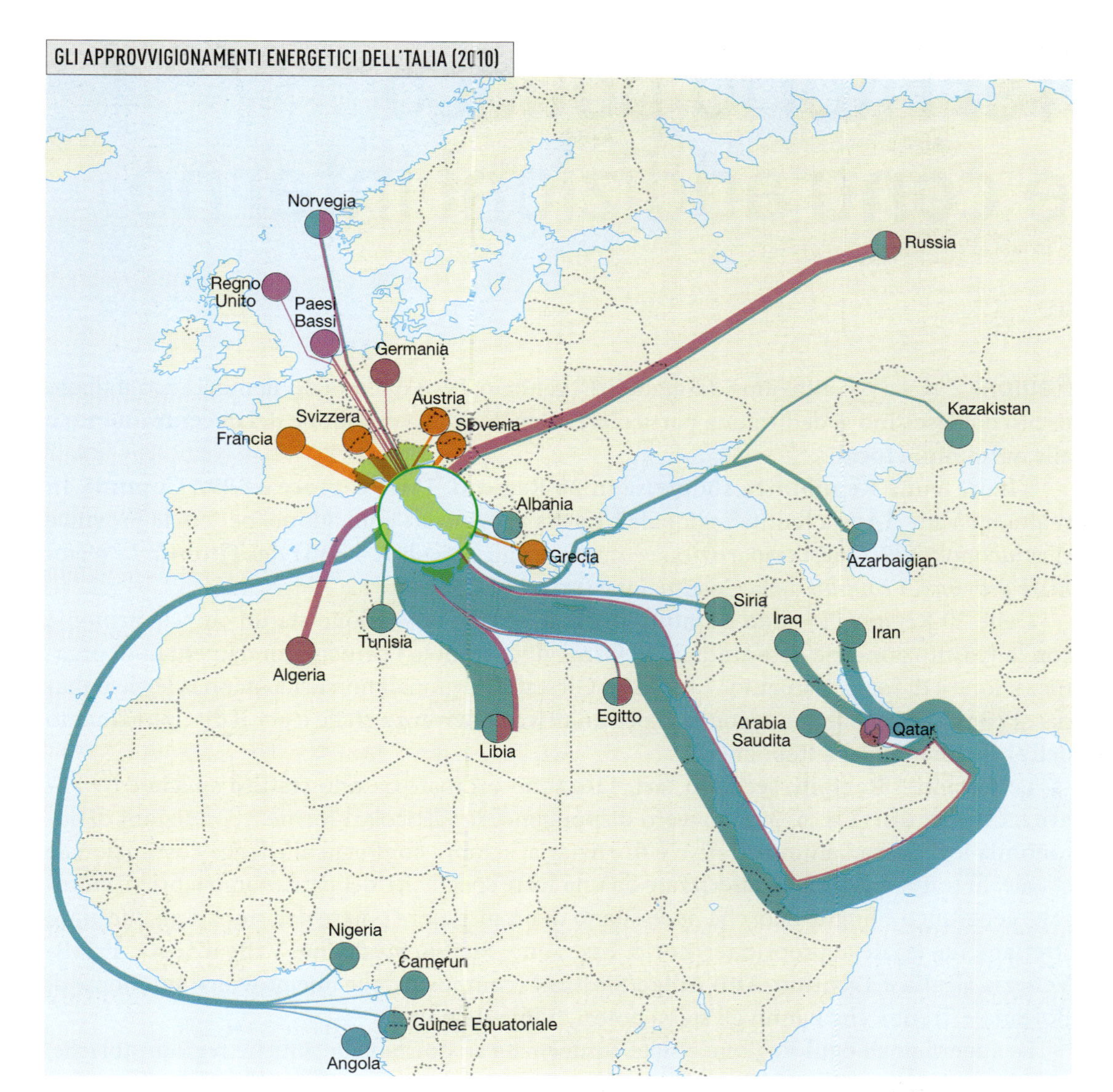

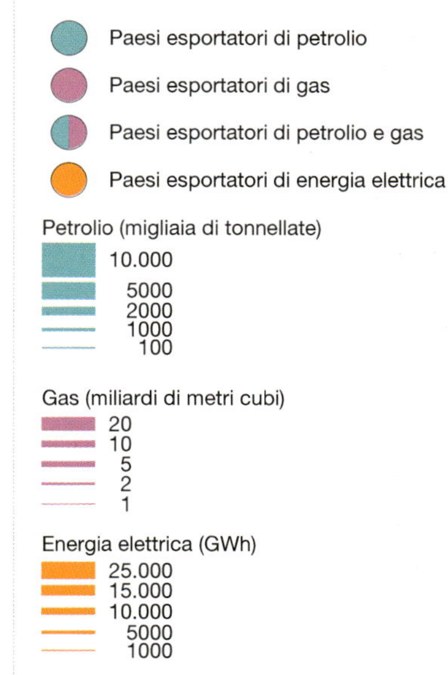

Il crollo della *Domus dei Gladiatori* a Pompei nel 2006, causato dall'avanzato stato di degrado dell'area archeologica. Nel 2013 sono stati stanziati 40 milioni di euro dall'Unione Europea con l'obiettivo di restaurare il sito.

mondo. Tra i compiti più importanti dell'Unesco vi sono la **tutela** dei siti e la **diffusione** della loro conoscenza in tutto il mondo.

In linea con tali obiettivi, nel 1997 in Italia è stata creata l'Associazione delle Città e dei Siti italiani Patrimonio Mondiale dell'Unesco, con l'intento di **salvaguardare i propri beni culturali**, ambientali e tradizionali e promuovere politiche finalizzate allo sviluppo territoriale, economico e turistico.

Inoltre, nel dicembre **2009** il Consiglio dell'Unione Europea ha inserito la conservazione del patrimonio culturale tra le priorità nei programmi di ricerca degli Stati membri, il cui ruolo di coordinamento è stato affidato proprio all'Italia, dove i beni culturali vengono tutelati dall'**art. 9 della Costituzione italiana**: «*La Repubblica promuove lo sviluppo della cultura e la ricerca scientifica e tecnica. Tutela il paesaggio e il patrimonio storico e artistico della Nazione*».

DOMANDE DI COMPRENSIONE

1. Quali sono i settori dell'economia italiana maggiormente sviluppati?
2. Qual è la politica italiana nei confronti del problema energetico?
3. Di che cosa si occupa l'Unesco?

Territorio politico e contraddizioni interne

Vai alla lezione di geografia
Italia

Regioni... Nella Costituzione adottata il 1° gennaio 1948 dallo Stato democratico italiano uscito dal fascismo si dedica una particolare attenzione alla questione del **decentramento** e alle **autonomie locali**.

L'Italia è una **Repubblica** suddivisa in **20 Regioni**, **110 Province** e **8092 Comuni**. In realtà, in Valle d'Aosta l'entità regionale e quella provinciale coincidono, per cui le province si riducono a 109. Questa ripartizione è sancita dagli articoli 114 e 131 del **Titolo V** *Le regioni, le province, i comuni* della Costituzione (artt. 114-133).

Delle 20 Regioni, 15 sono a **statuto ordinario**, cioè possiedono statuti che «in armonia con la Costituzione, ne determinano la forma di governo e i principi fondamentali di organizzazione e di funzionamento» (art. 123). Gli statuti regionali non ostacolano la legge italiana; al contrario, collaborano con essa per un'attiva convivenza civile e per il disciplinamento dell'ordinamento della Repubblica.

Le restanti 5 **Regioni**, secondo l'art. 116, sono ordinate da uno **statuto speciale** (→ PAROLE CHIAVE UNITÀ 4, p. 375), ovvero dispongono di particolari forme e condizioni di autonomia legislativa, amministrativa e finanziaria, sempre conformi alla legge costituzionale statale. Si tratta di entità caratterizzate da una forte specificità del patrimonio storico, culturale, geografico e linguistico, che necessitano di un maggiore potere decisionale su questioni strettamente legate al proprio territorio. Esse sono: **Sicilia**, **Sardegna**, **Valle d'Aosta**, **Friuli-Venezia Giulia** e **Trentino-Alto Adige/Südtirol** (composto dalle due province autonome di Bolzano e Trento, che hanno gli stessi poteri di una Regione).

La superficie di ogni Regione è stata conformata su quella delle antiche regioni storiche, nel pieno rispetto delle realtà culturali e linguistiche ivi esistenti. L'art. 121 indica gli organi della Regione: il **Consiglio regionale**, formato da almeno 30 consiglieri, che esercita il potere legislativo; la **Giunta regionale**, formata dagli assessori e dal Presidente regionale, che detiene il potere esecutivo; il **Presidente della Regione** che, eletto insieme al Consiglio dai cittadini residenti nella Regione, ha il compito di rappresentare e guidare la Regione nei rapporti con lo Stato e con le altre entità regionali.

Nel **2001**, dopo una lunga revisione, è stato riformato il Titolo V della Costituzione e ciò ha configurato un nuovo ruolo per gli enti regionali, che da quell'anno godono di **maggiore autonomia**. L'**art. 117** è formato da una prima parte, in cui si elencano le materie sulle quali lo Stato ha potere esclusivo (**competenza esclusiva statale**), e da una seconda parte, in cui sono esplicitati i compiti che appartengono sia alla potestà legislativa regionale sia a quella statale (**competenza concorrente**) e quelli di competenza esclusiva regionale (**competenza residuale**). In tal modo, ogni Regione riesce ad amministrare più da vicino il proprio territorio e i suoi abitanti.

... e microstati Il territorio italiano include anche **due microstati**, la **Serenissima Repubblica di San Marino** e lo **Stato della Città del Vaticano**. Essi sono Stati sovrani, indipendenti e con un proprio ordinamento statale.

Lo Stato della Città del Vaticano, oltre a essere un regime monarchico assoluto, è anche il più piccolo Stato indipendente al mondo, con soli 572 abitanti (stima 2011) su una superficie di 0,44 km^2.

Il sommo pontefice, eletto dai cardinali non ancora ottantenni, amministra il governo assieme a cinque cardinali, da lui stesso nominati per cinque anni. Il Vaticano non ha un sistema fiscale e non pubblica i suoi bilanci finanziari ed economici.

La Repubblica di San Marino, la più antica repubblica del mondo, i cui primi statuti risalgono al 1253, è un piccolo Stato situato tra l'Emilia-Romagna e le Marche e conta 31.888 abitanti (stima 2010) distribuiti su un territorio di 61,19 km². Si tratta di una repubblica al cui vertice vi sono i due Capitani Reggenti dello Stato e del governo. La moneta adottata è l'euro.

L'Italia possiede poi anche un territorio situato al di là dei confini italiani: si tratta del comune di **Campione d'Italia**, che appartiene alla provincia di Como, in Lombardia, pur essendo collocato all'interno del territorio svizzero, precisamente nel Canton Ticino.

La Città del Vaticano, pur avendo adottato nel 2000 l'euro, conia proprie monete ed emette propri francobolli.

Il dualismo economico italiano Il divario tra il Nord e il Sud del Paese affonda le sue radici nei secoli e risale a ben prima dell'unificazione della Penisola. In generale, infatti, mentre la vicinanza dell'Europa ha favorito e incrementato nel tempo lo sviluppo agricolo, industriale, commerciale e finanziario del Nord Italia, la parte meridionale della Penisola ha dovuto invece subire il persistere di un arretrato **sistema latifondista**, che ha portato all'affermazione di una classe dirigente composta da un'aristocrazia spesso parassitaria e di una grande borghesia largamente improduttiva.

Il distacco economico fra Nord e Sud fu inoltre acuito, all'indomani dell'unificazione, dalle scelte di governo intraprese dalla **Destra storica**, lo schieramento politico di orientamento liberal-moderato che guidò l'Italia dal 1861 al 1876: rigorosa centralizzazione statale, imposizione di gravose imposte indirette e una **concezione liberista** in economia, che si rivelò estremamente negativa per la nascente e precaria industria del Sud, fino ad allora protetta dagli alti dazi imposti nel Regno delle Due Sicilie.

Già negli ultimi decenni dell'Ottocento, il divario economico tra le due parti della Penisola era evidente: il settore industriale dell'ex Regno delle Due Sicilie era piuttosto modesto – con lavorazioni poco all'avanguardia e artigianali – e il comparto agricolo, anche se di enormi dimensioni, era poco redditizio e dinamico; il Nord, di contro, era avviato ormai verso un moderno processo di industrializzazione.

Gli ultimi dati Istat mostrano che la situazione oggi non è cambiata molto. La condizione economica dell'Italia presenta ancora un rilevante **dualismo economico sul piano regionale**. Sebbene dal 2009 l'intera Italia si trovi in piena crisi economica – la stessa che ha investito tutto il mondo – con un conseguente aumento della disoccupazione, tuttavia il Nord risulta essere più produttivo, contribuendo maggiormente alla crescita del Pil nazionale.

I motivi di tale divario tra il Nord e il Sud sono molteplici: in primo luogo, una **miope politica economica** che crede e investe poco nell'imprenditoria privata. Le **risorse** al Sud, infatti, sono presenti (specialmente quelle umane) ma **poco o male utilizzate**. Ciò ha comportato nel passato, e comporta ancora oggi, una notevole **migrazione interna** verso il Centro-Nord, che coinvolge soprattutto le giovani generazioni, spinte dalla ricerca di occupazione o da opportunità di investimento.

Le difficoltà a trovare un lavoro adeguato spingono alcuni giovani anche a migrare **fuori dai confini nazionali**: i neolaureati, infatti, cercano soddisfazioni economiche e sociali negli altri Paesi dell'Ue oppure in altri continenti. Negli ultimi anni tale fenomeno – diffuso peraltro a livello nazionale – è stato ribattezzato dai media «**fuga dei cervelli**».

Ai giovani e meno giovani disposti a lasciare la propria regione in cambio di serie opportunità lavorative, si affiancano quelli della

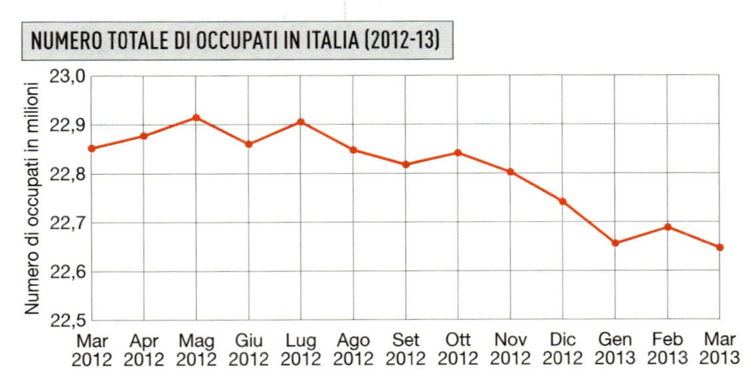

Veduta panoramica dello *skyline* di Milano in continua trasformazione e con più di 60 cantieri attivi in vista dell'Expo 2015. L'evento ha rilanciato gli investimenti, soprattutto nel settore edilizio, e ha creato nuovi posti di lavoro.

fascia dei cosiddetti **Neet**, cioè «*Not in education, employment or training*». Si tratta di giovani tra 15 e 29 anni che non studiano, non lavorano e non sono inseriti in alcun progetto di formazione. Anche qui il Nord e il Sud presentano dati notevolmente differenti: in Sicilia e Campania, per esempio, si registra ben un terzo dei giovani in questa condizione; mentre al Nord solamente il 15%. Inoltre, i Neet del Sud sono aspiranti lavoratori o disoccupati tanto scoraggiati da non cercare più un impiego, al contrario dei giovani del Nord, per i quali il mancato lavoro è generalmente una libera scelta.

PRODOTTO INTERNO LORDO A PREZZI CORRENTI PER ABITANTE (ANNO 2011)

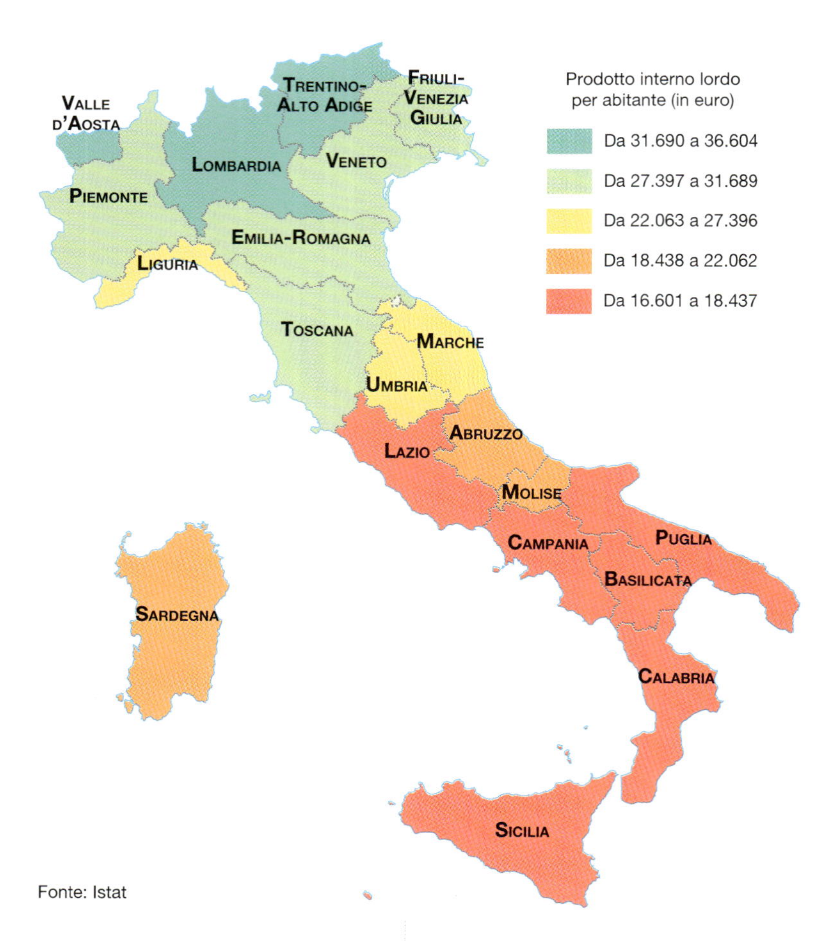

Fonte: Istat

Un' Italia a due velocità

La presenza di un'Italia a due velocità e a due facce, unita territorialmente ma con **differenze nette tra Centro-Nord e Sud**, è testimoniata statisticamente anche dal report pubblicato dall'Istat nel 2012 e relativo agli anni 1995-2011.

Nel resoconto degli ultimi *Conti economici regionali* si può facilmente rilevare che nell'anno 2011 il Nord-Est è l'area che registra il dato più positivo in termini di variazione del Pil (+1,1%); seguono il Nord-Ovest (+0,6%) e il Centro (+0,2%). L'unica sezione territoriale che ha subìto una diminuzione del Pil rispetto all'anno precedente è il Mezzogiorno (−0,3%): nello specifico, particolarmente negativi sono i risultati di Molise (−1,9%), Sicilia (−1,3%) e Campania (−0,8%).

Riguardo al Pil *pro capite* in termini reali, la Valle d'Aosta e la Provincia autonoma di Bolzano presentano i valori più alti (superiori a 32 mila euro per abitante), seguite da Lombardia (30.342 euro per abitante), Emilia-Romagna e Provincia autonoma di Trento (rispettivamente 28.848 e 27.608 euro per abitante). Dai dati della tabella di p. 385 si può ricavare che la **media nazionale del Pil pro capite nel 2011 è inferiore a 18.000 euro**.

Tuttavia, le diseguaglianze interne sono notevoli: si passa dai 20.800 euro circa del Nord ai 13.400 euro circa del Mezzogiorno (molto al di sotto della media nazionale). Per il Sud avere un Pil *pro capite* inferiore vuol dire anche avere un **reddito inferiore**, caratterizzato certamente da un tasso di disoccupazione maggiore rispetto al Nord e al Centro: la percentuale delle persone che vivono in famiglie senza lavoratori è passata dal 9,9% al 13,5% del 2011, presentando i valori più elevati in Campania (16,9%), Calabria (15,5%) e Sicilia (15,6%). Se si prende poi in considerazione il tasso di occupazione femminile, Nord e Sud si allontanano ulteriormente: nelle regioni settentrionali lavora oltre il 60% delle donne, mentre al Sud solo poco più del 33%.

■ L'agricoltura è il settore trainante del territorio pugliese. Nella foto, l'essiccazione dei pomodori in una tenuta agricola nella zona di Foggia.

ATTIVITÀ

DOMANDE DI COMPRENSIONE

1. In che cosa consiste la modifica apportata nel 2001 al Titolo V della Costituzione italiana?
2. Che cosa sono e quali sono i microstati italiani?
3. Cita alcuni motivi per i quali si è generato il dualismo economico tra il Nord e il Sud dell'Italia.

COMPETENZE DI GEOSTORIA **LEGGERE UNA TABELLA E SAPERNE RICAVARE INFORMAZIONI**

Il Pil delle regioni italiane

Dopo aver analizzato attentamente la tabella sottostante, elabora una classifica delle regioni italiane partendo da quelle con un Pil maggiore e terminando con quelle che registrano un Pil minore.

PRINCIPALI INDICATORI ECONOMICI TERRITORIALI

REGIONI	VALORI ASSOLUTI 2011				
	Unità di lavoro (in migliaia)	Prodotto interno lordo (a) (milioni di euro)	Spesa per consumi finali delle famiglie (a) (milioni di euro)	Pil ai prezzi di mercato per abitante (migliaia di euro)	Unità di lavoro
Piemonte	1.939,9	114.453,0	71.175,8	28.276,9	0,8
Valle d'Aosta	63,5	4.184,6	2.452,2	35.264,8	-0,3
Lombardia	4.423,8	302.184,3	165.703,4	33.483,8	0,2
Bolzano	266,2	16.580,8	9.481,6	36.603,7	0,3
Trento	240,2	14.679,2	9.516,2	30.633,8	0,8
Veneto	2.289,5	133.607,0	79.097,9	29.881,9	0,8
Friuli-Venezia Giulia	556,2	32.983,0	9.795,7	29.401,7	-0,4
Liguria	650,3	40.241,0	26.087,8	27.396,2	0,4
Emilia-Romagna	2.125,9	128.305,6	74.688,0	31.688,9	1,4
Toscana	1.633,4	96.465,9	61.595,6	28.209,4	-0,4
Umbria	370,9	19.366,8	12.042,3	23.988,9	-0,2
Marche	709,4	37.299,4	22.330,5	26.412,2	-0,8
Lazio	2.392,0	154.502,0	84.983,9	29.430,0	-0,5
Abruzzo	495,2	26.397,2	16.506,9	22.062,0	2,0
Molise	118,0	5.600,0	3.785,5	20.173,1	-1,3
Campania	1.611,9	86.583,3	60.083,2	16.601,2	-1,2
Puglia	1.262,5	64.489,7	43.254,7	17.545,5	0,7
Basilicata	202,5	9.577,7	6.024,2	18.437,4	0,6
Calabria	629,3	29.800,7	22.030,2	16.876,6	-0,6
Sicilia	1.451,1	76.487,4	56.131,0	17.189,0	-1,3
Sardegna	596,2	29.853,6	19.729,2	20.071,4	-0,1
Nord-Ovest	**7.077,5**	**461.072,1**	**265.413,5**	**31.451,9**	**0,4**
Nord-Est	**5.478,0**	**326.168,6**	**192.580,7**	**30.847,2**	**0,9**
Centro	**5.105,7**	**307.631,4**	**180.929,0**	**28.240,5**	**-0,5**
Mezzogiorno	**6.366,7**	**328.784,8**	**227.554,7**	**17.689,4**	**-0,4**
Italia	**24.036,2**	**1.425.792,1**	**866.460,3**	**26.002,9**	**0,1**

(a) Calcolati su valori concatenati con anno di riferimento 2005

Per applicare correttamente il metodo geostorico proposto, consulta la SCHEDA DI METODO 6, p. 112.

DALLE ABILITÀ ALLE COMPETENZE

ORIENTARSI SU UNA CARTINA GEOGRAFICA MUTA E SAPERNE RICAVARE INFORMAZIONI

COMPETENZA GEOGRAFICA

1 **Esegui le seguenti operazioni sulla cartina muta:**

- scrivi il nome di ogni regione;
- colora in marrone le Alpi e gli Appennini;
- colora in blu il corso del fiume Po;
- colora in verde la pianura Padana;
- scrivi i mari che bagnano le coste italiane negli spazi opportuni;
- individua la capitale d'Italia.

Adesso rispondi alle seguenti domande:

1. Quali regioni sono interessate dalle Alpi e quali dagli Appennini?
2. Quali regioni bagna il fiume Po?
3. Su quali territori si estende la pianura Padana?
4. Data la loro posizione geografica, prova a individuare i collegamenti marittimi tra i porti di Brindisi, Palermo, Venezia, Genova, Bari e i porti delle coste estere (es. africane, balcaniche ecc.).

LEGGERE E COSTRUIRE GRAFICI COMPETENZA GEOGRAFICA

2 **Dopo aver analizzato con attenzione il grafico (dati Istat 2011), esegui le operazioni richieste.**

(➔ Scheda di metodo 9, p. 228)

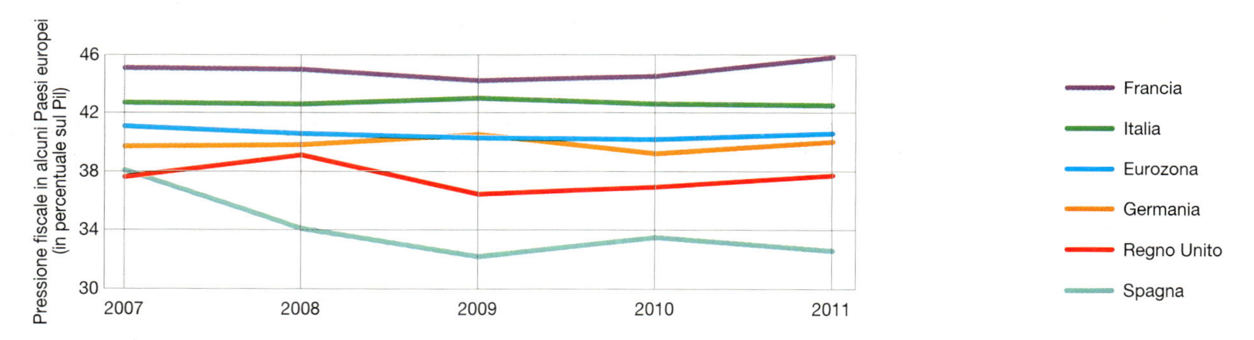

1. Quello proposto è un grafico ....
2. Che cosa s'intende per «pressione fiscale»?
3. Pil è l'acronimo di ...., cioè ....
4. Quindi, questo grafico mostra quanta incidenza ha (*che cosa*?) .... su (*che cosa*?) ....
5. I dati del grafico sono espressi in ....
6. Lo Stato europeo con maggiore pressione fiscale è ....
7. Lo Stato europeo con minore pressione fiscale è ....
8. L'Italia si piazza al .... posto con poco più del .... % di pressione fiscale sul Pil nazionale.
9. Qual è lo Stato europeo che ha registrato un aumento maggiore della pressione fiscale dal 2007 al 2011?

Adesso, trasforma al tuo computer il grafico in un istogramma.

VERIFICA

Unità 4
L'Italia, una terra al centro del *mare nostrum*

DALLE ABILITÀ ALLE COMPETENZE

LEGGERE UNA TABELLA E SAPERNE RICAVARE INFORMAZIONI COMPETENZA GEOGRAFICA

3 **Leggi i dati Istat del 2011 sottostanti ed esegui le operazioni richieste.**

(→ Scheda di metodo 6, p. 112)

TASSO DI SCOLARITÀ NELLE SCUOLE SECONDARIE DI SECONDO GRADO	
1985/86	57,7
1990/91	68,3
1995/96	80,8
2000/01	87,6
2005/06	92,4
2006/07	92,7
2007/08	93,2
2008/09	92,7
2009/10	92,3
2010/11	92,4

LAUREATI E DIPLOMATI UNIVERSITARI PER AREA GEOGRAFICA* NEL 2009	
NORD	124.571
CENTRO	80.661
MEZZOGIORNO	87.566
ITALIA	292.798

*L'area geografica è quella di appartenenza della sede universitaria

1. Il tasso di scolarità dal 1985 al 2011 è sempre cresciuto? Motiva la tua risposta.
2. Perché, secondo te, il tasso di scolarità oscilla tra l'anno scolastico 2005/06 e 2010/11?
3. In quale area geografica italiana si registra il maggior numero di laureati e diplomati?
4. Calcola la differenza numerica tra i laureati e i diplomati al Sud e al Nord, e quella tra i laureati e i diplomati al Centro e al Sud.

Per svolgere il seguente esercizio, per il quale si prevede un tempo massimo di 20 minuti, la classe si suddivida in gruppi di lavoro. Allo scadere del tempo dato, si aprirà un dibattito monitorato dall'insegnante sulle cause dell'oscillazione del tasso di scolarità negli ultimi anni e sulla rilevante differenza tra il numero di diplomati e laureati al Centro-Sud e al Nord. L'insegnante potrà invitare gli alunni ad approfondire l'argomento effettuando delle ricerche su Internet.

Adesso, realizza al tuo computer un istogramma con i dati sul tasso di scolarità e un aerogramma con il numero di laureati e diplomati in Italia. Analizzali attentamente e commentali in un breve testo di max 10 righe.

LEGGERE E COSTRUIRE MAPPE CONCETTUALI COMPETENZA GEOGRAFICA

4 **Dopo aver letto con attenzione il paragrafo *Il dualismo economico italiano* della lezione 17, costruisci con il tuo computer una mappa concettuale che metta in evidenza le principali cause del divario economico tra il Centro-Nord e il Sud d'Italia e i settori in cui si manifesta maggiormente.**

(→ Scheda di metodo 7, p. 156)

UTILIZZARE LE COMPETENZE GEOGRAFICHE GIÀ ACQUISITE CORRELANDOLE ALLE COMPETENZE DI CITTADINANZA E ALLE ALTRE DISCIPLINE COMPETENZA TRASVERSALE

5 **Immagina di lavorare presso un'agenzia del turismo e proponi di pubblicizzare la città in cui vivi e di organizzare una visita guidata nei suoi luoghi più belli e interessanti dal punto di vista culturale e naturalistico. Crea quindi una *brochure* turistica in cui:**

- promuovi la tua città come una delle più belle d'Italia;
- racconti in sintesi la storia della città;
- presenti rapidamente il percorso da fare e gli orari delle soste;
- inserisci le tappe principali della gita e una breve presentazione dei luoghi e monumenti da visitare.